UNTERWEGS ZUHAUSE

Mit dem WOHNMOBIL
durch **EUROPA**

KUNTH

Blauer Himmel, smaragdgrünes Meer, schattige Olivenbäume: Diesen Traum-Stellplatz findet man auf der Halbinsel Pilion.

UNTERWEGS ZUHAUSE
Mit dem WOHNMOBIL
DURCH
EUROPA

MIT DEM ROLLENDEN FERIENHAUS DURCH EUROPA

Mit einem Wohnmobil oder Camper durch die Lande zu reisen, liegt voll im Trend. Dabei sind es nicht nur Reisende, die sich nach einem langen Berufsleben Zeit der mobilen Freiheit gönnen, sondern auch immer mehr junge Familien mit Kindern sind unterwegs. Denn wer ein Wohnmobil sein Eigen nennt, genießt die Freiheit, dorthin fahren zu können, wohin er gerade will. Auch spontan am Wochenende einen Urlaubsort aufzusuchen, ist kein Problem. Man muss (wenn nicht gerade Hochsaison ist) nichts vorher buchen und hat Lebensmittelvorräte, Trinkwasser und oft sogar Dusche und WC an Bord. Kurz: Man fühlt sich wie zu Hause, ist aber dennoch in den tollsten Regionen unterwegs.

In 24 abwechslungsreichen Routen, die gespickt sind mit schönen Stell- und Campingplätzen sowie Ausflugszielen rechts und links der Strecke, entführt dieses Buch zu den schönsten Fleckchen in Europa. Da geht es von der Nordkap-Route über die Deutsche Alleenstraße bis an die Costa Brava und nach Portugal. Polen ist ebenso dabei wie die Niederlande, Griechenland und Kroatien. Man besucht Venedig, ist erfüllt angesichts provenzalischer Lavendelfelder und erfreut sich der guten Weine an Mosel & Rhein. Auch viele europäische Großstädte kann man bestens per Wohnmobil besuchen, denn meist liegen die ortseigenen Stell- und Campingplätze gut an das Zentrum angebunden. City-Trips in Salzburg, Lissabon oder Warschau sind daher ebenfalls in diesem Buch integriert. Detaillierte Routenkarten, GPS-Tracks und ein detaillierter Reiseatlas machen eine Tourenplanung vorab zum Kinderspiel und sorgen auch während der Reise für beste Orientierung.
Nun heißt es also nur noch, sich ein Land rauszupicken und auf große Fahrt zu gehen. Ob großes Wohnmobil oder kleiner Camper ist dabei ganz egal – der Spaß auf der Fahrt kommt von ganz alleine!

Die Berge im Blick, die grandiose Landschaft vor Augen – Strecken wie die Rossfeld-Panorama-Straße im Berchtesgadener Land erfreuen jeden, der sie befährt. Vielleicht sollte man hier einfach mal kurz anhalten und ein Päuschen machen?

Inhalt

Vorwort 5
Übersichtskarte/Zeichenerklärung 10

NORWEGEN

ROUTE 1

Nordkap-Route 12
Über Fjord und Fjell

FINNLAND

ROUTE 2

Finnland-Tour 22
Durch das Land der 1000 Seen

IRLAND

ROUTE 3

Irland-Rundreise 34
Unterwegs im Land der Kelten

SCHOTTLAND

ROUTE 4

Schottland-Rundreise 46
Clansmen, Whisky und raue Highlands

DEUTSCHLAND

ROUTE 5

Deutsche Alleenstraße 60
Fahrgenuss von Rügen bis in die Rhön

ROUTE 6

Entlang von Mosel, Rhein und Neckar 76
Weinselige Kulturlandschaften

ROUTE 7

Romantische Straße 92
Einfach märchenhaft

ÖSTERREICH & SCHWEIZ

ROUTE 8

Große Alpenfahrt 104
Der Berg ruft

ÖSTERREICH

ROUTE 9

Von Bregenz nach Salzburg 118
Servus mitanand!

POLEN & SLOWAKEI

ROUTE 10

Von Warschau nach Košice 130
Go east!

NIEDERLANDE & BELGIEN

ROUTE 11

Von Amsterdam nach Brügge 144
Tour mit Weitblick

Unterwegs auf der Atlanterhavsveien, der »Straße der Meere«, zwischen Molde und Kristiansund in Norwegen.

FRANKREICH

ROUTE 12

Via Turonensis 158
Auf dem Jakobsweg durch Frankreich

ROUTE 13

Elsass und Vogesen 174
Oh là là

ROUTE 14

Routes Napoléon und Grandes Alpes 186
Einfach nur gigantisch

FRANKREICH & SPANIEN

ROUTE 15

Côte d'Azur und Costa Brava 202
Mittelmeerträume

SPANIEN

ROUTE 16

Jakobsweg und Costa Verde 216
Reise durch das grüne Spanien

ROUTE 17

Andalusien-Rundreise 232
Viva España!

PORTUGAL

ROUTE 18

Portugal 246
Reise durch Lusitanien

ITALIEN

ROUTE 19

Oberitalien-Tour 258
Vom Adriastrand zum Alpenland

ROUTE 20

Toskana 280
Zu schön, um wahr zu sein

ROUTE 21

Italienische Adria 292
Immer am Meer entlang

ROUTE 22

Sizilien-Rundreise 310
Einmal um die größte Insel im Mittelmeer

SLOWENIEN & KROATIEN

ROUTE 23

Jadranska Magistrala 322
Die wohl schönste Küstenstraße der Welt

GRIECHENLAND

ROUTE 24

Klassisches Griechenland 336
Auf den Spuren der Götter

Reiseatlas 346
Register 420
Bildnachweis & Impressum 423

Lässt jedes Camper-Herz höherschlagen: der Torrecarbonera-Strand von Punta Mala in Spanien.

Nordkap
Norwegische
See
ISLAND
NORWEGEN
1
FINNLAND
2
Helsinki
Oslo
Atlantischer
4
Glasgow
Edinburgh
Nordsee
IRLAND
3
Dublin
Ostsee
Kap Arkona
VEREINIGTES
KÖNIGREICH
NIEDERLANDE
Amsterdam
DEUTSCHLAND
POLEN
Warschau
Brügge
11
5
10
Ozean
BELGIEN
Fulda
Trier
6
Würzburg
TSCHECHIEN
Paris
Straßburg
7
13
Tübingen
SLOWAKEI
Košice
Sélestat
9
Salzburg
FRANKREICH
Bregenz
Füssen
ÖSTERREICH
SCHWEIZ
12
Genf
8
SLOWENIEN
Grado
Koper
14
19
Venedig
KROATIEN
16
Bayonne
San Sebastian
Roncesvalles
23
Cannes
Menton
Nizza
Florenz
15
20
PORTUGAL
Montepulciano
SPANIEN
Cavtat
18
Lissabon
Barcelona
21
Brindisi
ITALIEN
Sevilla
17
GRIECHENLAND
Mittelmeer
Messina
22
24

ZEICHENERKLÄRUNG FÜR DIE KARTEN IM INHALT

Die Europakarte (linke Seite) zeigt alle in diesem Buch beschriebenen Routen im Überblick.
Pro Kapitel werden im Haupttext durchnummerierte Orte und Sehenswürdigkeiten beschrieben. Eine Infobox zu Beginn jeder Tour mit Tipps zu Reisezeit, Routenlänge und Zeitbedarf erleichtert die Reisevorbereitung. Zusätzliche Texte liefern Vorschläge für Abstecher oder vertiefen thematische Aspekte.

Übersichtskarten am Ende jedes Kapitels zeigen unter Angabe der im Text verwendeten Nummern den Verlauf der Hauptroute an. Auf lohnende Abstecher wird in kurzen Texten noch extra verwiesen. Piktogramme (siehe unten) kennzeichnen Art und Lage bedeutender Sehenswürdigkeiten. Außerdem sind die im Haupttext aufgeführten Wohnmobilstellplätze auf der Route hier noch einmal verzeichnet.

HERAUSRAGENDE NATURLANDSCHAFTEN UND NATURMONUMENTE

- Gebirgslandschaft
- Felslandschaft
- Schlucht/Canyon
- Höhle
- Gletscher
- Wüstenlandschaft
- Flusslandschaft
- Wasserfall/Stromschnelle
- Seenlandschaft
- Nationalpark (Fauna)
- Nationalpark (Flora)
- Nationalpark (Landschaft)
- Naturpark
- Biosphärenreservat
- Küstenlandschaft
- Insel
- Strand
- Unterwasserreservat
- Zoo/Safaripark
- Fossilienfundstätte

HERAUSRAGENDE METROPOLEN, KULTURMONUMENTE UND -VERANSTALTUNGEN

- Vor- und Frühgeschichte
- Griechische Antike
- Römische Antike
- Etruskische Kultur
- Jüdische Kulturstätte
- Islamische Kulturstätte
- Christliche Kulturstätte
- Christliches Kloster
- Prähistorische Felsbilder
- Kulturlandschaft
- Burg/Festung/Wehranlage
- Palast/Schloss
- Technisches/industr. Monument
- Mahnmal
- Spiegel- und Radioteleskop
- Historisches Stadtbild
- Imposante Skyline
- Feste und Festivals
- Museum
- Theater
- Weltausstellung
- Olympische Spiele
- Denkmal
- Grabmal
- Markt/Basar
- Kriegsschauplatz/Schlachtfelder
- Staumauer
- Sehenswerter Leuchtturm
- Herausragende Brücke

SPORT- UND FREIZEITZIELE

- Rennstrecke
- Skigebiet
- Segeln
- Tauchen
- Windsurfen
- Mineralbad/Therme
- Badeort
- Freizeitpark
- Spielcasino
- Pferdesport
- Wellenreiten
- Seehafen

BERÜHMTE REISEROUTEN

- Bahnstrecke

WOHNMOBIL-STELLPLÄTZE

- Stell-/Campingplatz

ROUTE 1

NORDKAP-ROUTE

Auf der rund 3000 Kilometer langen Reise zum Nordkap erlebt man Norwegens faszinierende Natur mit ihren Gletschern, Wasserfällen, Hochgebirgen und Hochebenen, der Küste und den zahlreichen Fjorden hautnah. Der Zustand der Straßen lässt sich durchweg als gut bezeichnen, im Süden sogar als sehr gut. Viele Tunnel haben schwierige Streckenabschnitte deutlich entschärft. Da erscheint die Geschwindigkeitsbegrenzung auf 80 km/h schon gelegentlich sehr restriktiv, auch wenn bei entsprechender Beschilderung für leichtere Wohnmobile manchmal 90 oder gar 110 km/h erlaubt sind. Aber auf den landschaftlich besonders schönen Strecken – und davon gibt es sehr viele entlang der Küste – fällt die Beschränkung auf 80 km/h nicht unangenehm auf. Auf den kurvenreichen Straßen mit starken Steigungen und Gefällstrecken ist an eine schnelle Fahrt ohnehin nicht zu denken. Woran man auch nicht denken muss, sind die Mautgebühren, die u.a. in einigen Städten und bei vielen Tunneln anfallen, wenn man sich nicht vor Antritt der Reise den »AutoPASS« in Chipform besorgt und an der Windschutzscheibe angebracht hat. Einmal installiert, wird an jeder Mautstation, die mit »AutoPASS« gekennzeichnet ist, die Durchfahrt registriert und später in Rechnung gestellt. Es gibt ca. 230 Mautstationen in Norwegen. In Oslo wird die Maut gestaffelt nach dem Schadstoffausstoß des Fahrzeugs berechnet. Infos dazu unter www.autopass.no. In Oslo und Bergen kann es bei starker Luftschadstoffbelastung zu Fahrverboten kommen. Diese sind dann ausgeschildert und werden mindestens 24 Stunden vorher in den öffentlichen Medien bekanntgegeben. Norwegen ist ein wohnmobilfreundliches Land. Ver- und Entsorgungsstationen sind nicht nur auf den offiziellen Stell- und Campingplätzen zu finden, sondern auch vielfach an Tankstellen. Übernachten dürfen Sie überall dort, wo es nicht ausdrücklich verboten ist.

Ganze sieben Wasserfälle – die sogenannten Sieben Schwestern – stürzen beeindruckend in den Geirangerfjord.

Über Fjord und Fjell

Norwegen grenzt an Russland, Finnland und Schweden und wird vom Eismeer, der Nordsee und dem Skagerrak umbrandet: ein Königreich mit unvergleichlich schönen Landschaften – mal wild, mal lieblich. Für die gewaltigen Distanzen sollte man allerdings genügend Zeit einplanen.

Das Parlamentsgebäude auf dem sogenannten Löwenhügel zählt zu den bedeutendsten Bauwerken Oslos. 1866 eröffnet, liegt es an der bis zum königlichen Schloss führenden Prachtstraße Karl Johans gate 22.

ROUTE 1

Streckenlänge: ca. 3000 km (einfach, ohne Abstecher)
Zeitbedarf: mind. vier, ideal sechs bis acht Wochen
Routenverlauf (Hauptorte): Oslo, Kongsberg, Bergen, Jotunheimen, Trondheim, Fauske, Narvik, Tromsø, Alta, Nordkap
Charakteristik: Selbst von Juni bis August ist in Höhenlagen und im Norden mit Schnee zu rechnen. Fähren sollte man im Voraus buchen.
Informationen:
www.visitnorway.de
www.nasjonaleturistveger.no/de

Hier geht's zum GPS-Track

01 Oslo

Am Ende des gleichnamigen Fjords – etwa 100 Kilometer ins Landesinnere versetzt und von herrlichen bewaldeten Hügeln umgeben – liegt Norwegens Hauptstadt Oslo, deren Ursprünge bis in das 11. Jahrhundert zurückreichen. Oslo hieß zwischenzeitlich Kristiania (bis 1925) und hatte unterschiedliche politische und auch wirtschaftliche Bedeutung. Obwohl die Stadt nur knapp über eine halbe Million Einwohner zählt, ist sie flächenmäßig eine der größten Europas. Die Hafenstadt ist zugleich Norwegens wichtigstes Handels- und Industriezentrum. Sehenswert in der Innenstadt sind das Neue Rathaus (1931–1950), das Wahrzeichen der Stadt, mit reicher Innenausstattung und der größten Turmuhr Europas, die Festung Akershus (um 1300), eines der bedeutendsten mittelalterlichen Gebäude des Landes, die Nasjonalgalleriet, die größte Gemälde- und Skulpturensammlung Norwegens, und das Königliche Schloss (Wachablösung 13.30 Uhr). Außerhalb des Stadtzentrums sollte man folgende Sehenswürdigkeiten besuchen: die Wintersportstätte Holmenkollen und das Skimuseum (geplante Wiedereröffnung 2024); das Munch-Museet; den Vigelandpark (Frognerpark) mit 200 Monumentalwerken von Gustav Vigeland; die Museumshalbinsel Bygdøy mit dem Vikingskipshuset (drei Schiffe aus dem 9. Jahrhundert); das Kon-Tiki Museet mit den Flößen Thor Heyerdahls (Kon-Tiki, RA I, RA II); das Fram-Museet. Von Oslo geht es entlang der Küste nach Kongsberg.

02 Kongsberg

An die Zeit des Silberbergbaus, der 1957 nach über 330 Jahren eingestellt wurde, erinnert das Bergwerksmuseum. In den alten Gruben Saggrenda können Besucher das vielleicht erste Aufzugssystem der Welt erleben, das aus sich auf und ab bewegenden Leitern besteht.

03 Heddal und Eidsborg

In der Telemark steht die ursprünglichste Stabkirche Norwegens aus dem Jahr 1147 mit einem Svalgang, der sowohl als Witterungsschutz als auch zur Waffenaufbewahrung diente. Zur Stabkirche von Eidsborg

26 m hoch und damit die größte ihrer Art Norwegens ist die Stabkirche Heddal. Aus harzreichem Kiefernholz errichtet, beeindrucken besonders die kostbaren Schnitzereien in ihrem Inneren sowie an den Eingangsportalen.

zweigt bei Ofte die Straße 45 Richtung Dalen ab. Die Kirchenwände sind mit Holzschindeln gedeckt. 4 Kilometer hinter Rødal zweigt die Straße 13 nach Stavanger ab. Im weiteren Verlauf durchquert die E134 die südliche Hardangervidda.

04 Hardangervidda

Europas größte Hochebene ist ein faszinierendes Wandergebiet und der Lebensraum seltener Tierarten. Ab Skarsmo folgt die Route in nördlicher Richtung der Fernstraße 13. Direkt an der Straße liegt der wild schäumende Låtefossen. Einer der schönsten Wasserfälle lohnt von Kinsarvik einen kleinen Abstecher (50 Kilometer) entlang dem Eidfjord nach Fossli: Hier stürzt am Rande der Vidda der Vøringfoss 170 Meter spektakulär in die Tiefe. Von Kinsarvik verkehren Fähren über Utne nach Kvanndal am Hardangerfjord. Der »König der Fjorde« greift weit verzweigt ins Hinterland, er ist 179 Kilometer lang und bis zu 830 Meter tief. Über das Hochplateau Kvamskogen führt die Route zunächst weiter nach Bergen.

OSLO SJØLYST MARINA BOBIL PARKERING

Auf dem großen, kostenpflichtigen Parkplatz am Jachthafen können mehr als 100 Mobile parken. Es gibt ebene parzellierte Asphaltflächen. Alle notwendigen Ver- und Entsorgungseinrichtungen sind vorhanden. Der Platz ist ganzjährig geöffnet. Die Innenstadt von Oslo ist mit dem Fahrrad über den Vigelandsparken bequem zu erreichen.

Drammensveien 160, 0277 Oslo
GPS 59.92033, 10.67527, sjølystmarina.no/bobil

HAUKELIDSÆTER

Dieser Platz am Kjelavatn mit fantastischer Sicht auf die Berglandschaft südlich des Hardangervidda-Nationalparks bietet ebene befestigte Flächen und ist kostenfrei. Allerdings gibt es keinerlei Ver- und Entsorgungseinrichtungen. Die Ferienanlage Haukeliseter Fjellstue mit Restaurant und Einkaufsmöglichkeit ist nicht weit.

Haukelivegen, 3895 Edland, GPS 59.73698, 7.60206

BOBILPARKERING BERGENSHALLEN

Dieser ist ein guter Platz, um Bergen zu besuchen (Entfernung bis zur Straßenbahnhaltestelle: 300 Meter, Fahrt in die Stadt: 14 Minuten). Er bietet ebene parzellierte Asphaltflächen und liegt direkt bei der Eissportstätte Bergenshallen. Auf dem kostenpflichtigen Platz sind alle notwendigen Ver- und Entsorgungseinrichtungen vorhanden. Einige Plätze haben Stromanschlüsse. Ganzjährig geöffnet.

Vilhelm Bjerknes' vei, 5081 Bergen, GPS 60.35420, 5.35892

05 Bergen
Der berühmteste Straßenzug der zweitgrößten Stadt Norwegens ist Bryggen mit den malerischen alten Speicherhäusern (UNESCO-Weltkulturerbe). Sehenswert sind außerdem der Fischereihafen, der Dom und die Marienkirche aus dem 12. Jahrhundert sowie das Freilichtmuseum Gamle Bergen.

06 Viksøyri
Die E16 führt an mehreren Seen vorbei nach Voss mit dem ältesten Holzhaus Norwegens, dem »Finneloftet« aus dem 13. Jahrhundert. Auf der Weiterfahrt lohnt sich bei Vinje ein Abstecher zum Sognefjord (40 Kilometer). Bei Viksøyri (Stabkirche) sieht man Norwegens mächtigsten Fjord: Er ist 180 Kilometer lang, stellenweise nur 5 Kilometer breit und bis zu 1200 Meter tief.

GEIRANGERFJORDEN FERIESENTER
Malerisch liegt dieser Komfortcampingplatz am Ufer des Geirangerfjords mit Blick auf ein- und auslaufende Kreuzfahrtschiffe. Der kostenpflichtige Platz besitzt Ver- und Entsorgungseinrichtungen sowie Stromversorgung an allen Plätzen. Auch Duschen, Waschmaschinen, Wäschetrockner und Internet können benutzt werden. Ganzjährig geöffnet.

Ørnevegen 180, Grande, 6216 Geiranger
www.geirangerfjorden.net/de, GPS 62.11518, 7.18505

STORSAND GÅRD CAMPING, SØR-TRØNDELAG
Dieser Komfortcampingplatz liegt in traumhafter Lage am Trondheimfjorden. Auch er ist kostenpflichtig, verfügt aber über Ver- und Entsorgungseinrichtungen sowie Stromversorgung. Duschen, Waschmaschinen, Wäschetrockner und Internet sind vorhanden. Geöffnet von Anfang Mai bis Ende August. Trondheim ist bequem mit dem Fahrrad zu erreichen (18 Kilometer, Höhendifferenz 62 Meter).

Storsandveien 1, 7563 Malvik
storsandcamping.no, GPS 63.43220, 10.70858

07 Stalheimskleiva und Nærøyfjord
13 Kilometer hinter Oppheim führt eine Straße zum Hotel Stalheim mit fantastischen Ausblicken. Norwegens steilste Straße führt über 13 Serpentinen (18% Gefälle) zum Nærøyfjord hinab. Er ist der schmalste des Landes, die Wände sind bis zu 1200 Meter hoch. Zwei eindrucksvolle Wasserfälle liegen an der Strecke: der Stalheimfoss (126 Meter) und der Sivlefoss (240 Meter). Diese Strecke ist allerdings nur mit kleineren Reisemobilen befahrbar. Größere müssen auf der gut ausgebauten E16 bleiben. Die Hauptroute führt von Gudvangen nach Kaupanger und weiter nach Songdal; die Fjordfahrt durch Nærøyfjord, Aurlandsfjord und Sognefjord zählt zu den schönsten ganz Norwegens.

08 Borgund
Die besterhaltene Stabkirche des Landes kann man besichtigen, wenn man über die E16 nach der Passage des neuen, über 20 Kilometer langen Lærdalstunnels einen kurzen Abstecher ins Landesinnere macht. Um das Jahr 1150 wurde die Kirche errichtet, die für ihre überreichen Schnitzereien bekannt ist.

09 Jotunheimen und Sognefjell-Straße
Zwischen Sogndal und Lom verläuft Norwegens höchste und spektakulärste Passstraße. Sie führt in einer steilen Serpentinenfahrt hinauf in die Berge von Jotunheimen: Mehr als 200 bizarre 2000er-Gipfel ragen ringsum auf, darunter die beiden höchsten: Galdahøppigen (2469 Meter) und Glittertind (2452 Meter). Das Sognefjell ist eine von Seen durchsetzte Hochfläche. Westlich der Straße erstreckt sich der größte der europäischen Festlandsgletscher, der ungefähr 100 Kilometer lange Jostedalsbreen.

10 Urnes
Eine kleine Stichstraße führt von Skjolden am Ostufer des Lustrafjord zur Stabkirche (11. Jahrhundert), der ältesten der 29 norwegischen Stabkirchen (UNESCO-Weltkulturerbe). Außen fasziniert sie durch ihre robuste Bautechnik, innen durch ihre tollen Verzierungen mit Fabelwesen.

11 Geirangerfjord
Auf landschaftlich schöner Strecke geht es weiter nach Geiranger am gleichnamigen Fjord, einem 15 Kilometer langen Seitenarm des Sunnylvsfjord. Seine Seitenwände ragen bis zu 800 Meter auf, viele Wasserfälle ergießen sich in den Fjord. Fantastisch ist auch der Blick vom Aussichtspunkt Dalsnibba vor Geiranger. Die Serpentinenstraße Orneveien (Adlerweg) führt hinauf ins Gebirge und bietet immer wieder schöne Ausblicke auf den Fjord. Nach Überquerung des Nordalsfjords bietet sich eine erste Möglichkeit, nach Ålesund abzubiegen (80 Kilometer). Die Hauptroute führt durch die Gudbrandsschlucht zur Passstraße Trollstigen und weiter nach Åndalsnes. Hier bietet sich eine zweite Möglichkeit, nach Ålesund zu fahren (ca. 120 Kilometer auf der E136). Die E136 verläuft im Romsdalen Richtung Osten nach Dombås, von hier geht es durch hügeliges Bergland auf das Dovrefjell.

12 Dovrefjell
Auf der Hochebene thront die Snøhetta (2286 Meter), auf die man vom höchsten Punkt der Straße auf 1026 Meter einen schönen Blick hat. Der raue Dovrefjell-Sunndalsfjella-Nationalpark gilt als einzig verbliebenes intaktes Hochgebirgsökosystem Europas. Durch das Drivdalen führt die Straße nach Oppdal mit einem

Bildleiste von oben: Fröhlich-bunt leuchten in Bergen im Viertel Bryggen die Holzhäuser entlang der alten Landungsbrücke.

Spektakuläre Ausblicke auf Bergmassive, Wasserfälle und Fjorde bietet der Dovrefjell-Sunndalsfjella-Nationalpark.

Romantik pur: Sonnenuntergang im Dovrefjell-Sunndalsfjella-Nationalpark.

Die Lofoten

Wer auf der Fahrt zum Nordkap Zeit mitbringt, sollte einen Abstecher auf die zum Verwaltungsgebiet Nordland gehörende Inselkette der Lofoten machen. Der Vestfjord trennt sie vom Festland. Die Lofoten sind ein versunkenes Gebirge, dessen Spitzen aus der See ragen. Auf Austvågøy, der größten Insel (527 km^2), erreichen die Gipfel im Higravtinden (1161 Meter) ihre höchste Erhebung. Aus der Ferne wirkt dieses Inselgebirge im Nordmeer wie eine einzige, bizarr gezackte Felswand, deren Abwechslungsreichtum sich erst vor Ort enthüllt: schneeweiße Strände, tosende Wasserfälle und grüne Täler, vom Eis ausgeschliffene Kare und Taltröge. Wie ein Amphitheater sind die Inseln umstanden von schneeüberzuckerten Bergen und in den Fischerdörfern sind die »Rorbu« genannten roten Holzhäuschen zu bestaunen. Zu den Hauptinseln gehören neben Austvågøy, Vestvågøy (411 km^2), Moskenesøy (186 km^2) und Flakstadøy (110 km^2) noch Værøy (16 km^2), Gimsøy (46 km^2) und Røst (3,6 km^2).
visitlofoten.com
GPS 68.231714, 14.558429

Freilichtmuseum. Auf dem Weg nach Trondheim auf der E06 bietet sich ein Abstecher nach Røros an (120 Kilometer). Am Fluss Hyttelva an der Grenze zu Schweden gelegen ist ist der Ort eine der ältesten Städte Europas mit Holzgebäuden (UNESCO-Weltkulturerbe).

13 Trondheim

Die über 1000-jährige Stadt ist nach Oslo und Bergen die drittgrößte Kommune des Landes und war lange Zeit Norwegens Hauptstadt. Noch immer finden alle Krönungen im Nidarosdom statt. Das mächtige Bauwerk wurde 1070 über dem Grab Olavs des Heiligen errichtet. Besonders interessant ist die Westfassade mit ihrem Skulpturenschmuck. Vom Tyholt-Fernsehturm, der Festung Kristiansen oder vom Turm des Doms bieten sich herrliche Blicke über die Stadt. Von Trondheim führt die landschaftlich schöne E16 bis Grong über weite Strecken am Ufer mehrerer Fjorde entlang. In Grong stellt die 760 die Verbindung zur R17, der

Typisch für die Lofoten sind schroffe Berggipfel, grüne Wiesen und bunte Holzhäuschen.

Kystriksveien, her. Die E06 verläuft für die, die es eilig haben, geradeaus weiter Richtung Fauske.

14 Kystriksveien

Die 560 Kilometer lange Kystriksveien zählt zu den Traumstraßen Europas und ist das festländische Gegenstück zu der legendären Hurtigruten. Zahlreiche Fähren überbrücken Fjorde und Seen. Allerdings muss man für die Küstenstraße viel Zeit und Geld mitbringen: Für die Fähren sollten Wartezeiten eingeplant werden, außerdem summieren sich die Fährkosten zu einem erheblichen Betrag. Wenige Kilometer hinter Sjona besteht die Möglichkeit, über die kleine Straße 12 nach Mo i Rana zurück auf die E06 und auf dieser zum Nationalpark Saltfjellet-Svartisen zu fahren. Nördlich der Abzweigung gen Mo i Rana heißt dieser Teil der Küstenstraße Helgeland-Salten, die »grüne Straße«. Ein besonderes Naturschauspiel ist kurz vor Løding der Saltsraumen, ein Gezeiten- oder Malstrom. Alle sechs Stunden bahnt sich das am »Nadelöhr« gestaute Wasser seinen Weg durch die Meerenge. Von Løding sind es 43 Kilometer zurück auf die E06 bei Fauske. Eine interessante Alternative ist der Weg durch den Saltfjellet-Svartisen Nasjonalpark. In Höhe des Polarkreises liegt Norwegens zweitgrößter Gletscher. Der mächtige Eisriese ist nur sehr schwer zu erreichen: Bei Skonseng zweigt eine unbefestigte Straße nach Svartisdalhytta ab. Jenseits des Polarkreises und der Baumgrenze wachsen hier nur noch niedrige Sträucher und Moose. Durch das karge Hochtal des Saltfjell geht es nach Rognan am Saltdalsfjord, die Straße folgt dem Ostufer nach Fauske. Nun führt die E06 strikt Richtung Norden nach Ulsvåg, wo die Möglichkeit zum Abbiegen nach Skutvik, dem wichtigsten Hafen der Lofotenfähren, besteht.

SOMMARØY, TROMS

Dieser kleine verschwiegene Platz liegt am Ende der Halbinsel Lyngøya im Süden von Hillesøya, einer Insel in 57 Kilometer Entfernung von Tromsø. Er bietet ebene befestigte Flächen und ist kostenfrei. Alle notwendigen Ver- und Entsorgungseinrichtungen sind vorhanden. Ganzjährig geöffnet. Ein einfaches Fischrestaurant liegt etwa einen Kilometer vom Platz entfernt.

Skipsholmvegen 51, 9110 Sommarøy
GPS 69.63344, 17.99517

15 Narvik

Vom ständig eisfreien Hafen am Ofotenfjord wird das schwedische Eisenerz aus Kiruna in alle Welt verschifft. Die Lager und Transportanlagen lassen sich vom Aussichtsberg Fagernessfjell (656 Meter) besonders

Der stilisierte Globus auf dem Felsplateau ist ein beliebtes Fotomotiv am Nordkap: »Sie haben ihr Ziel erreicht!«

gut überblicken. Auch von Narvik laufen Fähren die Lofoten an. Bei Nordkjosbotn zweigt schließlich die E08 nach Tromsø ab.

16 Tromsø

Die Stadt besitzt ein mildes Klima. Im Polarmuseet erfährt man Interessantes über die internationalen Polarexpeditionen. Die 1036 Meter lange Tromsøbrua verbindet die Stadt mit dem Festland. Daneben befindet sich ihr Wahrzeichen, die 1965 erbaute Eismeerkathedrale. Zurück auf der E06, verläuft diese entlang unglaublich spektakulärer Fjorde.

17 Alta

Der Ort am gleichnamigen Fjord ist ein Zentrum samischer Kultur. Besonders sehenswert sind die bis zu 6000 Jahre alten Felsritzzeichnungen von Hjemmeluft. Die Tiere, Jagd- und Alltagsszenen sind nicht umsonst UNESCO-Weltkulturerbe. Beeindruckend ist auch der bis zu 500 Meter tiefe und 15 Kilometer lange Alta-Canyon. Durch die Tundrenlandschaft der Finnmarksvidda geht es zur Hafenstadt Hammerfest, zu der bei Skaidj eine kleine Straße nach Westen abzweigt. Die E06 durchquert eine Hochebene, bei Olderfjord zweigt die E69 zum Nordkap ab.

18 Nordkap

Die Straße führt entlang des Porsangerfjord zur Fährstation Kåfjord, die Fähren fahren nach Honningsvag auf der Nordkapinsel Magerøy. Neuerdings führt auch ein Tunnel zur Insel. Durch kahle Landschaft geht es zum Nordkapplateau, dem Ziel unserer Reise. Das Nordkap auf der Insel Magerøya ist das Sehnsuchtsziel aller Mittsommernachtsreisenden: Auf dem Felsplateau ist die Mitternachtssonne vom 14. Mai bis zum 30. Juli sichtbar. Einen außergewöhnlichen Blick auf das Kap bietet das Felstor Kirkeporten bei Skarsvåg. Eigentlich ist die schmale Halbinsel Knivskjellodden Europas nördlichster Ausläufer, sie liegt 1,38 Kilometer weiter im Norden. Allerdings ist sie flach und nicht so spektakulär wie das Nordkap. Deshalb hielt der britische Seefahrer Richard Chancellor im 16. Jahrhundert, ganuer gesagt 1553, Letzteren für den nördlichsten Punkt des Landes.

NORDKAPPHALLEN, FINNMARK

Der Platz besteht aus ebenen, geschotterten Flächen direkt an der Nordkaphalle mit Erlebniszentrum und Restaurant. Der Platz an sich ist zwar nicht sehr schön, die Lage aber dafür einfach spektakulär: 500 Meter vom Globus, dem Wahrzeichen des Nordkaps, entfernt.

E69, 9764 Nordkapp, GPS 71.16854, 25.78079

Nordkap *Obwohl es meist nebelverhangen, touristisch vermarktet und streng genommen nicht der nördlichste Punkt Europas ist, sollte man an diesem Felsplateau doch einmal gewesen sein.*

Lyngenfjord *Dieses Gebirgspanorama ist eines der schönsten in ganz Norwegen. Der höchste Punkt ist der Jiekkevarre (1833 Meter). Eisige Gletscher, grüne Täler und eine traumhafte Fjordlandschaft zeichnen diese Gegend im nördlichsten Teil des Landes aus.*

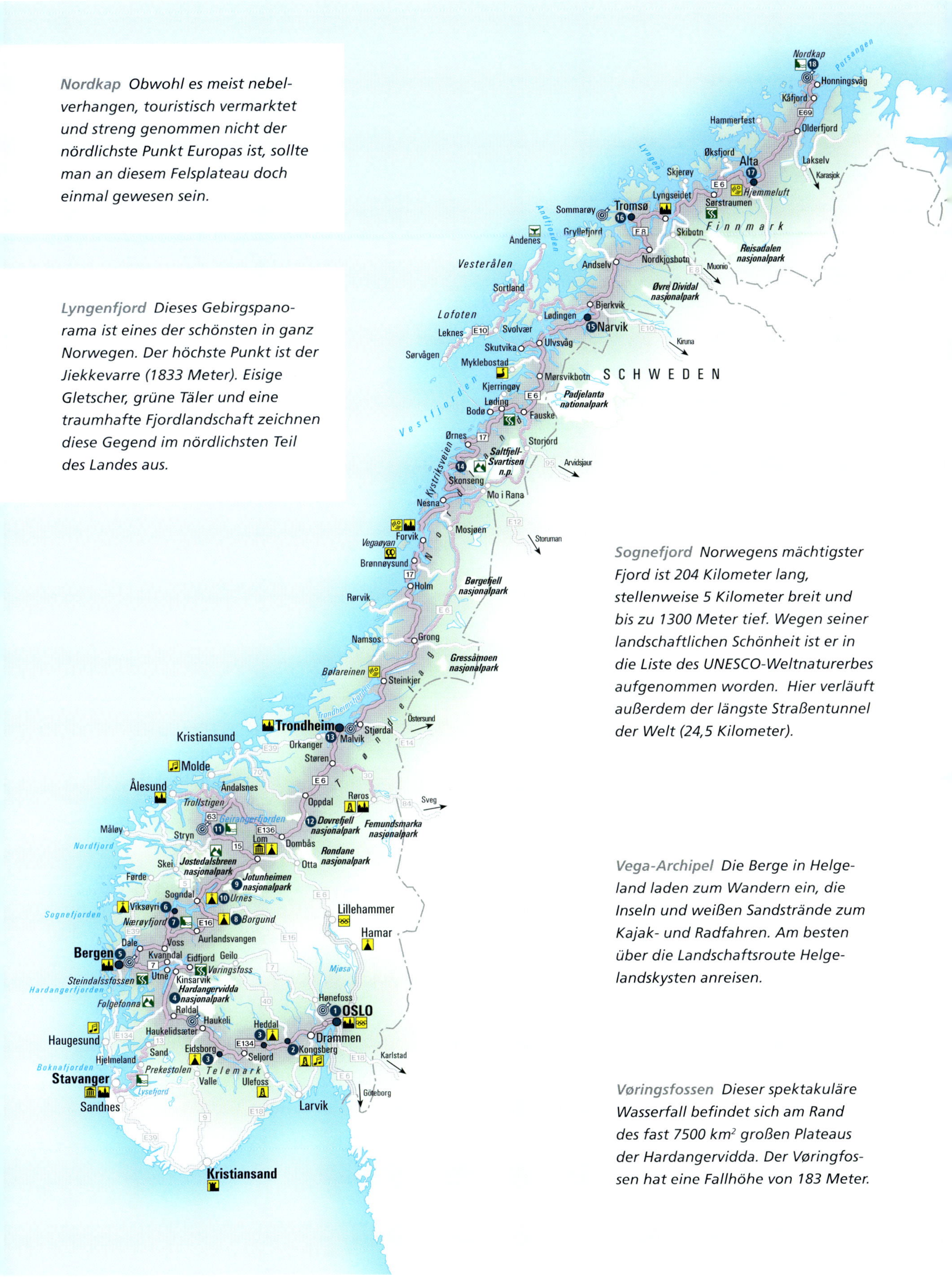

Sognefjord *Norwegens mächtigster Fjord ist 204 Kilometer lang, stellenweise 5 Kilometer breit und bis zu 1300 Meter tief. Wegen seiner landschaftlichen Schönheit ist er in die Liste des UNESCO-Weltnaturerbes aufgenommen worden. Hier verläuft außerdem der längste Straßentunnel der Welt (24,5 Kilometer).*

Vega-Archipel *Die Berge in Helgeland laden zum Wandern ein, die Inseln und weißen Sandstrände zum Kajak- und Radfahren. Am besten über die Landschaftsroute Helgelandskysten anreisen.*

Vøringsfossen *Dieser spektakuläre Wasserfall befindet sich am Rand des fast 7500 km² großen Plateaus der Hardangervidda. Der Vøringfossen hat eine Fallhöhe von 183 Meter.*

ROUTE 2

FINNLAND-TOUR

Auf einer Fläche, die nur wenig kleiner ist als die von Deutschland, leben 5,5 Millionen Menschen, davon die meisten im Süden. Fährt man über die gut ausgebauten und mautfreien Straßen Finnlands in Richtung Norden, nimmt die Siedlungsdichte kontinuierlich ab. Ideal für den, der die Waldeinsamkeit und die Stille sucht. Auch muss man nicht so viel am Lenkrad arbeiten und deutlich weniger schalten als an der Küstenstraße in Norwegen. In Finnland ist es überwiegend flach, die wenigen Steigungen, die es hier gibt, schaffen die modernen Wohnmobile ohne große Kraftanstrengung. Selbst wenn es teilweise nahezu menschenleer ist, ist die erlaubte Höchstgeschwindigkeit für Fahrzeuge über 3,5 Tonnen 80 km/h, für leichtere Fahrzeuge 100 km/h. Es besteht kaum die Gefahr, dass ein Mensch in den Waldgebieten unvorhergesehenerweise die Straße quert und zu einem abrupten Bremsmanöver veranlasst; einem Rentier oder einem Elch kann man aber schon mal begegnen. Es ist also ratsam, nicht zu schnell unterwegs zu sein, um rechtzeitig bremsen oder ausweichen zu können. Den »Elchtest« aus dem Nachbarland Schweden kennt vermutlich jeder. Mit geringerer Siedlungsdichte im Norden nimmt auch die Versorgungsdichte mit Tankstellen ab. Deshalb ist es kein Fehler, einen Reservekanister dabeizuhaben bzw. immer rechtzeitig zu tanken. Zu bedenken ist auch, dass viele Tankstellen nur noch mit einer Automatenfunktion operieren. Die meisten akzeptieren gängige Kreditkarten, es gibt aber auch noch Automaten, die mit Geldscheinen gefüttert werden wollen. Klassische Stellplätze für Wohnmobile sind nicht so zahlreich wie in anderen Ländern. Hier muss man Campingplätze nutzen oder sich trauen, auf einem Wanderparkplatz die freie Übernachtung zu wählen. Das darf man überall dort, wo es nicht ausdrücklich untersagt ist.

Eine Tour durch Finnland verspricht viel Natur. Gerade in Lappland fährt man durch subarktische Wildnis.

Durch das Land der 1000 Seen

Finnland ist ein stilles Land mit unzähligen Seen und endlosen Wäldern, ideal für Reisende auf der Suche nach Ruhe und Abgeschiedenheit.

Der klassizistische Dom von Helsinki ist eindrucksvolles Wahrzeichen der finnischen Hauptstadt. Auf seiner dem Senatsplatz zugewandten Seite führt eine gewaltige Treppe hinauf zum säulengeschmückten Eingangsportal.

ROUTE 2

Streckenlänge: ca. 2750 km, auch Teilstrecken möglich
Zeitbedarf: mindestens zwei Wochen
Routenverlauf (Hauptorte): Helsinki, Ekenäs, Hanko, Turku, Naantali, Lahti, Hamina, Sodankylä, Nordkap
Charakteristik: Vor allem im Norden Finnlands ist das Tankstellennetz dünn, daher rechtzeitig tanken. Auf Wildwechsel besonders achten!
Informationen:
www.visitfinland.com
finland.fi

Hier geht's zum GPS-Track

01 Helsinki

Die Reise durch den Süden Finnlands beginnt in der Hauptstadt des Landes. Nur etwas mehr als eine halbe Million Menschen leben heute in Helsinki, Finnlands überschaubarer Hauptstadt, die der Schwedenkönig Gustav Vasa im Jahr 1550 gründen ließ. Dass Helsinki reich an weltbekannten Beispielen moderner Architektur ist, liegt an den verheerenden Feuersbrünsten, die die einst mit Holz erbaute Stadt immer wieder verwüsteten: Im Jahr 1812 – nach Helsinkis Erhebung zur Hauptstadt – beauftragte daher Zar Alexander I. den Berliner Architekten Carl Ludwig Engel mit der Errichtung steinerner und vor allem feuerfester Repräsentationsbauten im klassizistischen Stil wie den Dom und die Universität am Senatsplatz. Anfang des 20. Jahrhunderts entwickelte sich eine »Nationalromantik« genannte finnische Variante der Jugendstilarchitektur (zu sehen an den Bauten des Nationalmuseums oder des Hauptbahnhofs), aus der in den 1920er-Jahren der rationale (z.B. das Parlamentsgebäude) und ab den 1930er-Jahren der ästhetisch-funktionale Architekturstil von Hugo Alvar Henrik Aalto (1898 bis 1976) hervorging. Seine Finlandia-Halle (1970) und Bauten in aller Welt haben ganze Architektengenerationen beeinflusst, darunter die Brüder Suomalainen (Felsenkirche, 1969). Aaltos Prinzip des »organischen« Bauens – die reiche Verwendung natürlicher Stoffe und Formen – prägt die finnische Architektur bis heute. 20 der oben erwähnten, zwischen 1820 und 1850 errichteten Monumentalbauten sind noch erhalten und verleihen der Metropole am Finnischen Meerbusen – gemeinsam mit weltbekannten Bauten vom Jugendstil bis zur Moderne – ein besonderes Stadtbild. Zu den weiteren architektonischen Highlights zählt der Hauptbahnhof mit seinem 48 Meter hohen Uhrenturm. Der Senatsplatz mit dem Dom, dem Regierungspalais, dem Universitätshauptgebäude und der Universitätsbibliothek gilt als einer der schönsten Plätze der Welt. In der Mitte steht die Statue Zar Alexanders II. Sehenswert sind außerdem der Marktplatz und die historischen Markthallen am Südhafen; die

Blick auf die Stadtkirche von Ekenäs. Der Küstenort mit seinen charmanten Holzhäusern ist stolz auf die älteste Fußgängerzone Finnlands.

Fähranleger der Schiffe nach Suomenlinna, eine alte schwedische Inselfestung und UNESCO-Weltkulturerbe, und zu den Schäreninseln; die Halbinsel Katajanokka, wo es den besten Panoramablick auf Helsinki gibt; die schöne orthodoxe Uspenski-Kathedrale (1868) mit ihrer reichen Innenausstattung; Luotsikatu, eine der prachtvollsten Straßen Helsinkis mit zahlreichen Jugendstilbauten; die Esplanade, eine parkgesäumte Flaniermeile; und das Kaufhaus Stockmann, das größte seiner Art in Skandinavien. Auch die Museumslanschaft ist sehenswert und reichhaltig. Lohnende Museen sind zum Beispiel das Ateneum Ateneum (finnische Kunst), das Kiasma (moderne Kunst) oder das Sinebrychoff-Kunstmuseum (alte europäische Kunst). Tipp: Einen fantastischen Blick über die Stadt bietet der Turm des Olympiastadions.

02 Ekenäs (Tammisaari)

Etwa 90 Kilometer westlich von Helsinki liegt die »Stadt der Eichen«. Sie ist vor allem für den 52 Quadratkilometer großen Schären-Nationalpark bekannt, der sich vor ihrer Küstenlinie erstreckt. Im Sommer lohnt sich ein Abstecher mit dem historischen Dampfschiff »M/S Sunnan II« dorthin. Auch zum Segeln eignet sich die Bucht bestens. In der historischen Altstadt stehen denkmalgeschützte Holzhäuser aus vergangenen Jahrhunderten – ein Beispiel moderner Architektur ist dagegen Alvar Aaltos Sparkassenbau. Auf dem Friedhof von Ekenäs gibt es einige Gräber aus der Zarenzeit, die man sich einmal angesehen haben sollte. Kurios ist auch die außerhalb der Stadt gelegene Burg Raasepori: Zum Zeitpunkt ihrer Erbauung im 14. Jahrhundert war sie nur per Schiff erreichbar. Heute aber befindet sie sich, in rekonstruiertem Zustand, im Landesinneren.

03 Hanko (Hangö)

Die Landzunge von Hangö ist der Ausläufer des Salpausselkä-Höhenrückens und ist größtenteils dicht bewaldet. Finnlands südlichster Festlandspunkt ist das Segel-, Bade- und Angelparadies der Finnen, die inmitten des Schärengartens oder an den schönen Sandstränden Erholung suchen. Hanko ist sehr jung: Ende des 19. Jahrhunderts wurde der heutige 10 000-Einwohner-Ort gegründet.

BLÅBÄRSLANDETS TENNISPLANER

Ein idealer Platz, um Helsinki zu besuchen (Omnibushaltestelle neben dem Platz, alternativ 4 Kilometer zu Fuß). Er ist ganzjährig geöffnet. Allerdings gibt es keinerlei Ver- und Entsorgungseinrichtungen. Auf der Nachbarinsel befindet sich der Korkeasaari, einer der ältesten Zoos der Welt.

Mustikkamaantie, 00570 Helsinki
GPS 60.18206, 24.99131

Bildleiste von oben:
Der Dom von Turku – die einzige mittelalterliche Kathedrale in Finnland.

Rund um den Ort Posio im finnischen Teil Lapplands liegen viele Seen. Besonders der Herbst kleidet die Landschaft in schöne Farben.

So kann ein Reisetag ausklingen: den Wagen am Ufer parken und den malerischen Sonnenuntergang genießen.

AUSFLUGSZIELE

Koli-Nationalpark

Über einem See mit kleinen Inseln erhebt sich das Koli-Gebirge im Osten Finnlands spektakulär. Manche der Inseln sehen aus wie kleine Flöße, auf denen Fichten wachsen. Als markante Erhebung im ansonsten flachen Finnland umweht die Koli-Berge schon von jeher ein mystischer Hauch. Sollen hier doch die heidnischen Gottheiten Ukko und Akka ihre Sitze gehabt haben. Entsprechend benannt sind die beiden Gipfel: Ukkokoli und Akkakoli. Ganz ungestört sind Gäste des Nationalparks aber nicht, immerhin führt eine Straße fast bis zum Gipfel. Auch Wanderwege, Kanuverleih und Hotels sucht man nicht vergebens. Doch am schönsten sind immer wieder die Panoramablicke über Täler und Wasserfälle. Im Sommer besteht eine Fährverbindung über den Pielinen-See nach Lieksa und Nurmes. Im Winter ist der See zugefroren und über eine Strecke von sieben Kilometern erreicht man Vuonislahti am gegenüberliegenden Ufer des Pielinen.
www.nationalparks.fi
GPS 63.096121, 29.802178

Dafür bietet er seinen Besuchern viel Natur und Erholung. In den wenigen Restaurants lässt es sich gut speisen. Zurück in Ekenäs, führt die Straße 184 nach Salo am Lappdalsfjärden, von dort kehrt die Straße an die einzigartige Schärenküste zurück.

04 Turku (Åbo)

Der dem Ort vorgelagerte Schärengarten zählt über 20 000 Inseln und Eilande und ist eine der Hauptsehenswürdigkeiten Finnlands. Nur wenige Gebäude der einstigen finnischen Hauptstadt haben die größte skandinavische Feuersbrunst im Jahr 1827 überdauert, darunter Schloss Turunlinna, ein trutziges Feldsteingebäude (Ende des 13. Jahrhunderts), und Turkus imposanter Backsteindom aus dem Jahr 1290. Unter den Kunstmuseen von Turku sind vor allem das Sibelius-Museum mit seiner Sammlung von Musikinstrumenten und das Aboa Vetus & Ars Nova mit Ausgrabungen aus dem 14. Jahrhundert interessant.

05 Naantali (Nådendal)

Naantali hat sich den Charme der vorletzten Jahrhundertwende erhalten können. Zu den meistbesuchten Sehenswürdigkeiten gehören die hübsche Altstadt und die Klosterkirche sowie Schloss Kultaranta (der Sommersitz des Staatspräsidenten). Wer den Schärengarten hautnah erleben will, kann der Stichstraße nach Pulkkalla folgen. Die N8 führt anschließend weiter nach Rauma am Bottnischen Meerbusen.

06 Rauma

Finnlands drittälteste Stadt ist eine Hochburg der Spitzenklöppelei (besonderes Festival im Juli). Die historische Altstadt, die in den vergangenen 350 Jahren von Bränden komplett verschont geblieben ist, wurde zum UNESCO-Weltkulturerbe erklärt: 600 Holzgebäude bilden das größte zusammenhängende Stadtviertel dieser Art in ganz Skandinavien. Bewundernswert sind auch die dekorativen Eingangstore der Häuser. Am Marktplatz warten einige nette Cafés mit heimischen Leckereien auf. Von Pori an der N8 führt die N2 nach Forssa und von dort nach Hämeenlinna.

07 Hämeenlinna

Die meisten Besucher zieht es in das Geburtshaus von Jean Sibelius (1865 bis 1957). Aber auch die Backsteinburg Häme (13. Jahrhundert) und der Aulanko-Park gehören zu den wichtigsten Sehenswürdigkeiten. In den Läden der Raatihuoneenkatu, einer Einkaufsstraße, kann man finnische Designprodukte erwerben.

08 Lahti

Der an einem mächtigen Moränenbuckel und an zwei Seen gelegene weltbekannte Wintersportort beeindruckt durch seine sechs Skisprungschanzen und das Skimuseum. Als

NAANTALI CAMPING

Der schöne Campingplatz liegt im Wald an der Schärenküste des Ferienortes Naantali, 15 Kilometer von Turku entfernt. Ver- und Entsorgungseinrichtungen sind vorhanden. Zusätzlich können Dusche, Waschmaschine, Wäschetrockner und WiFi verwendet werden. Ende April bis Ende August geöffnet.

Kopenkatu 20, 21100 Naantali
naantalicamping.sportum.info/stable/suljettu.jsp
GPS 60.46195, 22.02869

POROHOLMAN LOMAKESKUS

Dieser Platz mit Sandstrand an einer Bucht des Bottnischen Meerbusens ist ganzjährig geöffnet und kostenpflichtig. Ver- und Entsorgungseinrichtungen sind vor Ort. Waschräume und Internet sind ebenfalls vorhanden. Der Platz ist nur wenige Kilometer vom historischen Zentrum Raumas entfernt.

Poroholmantie 8, 26100 Rauma
www.poroholma.fi, GPS 61.13542, 21.47042

architektonische Leckerbissen gelten die Kirche des Kreuzes (1978 nach Entwürfen Alvar Aaltos erbaut) und die Sibeliushalle. Lahti ist zudem das Eingangstor zur Seenlandschaft Finnlands: Der Salpausselkä-Höhenzug und die beiden Seen Vesijärvi und Päijänne bieten vielfältige Freizeitmöglichkeiten. Die wunderbare Landschaft entlang der N5 nach Mikkeli entspricht allen Vorstellungen vom »Land der 1000 Seen«.

CAMPING LAPPEENRANTA

Der ruhige Platz im Wald ist drei Kilometer von Linnoitus und dem Schiffsableger für Kreuzfahrten auf dem Saimaasee entfernt. Er verfügt über Ver- und Entsorgungseinrichtungen. Zusätzlich stehen Dusche, Waschmaschine, Wäschetrockner und WiFi zur Verfügung. Geöffnet von Mitte Mai bis Mitte September. Kostenpflichtig.

Kuusimäenkatu 16, 53810 Lappeenranta
campinglappeenranta.fi/en, GPS 61.05388, 28.15271

09 Mikkeli

Die Stadt liegt inmitten einer sanften Hügellandschaft. Sie wurde 1838 auf Befehl Zar Nikolaus I. gegründet, war aber schon im Mittelalter der Zentralpunkt Ostfinnlands. Eine kleine steinerne Kapelle am Marktplatz erinnert noch daran. Im Stadtzentrum steht der größte finnische Pfarrhof aus Holz: Kenkävero. 700 Seen und Teiche umgeben die Stadt. In ihrem Norden erstreckt sich ein Sumpfgebiet. Dunkle Wälder, glitzernde Seen und einsame Ferienhäuser und Dörfer liegen an der Strecke nach Savonlinna und Kerimäki. Wer zum Nordkap will, bleibt auf der N5 und biegt nicht Richtung Savonlinna ab.

In Mikkeli kann man sich entweder für eine Rundreise durch den Süden Finnlands entscheiden, die über Kerimäki, Lappeenranta und Kotka zurück zum Startpunkt der Tour (Helsinki) führt. Oder aber man hat jetzt erst richtig Abenteuerlust bekommen und bricht in den Norden auf. Dann geht es von Mikkeli aus Richtung Kuopio zum Nordkap (siehe Routenverlauf ab Nummer 17).

10 Kerimäki

Im kleinen Örtchen Kerimäki nördlich von Savonlinna steht die weltgrößte Holzkirche. Ihr Stifter – ein Auswanderer, der in Amerika zu Vermögen kam – lieferte die Baupläne in Fuß, der finnische Architekt führte sie jedoch in Metern aus. Die Höhe von 27 Meter und die nunmehr 3000 Sitzplätze waren ursprünglich also gar nicht beabsichtigt – zumal die Gemeinde wenige Einwohner hatte.

11 Punkaharju

Hinter Savonlinna lohnt ein Abstecher zu dem 7 Kilometer langen und 25 Meter hohen Moränenhügel Punkaharju, der sich zwischen dem Pihlajavesi- und dem Puruvesi-See erstreckt. Entstanden ist er aus dem Schmelzwasser der letzten Eiszeit vor ca. 10 000 Jahren. Die Weiterfahrt auf der N6 ab Säakjsalmi verläuft zwischen dem Seengebiet und der russischen Grenze.

12 Imatra am Saimaa-See

Die lebendige Gartenstadt an der Staatsgrenze zu Russland liegt am Hauptbecken des Saimaa-Sees, dem größten Seensystem Finnlands. Der »See der 1000 Inseln« ist bekannt für seine Ringelrobbenpopulation, die im Süßwasser lebt. In Imatra selbst lohnt ein Besuch des von Alvar Aalto geplanten Gemeindezentrums im Ortsteil Vuoksennista und der meist für ein Kraftwerk »gebändigten« Wasserfälle des Vuoksa. Die Schleusen werden nur einmal täglich und nur im Sommer geöffnet. Von einer Bogenbrücke aus kann man dann die Imatrafälle beobachten, während traditionell Jean Sibelius' Orchesterwerk »Es kocht der Strom« durch die Lautsprecher ertönt.

13 Lappeenranta

Die alte Garnisonsstadt liegt am 50 Kilometer langen Saimaa-Kanal, der die Seenplatte über die russische Grenze hinweg mit dem Finnischen Meerbusen verbindet. Von Finnlands größtem Binnenhafen beginnen (auch mehrtägige) Fahrten über den Saimaa-See. Die meisten Sehenswürdigkeiten der Stadt liegen innerhalb des ältesten Teils von Lappeenranta, dem Festungsgelände Linnoitus, dessen Wälle teilweise rekonstruiert worden sind. Hier findet man Kunsthandwerksläden und kleine Geschäfte sowie Wohnhäuser. Auch die orthodoxe Kirche, die älteste des Landes (1785), lohnt einen Besuch. Golfer erfreuen sich der drei Plätze rund um Lappeenranta. Bei Luumäki führt die Landstraße 26 nach Hamina an den Finnischen Meerbusen.

14 Hamina

Hamina ist eine der schönsten Städte des Südens. Die sehenswerten Schwedenwälle aus dem frühen 18. Jahrhundert sollten als Ersatz für die an die Russen gefallene Festung Vyborg dienen, wurden aber schon vor ihrer Fertigstellung von den Russen eingenommen. Ein städtebauliches Kleinod ist Haminas achteckiger Marktplatz, in dessen Mitte sich das Rathaus von 1789 befindet.

15 Kotka

Hauptsehenswürdigkeiten in Finnlands größtem Exporthafen sind die außen schlichte, innen jedoch mit einer aufwendigen Ikonenwand ausgestaltete orthodoxe Nikolaikirche (1795) und die zum Teil monumentalen Bauten aus dem letzten Jahrhundert (u.a. das Gewerkschaftshaus, das Rathaus und die Sparkasse). Auf der Fahrt nach Porvoo bieten sich immer wieder atemberaubende Ausblicke auf die tief ins Land reichenden Fjorde und die Schärenküste.

16 Porvoo (Borgå)

Die Stadt besitzt zwei alte Viertel: eine kopfsteingepflasterte Altstadt mit einem gotischen Backsteindom und eine »jüngere« mit klassizistischen Steinbauten. Sehenswert sind die roten Magazinschuppen am Ufer des Porvoonjoki aus dem 18. und 19. Jahrhundert. Den besten Blick auf die zweitälteste Stadt des Landes hat man von der alten Brücke aus. Bis nach Helsinki sind es von

Der »See der 1000 Inseln«: 250 Kilometer nordöstlich von Helsinki reicht der Saimaa-See bis fast an die russische Grenze heran und zählt rund 14 000 Inseln.

hier noch 51 Kilometer. Der lange Weg zum berühmten Nordkap beginnt ab Mikkeli, indem man nicht, wie oben beschrieben, in östlicher Richtung nach Kerimäki fährt, sondern der Staatsstraße 5 weiter folgt bis nach Kuopio.

17 Kuopio

Wie tief der russisch-orthodoxe Glaube bei den Kareliern verwurzelt ist, vermittelt das Orthodoxe Kirchenmuseum dieser Stadt. Es besitzt die bedeutendste Sammlung dieser Art in Westeuropa. Unweit des Museums kann man auf einem schönen Wanderweg zum 232 Meter hohen Puijo gelangen. Dort bietet sich von einem 75 Meter hohen Aussichtsturm ein spektakulärer Blick über die Universitätsstadt und Kareliens Seen und Wälder.

18 Kajaani

Vor allem wegen ihrer Burg Kajaaninlinna, die zwischen dem 17. und 20. Jahrhundert errichtet wurde, und des winzigen Rathauses ist die Industriestadt am Oulujärvi sehenswert. Lohnend sind Abstecher zu den Fresken der Holzkirche aus dem Jahr 1725 im nahen Paltaniemi. Die Fahrstrecke führt im weiteren Verlauf um den Oulujärvi herum, nördlich der Straße beginnt ein ausgedehntes Sumpfgebiet – Käinuunselkä –, das sich bis weit in den Norden Finnlands zieht. Im Rokuagebiet ragen alte Dünen 80 Meter über die Ebene Nordfinnlands.

MANAMANSALO CAMPING

Der Platz bestícht durch seine ruhige Lage auf einer Insel des Oulujärvi mitten im Wald. Er ist kostenpflichtig, besitzt aber notwendige Ver- und Entsorgungseinrichtungen. Zusätzlich sind Sanitäranlagen vorhanden. Geöffnet von Mitte Mai bis Mitte September. In der Umgebung findet man gute Wander- und Radfahrmöglichkeiten.

Teeriniementie 156, 88340 Manamansalo
www.manamansalo.fi, GPS 64.38948, 27.02610

URUNIEMI CAMPING

Ein naturbelassener Platz zwischen dem Ufer des Inarisees und einem Wald. Der Platz ist kostenpflichtig, hat dafür aber Ver- und Entsorgungseinrichtungen. Zudem haben alle Plätze Stromversorgung. Auch ein Internetzugang besteht. Geöffnet von Anfang Juni bis Ende September.

Urunimentie 7, 99870 Inari, uruniemi.fi, GPS 68.90294, 27.07151

19 Oulu

Wie so viele andere finnische Städte wurde auch Oulus mittelalterliches Stadtbild bei einem Großbrand zerstört. Sehenswert in der zweitwichtigsten Exporthafenstadt Nordeuropas am Bottnischen Meerbusen sind der Dom und die Museen, darunter das Wissenschaftszentrum Tietomaa. Oulu vorgelagert liegt die Urlaubsinsel Hailuoto mit reizvollen Fischerdörfern, reetgedeckten Häusern, Windmühlen, schönen Sandstränden und einer überaus reichen Vogelwelt. Im Gebiet von Oulu geht die Sonne im Hochsommer um 3 Uhr morgens auf und versinkt erst nach Mitternacht. Entsprechend lang sind auch die Beobachtungszeiten, etwa für die Lapplandmeise oder den Prachttaucher mit seinen schaurigen Rufen.

20 Kemi

Der Seehafen Lapplands an der Mündung des Kemijoki ist ein wichtiger Holzhandelshafen mit Sehenswürdigkeiten wie dem Eisbrecher »Sampo« und dem Isohaara-Kraftwerk. Absolutes Highlight im Winter ist das Schneeschloss von Kemi mit einem Eishotel.

21 Rovaniemi

Lapplands Verwaltungszentrum liegt knapp südlich des Polarkreises. Nachdem die Stadt 1944 dem Erdboden gleichgemacht wurde, plante

AUSFLUGSZIELE

Oulanka-Nationalpark

Ein Sprichwort sagt, dass man manchmal vor lauter Bäumen den Wald nicht mehr sieht. Im Oulanka-Nationalpark im südlichen finnischen Lappland sieht man vor lauter Bäumen nichts als Wald. Unvorstellbare zwei Drittel der Landesfläche Finnlands werden von Wäldern bedeckt, und nirgendwo wird dieses Übermaß eindrücklicher als in Oulanka, einer rauen, menschenleeren Welt aus Tälern, Canyons und unzugänglichen Mooren, in denen Luchse, Wölfe, Vielfraße und Bären hausen. Eine unglaubliche Stille liegt über diesem Land. Man hat den Eindruck, als habe es diesen Wald schon immer gegeben, doch um die Wende zum 20. Jahrhundert legte ein fürchterlicher Flächenbrand die gesamte Region in Asche. Der Wald ist also vergleichsweise jung und angesichts der harten Winter zudem extrem widerstandsfähig. Geprägt wird der Nationalpark ansonsten von dem Fluss Oulankajoki, der hier die längste Strecke seines Laufs zurücklegt.
www.nationalparks.fi
GPS 66.368381, 29.312827

*Bildleiste von oben:
Birken gedeihen im
Seenland Saimaa.*

Hier mäandert der Fluss Oulankajoki noch friedlich durch den Oulanka-Nationalpark. Im Oberlauf wird er wilder und ist ein beliebtes Ziel für Rafting-Fans.

Im Oulanka-Nationalpark leben Braunbären – Menschen kommen sie selten in die Quere.

Alvar Aalto ihren Wiederaufbau. Die Hauptstraßen ließ er im Grundriss eines Rentiergeweihs anlegen, von ihm stammt auch das »Lappia-Haus«. Die 320 Meter lange Jätkänkynttilä-Brücke ist Wahrzeichen der Universitätsstadt; bemerkenswert ist das 172 Meter lange gläserne »Arktikum« mit dem Arktischen Zentrum und dem Lappländischen Provinzmuseum, das sich u.a. der Kultur, der Tradition und der Lebensweise der Samen widmet.

22 Sodankylä

Das Dorf rühmt sich, der kälteste Ort Finnlands zu sein und die älteste Holzkirche Lapplands (1689) zu besitzen. Mitte Juni findet in den langen Mittsommernächten das »Midnight Sun Film Festival« statt.

23 Vuotso und Tankavaara

Direkt an der E4 liegt die Samensiedlung Vuotso. Hier können die Besucher einiges über das Handwerk der Samen und die traditionelle Rentierhaltung erfahren. Im nahe gelegenen Dorf Tankavaara erinnert ein Museum an den Goldrausch der 1940er-Jahre. Sogar originalgetreue Hütten, in denen die Goldwäscher lebten, sind zu bewundern. Ein Abstecher in den Urho-Kekkonen-Nationalpark lohnt sich. Obwohl dort Wölfe und Bären hausen, lassen sich in Finnlands zweitgrößtem Naturschutzgebiet herrliche Wanderungen unternehmen.

24 Inari

Überwiegend Samen trotzen den jährlich über 200 Tagen mit Temperaturen unter dem Gefrierpunkt. Das Sami-Freilichtmuseum gibt Auskunft über ihre alte Kultur. Ein Wanderweg führt zur Wildmarkskirche Pielpajärvi (1760). Die Inariregion wird vom 80 Kilometer langen, 40 Kilometer breiten Inarisee geprägt. Der »Heilige See der Samen« ist Finnlands drittgrößtes Gewässer und nur an drei Monaten im Jahr eisfrei.

25 Karigasniemi

Nach weiteren 100 Straßenkilometern durch die raue, karge Wildmark erreicht man die norwegische Grenze bei Karigasniemi: Nordöstlich ragt der 620 Meter hohe Ailigas auf, unweit beginnt das Naturschutzgebiet Kevo und entspringt Finnlands mächtigste Quelle: Sulaoja.

26 Nordkap

Nach einem 261 Kilometer langen Endspurt durch raue Landschaften ist das Nordkap erreicht. Gewöhnlich liegt der dunkelgraue, 307 Meter aus dem Eismeer aufragende Felsen in dichten Nebel gehüllt. Der eigentlich nördlichste Festlandspunkt unseres Kontinents ist das Kap Knivskjellodden. Vom Nordkap wären es nun 2600 Fahrkilometer über die E4 durch Schweden entlang dem Bottnischen Meerbusen bis nach Hamburg oder Berlin.

Links oben: Nördlich des Polarkreises verzaubert ein Winterwunderland die Reisenden. Auch wenn die Sonne schon recht früh untergeht, erstrahlt der Himmel über Stunden in den zarten Farben der Dämmerung.

Links: Das Nordkap ragt 307 Meter aus dem Nordmeer auf. Als Chancellor diesen Felsvorsprung 1553 während der ersten Fahrt zur Entdeckung der Nordostpassage sah, hielt er ihn für die Nordspitze Europas. Tatsächlich ist dies aber die Felszunge Knivskjellodden (im Bild).

Lappland *Im bewaldeten, ebenen Süden der Region ragen nur einzelne unbewaldete Berge auf. Im Norden erstreckt sich eine Tundralandschaft, der Nordwesten gibt sich gebirgig mit Höhen von bis zu 1324 Metern.*

Petäjävesi *Auf einer kleinen Halbinsel zwischen den Seen Jämsänvesi und Petäjävesi wurde 1765 die alte Dorfkirche fertiggestellt. Im Bau der Holzkirche verbinden sich Elemente der Renaissance mit gotischen Einflüssen und dem besonderen Charakter der traditionellen ostskandinavischen Holzarchenarchitektur.*

Savonlinna *Inmitten des Labyrinths der 1000 Gewässer des Saimaa liegt diese sehenswerte Kleinstadt. Die über eine Pontonbrücke erreichbare Trutzburg Olavinlinna (1475) gilt als die schönste und am besten erhaltene mittelalterliche Burganlage Finnlands. Sie ist der Austragungsort der Opernfestspiele.*

Finnische Seenplatte *Diese für Finnland typische Landschaft ist ein Gewirr buchten- und inselreicher Seen, die miteinander verbunden sind. Die finnischen Seen bedecken etwa ein Zehntel des Landes.*

ROUTE 3

IRLAND-RUNDREISE

Die Rundreise verläuft über weite Strecken nahe der Küste, führt von Dublin aus im Uhrzeigersinn um die ganze Insel und schließt auch Nordirland mit ein. Faszinierende Landschaften, lebhafte Städte und historische Gebäude laden den Besucher zum Verweilen ein. Bei dieser Rundreise ist jedoch fahrerisches Können gefragt! Schmale, kurvenreiche Straßen gilt es zu meistern. Natursteinmauern als seitliche Begrenzung der Straßen machen einen Blick in den Rückspiegel bei den langen Überhängen der Reisemobile häufiger notwendig als an anderen Orten. Man sollte sein Fahrzeug also gut kennen und Linksverkehr wie enge Straßen idealerweise routiniert angehen können. Die Geschwindigkeitsbegrenzungen helfen dabei: Auf Landstraßen dürfen Sie je nach Beschilderung nur zwischen 60 und 80 km/h fahren, manchmal noch weniger. Nur auf den gut ausgebauten Autobahnen sind für Fahrzeuge bis 3,5 Tonnen 120 km/h erlaubt, Fahrzeuge mit höherem Gewicht dürfen hier nur mit maximal 90 km/h unterwegs sein. Die Autobahnen sind teilweise mautpflichtig, alle anderen Straßen sind mautfrei. Die Gebühr wird an Mautstationen gezahlt. Eine Ausnahme bildet die M50 rund um Dublin: Hier muss die Maut bis 20 Uhr des Folgetags bezahlt sein (dafür gibt es Payzone-Servicepoints, www.payzone.ie).

Wohnmobilstellplätze, wie sie in Ländern wie Deutschland, Frankreich oder Italien verbreitet sind, gibt es in Irland nur wenige. Potenzielle Parkplätze für eine freie Übernachtung sind häufig durch eine Höhenbeschränkung für den Reisemobilisten nicht zugänglich, oder ein Verbotsschild weist deutlich darauf hin, dass eine Übernachtung im Fahrzeug nicht gestattet ist. So bleibt oft nichts anderes übrig, als einen Campingplatz anzusteuern.

Spektakulär: 8 Kilometer lang zieht sich das Naturwunder der Cliffs of Moher an der Westküste Irlands entlang.

Unterwegs im Land der Kelten

Irland ist ein wahres Naturerlebnis: Sandstrände, eindrucksvolle Klippen, mystische Moorlandschaften, glitzernde Seen und grüne Hügel machen den besonderen Reiz der Grünen Insel aus. Daneben punktet das Eiland mit einer reichen Folklore und quirligen Städten.

Das Trinity College Dublin gilt als die beste Universität Irlands und ihr im Stadtzentrum gelegener historischer Campus als einer der schönsten der Welt. Mit dem »Book of Kells« beherbergt es ein mittelalterliches Kleinod.

ROUTE 3

Streckenlänge: ca. 1200 km
Zeitbedarf: 2–3 Wochen
Routenverlauf (Hauptorte): Dublin, Kilkenny, Cashel, Cork, Killarney, Ring of Kerry, Limerick, Cliffs of Moher, Galway, Clifden, Westport, Ballina, Sligo, Donegal, Londonderry, Giant's Causeway, Belfast, Dublin
Charakteristik: In Irland herrscht Linksverkehr. Besondere Vorsicht ist in Kreisverkehren geboten. Der Straßenzustand ist in der Regel gut.
Informationen: www.ireland.com/de-de/ www.campingireland.ie

Hier geht's zum GPS-Track

01 Dublin

Die über 1000 Jahre alte Hauptstadt der Republik Irland ist von jeher eine Reise wert. Allerdings fährt man nach Dublin nicht unbedingt wegen der Kunstschätze, sondern um das einzigartige Flair zu genießen. Die Wikinger, die sich zuerst hier niederließen, nannten ihre Siedlung »Dyfflin«, was so viel heißt wie »schwarzer Pfuhl«. Ein schlechtes Omen? Tatsächlich war Dublin in seiner langen Geschichte größtenteils von außen bestimmt, vor allem von den Engländern, deren erste »Kolonie« Irland war. Dublin wurde das repräsentative Zentrum der anglo-irischen Verwaltung – und trotzdem im Herzen niemals wirklich britisch. Der Kampf um Irlands Unabhängigkeit begann 1916 in Dublin mit dem Osteraufstand. Gepflegt wurde auch die gälische Tradition, das Poetische, das Erzählen von Geschichten, das Miteinanderreden und Musizieren. Und obwohl das zukunftsorientierte Dublin vielen nicht mehr irisch genug ist, wird man es als überaus interessante Stadt erleben. Das Zentrum der Metropole am Liffey wird von breiten Geschäftsstraßen geprägt. Unbedingt zu empfehlen ist die Fahrt mit einem Doppeldeckerbus – am besten außerhalb der Stoßzeiten. Besonders sehenswert sind die gotische Christ Church Cathedral, die gotische Hauptkirche St Patrick's Cathedral, das historische Stadtviertel Temple Bar, das Trinity College im lebhaften Universitätsviertel, die National Gallery mit Sammlungen irischer Malerei, das National Museum zur irischen Kulturgeschichte, das Kilmainham Gaol, St Stephen's Green und die National Botanic Gardens mit Gewächshäusern aus dem 19. Jahrhundert. Liebhaber alkoholischer Getränke zieht es ganz sicher in das Guinness Storehouse und in die Old Jameson Whiskey Distillery.

02 Powerscourt Estate Gardens

Direkt vor den südlichen Toren von Dublin erstreckt sich eine beeindruckende Parkanlage mit italienischem und japanischem Garten, naturbelassenen Flächen und künstlichen Seen. Das Ambiente wird von einem schlossähnlichen Landsitz, der nach einem Brand 1974 vollständig res-

Beeindruckend und einen Besuch in jedem Fall wert, obwohl nur noch Ruinen erhalten sind: Jerpoint Abbey im County Kilkenny.

tauriert wurde, unterstrichen. Gut ausgeschildert ist der lohnende Abstecher zum Powerscourt Waterfall. Hier, am höchsten Wasserfall Irlands, stürzt der Dargle über einen Granitfelsen rund 130 Meter in die Tiefe.

03 Glendalough

Etwa 30 Kilometer südlich des Wasserfalls blieb im »Tal der zwei Seen« eines der schönstgelegenen Klöster Irlands in reizvoller Umgebung erhalten. Der heilige Kevin gründete die Klosteranlage im 6. Jahrhundert; bald folgten ihm andere Einsiedler und das Anwesen wuchs rasch. Mittelpunkt der ehemaligen Klostersiedlung ist der weithin sichtbare 33 Meter hohe Rundturm – er war Aussichtsposten und Fluchtburg in einem. Die meisten Besucher nehmen lediglich die Ruinen am Lower Lake in Augenschein. Ruhiger, aber nicht minder interessant ist es bei den Ruinen am Upper Lake. Von Glendalough führt eine Straße nach Westen in das Herz der bis 924 Meter hohen Wicklow Mountains. Reizvolle Wanderwege führen zu Bergseen wie Lough Dan und Lough Bray. Aus den Bergen geht es zurück zur Küstenstraße und von dort weiter gen Süden ins 50 Kilometer entfernte Enniscorthy.

04 Jerpoint Abbey

In dem von einer mächtigen Burg überragten Ort Enniscorthy empfiehlt es sich, eine Nebenstrecke

CAMAC VALLEY TOURIST CARAVAN & CAMPING PARK

Der Campingplatz an der N7 außerhalb von Dublin hat Platz für mehr als 100 Mobile und besitzt große, ebene, mit Hecken abgetrennte Stellflächen. Alle nötigen Ver- und Entsorgungseinrichtungen sind vorhanden. Sanitäreinrichtungen und Internet können ebenso genutzt werden. Ganzjährig geöffnet, Reservierung empfohlen (www.camacvalley.com; Tel.: +353 146 406 44). Dublin ist mit dem Omnibus in 40 Minuten bequem zu erreichen.

Naas Road, Clondalkin, D22 DR60 Dublin
www.camacvalley.com, GPS 53.30473, -6.41530,

KILKENNY CAMPING / TREE GROVE CARAVAN AND CAMPING PARK

Hierbei handelt es sich um eine gepflegte Anlage mit den benötigten Ver- und Entsorgungseinrichtungen, inklusive Duschen, Waschmaschinen, Trocknern und WiFi. Geöffnet Anfang März bis Mitte November. Kilkennys Zentrum ist 25 Minuten (zu Fuß) entfernt.

Danville House, Newross Road, Kilkenny
kilkennycamping.com, GPS 52.64005, -7.22918

nach Westen ins Landesinnere zu nehmen. Die Zisterzienserabtei Jerpoint Abbey aus dem 12.Jahrhundert zählt zu den besterhaltenen Klosterruinen Irlands. Nach Nordwesten geht es weiter zur wohl schönsten Stadt des Binnenlandes, nach Kilkenny.

05 Kilkenny

Die rund 22 000 Einwohner leben in einem Juwel des Mittelalters: Enge Gassen, wuchtige Steinhäuser und historische Bauwerke prägen das Stadtbild. Wahrzeichen ist der 65 Meter hohe Turm der Kathedrale St Mary (19. Jahrhundert). Hoch über dem River Nore thront Kilkenny Castle. Diese von den Normannen errichtete Festung zählt zu den berühmtesten der Insel. Pompös eingerichtet ist hier vor allem die Long Gallery mit antiken Möbeln und Porträts von einstigen Hausherren. Doch auch die Gebäude an den Hauptgeschäftsstraßen geizen nicht mit Pracht. Einige Pubs scheinen mit ihren Buntglasfenstern den Kirchen Konkurrenz machen zu wollen. Von Kilkenny geht es weiter gen Westen nach Cashel.

06 Cashel

Die Iren wissen um die Bedeutung des Marktstädtchens (4000 Einwohner) für die Folklore ihres Landes. Die mit hochkarätigen Künstlern besetzten Musikveranstaltungen und Theateraufführungen im Brú Ború Heritage Centre haben in Irland einen guten Ruf. Die meisten Besucher zieht es hingegen zum Rock of Cashel: Ein imposanter Kalkfelsen mit der Ruine einer Festungsanlage überragt die weite Ebene von Tipperary. Ab dem 5. Jahrhundert war die Burg Sitz der Könige von Munster, deren Herrschaftsbereich sich jahrhundertelang über weite Teile Südirlands erstreckte. Ende des 11. Jahrhunderts ging die Anlage in den Besitz der Kirche über, 1647 wurde sie von den Truppen des englischen Heerführers Oliver Cromwell geplündert und etwa 100 Jahre später aufgegeben. Im mächtigen Mauerring sind neben der Kathedrale auch Cormac's Chapel – eine Perle romanischer Baukunst – und der 28 Meter hohe Rundturm erhalten geblieben. Eine weitere Attraktion von Cashel ist Folk Village, ein Freilichtmuseum, das die Geschichte der Region dokumentiert. Von Cashel aus geht die Fahrt in südwestlicher Richtung weiter ins 60 Kilometer entfernte Cork.

07 Cork

Sie ist nach Dublin die zweitgrößte Stadt der Republik Irland und zählt ca. 220 000 Einwohner. Cork bietet ein auffallend »kontinentales« mitteleuropäisches Stadtbild und wird von einer Reihe architektonischer Schätze aus dem 18./19. Jahrhundert geprägt. Die Altstadt liegt auf einer Insel zwischen zwei Flussarmen des Lee. Enge Gässchen, von Bürgerhäusern gesäumte Kanäle und Brücken erinnern an niederländische Städte. Das Wahrzeichen von Cork ist St Ann's Shandon, eine 1722 erbaute Kirche. Die in Form eines Lachses gestaltete Wetterfahne auf der Turmspitze ist von Weitem zu sehen und ein guter Orientierungspunkt. Den Turmaufstieg belohnt ein Panoramablick. Von Cork empfiehlt sich ein Abstecher ins 20 Kilometer östlich der Stadt gelegene Midleton oder nach Ballycrovane in Richtung Killarney.

08 Midleton

Bekannt ist die Stadt vor allem als Standort der größten Whiskeydestillerie der Insel, Midleton Distillery. Hier werden mehrere Sorten, darunter Jameson, Redbreast, Powers und Knappogue Castle, gebrannt. Ein hochmodernes Besucherzentrum ist im Bau und soll 2025 eröffnet werden, Führungen durch die Anlagen werden weiterhin angeboten.

09 Blarney Castle

Die Fahrt geht weiter über die Umgehungsstraße nördlich von Cork

Ein Highlight an der Panoramastraße des Ring of Kerry bietet der »Ladies View« auf die Seenlandschaft des Killarney-Nationalparks.

Ring of Beara

Idealerweise erkundet man die zwischen den Buchten von Bantry und dem Kenmare River gelegene Beara-Halbinsel auf der schönen Panoramaküstenstraße. Diese steht zu Unrecht in ihrer Bedeutung etwas hinter dem viel bekannteren Ring of Kerry zurück, der zur Nationalstraße ausgebaut wurde. Ausgangspunkt dieser für Busse unbefahrbaren, rund 140 Kilometer langen Küstenstraße, die sich aus den Regionalstraßen 572 und 571 zusammensetzt, ist Glengarriff. Von dort geht es südlich um die Caha Mountains herum, an der Südküste entlang, über Adrigole bis nach Castletownbere. Auf der Fahrt nach Allihies öffnet sich ein besonders schöner Blick auf die Insel Dursey. Auf der Nordseite der Halbinsel passiert man Eyeries, Coosmore und Lauragh, bevor die Panoramaküstenstraße schließlich in Kenmare endet.

ringofbeara.com, bearatourism.com
GPS 51.750048, -9.586040

nach Blarney Castle, 1446 errichtet. Besucher aus aller Welt strömen zu dieser Schlossruine, um den legendären Stein von Blarney zu sehen – viele kommen auch, um ihn zu küssen. Der Legende nach wird nämlich jeder, der die Steintafel küsst, mit Redegewandtheit und Überredungskunst gesegnet. Der Name ist Programm, heißt »to blarney« ins Deutsche übersetzt doch »Süßholz raspeln«. Das Dorf Blarney ist mit jeder Menge Kunsthandwerksläden und Souvenirgeschäften auf seine Besucher eingestellt. Der Weg zurück auf die nach Westen führende Hauptstraße N 22 verläuft stellenweise entlang des Flusses Lee.

10 Killarney

Die Stadt ist ein beliebter Ausgangspunkt für die Erkundung des südwestlichen Irland. Auffallend sind die vielen Kutschen auf den Straßen, die Besucher zu einer Rundfahrt einladen. An Sehenswürdigkeiten bietet Killarney im National Transport Museum of Ireland eine Sammlung alter Autos sowie das lebensgetreue Modell einer Miniatureisenbahn. Doch kaum ein Gast bleibt lange in der Stadt, locken doch die herrlichen Landschaften des rund 100 Quadratkilometer großen Killarney-Nationalparks mit den drei reizvollen Seen Upper Lake, Muckross Lake sowie Lough Leane. Die vielen kleinen Inseln wirken wie grüne Farbtupfer im blauen Wasser. An den Ufern steigt das dicht bewaldete Hügelland sanft an. An einigen Stellen steigen die umrahmenden Berge abrupt aus den Seen auf. Dort stürzen Bäche als rauschende Wasserfälle hinunter, darunter auch der Owengarriff River, der im Torc Waterfall 18 Meter tief in den Muckross Lake fällt. In der Umgebung der Seenlandschaft sind einige Klosteranlagen und Burgruinen erhalten, darunter Muckross Abbey (1448) und Ross Castle (1420). Manche dieser Bauten waren bis Mitte des 17. Jahrhunderts die letzten Bastionen der Iren im Kampf gegen die Engländer unter Oliver Cromwell. Vom Seengebiet aus führen mehrere Wege in die Macgillycuddy's Reeks. In dieser Bergkette erhebt sich auch der 1041 Meter hohe Carrauntoohil.

11 Ring of Kerry

Eine Fahrt den Ring of Kerry entlang muss man einmal im Leben gemacht haben. Neben den landschaftlichen Eindrücken der Iveragh-Halbinsel lohnen auch einige malerische Orte der Grafschaft Kerry einen Zwischenstopp. Vor allem beim Anstrich der Häuser in Sneem nahe der Südküste wurde tief in die Farbeimer gegriffen. Nur wenige Kilometer weiter nach Westen führt ein 3 Kilometer langer Weg von der Hauptstraße hinauf zum Staigue Stone Fort, einer keltischen Wehranlage aus dem 3. und 4. Jahrhundert. Mittelmeerstimmung kommt am 3 Kilometer langen, von Dünen gesäumten Strand von Caherdaniel auf. Hier werden auch Boote verliehen. Das Derrynane House – ein feudales Landhaus im Derrynane National Historic Park – erinnert an Daniel O'Connell, der von den Iren als Nationalheld verehrt wird. Nachdem die Straße einen Bogen Richtung Norden gemacht hat, erwartet den Reisenden hinter dem Coomakista Pass ein bekanntes Postkartenmotiv: Eine einsame Häuserzeile trotzt in Waterville auf einer Klippe der steifen Brise, die vom Meer herüberweht. Von der Hauptstraße führt eine Abzweigung nach Westen zum Fischerort Portmagee, von dem aus Boote zur Klosterinsel Skellig Michael verkehren. Eine Brücke verbindet den Hafenort mit der im Norden vorgelagerten Insel Valentia Island. Typisch für den Ort Knight's Town sind

BLARNEY CARAVAN & CAMPING PARK

Diese ist eine sehr gepflegte parkähnliche Anlage mit allen notwendigen Ver- und Entsorgungseinrichtungen, inklusive Duschen, Waschmaschinen, Wäschetrockner und WiFi. Geöffnet von Ende März bis Anfang November. Drei Kilometer sind es zum Blarney Castle, zehn bis in die Innenstadt von Cork (mit dem Bus).

Stone View, Blarney
www.blarneycaravanpark.com, GPS 51.94755, -8.54718

Akkordeonklänge, die aus den Pubs herausströmen. Zurück auf Iveragh, erreicht man bald Cahersiveen, den Hauptort der Halbinsel. Er hat sich trotz touristischen Besucherandrangs viel von seiner Ursprünglichkeit bewahrt. Einen endlos scheinenden Sandstrand bietet das Dorf Glenbeigh. Über dem 5 Kilometer langen Rossbehy Beach weht die meerblaue Umweltflagge für besonders sauberes Wasser. Das nahe gelegene Freilichtmuseum Kerry Bog Village zeigt eine Ausstellung zur Geschichte der Torfstecherei. Fahren Sie den Ring gegen den Uhrzeigersinn. So fahren alle Omnibusse. Das vereinfacht die Fahrt auf der schmalen Straße.

12 Dingle Peninsula

Kaum weniger attraktiv als der Ring of Kerry ist eine Fahrt um die 48 Kilometer lange Dingle-Halbinsel, für die man mindestens einen halben Tag einplanen sollte. Der Wechsel von Felsklippen und Sandbuchten macht den ganz besonderen Reiz dieser Küstenlandschaft aus. Vom Süden kommend, verlässt man die Hauptstraße bei Castlemaine in Richtung Westen. Die sandige Nehrung von Inch bietet sich als perfekter Badestrand an. Im weiteren Verlauf passiert die Hauptstraße mehrere Festungen und Klöster. Die winzige Steinkirche Gallarus Oratory, deren Form an ein umgedrehtes Boot erinnert, ist eine der am besten erhaltenen frühen Kirchen. Vor der Küste liegen die Blasket Islands.

13 Tralee

Hauptattraktionen sind hier das Kerry County Museum und die gleich außerhalb der Stadt gelegene Blennerville Windmill, die größte noch arbeitende Windmühle Irlands. Von Tralee geht es Richtung Norden nach Tarbet, von dort aus folgt die Straße dem Verlauf des Shannon. Auf dem Weg nach Limerick lohnt ein Zwischenstopp in Glin beim 1780 erbauten georgianischen Glin Castle.

14 Limerick

Mehrere Brücken überspannen bei Limerick den breiten River Shannon. Die Stadt wirkt auf den ersten Blick nicht einladend, beherbergt aber einige Sehenswürdigkeiten. Ältestes Gebäude der im 9. Jahrhundert von den Wikingern gegründeten Stadt ist die im Jahr 1172 auf einem Hügel errichtete St Mary's Cathedral. Nicht weniger imposant ist King John's Castle (1200) mit seinen fünf Rundtürmen und den mächtigen Festungswällen. Das Hunt Museum zeigt antike Funde aus ganz Irland. Wer länger bleibt, sollte sich ebenfalls den Milk Market, die City Gallery of Art und den Bishops Palace ansehen. Lohnende Abstecher etwas außerhalb gelegen sind Lough Gur mit seinem Visitor Centre und Adare mit seinem Schloss.

15 Bunratty Castle & Folk Park

Nordwestlich von Limerick steht mit Bunratty Castle ein weiteres »Muss« jeder Reiseplanung. Berühmteste Herren dieser Burg (15. Jahrhundert) waren die O'Briens. Prunkvoll eingerichtete Räume mit alten Möbeln und Wandteppichen schaffen eine einzigartige Atmosphäre. Abends finden hier Bankette im Stil des Mittelalters statt. Von den Zinnen bis zu den Kerkerräumen vermittelt die gesamte Anlage ein anschauliches Bild des herrschaftlichen Lebens in Irland. Vor dem Castle wurde ein vollständig rekonstruiertes irisches Bauerndorf aus dem Mittelalter im Folk Park wieder aufgebaut.
Bei der Weiterfahrt nach Norden erreicht man kurz vor Ennis die Augustinerabtei Clare Abbey (12. Jahrhundert). Ennis Abbey (13./14. Jahrhundert) zählte einst zu den größten Klöstern der Insel. Verwinkelte Gassen und eine lebhafte Musikszene prägen das Städtchen – Folk Music scheint hier allgegenwärtig. Von Ennis verläuft die Straße weiter landeinwärts und erreicht erst kurz vor der Einmündung des River Shannon

PARKING CROMANE

Dies ist ein sehr schöner Platz am Strand mit fantastischem Blick über die Dingle Bay auf die Slieve Mish Mountains und er liegt nur fünf Kilometer vom Ring of Kerry entfernt. Zwar hat er keinerlei Versorgungseinrichtungen, aber ist kostenlos und ganzjährig geöffnet. Ein gutes Restaurant ist in der Nähe (Jacks' Coastguard Restaurant).

Lower Cromane, Cromane, GPS 52.111900, -9.902940

SLEA HEAD PARKING

Ein kostenloser Parkplatz direkt am Strand in sehr reizvoller landschaftlicher Umgebung auf der Dingle-Halbinsel. Leider keinerlei Versorgungseinrichtungen, dafür aber ganzjährig geöffnet. Außerdem gibt es gute Wandermöglichkeiten entlang der Küste.

Slea Head Drive, Coumeenoole North, GPS 52.10985, -10.46567

NAGLE'S DOOLIN CAMPING & CARAVAN PARK

Der Platz für Sonnenuntergänge am Meer! Alle nötigen Ver- und Entsorgungseinrichtungen sind vorhanden, außerdem Duschen, Waschmaschinen und WiFi. Geöffnet von Mitte März bis Anfang Oktober. Reservierung empfohlen (www.doolincamping.com; Tel.: +353 657 074 458). Er ist nahe den Cliffs of Moher (Ausflugsboote am Hafen) gelegen, der Cliffs of Moher Walking Trail beginnt in 1,8 Kilometer Entfernung. Empfehlenswert ist ein Besuch des Gus O'Connor's Pub mit traditioneller irischer Livemusik.

Ballaghaline, Doolin
www.doolincamping.com, GPS 53.01641, -9.40012

In Irland befinden sich viele Stell- und Parkplätze direkt an der Küste oder in Meeresnähe und bieten den Urlaubern einmalig schöne Kulissen. Im Bild: ein Wohnmobil-Parkplatz auf der Dingle Peninsula.

ins Meer einen der größten Jachthäfen Irlands, Kilrush. Von hier geht es entlang der Westküste zu einer der Hauptattraktionen.

16 Cliffs of Moher

Ein Naturwunder der besonderen Art sind diese Klippen. Die nahezu senkrecht abfallenden Felswände sind mehr als 200 Meter hoch und erstrecken sich über eine Länge von rund acht Kilometern. Die erhabene Kulisse wird vom Stimmengewirr zahlloser Seevögel untermalt. Besucher können sich auf ausgewiesenen und teils mit Zäunen gesicherten Pfaden sogar bis an den Klippenrand vorwagen. Von dem Verlassen der festgelegten Wanderpfade wird jedoch dringend abgeraten!

17 The Burren

In Lisdoonvarna führt eine Straße (R476) Richtung Südosten zum Leamaneagh Castle (17. Jahrhundert). Auf dem Weg nach Norden durchquert man eine einzigartige Landschaft – »The Burren«, deren Name sich vom gälischen Wort für Felsland (»boireann«) ableitet. Das von zahlreichen Spalten durchzogene bizarre Kalksteinplateau charakterisierte ein englischer Heerführer im 17. Jahrhundert wie folgt: »Kein Wasser zum Ertränken, kein Baum zum Hängen, keine Erde zum Begraben.« Steinkreise und andere Siedlungsspuren geben noch heute Rätsel auf. Der Poulnabrone-Dolmen – eine Ansammlung mächtiger Steinplatten – diente von 2500 bis 2000 v. Chr. als Grabkammer, was Funde von Menschenknochen belegen. The Burren ist auch bekannt für seine Höhlen. Eine von ihnen, Aillwee Cave, etwas abseits der Straße, kann besichtigt werden. Die Temperatur in der Höhle beträgt allerdings das ganze Jahr über nur 10 °C. Pollnagollum birgt den größten Stalaktiten der Insel.

18 Galway

Mit etwa 83 000 Einwohnern ist Galway die größte Stadt Westirlands und eine wichtige Universitätsstadt. Steinhäuser mit hölzernen Fassaden und Gassen prägen die Altstadt. Für Autofahrer ist das Stadtzentrum am Corrib ein Albtraum, Fußgänger und Flaneure finden dagegen paradiesische Zustände vor. Bei schönem Wetter sind die Straßencafés bevölkert, Musiker und Künstler zeigen ihr Können. Die sanierten Wohnviertel am Fluss zeugen von einem hohen Lebensstandard, für den auch der Hightech-Boom der letzten Jahre sorgte. Zu den bekanntesten Bauwerken gehört die normannische Stadtkirche St Nicholas (1320). Sie stellt einen markanten Kontrast zur erst 1965 fertiggestellten Kathedrale St Nicholas am Nordufer des Flusses dar. Von Galway führt eine gut ausgebaute Straße nach Osten zu den rund 65 Kilometer entfernten Ruinen der Klostersiedlung Clonmacnoise – unbedingt besuchenswert!

19 Aran Islands

In Galway legen die Fähren zu den zerklüfteten Aran Islands ab – ein Archipel, dessen Hauptinsel Inishmore ein wahres Dorado für Mountainbiker ist. Inselrundfahrten sind auch mit Minibussen oder Pferdewagen möglich. Stopps bieten sich bei steilen Felsklippen, Ruinen ehemaliger Klöster und Festungsanlagen wie Dun Aengus Fort an. Ein zeitgeschichtliches Dokument ist der Stummfilm »Men of Aran« (1934), der die Fischer bei ihrer schon damals altertümlich anmutenden Arbeit zeigt.

20 Kylemore Abbey

Die Landschaft westlich von Galway wird von felsigen Küsten, Bergen und kargem Moorland geprägt und ist in

AUSFLUGSZIELE

Clonmacnoise

Die Ruinen dieser Klosteranlage (6. Jahrhundert) liegen wenige Kilometer südlich von Athlone im Landesinneren. Ein Abstecher dorthin lohnt sich, denn die Abtei gehörte einst zu den bedeutendsten Orten des Christentums in Irland. Ihre Blütezeit erlebte sie zwischen dem 7. und dem 12. Jahrhundert, als sie als Ort geistlicher Gelehrsamkeit Mönche aus ganz Europa anzog und kostbare Handschriften hervorbrachte. Anders als bei kontinentalen Klöstern sind in Clonmacnoise viele kleine Kirchen, mönchische Wohnzellen und Grabstätten über das Gelände der Abtei verteilt. Eine der Hauptattraktionen ist das »Cross of the Scriptures«. Das steinerne Hochkreuz war laut einer kaum noch zu entziffernden Inschrift dem Hochkönig Flann (877–915) geweiht. Die Ruinen der im 16. Jahrhundert zerstörten Klosteranlage stehen seit 1955 unter Denkmalschutz.

heritageireland.ie/places-to-visit/clonmacnoise
GPS 53.324378, -8.004563

Teilen im Nationalpark Connemara geschützt. Die Route von Galway nach Westen und später nach Nordwesten verläuft unweit der durch zahlreiche Buchten gegliederten Küste und vorbei an Clifden Castle. Märchenhaft wirkt Kylemore Abbey, ein idyllisch am Kylemore Lough gelegenes, altes Benediktinerinnenkloster. Teile des heutigen Connemara-Nationalparks gehörten einst zum Kloster. Unterwegs nach Norden lohnt bei Bangor der Abstecher zum Blacksod Point mit seinem Steinkreis.

21 Donegal Castle

Mitten im kleinen Ort Donegal erhebt sich auf einem Felssporn eine mächtige Burg (15. Jahrhundert), die nach mehrmaliger Umgestaltung nun eher den Charakter eines Schlosses hat. Allein schon die Banketthalle lohnt das Eintrittsgeld. Sie ist im Zustand der jakobitischen Epoche erhalten und besitzt einen offenen Kamin aus jener Zeit. Bei Donegal verlässt man nun die Küstenstraße und quert die Nordspitze Irlands Richtung Londonderry.

22 Londonderry

Kurz nach Passieren der Grenze Nordirlands erreicht man die zweitgrößte Stadt Nordirlands. Von Protestanten wird sie Londonderry und von Katholiken Derry genannt. Pastellfarbene Häuser prägen ihr Antlitz. Die bis zu 9 Meter breiten Walls of Derry zählen zu den besterhaltenen Stadtmauern Europas. Eindrucksvoll: The People's Gallery im Stadtviertel Bogside. Hier finden sich mehrere großflächige Wandbilder (»Murals«), die an die Bürgerrechtsbewegung und den

Bloody Sunday erinnern. Das Tower Museum informiert über die Stadtgeschichte, das Museum of Free Derry über den Nordirland-Konflikt. Seit dem Jahr 2011 führt die sogenannte Peace Bridge über den River Foyle.

23 Giant's Causeway

Unbestrittenes Highlight der landschaftlich sehr reizvollen Nordküste von Antrim sind die unzähligen Basaltsteine am Giant's Causeway, um den sich viele Legenden ranken. Eine erzählt von einem Riesen, der einen Damm anlegte, um seine auf der schottischen Insel Staffa lebende Geliebte trockenen Fußes nach Irland bringen zu können. Niemand kennt die genaue Zahl der meist sechseckigen, bis zu 25 Meter hohen Basaltsäulen. Einigen der auffallendsten Gesteinsformationen des spektakulären Naturphänomens wurden so bildhafte Namen gegeben wie »Fuß des Riesen«, »Kamelrücken« oder »Wunschstuhl«. Die weitere Route verläuft entlang der Nordostküste am Nordkanal, vorbei an Dunluce Castle, nach Belfast und verlässt südlich von Newry Nordirland.

CLIFDEN ECO BEACH CAMPING & CARAVANNING PARK

Der große naturbelassene Platz mit Sandstrand ist kostenpflichtig und hat alle notwendigen Ver- und Entsorgungseinrichtungen sowie Sanitäreinrichtungen. Geöffnet von Ende Januar bis Ende Dezember. In der Umgebung gibt es gute Wander- und Radfahrmöglichkeiten. In 24 Kilometern erreicht man Kylemore Abbey.

Claddaghduff Road, H71 W024 Clifden
clifdenecocamping.ie, GPS 53.52326, -10.13452

CARRICK-A-REDE ROPE BRIDGE CAR PARK

Dieser kostenlose Parkplatz ist eine Filmkulisse (»Game of Thrones«). Keinerlei Versorgungseinrichtungen für Wohnmobile vorhanden, dafür aber ganzjährig geöffnet. Der Platz bietet einen fantastischen Blick auf die spektakuläre Küstenlandschaft des North Channel. Ein schöner Wanderweg, der Carrick-a-Rede Coastal Walk, führt über die Carrick-a-Rede Ropebridge auf die vorgelagerte Insel.

Rope Bridge, BT54 6LS Carrick-a-Rede
www.nationaltrust.org.uk, GPS 55.23946, -6.34828

Links unten: Der südlichste Punkt der Aran Islands ist der 34 Meter hohe Leuchtturm von Inis Oírr (Inisheer).

Unten: Die Ruinen der an einem weiten Bogen des River Shannon gelegenen Klosteranlage Clonmacnoise (6. Jahrhundert) sind vor allem wegen zweier erhaltener Hochkreuze im Friedhofsbereich berühmt.

Wenn die Sonne hinter den Basaltsäulen des Giant's Causeway untergeht, kann die Rauheit und Schönheit der Irischen See hautnah erfahren werden.

24 Belfast

Die Stadt liegt an der Mündung des Lagan River in der als Belfast Lough bezeichneten Bucht. Belfast ist das politische, wirtschaftliche und kulturelle Zentrum der britischen Provinz Nordirland. Die lebendige Hafenstadt mit ihren 345 000 Einwohnern bietet alles, was eine pulsierende Großstadt ausmacht – ein reiches Angebot an Einkaufsmöglichkeiten, Restaurants, Theatern und Kinos sowie architektonischen Highlights. Die offizielle Gründung von Belfast erfolgte im Jahr 1177 mit dem Bau einer normannischen Burg. Doch eine größere Entwicklung wollte auch nach der Einnahme durch England nicht einsetzen – Mitte des 17. Jahrhunderts zählte die Stadt gerade einmal 150 Häuser. Doch ein paar Jahrzehnte später bauten aus Frankreich vertriebene Hugenotten eine prosperierende Leinenindustrie auf, die Verarbeitung von Tabak und der Schiffbau zogen weitere Arbeitsplätze nach sich. Eine rasante Zuwanderung aus England und Schottland setzte ein. Im Jahr 1922 wurde Belfast Hauptstadt Nordirlands. Bedeutendster Platz im Zentrum ist der Donegall Square mit imposanten Bauwerken aus der viktorianischen Zeit. Hier erhebt sich auch das Wahrzeichen der Stadt – das pompöse Rathaus (1906). Das 1894 eröffnete Grand Opera House ist eine der wichtigsten Konzerthallen Großbritanniens. Einen Steinwurf entfernt lockt der Crown Liquor Saloon. Dieser im viktorianischen Stil eingerichtete Pub ist allein schon wegen seiner Buntglas- und Marmordekorationen sowie der Gaslampen einen Besuch wert. Ebenso lohnt das Ausstellungszentrum Titanic Belfast eine Besichtigung.

SHORE CAR PARK

Am Eingang der Bucht von Belfast (Belfast Lough) befindet sich dieser große asphaltierte und sehr ruhige Parkplatz. Er hat zwar keinerlei Versorgungseinrichtungen für Wohnmobile, dennoch ist der Platz ein guter Standort, um Belfast mit der Bahn zu besuchen (8 Minuten Fußweg zum Bahnhof, 50 Minuten Fahrzeit).

Old Castle Road, BT38 Whitehead, GPS 54.75604, -5.70255

25 Bend of the Boyne

Vor Dublin empfiehlt sich noch ein Stopp im Boyne Valley bei Slane mit seinen herausragenden Ganggräbern aus neolithischer Zeit. Die drei größten – Newgrange, Knowth und Dowth – sind seit 1993 UNESCO-Weltkulturerbe. Auf ein Alter von rund 5000 Jahren werden sie heute von den Archäologen geschätzt. Newgrange und Knowth sind nur über das Brú na Bóinne Visitor Centre auf der Südseite des Flusses Boyne zugänglich. Dowth kann nur von außen angesehen werden. In die Annalen der politischen Geschichte ging das Boyne Valley mit der Schlacht am Boyne am 1. Juli 1690 ein.

Connemara National Park *Eine Landschaft von fast mythisch anmutender Schönheit erstreckt sich zwischen zwei Bergketten, den Twelve Bens und den Maumturk Mountains: Torfmoore und eine filigrane Küste mit ungezählten Inselchen.*

Carrick-a-Rede *Wer auf diese Insel möchte, sollte schwindelfrei sein: Eine Hängebrücke verbindet sie mit dem Festland. Die Insel ist – abgesehen von unzähligen Kolonien von Seevögeln – unbewohnt.*

Monasterboice *Steinerne Zeugen einer mehr als 1000 Jahre alten Geschichte sind die beiden Hochkreuze auf diesem Friedhof. Das nur noch als Ruine erhaltene Kloster Mainistir Bhuithe wurde 1097 verlassen und verfiel.*

Cliffs of Kilkee *Dass diese Cliffs bei Weitem nicht so bekannt sind wie die gut 40 Kilometer weiter nördlich liegenden Cliffs of Moher, hat klare Vorteile. Die Besucher können hier frei wandern. Zu erreichen sind die Klippen am besten zu Fuß direkt vom Urlaubsort Kilkee aus.*

Browoneshill Dolmen *Unweit von Carlow steht Europas größter Zeuge der Jungsteinzeit bzw. frühen Bronzezeit. Man vermutet, dass das über 4000 Jahre alte Grab einmal gänzlich mit Erde bedeckt war. Sein 100 Tonnen schwerer Deckstein ist der größte auf den Britischen Inseln.*

Skellig Michael *Die Klostersiedlung illustriert das ursprüngliche Leben der irischen Christen. Wer nie auf dem Friedhof dieser Insel gestanden hat, so G. B. Shaw, »kennt Irland nicht durch und durch«.*

ROUTE 4

SCHOTTLAND-RUNDREISE

Wenn Sie in Edinburgh mit der Rundreise starten, haben Sie sich höchstwahrscheinlich schon auf dem Weg dorthin durch England an den Linksverkehr gewöhnt. Sinnvoll ist es, sich auf der Reise nach Schottland mit dem englischen Mautsystem vertraut zu machen. Zwar sind die Autobahnen und Fernstraßen bis auf wenige Ausnahmen mautfrei, jedoch gibt es einige Brücken und Tunnel, die gebührenpflichtig sind. Alle Kennzeichen der Fahrzeuge, die diese Einrichtungen nutzen, werden automatisch mit Kameras aufgenommen und es wird abgeglichen, ob das Fahrzeug registriert ist oder nicht. Liegt keine Registrierung vor und wurden solche gebührenpflichtigen Tunnel oder mautpflichtigen Brücken genutzt, so besteht die Möglichkeit, an Payzone-Verkaufsstellen oder telefonisch die Gebühr zu entrichten. Tut man das nicht, wird man Wochen nach der Reise Post bekommen, und neben der Gebühr wird ein empfindliches Bußgeld fällig! Auf der Internetseite des ADAC (www.adac.de/reise_freizeit/maut/) finden Sie für Großbritannien eine Liste der Brücken und Tunnel, die mautpflichtig sind. Für jede sind die Zahlungsmodalitäten einzeln aufgeführt. Die Höchstgeschwindigkeit auf Landstraßen für Fahrzeuge bis 3,5 Tonnen beträgt 96 km/h (60 Meilen), für schwerere Fahrzeuge 80 km/h (50 Meilen).

»No overnight camping« – ein Schild mit dieser Aufschrift werden Sie in England oft sehen, in Schottland dagegen weniger. Hier ist es durchaus möglich, an einer Bucht oder auf einem stillen Platz in den Highlands unbehelligt zu übernachten. Für die Nutzung von Campingplätzen ist es empfehlenswert, eine Camping-Card zu besitzen. Nicht nur, dass für die Nutzung der Campingplätze Rabatt gewährt wird, ist von Vorteil, sondern einige Campingplätze sind ohne diese Karte erst gar nicht nutzbar.

Schottland und vor allem die Highlands sind ein Wander- und Trekkingparadies. Eine Tageswanderung kann etwa auf den Gipfel Stob Dubh führen mit einem grandiosen Blick über die umliegenden Gipfel.

Clansmen, Whisky und raue Highlands

Ob Romantiker, Naturfreund oder Kulturliebhaber – Schottlands herbe Schönheit berührt die Seele eines jeden Reisenden. Wer sich auf die raue, einsame Landschaft der Highlands und die reiche Kultur und Geschichte des Landes mit allen Sinnen einlässt, wird mit unvergesslichen Eindrücken belohnt.

Eine tolle Sicht über Edinburgh hat man vom Dugald Stewart Monument auf dem Calton Hill. Der 1831 hier errichtete Tempel mit seinen korinthischen Säulen gedenkt des großen schottischen Moralphilosophen (1753–1828).

ROUTE 4

Streckenlänge: ca. 1.200 km
Zeitbedarf: 2–3 Wochen
Routenverlauf (Hauptorte): Edinburgh, Stirling, Dundee, Dunottar Castle, Ballater, Inverness, John o'Groats, Durness, Fort William, Inveraray, Glasgow
Charakteristik: Es herrscht Linksverkehr. Die Straßen sind teilweise sehr schmal, ohne Randstreifen und unmittelbar von Hecken begrenzt.
Informationen:
www.visitscotland.com/de-de
www.campsites.co.uk
www.traffic.gov.scot

Hier geht's zum GPS-Track

01 Edinburgh

Die Route beginnt in der Kulturmetropole Edinburgh. Die schottische Hauptstadt, deren historisches Zentrum von der UNESCO zum Weltkulturerbe erklärt wurde, fasziniert durch ihre architektonische Geschlossenheit und ein höchst lebendiges Kulturleben – vor allem im Sommer während des berühmten Musik- und Theaterfestivals. Bereits während des 18. und 19. Jahrhunderts war sie das kulturelle Zentrum des Nordens. Berühmte Autoren wie Robert Burns und Sir Walter Scott lebten hier. Der älteste, seit der Bronzezeit besiedelte Kern von Edinburgh ist Castle Rock, ein Vulkanfelsen, auf dem im 7. Jahrhundert König Edwin eine erste Burg errichten ließ. So entstand der Name »Edinburgh«. Bis heute ist die Burg der Blickfang der Stadt. Wie Felszinnen ragen die grauen Hochhäuser aus dem 17. Jahrhundert eindrucksvoll vor dem Castle auf. Unter den interessanten Gebäuden unterschiedlicher Epochen ist die St. Margaret's Chapel (11. Jahrhundert) das älteste. Im Crown Room befinden sich die Königsinsignien. Holyroodhouse ist die offizielle schottische Residenz des Königs. Zwischen Letzterer und der Burg verläuft der historische Straßenzug Royal Mile, vor dem 66 Gässchen ins mittelalterliche Edinburgh abzweigen. Bei einem Besuch der Ende des 18. Jahrhunderts entstandenen New Town lohnen die National Gallery of Scotland mit einer der bedeutendsten Gemäldesammlungen Europas, das National Museum of Scotland mit auf Schottland bezogenen historischen Sammlungen und die Gallery of Modern Art mit Kunst des 20. Jahrhunderts einen Abstecher. Ein Muss: Besuch eines Pubs!

02 Stirling

Die zweite Station der Rundreise ist das 58 Kilometer westlich von Edinburgh an den Ufern des Forth gelegene Stirling. Die Stadt wird von einer Burg dominiert. Der älteste Teil des Stirling Castle stammt aus dem 14. Jahrhundert. In der reizvollen Altstadt ist die Church of the Holy Rude eine kunsthistorische Besonderheit: Sie ist eine der wenigen erhaltenen mittelalterlichen Kirchen des Landes.

Naturoase mitten in Edinburgh: die Princes Street Gardens.
Unten: Ruinen der ehemaligen Abtei St Andrews im gleichnamigen Ort.

03 Fife
Zwischen den Meeresarmen Firth of Forth und Firth of Tay erstreckt sich die Halbinsel Fife. Die Region war im 4. Jahrhundert n. Chr. eines der sieben schottischen Königreiche. An der Nordküste des Firth of Forth entlang geht es zuerst nach Culross. Der Ort erlebte seine Blütezeit als Handelszentrum im 16. Jahrhundert. Die reichen Bürgerhäuser blieben bis

WALLYFORD PARK AND RIDE

Der große kostenlose Park-&-Ride-Parkplatz östlich von Edinburgh verfügt über keinerlei Ver- und Entsorgungseinrichtungen, ist aber ganzjährig geöffnet. Er ist ideal, um mit dem Omnibus in Edinburghs Innenstadt zu fahren (Linie 124, alle 20 Minuten, ca. 40 Minuten Fahrzeit).

Haddington Road / A199
EH21 8JX Musselburgh, GPS 55.94223, -3.01123

heute unbeschädigt erhalten und bilden ein zauberhaftes Ensemble. Elf Kilometer östlich liegt Dunfermline. Lange Zeit war die Stadt die Residenz der schottischen Könige. Auf einem Hügel im Südwesten sind noch die Ruinen des einstigen Schlosses, die Abtei und ein altes Kloster zu besichtigen. Ein Stück weiter östlich, hinter der Landspitze Chapel Ness, reihen sich zwischen den Orten Elie und Crail pittoreske Fischerdörfer, Burgruinen und alte Kirchen aneinander.

04 St Andrews

An der Ostküste der Region Fife, etwa 10 Kilometer nördlich von Crail, liegt St Andrews, das Mekka des Golfsports. Hier wurde 1754 der erste Golfclub gegründet. Noch heute kann man auf dem berühmten Old Course spielen. Sehenswert sind mitten im Ort die Ruinen der St Andrews Cathedral aus dem 16. Jahrhundert, einst die größte und prächtigste Kirche Schottlands. Wer die Stufen des 33 Meter hohen St Rule's Tower erklimmt, wird mit einer grandiosen Aussicht belohnt. Über Perth und Dundee führt die Strecke entlang der Küste in das 12 Kilometer nördlich von Arbroath gelegene Montrose. Von dort aus empfiehlt sich ein Abstecher ins Landesinnere zum rund 65 Kilometer entfernten Blair Castle.

ST ANDREWS HOLIDAY PARK

Ein großer Campingplatz direkt am Meer. Die Stellplätze für Wohnmobile befinden sich direkt neben dem Golfplatz Castle Course. Alle notwendigen Ver- und Entsorgungseinrichtungen sind vorhanden, auch Sanitäreinrichtungen und Internetzugang. Geöffnet von Mitte März bis Ende Oktober. Reservierung empfohlen (www.abbeyford.com/our-parks/st-andrews-holiday-park).

A917, Kinkell Braes, KY16 8PX St Andrews
GPS 56.32925, -2.77433

05 Montrose

Wie ein Riegel ist die auf einer Halbinsel gelegene Hafenstadt einer Naturbucht vorgelagert. Am Ufer des Montrose Basin steht das georgianische House of Dun, das im Jahr 1730 errichtet wurde. Die Küstenlandschaft rund um Montrose beeindruckt durch kilometerlange Sandstrände und steile Klippen.

06 Dunnottar Castle

Nordwärts der A 92 folgend, erreicht man kurz vor Stonehaven eine der faszinierendsten Ruinen Schottlands: Das spektakulär auf einem über 50 Meter hohen Felsen im Meer thronende Dunnottar Castle ist nur durch einen schmalen Grat mit dem Festland verbunden. Eine der reichsten und mächtigsten Familien des Landes, die Marschalls von Schottland, lebten einst im Castle. Außer-

Bildleiste links von oben: Romantisch zeigt sich Loch Morlich im Cairngorms-Nationalpark in der Abenddämmerung.

St Andrews beherbergt den legendärsten Golfclub der Welt; vermutlich wurde dort schon vor der ersten Aufzeichnung über diesen Sport in Schottland Golf gespielt.

Nördlich von Dundee liegt ein Kleinod schottischer Burgenromantik: Glamis Castle.

Bild unten: Weiter geht die Route in Richtung Aberdeen mit seinem berühmten Crown Tower.

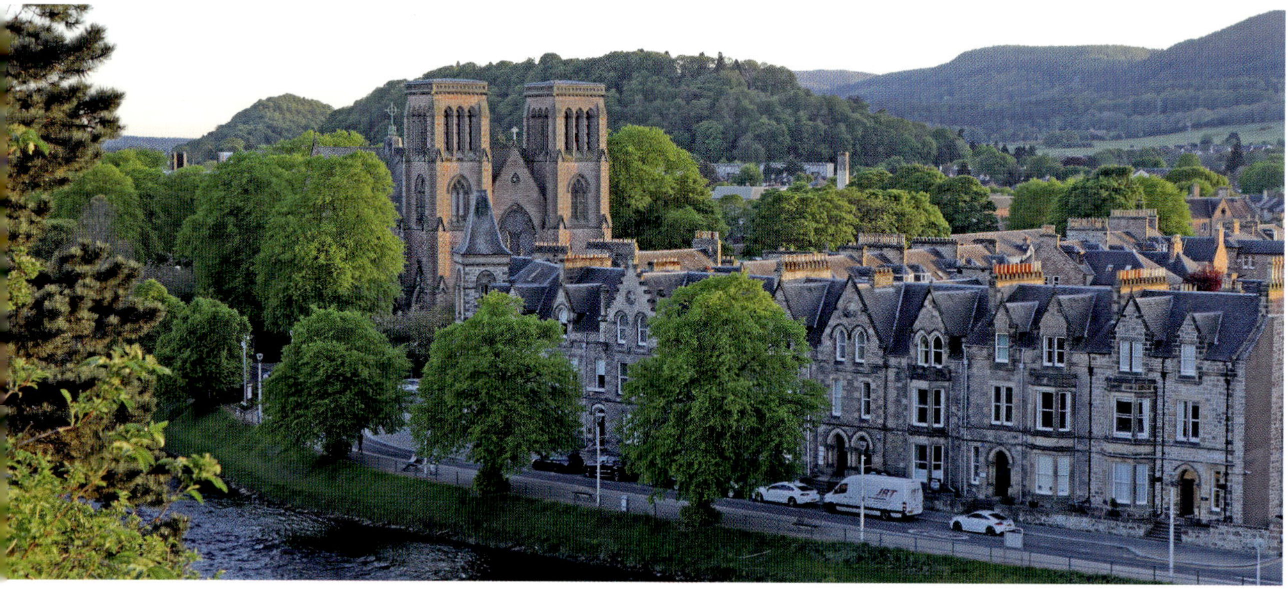

Ganz oben: Heftig umkämpft, dann in Vergessenheit geraten: Dunottar Castle wurde im 17. Jahrhundert u. a. von den Truppen Oliver Cromwells belagert.

Oben: Von Inverness Castle eröffnet sich ein fantastischer Blick auf die Stadt.

dem wurden in der Festung im 17. Jahrhundert die schottischen Reichsinsignien aufbewahrt. Von der Burg sind noch die Ruinen des Turmhauses, einiger Wohngebäude und der Kapelle erhalten.

07 Aberdeen

Die Stadt ist Europas Zentrum der Ölindustrie und einer der größten europäischen Häfen. Zu den historischen Sehenswürdigkeiten zählen das King's College, die St Andrew's Cathedral, die St Machar's Cathedral und das Maritime Museum. Von Aberdeen führt die Route ins Landesinnere nach Ballater. Von hier empfiehlt sich ein Abstecher ins knapp 50 Kilometer entfernte Balmoral Castle, das nach dem Tod der Queen, die es als Sommerresidenz nutzte, jetzt als Museum dienen

wird. Eine Bergstraße (939) führt von Ballater über Colnabaichin nach Tomintoul. Hier startet der sogenannte Malt Whisky Trail (maltwhisky trail.com), eine der berühmtesten Routen Schottlands, die man keines Falls verpassen sollte. Weiter geht es über Dufftown nach Keith und von dort westwärts im Tal des Spey nach Aviemore. Hier trifft man schließlich auf die A9 Richtung Inverness.

08 Inverness
Das moderne Industriezentrum am Nordende des Loch Ness ist der ideale Ausgangspunkt für Ausflüge zur Heimat von Seeungeheuer Nessi im nach ihm zu Ehren benannten Loch und zum Urquhart Castle sowie in die wildromantische Landschaft der nördlichen Highlands. Inverness war aufgrund seiner exponierten Lage immer wieder in kriegerische Auseinandersetzungen verwickelt, sodass heute nur noch sehr wenige der alten Gebäude erhalten sind, die meisten Bauten stammen aus dem 19. Jahrhundert. Ein Abstecher zum Culloden Battlefield lässt schottische Geschichte lebendig werden.

BALMORAL CAR PARK

Kostenloser asphaltierter Platz direkt am Balmoral Castle (Fußweg ca. 1 Kilometer). Hier gibt es keinerlei Ver- und Entsorgungseinrichtungen für Wohnmobile, dafür ist der Platz aber ganzjährig geöffnet.

A93, Crathie
AB35 5UL Ballater
GPS 57.03963, -3.21675

PARKING LOCH GARTEN OSPREY CENTER

Dieser idyllische kostenlose Platz im Wald liegt am Ufer des Loch Garten. Er hat keinerlei Ver- und Entsorgungseinrichtungen, ist aber ein guter Platz, um die Fischadler dieser Region zu beobachten. Die Beobachtungsstationen sind von April bis September täglich von 10 bis 18 Uhr geöffnet. Der Platz ist ganzjährig zugänglich.

PH24 3BN Boat of Garten, GPS 57.24474, -3.69511

ARDTOWER CARAVAN PARK

Ein hervorragender Campingplatz mit Top-Ausstattung! Ver- und Entsorgungseinrichtungen sind vorhanden. Zusätzlich gibt es Duschen, Waschmaschinen und Trockner. Von Anfang März bis Ende November geöffnet. Von hier aus gibt es gute Wander- und Radfahrmöglichkeiten. Zum Loch Ness sind es 18 Kilometer.

Culloden Road, IV2 5AA Inverness
www.ardtower-caravanpark.com
GPS 57.46987, -4.15067

JOHN O'GROATS CARAVAN AND CAMPING SITE

Der kostenpflichtige Stellplatz liegt am Hafen. Er besitzt die notwendigen Ver- und Entsorgungseinrichtungen. Zusätzlich stehen Duschen, Waschmaschinen und Trockner zur Verfügung. Geöffnet Anfang April bis Anfang Oktober. Eine tolle Aussicht und schöne Spazierwege gibt es rund um den Leuchtturm. Auch Vögel und Robben kann man beobachten. Von John o'Groats aus sind auch Tagesausflüge zu den Orkneys möglich.

KW1 4YR John o'Groats, www.johnogroatscampsite.co.uk
GPS 58.64365, -3.06819

BROOMFIELD HOLIDAY PARK

Der Stellplatz direkt an der Küste des Loch Broom besitzt ein ebenes Wiesengelände mit Ver- und Entsorgungseinrichtungen und Waschbereich. Geöffnet von Ende März bis Ende September. Von hier aus ist eine Überfahrt nach Stornoway auf die Äußeren Hebriden möglich (2,5 Stunden, ca. 250 bis 300 Euro).

West Lane, IV26 2UT Ullapool
www.broomfieldhp.com, GPS 57.89429, -5.16463

Oben: Auf dem Weg zum nächsten Etappenpunkt. Unten: Die mittelalterliche Festung Eilean Donan Castle liegt am Loch Duich im Glen Shiel. Kinofilme wie »Highlander« oder »Braveheart« wurden in dieser grandiosen Szenerie gedreht.

09 Northwest Highlands

Ab Inverness schlängelt sich die Route nun auf der A9 bzw. A99 entlang der Ostküste gen Norden. Sehenswürdigkeiten wie Dunrobin oder Helmsdale Castle oder die geheimnisvollen Steinreihen aus der Bronzezeit bei Greg Cairns laden zu einem kurzen Stopp ein. Vom ehemaligen Fischerort Wick kann man einen längeren Spaziergang zu den malerischen Küstenklippen von Noss Head unternehmen. In der Nähe stehen die Burgruinen von Sinclair und Girnigoe, in denen es sogar – typisch Schottland eben – spuken soll.

10 John o'Groats

Der eher unspektakuläre Ort liegt 17 Kilometer von Wick entfernt am Nordostzipfel von Caithness. Kurz davor bietet sich bei der Fahrt über den Warth Hill eine grandiose Aussicht. Von John o'Groats aus verkehren Fähren zu den Orkneys und den Seehundkolonien vor der Küste. Eine Fahrt zum Duncansby Head Lighthouse lohnt sich.

11 Nordküste

Auf der A836 geht es von John o'Groats entlang der Nordküste Richtung Bettyhill, vorbei an einsamen Stränden, die oft über einen kurzen Fußpfad zu erreichen sind. Dunnet Head ist der nördlichste Punkt des schottischen Festlands. Der beliebte Urlaubsort Thurso, von dem Fähren zu den Orkneyinseln ablegen, war 1040 Schauplatz einer denkwürdigen Schlacht zwischen Wikingern und Schotten. Westlich des Dörfchens Bettyhill in der Grafschaft Sutherland führt die A836 über den beeindruckenden Fjord Kyle of Tongue weiter nach Durness. Kurz vor Durness liegt die Cave of Smoo, die schon von den Pikten genutzt wurde und später Wikingern und schottischen Schmugglern als Unterschlupf diente. Von Durness aus werden geführte Ausflüge zum Cape Wrath, der Felsnase im äußersten Nordwesten Schottlands, angeboten.

12 Nordwestküste bis Ullapool

Der wilde Nordwesten Sutherlands ist keine typische Urlaubsregion, zu abgeschieden ist die Landschaft mit ihren steilen Bergen und Fjorden, den tiefblauen Seen und glitzernden Wasserfällen. Unwegsame Täler und verlassene Küstenstriche wurden daher zum Paradies für Jäger, Angler und Wanderer. Hier können Naturliebhaber Seevögel, Robben und Delfine, manchmal auch Wale beobachten. Unzählige kleine Buchten laden zu einer Rast ein.

Eine enge Straße, die A838, verläuft von Durness nach Südwesten; kurz vor Scourie zweigt die A894 ab: Handa Island bei Scourie ist ein Seevogelschutzgebiet mit imposanten Klippen. Von Kylesku weiter im Süden kann man Bootsausflüge zu Seehundbänken unternehmen und am Ende des Loch Glencoul den höchsten Wasserfall (200 Meter) des Landes besichtigen.

Wer auf winzigen Straßen der Küste folgen will, zweigt hinter Kylesku auf die B869 ab. Ansonsten geht es auf der breiteren A837 und A835 weiter Richtung Süden nach Ullapool.

Die wunderschöne Strecke führt am Loch Assynt und der Ruine von Ardvreck Castle vorbei. Von Ullapool am Loch Broom verkehren Fähren auf die Äußeren Hebriden nach Lewis sowie Dampfer zu den Summer Isles. Nach Ullapool bleibt man zunächst auf der A835 und biegt kurz nach der Corrieshalloch Gorge, einer 1,5 Kilometer langen Schlucht mit Wasserfall, auf die A832 ab.

13 Inverewe Gardens

Am Little Loch Broom und der Gruinard Bay vorbei geht es zum Loch Ewe, wo sich die 1862 angelegten Inverewe Gardens mit ihren zauberhaften Rhododendron- und Hibiskusbüschen befinden. Am Ende des Loch Maree liegt Kinlochewe. Am Fuße des 1055 Meter hohen Liathach-Massivs entlang führt die Route bis Shieldaig und zu der gleichnamigen Insel mit einer geschützten Seevogelkolonie. Abenteuerlustige können ab Shieldaig der winzigen Küstenstraße folgen.

14 Eilean Donan Castle

Bis zu Eilean Donan Castle fährt man an der A87 weiter. Malerisch erhebt sich die wuchtige Natursteinburg auf der Insel St Donan im Loch Duich. Die in den Jakobitenkriegen durch eineinhalb Tage dauernden Beschuss schwer beschädigte Anlage wurde erst zu Beginn des 20. Jahrhunderts wieder aufgebaut. Rund fünf Kilometer vor dem Schloss mündet die A890 in die A87 nach Kyle of Lochalsh. Eine hier beginnende Mautstraße führt über eine Brücke auf die Isle of Skye: Von Ardvasar im Südwesten geht es per Fähre zurück aufs schottische Festland nach Mallaig. Der »Road to the Isles« (A830) 40 Kilometer ostwärts folgend, gelangt man nach Fort William. Wer den Abstecher auslässt, fährt von Eilean Donan Castle auf der A87 Richtung Osten und biegt bei Invergarry auf die A82 gen Süden nach Fort William ab.

15 Ben Nevis

Der mit 1344 Metern höchste Berg der Britischen Inseln erhebt sich majestätisch in den Grampian Mountains. Während der Nordwesthang für Wanderer relativ einfach zu besteigen ist, bleibt der steile Nordosthang mit seiner 460 Meter hohen Felswand nur geübten Kletterern vorbehalten. Vor der Weiterfahrt nach Glencoe sollte man von der A828 abfahren und Castle Stalker bei Portnacroish besichtigen.

Braemar Castle liegt mitten im Cairngorms National Park. Hier finden im September die berühmten Highland Games statt.

PARKING NORTH FACE CAR PARK

Am Fuße des Ben Nevis liegt ein kostenloser Waldparkplatz ohne Ver- und Entsorgungseinrichtungen für Wohnmobile. Man kann hier ganzjährig stehen bleiben. Der Aufstieg auf den Ben Nevis (ca. 14 Kilometer, Höhenunterschied 1320 Meter) ist ein beliebter Ausflug.

PH33 6SR Fort William, GPS 56.84206, -5.04299

HORGABOST CAMPSITE

Ruhiger geht es kaum noch. Zwischen Schafweiden und dem Atlantischen Ozean steht hier ein kleiner kostenpflichtiger Campingplatz mit begrenzten Ver- und Entsorgungseinrichtungen für Wohnmobile zur Verfügung. Natur pur mit großem Strand und fantastischen Sonnenuntergängen. Geöffnet von Mai bis Oktober.

A859, HS3 3HR Isle of Harris, horgabostcampsite.co.uk
GPS 57.86164, -6.97975

16 Loch Rannoch

Fort William ist ein guter Ausgangspunkt für einen kleinen Abstecher mit der Eisenbahn ins unwegsame Rannoch Moor. Rannoch Station, ein winziges Häuschen in der weiten Landschaft des Moores, ist einer der entlegensten Bahnhöfe Großbritanniens. Kleine Tümpel und forellenreiche Bäche durchziehen die von zahllosen Felsen übersäte Moor- und Sumpflandschaft.

17 Glencoe

Rund 16 Kilometer südlich von Fort William liegt in der spektakulären Landschaft des Glencoe einer der Schicksalsorte Schottlands: Nach den sogenannten Jakobitenaufständen im 17. Jahrhundert versuchte die englische Regierung, die schottischen Clans unter ihre Kontrolle zu bekommen und nutzte geschickt die Zwistigkeiten zwischen den Clanchefs aus. So verübten 1693 Soldaten – angeführt von Mitgliedern des Campbell-Clans in Glencoe – ein Massaker an Mitgliedern der verfeindeten Macdonalds. An diese grausame Begebenheit erinnert heute eine eindrucksvolle Gedenkstätte. Der A82 folgend, stößt man bei Tyndrum auf die A85. Wer etwas mehr Zeit mitbringt und einen Abstecher zur Isle of Mull plant, folgt der A85 nach Westen bis nach Oban, einem Hafen am Firth of Lorne. Von hier laufen Fähren die Inseln der Inneren Hebriden an.

18 Kilchurn Castle

Wer von der A82 auf die A85 nach Osten abbiegt, erreicht an der Nordspitze von Loch Awe die Ruine von Kilchurn Castle, einer Wohnburg aus dem 15. Jahrhundert, die über die Jahrhunderte hinweg mehrmals umgebaut wurde. Aber Achtung: Kilchurn Castle kann nur während der Sommermonate besichtigt werden. Restaurierte Dampfschiffe ver-

AUSFLUGSZIELE

Braemar Royal Highland Gathering

Dass die Schotten liebenswerte Zeitgenossen sind, mit einem unbestreitbaren Hang zum Skurrilen, zeigen die jährlichen rund 100 Hochlandspiele, die von Mai bis September in fast ganz Schottland stattfinden. Steinewuchten, Hammerwerfen und Baumstammwerfen sind ein willkommenes Spektakel. Nachdem diese dörflichen Feste im 19. Jahrhundert eine Renaissance erlebten, entwickelten sie sich schnell zu einer Art Hochland-Olympiade mit starker Anziehungskraft nicht nur für Touristen. Doch nicht immer erkennt man gleich, worauf es bei den einzelnen Wettbewerben ankommt – so ist etwa beim Baumstammwerfen (»Tossing the Caber«) nicht die Weite, sondern ein möglichst gerader Flug das Entscheidende. Im Jahr 1832 wurden in Braemar die ersten offiziellen Highland Games veranstaltet. Seitdem Königin Victoria 1848 erstmals das Gathering besuchte und sich für die Wiederbelebung des Brauchs einsetzte, sind die Highland Games in Schottland eine nicht mehr wegzudenkende Tradition und zu einem festen Bestandteil des Festkalenders geworden.

www.braemargathering.org
www.highlandgamescentre.org
GPS 57.005067, -3.404849

RED DEER VILLAGE HOLIDAY PARK

Nordöstlich von Glasgow liegt dieser schöne, aber recht teure Stellplatz mit ebenen Grasflächen. Die nötigen Ver- und Entsorgungseinrichtungen sind vorhanden. Auch Duschen, Waschmaschinen und WiFi gibt es. Mit der stündlich fahrenden Bahn benötigt man 32 Minuten bis ins Stadtzentrum von Glasgow. Der Stellplatz ist ganzjährig geöffnet.

Clayhouse Road, G33 6AF Stepps
www.reddeervillageholidaypark.co.uk
GPS 55.88524, -4.14390

kehren auf Loch Awe, mit 40 Kilometern einer der längsten Süßwasserseen Schottlands.

19 Inveraray

Das 15 Kilometer südlich am Loch Fyne gelegene Städtchen wurde im 18. Jahrhundert nach Plänen des Duke of Argyll, einem Mitglied aus dem Clan Campbell, entworfen. Sein Schloss ließ er mitten in den Highlands in einer künstlich angelegten Gartenlandschaft errichten. Im Inneren interessant ist auch das Gefängnismuseum im alten Inveraray Jail. Man kann dort vor Gericht erscheinen oder sich sogar einsperren lassen.

20 Loch Lomond

Die A83 führt nach Osten zum Ausflugsziel Loch Lomond, dem mit 38 Kilometern Länge größten Binnensee Schottlands. Die Gegend ist bei Wanderern und Mountainbikern genauso beliebt wie bei Wassersportlern oder Familien, die eine Dampferfahrt zu einer der Inseln unternehmen. Im Jahr 2002 wurde östlich des Sees der 1865 Quadratkilometer große Loch-Lomond-and-the-Trossachs-Nationalpark eröffnet, der ebenfalls einen Abstecher wert ist.

21 Glasgow

Die Stadt gilt unter Kulturfans als eines der besten Reiseziele in Europa. Renommierte Museen und Galerien sowie unzählige Kulturprogramme wetteifern um die Gunst der Besucher. Zugleich ist die Millionenstadt am Clyde auch ein großes Industriezentrum. Um einen Überblick über Glasgows zahlreiche Sehenswürdigkeiten zu erhalten, kann man die Stadt zunächst im Doppeldeckerbus erkunden. Nur wenige Gebäude stammen noch aus der Zeit vor dem 18. Jahrhundert, darunter das klassizistische Pollok House und die gotische St Mungo's Cathedral. Unweit der Kathedrale können auf dem Friedhof Gräber aus viktorianischer Zeit bewundert werden. Einen Besuch lohnen ferner der People's Palace und der umliegende Park (Glasgow Green), das Hunterian Museum, die Burrell Collection (Kunst und Kunsthandwerk) sowie die Gallery of Modern Art und das Riverside Museum. Etwas außerhalb liegt die Textilfabriksiedlung New Lanark.

Blick von der Great Western Bridge (Kelvin Bridge) in Glasgow.

Orkneys 18 der 70 Inseln sind bewohnt. Der Golfstrom verschafft ihnen ein mildes Klima, das Landwirtschaft, Fischerei und Tourismus gleichermaßen begünstigt. Bemerkenswert ist die Insel Mainland mit ihren prähistorischen Funden, darunter das Steinzeitgrab Maes Howe und der Ring of Brodgar.

Hebriden Rau, einsam und mit einer ursprünglichen Flora und Fauna ausgestattet sind die meisten der westlich von Schottland gelegenen Atlantikinseln. Sie werden in die Inneren und in die Äußeren Hebriden unterteilt.

Isle of Skye Ein Tagesausflug auf die größte der Inneren Hebrideninseln lohnt sich! Portree besitzt einen pittoresken Hafen, Dunvegan Castle ist ein Schloss der Superlative.

Loch Shiel & Jacobite Steam Train Loch Shiel, eingerahmt von fast 1000 Meter hohen Gipfeln, ist ein Juwel. Wer im Sommer hier ist, sollte unbedingt eine Bootsfahrt unternehmen. Am kleinen Bahnhof macht der Jacobite Steam Train halt, den die »Harry-Potter«-Filmreihe noch berühmter gemacht hat. Ein Höhepunkt ist die Fahrt über den 380 Meter langen Glenfinnan-Viadukt.

Galloway Forest Park 1947 wurde das Naturschutzgebiet gegründet. Einige der höchsten Gipfel des Südens gehören zu dem 777 Quadratkilometer großen Park, der liebliche Täler, malerische Seen und einen geheimnisvollen Wald besitzt.

Melrose Abbey Im 14. Jahrhundert fiel die 1136 errichtete Zisterzienserabtei den Truppen Edwards II. zum Opfer, wurde wiederaufgebaut, niedergebrannt und abermals errichtet. Ende des 16. Jahrhunderts wurde sie jedoch verlassen.

ROUTE 5

DEUTSCHE ALLEENSTRASSE

Vom Kap Arkona an der Nordspitze Rügens bis zur alten Bischofsstadt Fulda führt diese Route. Stadtperlen wie das prächtig restaurierte Stralsund, Rheinsberg, Potsdam und Goslar liegen am Wege. Und malerische Landschaften: die Mecklenburgische Seenplatte, der Wörlitzer Landschaftspark, der Harz und das Biosphärenreservat Rhön.

In Deutschland plagen uns bislang noch keine Straßenbenutzungsgebühren, wie sie in fast allen anderen europäischen Ländern mit unterschiedlichen Bezahlsystemen üblich sind. Hier können wir uns ganz auf die Reiseroute konzentrieren, die zudem eine Fülle von eigens für Wohnmobile eingerichteten Stellplätzen aufweist. Sie sind von unterschiedlicher Qualität, mal komfortbetont, mal sehr schlicht. Die Entrichtung der Parkgebühren erfolgt meistens über einen Parkscheinautomaten, der mit Münzen gefüttert werden will. Dasselbe gilt für die Ver- und Entsorgungseinrichtungen sowie die Stromsäulen. Die Verwendung von Scheinen, EC- oder Kreditkarten ist in Deutschland an diesen Automaten inzwischen immer öfter möglich. Es empfiehlt sich dennoch, einen Vorrat an 50-Cent-Stücken sowie 1- und 2-Euro-Münzen dabeizuhaben.

Übernachten darf man in Deutschland mit dem Wohnmobil überall dort, wo es nicht ausdrücklich verboten ist. Die Höchstgeschwindigkeit für Wohnmobile bis 3,5t liegt auf Bundes- und Landstraßen bei 100 km/h, für schwerere Fahrzeuge bei 80 km/h. Auf der Alleenstraße von Rügen bis in die Rhön gibt es keine Höhen- oder Gewichtsbeschränkungen, die eine Fahrt mit dem Wohnmobil erschweren oder gar einen Umweg erfordern würden.

Der nördlichste Punkt der Deutschen Alleenstraße ist die Insel Rügen. Wie ein grüner Tunnel wirkt diese schmale Allee bei Putbus. Jährlich werden die schönsten Straßen mit Preisen ausgezeichnet.

Fahrgenuss von Rügen bis in die Rhön

Die Vorzüge der Langsamkeit sind vor allem auf dem nördlichen Zweig der Deutschen Alleenstraße wiederzuentdecken: der Blick durchs Panoramafenster in die Baumkronen, ein genussvoller Halt an einem Feldweg, die Einkehr in einem Dorfkrug.

Die steinigen Strände unterhalb der Steilküste am Kap Arkona bieten einen freien Blick auf die endlose Weite der Ostsee. Nicht umsonst ist diese Naturschönheit eines der beliebtesten Ausflugsziele auf Rügen.

ROUTE 5

Streckenlänge: ca. 1140 km
Zeitbedarf: mindestens zwei Wochen
Routenverlauf (Hauptorte): Kap Arkona, Putbus, Stralsund, Rheinsberg, Neuruppin, Berlin, Potsdam, Wittenberg, Dessau, Halberstadt, Wernigerode, Goslar, Göttingen, Eisenach, Fulda
Charakteristik: Aufgrund schlechter Sichtverhältnisse und großer Gefahr von Wildunfällen ist in Alleen vorsichtiges Fahren angebracht.
Informationen:
www.alleenstrasse.com
www.auf-nach-mv.de

Hier geht's zum GPS-Track

01 Kap Arkona

Start und nördlichster Ausgangspunkt der Route ist das steil aufragende Vorgebirge der Insel Rügen, Kap Arkona, auch Deutschlands Nordkap genannt. Wahrzeichen sind der 46 Meter hohe Leuchtturm und der kleinere Schinkel-Turm daneben. Er beherbergt ebenso ein Museum wie der etwas östlich gelegene Marinepeilturm. Der Hügel dahinter ist ein Überbleibsel des Walls der 1168 bei der Eroberung durch die Dänen zerstörten slawischen Jaromarsburg. Auch das Fischerdorf Vitt gehört zum Kap Arkona, dem sonnenreichsten Ort Deutschlands.

02 Bergen

Im Jahr 1613 bekam Bergen, das »Herz« der Insel Rügen, das Stadtrecht verliehen, 1815 fiel es nach dänischer und schwedischer Herrschaft an Preußen. Sehenswert ist u. a. die St.-Marien-Kirche (um 1180 erbaut, im 14. Jahrhundert zur gotischen Hallenkirche ausgebaut). Ein schöner Spaziergang führt zum Ernst-Moritz-Arndt-Turm auf dem 90 Meter hohen Rugard.

03 Putbus

Die »Weiße Stadt« auf Rügen, wegen ihrer anmutigen Parkanlagen auch »Rosenstadt« genannt, ist eine Schöpfung des kunstsinnigen Fürsten Wilhelm Malte zu Putbus, der sie 1810 als jüngste Residenzstadt des Nordens gründete. Berühmt ist sie für ihr fast schon italienisches Flair und das 1821 erbaute, 1998 nach historischen Vorlagen renovierte klassizistische Theater. Noch heute erinnern Bauten wie Marstall, Pergola, Orangerie und das Standbild des Fürsten im Park an den Ursprung der Stadt.

04 Ostseebad Göhren

Der beliebte Badeort mit seinen kilometerlangen Stränden liegt an der Ostseite der Halbinsel Mönchgut. Am Nordstrand ragt der Buskam, der größte Findling der deutschen Ostseeküste, aus dem Wasser. Nicht versäumen: ein Besuch im Heimatmuseum und die Besichtigung des als Museumsschiff eingerichteten Küstenfrachters »Luise«. In Göhren ist Start- und Endhaltestelle des »Rasenden Roland«, Rügens historischer Schmalspurbahn.

Das Ostseebad Sellin strahlt unbeschwerte Sommerfrische aus. Die Seebrücke wurde 1998 in Anlehnung an das Jugendstiloriginal wiederaufgebaut.

05 Stralsund

Über den 1936 fertiggestellten Rügendamm gelangt man in das »Venedig des Nordens«. Es liegt am Strelasund, einer Meerenge zwischen dem Festland und Rügen, und wurde von der UNESCO zum Welterbe gekürt. Sehenswert sind das mit sechs Giebeln gekrönte Rathaus und die historischen Bürgerhäuser auf dem Alten Markt sowie die spätgotische Marienkirche. In der Altstadt stehen mehr als 500 Gebäude unter Denkmalschutz. In der Mönchstraße ist das Museumshaus, ein Krämerhaus aus dem 14. Jahrhundert, zu besichtigen. Das Deutsche Meeresmuseum wird 2024 wiedereröffnet. Das Ozeaneum auf der Hafeninsel überzeugt mit einer über 8700 Quadratmeter großen Ausstellungsfläche und den über 7000 dort untergebrachten Arten.

06 Grimmen

Von Stralsund aus kommt man als Nächstes in das beschauliche Städtchen an der Trebel. Viele schöne Bauten wie das in Backsteingotik errichtete Rathaus oder die Stadtkirche St. Marien mit einem kostbaren Gestühl lassen sich bei einem Bummel durch die rasterförmig angelegte Altstadt erkunden. Besonders beeindruckend sind die drei quadratischen mittelalterlichen Stadttore.

07 Demmin

Vor einem Jahrtausend zum Handelsplatz aufgestiegen, dann Hansestadt an der schiffbaren Peene, wurde Demmin im Zweiten Weltkrieg fast völlig zerstört. Erinnerungen an die

KNAUS CAMPING- UND FERIENHAUSPARK RÜGEN

In schöner Lage mit Blick auf die Ostsee hat der relativ teure Stellplatz alle nötigen Ver- und Entsorgungseinrichtungen sowie Duschen, Waschmaschinen, Trockner und WiFi. Mit dem Fahrrad erreicht man Kap Arkona nach 7 Kilometern, die Kreidefelsen im Nationalpark Jasmund nach 25. Der Platz ist ganzjährig geöffnet.

Zittkower Weg 30, 18556 Altenkirchen
www.knauscamp.de/ruegen, GPS 54.63801, 13.37698

CAMPING- UND WOHNMOBILPARK SOMMERSDORF AM KUMMEROWER SEE

Der kostenpflichtige, ruhige Platz direkt am Kummerower See verfügt über alle notwendigen Ver- und Entsorgungseinrichtungen, Duschen, Waschmaschinen, Trockner und WiFi. Ein guter Standort, um mit dem Kanu auf dem See und der Peene zu paddeln.

Am Hafen 2, 17111 Sommersdorf
www.camping-sommersdorf.de, GPS 53.79966, 12.87608

Bildleiste von oben:
»Das Land der 1000 Seen« wird die Landschaft im Nationalpark Müritz auch genannt.

Am Ufer des Ruppiner Sees steht die Klosterkirche, das älteste Bauwerk von Neuruppin.

Kurt Tucholsky verewigte Rheinsberg und sein schönes Schloss.

REISEMOBILSTELLPLATZ AM SCHLOSSHAFEN

Direkt am Schlosshafen gelegen, hat der kostenpflichtige, aber ruhige Platz in zentraler Lage von Oranienburg alle notwendigen Ver- und Entsorgungseinrichtungen, inklusive Duschen, Waschmöglichkeiten und WiFi. Ganzjährig geöffnet. Berlin ist in 45 Minuten mit der S-Bahn (Brandenburger Tor) zu erreichen (1 Kilometer Fußweg zum S-Bahnhof).

Rungestraße 47, 16515 Oranienburg, GPS 52.75741, 13.23851

blühende Vergangenheit zeigt das Heimatmuseum; am Hafen stehen drei Speicher aus mehreren Bauepochen. Nördlich bei Loitz findet man das »Birkengrab«, ein Hünengrab.

08 Malchin

Drei Stadttore und die ungewöhnlich reich ausgeschmückte spätgotische Stadtkirche Sankt Johannes mit barocker Turmhaube sind sehenswert. Außergewöhnlich ist im historischen Rathaussaal (1925 erneuert) die Ausmalung mit 72 Handwerkerzeichen. Vom alten Rathaus ist der gotische Keller mit Kreuzgewölbe erhalten.

09 Malchow

Auf einer Halbinsel zwischen Plauer See und Fleesensee liegt das malerische Malchow, das sein Stadtrecht im Jahr 1235 verliehen bekam und eine Inselstadt ist. In einer neugotischen Kirche finden sich schöne Glasfenster mit Apostelarstellungen. Außerdem können Besucher vier verschiedene Museen besuchen. Wer im Juli hier ist, darf das Volksfest am ersten Juliwochenende nicht verpassen; es ist das älteste Heimatfest Mecklenburg-Vorpommerns und immaterielles Kulturerbe der UNESCO.

10 Waren

Die am Nordufer der Müritz gelegene Kreisstadt (1292 erstmals erwähnt) ist das touristische Zentrum der Region. Auf dem höchsten Punkt thront die Pfarrkirche St. Georg, das älteste Bauwerk der Stadt. Der Altstadt um das Gotteshaus und den alten Marktplatz schloss sich wenig später die sogenannte Neustadt an. Zentrum dieses Stadtteils war die fürstliche Burg östlich der späteren Marienkirche.

11 Röbel

Im Südwesten der Müritz liegt diese verträumte Kleinstadt in einer Bucht. Sie ist geprägt von Kopfsteinpflaster und kleinen Häusern. Der Backsteinbau der Marienkirche stammt aus dem 13. Jahrhundert und war das Gotteshaus der Fischer. In der Neuen Stadt steht am Marktplatz die frühgotische Nicolaikirche.

12 Neustrelitz

1733 als letzte geplante Barockstadt Europas angelegt, erkennt man Neustrelitz am symmetrischen Stadtplan, auf dem acht Straßen sternförmig auf den zentralen Marktplatz mit seinem herrlichen Rathaus und der Stadtkirche zulaufen. Von der herzoglichen Residenz sind noch der prächtige Schlosspark, ein Werk Lennés, und die 1755 errichtete Orangerie erhalten. Ein Anziehungspunkt ist der Luisentempel. Besonders reizvoll ist die idyllische Landschaft in der Umgebung. Mehr als 300 kleine Seen bilden die Neustrelitzer Kleinseenplatte mit ihren vielfältigen Möglichkeiten für Wanderungen und Bootsausflüge.

13 Rheinsberg

Die märkische Kleinstadt liegt inmitten des wald- und seenreichen Naturparks Stechlin-Ruppiner Land. Ihre Wurzeln reichen bis ins Mittelalter, doch ihr heutiges klassizistisches Antlitz erhielt sie nach einem Brand gegen Mitte des 18. Jahrhunderts. Berühmt und viel besucht ist Rheinsberg dank des gleichnamigen Schlosses, in dem sich der spätere Friedrich II. als Kronprinz gern aufhielt und danach dessen Bruder Heinrich wohnte. 1912 setzte Kurt Tucholsky dem von Georg Wenzeslaus von Knobelsdorff im feingliedrigen Klassizismus heiter gestalteten und das Ufer des Grienericksees schmückenden Bauwerk mit seiner Erzählung »Rheinsberg – ein Bilderbuch für Verliebte« ein literarisches Denkmal.

14 Neuruppin

Die Geburtsstadt des Architekten Karl Friedrich Schinkel und des Dichters Theodor Fontane besticht durch ihre frühklassizistischen Bürgerhäuser. Sehenswert sind die Marienkirche von 1804, die Dominikanerklosterkirche aus dem 13. Jahrhundert und das Rathaus sowie der Tempelgarten und der Stadtpark. In Nauen angekommen, bietet sich ein Abstecher von der Alleenstraße nach Berlin, Potsdam und Werder an.

15 Berlin

Seit dem Fall der Mauer hat sich Berlin, dessen Geschichte im 13. Jahrhundert beginnt, rasant entwickelt. Gerade die Vielfalt, das Neben- und Miteinander der Kontraste machen eine Metropole aus – das gilt auch für Berlin.

Die Spreeinsel im Herzen der Stadt ist die Wiege Berlins. Noch vor 1450 wurde dort der Grundstein zu einem Schloss gelegt. 1470 machten die brandenburgischen Kurfürsten Berlin zu ihrer Residenz, und mit dem Aufstieg Preußens zur Großmacht im 18. Jahrhundert begann der repräsentative Ausbau der Stadt. Von der Spreeinsel bis zum Brandenburger Tor reihen sich am Prachtboulevard Unter den Linden eine Fülle historischer Sehenswürdigkeiten aneinander. Im Zweiten Weltkrieg wurden sie überwiegend zerstört, später

rekonstruiert. Seit der Wiedervereinigung sind die Touristenmagneten im alten Zentrum Westberlins ein wenig ins Hintertreffen geraten. Dennoch haben die Sehenswürdigkeiten rund um die Kaiser-Wilhelm-Gedächtnis-Kirche und den platanengesäumten Kurfürstendamm nichts von ihrer Attraktivität eingebüßt. In Berlin-Mitte sollte man sich folgende Sehenswürdigkeiten ansehen: Brandenburger Tor; historische Prachtstraße Unter den Linden mit Reiterdenkmal Friedrichs des Großen; Neue Wache von Schinkel; St.-Hedwigs-Kathedrale; klassizistische Staatsoper; barockes Zeughaus mit Historischem Museum (Wiedereröffnung voraussichtlich Anfang 2026); Kronprinzenpalais; Humboldt-Universität; Gendarmenmarkt; Französischer und Deutscher Dom; Schauspielhaus von Karl Friedrich Schinkel; Reichstag mit Glaskuppel von Sir Norman Foster; Potsdamer Platz mit modernen Bauten; Museumsinsel (UNESCO-Welterbe) mit Pergamonmuseum (der Mittelbau mit dem Pergamonaltar sowie der Nordflügel werden frühestens 2025 wieder eröffnet), dem Alten (Antikensammlung) wie dem Neuen Museum, Alter Nationalgalerie, Bode-Museum, Lustgarten; dahinter der Berliner Dom; Alexanderplatz mit Fernsehturm; ehemaliger Grenzübergang Checkpoint Charlie mit Mauermuseum; Marienkirche; historisches Nikolaiviertel rund um die Nikolaikirche, Märkisches Museum (Stadtgeschichte; wegen mehrjähriger Umbauarbeiten bis auf Weiteres geschlossen).
Das Gebiet östlich der Spreeinsel hat man als das neue Berlin in der damaligen Hauptstadt der DDR modern wiederaufgebaut. Nördlich der Spree entwickelte sich die Spandauer Vorstadt seit der Wiedervereinigung zur touristischen Ausgehmeile. Im südlichen historischen Zentrum sind Friedrichstraße und Gendarmenmarkt beliebte Ziele von Stadtspaziergängern. Westlich des Brandenburger Tors dehnt sich das grüne Herz der Berliner Innenstadt, der Tiergarten, aus. Einst Jagdrevier der brandenburgischen Kurfürsten, wurde er 1740 unter Friedrich dem Großen gärtnerisch gestaltet und später in einen Landschaftspark umgewandelt. In diesem Stadtteil sind sehenswert: Berlins größter Innenstadtpark mit Schloss und Park Bellevue; das Kulturforum, die Philharmonie mit Musikinstrumenten-Museum, das Kunstgewerbemuseum und die Gemäldegalerie mit europäischer Malerei bis ins 19. Jahrhundert, die Neue Nationalgalerie mit Kunst des 20. Jahrhunderts, die Gedenkstätte des deutschen Widerstands im ehemaligen Oberkommando der Wehrmacht; die Straße des 17. Juni mit 67 Meter hoher Siegessäule zwischen Brandenburger Tor und Ernst-Reuter-Platz. Ab 1991 entstanden am Ostrand rund um den Reichstag das neue Regierungsviertel und südlich der neue Potsdamer Platz.
Der Stadtteil Kreuzberg ist nicht nur ein beliebtes Ausgehviertel, sondern bietet zudem die Ruine des Anhalter Bahnhofs, den Martin-Gropius-Bau, das Jüdische Museum von Daniel Libeskind, das Deutsche Technikmuseum und den Viktoriapark mit dem Kreuzbergdenkmal. In Charlottenburg sollte man nicht versäumen, sich den Kurfürstendamm, die Ruine der Kaiser-Wilhelm-Gedächtniskirche und den Zoologischen Garten anzusehen. Westlich der Innenstadt befinden sich Berlins grüne Lunge Grunewald, der Wannsee sowie die Dahlem-Museen mit ihren bedeutenden ethnologischen Sammlungen.

16 Potsdam

Die Hauptstadt des Landes Brandenburg ist gleichzeitig dessen größte Attraktion. Die mehr als 1000 Jahre alte Stadt an den Seen der Havel erlebte ihren Aufschwung, als sich ab 1640 die Hohenzollern dort ihre neben Berlin wichtigste Residenz errichteten. Einzigartig ist die Ensemblewirkung der Parkanlagen, die über Jahrhunderte unter preußischen Kurfürsten, Königen und Kaisern entstanden. Seit 1990 gehört das Schlossgelände Sanssouci zum Welterbe der UNESCO. Neben den Schlössern und Parks sind es vor allem die barocken Stadtanlagen, das Holländische Viertel, das Friedrich Wilhelm I. 1737 für niederländische Immigranten errichten ließ, die russische Siedlung Alexandrowka und die hübschen Villenvororte, die Potsdam sein einzigartiges Flair verleihen. An den Ufern des Jungfernsees und des Heiligen Sees erstreckt sich der Neue Garten, als Gegenentwurf zum ursprünglich barocken Park Sanssouci im Auftrag Friedrich Wilhelms II. nach Art englischer Landschaftsparks angelegt. In seinem Zentrum erhebt sich das klassizistische Marmorpalais. Ab 1913 ließ Kaiser Wilhelm II. das nahe gelegene Schloss Cecilienhof errichten. Hier tagte nach Kriegsende 1945 die Potsdamer Konferenz, bei der die Teilung Deutschlands beschlossen wurde. Das Belvedere auf dem Pfingstberg bietet eine herrliche Aussicht. Klassizistische Bürgerhäuser zieren die Potsdamer Altstadt, die im Westen vom Brandenburger Tor abgeschlossen wird. Der Alte Markt wird vom Kuppelbau der klassizistischen Nikolaikirche dominiert. Hauptattraktionen des Stadtteils Babels-

Bildleiste von oben:
»Sanssouci«, ohne Sorge, wollte Friedrich der Große in seiner Sommerresidenz in Potsdam leben.

Berliner Dom und Kolonnaden auf der Museumsinsel spiegeln sich romantisch vom Abendlicht beleuchtet in der Spree.

PARK SANSSOUCI P1 HISTORISCHE MÜHLE

Dieser kostenpflichtige Parkplatz am Schloss Sanssouci ist nicht besonders reizvoll. Er bietet keinerlei Ver- und Entsorgungseinrichtungen für Wohnmobile, liegt aber ideal, um Schloss Sanssouci und Potsdam zu besuchen. Ganzjährig geöffnet.

Zur Historischen Mühle, 14469 Potsdam
GPS 52.40546, 13.03391

STADTMARINA BRANDENBURG

Am wohl schönsten Stellplatz Brandenburgs sind alle notwendigen Ver- und Entsorgungseinrichtungen vorhanden, inklusive Duschen, Waschmaschinen, Trockner und WiFi. Außerdem gibt es einen Spielplatz, eine Grillecke und einen Badesee. Tagesausflüge per Hausboot auf den Havelländischen Seen bieten sich an.

Am Hafen 7, 14770 Brandenburg an der Havel
www.stadtmarina-brandenburg.de, GPS 52.42440, 12.55382

MARINA COSWIG

Eine sehr schöne Anlage mit vielen Stellplätzen direkt an der Elbe. Alle notwendigen Ver- und Entsorgungseinrichtungen sind vorhanden. Der Platz ist ganzjährig geöffnet und ein guter Standort, um mit dem Fahrrad über den Elbradweg die Lutherstadt Wittenberg und den Wörlitzer Park zu besuchen oder um eine Rundtour nördlich und südlich der Elbe (46 Kilometer) zu machen.

Elbstraße 22, 06869 Coswig
www.marina-coswig.de, GPS 51.88060, 12.43624

berg sind das neugotische Schloss sowie der Filmpark Babelsberg. An der Glienicker Brücke, auf der zu Zeiten des Kalten Krieges Agenten ausgetauscht wurden, legen heute die Ausflugsdampfer der Weißen Flotte, der sogenannten »Königslinie«, ab.

17 Werder

Inmitten des breiten Havelstroms liegt die schöne mittelalterliche Inselstadt Werder. Vier Seen und die Havel umschließen die Stadt, deren ältester Teil die Havelinsel ist. Bekannt ist Werder für seinen Obstanbau, für Beerenweine und für die gute Weinlage am Wachtelberg. Nicht umsonst wird sie auch als »Blütenstadt« bezeichnet und gilt als einer der sonnenreichsten Orte Deutschlands.

18 Brandenburg

Im fluss- und seenreichen Gebiet der mittleren Havel liegt die älteste Stadt der Mark Brandenburg, die ihr auch den Namen gab. Vor allem der reich ausgestattete Dom St. Peter und Paul aus dem 13. Jahrhundert ist sehenswert. Es empfiehlt sich ein Besuch des Dommuseums. Rathaus, Altstadt und alte Befestigung lohnen ebenfalls das Verweilen. Das Stadtmuseum Brandenburg präsentiert seine Sammlungen zur Ortshistorie von der Zeit der Slawen bis zur Gegenwart gleich an drei Orten: im barocken Frey-Haus, im mittelalterlichen Steintorturm und im Gotischen Haus. Wenn die Zeit reicht, kann man noch Ausflüge zum Kloster Lehnin und zur Burg in Plaue einplanen.

19 Belzig

Etliche Orte im Brandenburgischen waren von Burgen beschützt, von denen heute nur Ruinen übrig blieben. Anders die Burg Eisenhardt mit ihrem starken Bergfried in Belzig im Hohen Fläming, die zur Jugendherberge ausgebaut wurde. Belzig hat auch sorgfältig restaurierte Bürgerhäuser und eine der alten sächsischen Postmeilensäulen zu bieten.

20 Lutherstadt Wittenberg

Die Stadt am nördlichen Elbufer zählt zu den kulturhistorischen Höhepunkten entlang des Flusses. Im Jahr 1511 kam Martin Luther hierher, um an der Universität zu lehren. Das bekannteste Bauwerk ist die spätgotische Schlosskirche, an deren Tor der Reformator 1517 seine berühmt gewordenen 95 Thesen gegen die Bußpraxis der Kirche geschlagen haben soll. Nicht mehr erhalten ist das berühmte Holztor – es fiel 1760 einem Brand zum Opfer. Vom Turm der Kirche bietet sich ein prachtvoller Blick über Teile des Elbe-Urstromtals. Ebenfalls sehenswert sind das Lutherhaus, in dem heute ein Museum eingerichtet ist, und das Kurfürstliche Residenzschloss. Auch das Wohnhaus des Reformators Philipp Melanchthon gehört neben den Luther-Stätten zum UNESCO-Welterbe.

21 Wörlitz

Fürst Franz von Anhalt-Dessau verwirklichte zwischen 1765 und 1810 sein Ideal eines riesigen Landschaftsparks nach englischem Vorbild. Der 100 Hektar große Park am Wörlitzer

AUSFLUGSZIELE

Wiesenburg Schlosspark

Dieser englische Landschaftspark des Wiesenburger Schlosses gehört zu den schönsten seiner Art in Brandenburg. Er liegt im Naturpark Hoher Fläming, etwa 90 Kilometer südwestlich von Berlin. Nicht verpassen sollte man den grandiosen Ausblick vom Schlossturm. Das Schloss selbst ist heute zu einer modernen Wohnanlage umgestaltet. Besucher können nur bei kulturellen Veranstaltungen einen Blick in den Schlosshof erhaschen. Der liebevoll gepflegte Park ist jedoch der Öffentlichkeit zugänglich. Hier gedeihen seltene und exotische Pflanzen wie Koniferen und Rhododendren, Japanische Lärchen, Ginkgos oder Platanen.
www.schlosspark-wiesenburg.de
GPS 52.111035, 12.446214

Bildleiste von oben: Luther-Standbild, Rathaus und St.-Marien-Kirche auf den Marktplatz von Wittenberg.

Zahlreiche Kulissenbauten sind in den Wörlitzer Anlagen verstreut, so auch die sogenannte Felseninsel.

Im Dominikanerkloster St. Pauli in Brandenburg an der Havel ist heute das Archäologische Landesmuseum untergebracht.

See, einem Altwasser der Elbe, ist einer der ersten großen Landschaftsgärten des kontinentalen Europas und gehört heute zum UNESCO-Welterbe. Die meisten Baudenkmäler wurden von dem Dresdner Architekten Friedrich Wilhelm von Erdmannsdorff entworfen, der sich auf Bildungsreisen durch Europa inspirieren ließ. Nach seinen Plänen entstand in den Jahren 1769 bis 1773 das Wörlitzer Schloss, der erste Bau des Klassizismus in Deutschland. Die Innenausstattung orientiert sich vorwiegend an antiken Vorbildern. Und wer sich schnell einen Überblick in diesem gärtnerischen Fantasiereich verschaffen will, der kann die schönsten Punkte sogar mit einer Gondel erreichen.

KATZENTEICH

Der große Platz in Zentrumsnähe ist mit allen notwendigen Ver- und Entsorgungseinrichtungen ausgestattet und ganzjährig geöffnet. Der Fußweg ins Zentrum und zum Bahnhof der Brockenbahn (Fahrt mit der Dampflok zum Brocken ca. 1,5 Stunden) ist 1 Kilometer lang.

Am Katzenteich 10–11, 38855 Wernigerode
GPS 51.83847, 10.78111

FÜLLEKUHLE

Dieser kostenlose zentrumsnahe Parkplatz hat keinerlei Ver- und Entsorgungseinrichtungen für Wohnmobile, ist aber ganzjährig geöffnet. Es ist kein reizvoller Platz, aber ideal, um die Altstadt von Goslar und die Kaiserpfalz zu Fuß zu erreichen (1,2 Kilometer).

Bertha von Suttner Straße, 38640 Goslar
GPS 51.91028, 10.41807

REISEMOBILHAFEN GÖTTINGEN EISWIESE

Der schöne, gepflegte Platz liegt direkt neben der Therme und dem Freibad. Alle notwendigen Ver- und Entsorgungseinrichtungen sind vorhanden; auch WiFi steht zur Verfügung. Ganzjährig geöffnet. Bis zur Innenstadt sind es zu Fuß nur 1,5 Kilometer.

Windausweg 6, 37073 Göttingen
GPS 51.52129, 9.93062

Rechts:
Das farbenfrohe Rathaus von Wernigerode ist ein Aushängeschild der Fachwerkarchitektur im Harz.

Unten:
Ein Juwel der Gotik ist der Stephansdom in Halberstadt.

22 Dessau

Unter Fürst Leopold III. Friedrich Franz (1740–1814) wurde das kleine Fürstentum Anhalt-Dessau zu einem Musterstaat der deutschen Aufklärung. Dessau wurde später noch bekannter durch eine Schule und ihre Lehrer, die hier von 1925 an für nur sieben Jahre wirkten: das Bauhaus unter Walter Gropius. Mit dem Schulgebäude, den Meisterhäusern in der Ebertallee, der Bauhaus-Siedlung im Stadtteil Törten sowie dem Arbeitsamt wurden die Bauhaus-Ideen, die Architektur und Design fortan weltweit prägten, von Gropius und Kollegen am Ort selbst umgesetzt. Beinahe um die Ecke liegen die von Fürst Leopold III. initiierten Anlagen von Schloss und Park Georgium.

23 Köthen

Ein klassizistischer Thronsaal im Schlossinneren, draußen ein Prinzessinnenhaus und alte Tortürme – das sind die Glanzlichter der einstigen Residenzstadt Köthen. Die Fürsten waren hier aktiv, förderten die Literatur und einen Hofkapellmeister, der weltberühmt wurde: Johann Sebastian Bach. Erinnerungen an den großen Meister sind im Historischen Museum von Köthen zu sehen.

AUSFLUGSZIELE

Museen

In einer restaurierten Mühle in Ebergötzen befindet sich das Wilhelm Busch-Museum. Besucher entdecken hier die weltbekannten Streiche der beiden Protagonisten neu, außerdem sind Übersetzungen in unzählige Sprachen zu sehen. Ganz in der Nähe liegt ein weiteres sehenswertes Museum: das Europäische Brotmuseum, in dem man Wissenswertes über die alte Mühle, verschiedene Getreidesorten und das Brotbacken durch die Jahrhunderte hindurch erfährt.

www.wilhelm-busch-muehle.de
www.brotmuseum.de
GPS 51.570390, 10.106604

24 Könnern

Die Saaleaue mit ihren schönen Wander- und Spazierwegen macht den besonderen Reiz des alten Städtchens mit seinen romantisch verträumten Winkeln aus. Die stattlichen Turmhauben der spätgotischen Stadtkirche St. Wenzel, die Ende des 15. Jahrhunderts erbaut wurde, sind ihr markantes Wahrzeichen.

25 Staßfurt

Aus verdunstenden Meeren entstand der Wohlstand: Seit dem Jahr 1850 etwa werden die riesigen Kalisalzlager abgebaut, deren Nutzbarkeit als Dünger hier zuerst erkannt wurde. Im Stadt- und Bergbaumuseum Staßfurts, der »Wiege des Kalibergbaus«, findet man detailreich dargestellt, wie das Salz unter Tage gewonnen wird.

26 Halberstadt

Einst gehörte Halberstadt zu den schönsten Fachwerkstädten Europas, doch im April 1945 wurde sie durch Bombenangriffe des Zweiten Weltkriegs fast völlig zerstört. Heute zeigt die alte Bischofsstadt wieder viel Sehenswertes, vor allem Kirchen, den Domschatz und das Haus des »Dichtervaters« Johann Wilhelm Ludwig Gleim (1719–1803), das umfangreichen Porträt-, Grafik- und Buchsammlungen beherbergt.

27 Wernigerode

Ein Kleinod unter den Städten: Das Fachwerk-Rathaus mit den zwei spitzen Turmhauben hat ein halbes Jahrtausend auf dem Buckel und zeigt großartigen Figurenzierrat mit Liebespaaren, Bischöfen und Narren. Sehenswert in der historischen Altstadt sind auch das Krummelsche Haus (Breite Straße 72) von 1674 mit seinen üppigen Schnitzereien sowie das Gadenstedtsche Haus mit Renaissance-Erker (Oberpfarrkirchhof 13). Etwas kurios wirkt das Schiefe Haus, eine frühere Mühle (Klintgasse 5). Am berühmtesten sind das märchenhaft anmutende Schloss sowie der Blick vom Schlossturm auf den nahen Brocken. In Wernigerode startet auch die alte Harzquerbahn.

28 Goslar

Schon die Ottonen hielten in dem 922 gegründeten Marktflecken Hof, doch erst als Heinrich II. die Pfalz Werla nach Goslar verlegte und sein salischer Nachfolger Heinrich III. um 1050 den imposanten Palast errichtete, begann der Aufstieg Goslars zur bedeutendsten Pfalz im Deutschen Reich. 150 Jahre lang wurde in der Stadt Politik gemacht. 1267 war Goslar ein Mitglied der Hanse und erlangte 1290 die Reichsfreiheit. Im 15. Jahrhundert gehörte die Stadt zu den wohlhabendsten Orten von ganz Deutschland. Von dieser Zeit zeugen noch heute die reich geschmückten Gilden- und Patrizierhäuser, das Rathaus und nicht zuletzt die Kirchen.

29 Northeim

Am Westrand des Harzes und an den Hochgeschwindigkeitsstrecken von ICE-Zügen und der Autobahn zeigt

der alte Stadtkern der geschäftigen Stadt sorgsam restaurierte Fachwerkfassaden, allen voran das Reddersenhaus und das Kassebeersche Haus. Im Umkreis überdauern noch Alleen in ländlicher Geruhsamkeit.

30 Göttingen

An der im Jahr 1734 von Kurfürst Georg August von Hannover gegründeten Universität wirkten einst Heinrich Heine, Alexander von Humboldt und die Brüder Grimm. Rund um den historischen Marktplatz mit den vielen Fachwerkhäusern steht der Gänselieselbrunnen, das Wahrzeichen der Stadt. Wie anno dazumal wird sie auch heute noch nach jeder bestandenen Promotion von den Doktoren geküsst. In der Paulinerkirche des ehemaligen Dominikanerklosters befindet sich ein Teil der Alten Staats- und Universitätsbibliothek. Mit ihrem neuen Teil im Norden der Stadt ist sie heute eine der modernsten Bibliotheken weltweit. Das gotische Alte Rathaus aus dem 13./14. Jahrhundert und die Johanniskirche mit ihren Doppeltürmen (1300–1344) sind sehenswert, aber auch St. Michael, St. Albani und St. Jakobi. Im Adelspalais im Renaissancestil aus dem Jahr 1592 und in der Alten Post (1740–1780) befindet sich das Städtische Museum.

31 Duderstadt

Ein Superlativ des Fachwerk-Reichtums: Hier sind rund 550 Fachwerkhäuser erhalten, die ansehnlichsten befinden sich in der Steintor- und in der Apothekerstraße. Besonders pittoresk prunkt das Rathaus.

32 Heilbad Heiligenstadt

Die Geschichte des Wallfahrtsziels und Kneippkurorts reicht bis ins 9. Jahrhundert zurück. Damals stand auf dem Martinsberg eine kleine Kapelle, in der die Reliquien des heiligen Sergius aufbewahrt wurden. Sie wich einem romanischen Kirchlein, das 1304 der hochgotischen Stiftskirche St. Martin Platz machte. An die Macht der Mainzer Erzbischöfe gemahnt das barocke Kurmainzer Schloss. Im 13. Jahrhundert wurde das Rathaus gebaut und nach dem großen Stadtbrand im Jahr 1789 neu errichtet. In St. Ägidien (vollendet 1370) sind die Reliquien der Heiligen Aureus und Justinus, des Bischofs von Mainz und seines Diakons, verwahrt. An Tilman Riemenschneider erinnert sein Geburtshaus in der Klausgasse 2, an Heinrich Heine, der hier zum Christentum konvertierte, der Heine-Park.

33 Mühlhausen

Die 800 Jahre alte Reichsstadt zählt zu den historisch bedeutendsten Thüringens und glänzt neben einer fast vollständig erhaltenen Stadtmauer mit Stadttoren wie Frauentor und Rabentor. Weiter seien genannt: die Posthalterei in der Holzstraße 1, das Antonius-Hospital (1207) in der Holzstraße 13, das barocke Bürgerhaus in der Herrenstraße 19 und das 1697 an der Stelle der von Thomas Müntzer bewohnten Pfarrei errichtete Fachwerkpfarrhaus am Ende der Herrenstraße. Nach dem Erfurter Dom ist die von 1317 bis 1380 errichtete fünfschiffige Marienkirche, in der Müntzer wirkte, Thüringens zweitgrößtes Gotteshaus. Vom Obermarkt durch die Ratsgasse gelangt man zum Rathaus, einem

Gebäudekomplex mit Elementen aus Gotik, Renaissance und Barock. Den Untermarkt zieren schmucke Patrizierhäuser sowie Höfe. Die hochgotische Kirche St. Blasius wurde 1227 vom Deutschritterorden in Auftrag gegeben.

34 Bad Langensalza

Das Schwefelbad blickt auf eine über tausendjährige Geschichte zurück, die sich im gut erhaltenen Mauerring mit seinen 17 Wehrtürmen, im Schloss Dryburg, in der spätgotischen Pfarrkirche St. Bonifatius und in den vielen Fachwerkbauten widerspiegelt. Besonders sehenswert sind die Fassaden der Bürgerhäuser in der Marktstraße. Ein Rokokojuwel ist das Friederiken-Schlösschen, das 1749 bis 1751 erbaut wurde und im Osten der Stadt gelegen ist.

35 Eisenach

Das zu den geschichtsträchtigsten deutschen Städten zählende Eisenach am Fuß der mächtigen Wartburg aus dem 11. Jahrhundert liegt unweit der Werra an deren Nebenflüsschen Hörsel und Nesse. Am historischen Markt der Stadt stehen das Renaissancerathaus und das barocke Stadtschloss. Am Lutherplatz lohnt das Lutherhaus einen Besuch. Am Frauenplan 21 steht außerdem das Bachhaus, in dem der berühmte Komponist im Jahr 1685 geboren worden sein soll.

Links: Der Westerturm ist das letzte erhaltene mittelalterliche Stadttor in Duderstadt.

Oben: Marktbrunnen mit vergoldeter Skulptur des drachentötenden St. Georg in Eisenach.

WOHNMOBILSTELLPLATZ THERME BAD LANGENSALZA

Nur 300 Meter von der Therme ist dieser kostenpflichtige Parkplatz entfernt. Alle notwendigen Ver- und Entsorgungseinrichtungen sind vorhanden. Ganzjährig geöffnet. Bis zur malerischen historischen Altstadt sind es zu Fuß 1,2 Kilometer. Der Baumkronenpfad im Nationalpark Hainich ist 10 Kilometer entfernt.

Breitscheidstraße, 99947 Bad Langensalza
GPS 51.11659, 10.64479

WOHNMOBILSTELLPLATZ FULDA

Dieser zentrumsnahe, kostenpflichtige Stellplatz verfügt über alle notwendigen Ver- und Entsorgungseinrichtungen und ist ganzjährig geöffnet. Der Fußweg bis zum Domplatz beträgt ca. 750 Meter, bis zum Schlossgarten ist es 1 Kilometer.

Weimarer Str., 36039 Fulda, GPS 50.55669, 9.66653

36 Fulda

Die alte Bischofsstadt liegt reizvoll eingebettet in ein Talbecken des gleichnamigen Flusses zwischen den Vorbergen der Rhön und des Vogelsbergs. 744 gründete ein Schüler des Missionars Bonifatius die Benediktinerabtei. Nach Bonifatius' Ermordung 754 setzte man den Leichnam in der Klosterkirche bei, dem damals größten Gotteshaus auf deutschem Boden. Heute erhebt sich über der Gruft eine dreischiffige Basilika. Vom ursprünglich karolingischen Bau wurden Teile in die Stiftskirche übernommen. Nicht minder bedeutend ist die benachbarte Michaelskapelle. Jenseits des Gartens des Barockschlosses erstreckt sich die Orangerie.

Links: Genuss pur: Fahrt durch die herbstliche Landschaft.

Unten: Der barocke Dom von Fulda ist das Aushängeschild der Stadt.

Schloss Rheinsberg Nicht nur Kronprinz Friedrich, später »der Große«, liebte dieses Schloss, auch Kurt Tucholsky verewigte es in seinem »Bilderbuch für Verliebte«.

Insel Rügen Bestückt mit 574 Kilometern Küstenlinie, Kreidefelsen, Boddengewässern, Naturreservaten und Fischerdörfchen ist Rügen nicht umsonst eines der Top-Reiseziele an der Ostsee.

Quedlinburg In das UNESCO-Weltkulturerbe sollte man unbedingt einen Abstecher machen! Die mittelalterliche Altstadt, der Schlossberg, die Stiftskirche, der Münzenberg – sie alle zeugen von der überragenden architektonischen Bedeutung der Stadt.

Rhön Der Naturpark, der zum Großteil als UNESCO-Biosphärenreservat ausgewiesen ist und mit der Langen Rhön und den Schwarzen Bergen zwei Naturschutzgebiete umfasst, ist ein Paradies für Freunde ursprünglicher Landschaften.

Meiningen In der zweiten Hälfte des 19. Jahrhunderts haben »die Meininger«, das Theaterensemble des Herzogs von Sachsen-Meiningen, Theatergeschichte geschrieben. Diese Tradition ist im Stadttheater (1808) und im Theatermuseum noch lebendig.

ROUTE 6

ENTLANG VON MOSEL, RHEIN UND NECKAR

Die Route beginnt in Trier und folgt dem Lauf der Mosel bis zu ihrer Mündung in den Rhein bei Koblenz. Flussaufwärts geht es vorbei an unzähligen Burgen durch das Rheintal nach Wiesbaden. Über Frankfurt geht es auf der Bergstraße bis Heidelberg, und von dort den Neckar entlang nach Tübingen.

Unendlich kurvenreich schlängelt sich die Straße entlang der Mosel von Trier über 188 Kilometer bis nach Koblenz. Ein erhebender Blick auf die Weinbaulandschaft entlang des Flusses folgt dem nächsten. Fast in jedem Ort findet sich eine Gelegenheit, das Reisemobil abzustellen und eine Rast in einem der Winzerorte einzulegen.
Die Strecke von Koblenz durch das Mittelrheintal nach Wiesbaden ist besonders hervorzuheben, führt sie doch durch ein UNESCO-Welterbe. Eine Fülle von Burgen und Burgruinen laden hier auf der rund 100 Kilometer langen Fahrt zum Verweilen ein. Nirgendwo sonst am Rhein ist die Landschaft so romantisch, so spektakulär und so malerisch wie hier.
Auf der Bergstraße von Frankfurt nach Heidelberg durchfährt man eines der sonnenreichsten Gebiete Deutschlands. Dank der klimatischen Gunst betrieben hier schon die Römer Weinbau. Besonders reizvoll ist diese Strecke von rund 90 Kilometern im Frühjahr, wenn an den Hängen des Odenwaldes und in der Ebene des Rheintals zwischen den Rebflächen die Mandel- und Obstbäume blühen.
Von Heidelberg sind es entlang des Neckars bis nach Tübingen rund 180 Kilometer. Zwar gibt es hier nicht so viele Burgen wie am Mittelrhein, dafür aber eine ganze Reihe malerischer Städtchen und kulturelle Glanzlichter wie das Schiller-Nationalmuseum in Marbach oder so außergewöhnliche Museen wie die von Porsche und Mercedes-Benz in Stuttgart.

Die größte Schleife des Rheins im Bopparder Hamm trägt viel zur Attraktivität der Stadt Filsen am jenseitigen Ufer bei.

Weinselige Kulturlandschaften

Eine Reise entlang des Fluss-Dreigestirns Mosel, Rhein & Neckar führt durch eindrucksvolle Täler, vorbei an Burgen und an von Weinbergen gesäumten Talhängen und natürlich in malerische Winzerörtchen, wo es den ein oder anderen edlen Tropfen zu verkosten gilt.

Das malerisch an der Mosel gelegene Trittenheim ist Teil der Römischen Weinstraße. Die dortigen Lagen Trittenheimer Apotheke und Altärchen sind legendär und die an den Hängen reifenden Rieslinge genießen Weltruf.

ROUTE 6

Streckenlänge: ca. 560 km
Zeitbedarf: 6–7 Tage
Routenverlauf (Hauptorte): Trier, Koblenz, Bingen, Mainz, Frankfurt, Darmstadt, Mannheim, Heidelberg, Heilbronn, Stuttgart, Tübingen
Charakteristik: In kleineren Winzerorten sind die Straßen sehr eng. Besser außerhalb parken und zu Fuß oder per Fahrrad erkunden.
Informationen:
www.mosellandtouristik.de
www.romantischer-rhein.de
www.tourismus-bw.de

Hier geht's zum GPS-Track

01 Trier

Die von den bewaldeten Bergen des Hunsrück und der Eifel umrahmte Stadt liegt in einer der wenigen Talweitungen der Mosel. Trier wartet mit einigen wichtigen Sehenswürdigkeiten auf: Nordöstlich der berühmten Porta Nigra steht die nach Plänen von Balthasar Neumann erbaute Kirche St. Paulin aus dem 18. Jahrhundert, einer der bedeutendsten Barockbauten im Moseltal. Wesentlich älter ist der romanische Dom St. Peter. Die in nächster Nachbarschaft stehende Liebfrauenkirche aus dem 13. Jahrhundert ist eine der ältesten gotischen Kirchen Deutschlands. Der Hauptmarkt mit dem Marktkreuz und dem Petrusbrunnen gilt als einer der schönsten Plätze Deutschlands. Von Trier bis Koblenz läuft parallel zur Mosel abwechselnd auf dem linken oder rechten Ufer des engen Moseltals eine Straße, die die schönsten Weinbauorte der Gegend miteinander verbindet.

02 Bernkastel-Kues

Die Fachwerkhäuser und der Marktplatz von Bernkastel im mittleren Moseltal werden von der Burgruine Landshut überragt, Weinberge ziehen sich bis zu ihren Mauern hinauf. Eine Brücke führt von Bernkastel nach Kues, dem Geburtsort des Philosophen Nikolaus von Kues (1401–1464), der im St.-Nikolaus-Hospital begraben liegt.

03 Traben-Trarbach

Das romantische Weinbaustädtchen erstreckt sich über beide Uferseiten der Mittelmosel und wird von stolzen, mittelalterlichen Fachwerk- und Patrizierhäusern geprägt. Liebhaber des Jugendstils finden mit dem Brückentor, der Huesgen-Villa, dem Schlösschen Sonora sowie dem Hotel Bellevue eine Reihe einzigartiger Bauwerke dieses Architekturstils im Ort, die an die Blütezeit der Weinhandelsmetropole um die Wende vom 19. zum 20. Jahrhundert erinnern. Überragt wird das Städtchen von der Grevenburg. Auf dem von einer Flussschleife umschlossenen Mont Royal liegt die Ruine einer von Vauban ab 1687 geplanten Festungsanlage. Sie bot 12 000 Mann und 3000 Pferden Platz.

Burg Eltz gehört zu den schönsten Burgen Deutschlands. Zwischen März und November kann man dieses architektonische Prachtwerk besichtigen.

04 Zell
Der bekannte Weinbauort mit Resten einer alten Stadtbefestigung, der Peterskirche und einem ehemals Kurfürstlichen Schloss liegt am rechten Moselufer. Auf dem Weg nach Bremm führt bei Alf eine Abzweigung hinauf zur Burg Arras aus dem 9. Jahrhundert.

05 Moselschleife bei Bremm
Diese Schleife der Mosel zählt zu den bekanntesten. Die Weinhänge am Bremmer Calmont gelten als die steilsten Rieslinghänge Europas. Der Ort selbst besticht mit malerischen engen Gassen und historischen Fachwerkhäusern. Auf der Weiterfahrt flussabwärts empfiehlt sich bei Müden ein Abstecher zur Burg Eltz.

06 Cochem
Die Stadt am linken Ufer der unteren Mosel zählt zu den schönsten Orten im Moseltal. Überragt wird sie von der schon 1070 erbauten, 1688 zerstörten und im 19. Jahrhundert im neugotischen Stil wiedererbauten Reichsburg. Das Rathaus am Marktplatz mit schönen alten Häusern

REISEMOBILPARK TREVIRIS

Dieser ist ein sehr großer Platz mit allen notwendigen Ver- und Entsorgungseinrichtungen, Duschen und WiFi. Ganzjährig geöffnet. Bezahlung mit Camp-Card-System (Funktionsweise: reisemobilpark.camping-treviris.com/de/camp-card-system). Der Fußweg zu den Kaiserthermen beträgt 2,5 Kilometer, zur Porta Nigra 3,5 Kilometer.

In den Moselauen, 54290 Trier
camping-treviris.de, GPS 49.74029, 6.62459

SUN PARK WOHNMOBILPARK

Der kostenpflichtige ruhige Platz liegt direkt an der Mosel. Alle notwendigen Ver- und Entsorgungseinrichtungen sowie Duschen sind vorhanden. Geöffnet Anfang März bis Anfang November. Ein guter Standort, um Bernkastel-Kues zu besuchen (2,5 Kilometer).

Gestade 16a, 54470 Graach an der Mosel
www.sunpark-mosel.de, GPS 49.93480, 7.06089

STELLPLATZ »AN DER FUSSGÄNGERBRÜCKE«

An der Mosel gelegen, verfügt dieser kostenpflichtige ruhige Platz über alle nötigen Ver- und Entsorgungseinrichtungen. Ganzjährig geöffnet. Die Weinstuben und Restaurants von Zell liegen auf der gegenüberliegenden Seite der Mosel und sind über die Fußgängerbrücke bequem zu erreichen (ca. 800 Meter).

Moselufer, 56856 Zell, GPS 50.02911, 7.17789

Links: Zwischen Bingen und Koblenz erstreckt sich auf rund 70 Kilometern das Obere Mittelrheintal mit seinen malerischen Windungen, steil abfallenden Uferhängen, schroffen Felsen und bewaldeten Höhen.

Unten: Vielleicht Deutschlands bekanntester Aussichtspunkt: Blick vom Loreley-Felsen hinunter auf den Rhein und St. Goarshausen.

WOHNMOBILSTELLPLATZ ERNST

Der Stellplatz am Rande eines Weinbergs besitzt alle notwendigen Ver- und Entsorgungseinrichtungen und eignet sich gut, um das ca. 6 Kilometer entfernte Cochem zu besuchen.

Weingartenstraße 106, 56814 Ernst
moselcamper.de/wohnmobilstellplatz-ernst
GPS 50.14261, 7.23194

CAMPINGPLATZ BURG ELTZ

Einfacher, kostenpflichtiger und ruhiger Platz direkt an der Mündung des Elzbaches in die Mosel. Alle notwendigen Ver- und Entsorgungseinrichtungen sind vorhanden. Geöffnet von Mitte April bis Anfang Oktober. Ein schattiger Wanderweg führt entlang des Elzbaches zur Burg Eltz (4,5 Kilometer mit einer kleinen Steigung).

Moselstraße 39, 56254 Moselkern
camping-burg-eltz.de/index.php/de
GPS 50.19003, 7.36801

PARKPLATZ PETER-ALTMEIER-UFER

Auf diesem kostenpflichtigen Parkplatz direkt an der Mosel gibt es keine Ver- und Entsorgungseinrichtungen. Er ist jedoch ganzjährig geöffnet und ein idealer Platz für eine Stadtbesichtigung. In der Nähe sind das Deutsche Eck (400 Meter), die Seilbahnstation zur Festung Ehrenbreitstein (400 Meter) und das Schloss (1 Kilometer).

Peter-Altmeier-Ufer, 56068 Koblenz
GPS 50.36272, 7.60158

stammt aus dem Jahr 1739. Außerdem sind die Moselpromenade, das Kulturzentrum im Kapuzinerkloster, die Pestkapelle St. Rochus, die alte Senfmühle und das Edelsteinmuseum einen Besuch wert. Auf dem Weg zum Weinort Kobern-Gondorf liegt bei Löf-Hatzenport auf der rechten Moselseite die Ruine der Ehrenburg (1125). Bei Alken grüßen vom rechten Moselufer die Zwillingstürme der Burg Thurant herüber. Von Kobern aus lohnt sich ein Abstecher nach Maria Laach. Die hochmittelalterliche Abtei stammt aus dem 13. Jahrhundert und beeindruckt mit ihrem romanischen Baustil.

07 Koblenz

Die Stadt am Zusammenfluss von Mosel und Rhein war schon in römischer Zeit von großer strategischer Bedeutung und ab dem 11. Jahrhundert Residenzstadt der Erzbischöfe und Kurfürsten von Trier. Auf einer Landzunge direkt an der Mündung von Mosel und Rhein liegt das Deutsche Eck mit dem monumentalen Kaiser-Wilhelm-Denkmal. Neben der Basilika St. Castor sind die ursprünglich mittelalterliche Alte Burg, der Münzplatz mit dem Geburtshaus des Fürsten Metternich, die Liebfrauenkirche (12. bis 15. Jahrhundert), die Florinskirche (12. bis 14. Jahrhundert) und am Rheinufer das riesige Kurfürstliche Schloss (16. Jahrhundert) weitere Sehenswürdigkeiten der Rheinstadt. Auf der rechten Flussseite liegt Ehrenbreitstein, eine der größten Festungsanlagen Europas. Von Koblenz folgt die malerische Flussroute der linksrheinisch verlaufenden Bundesstraße 9 bis nach Bingen.

08 Boppard

Das idyllische Städtchen liegt auf der linken Rheinseite an einer Flussschleife. Auf dem Weg dorthin passiert man Burg Stolzenfels sowie die Burgen Lahneck und Marksburg, alle aus dem 13. bzw. 15. Jahrhundert. Letztere ist die einzige nie zerstörte Höhenburg am Rhein. In Boppard selbst sind die Reste der mittelalterlichen Stadtmauer und des römischen Kastells Bodobriga sowie die St. Severuskirche lohnende Ziele.

09 St. Goar & St. Goarshausen

Diese beiden Weinorte, zwischen denen Rheinfähren pendeln, werden von der Ruine der Burg Rheinfels überragt, einst die mächtigste Festungsanlage im Rheintal. Der Ort St. Goar liegt auf der linken Flussseite, am anderen Ufer befindet sich St. Goarshausen in Sichtweite der beiden Burgruinen Katz und Maus (14. Jahrhundert).

10 Loreley

Nur einige Flussschleifen flussaufwärts schiebt sich der berühmte, 132 Meter hohe Loreley-Felsen in den Rhein, der hier sehr schmal ist und deshalb früher eine gefährliche Engstelle für die Rheinschiffer war, und den Heinrich Heine 1824 so romantisch besungen hat.

11 Kaub

Eine Fähre ermöglicht die Überfahrt in das romantische Städtchen am rechten Rheinufer. Eine gut erhaltene mittelalterliche Stadtmauer umgibt den Ort, der zu den bedeutendsten Weinbauorten am Mittelrhein zählt. Hier kann man ein Lotsenmuseum und ein Museum für Feldmarschall Blücher, der hier in den Napoleoni-

BIOFERIENHOF LORELEY

Dieser ist ein sehr großer Platz mit allen notwendigen Ver- und Entsorgungseinrichtungen und ebenem Wiesengelände oberhalb des Rheins. Abseits des Verkehrslärms im Tal gelegen, ist er ganzjährig geöffnet und bietet gute Wandermöglichkeiten im Rheintal.

Auf dem Flürchen 1, 56329 St. Goar
bioferienhof-loreley.jimdofree.com, GPS N50.14144, 7.70841

CAMPINGPLATZ SONNENSTRAND

Dieser große kostenpflichtige Platz liegt direkt am Rhein, ist aber durch Eisenbahn- und Straßenverkehr sehr laut. Alle notwendigen Ver- und Entsorgungseinrichtungen sind vorhanden, inklusive Duschen. Geöffnet von Anfang April bis Anfang Oktober. Ein guter Standort, um den malerischen Ort mit Wernerkapelle und Burg Stahleck zu besuchen (750 Meter entfernt).

Strandbadweg 9, 55422 Bacharach
www.camping-rhein.de/reisemobilstellplatz
GPS 50.05483, 7.77167

schen Kriegen über den Rhein setzte, besuchen. Überragt wird Kaub von Burg Gutenfels, die aus dem 13. Jahrhundert stammt. Auf einer kleinen Felsinsel mitten im Rhein liegt der ehemalige Zollturm Pfalzgrafenstein, die sogenannte »Pfalz bei Kaub«.

12 Bacharach

Das idyllische Weinbaustädtchen im UNESCO-Welterbe Oberes Mittelrheintal wird von einer turmreichen Stadtmauer aus dem 16. Jahrhundert umgeben, seine Ursprünge sind aber wohl keltisch. Über ihr thront Burg Stahleck, in der sich heute eine Jugendherberge befindet. Flussaufwärts ragt eine zweite Festung, Burg Sooneck, in den Himmel. Auf dem Weg nach Bingen passiert man noch die linksrheinisch liegenden Burgen Reichenstein und Rheinstein.

13 Bingen

Beherrscht wird die Stadt an der Einmündung der Nahe in den Rhein von der Burg Klopp, deren Fundamente bis in die Römerzeit zurückreichen. Hier tritt der Rhein am Binger Loch eindrucksvoll in das Rheinische Schiefergebirge ein. Auf der linken Rheinseite thront Burg Ehrenfels aus dem 13. Jahrhundert. Mitten im Rhein steht der Mäuseturm, das weltbekannte Wahrzeichen der Stadt Bingen, der zusammen mit Burg Ehrenfels als Wach- und Zollturm diente. Bei Bingen queren Autofähren (auch für Wohnmobile geeignet) den Rhein nach Rüdesheim.

14 Rüdesheim

Dieser Weinort ist vor allem wegen der Drosselgasse berühmt, in der sich eine Weinstube an die andere reiht. Das Stadtbild prägen ehemalige Adelshöfe wie der Brömserhof und die Ruinen der Boosen-, Vorder- und Brömserburg aus dem 10. Jahrhundert. Letztere beherbergt das Rheingauer Weinmuseum. Das Niederwalddenkmal, eine monumentale Germania-Statue, die im Jahr 1883 zum Gedenken an die deutsche Reichsgründung (1871) errichtet wurde, thront über dem Städtchen. Das Denkmal kann zu Fuß oder be-

Bildleiste von oben:
Dramatische Wolkenstimmung inklusive Rhein- und Loreley-Blick.

Sehenswert rund um Bingen sind Burg Ehrenfels (rechts im Bild) und der Mäuseturm (links).

Goldgelb prunken im Herbst die Rüdesheimer Weingärten entlang des Rheinufers und grüßen das gegenüberliegende Bingen.

CAMPINGPLATZ MARIENORT

Dieser ist ein kostenpflichtiger, relativ ruhiger Platz direkt am Rhein unterhalb von Burg Reichenstein. Alle notwendigen Ver- und Entsorgungseinrichtungen, Duschen, Waschmaschinen und Wäschetrockner sind vorhanden. Ganzjährig geöffnet. Kletterfelsen und schöne Wanderwege durch das Morgenbachtal sind in der Nähe.

Am Morgenbach 1, 55413 Trechtingshausen
www.campingplatz-marienort.de, GPS 50.00457, 7.85597

REISEMOBILHAFEN WIESBADEN

Kostenpflichtiger, ruhiger Platz in Halbhöhenlage über Wiesbaden mit Blick über Mainz und das Umland. Alle notwendigen Ver- und Entsorgungseinrichtungen sind vorhanden, inklusive Sanitäreinrichtungen. Ganzjährig geöffnet. Ein Freibad (Kallebad) ist in unmittelbarer Nähe. Busverbindung in die Innenstadt: 15 Minuten.

Wörther-See-Straße 29, 65183 Wiesbaden
www.reisemobilhafen-wiesbaden.de, GPS 50.05622, 8.21085

quem mit dem Wohnmobil (gebührenpflichtiger Parkplatz) bzw. mit einer Zahnradbahn erreicht werden.

15 Eltville

Vorbei an zahlreichen Schlössern geht die Fahrt in die ebenfalls malerisch zwischen Weinbergen gelegene Wein-, Sekt- und Rosenstadt Eltville. Überragt wird der Ort von der Ruine einer ehemals kurfürstlichen Burg aus dem 14. Jahrhundert. Zu den Sehenswürdigkeiten der Altstadt zählen einige ehemalige Adelshöfe, schöne Fachwerkhäuser aus dem 16. bis 18. Jahrhundert sowie die Pfarrkirche St. Peter und Paul, die ebenfalls auf das 14. Jahrhundert zurückgeht. Ein kurzer Abstecher führt zur ehemaligen Zisterzienserabtei Eberbach, in der bereits seit über 850 Jahren Wein gekeltert wird.

16 Mainz

Die Stadt geht auf das 38 v. Chr. angelegte römische Kastell Moguntiacum zurück und ist eine der ältesten Städte Deutschlands. Der heilige Bonifatius machte die Stadt 742 zu seinem Bischofssitz. Die Universitätsgründung erfolgte 1476. Eine der großen technischen Revolutionen nahm in Mainz ihren Lauf, als Johannes Gutenberg im 15. Jahrhundert in seiner Heimatstadt mit in Blei gegossenen, beweglichen Lettern die ersten Bücher druckte: 200 Bibeln, von denen heute weltweit nur noch 48 Exemplare existieren. Am nordöstlichen Rand des Domplatzes liegt das Gutenberg-Museum mit einer Ausgabe der »Gutenberg-Bibel« und einer Rekonstruktion seiner Satz- und Druckwerkstatt. Im Stadtzentrum ragt der sechstürmige, rötlich schimmernde Dom St. Martin und Stephan empor, ein Höhepunkt romanischer Baukunst. Der Marktbrunnen am Nordrand des Domplatzes gilt als einer der schönsten Renaissancebrunnen Deutschlands. Im ehemaligen Kurfürstlichen Schloss ist heute das Römisch-Germanische Zentralmuseum untergebracht. Südöstlich des Universitätsgeländes liegen die Römersteine, Reste eines im 1. Jahrhundert n. Chr. erbauten Aquädukts. Liebhaber von Marc Chagall zieht es in die Kirche St. Stephan, in der der Künstler 1978 bis 1985 neun tief beeindruckende Glasfenster, das »Blaue Wunder von Mainz«, schuf.

17 Wiesbaden

Die hessische Landeshauptstadt liegt am Fuß der bewaldeten Höhen des Taunusgebirges. 20 Thermalquellen haben sie seit Römerzeiten zu einem beliebten Kurort werden lassen. Hauptverkehrsader der Stadt ist die breite Wilhelmstraße, an deren nördlichem Ende der Kurbezirk mit dem imposanten neoklassizistischen Kurhaus (1904–1907) und der Kurhaus-Kolonnade liegt – übrigens der längste Säulengang Europas. Schräg gegenüber dem Kurhaus steht die imposante Hessische Landesbibliothek. Westlich des Kurbezirks gelangt man zum Kochbrunnen, der insgesamt 15 der 20 Thermalbrunnen zusammenführt, und zum Kaiser-Friedrich-Bad mit seiner exquisiten Jugendstilausstattung. Im Stadtzentrum liegt das von 1837 bis 1841 erbaute Stadtschloss, seit 1946 Sitz des Hessischen Landtags. Gegenüber beeindruckt das Alte Rathaus von 1610. Überragt wird das Bauensemble von der ziegelroten neogotischen Marktkirche, die 1862 vollendet wurde.

18 Frankfurt am Main

»Mainhattan« oder »Bankfurt« wird Frankfurt oft ironisch genannt, nicht ganz zu Unrecht. Denn die Skyline mit ihren zahlreichen Wolkenkratzern erinnert tatsächlich ein wenig an das amerikanische Vorbild. Frankfurt ist der größte Finanzplatz Deutschlands und nach London der zweitgrößte Europas. Der Wolkenkratzer der Commerzbank ist mit seinen 258 Metern das zehnthöchste Bürogebäude Europas. Auch der Flughafen zählt zu den größten des Kontinents. Frankfurt ist aber auch als anerkannter Messe- und Verlagsstandort Deutschlands international von Bedeutung, in der Geburtsstadt von Goethe findet alljährlich die weltweit größte Buchmesse statt.
In der deutschen Geschichte spielte Frankfurt schon immer eine große Rolle. Erstmals 794 als Kaiserpfalz erwähnt, wurde es 876 Hauptstadt des Ostfränkischen Reiches. 1356 bis 1802 wurden hier die deutschen Könige und Kaiser gewählt und gekrönt. 1848/49 tagte in der Paulskirche die deutsche Nationalversammlung im verzweifelten Versuch, Demokratie in Deutschland hoffähig zu machen. Als »Mainhattan« hat Frankfurt heutzutage oftmals einen schlechten Ruf – ganz zu Unrecht,

Bildleiste von oben:
Schloss Biebrich in Wiesbaden wurde im 18. Jahrhundert mehrmals erweitert und präsentiert sich heute als dreiflüglige Anlage.

Einige der höchsten und modernsten Gebäude Europas prägen die Skyline von Frankfurt – ganz »Mainhattan« eben.

In der Altstadt dagegen verbreiten heute Fachwerkhäuser ein gemütliches Flair. Im Krieg fast alle zerstört, wurden sie original rekonstruiert.

denn trotz schwerer Zerstörungen im Zweiten Weltkrieg und dem anschließenden Bauboom hat sich die Stadt viel von ihrem historischen Erbe und hessischen Charme bewahren können. Dazu gehört vor allem der historische Altstadtkern rund um den Römerberg. Sehenswertes in der Altstadt: der Römerberg mit Römer, dem alten Rathaus mit seinen Staffelgiebeln (15. bis 18. Jahrhundert), der Kaisersaal war einst Schauplatz von Krönungsbanketten; die Ostzeile gegenüber dem Rathaus mit sechs Fachwerk- und Patrizierhäusern; die Alte Nikolaikirche (1290 geweiht); der Domplatz mit Kaiserdom (13. bis 15. Jahrhundert), ab 1562 Krönungskirche; der Paulsplatz mit der klassizistischen Paulskirche (1796–1833), Verleihungsort des Goethepreises der Stadt Frankfurt und des Friedenspreises des deutschen Buchhandels; die Hauptwache (1729); das Geburtshaus Goethes mit Museum; die neoklassizistische Börse (1879); der Eschenheimer Turm (Rest der alten Stadtbefestigung); die spätklassizistische Alte Oper von 1880.

Auf der anderen Mainseite liegt ein halbes Dutzend weltweit renommierter Museen und das Vergnügungsviertel Sachsenhausen. Zu den bedeutendsten Sammlungen zählen die Schirn Kunsthalle mit ihren wechselnden Ausstellungen, das Museum für Moderne Kunst (ab 1960), das Jüdische Museum im ehemaligen Stadtpalais der Familie Rothschild (Geschichte der Juden in Deutschland), das Senckenberg Naturmuseum, das Deutsche Architekturmuseum und das beeindruckende Städel Museum (Kunst vom 14. Jahrhundert bis heute).

19 Darmstadt

Die ehemalige Residenzstadt ist geprägt durch Zeugnisse des höfischen Lebens. Im Zentrum liegt das Residenzschloss, dessen Baugeschichte sich über sechs Jahrhunderte erstreckt. Die letzten Anbauten wurden im 18. Jahrhundert hinzugefügt. Im Jagdschloss Kranichstein werden Zeugnisse der landesherrlichen Jagdleidenschaft gezeigt. Dass auch das bürgerliche Leben in der Stadt schon immer eine Rolle spielte, dokumentiert der Marktplatz mit dem Alten Rathaus von 1598. Um den Marktbrunnen aus dem 18. Jahrhundert findet immer ein Wochenmarkt statt. Für einen Bummel bietet sich der Herrngarten an. Unbedingt sehenswert: die Jugendstilarchitektur auf der Mathildenhöhe. 1899 hatte sich hier eine Künstlerkolonie gebildet, die Darmstadt zu einem Mittelpunkt dieser Kunstrichtung gemacht hat. 2021 wurde das gesamte Areal mit Gebäuden und »Hochzeitsturm« zum UNESCO-Welterbe erklärt.

Von Darmstadt aus sollte man – wenn es die Zeit zulässt – einen Abstecher nach Lorsch in Erwägung ziehen: Die Königshalle des Klosters gilt nämlich als Juwel karolingischer Baukunst. Sie ist eines der ältesten vollständig erhaltenen mittelalterlichen Bauwerke Deutschlands und steht deshalb auch als Welterbe unter dem besonderen Schutz der UNESCO. Eine Verlängerung dieses Abstechers führt noch weiter, in die Kaiserstadt Worms, die mit zahlreichen Sehenswürdigkeiten aufwartet.

20 Heidelberg

Die idyllisch gelegene, altehrwürdige Universitätsstadt am Neckar gilt als eine der Wiegen der deutschen Romantik. Die Altstadt wird von der berühmten Schlossruine überragt. Der riesige und terrassenförmig angelegte Schlosskomplex erfuhr vom 13. bis ins 16. Jahrhundert mehrfache Um- und Ausbauten, weshalb er heute durch eine faszinierende Mischung aus Burg und Schloss mit Gotik- und Renaissance-Elementen besticht. Vom Schloss herab bieten sich fantastische Blicke auf die Altstadt, in deren Zentrum die spätgotische Heiliggeistkirche mit Grabmälern der Kurfürsten steht. Sie liegt direkt am Marktplatz und seinem historischen Marktbrunnen. Die Alte Brücke mit ihrem noch erhaltenen mittelalterlichen Brückentor zählt zu den Wahrzeichen der Stadt. Hat man sie überquert, ist es nicht mehr weit zum berühmten Philosophenweg am Hang des Michelsbergs. Von hier präsentieren sich Altstadt, Neckar und das Schloss von ihrer Schokoladenseite. Westlich von Heidelberg steht Schloss Schwetzingen, die barocke Sommerresidenz der pfälzischen Kurfürsten. Viel besucht ist der Park, dessen zentraler, im symmetrischen französischen Stil gehaltener Teil sich um eine kreisförmige Anlage mit dem Arionbrunnen gruppiert. Weitere Gartenbereiche sind im englischen Landschaftsstil und als exotisches Arboretum angelegt.

Auch in Heidelberg empfiehlt sich ein Abstecher – diesmal in die Kaiserstadt Speyer mit ihrem Dom, der als die größte erhaltene romanische Kirche Europas gilt (UNESCO-Welterbe). Im Mittelalter war die jüdische Gemeinde der Stadt eine der bedeutendsten im Reich und ein Zentrum der Gelehrsamkeit. Die jüdischen Stätten zählen seit 2021 zum UNESCO-Welterbe.

Zurück in Heidelberg folgt man der B37 durch das Neckartal, mit seinen malerischen Ortschaften und trutzigen Burgen. Ab Neckargemünd verläuft die Straße über Hirschhorn bis Bad Wimpfen.

STELLPLATZ LORSCH

Dieser ist ein kostenpflichtiger, aber ruhiger Platz am Ortsrand mit allen notwendigen Ver- und Entsorgungseinrichtungen sowie Stromanschlüssen. Ganzjährig geöffnet. Der Fußweg zur Klosteranlage ist 1 Kilometer lang.

Odenwaldallee/Ende Heppenheimer Straße, 64653 Lorsch
lorsch.de/de/tourismus/wohnmobilstellplatz.php
GPS 49.65216, 8.57894

Blick auf die Heidelberger Altstadt mit Schlossruine, Karl-Theodor-Brücke und Heiliggeistkirche.

AUSFLUGSZIELE

Wein an Mosel und Rhein

Einst brachten die Römer den Wein in das Mosel- und Rheintal. Zwischen Koblenz und Bingen und im Rheingau reifen die Riesling-, Müller-Thurgau-, Kerner- und Spätburgunder-Rebsorten, die den Rheinwein so berühmt gemacht haben. Die Bedingungen sind ideal: Die Hanglagen entlang des Rheins bieten einen optimalen Sonneneinstrahlungswinkel. Das Felsgestein strahlt nach Sonnenuntergang die tagsüber gespeicherte Wärme ab, die Mittelgebirge schützen die Rebstöcke vor kalten Winden. Durch das milde Klima können die Weine bis in den Herbst hinein reifen und werden später fachkundig im Fass ausgebaut. Zahlreiche Winzer- und Weinfeste finden entlang der Strecke statt. Zu den beliebtesten zählen in den Monaten **April/Mai** die »Rheingauer Schlemmerwochen«, im **Juni/Juli** das Weinfest »Zeller Schwarze Katz« in Zell Mosel und die »Mosselloreley in Flammen« in Piesport. Im **August** wird gefeiert auf der »Weinkirmes« in Bremm, dem »Winzerhöfefest« in Alken, der »Weinwoche« in Wiesbaden, dem »Wengertfescht am Wartberg« in Heilbronn oder dem »Moselfest« in Winningen. Im **September/Oktober** ist etwas geboten beim »Weinfest der Mittelmosel« und auf der »St.-Michaels-Kirmes« in Bernkastel-Kues sowie auf dem »Weinfest Lauffen am Neckar«, dem »Bingener Winzerfest« und dem Weinfest in Boppard. Im **November** wartet noch das »Federweißenfest« in Cochem auf die Besucher.

www.weinland-mosel.de
www.romantischer-rhein.de

21 Bad Wimpfen

Zu den Sehenswürdigkeiten des von einer Stadtmauer umgebenen Ortsteils Wimpfen im Tal (direkt am Neckar) gehört die frühromanische Ritterstiftskirche mit angrenzendem Kloster. Sichtbares Wahrzeichen von Wimpfen am Berg, dem jüngeren oberen Stadtteil, sind die Türme der ehemaligen Stauferpfalz. Sie ist die größte erhaltene Königspfalz nördlich der Alpen. Romantische Fachwerkhäuser (darunter das Bügeleisenhaus, das ehemalige bürgerliche Spital, das Gasthaus Krone, das Riesenhaus, das Stadthaus der Herren von Ehrenberg) geben der Oberstadt ihr mittelalterliches Gepräge. Einen Besuch lohnen auch die kostbar ausgestattete Stadtkirche, die imposante Ritterstiftskirche (10. bis 13. Jahrhundert) und die Pfarrkirche zum Heiligen Kreuz. Der schönste Blick auf die Altstadt und das Neckartal bietet der westliche Bergfried der Stauferpfalz.

22 Heilbronn

Die Stadt rühmt sich, das Zentrum eines der größten Weinbaugebiete Deutschlands zu sein. Das Renaissance-Rathaus mit seiner astronomischen Uhr aus dem 16. Jahrhundert prägt den Marktplatz. Hier findet das berühmte »Heilbronner Weindorf« statt sowie ein Wochenmarkt. Mit dem Bau der nahe gelegenen Kilianskirche wurde schon 1278 begonnen. Südwestlich vom Marktplatz liegt der Deutschhof, einst Sitz des Deutschritterordens.

23 Ludwigsburg

Der Gründer, Herzog Eberhard Ludwig, befand, dass es schon langweilige Städte genug gäbe und schuf im Jahr 1704 eine Stadt nach seinen Vorstellungen. Sein prunkvollster Bau ist noch heute Mittelpunkt des urbanen Lebens: das Residenzschloss. Das sogenannte schwäbische Versailles ist eines der größten deutschen Barockschlösser und seine Wirkung wird noch durch die prachtvollen Gartenanlagen gesteigert. Unter dem Motto »Blühendes Barock« hält das 30 Hektar große Areal auch für die kleinen Besucherinnen und Besucher eine Attraktion bereit: den Märchengarten. Ob Hänsel und Gretel samt Hexe, Dornröschen, Schneewittchen oder der Froschkönig, viele Figuren des Märchenreichs haben hier ihr Zuhause.

Unweit des Residenzschlosses liegt das barocke Jagd- und Lustschloss Favorite inmitten eines riesigen Natur- und Wildparks. Herzog Eberhard Ludwig ließ es von 1713 bis 1723 errichten. Das zauberhaft gelegene Seeschloss Monrepos wurde im Jahr 1768 vollendet. Der Rokoko-Bau birgt ein attraktives Empire-Interieur und dient oft als Rahmen für Konzerte, so etwa während der Ludwigsburger Schlossfestspiele.

Von Ludwigsburg aus lohnt sich ein Abstecher in das nordwestlich gelegene Kloster Maulbronn. Die ehemalige Zisterzienserabtei ist die am vollständigsten erhaltene Klosteranlage aus dem Mittelalter nördlich der Alpen (UNESCO-Welterbe).

WOHNMOBILSTELLPLATZ „ZUM NIKOLAUS“

Der großzügig angelegte, kostenpflichtige Platz befindet sich direkt am Neckarufer mit Blick auf die Altstadt und das Hirschhorner Schloss. Der Platz ist mit allen notwendigen Ver- und Entsorgungseinrichtungen ausgestattet. Er ist ganzjährig geöffnet und ein guter Standort für Radausflüge entlang des Neckars.

Jahnstraße 2, 69434 Hirschhorn
zum-nikolas.de, GPS 49.44231, 8.89877

Bildleiste von oben:
Bad Wimpfen
aus der Vogelperspektive.

Residenzschloss Ludwigsburg mit
barocker Gartenanlage.

Am Stuttgarter Schlossplatz liegen
historische Sehenswürdigkeiten und
Museen neben hippen Restaurants,
Bars und Geschäften.

NECKARCAMPING

Ein grüner Platz mit teils sonnigen, teils schattigen Stellflächen auf Rasenuntergrund am Neckar. Der Betrieb ist ökologisch ausgerichtet und mit allen notwendigen Ver- und Entsorgungseinrichtungen ausgestattet. Geöffnet von Ende März bis Anfang November. Zu Fuß erreicht man die Innenstadt in etwa 2 Kilometern.

Rappenberghalde 61, 72070 Tübingen
GPS 48.51001, 9.03538, www.neckarcamping.de

24 Stuttgart

Die Hauptstadt Baden-Württembergs liegt reizvoll in einem Talkessel, der sich zum Neckar hin öffnet. Aus der Talsohle mit dem historischen Stadtkern klettern die Häuserzeilen förmlich die Hänge hinauf. Rund um eine im 13. Jahrhundert erbaute Wasserburg am Neckar entwickelte sich Stuttgart zu einem überaus bedeutenden Handelsplatz. Vom markanten, 58 Meter hohen Turm des Hauptbahnhofs führt die noble Königstraße zum Schlossplatz. In seinem Zentrum steht die Jubiläumssäule (1842) und moderne Skulpturen von Alexander Calder und Alfred Hrdlicka. Geprägt wird der Platz vom dreiflügeligen Neuen Schloss (1746–1807) mit dem ausgedehnten Schlossgarten und vom gegenüberliegenden klassizistischen Königsbau (1856 bis 1860) mit der Stuttgarter Börse. Das Alte Schloss wurde in den Jahren 1553 bis 1578 im Renaissancestil erbaut. Heute beherbergt es das renommierte Württembergische Landesmuseum. Am Schillerplatz, einem der schönsten Plätze Stuttgarts, steht die zweitürmige gotische Stiftskirche (12. bis 15. Jahrhundert) sowie die von 1542 bis 1544 erbaute Alte Kanzlei und der »Fruchtkasten«, ein alter Kornspeicher aus dem 16. Jahrhundert. Weitere Sehenswürdigkeiten sind der an das Neue Schloss grenzende Akademiegarten, das Staatstheater und die Staatsgalerie. Etwa 10 Kilometer südwestlich des Stadtzentrums ließ Herzog Karl Eugen 1763–1767 auf einer Anhöhe das Rokokoschloss Solitude erbauen. Nördlich des Stadtzentrums, unweit vom Killesberg mit dem 217 Meter hohen Fernsehturm, erstreckt sich die von berühmten Architekten wie Le Corbusier, Mies van der Rohe, Gropius und Scharoun entworfene Weißenhofsiedlung. Im Stadtteil Bad Cannstadt befindet sich die Wilhelma, einer der schönsten deutschen botanisch-zoologischen Gärten.

25 Tübingen

1477 wurde das »Neckar-Athen« zur Universitätsstadt und ist damit eine der ältesten in Deutschland. Noch heute prägt das studentische Leben die Stadt, wovon auch eine lebhafte Kneipenszene zeugt. Die malerische, fast vollständig erhaltene Altstadt mit dem Marktplatz im Zentrum und zahlreichen Fachwerkhäusern steigt stufenförmig vom Neckarufer auf. Das im 16. Jahrhundert erbaute Schloss Hohentübingen, das man über die aussichtsreiche Burgsteige erreicht, bietet einen herrlichen Blick auf die Altstadt mit dem Hölderlinturm. Hier lebte der berühmte Dichter von 1807 bis zu seinem Tod 1843.

Bildleiste von oben:
Friedlicher Neckarblick von der Eberhardsbrücke in Tübingen.

Wer die Fahrräder dabeihat, kann kürzere Strecken auch einmal auf diesem Vehikel erkunden.

Roscheider Hof *Dieses Museum in Konz lässt die Lebenswelten vergangener Zeiten lebendig werden: von den verschiedensten Handwerkerstätten über diverse alte Läden, Schule, Dorfwirtschaft, Bankfiliale, Zahnarztpraxis und Fotoatelier.*

Maria Laach *Die Benediktinerabtei gilt als einer der schönsten romanischen Bauten Deutschlands. Nach über 110 Jahren Bauzeit wurde sie um 1230 vollendet. Ein Meisterwerk spätromanischer Steinmetzkunst ist das »Paradies«, ein Vorhof mit Bogengängen und einem wunderschönen Löwenbrunnen. Außerdem locken der Laacher See sowie Kunst und Spezialitäten aus den Klosterbetrieben.*

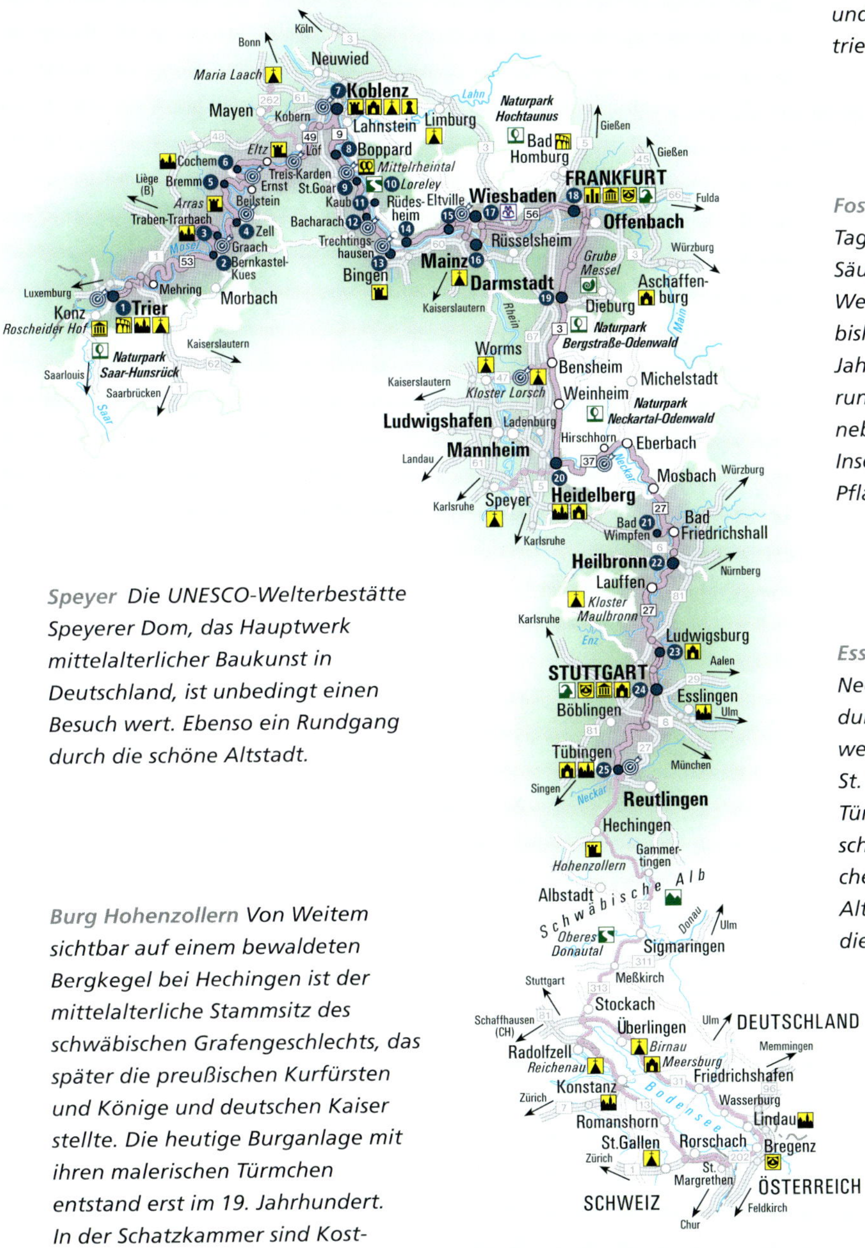

Fossiliengrube Messel *Das einstige Tagebauareal ist eine der reichsten Säugetierfossilien-Lagerstätten der Welt. Geowissenschaftler bargen bisher aus dem vor 47 Millionen Jahren entstandenen Maarvulkansee rund 40 000 Einzelfunde, darunter neben dem Urpferd auch Fische, Insekten, Reptilien, Amphibien und Pflanzen.*

Speyer *Die UNESCO-Welterbestätte Speyerer Dom, das Hauptwerk mittelalterlicher Baukunst in Deutschland, ist unbedingt einen Besuch wert. Ebenso ein Rundgang durch die schöne Altstadt.*

Esslingen *Die alte Reichsstadt am Neckar blühte unter den Staufern durch den Handel. Eine Besichtigung wert sind die gotische Stadtkirche St. Dionys mit zwei unterschiedlichen Türmen, hochgotischem Chor und schönen Glasfenstern, die Frauenkirche (1325–1560), der Marktplatz, das Alte Rathaus mit Glockenspiel und die Pliensaubrücke (1286).*

Burg Hohenzollern *Von Weitem sichtbar auf einem bewaldeten Bergkegel bei Hechingen ist der mittelalterliche Stammsitz des schwäbischen Grafengeschlechts, das später die preußischen Kurfürsten und Könige und deutschen Kaiser stellte. Die heutige Burganlage mit ihren malerischen Türmchen entstand erst im 19. Jahrhundert. In der Schatzkammer sind Kostbarkeiten aus dem preußischen Kronschatz zu sehen.*

ROUTE 7

ROMANTISCHE STRASSE

Die älteste Ferienroute Deutschlands ist gleichzeitig die beliebteste. Zwischen Würzburg und Füssen gilt es einen reichen Schatz an abendländischer Kultur, Geschichte und Kunst zu heben.

Durch eine hügelige Landschaft geht es von Würzburg parallel zur A81 nach Tauberbischofsheim in das liebliche Taubertal. Entlang der Tauber führt die gut ausgebaute Straße nach Rothenburg, dem malerischen Ort und Inbegriff eines pittoresken Städtchens. Reizvoll ist es, das Wohnmobil einmal stehen zu lassen und das Taubertal mit dem Rad zu durchfahren. Die hervorragend ausgebauten Radwege laden geradezu dazu ein. Über die Frankenhöhe führt der Weg weiter nach Feuchtwangen und Dinkelsbühl, ein weiterer besonders malerisch-romantischer Ort. Nördlingen, das mitten in dem vor Millionen von Jahren entstandenen Meteoritenkrater liegt, ist nicht weniger attraktiv. In Donauwörth wird die Donau überquert und bald ist der Lech erreicht. Der Nebenfluss der Donau begleitet die weitere Fahrt bis zum Ende. Augsburg ist die einzige Großstadt, die auf dieser Strecke durchquert wird. Dort lohnt es sich, etwas länger zu bleiben, denn die Stadt bietet mehr als Puppenkiste und Fuggerei. Am Ende der Reise warten Highlights wie die Wieskirche und die Schlösser Hohenschwangau und Neuschwanstein, die in keinem Tourismusprospekt über Deutschland fehlen und von einem internationalen Publikum gern besichtigt werden, auf die Reisenden.

Fahren lässt sich die Strecke mit dem Wohnmobil sehr bequem. Steigungen und Gefällstrecken gibt es kaum und auch keinerlei Verkehrsbeschränkungen. Stellplätze und Versorgungseinrichtungen finden sich in ausreichender Zahl entlang des Weges.

Fürsten, die gleichzeitig Bischöfe waren, herrschten Jahrhunderte lang über Würzburg. Die Statuen auf der Alten Mainbrücke erinnern an diese Zeit.

Einfach märchenhaft

Entlang der Romantischen Straße reihen sich Burgen, mittelalterliche Fachwerkidyllen und liebliche Landschaften wie Perlen aneinander. Hier trifft man auf ein Deutschland, wie es schöner nicht sein könnte.

Elegant recken sich in der Bischofsstadt Würzburg die Turmspitzen ihrer vielen Kirchen (60 sind es insgesamt) in den Himmel. Die bedeutendste unter ihnen ist der Dom St. Kilian mit seiner Doppelturmfassade.

ROUTE 7

Streckenlänge: ca. 350 km (ohne Abstecher)
Zeitbedarf: 7–10 Tage
Routenverlauf (Hauptorte): Würzburg, Tauberbischofsheim, Bad Mergentheim, Rothenburg ob der Tauber, Dinkelsbühl, Nördlingen, Donauwörth, Augsburg, Landsberg, Schongau, Füssen
Charakteristik: Für Abstecher mit dem Rad bietet sich der 420 km lange Radweg an, der auf Nebenstrecken der Romantischen Straße folgt.
Informationen:
erlebe.bayern
camping-in-bayern.info

Hier geht's zum GPS-Track

01 Würzburg

Die Romantische Straße beginnt mit einem Paukenschlag: mit der prachtvollen Residenz von Würzburg (1720), einem Kleinod des Barocks. Trotz der verheerenden Bombenangriffe im Jahr 1945, nach denen nur große Optimisten der Stadt noch die Chance eines Neubeginns einräumten, bietet die Mainmetropole viele Sehenswürdigkeiten: Ein harmonisches Ensemble bilden am Marktplatz die spätgotische Marienkapelle und das Haus zum Falken mit reichem Rokoko-Stuck. Der 1188 geweihte Dom hat durch die Kriegsschäden leider an Charakter verloren. Beim barocken Neumünster liegt das stille Lusamgärtlein, in dem Minnesänger Walther von der Vogelweide begraben liegt. Über allem thront am Marienberg die Festung (13. bis 18. Jahrhundert) mit dem Museum für Franken, das zahlreiche Werke Tilman Riemenschneiders besitzt.

02 Tauberbischofsheim

Das Fechtsportzentrum im Taubertal wird vom ehemaligen Kurmainzischen Schloss, dem dazugehörigen Türmersturm und einem sehr schönen Fachwerkensemble aus dem 15./16. Jahrhundert geprägt. In der Altstadt bestechen u. a. das neugotische Rathaus, das sogenannte Liebler-Haus und die romanische Peterskapelle. Sehenswert ist außerdem der Altar aus der Riemenschneiderschule in der Pfarrkirche St. Martin.

03 Bad Mergentheim

Die Altstadt des Kurortes wird vom Schloss des Deutschen Ritterordens aus dem 16. Jahrhundert dominiert. Nicht versäumen sollte man die barocke Schlosskirche, deren Entwurf von Balthasar Neumann und François Cuvilliés stammt. Das Madonnenbild des Malers Matthias Grünewald in der Pfarrkirche von Stuppach lohnt einen kleinen Abstecher.

04 Weikersheim

Auf der Weiterfahrt durch das liebliche Taubertal winkt Weikersheim mit der Besichtigung des Renaissanceschlosses samt Barockgarten, der zu den schönsten Deutschlands zählt. Der Stadtkern steht komplett

Wegen seiner prunkenden Schloss- und Gartengestaltung wird Schloss Weikersheim auch das »Hohenlohische Versailles« genannt.

unter Denkmalschutz. Die kleine Residenzstadt ist außerdem von zahlreichen Weingärten umgeben.

05 Creglingen

Das Taubertal birgt viele Meisterwerke des berühmten Bildschnitzers Tilman Riemenschneider – der Altar in der Creglinger Herrgottskirche (um 1505) gehört jedoch zu den schönsten. Die Altstadt von Creglingen ist ein überaus sehenswertes Ensemble schöner historischer Fachwerkhäuser und mittelalterlicher Befestigungsanlagen. Über die Geschichte jüdischen Lebens in Creglingen klärt das Jüdische Museum auf; kurios ist das Fingerhutmuseum.

06 Rothenburg ob der Tauber

Das Städtchen ist weltweit Synonym für deutsche Mittelalterromantik. Ein Spaziergang entlang der gut erhaltenen Stadtmauer verschafft einen Überblick und bietet fantastische Ausblicke ins Taubertal. Den Marktplatz beherrscht das Rathaus mit einem gotischen- und einem Renaissancetrakt. Und schließlich kann man auch hier wieder die Kunstwerke Tilman Riemenschneiders bestaunen. Die dreischiffige gotische Basilika St. Jakob beherbergt seinen Heiligblutaltar. Überregional bekannte Veranstaltungen sind u. a. der »Meistertrunk« (Kulturerbe seit 2016) und der Weihnachtsmarkt. Im weiteren Verlauf kreuzt die Route auf dem Weg nach Süden die Frankenhöhe, die Wasserscheide zwischen Rhein und Donau.

07 Feuchtwangen

In der Festspielstadt (Kreuzgangspiele: Mai bis August) lohnt vor allem die ehemalige Stiftskirche, teils romanisch, teils gotisch erbaut, einen Besuch. Der Marktplatz zeigt ein schönes Ensemble stolzer Bürgerhäuser. In den Handwerkerstuben sind original erhaltene Arbeitsräume zu besichtigen. Das Fränkische Museum (Jan./Feb. geschl.) zeigt Volkskunst.

PARKPLATZ FRIEDENSBRÜCKE

Dieser sehr große gebührenpflichtige, aber zentrumsnahe Platz besitzt keine Ver- und Entsorgungseinrichtungen. Zur Marienburg sind es zu Fuß 1,3 Kilometer, in die Innenstadt nur 1 Kilometer.

Dreikronenstraße, 97082 Würzburg, GPS 49.79815, 9.92268

BAD MERGENTHEIM, FESTPLATZ

Der gebührenpflichtige ruhige Platz liegt direkt neben dem örtlichen Freibad in der Nähe der Tauber. Alle notwendigen Ver- und Entsorgungseinrichtungen sind vorhanden. Ganzjährig geöffnet. Fußweg in die Altstadt und zum Schloss ca. 2 Kilometer.

Erlenbachweg, 97980 Bad Mergentheim
GPS 49.49312, 9.79360

08 Dinkelsbühl

Die Hauptattraktion der mehr als 1000 Jahre alten Stadt im idyllischen Wörnitztal ist ihr geschlossenes mittelalterliches Stadtbild samt Stadtmauer. Zu den Höhepunkten zählen das Deutsche Haus, ein Fachwerkhaus, sowie die Stadtpfarrkirche St. Georg.

09 Nördlingen

Dem Städtchen sollte man sich eigentlich aus der Luft nähern, um die perfekte, fast runde Altstadt mit der weitgehend erhaltenen Stadtmauer aus dem 14. Jahrhundert zu sehen, die mit ihren fünf Toren auch heute noch begehbar ist. St. Georg ist eine der größten spätgotischen Hallenkirchen, ihr Wahrzeichen ist der »Daniel«, ein 90 Meter hoher Glockenturm. Bei guter Sicht lässt sich von dort oben der Rand des Rieskraters nachvollziehen.

WOHNMOBILSTELLPLATZ ROTHENBURG

Dieser ist ein ausgezeichneter, ruhiger Platz. Er ist gebührenpflichtig, bietet aber alle nötigen Ver- und Entsorgungseinrichtungen. Er ist ganzjährig geöffnet und liegt sehr nahe an der Innenstadt (1 km).

Nördlinger Straße, 91541 Rothenburg ob der Tauber
GPS 49.38364, 10.17467

WOHNMOBILSTELLPLATZ FEUCHTWANGEN

Sehr gepflegte gebührenfreie Anlage mit allen notwendigen Ver- und Entsorgungseinrichtungen. Ganzjährig geöffnet. Zum Freibad sind es 150 Meter, in die Innenstadt etwa 1 Kilometer.

Dinkelsbühler Straße 34, 91555 Feuchtwangen
GPS 49.16122, 10.32725

WOHNMOBILSTELLPLATZ NÖRDLINGEN

Der Stellplatz am Rande der Innenstadt bietet alle notwendigen Ver- und Entsorgungseinrichtungen und ist ganzjährig geöffnet. Er ist zwar nicht der ideale Übernachtungsort, aber für einen Besuch der Stadt optimal gelegen.

Innerer Ring, 86720 Nördlingen, GPS 48.85546, 10.48446

10 Donauwörth

Aus einer Fischersiedlung auf der Wörnitzinsel »Ried« entwickelte sich an der Einmündung der Wörnitz in die Donau die ehemalige Freie Reichsstadt, deren meisten Sehenswürdigkeiten entlang der Hauptstraße, der Reichsstraße, liegen. Zu diesen zählen etwa das Fuggerhaus von 1536, die spätgotische Stadtpfarrkirche Mariä Himmelfahrt, das um 1400 errichtete Tanzhaus, das Rathaus und das barocke Deutschordenshaus. Einen Besuch lohnt auch die barocke Kirche des einstigen Benediktinerklosters Heiligkreuz.

11 Augsburg

Gegründet wurde Augusta Vindelicorum bereits von den Römern; im 16. Jahrhundert war die Freie Reichsstadt eine der kulturellen und wirtschaftlichen Metropolen nördlich der Alpen. Das Rathaus (1620) entstand nach Plänen von Elias Holl, ebenso wie das Zeughaus (1607). Die Glasfenster mit fünf Propheten im Dom St. Maria gehören zu den ältesten Glasfensterzyklen der Welt. Die Straßen säumen viele barocke Patrizierhäuser wie Schaezler- oder Gignoux-Palais. Von der Stadtbefestigung sind noch einige Türme und Tore (z. B. Rotes Tor) erhalten. Und die Fuggerei ist als die älteste, bis heute genutzte Sozialsiedlung bekannt. Von Augsburg ist es nur eine halbe Stunde Fahrzeit bis nach München, von wo aus man direkt über die Lindauer Autobahn nach Landsberg weiterfahren kann.

Bildleiste von oben:
Die Straßengabelung »Plönlein« in Rothenburg ob der Tauber zwischen Siebersturm und Kobolzeller Tor.

Blick auf das mittelalterliche Städtchen Nördlingen.

Eine Burg wie aus dem Bilderbuch. Die Harburg gilt als eine der ursprünglichsten Anlagen in Süddeutschland.

Rechts:
der Hezelhof in Dinkelsbühl.

DONAU-LECH CAMPING

Der sehr ruhige Platz mit Badesee hat alle notwendigen Ver- und Entsorgungseinrichtungen. Auch Duschen, Waschmaschinen, Wäschetrockner und WiFi stehen zur Verfügung. Ganzjährig geöffnet. Donauwörth ist mit dem Fahrrad bequem zu erreichen (7,5 km).

Campingweg 1, 86698 Eggelstetten
www.donau-lech-camping.de, GPS 48.67579, 10.84117

KÖNIGSTHERME

Der kostenpflichtige Parkplatz direkt neben der Therme besitzt keine Entsorgungseinrichtungen, ist aber ganzjährig geöffnet und ein idealer Platz für einen Besuch der Therme.

Königsallee 1, 86343 Königsbrunn
GPS 48.27255, 10.88232

CAMPING THALKIRCHEN

Dieser kostenpflichtige, relativ teure Platz in unmittelbarer Nähe der Isar verfügt über alle notwendigen Ver- und Entsorgungseinrichtungen sowie Sanitäreinrichtungen. Geöffnet von Mitte März bis Anfang Oktober. Die Innenstadt von München ist bequem mit dem Fahrrad zu erreichen. Die Haltestelle der U3 ist einen knappen Kilometer entfernt, von dort sind es 10 Minuten mit der U-Bahn bis zum Marienplatz.

Zentralländstraße 49, 81379 München
campingplatz-thalkirchen.de
GPS 48.09097, 11.54496

12 Klosterlechfeld

Die 1984 aufwendig restaurierte Wallfahrtskirche Maria Hilf wurde 1603 von Elias Holl nach dem Vorbild des Pantheon in Rom errichtet. 1739 bis 1748 gestaltete man den Innenraum im Stil des Rokoko um. Klosterlechfeld gilt als eine der bedeutendsten Kirchen der Lech-Gegend.

13 Landsberg am Lech

Der erste Mauerring der zwischen Lech und Lechsteilufer gelegenen Altstadt wurde im 13. Jahrhundert errichtet. Zu ihm gehörte der Schmalzturm, der den Hauptplatz abschließt. Beherrscht wird der Platz vom Rathaus, dessen Stuckfassade Dominikus Zimmermann 1719 gestaltete. Zur dritten Stadtmauer gehört das Bayertor von 1425, eine der schönsten Toranlagen Süddeutschlands. Beachtung verdienen außerdem vier Kirchen: Mariä Himmelfahrt, ein gotischer, später barockisierter Bau, die Johanniskirche von Dominikus Zimmermann, die Ursulinerinnenklosterkirche von J. B. Gunetzrhainer und die Klosterkirche Heiligkreuz. Weiter geht die Fahrt nach Altenstadt, dort ist vor allem eine romanische Basilika sehenswert.

Panorama von München mit dem Dom zu Unserer Lieben Frau (links) und dem Neuen Rathaus (Mitte).

14 Altenstadt
Die Kirche St. Michael ist eine der wichtigsten romanischen Kirchen in Oberbayern. Seit 1965 trägt sie den Titel einer päpstlichen Basilica minor. Der von einer Wehrmauer eingefasste Bau aus dem frühen 13. Jahrhundert blieb relativ unverändert erhalten, da die meisten Bewohner aus Schongau – so hieß Altenstadt damals – den Ort verließen und sich wenige Kilometer weiter niederlie-

AUSFLUGSZIELE

München

München versprüht noch heute den Zauber einer alten, aber jung gebliebenen Stadt, die weltoffen und dennoch ganz sie selbst ist. Zwar wurde München 1157 vom Welfen Heinrich dem Löwen gegründet, doch prägend für die Stadt wurden die Wittelsbacher, in deren Händen sie bis 1918 blieb. Ihnen hat die Stadt die meisten Kunstschätze und Baudenkmäler sowie die schönsten Straßenzüge zu verdanken, vor allem König Ludwig I., der ein »Isar-Athen« schaffen wollte. Die unregelmäßige Altstadt wird durch Isartor, Sendlinger Tor, Karlstor und Feldherrnhalle markiert. Schwabing, das Künstler- und Universitätsviertel, steht für Münchens Ruf als lebenslustige, kunstsinnige Stadt.

Sehenswürdigkeiten im Stadtkern: der Marienplatz mit Neuem Rathaus aus dem 19. und Altem Rathaus aus dem 15. Jahrhundert und barocker Mariensäule; die spätgotische Frauenkirche mit zwei Haubentürmen; die Asamkirche, ein Meisterwerk des Rokoko; die in der Renaissance ausgebaute Residenz mit Schatzkammer, Altem Residenztheater und Hofgarten; das Nationaltheater; die barocke Theatinerkirche; die Renaissancekirche St. Michael; das Hofbräuhaus und der Viktualienmarkt; die Bavaria auf der Theresienwiese.

Außerhalb des Stadtkerns: die barocke Anlage Schloss und Park Nymphenburg; die Barockkirche St. Michael in Berg am Laim; der Olympiapark von 1972.

Bedeutende Museen: Deutsches Museum; die Pinakotheken; Museum Brandhorst; Ägyptisches Museum; Lenbachhaus; NS-Dokumentationszentrum; Glyptothek; Staatliche Antikensammlung; Museum Fünf Kontinente; Bayerisches Nationalmuseum; Stadtmuseum; Jüdisches Museum; Villa Stuck; Sammlung Schack.

www.muenchen.de
GPS 48.216644, 11.613768

WOHNMOBILSTELLPLATZ ANDECHS

Der kostenpflichtige, aber ruhige Platz befindet sich direkt neben dem Kloster. Alle notwendigen Ver- und Entsorgungseinrichtungen sind vorhanden. Ganzjährig geöffnet. Dies ist ein guter Standort, um Wanderungen oder Radtouren im »Fünfseenland« zu machen.

Seefelder Straße 21, 82346 Andechs
www.wohnmobilstellplatz-andechs.de, GPS 47.97515, 11.18578

WOHNMOBILSTELLPLATZ VIA CLAUDIA

Der großzügig angelegte Platz auf ebenem Gelände hat alle notwendigen Ver- und Entsorgungseinrichtungen, inklusive Duschen, Waschmaschinen, Wäschetrockner und Internetzugang. Er ist ganzjährig geöffnet. Ein idealer Standort für Radtouren (Wieskirche: 9, Schongau: 15, Füssen: 22, Neuschwanstein: 25 Kilometer).

Via Claudia 6, 86983 Lechbruck am See
www.via-claudia-camping.de, GPS 47.71193, 10.81861

ßen. Den Namen der Stadt nahmen sie mit. Das Innere der Kirche birgt den »Großen Gott von Altenstadt«, ein farbig gefasstes romanisches Kruzifix (1200). Er zählt wegen seiner gewaltigen Größe zu den bedeutendsten Bildnissen dieser Art. Entlang des Lechs geht die Fahrt dann nach Schongau an der Via Claudia Augusta, einer ehemals bedeutenden Römerstraße, der heute ein Fernradweg folgt.

15 Schongau

Die Altstadt bildet ein in sich geschlossenes Ensemble. Von der einstigen Bedeutung als Handelsstadt zeugt das gotische Ballenhaus von 1515. Es diente früher als Lagerhaus für die Waren, die hier umgeschlagen wurden. Im Obergeschoss befand sich die Stadtverwaltung. Die Stadtmauer mit Wehrgang ist teilweise erhalten, auch fünf Türme und das Frauentor im Westen (14. Jahrhundert) haben die Zeit überdauert. Sehenswert ist die im Jahr 1748 durch Dominikus Zimmermann umgebaute Pfarrkirche Mariä Himmelfahrt mit Fresken von Matthäus Günther und Stuck der Wessobrunner Schule in der gleichnamigen Benediktinerabtei in Oberbayern. Die zahlreichen dort ausgebildeten Künstler waren für die meisten im 18. Jahrhundert in Süddeutschland ausgeführten Stuckarbeiten verantwortlich. Wer Zeit hat, fährt von hier weiter ins Werdenfelser Land mit seiner herrlichen Gebirgslandschaft.

16 Rottenbuch

Der Besuch dieses Ortes lohnt sich ebenfalls aufgrund eines wunderschönen Gotteshauses: Die Kirche

des ehemaligen Augustinerchorherrenstifts in Rottenbuch wurde von 1737 bis 1742 umgebaut und erstrahlt seither in der Heiterkeit des Barocks. Der Maler Matthäus Günther und der Stuckateur Joseph Schmuzer schufen die wundervolle Innenausstattung. Hier im Pfaffenwinkel stolpert man geradezu über Juwelen barocker Kirchenbaukunst und auch die Natur lockt mit ihrer erhabenen Schönheit. Eine Wanderung führt beispielsweise durch die Ammerschlucht zur berühmten Wieskirche, dem nächsten Halt auf der Strecke.

17 Wieskirche

Zu den Höhepunkten der Route gehört die von Dominikus Zimmermann ab 1745 erbaute Wallfahrtskirche zum Gegeißelten Heiland auf der Wies, die lediglich von einer Handvoll Häuser umgeben vor der Kulisse der Trauchberge steht. Johann Baptist Zimmermann schuf die Deckengemälde und einen großen Teil der Stuckarbeiten. Der in Weiß und Gold gehaltene Innenraum der Wieskirche wirkt heiter und leicht, scheint zu Stein gewordene Musik zu sein. Jährlich wird das Rokoko-Schmuckstück von rund einer Million Touristen besucht. Ausstattung und Lage gelten als Gesamtkunstwerk und 1983 wurde das Gotteshaus von der UNESCO zum Welterbe ernannt. Es gilt als Höhepunkt der berühmten »Wessobrunner Schule«. So bezeichnet man die Gruppe der im 17. und 18. Jahrhundert in Altbayern und Schwaben tätigen Stuckateure und Baumeister aus Wessobrunn.

Bildleiste von oben: Eine majestätische Alpenkulisse begleitet die Fahrt nach Garmisch-Partenkirchen.

Gefühlt ein Stück Himmel auf Erden: die Wieskirche bei Steingaden.

Links: Lechwehr und Landsberger Altstadt mit der Kirche Mariä Himmelfahrt.

18 Hohenschwangau und Neuschwanstein

Malerisch liegen die beiden Königsschlösser in die Berglandschaft eingebettet. Kronprinz Maximilian ließ die aus dem 12. Jahrhundert stammende Burg Hohenschwangau im Jahr 1833 neogotisch umgestalten. Hier verbrachte der Bauherr von Neuschwanstein, König Ludwig II., einen Teil seiner Jugend. Das ab 1869 erbaute Schloss Neuschwanstein ist das Idealbild einer mittelalterlichen Burg mit Türmchen, Zinnen und vielen prunkvollen Innenräumen. Eine Besichtigung ist nur im Rahmen einer Führung möglich.

19 Füssen

In der Kleinstadt am Lech ist das Ende der Romantischen Straße erreicht. Nicht versäumen sollte man das Kloster St. Mang sowie die barocke Stadtpfarrkirche St. Magnus. Das aus dem Mittelalter stammende Stift wurde in eine großzügige barocke Anlage umgewandelt. Beim Hohen Schloss verdient vor allem die Trompe-l'Œil-Malerei an der Fassade des Innenhofs besondere Aufmerksamkeit. Sehr üppig bemalt ist die Fassade der Heilig-Geist-Spitalkirche (1748/49). Nach so vielen Kirchen und Schlössern steht am Ende der Route noch ein Naturerlebnis an: der nahe gelegene Lechfall. Hier durchbricht der Lech den Felsriegel in einer kurzen Klamm.

CAMPER'S STOP

Auf dem riesigen gebührenpflichtigen Platz sind alle nötigen Ver- und Entsorgungseinrichtungen, inklusive Duschen, Waschmaschinen, Wäschetrockner, WiFi sowie Hundeduschen vorhanden. Er ist ganzjährig geöffnet. Bis zum Forggensee ist es ein Kilometer, bis in die Innenstadt 2 Kilometer.

Abt-Hafner-Straße 9, 87629 Füssen
wohnmobilplatz.de, GPS 47.58161, 10.70104

Stolz thront das märchenhafte Schloss Neuschwanstein inmitten herbstlicher Landschaft.

Röttingen *Ein Abstecher hierher lohnt sich allein wegen der schönen Fachwerkhäuser, darunter das barocke Rathaus. Sehenswert sind zudem die Burg Brattenstein (1230), die Kirche St. Kilian (1103 erstmals erwähnt), der Turm Hoher Bau (13. Jahrhundert) mit Fachwerkobergeschoss und die gut erhaltene Stadtmauer.*

Schloss Baldern *gilt als »Perle des Barocks«. Prunkvolle Zimmer und edle Gemächer sowie ein Festsaal zeigen mit Originalinventar, wie das Leben in der Barockzeit aussah. Interessant ist auch die Waffensammlung. Im Schlosscafé mit schönem Biergarten wird für das leibliche Wohl der Besucher gesorgt.*

Harburg *Seit 900 Jahren thront die Burg über dem engen Durchbruchstal der Wörnitz. Sie gehört zu jenen befestigten Adelssitzen des Mittelalters, die unseren Idealvorstellungen von einer Ritterburg entsprechen. Besucher können auf einer Schlossführung die Vergangenheit aufleben lassen.*

»Fünfseenland« *Diese oberbayerische Bilderbuchlandschaft vor den Toren Münchens mit dem Starnberger See, dem Ammersee, dem Wörthsee, dem Pilsensee und dem Weßlinger See bietet dem Besucher neben jeder Menge Idylle auch Freizeitspaß und Kultur.*

ROUTE 8

GROSSE ALPENFAHRT

Wer Europas Kerngebirge in Längsrichtung durchquert, lernt die Reize dieses historischen Lebensraums in seiner ganzen Vielfalt kennen – vom eleganten Ferienort bis zum abgelegenen Weiler, vom beinahe mediterranen Genfer See bis zur von Eis und Schnee beherrschten Bergstation. Die Reise führt in mondäne Wintersportorte wie Zermatt und Grindelwald, durch die fantastische Bergwelt der Dolomiten und auf die Großglockner Hochalpenstraße, ins Salzburger Land und in die Mozartstadt.

Um diese Fahrt antreten zu können, wird für die Schweiz eine Vignette benötigt, die für Fahrzeuge bis zu einem zulässigen Gesamtgewicht von 3,5 Tonnen erworben werden muss und von innen an die Windschutzscheibe geklebt wird. Diese Vignette bekommt man an allen großen Grenzübergangstellen und auch an deutschen Autobahnraststätten in Grenznähe zur Schweiz. Fahrzeuge über 3,5 t benötigen eine sogenannte Schwerlastabgabe. Hierzu ist ein Formular auszufüllen, das nur an den großen Grenzübergangsstellen erhältlich ist. Für jeden Aufenthaltstag in der Schweiz ist ein Eintrag in diesem Formular vorzunehmen, selbst wenn man nicht fährt. In Italien wird eine Maut mit wenigen Ausnahmen nur auf den Autobahnen erhoben. Diese kann direkt an den Mautstationen bar oder mit Kreditkarte beglichen werden. In Österreich ist für Fahrzeuge bis 3,5 t eine Klebevignette (an Tankstellen vor der Grenze oder an der Grenzstation) oder eine digitale Vignette (www.asfinag.at) zu erwerben. Fahrzeuge über 3,5 t benötigen eine »GO-Box«, die es an den großen Grenzübergangsstellen gibt bzw. die auch schon vor Antritt der Reise erworben werden kann. Die Box ist an der Frontscheibe zu montieren; deren gesendete Signale werden an Mautbrücken registriert und einer elektronischen Abbuchung zugeführt (www.asfinag.at).

Das berühmteste Panorama der Alpen: die fast 3000 Meter hohen Drei Zinnen, weltweites Wahrzeichen der Dolomiten.

Der Berg ruft

Ein Blick auf die Karte macht es deutlich: Die Alpen sind das Rückgrat Europas, ihre Vielgestaltigkeit wird auf dieser Route in all ihren Facetten offensichtlich. Da geht es über einsame Passstraßen, in mondäne Wintersportorte, durch Täler und an Gebirgsflüssen vorbei. Und immer mit im Gepäck: Fantastische Aussichten.

Spektakulär von der Abendsonne in Szene gesetzt: das auf einer Insel im Genfer See liegende Château de Chillon mit Alpenkulisse.

ROUTE 8

Streckenlänge: ca. 1150 km
Zeitbedarf: mindestens 12 bis 14 Tage
Routenverlauf (Hauptorte): Genf, Lausanne, Zermatt, Interlaken, Andermatt, Chur, St. Moritz, Meran, Bozen, Cortina d'Ampezzo, Lienz, Heiligenblut, Werfen, Salzburg
Charakteristik: Die vorgeschlagenen Passstraßen sind wohnmobilgeeignet. Gepäck auf steilen, kurvenreichen Straßen gegen Rutschen sichern!
Informationen:
www.myswitzerland.com
www.austria.info

Hier geht's zum GPS-Track

01 Genf

Der Startschuss erfolgt im südwestlichsten Zipfel der Schweiz, am Ende des Genfer Sees, den die französischsprachigen Anrainer Lac Léman nennen. Wo die Fontäne des Jet d'Eau ihr Wasser 145 Meter hoch gen Himmel schießt, liegt Genève (Genf), von Jura und Savoyer Alpen umkränzt an die Bucht des Sees geschmiegt. Das »protestantische Rom«, in dem Jean Calvin vor gut 450 Jahren seine rigorosen Reformideen propagierte und Henri Dunant 1864 das Rote Kreuz gründete, präsentiert sich heute als internationale Stadt. Ein Drittel ihrer Bewohner sind Ausländer, 200 überstaatliche Organisationen, darunter etwa die Vereinten Nationen (UN) und die Weltgesundheitsorganisation (WHO), haben hier ihren Sitz. Doch abgesehen von Diplomaten, teuren Uhren und Zigarren gibt es auch eine Reihe steinerner Attraktionen: die Kathedrale St. Peter samt archäologischer Grabungsstätte und angrenzender Place du Bourg-de-Four, das reich bestückte Museum für Kunst und Geschichte, das Palais des Nations – heute Hauptsitz der UN – und das Denkmal des in Genf geborenen Jean-Jacques Rousseau. Auf der A1 geht es das Nordufer des Genfer Sees entlang in die nächste am See liegende Schweizer Großstadt.

02 Lausanne

Die Metropole des Waadtlands steht im Ruf einer bedeutsamen Schul- und Messestadt und ist Sitz des Internationalen Olympischen Komitees (IOC). Eingebettet in freundliche, über mehrere Hügel verstreute Villenviertel liegt die Cité, die am besten per Zahnradbahn vom Hafenbezirk Ouchy aus erreichbare Altstadt. Deren Blickfang ist die frühgotische Kathedrale mit ihrer Glasfensterrose. Aus der vielfältigen Museumslandschaft der Stadt ragen die Kollektion von Art Brut, das Olympische Museum und das Pfeifenmuseum heraus.

03 Vevey und Montreux

Die beiden Kurorte bilden das Zentrum der weinseligen »Waadtländer Riviera« und erfreuen sich bereits seit dem frühen 19. Jahrhundert der Gunst internationaler Prominenz. In Vevey, wo Anfang des 19. Jahrhun-

An der Uferpromenade von Vevey befindet sich das Ernährungsmuseum Alimentarium, in dem kulinarische Objekte ausgestellt und Workshops abgehalten werden. Vor dem Museum ragt eine riesige Gabel aus dem See.

derts die erste Schweizer Schokolade hergestellt wurde, hat Nestlé, der weltgrößte Nahrungsmittelkonzern, seinen Sitz. Montreux ist u. a. für das renommierte Jazz Festival und das 3 Kilometer südöstlich am Seeufer stehende Château de Chillon bekannt. Dem Genfer See den Rücken kehrend, folgt die Route dem sich nach und nach verengenden Rhônetal über Martigny und Sion bis nach Visp. Von hier zweigt rechts die Straße ins Mattertal ab. Nach 30 Kilometern ist in Täsch für alle Motorisierten Parken angesagt, denn nach Zermatt darf man nur per Bahn, Bus oder Taxi reisen.

04 Zermatt und Matterhorn

Das berühmte Walliser Bergdorf mit dem 4478 Meter hohen Matterhorn im Hintergrund ist eine Ikone des Schweizer Alpinismus. Seine Erschließung betrieben ab Mitte des 19. Jahrhunderts vorwiegend Engländer. Wagemutige Bergsteiger von den Britischen Inseln waren es auch, die 1865 – von Einheimischen geführt – die gewaltige Vierkantpyramide als Erste erstiegen. 3000 Menschen stürmen jeden Sommer auf den »Gipfel aller Gipfel«. Im Ort selbst zeugen noch etliche alte Häuser von den Pioniertagen. Speziell sehenswert: das Matterhorn Museum »Zermatlantis« und das 150 Jahre alte Hotel Monte Rosa. Unvergesslich ist die Fahrt mit der Gornergratbahn, der zweithöchsten Zahnradbahn des Kontinents. Sie klettert auf einer Strecke von knapp 10 Kilometern in 40 Minuten bis auf 3089 Me-

TCS CAMPING GENF-VÉSENAZ

In der schönen parkähnlichen und teuren Anlage direkt am Genfer See sind alle notwendigen Ver- und Entsorgungseinrichtungen sowie Sanitärbereiche und WiFi vorhanden. Geöffnet von Mitte März bis Anfang Oktober. Im Preis enthalten ist eine Busverbindung in die rund 7 Kilometer entfernte Innenstadt von Genf.

Chemin de la Bise 19, 1222 Vésenaz
www.tcs.ch, GPS 46.24528, 6.19356

CAMPING ALPHUBEL

Sehr ruhiger gebührenpflichtiger Platz mit allen notwendigen Ver- und Entsorgungseinrichtungen; inklusive Duschen, Waschmaschinen, Wäschetrockner und Internet. Geöffnet von Mitte Mai bis Mitte Oktober. Regelmäßig verkehrende Züge und günstige Shuttle-Busse direkt ab Campingplatz bieten eine schnelle Verbindung in das autofreie Zermatt.

Camping Alphubel, 3929 Täsch
www.campingtaesch.ch/sites/de, GPS 46.06579, 7.77481

ter. Im Anschluss schwebt man per Kabinenbahn weitere fast 400 Meter dem Himmel entgegen. Von der Bergstation genießt man ein umfassendes 360-Grad-Panorama.

05 Brig

Zurück im Rhônetal, geht es flussaufwärts in den Hauptort des Oberwallis, der seine goldene Zeit als Warenumschlagplatz an der Route über die Pässe Simplon, Furka und Grimsel im 17./18. Jahrhundert erlebte. Seine größte Sehenswürdigkeit ist das Stockalper-Schloss. Der Riesenkomplex im Stil der Spätrenaissance ist dank seiner von vergoldeten Zwiebelhauben bekrönten Türme weithin sichtbar. Im Vorort Glis besuchenswert: die prächtig ausgestattete Marienwallfahrtskirche. Entlang der Rhône fährt man bis Höhe Steg westwärts zurück, dann geht es per Autozug durch den 14,6 Kilometer langen Lötschbergtunnel (für größere Fahrzeuge separater Fahrplan mit stündlichen Verbindungen) und von Kandersteg über Thun entlang dem Nordufer des Thuner Sees – vorbei am Schloss Oberhofen – nach Interlaken. Als überaus lohnenswerter Abstecher bietet sich vorher noch eine Fahrt in die von Thun rund 25 Kilometer entfernte schweizerische Hauptstadt Bern an. Die Altstadt kann man gut zu Fuß erkunden.

Links: Mit der Schöllenenbahn überwindet man auf der Teufelsbrücke auf dem Weg über den Gotthardpass die eindrucksvolle Schöllenenschlucht.

Unten: Ein Besuch des Aletschgletschers ist von Brig aus gut zu machen.

CAMPING ALPENBLICK

Dieser ist ein gepflegter, gebührenpflichtiger Platz am See mit allen notwendigen Ver- und Entsorgungseinrichtungen sowie Duschen, Waschmaschinen, Wäschetrockner und WiFi. Ganzjährig geöffnet. Regelmäßige Busverbindung nach Grindelwald (Jungfrau-Region).

Seestraße 130, 3800 Unterseen
www.camping-alpenblick.ch, GPS 46.67999, 7.817577

06 Interlaken

Die zwischen Thuner und Brienzer See auf dem »Bödeli«, einem Schwemmland der Aare, gelegene Ortschaft geht auf ein im 12. Jahrhundert gegründetes Kloster zurück. Als Ausgangspunkt für Ausflüge in die Jungfrau-Region bildet es seit den Anfängen des Schweizer Alpintourismus eines seiner Herzstücke. Vom Höhenweg, den Hotelpaläste aus der Blütezeit um 1900 säumen, bietet sich ein toller Panoramablick auf die schneebedeckten Gipfel im Süden.

07 Grindelwald

Noch näher an die Jungfrau-Region, die mitsamt ihren 47 4000ern und

dem spektakulären Großen Aletschgletscher 2001 von der UNESCO als erste Alpinlandschaft zum Weltnaturerbe erklärt worden ist, führt ein 20 Kilometer weiter Abstecher nach Grindelwald. Der von den drei gewaltigen Gipfeln Eiger (3970 Meter), Wetterhorn (3701 Meter) und Schreckhorn (4078 Meter) eingefasste Luftkurort ist seit mehr als 150 Jahren der wohl stärkste Touristenmagnet des Berner Oberlandes. Eine Attraktion von Weltrang ist die Fahrt von der Kleinen Scheidegg mit der Jungfraubahn durch Eigerwand und Mönch zum höchsten Bahnhof Europas, dem 3454 Meter hohen Jungfraujoch. Von Grindelwald fährt man anschließend zurück nach Interlaken; von dort geht es südlich des Brienzersees entlang über den Grimselpass (2165 Meter) und den Furkapass (2431 Meter) nach Andermatt.

Links: Spektakulär und weltberühmt: Der Gotthardpass ist auch mit dem Wohnmobil befahrbar und bietet eindrucksvolle Panoramen.

Unten: Die Kantonshauptstadt Chur punktet mit einer autofreien, pittoresken Altstadt.

Großglocknerhochalpenstraße
Die berühmte Alpenpanoramastraße ist 48 Kilometer lang. Sie verläuft zwischen Heiligenblut und Fusch in 27 Kehren über die Hohen Tauern. Eine Stichstraße führt zur Kaiser-Franz-Josefs-Höhe (2369 Meter) mit einmaligem Blick auf den Großglockner und die 10 Kilometer lange Pasterze. Nicht zum Parkhaus fahren, sondern Wohnmobilparkplatz davor nutzen. Die Stichstraße zur Edelweißspitze (2571 Meter) darf von Wohnmobilen nur bis zum Parkplatz Fuschertörl befahren werden. Über den genauen Streckenverlauf informiert ein Faltblatt, das man bei der Entrichtung der Maut erhält. Die Straße ist von Ende April bis etwa Anfang November geöffnet.
www.grossglockner.at/gg/de/index
GPS 47.053062, 12.790795

08 Andermatt

Wo sich die Nord-Süd-Route vom Vierwaldstätter See zum St. Gotthard mit der Querverbindung vom Wallis ins Oberrheintal kreuzt, liegt der kleine Höhenkurort Andermatt. Er wartet mit einer hübschen Rokokokirche und einem liebevoll gestalteten Talmuseum auf. Im Dorf befinden sich noch schöne alte Chalets. Der Ort ist ein idealer Ausgangspunkt für Wanderungen und Bergtouren sowie für Wintersport. Für die meisten Reisenden ist er vor allem ein wichtiger Verkehrsknotenpunkt. Bei der Weiterfahrt Richtung Osten gilt es, den 2044 Meter hohen Oberalppass zu überwinden, ehe man, dem Vorderrhein folgend, Flims erreicht. Als attraktive Alternative zur Passüberquerung bietet sich eine Fahrt mit der Matterhorn-Gotthard-Bahn an.

09 Flims

Dieser schmucke Kurort, in dessen Umgebung man noch vereinzelt rätoromanische Dialekte spricht, liegt auf einer sonnigen Terrasse in einem Hochtal, das seine Existenz einem gewaltigen Bergsturz aus vorgeschichtlicher Zeit verdankt. Er besteht aus dem alten Ortskern Flims-Dorf und Flims-Waldhaus, einer neuen, südlich angrenzenden Hotelsiedlung. Der nette Ort und sein wildromantisches Umland bieten im Sommer vielfältige sportliche Aktivitäten. Im Winter bildet er im Verbund mit Laax und Falera ein riesiges Skigebiet, die sogenannte Weiße Arena. Vor der Weiterfahrt in die Bergwelt von Graubünden sollte man noch bei Reichenau einen 10 Kilometer langen Schlenker nach Chur in die Hauptstadt des Kantons Graubünden machen.

10 Chur

Die Kantonshauptstadt, die spätestens im 3. Jahrhundert die römischen Stadtrechte erhielt und im 4. Jahrhundert als erster Bischofssitz nördlich der Alpen fungierte, verschreckt zunächst oft Neuankömmlinge mit einem wenig attraktiven Hochhausgürtel. Dahinter liegt aber eine charmante Altstadt, in der etliche historische Schätze verborgen sind. Zu den wichtigsten zählen die Marienkathedrale (13. Jahrhundert) mit dem zugehörigen reich bestückten Domschatzmuseum, das Weinbau- und das Rätische Museum sowie das Bündner Kunstmuseum mit Werken der in Chur geborenen Malerin Angelika Kauffmann (1741–1804). Nett anzusehen ist das Zentrum mit dem Postplatz und dem Rathaus. Ein Bummel durch die verwinkelten Gassen zeigt den Flair der Stadt.

11 Viamala

Zurück in Reichenau, folgt die Route dem Hinterrhein flussaufwärts: Südlich von Thusis hat sich dieser im Laufe der Jahrmillionen eine sechs Kilometer lange, bis zu 600 Meter tiefe Schlucht in den Fels gefräst. Die wilde Romantik der Viamala ist am besten von der alten, zu Beginn des 19. Jahrhunderts erbauten Straße aus erfahrbar (Abzweig von der A13 etwa 1 Kilometer hinter Rongellen). An ihrem südlichen Ausgang, in Zillis, lohnt die Martinskirche ihrer kunstvoll bemalten Holzdecke wegen einen Besuch. Zurück in Thusis, führt die Route nun über Tiefencastel im Tal der Albula und den streckenweise steilen Albulapass (2321 Meter) in das Oberengadin.

OBERALPSEE, ANDERMATT

Der fantastische gebührenfreie Parkplatz am Oberalppass auf 2046 Meter Höhe hat leider keine Ver- und Entsorgungseinrichtungen, dafür entschädigt der Blick auf den Oberalpsee und die Wanderung zur Rheinquelle (Tomasee, ca. 7 Kilometer).

Oberalppass Passhöhe, 6490 Oberalppass
GPS 46.65930, 8.67082

CAMPING VIAMALA, THUSIS

Sehr gepflegter gebührenpflichtiger Platz in einem Waldgelände am Hinterrhein mit allen notwendigen Ver- und Entsorgungseinrichtungen, inklusive Duschen, Waschmaschinen, Wäschetrockner und WiFi. Ganzjährig geöffnet. Ein Waldfreibad liegt in der Nähe. Der Eingang der Schlucht Viamala ist 1,2 Kilometer entfernt.

Pantunweg 3, 7430 Thusis, www.tcs.ch, GPS 46.69962, 9.44527

CAMPING MUGLIN VAL MÜSTAIR

Der kostenpflichtige, relativ teure, aber großzügige Platz befindet sich in unmittelbarer Nähe des Klosters in einer landschaftlich äußerst reizvollen Lage. Alle notwendigen Ver- und Entsorgungseinrichtungen sind vorhanden. Geöffnet von Ende April bis Ende Oktober. Der Platz ist ein sehr guter Standort für Wanderungen im UNESCO-Biosphärenreservat Engiadina Val Müstair.

Via Muglin 223, 7537 Müstair
campingmuglin.ch, GPS 46.62413, 10.44923,

CAMPERSTELLPLATZ AM SCHNEEBURGHOF IN MERAN

Dieser ist ein relativ enger Platz, er verfügt aber über alle notwendigen Ver- und Entsorgungseinrichtungen sowie über Duschen und Waschmaschinen. Es gibt ein reichhaltiges Frühstücksbüfett, ein Freibad und eine Liegewiese. Der Platz ist umgeben von Weinbergen und Obstwiesen und befindet sich oberhalb von Meran. Ganzjährig geöffnet. Die Altstadt von Meran liegt 2 Kilometer entfernt.

Segenbühelstraße 26, 39019 Dorf Tirol/Meran
www.schneeburghof.com, GPS 46.67600, 11.16706

PARCHEGGIO RIFUGIO AURONZO

Der gebührenpflichtige Stellplatz befindet sich in traumhafter Lage auf 2330 Meter Höhe mit fantastischem Blick auf die Drei Zinnen. Es gibt keinerlei Ver- und Entsorgungseinrichtungen. Eine leichte Wanderung rund um die Drei Zinnen beträgt 7 Kilometer (Höhenunterschied ca. 300 Meter) und bietet atemberaubende Aussichten. Geöffnet Anfang Juni bis Anfang September.

Forcella Longeres, 32041 Forcella Longeres, Auronzo di Cadore BL
GPS 46.61318, 12.29272

12 St. Moritz

Der mondäne Kurort im Herzen des Oberengadins gilt als eine Wiege des Wintertourismus und – neben Davos – als feinste Urlaubsadresse des Kantons Graubünden. Als Schauplatz zweier Olympischer Winterspiele (1928 und 1948) ist er weltberühmt geworden. Am Beginn einer einzigartigen Seenlandschaft mit dem St.-Moritzersee, dem Silvaplanersee und dem Silsersee gelegen, bietet er winters wie sommers eine ungemein reiche Palette an Sportmöglichkeiten. Legendär sind die Skeletonbahn Cresta Run und die Bobbahn nach Celerina. Ein vielseitiges Unterhaltungsprogramm bedient die Bedürfnisse der so illustren wie betuchten Gästeschar.

Von St. Moritz aus bringt die Hauptstraße 27 den Reisenden innabwärts über Samedan und Zuoz in das Unterengadin, ein lohnenswerter Abstecher für alle, die den Charme der alten Graubündner Dörfer lieben. Die Hauptroute führt von St. Moritz über Pontresina und den Berninapass (2323 Meter), vorbei am traumhaften Panorama der vergletscherten Bernina-Gruppe, in das Tal der oberen Adda, das Veltlin, und damit nach Italien. Von hier folgt nach Bormio ein spektakulärer Gebirgsübergang, das Stilfser Joch (2758 Meter) am Fuße des Ortlers, dann fährt man

durch das Trafoier Tal hinab an die Etsch. Hier bietet sich vor der Weiterfahrt ins Vinschgau nach Meran ein Abstecher über Schluderns ins Val Müstair zum Kloster St. Johann an.

13 Meran

Bis um die Mitte des 14. Jahrhunderts war die Stadt an der Passer unter der Herrschaft der Grafen von Tirol der blühende Mittelpunkt des Landes. Nachdem die Habsburger auch in Südtirol das Zepter übernommen und die Residenz nach Innsbruck verlegt hatten, führte Meran ein Schattendasein. Ins Rampenlicht rückte es erst wieder im 19. Jahrhundert, als sich die heilende Wirkung der örtlichen Quellen und des milden Klimas herumsprach und Erholungsbedürftige mit Rang und Namen aus ganz Europa herbeiströmten. Zu den Glanzstücken der Altstadt mit ihren engen Gassen, Laubengängen und alten Bürgerhäusern zählen die gotische Nikolauskirche mit der Barbarakapelle, die Spitalkirche und die landesfürstliche Burg mit Fresken aus dem 15. Jahrhundert. Lohnend ist auch ein Spaziergang durch das elegante Villenviertel Obermais.

14 Bozen

Südtirols Landeshauptstadt, am Zusammenfluss von Eisack und Etsch gelegen, ist nicht bloß der wirtschaftliche Nabel der Großregion, sie ist auch ein lebendig-qirliger Brennpunkt alpiner Kunst und Kultur. Ein Bummel durch die Gässchen zwischen Lauben, Kornplatz und Obstmarkt offenbart eine charmante Altstadt, deren Wurzeln tief ins Mittelalter reichen. Highlights sind die Klöster der Dominikaner und Franziskaner, Schloss Maretsch, Burg Runkelstein, das Stadtmuseum sowie im Ortsteil Gries die alte Pfarrkirche mit dem Fragment eines Flügelaltars von Michael Pacher. Südöstlich von Bozen (italienisch Bolzano) führt die Straße 241 in die von spektakulären Kalkstöcken, Türmen und Zinnen durchsetzte Traumlandschaft der Dolomiten. Karerpass (mit Blick zum Rosengarten), Fassatal und Sellajoch heißen die nächsten Etappenpunkte, deren kühn zerklüftete Umgebung noch jeden Reisenden begeistert hat. Auf der kurvenreichen 242 (mit Blick auf den Langkofel) führt die Strecke ins Grödnertal über St. Ulrich bis in das weite Eisacktal. Nordwärts erreicht man Klausen, von wo aus man nach kurzer Weiterfahrt in das wunderschöne Villnößtal gelangt. Auf der Rückfahrt durch das Eisack- und Grödnertal zweigt man nach dem Ort Plan in die Straße 243 ab und fährt auf das Grödner Joch zu. Eine aufsehenerregende Felskulisse entfaltet sich auf der Fahrt vorbei an der Sella-Gruppe über Kollfuschg und Corvara sowie über den Passo die Campolongo, bevor man die »Große Dolomitenstraße« erreicht, die zum nächsten Halt, nach Cortina d'Ampezzo, führt.

Links: Malerisch-friedlicher St. Moritzersee.

Oben: Andächtig steht diese kleine Kapelle bei der Dreizinnenhütte neben den mächtigen Drei Zinnen.

15 Cortina d'Ampezzo

Der Kur- und Wintersportort ist von einigen der schönsten Dreitausendern der Region umgeben. Der Inbegriff der Dolomitenpracht, die Drei Zinnen, kommt auf der Weiterfahrt, bei Misurina, in Sicht. Schluderbach und Toblach heißen die weiteren Stationen. Dann überquert man im Tal der Drau die Grenze zu Österreich und erreicht nach 40 Kilometern Lienz.

16 Lienz

Die von spektakulären Gipfeln umkränzte Hauptstadt Osttirols bezaubert durch ihr italienisches Flair und kann eine Reihe von Sehenswürdigkeiten aufweisen. Dazu gehört die Pfarrkirche St. Andrä, die im 15. Jahrhundert im Stil der Gotik ausgebaut

NATIONALPARK CAMPING GROSSGLOCKNER

Das weitläufige Areal des Platzes ist mit allen notwendigen Ver- und Entsorgungseinrichtungen, Duschen, Waschmaschinen und Trocknern ausgestattet. Es gibt ein reichhaltiges Frühstücksbüfett und ein gutes Restaurant. Ganzjährig geöffnet, kostenpflichtig. Ausgezeichneter Standort für die Erkundung des Nationalparks Hohe Tauern.

Hadergasse 11, 9844 Heiligenblut
www.nationalpark-camping.at, GPS 47.03725, 12.83840

CAMPINGPLATZ SEECAMP

Hier steht man auf einem gepflegten weitläufigen Areal am nördlichen Seeufer. Alle notwendigen Ver- und Entsorgungseinrichtungen sowie Sanitärbereiche und WiFi sind vorhanden. Ganzjährig geöffnet. Über die Seepromenade (Fuß- und Radweg) erreicht man nach ca. 2 Kilometern die malerische Altstadt von Zell am See.

Thumersbacher Straße 34, 5700 Zell am See
www.seecamp.at, GPS 47.33958, 12.80928

wurde, mit dem Grab des letzten Görzer Grafen. Auch die barocke Filialkirche St. Michael am ehemaligen Rindermarkt gelegen ist sehenswert. Auf einer Hügelkuppe erhebt sich Schloss Bruck (13. Jahrhundert). Es beherbergt Tirols größtes Heimatmuseum. Von den römischen Wurzeln der Stadt zeugen im Osten die Grabungsfelder der Vorgängerin Aguntum. Auch Teile der mittelalterlichen Stadtbefestigung sind mancherorts noch zu sehen.

17 Heiligenblut

Über den Iselsberg (1204 Meter) und durch das Obere Mölltal (B107) gelangt man in den Wallfahrts- und Bergsteigerort Heiligenblut, dessen Kirche mit dem bleistiftspitzen Turm vor dem Hintergrund des Großglockners, Österreichs höchstem Gipfel (3798 Meter), ein Parademotiv für Fotografen ist. Von hier führt auf dem Gebiet des Nationalparks Hohe Tauern eine der großartigsten Gebirgsstraßen der Welt, die Großglockner-Hochalpenstraße, von Kärnten über den Alpenhauptkamm ins salzburgische Fuscher Tal (s. S. 111).

18 Werfen

Vom Talausgang bei Bruck-Fusch (nur wenige Kilometer vom Zeller See entfernt) folgt man der Salzach flussabwärts über Lend durch den Pongau nach Bischofshofen und Werfen. Über dem schmucken Markt aus dem 12. Jahrhundert thront eine Festung wie aus dem Bilderbuch: Burg Hohenwerfen wurde um 1077 von Erzbischof Gebhard erbaut, um die Straße über den Lueg-Pass zu kontrollieren. Wer vom Parkplatz den steilen Weg am Zwinger vorbei durch die Vorburgen bis in den inneren Burghof emporsteigt, bekommt einen Eindruck davon, wie entmutigend dieses Bollwerk einst auf Angreifer gewirkt haben muss. Ein weiteres Muss ist der Besuch der Eisriesenwelt – sie gilt als die größte Eishöhle der Welt.

19 Hallein

Das 25 Kilometer salzachabwärts gelegene »kleine Hall« war vom Mittelalter bis 1989 ein zentraler Ort der Salzgewinnung. Auf dem Dürrnberg lösten Bergleute schon vor rund 4500 Jahren die kostbare Substanz aus dem Gestein. Spezialisten darin waren die Kelten, deren Kultur unten im Tal am Rand der Industriestadt mit ihrem charmanten Kern, im Keltenmuseum dokumentiert wird. Mindestens genauso sehenswert sind die Salzwelten, das stillgelegte Stollensystem, das auf einer abenteuerlichen Zeitreise mit Grubenbahn, Bergmannsrutschen und unterirdischem Floß die faszinierende Geschichte des Salzabbaus in dieser Region zeigt.

Bildleiste ganz rechts von oben: Der Gletscherweg Pasterze am Fuß des Großglockners führt an Moränen und Seen vorbei.

Der Oberalppass schraubt sich bis auf eine Höhe von 2044 Metern hinauf.

Rechts: Im Keltenmuseum in Hallein erfahren Besucher alles über das Leben und die Kultur der Kelten, vor allem im Alpenraum.

20 Salzburg

Finale furioso an der Salzach: In der Tat hat man den Eindruck, als hätten der Schöpfer und seine irdischen Helfer der Menschheit an diesem Ort vor Augen führen wollen, welch harmonische Schönheit europäischer Geist im Verbund mit einer großmütigen Natur zu schaffen imstande ist. Dom, Residenz, Kollegienkirche, Abtei St. Peter, Stift Nonnberg, die Getreidegasse und über alledem die mächtige Festung Hohensalzburg – die Altstadt am linken Salzachufer mit ihren weiten Plätzen und engen Passagen, den vielen Brunnen und Statuen, dem bunt bewegten Marmor und Stuck bildet ein einzigartiges urbanes Gesamtkunstwerk, das bis heute Künstler aus aller Welt zu kreativen Höhenflügen inspiriert und scharenweise Bewunderer anlockt. Etwas im Schatten des fürsterzbischöflichen Zentrums steht der Bezirk am östlichen Flussufer. Dabei gibt es mit Schloss und Park Mirabell, Mozarts Wohnhaus, dem Marionettentheater, dem Sebastiansfriedhof und den Gässchen am Fuß des Kapuzinerbergs auch hier eine Fülle von erstrangigen Sehenswürdigkeiten. Nicht versäumen sollte man in jedem Fall Schloss Hellbrunn sowie das Wasserschloss Anif, das mit zu den bedeutendsten im romantischen Historismus errichteten Schlössern Österreichs zählt.

Wer noch ein Kleinod der Alpen erleben möchte, fährt über die B305 ins 20 Kilometer entfernte Berchtesgaden und besucht den gleichnamigen Nationalpark. Die Nationalparkverwaltung bietet Touren für Erwachsene und spezielle Wanderungen für Kinder an. Ausgewählte Wege sind für Fahrradfahrer freigegeben.

REISEMOBIL-STELLPLATZ SALZBURG

Großer Platz mit allen notwendigen Ver- und Entsorgungseinrichtungen, inklusive Duschen, Waschmaschinen, Wäschetrockner und WiFi. Ganzjährig geöffnet. Nicht besonders schön, aber ideal gelegen, um Salzburg zu besuchen. Bis zum Bahnhof Kasern sind es zu Fuß 600 Meter, von dort ist man mit der stündlich fahrenden S-Bahn in 7 Minuten in der Altstadt.

Carl-Zuckmayer-Straße 26, 5101 Salzburg
www.reisemobilstellplatz-salzburg.at
GPS 47.83587, 13.06009

Salzburg, die berühmte Mozartstadt an der Salzach, ist ein viel besuchtes urbanes Gesamtkunstwerk. Im Hintergrund ist die Festung Hohensalzburg zu sehen, die über der Stadt thront.

Regionaler Naturpark Pfyn-Finges *Diesen Naturpark prägen extreme Höhenlagen (4153 Meter) und Tiefland (500 Meter), Gletscher und Weinanbau, karge Felsen und Feuchtgebiete, urige Alphütten und prächtige Schlösser. Außerdem ist Pfyn-Finges ein bedeutendes Weinanbaugebiet der Schweiz.*

Kloster Müstair *empfängt seine Gäste mit einem besonderen Kunstdenkmal. Kernstück ist die rund 1200 Jahre alte Kirche. Wegen 90 originalen Fresken (8.–12. Jh.) ist sie UNESCO-Welterbe.*

Drei Zinnen *Die bis zu 2999 Meter hohen Naturobelisken sind auch nach ihrer Erstbesteigung 1933 eine bergsteigerische Herausforderung geblieben. Stellplätze für Wohnmobile bietet die Auronzo-Hütte.*

Chiemsee Von Salzburg aus kommt man in 1 Fahrstunde ans »Bayerische Meer«, wie der See auch genannt wird. Prien ist sein Hauptort; viele Häuser schmücken hier die für Oberbayern typische Lüftlmalerei.

Liechtensteinklamm
Sie ist eine der wohl längsten und tiefsten Schluchten im Salzburger Land und in den Alpen. Beeindruckend ist vor allem der Wasserfall, wenn die Sonnenstrahlen ihn durchbrechen.

ROUTE 9

VON BREGENZ NACH SALZBURG

Unsere Route durch das Inntal führt vom Ufer des Bodensees in Vorarlberg bis nach Salzburg, dem barocken Gesamtkunstwerk an der Salzach, vom Bregenzerwald hinauf in eine hochalpine Welt, vorbei an mondänen Wintersportzentren in bezaubernde Städte voller Kunst und Kultur. Zum Abschluss kann man noch bei einem Abstecher das Salzkammergut erkunden.

Westlich des Arlbergs, im »Ländle« am Bodensee, herrsche, so besagt das Klischee, alemannische Nüchternheit. Östlich davon bestimme knorrige Freiheitsliebe die Denkweise. Was diese beiden Gegenden gemeinsam haben, sind (Hoch-) Gebirgswelten wie aus dem Bilderbuch, tiefblaue Seen und Stadtjuwele, in denen Kunstfreunde große Augen machen.

Im vorhergehenden Kapitel wurde in der Einleitung bereits auf die Gebührenpflicht auf österreichischen Straßen hingewiesen und erläutert, wie damit umzugehen ist. Wer auf dieser Route den Umweg über die Krimmler Wasserfälle macht, wird noch einmal extra zur Kasse gebeten. Die Fahrt über den Gerlospass ist gebührenpflichtig und für den Besuch der Wasserfälle ist Eintritt zu zahlen. Die Nutzung der in diesem Kapitel beschriebenen Straßen ist ansonsten kein Problem. Sie sind breit genug, die Steigungs- und Gefällstrecken stellen keine besonderen Herausforderungen dar, und auch die Park- und Rastmöglichkeiten sind unproblematisch. Auf Parkplätzen zu übernachten »zur Wiedererlangung der Fahrtüchtigkeit« ist in der Regel kein Problem, wenn kein Campingverhalten an den Tag gelegt wird. Das heißt: Die Campingstühle bleiben im Fahrzeug und die Markise wird nicht ausgefahren.

Kleiner Ahornboden in Tirol: Der mächtige Ast eines Bergahorns gibt den Blick frei auf das Karwendelgebirge.

Servus mitanand!

Was Vorarlberger, Tiroler und auch Salzburger eint, ist neben einer gesunden Mischung aus Traditionspflege und Fortschrittsglaube die überaus prachtvolle Natur ihrer Heimatländer. Und diese lernt man bei der Fahrt von Bregenz nach Salzburg aufs Allerbeste kennen.

Sommerliche Romantik pur bietet dieser Pavillon mit Bar am Bodensee bei Bregenz. Dementsprechend begehrt sind die Plätze am Fischersteg.

ROUTE 9

Streckenlänge: ca. 500 km
Zeitbedarf: mind. 1 Woche
Routenverlauf (Hauptorte): Bregenz, Dornbirn, St. Anton, Landeck, Imst, Zirl, Innsbruck, Wörgl, Kitzbühel, St. Johann in Tirol, Salzburg
Charakteristik: Die Route führt über für Wohnmobile unproblematische Strecken. Auf österreichischen Autobahnen besteht Mautpflicht.
Informationen:
www.vorarlberg.travel
www.salzburg.info
www.salzkammergut.at
www.tirol.at

Hier geht's zum GPS-Track

01 Bregenz

Ausgangspunkt der Route ist Bregenz am Ufer des Bodensees. Die Hauptstadt des »Ländles«, wie die Vorarlberger ihre Heimat, Österreichs westlichstes Bundesland, liebevoll nennen, bietet reichlich Sehenswertes: In der hübschen Oberstadt ragen der Martinsturm (bemerkenswerter Freskenzyklus in der Kapelle), das Deuringschlössle und das alte Rathaus hervor, im Stadtzentrum das Zisterzienserkloster Mehrerau, die Nepomuk- und die Seekapelle sowie das Vorarlberg Museum. Vielfältig ist die Kulturszene, wie das Theater am Kornmarkt und das Kunsthaus (KUB) zeigen. Höhepunkte sind unbestritten das Tanzfestival »Bregenzer Frühling« und die Bregenzer Festspiele im Sommer, für die man den See in eine Bühne verwandelt. Dass die Stadt zwischen Gebirge und Wasser gleichsam »in einer goldenen Schale« liegt, erkennt man am schönsten von oben, vom Pfänder (1064 Meter), dem Bregenzer Hausberg. Er ist bequem per Seilbahn zu erreichen und einer der berühmtesten Aussichtspunkte der Region.

02 Dornbirn

Vor allem wegen zweier Museen lohnt dieser Ort allemal einen Halt: wegen des naturgeschichtlichen Landesmuseums »inatura« und des weltgrößten Rolls-Royce-Museums. Nicht versäumen sollte man einen Ausflug zur Rappenlochschlucht, einem der imposantesten Naturwunder der Ostalpen.

03 Bezau

Bis zu ihrer Einstellung war Bezau die Endstation der 1912 eröffneten Bregenzerwald-Bahn Jetzt verkehrt sie wieder als Museumsbahn. Dem nahen Schwarzenberg mit seinen prächtigen, für diese Region typischen mit Holzschindeln verkleideten Bauernhäusern war die vor allem für ihre Porträts (darunter viele Selbstbildnisse) berühmte Malerin Angelika Kauffmann (1741–1807) eng verbunden, ihr Vater stammte von hier. 1768 wurde sie Mitglied der Royal Academy in London. Seit 1782 lebte sie in Rom und alles, was damals Rang und Name hatte, traf sich bei ihr. Künstler und Gelehrte wie Winckelmann, Herder und Goethe gin-

Der Arlberg liegt an der Grenze von Vorarlberg und Tirol. Das größte Skigebiet Österreichs lädt auch im Sommer zu vielen Naturerlebnissen ein.

gen ein und aus. Heute ist der Malerin in Bezau im sogenannten Kleberhaus von 1556 sogar ein eigenes Museum gewidmet.

04 Bregenzerwald

Noch vor zwei, drei Generationen war diese von der Bregenzer Ache durchflossene Gebirgslandschaft ziemlich weltabgeschieden. Ihre Stille, Unberührtheit und außerordentliche Schönheit hat sie sich bis heute bewahrt. Das Dorf Mellau, wo sich das bis dahin enge Tal weitet, wird beherrscht von der gewaltigen Kanisfluh, deren fünf insgesamt sechs Kilometer breite Felswände von rund 2000 Metern Höhe nahezu senkrecht ins Tal abfallen. Von hier geht es über Schoppernau und Schröcken, entlang grüner Almmatten und der Serpentinen des Hochtannbergpasses (1675 Meter) nach Warth und weiter über Lech und Zürs, den Flexen- (1773 Meter) und den Arlbergpass (1793 Meter) nach St. Anton, den bekanntesten der drei Wintersportorte auf dieser Strecke. Für alle gilt: Kaum irgendwo sonst fällt auf vergleichbarer Seehöhe ähnlich viel Schnee. Hinzu kommt eine auf alle erdenklichen Wünsche abgestimmte Hotellerie, Après-Ski-Vergnügen inklusive.

05 St. Anton

Das Wintersportparadies rund um den Arlberg gilt als Wiege des alpinen Skilaufs (woran das Ski- und Heimatmuseum im Arlberg-Kandahar-Haus erinnert) und bietet von November bis mindestens Ende April schneesichere, bestens präparierte Pisten. Auf der Arlbergpasshöhe steht in St. Christoph das zu einem

PARK-CAMPING LINDAU AM SEE

Die schöne, parkähnliche Anlage liegt in einem Landschaftsschutzgebiet direkt am Bodensee und bietet alle notwendigen Ver- und Entsorgungseinrichtungen sowie Plätze in drei verschiedenen Komfortstufen. Geöffnet Mitte Januar bis Anfang November. Bregenz ist zu Fuß oder mit dem Fahrrad über den Seeuferweg bequem zu erreichen (4,5 Kilometer).

Fraunhoferstraße 20, 88131 Lindau
www.park-camping.de, GPS 47.53756, 9.73067

CAMPING ARLBERG

Außergewöhnliche Komfort-Anlage: Jeder Stellplatz hat seine eigene beheizte Kabine mit Dusche und WC. Ganzjährig geöffnet. Dieser ist auch ein ausgezeichneter Winter-Campingplatz mit Wellness-Oase und großzügiger Poollandschaft.

Pettneu am Arlberg 235c, 6574 Pettneu am Arlberg
GPS 47.14474, 10.33783

Luxushotel umgebaute Hospiz, in dem im Jahr 1901 der »Skiclub Arlberg« gegründet wurde.
Durchs Stanzertal weiter geht die Fahrt vorbei an der 86 Meter hohen Eisenbahnbrücke über die Trisanna am Ausgang des Paznauntals nach Landeck, die im Oberinntal 816 Meter über dem Meeresspiegel gelegene Bezirkshauptstadt.

06 Landeck

Schon in der Römerzeit war der Landecker Talkessel an der Via Claudia Augusta und dem Pfad über den Arlberg ein wichtiger Verkehrsknotenpunkt. Im Mittelalter wurden Handel und Verkehr von den drei Burgen des Talkessels kontrolliert: Burg Landeck, Schrofenstein und Kronburg. Landeck diente als Gerichtssitz der Grafen von Tirol, die um 1250 das »landesfürstliche Gericht Landeck« schufen. Noch heute wacht die Burg aus dem 13. Jahrhundert (mit spätgotischer Pfarrkirche) über den schmucken Kern des gleichnamigen Orts.

07 Imst

Der am Ausgang des Pitztales gelegene Marktort war vom 16. bis ins 18. Jahrhundert hinein in ganz Europa für seine Kanarienvogelzucht bekannt. Im Jahr 1949 gründete Hermann Gmeiner hier das erste SOS-Kinderdorf. Von der alten Bausubstanz hat eine Feuersbrunst im 19. Jahrhundert wenig stehen lassen. Sehenswert sind die spätgotische Pfarrkirche mit dem höchsten Turm des Landes (86 Meter) und die romanische Laurentiuskirche, die im

Bildleiste von oben:
Ein idyllischer kleiner Bergsee vor dem Hintergrund des Pflerscher Tribulaun.

Am Natterer See bei Innsbruck befindet sich dieser malerische Stellplatz, der nicht nur entspannte Ruhe, sondern auch Badegenuss verspricht.

Kern aus dem 5. Jahrhundert stammt und als älteste Kirche Tirols gilt.

08 Stams

Vor dem prächtigen Panorama der Mieminger Kette steht das wohl bedeutendste Kloster des Landes – ein im 13. Jahrhundert gegründetes und im 17. und 18. Jahrhundert barockisiertes Zisterzienserstift. Es fungierte als letzte Ruhestätte der Fürsten von Tirol. Die Klosterkirche Unserer Lieben Frau ist eine Hauptattraktion für Kunstfreunde, die von den zwei markanten achteckigen Zwiebeltürmen, der Heiligblutkapelle und der Fürstengruft begeistert sein werden. Heute ist hinter den weiß-gelben Fassaden das Internatsgymnasium für Österreichs angehende Skistars untergebracht. Nach der lohnenden Besichtigung geht es dann weiter nach Telfs.

09 Telfs

Sehenswert in der Marktgemeinde Telfs, 27 Kilometer westlich von Innsbruck in einer beckenartigen Erweiterung des Inntals am Fuß der Hohen Munde gelegen, ist vor allem die Pfarrkirche – eine monumentale dreischiffige neuromanische Basilika mit zwei Fassadentürmen. »Für die gute Nachbarschaft und den Frieden der Alpenländer« läutet im oberhalb gelegenen Ortsteil Mösern täglich um 17 Uhr die an einem offenen Glockenstuhl hängende Friedensglocke. Sie wiegt ca. 10 600 Kilogramm und ist mit 260 Zentimetern Durchmesser die größte Glocke des Landes Tirol.

FERIENPARADIES NATTERER SEE

Am Natterer See liegt dieser sehr gepflegte, gebührenpflichtige Platz in fast unberührter Natur. Er ist mit allen notwendigen Ver- und Entsorgungseinrichtungen, Duschen, Waschmaschinen, Trocknern und WiFi ausgestattet. Ganzjährig geöffnet. Regelmäßige Busverbindung nach Innsbruck-Hbf., Linie 4142, 20 Minuten Fahrzeit. Bis zur Innenstadt ist es dann zu Fuß noch 1 Kilometer.

Natterer See 1, 6161 Natters/Tirol
www.natterersee.com, GPS 47.23824, 11.33867

10 Zirl

Ausgangspunkt für Wanderungen im Bereich des Karwendels, zur Neuen Magdeburger Hütte etwa oder zum Solsteinhaus, ist die im Jahr 799 erstmals urkundlich erwähnte Marktgemeinde Zirl, in Sichtweite des mondänen Sommer- und Wintersportortes Seefeld und nur noch 10 Kilometer von Innsbruck entfernt. Die östlich gelegene Martinswand bietet einen anspruchsvollen Klettersteig und mehrere Kletterrouten.

11 Innsbruck

Umrahmt von den steilen Kalkwänden der Nordkette (2641 Meter) und im Süden den sanfteren Formen des Patscherkofels (2247 Meter), ist die Tiroler Metropole die nach Grenoble zweitgrößte Stadt in den Alpen und zugleich das Verwaltungs-, Kultur-, Handels- und Verkehrszentrum des Landes. Hauptanziehungspunkt ist der am Inn gelegene, über 800 Jahre alte historische Ortskern. Als dessen Wahrzeichen fungiert das berühmte – von Kaiser Maximilian an seine Burg, den Neuhof, angefügte – Goldene Dachl. Der Prunkerker mit seinen rund 2700 feuervergoldeten Kupferschindeln ist aber keineswegs die einzige Attraktion. Zwischen den mit Lauben und hohen Erkern verzierten Häusern liegen Juwele verborgen wie die Ottoburg, ein Wohnturm aus dem späten 15. Jahrhundert, oder das hinter der herrlichen Rokokofassade ebenfalls gotische Helblinghaus, der Stadtturm mit Aussichtsplattform, der barocke Dom St. Jakob und die Alte Universität mit der Jesuitenkirche. Traditionell im Zentrum der Aufmerksamkeit steht die gelb-weiß getünchte Kaiserliche Hofburg mit einer Reihe sehenswerter Prunksäle und der Hofkirche. Letztere birgt das (leere!) Grab Maximilians mit den sogenannten Schwarzen Mandern, 28 überlebensgroßen, kunstvollen Bronzestandbildern. Unter den Museen von Innsbruck ragen das Landesmuseum Ferdinandeum mit seiner Zweigstelle, dem Zeughaus, sowie das Tiroler Volkskunstmuseum hervor. Über die Maria-Theresien-Straße, an der die Annasäule, das Alte Landhaus und die

AUSFLUGSZIELE

KäseStrasse Bregenzerwald

Ihre Stille, Unberührtheit und außerordentliche Schönheit hat sich die Vorarlberger Landschaft bis heute bewahrt. Geografisch reicht der Bregenzerwald von der Weissach nahe der Grenze zum Allgäu im Norden bis zum Hochtannberg- und Arlberg-Gebiet im Süden. Wer die Region intensiver entdecken möchte, der kann seit 1998 auf der »KäseStrasse« in teilnehmenden Hofläden, Dorf- und Alpsennereien lokale Käsesorten und Milchprodukte erwerben. Auch Hotels, Restaurants und Ausflugsgasthöfe machen mit und bieten hochwertige Produkte an, die die Marke »KäseStrasse Bregenzerwald« tragen. Außerdem kann man vielerorts an verschiedenen Besichtigungen und Kostproben teilnehmen.

www.kaesestrasse.at
GPS 47.448721, 9.903062 (Besucherzentrum)

Triumphpforte Beachtung verdienen, gelangt man an den südlichen Stadtrand. Im Stadtteil Wilten begeistern sowohl die Stiftskirche des Prämonstratenserklosters als auch die Wiltener Basilika mit ihrer üppigen spätbarocken Ausstattung.

Auf dem Bergisel am Ausgang des Wipptales, wo der legendäre Freiheitskämpfer Andreas Hofer Anfang des 19. Jahrhunderts an der Spitze der Tiroler Bauern gegen die napoleonischen und bayerischen Truppen drei blutige Schlachten schlug, ragt die von Zaha Hadid entworfene Skisprungschanze (inklusive Restaurant mit Wahnsinnsaussicht) kühn in den Himmel – ein Beweis für den internationalen Rang der Stadt, deren Umgebung Wintersportlern viel zu bieten hat, und ein Zeichen der Erinnerung an die Olympischen Winterspiele 1964 und 1976.

Ein Stück östlich steht noch Schloss Ambras, eine ursprünglich mittelalterliche Burg, die Erzherzog Ferdinand II. um das Jahr 1570 zum prachtvollen Renaissancesitz ausbauen ließ. Beliebt bei Musikfreunden der Alten Musik: die »Ambraser Schlosskonzerte«, die seit 1963 jährlich im Juli stattfinden. Ein Ausflug auf das linke Innufer führt zum Alpenzoo, einem der höchstgelegenen Zoos Europas, und per Seilbahn auf die Hungerburg (Hoch-Innsbruck, 868 Meter), von wo aus man das herrliche Innsbrucker Stadtpanorama auf luftiger Höhe genießen kann.

12 Hall

Am linken Flussufer zu Füßen des Karwendelgebirges gelegen, nennt Hall die größte intakte Altstadt Tirols ihr Eigen. Die Stadt verdankt ihren Reichtum jenen Salzvorkommen aus Halltal, die man in der hiesigen Saline seit dem 13. Jahrhundert versotten und innabwärts verschifft hat. Zentrum der Altstadt ist der Obere Stadtplatz, an dem das Rathaus, das Bergbaumuseum, die Magdalenenkapelle und die Pfarrkirche St. Nikolaus zu finden sind. Letztere ist ein gotischer, innen barock ausgestalteter Hallenbau, der die wertvolle Waldaufkapelle umschließt. Im Osten der Oberstadt liegt das einst sehr einflussreiche Damenstift. Wahrzeichen der Stadt ist Burg Hasegg mit dem Münzerturm. In dem vorbildlich restaurierten Komplex ist das Stadtmuseum untergebracht, wo regelmäßig Ausstellungen zu besichtigen sind.

13 Wattens

Hauptattraktion des Industrieortes sind die Swarovski-Kristallwelten, ein von dem Multimediakünstler André Heller im Auftrag des gleichnamigen, hier ansässigen weltbekannten Schmuckerzeugers aufwendig gestalteter Erlebnispark – eine fantastische Reise in kristalline Welten, nicht nur für Kinder zum Staunen.

14 Schwaz

Im Mittelalter besaß Schwaz eines der ergiebigsten Silberbergwerke des Kontinents. Im 15. / 16. Jahrhundert wohnte hier bereits die stattliche Zahl von über 20 000 Einwohnern (heute sind es 13 000). Obwohl viele Gebäude in Kriegszeiten zerstört wurden, haben sich bedeutende Kunstdenkmäler erhalten wie die Pfarrkirche mit ihrer zweistöckigen Totenkapelle (schöner Schnitzaltar), Franziskaner-, Spital- und Martinskirche, das Rathaus mit seinem Arkadenhof, die Wohnhäuser der Fugger und Rabalder sowie Schloss Freundsberg, dessen Bergfried ein Heimatmuseum birgt und dessen Kirche Tirols einzigen unveränderten Sakralbau aus der Spätrenaissance darstellt. Besuchenswert sind am östlichen Stadtrand

das Schaubergwerk und, auf der anderen Talseite bei Vomp, die Benediktinerabtei Fiecht mit ihrer schönen Barockkirche.

15 Schloss Tratzberg

Zwischen Schwaz und Jenbach, wo nach Norden eine Serpentinenstraße und eine alte Dampfzahnradbahn zum Achensee führen und aus dem Süden das Zillertal in das Inntal mündet, thront linker Hand auf einer Bergschulter eine der prachtvollsten Festungen Österreichs: Schloss Tratzberg. Die kolossale spätgotische Anlage erhielt ihre heutige Gestalt im 16. und 17. Jahrhundert durch die Fugger. Den Innenhof schmücken Arkaden und Fresken. Höhepunkte jeder Besichtigung sind der Habsburgersaal und die reich bestückte Rüstkammer. Ein Muss für Burgenfans!

ALPEN CARAVAN PARK ACHENSEE

Am Nordufer des Achensees liegt diese sehr gepflegte Anlage mit großzügig angelegten Plätzen und allen notwendigen Ver- und Entsorgungseinrichtungen, Duschen, Waschmaschinen, Wäschetrocknern und WiFi. Sie besitzt außergewöhnliche Kinderspielplätze und einen Badestrand. Ganzjährig geöffnet.

Achenkirch 17, 6215 Achenkirch
www.camping-achensee.com, GPS 47.49944, 11.70601

CAMPINGPLATZ IN TIROL-KITZBÜHEL AM SCHWARZSEE

Dieser ist ein Luxus-Campingplatz mit eigenem Pool, Spa, Sauna, Restaurant, Minimarkt sowie allen notwendigen Ver- und Entsorgungseinrichtungen sowie Duschen, Waschmaschinen, Trocknern und WiFi. Ein Campingplatz der Extraklasse, auch im Preis. Ganzjährig geöffnet; drei Kilometer von der Ortsmitte Kitzbühels entfernt.

Reither Straße 24, 6370 Kitzbühel
www.bruggerhof-camping.at, GPS 47.45925, 12.36199

16 Kramsach

Die Gemeinde Kramsach ist für ihre roten Marmorbrüche, die Glasschleifereien und seinen kuriosen »Friedhof ohne Gräber« bekannt, dessen schmiedeeiserne Kreuze launige Verse zieren. In der Nähe locken mehrere idyllische Badeseen und das Freilichtmuseum Tiroler Bauernhöfe mit rund 50 Originalgebäuden.

17 Rattenberg

Ein denkmalgeschütztes Städteensemble duckt sich direkt gegenüber von Kramsach unter eine mit Fichten bewachsene Felswand: Rattenberg. Österreichs flächenmäßig kleinste Stadt blühte im 15. und 16. Jahrhundert dank der Zolleinnahmen aus der Flussschifffahrt, aber mehr noch wegen des Bergbaus, den die Fugger

Unten links: Auf dieser Route lohnen aufgrund der herrlichen Aussichten viele Fotostopps.

Unten: Das Unterinntal (hier bei Brixlegg) ist im Sommer ein absolutes Wanderparadies.

von Kaiser Maximilian I. übertragen bekamen und von hier aus landesweit überwachten. Relikt des einstigen Reichtums ist das prachtvolle mittelalterliche, von stattlichen Bürgerhäusern mit Grabendächern und Erkern geprägte Stadtbild; sehenswert sind u. a. die spätgotische Pfarrkirche St. Virgil, das ehemalige Augustinerkloster mit der Hofer-Kapelle und, hoch droben, die Burgruine.

18 Wörgl

1104/1116 erstmals urkundlich erwähnt, liegt der Hauptort des Unterlandes am Ausgang der Wildschönau, einem romantischen Hochtal. Er besitzt eine barocke Pfarrkirche, deren kostbarster Schatz die berühmte »Wörgler Madonna« (um 1500) ist. Auf der Brixentalstraße B170 geht es von hier aus nach Kitzbühel.

19 Kitzbühel

Eingebettet in die sanft gewellten Hänge des Stuck- und des Steinbergkogels, des Hahnenkamms und anderer Gipfel der Kitzbüheler Alpen, entwickelte sich das einstige Bergwerksstädtchen in den letzten Jahrzehnten zu einem Treffpunkt der internationalen Hautevolee. Die dichten Wälder und idyllischen Almen der Umgebung machen Kitzbühel zu einem Wanderparadies, das sich im Winter mit mehr als 60 Liften und Seilbahnen sowie seiner dichten Lokalszene für das Après-Ski in ein Dorado für leutselige Wintersportler verwandelt. Wer nur kurz Halt machen will, der sollte durch die ummauerte Altstadt mit ihren schönen spätmittelalterlichen Häusern und den Barockfassaden oder, am Ortsrand vor der grandiosen Kulisse des Wilden Kaisers, hinaus zum Schwarzsee – einem malerischen Moorsee – spazieren. Sehenswert sind auch die spätgotische Pfarrkirche und Schloss Lebenberg (16./17. Jahrhundert, heute ein Hotel).

20 St. Johann in Tirol

In dem einst durch Kupfer- und Silberbergbau reich gewordenen Ort sollte man die St.-Nikolaus-Kirche, die barocke Pfarrkirche und die 1782 direkt in eine Felshöhle des Niederkaisers gebaute Gmailkapelle mit ihren barocken, volkstümlichen Fresken besuchen. Sie ist ein Kraftort mit einer besonderen Aura. Wer mehr Zeit hat, der wandert zu den 80 Meter hohen Schleierwasserfällen (ca. 3,5 Stunden), bevor die Reise – vorbei an den Loferer Steinbergen und der Reiter Alpe – weiter Richtung Salzburg geht.

TERRASSENCAMPING SÜD-SEE

Der kostenpflichtige Campingplatz auf 60 Terrassen ist eine »Insel der Erholung« inmitten des Kaiserwinkls. Landschaftlich äußerst reizvolle Lage. Alle notwendigen Ver- und Entsorgungseinrichtungen sind vorhanden, inklusive Dusche, Waschmaschine, Wäschetrockner und WiFi. Ganzjährig geöffnet. Sehr guter Standort für Wanderungen im Kaisergebirge.

Seestraße 76, 6344 Walchsee/Tirol
www.terrassencamping.at, GPS 47.64059, 12.32398

WOHNMOBILPARK AN DER RUPERTUSTHERME

Der gebührenpflichtige Platz an der Saalach ist mit allen notwendigen Ver- und Entsorgungseinrichtungen ausgestattet. Ganzjährig geöffnet. 350 Meter bis zur Therme mit ihren umfangreichen Wellnessangeboten. 2 Kilometer bis zur Alten Saline; 21 Kilometer bis zum Besucherbergwerk Berchtesgaden, 25 bis zum Königssee.

Hammerschmiedweg, 83435 Bad Reichenhall
www.rupertustherme.de/service/wohnmobilpark
GPS 47.73443, 12.87538

REISEMOBIL STELLPLATZ SALZBURG

Großer Platz mit allen Ver- und Entsorgungseinrichtungen, Sanitär- und Waschbereichen und WiFi. Ganzjährig geöffnet. Zwar nicht besonders schön, ist er aber ideal gelegen, um Salzburg zu besuchen. Bis zum Bahnhof Kasern sind es zu Fuß 600 Meter, von dort ist man mit der stündlich fahrenden S-Bahn in 7 Minuten in der Altstadt.

Carl-Zuckmayer-Straße 26, 5101 Salzburg
www.reisemobilstellplatz-salzburg.at, GPS 47.83581, 13.06014

Karwendelgebirge

Der Karwendel ist eine der ursprünglichsten Gebirgsgruppen der Nördlichen Kalkalpen. Begrenzt wird er vom Inntal im Süden, vom Achensee im Osten und von der Isar mit dem Sylvensteinstausee im Norden. Nur ein kleiner Teil des Gebirges liegt in Bayern, der weitaus größere liegt im österreichischen Tirol. Der Karwendel umfasst vier große, von West nach Ost verlaufende Gebirgsketten, zwischen denen tief eingeschnittene Täler liegen. Um die Birkkarspitze – mit 2749 Metern der höchste Berg des Karwendels – zu erreichen, muss man zu Fuß oder mit dem Mountainbike 18 Kilometer zurücklegen. Im Karwendel haben sehr viele Tiere und Pflanzen einen Rückzugsraum gefunden. Fast die gesamte Gebirgsgruppe steht unter Naturschutz.

www.karwendel.org

GPS 47.280106, ss.503745

21 Salzburg

Das »Herz vom Herzen Europas« nannte Hugo von Hofmannsthal Salzburg, die Hauptstadt des gleichnamigen Bundeslands, deren historisches Zentrum zum UNESCO-Weltkulturerbe zählt. Hier hat man den Eindruck, als hätten der Schöpfer und seine irdischen Helfer der Menschheit vor Augen führen wollen, welch harmonische Schönheit europäischer Geist im Verbund mit einer großmütigen Natur zu schaffen imstande ist. Vor allem die Altstadt am linken Salzachufer rund um die Residenz und den Dom bildet ein einzigartiges

Früher das Jagdrevier von Bayerns Königen, heute ein beliebtes Wanderrevier und seit Urzeiten ein Ort der Legenden und Mythen: der Große Ahornboden und Issanger- und Stempeljoch-Spitze.

Gesamtkunstwerk. Ausgangspunkt ist in der Regel der Dom. In den Jahren 1614 bis 1628 nach Plänen Santino Solaris errichtet, war er der erste barocke Kirchenbau nördlich der Alpen. Wer nach der Besichtigung des mächtigen Kuppelbaus über die weiten Plätze der Umgebung flaniert – den Domplatz, auf dem alljährlich im Sommer der legendäre »Jedermann« aufgeführt wird, den Residenz- und den Mozartplatz, von wo aus man dreimal täglich dem Glockenspiel lauschen kann –, versteht, weshalb die Stadt auch »Rom des Nordens« genannt wird. Unerlässlich ist auch ein Bummel durch das angrenzende malerische Gassenlabyrinth, vor allem durch die berühmte Getreidegasse, wo im Jahr 1756 im Haus Nr. 9 Wolfgang Amadeus Mozart das Licht der Welt erblickte.

Von Salzburg, dem Ziel dieser Route, bietet sich noch ein ausgiebiger Abstecher auf der B158 in Richtung Sankt Gilgen ins Salzkammergut an.

CAMPING BERAU, WOLFGANGSEE

Hier handelt es sich um ein kostenpflichtiges parkähnliches Areal mit allen notwendigen Ver- und Entsorgungseinrichtungen sowie Duschen, Waschmaschinen, Wäschetrocknern, WiFi und gutem Restaurant. Ganzjährig geöffnet. Ausgezeichneter Standort für eine Radtour rund um den Wolfgangsee (28 Kilometer).

Schwarzenbach 16, 5360 St. Wolfgang
www.berau.at/camping-wolfgangsee, GPS 47.73063, 13.47876

CAMPING TEMEL ALTAUSSEE

Der freundlich geführte Familienbetrieb ist ein sehr gepflegtes, weitläufiges Areal mit allen notwendigen Ver- und Entsorgungseinrichtungen sowie Internet. Kostenpflichtig, geöffnet von Anfang Mai bis Ende September. 10 Minuten Fußweg bis zum See.

Puchen 137, 8992 Altaussee
www.camping-altaussee.com, GPS 47.62866, 13.77386

Malerisch liegt dieser Ort am Wolfgangsee. Das Zwölferhorn, der von einer Seilbahn erschlossene Hausberg, bietet einen Panoramarundweg am Gipfel.

Im Herzen der Mozartstadt liegt die Festung Hohensalzburg aus dem 11. Jahrhundert. Sie ist eines der Wahrzeichen der Stadt.

Bodensee *Am östlichen Ufer des Bodensees liegt Bregenz. Der See und die umliegende Berglandschaft, das vielfältige Kulturangebot der Stadt und das reiche Freizeitangebot locken viele Besucher an.*

Brandnertal und Lünersee *In 1 Stunde erreicht man von Bregenz aus die Lünerseebahn, die einen bequem zum 1979 Meter hoch liegenden See fährt. Die etwa 2-stündige Umrundung des Gewässers ist gut für Familien machbar, anspruchsvolle Bergsteiger erklimmen noch die Schesaplana (2966 Meter).*

Eisriesenwelt *Dieses gigantische Höhlensystem im Tennengebirge nahe dem Ort Werfen ist mit einer Gesamtlänge von 42 Kilometern das größte der Welt. 1879 entdeckt, fanden schon wenige Jahrzehnte danach die ersten Führungen statt. Von Mai bis Oktober geöffnet.*

Krimmler Wasserfälle Sie entspringen im Gletscherbach Krimmler Ache und sind die größten in ganz Europa! 380 Meter tief stürzen die Wassermassen im Nationalpark Hohe Tauern hinab.

Wolfgangsee Zum Großteil im Bundesland Salzburg liegt mit diesem See einer der bekanntesten im Salzkammergut. Die angrenzenden Orte Strobl, St. Gilgen, Abersee und Ried liegen in Salzburg, nur St. Wolfgang in Oberösterreich.

Traunsee Kulturelle Vielfalt und eine reiche Geschichte prägen die Ferienregion Traunsee. Prächtige Bauten wie etwa das berühmte Schloss Orth sind heute noch Zeugen der Vergangenheit. Auch die Natur hat viel Abwechslung zu bieten.

ROUTE 10

VON WARSCHAU NACH KOŠICE

Von Warschau (Warszawa) geht die Fahrt durch Masowien in die Hochburgen der Marienverehrung und weiter durch Polens industrielles Herz in seine heimliche Hauptstadt, nach Kraków (Krakau). Dazwischen gibt es so kontrastreiche Stationen wie das altehrwürdige Wrocław (Breslau), den Pilgermagneten Częstochowa (Tschenstochau), das ehemalige Konzentrationslager Oświęcim (Auschwitz) und das Bergsportzentrum Zakopane. Höhenluft schnuppern heißt es in der Hohen Tatra, ehe man im Zipser Land und weiter östlich, zwischen den Beskiden und der Tiefebene von Zemplín, einer langen Reihe Stadtgardisten die Parade abnimmt.

Das Stellplatzangebot in Polen ist noch sehr übersichtlich. Von Städten und Gemeinden angelegte Plätze sind in Polen nur selten anzutreffen. Hier finden sich die Übernachtungsplätze oft bei Hotels, Pensionen, Restaurants oder auch auf Bauernhöfen. Die Versorgungseinrichtungen sind dabei sehr individuell angelegt. Freies Übernachten ist auf Wanderparkplätzen und anderen Orten in der Regel kein Problem, solange die Campingstühle im Fahrzeug verbleiben und die Markise nicht ausgefahren wird. Die Autobahnen sind sehr gut ausgebaut, bei den Landstraßen muss man ab und an noch mit schlechterem Belag rechnen. Fahrzeuge über 3,5 Tonnen benötigen in Polen in jedem Fall »e-TOLL«, ein System, das der elektronischen Mautabrechnung dient (Infos unter etoll.gov.pl/de). Leichtere Fahrzeuge können für die Benutzung von Mautstraßen weiterhin auch manuell bezahlen. In der Slowakei herrscht auf Autobahnen, Schnell- und einigen anderen Straßen Vignettenpflicht für Fahrzeuge bis 3,5 Tonnen. Fahrzeuge über 3,5 Tonnen benötigen ein Gerät zur elektronischen Mauterfassung (Informationen auf www.emyto.sk/de).

Die Figur der Seejungfrau auf dem Marktplatz der Altstadt von Warschau symbolisiert eine der bekanntesten Legenden Polens.

Go east!

Hand aufs Herz: Wer kann von sich sagen, dass er unser Nachbarland Polen gut kennt? Dabei wartet hier auf den Wohnmobilreisenden eine spannende Entdeckungsfahrt in die Tiefen mitteleuropäischer (Kunst-)Geschichte und durch bezaubend-anmutige Landschaften, die noch vielfach unentdeckt sind.

Auf dem Platz vor dem Schloss von Warschau, das in dessen Osten liegt, finden im Sommer des Öfteren Open-Air-Konzerte, Theater und andere kulturelle Veranstaltungen statt.

ROUTE 10

Streckenlänge: ca. 1100 km
Zeitbedarf: 10–14 Tage
Routenverlauf (Hauptorte): Warschau, Łodź, Częstochowa, Wrocław, Katowice, Bielsko-Biała, Wadowice, Kraków, Wieliczka, Zakopane, Poprad, Levoća, Prešov, Bardejov, Košice
Charakteristik: Die Hauptverbindungen sind gut ausgebaut. Nebenstrecken können allerdings sehr schmal und durch Schlaglöcher holprig sein.
Informationen:
www.polen.travel/de
warsawtour.pl/de
slovakia.travel/de

Hier geht's zum GPS-Track

01 Warschau (Warszawa)

Die Route beginnt in Polens Hauptstadt Warschau und führt von dort Richtung Westen nach Żelazowa Wola. Die geschäftige Hauptstadt und größte Stadt Polens scheint ganz der Zukunft zugewandt. Und doch schlägt das Herz der Menschen für Tradition und Geschichte. Blüte, Besatzung, Zerstörung, Rekonstruktion ... Im wechselhaften Geschick seiner Hauptstadt spiegelt sich die turbulente Geschichte des ganzen Landes wider: Als König Sigismund III. kurz vor 1600 seine Residenz von Kraków nach Warschau verlegte, leitete er eine Phase des Wohlstands ein. Es folgten schwere Zerstörungen durch die Schweden, dann dank der Wettiner eine Renaissance. Im Zuge der Teilung Polens 1815 wurde die Stadt russisch und im Zweiten Weltkrieg zerstörten deutsche Truppen sie komplett. Zu kommunistischer Zeit schließlich baute man Warschau binnen zehn Jahren wieder auf – die Stare Miasto (Altstadt) in einem beispiellosen Kraftakt nach historischem Vorbild und Originalplänen, den Rest im Stil des sozialistischen Funktionalismus. Diese einzigartige Rekonstruktionsleistung wurde von der UNESCO gewürdigt, die die Altstadt von Warschau in die Liste des Weltkulturerbes aufgenommen hat.

02 Żelazowa Wola

Ein bei den Hauptstädtern beliebtes Ausflugsgebiet ist der westlich von Warschau gelegene Kampinos-Nationalpark (Anfahrt über Leszno). Seine Laubwälder, Sümpfe und mit Kiefern bewachsenen Sanddünen sind von Wanderwegen durchzogen und vermitteln, wie Masowien, die historische Landschaft auf beiden Seiten der Weichsel, vor ihrer Urbarmachung aussah. Am Westrand dieses kaum berührten Gebiets, 50 Kilometer von Warschau entfernt, liegt das kleine Dorf Żelazowa Wola, jedem Polen als Geburtsort Frédéric (Fryderyk) Chopins wohlbekannt. Das Haus, in dem der weltberühmte Komponist und polnische Nationalheld am 1. März 1810 zur Welt kam, ist heute ein Museum, das die Atmosphäre des frühen 19. Jahrhunderts heraufbeschwört.

Bedenkt man, dass mehr als drei Viertel der Gebäude Warschaus nach dem Zweiten Weltkrieg in Trümmern lagen, geraten Besucher ins Staunen.

03 Arkadia und Nieborów

Eine knappe halbe Autostunde südwestlich dieses musikalischen Weiheortes (Zufahrt auf der Fernstraße 2/E30) taucht man erneut ein in die romantisch-wehmütige Welt der Chopin'schen Zeit: Der Landschaftspark Arkadia wurde von seiner Schöpferin, der aus Litauen stammenden Fürstin Helena Radziwiłłowa (Radziwill), als »antikes Monument des schönen Griechenlands« geschaffen. Dementsprechend säumen klassische Tempel und Pavillons, eine Sphinx, eine Grotte, ein gotisches Häuschen und etliche künstliche Ruinen die schönen Spazierwege, die sich zwischen Teichen und Tümpeln, den Wäldchen und Lichtungen schlängeln. Die ganze Anlage verströmt die Aura sehnsüchtigen Zerfalls.

Ebenso aristokratisch-prunkvoll geht es im benachbarten Dorf Nieborów zu: Hier schuf der polnische Baumeister Tylman van Gameren Ende des 17. Jahrhunderts ein Schloss, das zu den schönsten Barockschöpfungen Polens zählt. Schon zu kommunistischer Zeit wurde der Adelssitz aufwendig restauriert und zudem im Originalstil möbliert. Eine sinnliche Ergänzung zur Besichtigung der prächtigen und vielfältig gestalteten Räume bietet die Promenade durch den zugehörigen weitläufigen Park, der im französischen Stil angelegt und um 1950 restauriert wurde.

04 Łódź (Lodz)

Touristisch ist die mit 700 000 Einwohnern zweitgrößte Stadt Polens, die man von Łowicz auf der Staatsstraße 14 (50 Kilometer) erreicht, ein weitgehend unbeschriebenes Blatt. Denn alte Kunst und Baudenkmäler

PARKING ZTM BUGAJ

Dies ist ein einfacher, bewachter und gebührenpflichtiger Parkplatz ohne Ver- und Entsorgungseinrichtungen. Er ist ganzjährig geöffnet und steht in idealer Lage, um die Altstadt von Warschau zu besuchen (bis zum Marktplatz sind es nur 500 Meter).

Wybrzeze Gdanskie, 00200 Warschau (Warschau)
GPS 52.25150, 21.01450

PENSJONAT AGROTURYSTYCZNY BUMERANG

Der kostenpflichtige Platz bietet ländliche Idylle und viel Ruhe. Alle notwendigen Ver- und Entsorgungseinrichtungen sind vorhanden, daneben auch Duschen, Waschmaschinen, Wäschetrockner und WiFi. Geöffnet von Anfang Mai bis Ende September. Sehr guter Standort für Radtouren. Der Landschaftspark Arkadia und der Palast in Nieborów sind 23 Kilometer entfernt.

Chlebów 3, 96–127 Lipce Reymontowskie
GPS 51.92813, 19.92870

SOUVENIRS

ING BANK

Bildleiste von oben:
Das Rathaus mit gotischer Fassade ist das prunkende Wahrzeichen der Stadt Wrocław.

Im barock-klassizistischen Rathaus der Stadt Gliwice kann man heiraten oder im Café im Kellergewölbe eine Rast vom Sightseeing einlegen.

AGROTURYSTYKA BRZOZOWY ZAKATEK

Ein Ferienhof, der auf einem weitläufigen, locker bewaldeten Gelände außer Zelten und Wohnwagen auch durchreisenden Wohnmobilen Platz bietet. Picknicktische und überdachte Sitzgelegenheiten stehen zur Verfügung. Man campt hier fernab vom Straßenlärm. Außerhalb der Ferienzeit ist wenig los.

Polna 49, 42-256 Olsztyn (Allenstein)
GPS 50.747514, 19.262263

CAMPING WROCŁAW NR 126

Das überwachte Wiesengelände hat alle nötigen Ver- und Entsorgungseinrichtungen, Sanitärbereiche und Internetzugang. Ganzjährig geöffnet. 6 Kilometer sind es bis in die Altstadt, mit der Straßenbahnlinie 5 nur 14 Minuten. Der Fußweg zur Haltestelle Księże Małe beträgt 500 Meter.

Starodworska 11A, 52–020 Wrocław (Breslau)
camping-wroclaw.pl, GPS 51.07570, 17.08878

sucht man in diesem vom Krieg kaum versehrten Zentrum der polnischen Textilindustrie vergebens. Umso reger ist das zeitgenössische Kulturleben: Theater, Konzert- und Opernhäuser, Kunstgalerien und eine Filmhochschule. Arbeitersiedlungen und Fabrikgebäude aus der industriellen Frühzeit sowie Villen und Mietshäuser im Jugendstil sind etwas für alle Architekturinteressierten.

05 Częstochowa (Tschenstochau)

Über 1000 Wallfahrtsorte und Heiligtümer haben eifrige Statistiker zwischen Bug und Oder, Hoher Tatra und Ostsee insgesamt gezählt. Doch das weitaus bedeutsamste Sanktuarium, eines der meistbesuchten Pilgerzentren der Welt überhaupt, befindet sich in Częstochowa, im Paulinerkloster auf dem Jasna Góra, dem »Lichten Berg«. Gläubige aus dem ganzen Land strömen zu Hunderttausenden jährlich am 15. August (Mariä Himmelfahrt) herbei, um der Schwarzen Madonna zu huldigen. Auch an den übrigen Marienfeiertagen bewegen sich lange Reihen von Pilgern durch die 2 Kilometer lange »Allee der Allerheiligsten Jungfrau« auf die Mariensäule zu Füßen des Berges zu. Das Objekt der Anbetung, ein 122 x 82 Zentimeter großes, düsteres Frauenbildnis, ist Ende des 14. Jahrhunderts in einer italienischen Malerwerkstatt entstanden. Wenig später wurde es bei einem Überfall durch Hussiten, die gegen den bigotten Brauch der Ablasszahlung kämpften, beschädigt. Als 1655 die Schweden Jasna Góra belagerten, verhinderte Maria die Einnahme. Nach diesem Wunder von Tschenstochau avancierte die Gottesmutter zur »Königin der Nation«. Vom Tal der Warthe, die südöstlich des berühmten Wallfahrtsorts entspringt, geht es auf der Staatsstraße 42, später 43, westwärts über Kluczbork (Kreuzburg) über Oleśnica (Oels) nach Wrocław.

06 Wrocław (Breslau)

Die altehrwürdige, an der Oder gelegene Hauptstadt Niederschlesiens wurde vor gut 750 Jahren im Schatten einer viel älteren Burg der Piasten als deutsche Kaufmannssiedlung gegründet. Seit dem 14. Jahrhundert war sie Hansestadt. Im Jahr 1945 wurden rund zwei Drittel der Bausubstanz bei Bombenangriffen vernichtet und die deutschen Bewohner vertrieben. Nach und nach hat man das Zerstörte wiederaufgebaut. Im Zentrum der Aufmerksamkeit stehen wie einst auch der Hauptplatz mit dem als »Perle der schlesischen Gotik« bezeichneten Rathaus mit Museum der Bürgerlichen Kunst sowie der Salzmarkt mit der Alten Börse. Zudem sind das Stadtmuseum (mit Historischem Museum), das Museum für Zeitgenössische Kunst, das National- und das Architekturmuseum, die Synagoge und die Jahrhunderthalle sehenswert.

07 Gliwice (Gleiwitz)

Die am Westrand des Kohlereviers gelegene Industriestadt hat unter den wirtschaftlichen Umbrüchen, speziell dem Zechensterben der letzten Jahrzehnte, sichtlich gelitten. Doch auch sie signalisiert Aufbruchswillen. Ein Bummel über den Rynek (Ring) und die Zwycięstwa-Allee offenbart die Restaurierung der schönen Giebel- und Gründerzeithäuser. Höhepunkte jeder Stadtbesichtigung sind das gut 400 Jahre alte Piastenschloss, das Renaissancepalais namens Villa Caro und die exotische Flora im Palmiarnia, Polens größtem Palmenhaus, im nahen Chopin-Park. Bis nach Katowice sind es 40 Kilometer.

08 Katowice (Kattowitz)

Das Verwaltungszentrum Oberschlesiens ist nach gängiger Meinung eine Stadt, um die Reisende einen Bogen machen sollten. In der Tat ist sie als Herzstück eines gigantischen Industriereviers ein wenig ansehnlicher

Moloch. Doch tun die Stadtväter ihr Bestes, um das Erbe der kommunistischen Ära, in der Katowice als Prunkstück des »neuen Polens« eine gesichtslose Modernisierung verpasst bekam und Fabriken und Zechen die Region hemmungslos vergifteten, zu lindern. So verströmt die von Boutiquen und Lokalen gesäumte Fußgängerzone frischen Schwung. Und das Schlesische Museum, das Erzbischöfliche und das zur Stadtgeschichte lohnen sehr wohl den Besuch.

09 Pszczyna (Pless)

Etwa 40 Kilometer, aber atmosphärisch viel weiter von der Industriemetropole Katowice entfernt, liegt, umgeben von Wäldern, ein lohnendes Ausflugsziel: Das Schloss von Pszczyna ist durch zahlreiche Erweiterungen aus einer vor 800 Jahren errichteten Jagdhütte entstanden. Der in seiner heutigen Form neobarocke Bau birgt ein sehenswertes Museum. In Pszczyna selbst gibt es einen jüdischen Friedhof. Sein Eingangstor überspannen die Worte: »Denn Zukunft hat der Mensch des Friedens.«

10 Oświęcim (Auschwitz)

Der Ort des Unfassbaren liegt etwa 35 Kilometer südöstlich von Katowice und rund 25 Kilometer von Pszczyna entfernt. Kein anderer Ort vermittelt so schockierend und so eindrücklich die Gräuel des NS-Terrors. Rund zwei Millionen Menschen, vorwiegend Juden, aber auch Sinti und Roma oder politische Gegner und Kriegsgefangene, wurden damals in dem Konzentrations- und Vernichtungslager ermordet. Das ehemalige Stammlager Auschwitz I ist seit dem Jahr 1947 als Gedenkstätte zugänglich. Die Dimension der Todesmaschinerie in ihrer ganzen Monstrosität erschließt sich freilich erst durch die Besichtigung des etwa 3 Kilometer entfernten Vernichtungslagers Birkenau bei Brzezinka.

11 Bielsko-Biała (Bielitz-Biala)

Weitere etwa 15 Kilometer im Südwesten liegt am Fuß der schlesischen Beskiden die Doppelstadt Bielsko-Biała. Sie ist kurz nach dem Zweiten Weltkrieg aus zwei rivalisierenden, durch den Fluss Biała getrennten und im 19. Jahrhundert in der Textilfabrikation erfolgreichen Orten entstanden: Bielsko (Bielitz), der auf einem Hügel thronende ältere Teil, war einst eine deutsche Sprachinsel und ein Hort des Protestantismus. Charmant ist das Ensemble von Bürgerhäusern rund um den Rynek (Ring), sehenswert ist auch das Schloss der Fürsten von Teschen und die Kathedrale des Ortes.

12 Wadowice (Wadowitz)

Etwa auf halbem Weg nach Kraków, 40 Kilometer östlich von Bielsko-Biała an der Fernstraße 52, liegt die Kleinstadt Wadowice, die nicht weiter erwähnenswert wäre, hätte nicht am 18. Mai 1920 ein gewisser Karol Woityla in ihr das Licht der Welt erblickt. Das Geburtshaus des späteren Papstes wurde in ein Museum zu Ehren des großen Sohnes verwandelt.

13 Kraków (Krakau)

Sie gilt als eine der schönsten Städte des Landes und als Schatzkammer der polnischen Kultur: jene Stadt am Oberlauf der Weichsel, die bereits

Mitte des 10. Jahrhunderts als Handelsplatz erwähnt und wenig später zum Bischofssitz erhoben wurde sowie 1364 bereits ihre eigene Universität erhielt. Seine Blüte erlebte Kraków zwischen dem späten 14. und 16. Jahrhundert. Aus dieser Zeit stammen viele der prachtvollsten Bauten der Altstadt: das Königsschloss mit seinem Arkadenhof auf dem Wawel, gleich nebenan als Zubau zur gotischen Kathedrale, in der die Könige gekrönt und begraben wurden, die Sigismundkapelle und das zum Universitätsmuseum umfunktionierte Collegium Maius; weiter die Marienkirche mit dem berühmten Hochaltar von Veit Stoß und natürlich die Renaissancetuchhallen auf dem Marktplatz, dem zweitgröß-

Links unten: Frühlingszauber in Schloss Pszczyna.

Unten: Südansicht der Wawel-Kathedrale in Kraków. Sie gilt als polnisches Nationalheiligtum und ist UNESCO-Weltkulturerbe.

CAMPING 215

Die moderne Anlage hat mit Hecken abgetrennte Stellplätze. Alle nötigen Ver- und Entsorgungseinrichtungen sowie Waschbereich und Internet sind vorhanden. Ein Schwimmbad, eine Sauna und ein Restaurant komplettieren das Angebot. Ein See mit Bootsverleih ist in unmittelbarer Nähe. Ganzjährig geöffnet.

ul. Trzech Stawów 23, 40–291 Katowice (Kattowitz)
camping.mosir.katowice.pl, GPS 50.24349, 19.04749

OŚWIĘCIM PARKING

Dieser ist ein einfacher, großer, gebührenpflichtiger und asphaltierter Parkplatz mit Stromanschlüssen für Wohnmobile. Ganzjährig geöffnet. 300 Meter Fußweg bis zum Eingang der Gedenkstätte.

Stanisławy Leszczyńskiej, 30600 Oświęcim (Auschwitz)
GPS 50.02848, 19.20047

CAMPING ADAM

Diese schöne Anlage mit allen notwendigen Ver- und Entsorgungseinrichtungen, Duschen und WiFi ist von Anfang Mai bis Ende Oktober geöffnet. Der Platz liegt direkt an der Weichsel. Der Fußweg entlang des Flusses bis ins Zentrum beträgt 4 Kilometer. Im Sommer fährt ein Wassertaxi (Krakowski Tramwaj Wodny) zur Burg.

Wioślarska 24A, 30–206 Kraków (Krakau)
www.campingadam.pl, GPS 50.04683, 19.90301

Kraków: Kazimierz-Viertel

Kraków ist eine äußerst sehenswerte Stadt. Hervorzuheben ist das Viertel Kazimierz südöstlich der Altstadt am linken Weichselufer. Früher lebten dort viele Juden, wovon noch mehrere Synagogen und jüdische Friedhöfe zeugen. Hier steht auch eines der schönsten Gotteshäuser der Stadt: die Fronleichnamsbasilika. Kazimierz wurde im Jahr 1335 von König Kasimir dem Großen gegründet und erst 1868 von Kraków eingemeindet. Höhepunkt des Jahres ist das Jüdische Kulturfestival, aber auch das restliche Jahr über zieht das Viertel viele Touristen an, da es zahlreiche angesagte Cafés und Bars besitzt und sich viele Künstler hier niedergelassen haben. Teile von Steven Spielbergs »Schindlers Liste« wurden hier gedreht.

visitmalopolska.pl, visitkrakow.com
GPS 50.048466, 19.929642

ten Polens. Versäumen Sie nicht, hier dem anrührenden Trompetensignal zu lauschen, das jede Stunde vom Turm der Marienkirche erklingt! Mit der Verlegung der Hauptstadt nach Warschau verlor Kraków Anfang des 17. Jahrhunderts seine politische und wirtschaftliche Vormacht. Ihr Flair und ihre kreative Kraft hat die Stadt bis heute bewahren können.

14 Ojców / Pieskowa Skala

Ein Halbtagesausflug führt von Kraków auf schmaler Straße 20 Kilometer nach Nordwesten. Dort erstreckt sich rund um das Dorf Ojców der knapp 1600 Hektar große Nationalpark gleichen Namens. Hauptattraktion sind hier labyrinthische Höhlensysteme, von denen einige – am bekanntesten ist die Höhle Łokietek – zur Besichtigung offen stehen. Am Nordrand des Reservats steht ein Renaissanceschloss – Pieskowa Skala (Pleskenstein) –, das wegen seines Arkadenhofes, aber mehr noch der Innenausstattung Beachtung verdient.

15 Wieliczka (Groß Salze)

Etwa 11 Kilometer südlich von Kraków liegt – bis zu mehr als 300 Meter tief in der Erde – eines der größten und ältesten Salzbergwerke der Welt. Schon im 11. Jahrhundert hat man in Wieliczka das kostbare Mineral abgebaut, das den polnischen Königen in der Folge zu immensem Reichtum verhalf. Heute ist die Salzgewinnung minimal. Ein Teil des Bergwerks dient als Sanatorium für Asthmakranke. Vor allem aber ist es eine touristische Attraktion ersten Ranges: Über eine Million Besucher wandern jährlich durch das von der UNESCO zum Weltkulturerbe erklärte Labyrinth aus Gängen und Kammern, vorbei an Seen und finsteren Schächten. Besonderen Zauber verleihen die vielen von den Knappen aus Salz gemeißelten Fantasiegestalten. Höhepunkt des zweistündigen Rundgangs ist die 100 Meter unter Tage gelegene, 55 mal 18 Meter große Kapelle. Sie ist mit Reliefs, Altären und Skulpturen aus Salz reich dekoriert und häufig Schauplatz von Konzerten und Heiligen Messen.

CAMPING USTUP

Der kostenpflichtige, sehr gepflegte Campingplatz liegt an den Flüssen Zakopianką und Olczyckim mit Blick auf die Hohe Tatra. Alle notwendigen Ver- und Entsorgungseinrichtungen sind vorhanden, inklusive Duschen, Waschmaschinen, Wäschetrocknern und WiFi. Geöffnet von Anfang Mai bis Ende Oktober.

Ustup 5b, 34–500 Zakopane
www.camping-ustup.pl, GPS 49.32232, 19.98592

PENZION SLNECNY DOM

Dieser ist ein kleiner, aber feiner Parkplatz hinter einer Pension. Alle notwendigen Ver- und Entsorgungseinrichtungen sind vorhanden. Außerdem gibt es ein sehr gutes preiswertes Restaurant. Ganzjährig geöffnet. Der Platz ist ein ausgezeichneter Standort für Wanderungen in der Hohen Tatra.

Slnečný dom č. 287 Tatranská Lomnica
059 60 Vysoké Tatry (Hohe Tatra, Slowakei)
www.slnecnydom.sk, GPS 49.16673, 20.28179

Bildleiste von oben: Zauberhafte Landschaftsimpressionen bei Gliczarów Górny, in der Nähe von Zakopane.

Beeindruckende Begleiter auf der Strecke sind stets die imposanten Bergzüge der Hohen Tatra.

Die Herz-Jesu-Kapelle in Zakopane wurde 1904 ganz aus Holz erbaut.

Unten links: St.-Kinga-Kapelle im Salzbergwerk Wieliczka: wahrscheinlich der ungewöhnlichste Konzertsaal des Landes.

16 Zakopane

In rund 90-minütiger Autofahrt erreicht man von Kraków kommend durch die sanft gewellten Hügel der Podhale (E77, ab Rabka-Zdroj Staatsstraße 47) Polens Wintersportort Nummer eins. Am Fuß der Hohen Tatra in 850 Meter Seehöhe gelegen, ist Zakopane schon seit 1886 offizieller Kurort. Das Skigebiet umfasst 20 Kilometer Pisten, vier Sprungschanzen, ein Eisstadion und etliche Langlauf-Loipen. Hausberg ist die 1123 Meter hohe, per Zahnradbahn

erklimmbare Gubałówka. Beliebte Skiberge sind auch Butorowy und Nosal. Abseits finden sich noch manche Zeugen einer ruhigeren Zeit, namentlich die ganz aus Holz gebaute Alte Dorfkirche, gleich nebenan der Alte Friedhof mit seinem kunstvoll geschnitzten Gräberschmuck, die Holzhäuser der Goralen genannten hiesigen Bergbauern und Jugendstilvillen aus der Zeit um 1900. Außerdem sehenswert sind das volkskundliche Tatra-Museum und das Gedenkhaus für den Komponisten Karol Szymanowski. Bevor man die Weiterfahrt nach Kežmarok antritt, sind Abstecher in die Bergwelt der Hohen Tatra lohnenswert.

17 Kežmarok (Käsmark)

Die erste Stadt auf slowakischem Boden ist gut 35 Kilometer hinter der Grenze. Als Hauptort der Oberzips blickt Kežmarok auf eine 850-jährige bewegte Geschichte zurück. Von deutschen Kolonisten gegründet, stieg sie im 14. Jahrhundert zur königlich freien Stadt auf und erfreute sich – dank der Tüchtigkeit ihrer Tuchmacher – großen Wohlstands. Aus welcher Richtung man sich der Stadt auch nähert, ihre Silhouette wird beherrscht von der Neuen Evangelischen Kirche, einem Monumentalbau im Stil des Historismus. In der Mitte des lang gestreckten Hauptplatzes erhebt sich das italienisch anmutende Rathaus, an seinem nördlichen Ende die Stadtburg – das Thököly-Schloss. Das größte Juwel ist jedoch die im 17. Jahrhundert errichtete Evangelische Holzkirche der Heiligen Dreifaltigkeit, eine von fünf erhaltenen sogenannten Artikularkirchen der Slowakei. Seit 2008 zählt sie zum UNESCO-Welterbe.

18 Poprad (Deutschendorf)

18 Kilometer südlich empfängt die belebte Einkaufs- und Industriestadt ihre Gäste. Mit 51 000 Einwohnern ist es mit Abstand der größte Ort im Nahbereich der Hohen Tatra. An die glorreiche Vergangenheit als mittelalterliche Fernhandelsstation erinnert mit Ausnahme der Ägidiuskirche und des besteigbaren Glockenturms nur noch wenig. Umso größeres Interesse verdient der 2 Kilometer nordöstlich gelegene Ortsteil Spišská Sobota (Georgenberg). Dessen linsenförmiger Hauptplatz ist von typischen Zipser Bürgerhäusern mit Steinfassaden, Holzgiebeln und tiefen Traufen gesäumt. In seiner Mitte sind ein Renaissanceglockenturm und die gotische St.-Georgs-Kirche sehenswert.
Folgt man der Straße Nr. 18/E60 ostwärts, ragt nach 18 Kilometern am Rande von Spišsky Štvrtok weithin sichtbar auf markantem Hügel ein Baujuwel aus den fruchtbaren Feldern: die im Jahr 1263 geweihte St.-Ladislaus-Kirche. Besonders schön ist die hochgotisch-schlanke Grabkapelle von István Zápolya.

19 Levoča (Leutschau)

Leutschau, die prachtvolle Heimatstadt jenes berühmten Meisters Paul, dessen grandiose Schnitzaltäre bis heute so viele Kirchen der Region zieren, wartet etwa 30 Kilometer östlich von Poprad. Vieltürmig und ungemein malerisch, bildet es einen der Höhepunkte dieser Route. Das urbane Herz des gerne als »Zipser Rothenburg« apostrophierten Stadtjuwels schlägt seit alters auf dem Hauptplatz. Ein Prunkstück renaissancezeitlicher Profanarchitektur ist das Rathaus mit seinen Laubengängen und dem frei stehenden Glockenturm. Auch die lange Reihe stolzer Adels- und Bürgerhäuser – Glanzstücke sind das Thurzo- und das Waaghaus – zeugt von in sich ruhendem Wohlstand. Der alles überstrahlende bauliche Höhepunkt reckt sich in der Platzmitte himmelwärts: die um 1400 errichtete St.-Jakobs-Kirche. Mehr als ein Dutzend überwiegend gotischer Altäre, einer prächtiger als der andere, zieren ihr Inneres. Höhepunkt ist der dem heiligen Jakob geweihte Hauptaltar – ein golden strahlendes Wunder der Schnitzkunst, das mit einer Höhe von 18,6 Metern als der größte gotische Altar der Welt gilt.

20 Spišské Podhradie (Kirchdrauf)

Ungefähr 10 Fahrminuten von Levoča entfernt entstand auf Geheiß des Erzbischofs von Esztergom (Gran)

AUSFLUGSZIELE

Holzkirchen in Kleinpolen

Die insgesamt neun Kirchen sind Blockbauten und bestehen aus waagrechten Baumstämmen. Diese Bauweise ist in Osteuropa weit verbreitet, ungewöhnlich ist jedoch ihre Anwendung bei römisch-katholischen Kirchen. Die Holzkirchen der Dörfer Blizne, Haczów, Lachowice, Lipnica Murowana, Orawka, Sękowa und Szalowa nördlich bzw. östlich von Zakopane wurden einst von adligen Familien in Auftrag gegeben und sind heute UNESCO-Welterbestätten. Mit einer Ausnahme stammen sie alle aus dem späten 15. und dem 16. Jahrhundert. An ihrer Errichtung und Ausschmückung waren die besten Handwerker und Künstler der Zeit beteiligt. Die Kirchen sind komplex und architektonisch sehr unterschiedlich gestaltet und bestens erhalten. Ihr Inneres ist reich geschmückt und bemalt, im Gegensatz zu ihrem schlicht wirkenden Äußeren. Anfangs hatten sie keinen Turm – er kam erst später hinzu, als die Kirchen zum Statussymbol für die Stifter geworden waren. Auch in späteren Jahrhunderten wurde an den Kirchen regelmäßig weitergebaut. Vor allem die Innenausstattung passte man dann gerne dem jeweiligen Geschmack der Zeit an.
whc.unesco.org/en/list/1053
www.drewniana.malopolska.pl

Anfang des 13. Jahrhunderts eine Propstei. Rund um sie, direkt an einer Fernhandelsstraße Richtung Polen, baute man noch zur Zeit der Gotik eine Kirchensiedlung – das Spišská Kapitula (Zipser Kapitel). Bis heute bildet ihren Mittelpunkt die im Jahr 1275 eingeweihte zweitürmige und reich ausgestattete romanische Basilika St. Martin. In deren Sichtweite hatte sich bereits kurz nach 1100 ein Vertreter des ungarischen Königs eine Burg errichten lassen. Spišský hrad (Zipser Burg) wuchs nach und nach zu einer der größten Adelsburgen Europas heran. Zu Füßen dieser sogar im heutigen ruinösen Zustand noch uneinnehmbar wirkenden Anlage versteht man, weshalb sie zu den wohl meistfotografierten Motiven der Slowakei zählt. Über 600 Meter hoch ist der Travertinfelsen, auf dem die aus weißlich fahlem Gestein erbaute, mehr als 4 Hektar große und etliche Stilepochen – von der Romanik bis zur Renaissance – vereinende, beeindruckende Anlage thront.

21 Prešov (Eperies)

Verlässt man die Zips in östlicher Richtung, gelangt man in die mit fast 90 000 Einwohnern drittgrößte Stadt der Slowakei. Deutsche Kolonisten gründeten sie im 13. Jahrhundert in günstiger Lage an der Handelsstraße zwischen Ostsee und Schwarzem Meer. Als königlich ungarische Freistadt Eperjes wurde sie schon bald zu

Bildleiste von oben:
Die Zipser Burg thront stolz auf dem 634 Meter hohen Travertinkegel.

Innenraum der Holzkirche in Mnichów.

Johannes dem Täufer ist die Holzkirche in Orawka geweiht. Diese Art von Kirchen wurde im 15. und 16. Jahrhundert von Adelsfamilien in Auftrag gegeben.

Die Altstadt von Bardejov mit dem historischen Marktplatz ist Teil des UNESCO-Weltkulturerbes. Die Stadt ist eine der schönsten des Landes.

einem wirtschaftlichen und kulturellen Zentrum von Oberungarn. Die Stadt, die ihren Wohlstand der Herstellung von Textilien und Salz verdankt, konnte einige Architekturmonumente aus einstigen Glanzzeiten bewahren: die gotische Pfarrkirche St. Nikolaus etwa, deren 66 Meter hoher Turm den spindelförmigen Hauptplatz überragt, oder schräg gegenüber das Rákóczy-Haus aus der Renaissancezeit (heute Heimatmuseum). Im Stadtteil Solivar verdient die alte Salzfabrik, ein Denkmal pionierhafter Industrietechnik von europäischem Rang, nähere Erkundung. Ein lohnender Kurzausflug führt 15 Kilometer nordwestwärts auf der Straße 68 in die zu weiten Teilen gut erhaltene Stadt Sabinov (Zeben).

22 Bardejov (Bartfeld)

Ein städtebauliches Juwel erster Güte erreicht, wer von Prešov dem kleinen Fluss Sekcov folgend 40 Kilometer nach Norden fährt: Die alte, am Fuß der östlichen Beskiden gelegene Tuchmacherstadt Bartfeld besitzt den homogensten und besterhaltenen mittelalterlichen Stadtkern der Slowakei. Herzstück des in weiten Teilen bis heute von den ursprünglichen Befestigungsmauern eingefassten Ortes ist sein Marktplatz – ein enormes Geviert, das ringsum lückenlos von schmucken, im Kern gotischen Bürgerhäusern umstanden ist. Höchster Ausdruck des einstigen Bürgerstolzes ist das Alte Rathaus, ein völlig frei stehender, zweigeschossiger Bau mit reich geschmückten Giebeln und Erkern. Blickfang am Nordende ist die Pfarrkirche St. Ägidius – ein Schrein spätgotischer Schnitzkunst mit elf Altären aus der Zeit zwischen 1460 und 1520. Wer will, macht noch einen Abstecher ins Andy Warhol Museum der Modernen Kunst im 1,5 Stunden entfernten Medzilaborce.

23 Košice (Kaschau)

Die Stadt Kaschau, so ihr deutscher Name, war bis in das Jahr 1920, als der Vertrag von Trianon in Ostmitteleuropa radikal neue Grenzen zog, ein Zentrum Nordungarns. In der frühen Neuzeit vor allem dank ihrer Goldschmiede und Glockengießer international bekannt, gelang Košice im 17. Jahrhundert durch die Gründung der Jesuitenuniversität der Anschluss an das geistige und geistliche Leben in den anderen Bildungszentren Europas. Brennpunkt des urbanen Treibens sind der lange Hauptplatz und die angrenzende Hlavná ulica mit den wichtigsten historischen Denkmälern der Stadt. Das Komitatshaus mit der Ostslowakischen Galerie, Theater, Regionalmuseum, Jesuiten- und Franziskanerkirche lohnen eingehende Besichtigung. Doch sind sie nur ein kleines Vorspiel zur alles überragenden Attraktion: dem St.-Elisabeth-Dom. Dieses spätgotische Wunderwerk ist nicht nur der größte Sakralbau der Slowakei, sondern die am östlichsten gelegene Kathedrale französischen Typs in Europa. Mit seiner Errichtung wurde im Jahr 1378 begonnen und kurz nach 1500 war der Bau vollendet. Äußerlich beeindruckt besonders das Nordportal, das sogenannte Goldene Tor. Bewunderung gebührt außerdem den beiden über 600 Jahre alten, das Domensemble flankierenden Bauten: der Michaelskapelle und dem Glocken- alias Urbanturm.

CAMP KOŠICE – ROUTE E58

Der gebührenpflichtige Platz an der Umgehungstraße von Košice besitzt alle notwendigen Ver- und Entsorgungseinrichtungen. Geöffnet von Mitte Mai bis Mitte Oktober. Er liegt rund 5 Kilometer vom Zentrum entfernt; 500 Meter sind es bis zur Tramstation, von dort ist man mit der Bahn in 15 Minuten im Zentrum.

Červený rak 21, 040 17 Barca (Košice)
camp-kosice.sk, GPS 48.68757, 21.25596

Pułtusk *Von Warschau aus lohnt sich ein Tagesausflug hierher. Der Ort besticht mit seiner schönen Lage am Fluss Narew, einem mittelalterlichen Marktplatz und einem prächtigen Schloss. Nicht umsonst gilt er als eine der schönsten Kleinstädte Polens.*

Klodzko (Glatz)
in einem Talkessel, von malerischen Bergen umgeben, besitzt der Ort einen schönen historischen Kern.

Opole *Oppeln ist für Architekturfans interessant. Diese werden von den Kirchen, dem barocken Stadtplatz und dem Bau des am Florentiner Palazzo Vecchio orientierten Rathauses begeistert sein.*

Tarnów (Tarnau) *Neben dem milden Klima zieht diese Stadt wegen ihres gut erhaltenen mittelalterlichen Zentrums Besucher an.*

Stary Sącz *Alt Sandez ist eine der ältesten Städte des Landes. Am mittelalterlichen Marktplatz stehen bunte Häuser, in den Bogengängen haben sich Restaurants und Cafés eingerichtet.*

Prielom-Dunajca-Durchbruch
Die Wanderung von Červený Kláštor bis zur Mündung des Lesnický potok am rechten Ufer des Dunajec entlang zählt zu den schönsten in der Hohen Tatra.

ROUTE 11

VON AMSTERDAM NACH BRÜGGE

Flach, weit und sehr dicht besiedelt sind die Küstengebiete der Niederlande und Belgiens. Wer die Autobahn bei Amsterdam verlassen hat, wird sich schnell an die sogenannten »Drempels« in den Städten gewöhnen müssen. Diese in den Fahrbahnen eingelassen Erhöhungen dienen als Bremsschwellen und sollen die Geschwindigkeit in den Orten, insbesondere an Gefahrenpunkten (Kindergärten, Schulen, Kreuzungen), reduzieren. Mit dem Wohnmobil kann man diese Bremsschwellen nur im Schritttempo passieren! Fährt man zu schnell drüber, macht die Hinterachse einen Hüpfer und es klappert nicht nur die Besteckschublade im Wohnteil ... Aufpassen muss man auch auf Radfahrer, die überall in großer Zahl anzutreffen sind und durch Telefonate mit dem heute allgegenwärtigen Smartphone die notwendige Aufmerksamkeit für den Straßenverkehr oft vermissen lassen. Der »Fiets« ist das Verkehrsmittel Nr. 1 in den Niederlanden. Es gibt Radschnellstraßen, eine Art Autobahn für Radfahrer. Hier ist bei einer Überquerung mit dem Wohnmobil zu beachten, dass Radfahrer Vorrang haben. Generell muss man sich bei dem Besuch dieser Küstenregion auf eine sehr hohe Verkehrsdichte einstellen.

Stellplätze für Wohnmobile sind häufig an Campingplätze angeschlossen. Außerhalb darf man nur übernachten, wo es ausdrücklich erlaubt ist. Das gilt für die Niederlande wie für Belgien. Parken an gelben Bordsteinkanten ist verboten. Zuwiderhandlungen können hohe Bußgelder nach sich ziehen. Campingplätze in Küstennähe sind in den Sommermonaten schnell belegt. Wer länger an einem Ort sein möchte, sollte daher unbedingt reservieren.

Der Kinderdijk mit 19 Windmühlen und dem Ausstellungszentrum Windkracht über die Technik der Wasserregulierung ist UNESCO-Weltkulturerbe.

Tour mit Weitblick

Flaches Land und Grachten, Deiche und Windmühlen, die sich im Wasser spiegeln – all das assoziiert man mit den Niederlanden und Belgien, hinzu kommen reizvolle Landschaften, berühmte Seehäfen und Städte mit alten Märkten und Rathäusern.

Amsterdam hat geschätzte 160 Grachten – so genau hat das noch keiner nachgezählt. Über die Grachten spannen sich um die 1300 malerische Brücken. Kein Wunder, dass die Stadt auch Venedig des Nordens genannt wird.

ROUTE 11

Streckenlänge: ca. 400 km
Zeitbedarf: 8–10 Tage
Routenverlauf (Hauptorte): Amsterdam, Leiden, Den Haag, Rotterdam, Breda, Antwerpen, Mechelen, Brüssel, Gent, Brügge
Charakteristik: Hauptstrecken sind gut ausgebaut, aber stark befahren. Nebenstrecken sind manchmal sehr schmal und von Bäumen gesäumt.
Informationen:
www.holland.com/de
visitbelgium.com

Hier geht's zum GPS-Track

01 Amsterdam

Die Reise beginnt in Amsterdam, von wo aus man zunächst Ausflüge nach Noord-Holland unternehmen kann, z. B. nach Zaandam, ins Freilichtmuseum Zaanse Schans oder in die Käsestadt Alkmaar.

Amsterdam, die Hauptstadt der Niederlande, ist eine der kleinsten und überschaubarsten Metropolen Europas, sie ist tolerant, kosmopolitisch und geprägt von einer reichen Geschichte. Nicht umsonst ist die eigenwillige Stadt an der Amstelmündung

CAMPING DE BREGMAN

Der kinderfreundliche Campingplatz in den höchsten Dünen der Niederlande ist mit allen notwendigen Ver- und Entsorgungseinrichtungen sowie Sanitärbereichen und WiFi ausgestattet. Geöffnet von Anfang April bis Anfang Oktober. Mit dem Fahrrad bis zum Nordseestrand sind es 7 Kilometer, in die Altstadt von Alkmaar 9.

Gerbrandtslaan 18, 1871 AP Schoorl
www.camping.chlebow3.pl/de, GPS 52.25150, 21.01450

CAMPING VLIEGENBOS

Der Platz liegt ideal, um Amsterdam zu besuchen, und ist obendrein ganzjährig geöffnet. Mit der Fähre über den Ij, die im 30-Minuten-Takt verkehrt, ist man direkt im Herzen der City. Wohnmobile stehen eingangsnah auf befestigten Stellflächen. Ansonsten weitläufiges Wald- und Wiesengelände für Zelte.

Meeuwenlaan 138, 1022 AM Amsterdam
GPS 52.390771, 4.927640

Das Rijksmuseum ist den Künsten, dem Handwerk und der Geschichte gewidmet und zeigt über 8000 Meisterwerke.

ein beliebtes Reiseziel. Amsterdam ist die größte Pfahlsiedlung der Welt: Das Fundament der gesamten Altstadt wird von zahllosen Baumstämmen gebildet, die bis zu 30 Meter tief in die Erde geschlagen wurden. So entstanden rund 70 künstliche Inseln – und das romantische Flair einer Stadt im Wasser. In Amsterdams Goldenem Jahrhundert (dem 17.) begann man mit dem Bau des halbmondförmigen Drei-Grachten-Gürtels. Allein im historischen Zentrum überspannen 400 Brücken die Kanäle. Sorgsam wird mit Schleusen und Pumpen der Wasserspiegel in konstanter Höhe gehalten, und noch heute wird ein Teil des innerstädtischen Warenverkehrs auf dem Wasser abgewickelt. In dem weit verzweigten Kanalsystem liegen über 2500 farbenfrohe Hausboote. Diese sind teils über 100 Jahre alt, liebevoll restauriert und gehören genauso zum Stadtbild wie die zahlreichen Fahrräder, Blumenverkaufsstände mit den herrlichen Drehorgeln, die den weltbekannten Gassenhauer zum Erklingen bringen. Amsterdams Kulisse, die einem gigantischen, belebten Freilichtmuseum gleicht, seine Aufgeschlossenheit und kulturelle Vielfalt, seine abwechslungsreiche Gastronomie sowie unzählige Unterkunftsmöglichkeiten für jeden Geldbeutel und Anspruch haben die Hauptstadt der Niederlande zu einem der meistbesuchten Orte unseres Kontinents gemacht. Zugleich

AUSFLUGSZIELE

Festungsgürtel von Amsterdam

Die Holländer haben schon immer gegen die Kräfte des Meeres gekämpft, sie aber gleichzeitig auch zu nutzen gewusst. Bereits gegen das katholische Spanien bedienten sich die Freibeuter, die »Wassergeusen«, im 16. Jahrhundert spezifischer Wasserbaukenntnisse und spielten damit eine wesentliche Rolle für die nationale Unabhängigkeit. Mit dem Bau der 135 Kilometer langen Verteidigungslinie um Amsterdam begann man erst 1883. Neben Feuerstellungen und Kasematten umfasst sie auch Schleusen, mit denen man die Wasserzufuhr regulieren und das Umland von Amsterdam fluten konnte. Dabei durften die Landflächen nur so weit unter Wasser gesetzt werden, dass Soldaten nicht mehr zu Fuß hindurchwaten, aber auch keine Schiffe passieren konnten. Erst 1920 wurden die Bauarbeiten abgeschlossen. Die Festungsmauer verbindet 46 Forts miteinander. Eines der bekanntesten ist die Fortinsel Pampus. Die mächtige Anlage liegt innerhalb der Stadtgrenzen Muidens.
www.stellingvanamsterdam.nl/de

ist Amsterdam eine sehr jugendliche und tolerante Stadt, nimmt in Modedingen und Design eine Spitzenstellung in Europa ein und ist durch ein dichtes Verkehrsnetz sehr gut erreichbar. Top-Sehenswürdigkeiten im historischen Zentrum sind die Oude Kerk (14. Jahrhundert) und die Nieuwe Kerk; der Dam (ehemaliger Marktplatz); das Rathaus (17. Jahrhundert); das Museum »Unser Lieber Herr auf dem Dachboden«, ein original eingerichtetes Grachtenhaus; Beurs van Berlage, die Kaufmannsbörse des 19. Jahrhunderts; Montelbaanstoren, ein ehemaliger Stadtturm (1512), und die siebentürmige Waag, einst Stadttor und Teil der mächtigen Befestigung; das Rembrandthuis. Im ehemaligen jüdischen Viertel sollte man sich ansehen: die Portugese Synagoge (1675) und das Joods Historisch Museum in vier ehemaligen Synagogen; das Amsterdam Museum über die Stadtgeschichte im Bau des einstigen Waisenhauses und den Begijnhof, ein ehemaliges Laienkloster. Im Grachtengürtel warten die Westerkerk (17. Jahrhundert), das Anne Frank Huis, das historische Arbeiterviertel Jordaan und die Hofjes (historische Wohnanlagen). Im Museumsviertel befindet sich das Rijksmuseum, die international bedeutendste Sammlung niederländischer Meister. Auch das Van-Gogh-Museum, das Stedelijk Museum für Moderne Kunst und der Vondelpark lohnen sich.

02 Haarlem

Die rund 20 Kilometer westlich von Amsterdam gelegene und schon im 10. Jahrhundert urkundlich erwähnte Stadt besitzt eine malerische Altstadt, deren Grote Markt einst ein Turnierplatz war. Giebelhäuser aus dem 17. Jahrhundert zeugen auch heute noch vom Reichtum, den die Stadt einst als Hochburg der Tuch- und Garnbleicherzunft erlangte. An der Südseite des Platzes liegt die Grote oder St.-Bavo-Kerk, die spätgotische Kreuzbasilika. Das Altersheim, in dem Frans Hals seine letzten Jahre verbrachte, wurde 1912 in ein Museum umgewandelt und zeigt wichtige Werke des Malers.

03 Keukenhof

Auf der Bollenstreek zwischen Haarlem und Leiden fährt man durch ein einziges Blumenmeer. Hier liegen die Felder der rund 8000 Gärtnereien, die sich ganz auf den Großhandel mit Blumen spezialisiert haben. Zu den wichtigsten Gärtnereien führt die Tulpenroute. Das Mekka aller Blumenfreunde aber ist der weltberühmte Keukenhof, der im Jahr 1949 von Blumenzüchtern gemeinsam gegründete Frühlingsblumen-Schaupark (nur etwa Mitte März bis Mitte Mai).

04 Noordwijk aan Zee

Das Seebad, zu dem man bei Sassenheim abbiegt, lockt im Hochsommer mit seinem 13 Kilometer langen Strand und seinen feinsandigen Dünen Zehntausende Badegäste an. Ebenso wie das nur wenige Kilometer weiter südlich gelegene Katwijk aan Zee erinnert es vom Stil her an englische Seebäder. Von hier ist man in nur 12 Kilometern in Leiden.

05 Leiden

Die älteste Universitätsstadt der Niederlande zählte schon ab Mitte des 17. Jahrhunderts rund 11 000 Studenten, heute sind es an die 26 000. Den schönsten Blick auf die von Kanälen durchzogene Stadt bietet die Burcht, die Burg, ein schon vor über

1000 Jahren mit Ringmauern aus Ziegelsteinen befestigter Erdhügel, der einst zum Schutz vor der Flut errichtet wurde. Sehenswert ist die Pieterskerk, eine fünfschiffige gotische Kreuzbasilika. Der berühmteste Sohn der Stadt ist Rembrandt Harmensz van Rijn, der hier im Jahr 1606 das Licht der Welt erblickte. Im Museum De Lakenhal sind einige seiner Werke zu bewundern.

06 Scheveningen

Zentrum des Nordseebades ist das prachtvolle alte Jugendstil-Kurhaus, das heute ein Luxushotel ist. Berühmt sind auch die 3 Kilometer lange Strandpromenade und der Scheveninger Pier, der 400 Meter lang in die Nordsee hinausragt. Alljährlich im Mai findet hier außerdem das Aircooled-Festival mit Oldtimern statt.

07 Den Haag

Die drittgrößte Stadt der Niederlande ist Regierungssitz und zugleich Sitz des Internationalen Gerichtshofes mit dem UN-Kriegsverbrechertribunal. Die spannende Geschichte der Stadt reicht 750 Jahre zurück und begann mit einigen Häusern um das Jagdgehege des Grafen von Holland. Eines dieser im 13. Jahrhundert entstandenen Gebäude, der Binnenhof, ist bis heute das politische Zentrum des Landes: Es ist Sitz der Regierung und des Parlaments. Die wichtigste Sehenswürdigkeit der Stadt ist das in einem klassizistischen Gebäude untergebrachte Mauritshuis, das eine Gemäldegalerie mit Werken niederländischer Maler des sogenannten Goldenen Zeitalters sowie flämische Meister von unschätz-

RECREATIECENTRUM DE NOORDDUINEN

Das kostenpflichtige Areal in den Dünen besitzt allen nötigen Ver- und Entsorgungseinrichtungen, inklusive Duschen, Waschmaschinen, Trocknern und Internet. Ganzjährig geöffnet. 800 Meter sind es bis zum Nordseestrand, 12 Kilometer mit dem Fahrrad nach Leiden.

Campingweg 1, 2221 EW Katwijk aan Zee
www.molecaten.nl/noordduinen, GPS 52.21176, 4.40975

CAMPERPARK DEN HAAG

Auf dem großen, gebührenpflichtigen Platz sind alle notwendigen Ver- und Entsorgungseinrichtungen sowie Sanitärbereiche und Internetzugang vorhanden. Er liegt ideal, um Den Haag (8 Kilometer) und Delft (7 Kilometer) mit dem Fahrrad zu besuchen.

Valutapad, 2496 ZA Den Haag
www.camperparkdenhaag.nl, GPS 52.05730, 4.37831

Der Binnenhof, mitten in Den Haag gelegen, stammt aus dem 13. Jahrhundert und ist Sitz vieler Regierungsinstitutionen. Seit dem Jahr 1446 versammelt sich das Parlament in dem Gebäude. Der Binnenhof und die ihn umgebenden Bauten sind das Herz der niederländischen Demokratie.

CAMPERPARK KINDERDIJK

Dieser große gebührenpflichtige Platz ist mit allen notwendigen Ver- und Entsorgungseinrichtungen ausgestattet und hat auch Duschen und Internetzugang. Ganzjährig geöffnet, ist er zudem ideal gelegen, um die Windmühlen (5 Kilometer), Dordrecht (10 Kilometer) und Rotterdam (18 Kilometer) mit dem Fahrrad zu besuchen. Alternativ kann man auch den Wasserbus nehmen (Tageskarte ca. 12 Euro).

Marineweg 3a, 2952 BX Alblasserdam
www.camperpark-kinderdijk.com, GPS 51.85863, 4.67586

YACHTHAVEN TURFVAART

Der kostenpflichtige, sehr gepflegte Stellplatz liegt am Jachthaven und verfügt über alle nötigen Ver- und Entsorgungseinrichtungen sowie über Duschen und Internet. Ein Badesee mit Strand und Liegewiese ist auch dabei. Ganzjährig geöffnet. Breda ist bequem mit dem Fahrrad erreichbar (11 Kilometer); spektakulärer ist natürlich eine Fahrt nach Breda mit dem Ausflugsschiff »MPS Brabant« vom Hafen durch die Kanäle.

Westpolderpad 6, 4871 NC Etten Leur
www.turfvaart.nl, GPS 51.59571, 4.65507

barem Wert präsentiert. Im Haus Zeestraat Nummer 65 hängt das Panorama Mesdag, ein von Hendrik Willem Mesdag im Jahr 1881 geschaffenes 120 Meter langes und 14 Meter hohes Rundgemälde. Es vermittelt dem Besucher den Eindruck, mitten in der Dünenlandschaft von Scheveningen zu stehen. Die nahe gelegene Sammlung Mesdag zeigt ebenfalls Werke der Haager Schule des späten 19. Jahrhunderts. Ein Gebäude, das immer wieder für Schlagzeilen sorgt, ist das Vredespalais in der Carnegieplein: Im halb neugotischen, halb klassizistischen Friedenspalast tagt der Internationale Gerichtshof.

08 Delft

Auf halbem Weg zwischen Den Haag und Rotterdam liegt das nette Städtchen Delft. Es besticht durch sein historisches Zentrum mit vielen Grachten und ist besonders für seine Fayence-Manufaktur bekannt. Rund um den hübschen Markt finden sich unzählige Läden, in denen es das bekannte »Delfter Blau« zu kaufen gibt. Besonders sehenswert ist die Nieuwe Kerk mit einem Renaissancegrabmal des 1533 verstorbenen Wilhelm von Oranien und einem berühmtem Glockenspiel. Malerisch ist das idyllische Grachtenviertel Oude Delft.

09 Rotterdam

Im größten Hafen Europas reihen sich entlang des Nieuwe Waterweg auf 20 Kilometern Containerterminals, Umschlagplätze, Lagerhallen und Silos aneinander. Umgeschlagen werden in der Hafenmetropole im Mündungsgebiet von Maas und Rhein Güter aller Art. Dass in »Maashattan« moderne Hochhaus-Architektur großgeschrieben wird, versteht sich von selbst. So ist eine der wichtigsten Sehenswürdigkeiten die Erasmusbrug. Die Brücke über die Nieuwe Maas wurde 1996 von Ben van Berkel konstruiert. In einem ehemaligen Verwaltungsgebäude der Deichanlagen aus dem 17. Jahrhundert, im Het Schielandshuis, ist die Touristeninformation der Stadt untergebracht. Das Museum Boijmans van Beuningen am Museumspark beherbergt eine ansehnliche Sammlung alter und neuer Meister. Und auch in der Kunsthal Rotterdam gibt es eine breite Palette von Kunstwerken zu sehen. Von Rotterdam sind es rund 20 Kilometer nach Nordosten zur berühmtesten »Käsestadt« des Landes, Gouda. Wenige Kilometer südlich von Rotterdam führt die Route zu einem der Wahrzeichen des Landes und UNESCO-Weltkulturerbe, den Windmühlen von Kinderdijk.

10 Kinderdijk

Ein faszinierender Anblick: Hier stehen an den Entwässerungskanälen der Ortschaft insgesamt 19 alte Poldermühlen nebeneinander aufgereiht. Am Zusammenfluss von Noord und Lek betrieben sie früher mit ihren mit Segeltuch bespannten Flügeln, die eine Spannweite bis zu 28 Metern haben, Pumpwerke zur Wasserregulierung. Einige Mühlen befinden sich in Privatbesitz und sind bewohnt, andere können mit einem Kombiticket besichtigt werden – die Begegnung mit einem Müller inklusive.

11 Breda

Die am Zusammenfluss von Mark und Aa gelegene alte Garnisonsstadt mit zahlreichen Kasernen und Einrichtungen des niederländischen Militärs hat Besuchern eine Menge zu bieten. In der von Grachten umschlossenen Altstadt sind schöne alte Bürgerhäuser aus dem 18. und 19. Jahrhundert zu bewundern, darunter das Stadhuis am Marktplatz. Das von Wassergräben umgebene und von vier Ecktürmen bewachte Kasteel van Breda gilt als Stammschloss der Oranier, des heutigen Königshauses. Die Stadt Breda hat noch ein weiteres Wasserschloss, Kasteel Bouvigne, zu bieten. Das wichtigste Bauwerk der Stadt ist jedoch die gotische Onze Lieve Vrouwe Kerk mit ihrem 97 Meter hohen Kirchturm. Wen es vor der Weiterfahrt nach Belgien noch einmal an die Nordsee zieht, dem empfehlen sich die Inseln Walcheren und Beveland, die durch Dämme und Brücken mit dem Festland verbunden sind. Von Breda führt die N263 durch grüne, wenig besiedelte und flache Landschaften Richtung Antwerpen – der größten Hafenstadt Belgiens.

12 Antwerpen

Im zweitgrößten Ballungsraum Belgiens bildet der Hafen den Lebensnerv der Stadt, in der Auto- und Chemieindustriekonzerne angesiedelt sind. Der Hafen zählt zu den leistungsfähigsten der Welt, schuf von alters her eine weltoffene Atmosphäre und trug maßgeblich zum Aufstieg Antwerpens zu einem Weltdiamantenzentrum bei. Als Kulturhauptstadt Europas des Jahres 1993 besitzt Antwerpen historische Baudenkmäler und ein reges kulturelles Leben. Die meisten Sehenswürdigkeiten liegen in der Innenstadt, die am rechten Ufer der Schelde einen Halbkreis bildet. Der markanteste

Bildleiste von oben:
Antwerpens Rathaus ist von Zunft- und Gildehäusern im Renaissancestil umgeben.

Der Grote Markt und die Nieuwe Kerk sowie das Stadhuis machen Delft zu einer der schönsten Städte in den Niederlanden.

Links: Brüssels Atomium ist ein überdimensioniertes Modell eines Eisenkristalls und ein Symbol für friedliche Kernenergienutzung.

Links unten: Die Grand Place mit dem gotischen Hôtel de Ville, dem Stadtmuseum und den Zunfthäusern.

CAMPERPARK VOGELZANG

Dies ist eine große, gebührenpflichtige parkähnliche Anlage mit vielen schattigen Plätzen, die über alle notwendigen Ver- und Entsorgungseinrichtungen verfügt. Ganzjährig geöffnet. Die Altstadt von Antwerpen ist 4 Kilometer entfernt. Mit der Buslinie 22 von der Haltestelle Expo (250 Meter) fährt man ca. 20 Minuten.

Vogelzanglaan 7–9, 2020 Antwerpen
www.camperparkvogelzang.be, GPS 51.19050, 4.40187

Punkt ist der Steen, die ehemalige Burganlage, deren älteste Teile aus dem 9. Jahrhundert stammen. Heute beherbergt sie das Nationale Schifffahrtsmuseum mit einem flämischen Kriegsschiff aus dem 15. Jahrhundert als Prunkstück. Die Aussichtsplattform der Burg bietet einen sehr schönen Blick über die hier 500 Meter breite Schelde, die Brücken, den alten Kai, und – am Horizont – den Wald der unzähligen Ladebäume des modernen Hafens. In der spätgotischen Fleischhalle residiert das Museum für Stadtgeschichte. Im Diamantenmuseum in der Lange Herentalsestraat im »Judenviertel« können Diamantenschleifer bei der Arbeit beobachtet werden. Das Rubenshaus, ein repräsentativer Stadtpalais, das an einen italienischen Palazzo erinnert, bewohnte Peter Paul Rubens von 1610 bis 1640. Wegen Renovierung ist es für längere Zeit geschlossen. Anschließend werden die prachtvoll ausgestatteten Wohnräume des Meisters, sein Atelier und das Kunstkabinett sowie Werke des Malers und Arbeiten seiner Schüler wieder zu besichtigen sein.

13 Mechelen

Die südlich von Antwerpen gelegene Stadt hat eine große historische Vergangenheit. Ihre Blüte erlebte sie, als Margarethe von Österreich im 16. Jahrhundert von hier aus das Land regierte. An diese Zeit erinnert ihre Statue auf dem Grote Markt, dem Zentrum der Stadt. Der Platz wird vom Rathaus, einem gotischen Palais und der einstigen Tuchhalle aus dem 14. Jahrhundert umgeben. Mechelen wollte schon immer hoch hinaus. Um 1400 wurde der 97 Meter hohe Turm der Romboutskathedraal als höchstes Wahrzeichen der Christenheit geplant. Sein Glockenspiel mit 49 Glocken entzückt heute noch die Zuhörer. Von Mechelen ist es nur eine halbstündige Fahrt in die belgische Hauptstadt.

14 Brüssel

Belgiens selbstbewusste Metropole wartet mit großartigen Kulturdenkmälern, aber auch mit kulinarischen Hochgenüssen auf und bezeichnet sich selbst als die Hauptstadt Europas, was zumindest für zentrale Behörden zutrifft. Das Stadtzentrum ist seit Jahrhunderten von Wohlstand geprägt. Zwischen Mittelalter und Barockzeit war es vor allem die bürgerliche Schicht, die ihre Stadt prächtig ausgestaltete. Auch das 19. Jahrhundert trug viel zum einzigartigen Stadtbild bei, das durch den Bauboom des 20. Jahrhunderts große Zerstörungen erlitt. Das ehrgeizige Vorhaben der EU, repräsentative Neubauten zu schaffen, forderte Opfer wie den Kahlschlag im Quartier Léopold. Verschont blieben zum Glück zahlreiche Werke des Jugendstils. An der Wende vom 19. zum 20. Jahrhundert war Brüssel einer der Brennpunkte dieser Stilrichtung. Künstler wie Victor Horta, Henry van de Velde und Philippe Wolfers bereicherten die Stadt um eine Reihe hochinteressanter Bauten. Brüssel ist aber auch das bedeutendste Kultur- und Wissenschaftszentrum Belgiens mit Universität, Polytechnikum, Königlicher Akademie und zahlreichen Fach- und Kunstschulen. Die Stadt liegt am Kreuzungspunkt wichtiger Verkehrswege, sie ist das Wirtschaftszentrum Belgiens, in dem mit der Nationalbank auch das Herz des Kapitals schlägt. Nach Antwerpen ist Brüssel überdies der zweitgrößte Industriestandort Belgiens. Produziert werden »feine Waren« wie die berühmten Brüsseler Spitzen, Woll-, Baumwoll- und Seidenwaren, Teppiche und Porzellan. Auch kulinarische Produkte wie edle Schokolade und Pralinen und – in der Heimatstadt des sagenhaften Königs Gambrinus nahezu eine Selbstverständlichkeit – vor allem das Bier haben einen großen Stellenwert. Obwohl Brüssel reich an Sehenswürdigkeiten ist und als »Hauptstadt Europas« und Sitz der NATO viel internationale Beachtung findet, steht die belgische Hauptstadt im Schatten der Metropolen Paris, London und Amsterdam. Dabei ist Brüssel ein hochinteressantes, unvergleichliches Reiseziel: leicht chaotisch und nicht immer schön, gut erreichbar und nie überlaufen. Besonders sehenswert sind Manneken Pis, die weltbekannte Brunnenfigur und das Stadtwahrzeichen aus dem Jahr 1619, die Grand Place, einer der schönsten Plätze Europas und UNESCO-Weltkulturerbe mit dem Hôtel de Ville (gotisches Rathaus mit aufwändig gestalteter Fassade), die gotische Cathédrale St.-Michel, das Centre Belge de la Bande Dessinée, ein Comic-Museum im Jugendstilgebäude, das Grand Magasin »Old England«, ein verspielter Jugendstilbau, die Musées Royaux des Beaux Arts mit einer herausragenden Sammlung alter und neuer Meister von Brueghel bis Magritte, das Hôtel van Eetvelde, ein Prunkbau des ausgehenden 19. Jahrhunderts, das Hôtel Hannon, Maison

Links: Prächtige Giebelhäuser säumen den Kornmarkt mit St.-Bavo-Kathedrale und imposantem Belfried in Gent.

Links unten: Der begehbare Stadtturm von Brügge, auch als Belfried bekannt, ist UNESCO-Weltkulturerbe.

YACHTDREEF GENT

Dies ist ein einfacher, gebührenfreier Platz ohne Versorgungseinrichtungen. Er hat ganzjährig geöffnet und ist ein guter Standort, um zu Erkundungsausflügen durch die Innenstadt von Gent auszubrechen (2 Kilometer zu Fuß zum Korenmarkt).

Yachtdreef, 9000 Gent
GPS 51.04580, 3.70246

KAMPEERAUTO PARKING - BARGEWEG

Der kostenpflichtige, sehr gepflegte Stellplatz ist mit allen notwendigen Ver- und Entsorgungseinrichtungen ausgestattet. Ganzjährig geöffnet. EIn guter Standort, um die Innenstadt von Brugge zu besuchen (Fußweg bis zum Großen Markt: 1,8 Kilometer).

Bargeplein, 8000 Brugge
GPS 51.19600, 3.22569

Cauchie und Maison St.-Cyr, drei Beispiele Brüsseler Wohnarchitektur des Jugendstils, das Musée Charlier mit Kunst des 20. Jahrhunderts in einem Art-nouveau-Bau, das Musée Art & Histoire mit Kunstwerken vom Mittelalter bis zum 19. Jahrhundert, die Place du Grand Sablon mit Galerien und Antiquitätenläden (am Wochenende Antiquitätenmarkt!) und die Place du Jeu de Balle im multikulturellen Marollenviertel.
Wen es nun Richtung Nordsee zieht, der kommt auf dem Weg nach Brügge zunächst durch Aalst, das »Tor nach Flandern«.

15 Aalst

Diese Stadt steht ganz im Zeichen der Schwerindustrie und – als Kontrapunkt dazu – der Schnittblumen. Jeden Morgen ist auf dem Grote Markt Blumenmarkt. Die schönsten gotischen Häuser gruppieren sich um den Marktplatz der Stadt.

16 Gent

Seit dem Mittelalter ein Zentrum der Textilindustrie, ist Gent dieser Tradition bis heute treu geblieben. Der Obst-, Gemüse- und Blumenanbau ist das zweite wichtige Standbein der Stadt. Die bedeutendsten Sehenswürdigkeiten liegen im gut erhaltenen historischen Stadtkern zwischen der Grafenburg und der etwas erhöht stehenden und von Weitem sichtbaren St.-Bavo-Kathedrale aus dem 14. Jahrhundert mit dem »Genter Altar« der Brüder Hubert und Jan van Eyck (15. Jahrhundert) als größtem Kirchenschatz. Der gegenüberliegende 95 Meter hoch aufragende Glockenturm Belfort (Belfried) galt im 14. Jahrhundert als Symbol des aufstrebenden Bürgertums. Der Belfort ist 88 Meter hoch und beherbergt die frühere städtische Schatzkammer. Er ist mit 47 Turmglocken ausgestattet. Einen Besuch wert sind die Tuchhalle, die Große Fleischhalle, die Grafenburg und das Rathaus.
15 Kilometer entfernt von Gent liegt in einer Flussbiegung des Flusses Leie zwischen Deinze und Gent das majestätische Wasserschloss Ooidonk, eine Anlage aus dem 17. Jahrhundert. Der Name des Schlosses bedeutet »hoch gelegener Platz im Sumpfland«, das auf das ältere niederfränkische »hodonk« zurückgeht. Sowohl das Flämische als auch das Niederländische sind Realisationen einer Sprachwurzel, die ins fränkische Reich zurückreicht.
Auf dem Weg nach Brügge kommt man auch durch Eeklo, in dessen traditionsreicher Geneverbrennerei Jeneverhuis Van Hoorebeke der Wacholderschnaps hergestellt wird. Der Genever schmeckt würziger als der ähnliche englische Gin, und der Oude Genever ist gelblich.

17 Brügge

Die Hauptstadt Westflanderns ist mit ihrer halbkreisförmigen, von Grachten durchzogenen Altstadt ein Musterbeispiel mittelalterlicher Städtebaukunst. Sie galt nach Venedig als prachtvollste und reichste Stadt der damals bekannten Welt. Alle wichtigen Handelshäuser hatten in Brügge Niederlassungen, die Herzöge von Burgund hielten prunkvoll Hof, und die Kunst hatte einen hohen Stellenwert. Künstler wie Jan van Eyck oder Hans Memling waren als Stadtmaler engagiert. Brügge lässt sich am besten bei einem Rundgang erkunden. Das Stadtzentrum bildet nach wie vor der Grote Markt, der im Mittelalter farbenprächtige Ritterspiele erlebt hat. Hier erhebt sich auch der Belfort, ein 83 Meter hoher Turm. Der schlanke Glockenturm, wie man ihn ähnlich auch in anderen flämischen Städten findet, überragte seinerzeit alle anderen Gebäude und stand für das Selbstverständnis des Bürgertums. Vom Grote Markt führt die Vlamingstraat in das »Hanseatische Brügge« zu schönen Bürger- und Handelshäusern aus dem 14. und 15. Jahrhundert, zum Alten Zollhaus und zum Burgplein. Weiter geht es zum Groeningermuseum, das Exponate der belgischen Moderne zeigt, und zum Gruuthusepalais aus dem 15. Jahrhundert. Er war das prunkvolle Do-

mizil eines reichen Patriziergeschlechtes, das sein Geld durch das Recht verdiente, Steuern auf die Zutaten der Bierbrauerei, die »Gruute«, zu erheben. Die gotische Onze Lieve Vrouwekerk (Liebfrauenkirche), deren wuchtiger, 122 Meter hoher Turm an ungewöhnlicher Stelle an der linken Seite der Hallenkirche aufragt, birgt einen der größten Kunstschätze der Stadt: Die sogenannte Brügger Madonna (um 1503), die als erstes Werk Michelangelos zu Lebzeiten des berühmten Künstlers über die Alpen gelangt war und heute in einer Kapelle der Kirche steht. Interessant ist auch das alte Schleusenhaus am Südende des Wijngaardplaats. Es dient bis heute dazu, den Wasserstand der Stadtkanäle zu regulieren.

Typisch für das Landschaftbild in Flandern sind die zahlreichen Kanäle.

AUSFLUGSZIELE

Brügges Umland: Tipps für Tagesausflüge

Von Brügge aus kann man wunderbare Abstecher ins Umland und an den Strand machen. Zum Beispiel nach Damme, und zwar auf einer Kanalfahrt oder mit dem Wasserrad-Dampfschiff. Auch mit dem Fahrrad lässt es sich wunderbar den Kanal entlangfahren, in 30 Minuten ist man dann in Damme. Lissewege ist ebenfalls sehr gut für einen Abstecher geeignet: Hier gibt es die typischen weiß gestrichenen Polderhäuser der flämischen Dörfer; die Backsteinkirche Mariä Heimsuchung prägt der Stil der Küsten-Gotik. Auch lohnt sich eine Radtour in die Westhoek (Felder), in denen viel Natur und Ruhe sowie idyllische Gasthöfe und Restaurants auf die Besucher warten. Auch die wenige Kilometer entfernten Nordseebäder Knokke, Zeebrugge, Blankenberge oder Oostende locken zu einem Ausflug. In einer wunderschönen Dünenlandschaft nahe der niederländischen Grenze liegt Knokke-Heist, neben Oostende das eleganteste belgische Seebad. Der Sandstrand ist 12 Kilometer lang. Besonders schön sind die Spazierwege »Bloemenwandeling« durch den Villenvorort Het Zoute, »Landelijke Knokke« sowie »Polderwandeling« durch die schöne Dünenlandschaft. In Heist ist das Polderen Visserijmuseum Sincfala mit Exponaten rund um die Themen Fischerei, Handwerk und Alltagsleben an der Küste einen Besuch wert.
www.visitbruges.be

Clingendael Der japanische Garten dieses Landguts aus dem 16. Jahrhundert ist der größte der Niederlande. Von Den Haag aus ist es nur ein Katzensprung bis in diese Idylle.

Tulpenstadt Lisse Die Gartenanlage Keukenhof zählt mit ihren mehr als 7 Millionen Tulpen, Hyazinthen und Narzissen zu den schönsten Gärten der Welt. Unbedingt im Frühjahr vorbeischauen!

Zaandam Das frühere Zentrum der Schiffsbauindustrie liegt nur etwa 15 Kilometer von Amsterdam entfernt. Weiter westlich liegt das Freilichtmuseum Zaanse Schans, das mit alten Mühlen und bunten Häusern das Dorfleben vergangener Zeiten wiederaufleben lässt.

Alkmaar In der Altstadt von Alkmaar stehen nicht nur eine Reihe schöner alter Gebäude, die Stadt ist auch für ihren Käse bekannt, den man dort überall erwerben kann.

De Haan und Oostende Diese zwei hübschen Küstenorte liegen dicht beieinander und sind leicht von Brügge aus zu erreichen. In De Haan gibt es einen langen Strand sowie viele Straßen mit Jugendstilbauten. Oostende ist ein wirklich sehr schönes belgisches Seebad.

Leuven Die Studentenstadt wartet mit einem hübschen historischen Zentrum auf. 1425 wurde hier die erste Universität Belgiens gegründet. Man sollte sich u. a. das Kunstzentrum Stuk, das Viertel Vaartkom und das Museum M ansehen.

ROUTE 12

VIA TURONENSIS

Die Strecke folgt der französischen Pilgerroute von der Île-de-France nach Orléans an der Loire, passiert flussabwärts verlaufend eine Reihe der schönsten und namhaftesten Loire-Schlösser und führt ab Saumur südwärts in das Bordelais und von dort weiter in die Pyrenäen. So vielfältig wie die Grande Nation mit ihrem kulturellen und landschaftlichen Angebot ist, so vielfältig ist auch das Angebot an Stellplätzen. Frankreich ist ein sehr wohnmobilfreundliches Land. Das Angebot an Übernachtungsplätzen ist immens. Zu beachten ist, dass die Ver- und Entsorgungseinrichtungen in der Regel nicht mit Münzautomaten funktionieren, sondern mit »Jetons« – Wertmarken, die man bei den örtlichen Tourismusbüros oder per Kredit- bzw. Debitkarte erwirbt. Stromsäulen an den Stellplätzen findet man nur selten, oftmals sind nur eine oder zwei Steckdosen in der Versorgungseinrichtung vorzufinden.

Mautgebühren auf den Autobahnen können mit Bargeld oder Kredit- bzw. Debitkarte bezahlt werden. Wer es bequemer möchte, nutzt die »Télépéage«, für die an den Mautstationen extra mit einem »T« markierte Fahrspuren eingerichtet sind. Fahrzeuge bis 3,5 Tonnen benötigen dafür die »Liber-t Box« größere Fahrzeuge die »TIS-PL-Box«. Vertrieben werden diese Boxen von mehreren Anbietern.

Die »Drempels« der Niederlande heißen in Frankreich »Ralentisseur«. Die markierten Bodenwellen haben dieselbe Funktion und finden sich auch hier vor Schulen, Kindergärten und Ortseinfahrten. Genormt sind sie jedoch nicht. Es empfiehlt sich deshalb auch hier, die Bodenwellen nur in Schrittgeschwindigkeit zu überfahren.

Eines der Wahrzeichen von Paris: der imposante Arc de Triomphe auf dem Place Charles de Gaulle.

Auf dem Jakobsweg durch Frankreich

Auf alten Pilgerwegen von Paris nach Biarritz – viele Reisende folgen aus religiösen Gründen dem Jakobsweg. Dabei locken auch zahlreiche Sehenswürdigkeiten links und rechts der Pilgerroute, die sich bestens mit dem Wohnmobil »erfahren« lassen.

Eine Bootstour auf der Seine gehört für viele Touristen zu einem Muss bei einem Paris-Besuch. Ob bei Tag oder Nacht ist es allemal ein Erlebnis, liegen die bekanntesten Sehenswürdigkeiten der Metropole doch direkt an ihrem Ufer.

ROUTE 12

Streckenlänge: ca. 1100 km
Zeitbedarf: 10–14 Tage
Routenverlauf (Hauptorte): Paris, Versailles, Orléans, Blois, Tours, Saumur, Poitiers, Saintes, Cognac, Saint-Émilion, Bordeaux, Saint-Jean-Pied-de-Port, Bayonne, Biarritz
Charakteristik: Das Fahren ist überall unproblematisch. Wer Paris besuchen möchte, findet am Bois de Boulogne einen stadtnahen Campingplatz.
Informationen:
www.france.fr/de
de.parisinfo.com
www.nouvelle-aquitaine-tourisme.com/de

Hier geht's zum GPS-Track

01 Saint-Denis

Der eigentliche Pilgerweg beginnt in Saint-Denis, nördlich von Paris. In den großen Zeiten der Jakobswallfahrten lag der Ort nördlich der damaligen Stadtgrenze und war Sammelpunkt für die Pilger aus Paris. In der Kathedrale der Stadt liegt der französische Nationalheilige Dionysius begraben. Die Basilika, in der fast alle Könige Frankreichs beigesetzt sind, zählt zu den frühesten gotischen Kirchengebäuden.

02 Paris

Die französische Hauptstadt bietet aufregende Kontraste: Reich an Tradition und gleichzeitig avantgardistisch, von monumentaler Größe und dann wieder bestechend charmant – Paris ist Regierungssitz und Universitätsstadt, Mode- und Kunstmetropole, multikulturell und dabei doch immer sehr französisch geblieben. Immer wieder wurde Paris im Lauf seiner langen Geschichte vergrößert, weil es aus allen Nähten zu platzen schien. Im heutigen Ballungsraum mit einer Fläche von 105 Quadratkilometern leben rund 12,5 Millionen Menschen – dies entspricht über 20% der französischen Gesamtbevölkerung. Das unaufhaltsame Wachstum dieser Stadt ist nicht zuletzt auf die Tatsache zurückzuführen, dass Paris keine Rivalinnen neben sich duldet: Unangefochten ist die Landeshauptstadt von jeher auch politischer, wirtschaftlicher, kultureller Mittelpunkt. Besonders sehenswert südlich der Seine ist natürlich der Eiffelturm, das zur Weltausstellung 1889 erbaute Wahrzeichen von Paris, eine 300 Meter hohe Eisenkonstruktion, die Ingenieur Gustave Eiffel in nur 16 Monaten errichten ließ. Die mit einem Lift erreichbare Aussichtsplattform gehört zu den größten Attraktionen der Stadt. Außerdem ist das Hôtel des Invalides, ein von König Ludwig XIV. für die Invaliden seiner zahllosen Kriege errichteter Gebäudekomplex mit kuppelgekröntem Dôme des Invalides, sehenswert. Nördlich der Seine liegt der wohl schönste Prachtboulevard der Welt: die Avenue des Champs-Élysées mit dem Arc de Triomphe und der Place de la Concorde – Paradebeispiele für die breiten Boulevards und geometrischen Plätze, die im Zuge der

Die gläserne Pyramide von Ieoh Ming Pei vor den Gebäudeflügeln des Louvre markiert seit 1989 den Haupteingang des weltbekannten Museums.

Stadterneuerung des 19. Jahrhunderts der französischen Hauptstadt ihr großstädtisches Gesicht schenkten. Was man ebenfalls nicht verpassen darf: die Parkanlage Jardin des Tuileries hin zum Louvre; die Place Vendôme mit noblen Geschäften; der Palais Garnier, ein prunkvolles Opernhaus des 19. Jahrhunderts; der Palais Royal aus dem 17. Jahrhundert. Im Künstler- und Amüsierviertel Montmartre steht die historische Getreidemühle Moulin de la Galette mit Gartenlokal. Vom Hügel der Sacré-Cœur hat man eine fantastische Aussicht über die Stadt. Die Friedhöfe Montmartre und Père Lachaise sind zwei der großen, um 1800 angelegten Nekropolen, die mit Grabmälern unzähliger Berühmtheiten aufwarten (Montmartre: Hector Berlioz, Jacques Offenbach, Heinrich Heine; Père Lachaise: Edith Piaf, Oscar Wilde, Marcel Proust). Lagepläne gibt es am Haupteingang. Im Vorort Saint-Denis kann man die frühgotische Kirche Saint-Denis, Grablege der französischen Könige, und Stade de France, ein gigantisches neues Fußballstadion, besichtigen.

03 Schloss Versailles

Südwestlich von Paris liegt Versailles. Der Name des Schlosses ist untrennbar mit dem Sonnenkönig Ludwig XIV. verbunden und ein Symbol absolutistischer Machtentfaltung. König Ludwig XIII. ließ an der Stelle des heutigen Prachtbaus zunächst ein kleines Jagdschloss errichten. Unter Ludwig XIV. erfolgte dann schrittweise der Ausbau zur heutigen immensen Größe, später kamen nur unbedeutende Erweiterungen wie die Oper unter Ludwig XV. hinzu. Zur Zeit des Sonnenkönigs war Versailles der Ort, an dem sich jeder aufhalten musste, der irgendeinen Einfluss im Staat haben wollte. Neben den großen prunkvollen Empfangssälen wie Spiegelgalerie, Venussaal, Herkulessaal oder Saal des Überflusses gab es die ebenfalls

Das 580 Meter lange Gemäuer von Schloss Versailles und seine Parkanlagen vor den Toren von Paris zählen zu den größten Attraktionen Frankreichs.

Bildleiste von oben:
Die unterschiedlichen Türme von Notre-Dame de Chartres stammen aus dem 12. und 15. Jahrhundert.

Malerisch über der Loire erhebt sich die Kathedrale von Orléans.

prachtvoll ausgestatteten Privatgemächer von König und Königin. Ein Kleinod ist die Oper, die 1770 fertiggestellt wurde. Vorbei an den zauberhaften Wasserspielen des Bassin d'Apollon geht es in die weitläufigen Parkanlagen, in denen sich Grand Trianon, Petit Trianon und Le Hameau befinden. Ersteren ließ Ludwig XIV. errichten, ein Flügel war für ihn selbst, der andere für seine Geliebte, Madame de Maintenon. Der Petit Trianon entstand für die Favoritinnen von Ludwig XV. Fast eine Absurdität ist der Hameau, ein kleines Dorf mit Bauernhof, Meierei, Mühle und Taubenhaus, wo Marie Antoinette »Bäuerin« spielte, was ihr bei den Anhängern der Revolution keine Sympathien einbrachte: Sie wurde enthauptet.

04 Schloss Rambouillet

Das Schloss ist zwar Sommersitz des französischen Staatspräsidenten, kann aber trotzdem besichtigt werden. Der Bau setzt sich aus Gebäudetrakten in verschiedenen Baustilen zusammen, darunter Gotik, Renaissance und Barock. Erst im Jahr 1783

Kathedrale von Chartres
Schon von Weitem wirkt dieses Urbild einer Kathedrale im Stil des Gothique classique beeindruckend, wenn sie wie eine Fata Morgana hoch über den weiten ebenen Kornfeldern der Beauce aufragt. Sie erweist sich auch bei näherer Betrachtung als ein Wunderwerk der gotischen Baukunst, dessen Großteil in der ersten Hälfte des 13. Jahrhunderts entstanden ist. Die Fassade, vor allem in der Portalzone, ist dank ihres reichen Skulpturenschmucks sehenswert, doch den größten Schatz birgt die Kathedrale in ihrem Inneren: Glasmalereien, wie sie in dieser Zahl und Schönheit wohl sonst nirgends zu sehen sind. Die bunten Glasfenster zeigen sowohl biblische als auch historische Szenen und boten so den meist des Lesens und Schreibens unkundigen Gläubigen reichlich Anschauungsunterricht. Von großer Schönheit sind auch die Rosetten, die in ihrem fein ziselierten Maßwerk ebenfalls ein umfangreiches Bildprogramm aufweisen. Die Süd- und Westrosetten illustrieren das Jüngste Gericht, die Ostrosette ist der Jungfrau Maria gewidmet.
www.chartres-cathedrale.fr
GPS 48.447806, 1.485648

kam das Schloss in königlichen Besitz, als Ludwig XVI. es als Jagdschloss erwarb. Erholsam ist ein Bummel im Park und im angrenzenden Wald. Auf dem Weg nach Orléans im Süden von Paris lohnt sich ein Abstecher nach Chartres, dessen Name untrennbar mit seiner berühmten gotischen Kathedrale verbunden ist.

05 Orléans

Die Kathedrale dieser Stadt (Sainte-Croix d'Orléans) ist zwar im gotischen Stil erbaut, stammt aber nur in geringen Teilen aus der Zeit der Gotik. Der in den Religionskriegen zerstörte Ursprungsbau wurde unter Heinrich VI. wiedererrichtet, die Baumeister des 18. und 19. Jahrhunderts bauten ebenfalls im gotischen Stil weiter. In der Maison de Jeanne d'Arc wohnte die Freiheitskämpferin 1429. Das Fachwerkhaus, das im Zweiten Weltkrieg zerstört wurde, ist heute originalgetreu rekonstruiert. Und natürlich darf in Orléans ein Standbild Jeanne d'Arcs nicht fehlen; man errichtete es 1855 auf der Place du Martroi. Nur wenige der vielen alten Bürgerhäuser und Adelspaläste haben die schweren Angriffe im Zweiten Weltkrieg überstanden, darunter das Hôtel Toutin mit einem herrlichen Renaissance-Innenhof.

Vor der Weiterfahrt Richtung Blois sollte man unbedingt noch einen Abstecher zum Wasserschloss Sully-sur-Loire rund 40 Kilometer südöstlich von Orléans unternehmen. Von der Universitäts- und Bischofsstadt selbst bieten sich Reisenden zwei Möglichkeiten, um nach Chambord, das abseits der Loire liegt, zu reisen: entweder am rechten Loire-Ufer bis Mer, wo eine Brücke über den Fluss führt, oder auf der linken Loire-Seite über schmale Landstraßen.

06 Schloss Chambord

Franz I. ließ das Schloss an der Stelle eines älteren Jagdschlosses errichten. Einsam in ausgedehnten Wäldern gelegen, entstand ein gigantisches Traumschloss mit sagenhaften 440 Zimmern und 70 Treppen. Als Gesamtanlage gleicht es einer Burg, hat Ecktürme, einen Wall und einen Wassergraben. Am Bau hat Leonardo da Vinci mitgewirkt, ihm wird auch die prachtvolle, raffinierte doppelläufige Wendeltreppe zugeschrieben, deren zwei Spiralen so ineinander verschlungen sind, dass Hinauf- und Herabgehende einander nicht sehen können. Einer der Reize des Schlosses beruht auf der einzigartigen Dachlandschaft mit ihrer

CAMPING HUTTOPIA VERSAILLES

Der kostenpflichtige gepflegte Campingplatz ist mit allen notwendigen Ver- und Entsorgungseinrichtungen, inklusive Duschen, Waschmaschinen, Wäschetrocknern, WiFi und Schwimmbad ausgestattet. Geöffnet von Ende März bis Anfang November. Er ist ideal gelegen, um Schloss Versailles (3 Kilometer) und Paris zu besuchen. Von der Station Viroflay-Rive-Gauche (ca. 1 Kilometer vom Campingplatz) ist man mit der RER-Linie C in 21 Minuten am Eiffelturm.

Rue Berthelot 31, 78000 Versailles
europe.huttopia.com, GPS 48.79429, 2.16092

AIRE DE CAMPING CARS LA CHAPELLE-ST-MESMIN

Dies ist ein sehr preiswerter, gepflegter Stellplatz mit allen nötigen Ver- und Entsorgungseinrichtungen sowie WiFi. Geöffnet von Anfang April bis Ende November. Der Platz liegt direkt am Ufer der Loire. Mit dem Fahrrad ist Orléans über einen Uferweg entlang des Flusses bequem zu erreichen (5 Kilometer).

Chemin de Fourneaux 1, 45380 Chapelle-Saint-Mesmin
GPS 47.88562, 1.84038

CAMPING MUNICIPAL DE L'ILE D'OR

Dieser ist ein schöner gebührenpflichtiger Platz auf einer Insel in der Loire in einer parkähnlichen Landschaft. Der Campingplatz verfügt über alle notwendigen Ver- und Entsorgungseinrichtungen, Duschen, Waschmaschinen, Trockner und WiFi. Spielplätze für Kinder sind auch vorhanden. Geöffnet von Ende März bis Ende November. Bis zum Schloss ist es zu Fuß ein Kilometer. Der Platz ist ein idealer Standort, um mit dem Fahrrad die Schlösser Chenonceau (14 Kilometer) und Chaumont (18 Kilometer) sowie die Stadt Tours (25 Kilometer) zu besuchen.

4 Allée des Mariniers, 37400 Amboise
www.camping-amboise.com, GPS 47.41688, 0.98724

Vielzahl an Türmchen und Kaminen. Franz I. hatte die Fertigstellung seines Schlosses nicht mehr erlebt, erst unter Ludwig XIV. wurde weitergebaut. König Ludwig XV. schenkte es dem Marschall von Sachsen, der das Schloss aufs Prächtigste renovieren ließ. Nach seinem Tod verfiel der Bau dann vorübergehend.

07 Blois

In der ersten Hälfte des 17. Jahrhunderts war Blois das Zentrum des politischen Geschehens in Frankreich. Mittelpunkt des Städtchens ist das Schloss. Nur selten prägen sich an einem Gebäude die einzelnen Bauphasen so deutlich aus wie hier: Ältester Bestandteil ist der in rotem Backstein mit weißen Tuffsteinverzierungen gehaltene Trakt von Ludwig XII. Weitaus prunkvoller ist der Flügel Franz I., ein Renaissancebau, der teilweise noch Spuren der französischen Gotik aufweist. An vielen Stellen ließ der König sein Wappentier, den Salamander, anbringen. Blickfang im Innenhof ist der im Stil der Renaissance gehaltene Treppenturm, von dem aus die königliche Familie Veranstaltungen im Hof beiwohnen konnte. Adelspaläste wie das Hôtel Sardini, das Hôtel d'Alluye oder das Hôtel de Guise machen deutlich, dass nicht nur der König, sondern auch zahlreiche Adelige an der Loire ihren Wohnsitz genommen hatten. Die Kathedrale Saint-Louis ist nicht gotisch, sondern stammt aus dem 17. Jahrhundert, weil der Vorgängerbau von einem Orkan zerstört worden war. Am Platz der Kathedrale liegt ein besonders hübscher Fachwerkbau, das Maison des Acrobates. Wer nicht auf gotische Kirchen verzichten möchte, kann Saint-Nicolas aus dem 12. und 13. Jahrhundert einen Besuch abstatten.

08 Schloss Cheverny

Das Schloss (1620 bis 1634 erbaut) ist noch heute im Besitz der Familie des Bauherren Henri Hurault. Wahrscheinlich ist es auch dieser Tatsache zu verdanken, dass das Schloss noch einen großen Teil der originalen prachtvollen Innenausstattung enthält. Besonders sehenswert sind die Deckengemälde im Speisesaal und im Schlafzimmer.

09 Schloss Chenonceaux

Die Geschichte des romantischen Lustschlosses prägten starke Frauen: Den Bau des Schlosses im frühen 16. Jahrhundert beaufsichtigte Cathérine Briçonnet, während sich ihr Mann in Italien aufhielt. Nach dem Tod Bohiers fiel das Gebäude an die Krone und Heinrich II. schenkte es seiner Geliebten Diane de Poitiers. Sie ließ den Bau als Brücke über den Fluss Cher fortführen. Nach dem Tod Heinrichs beanspruchte seine Ehefrau, Katharina von Medici, das Schloss für sich. Ihr ist es zu verdanken, dass die Brücke im florentinischen Stil mit einer Galerie überdacht wurde. Danach verbrachte die Witwe Heinrichs III., Louise de Lorraine, ihr Leben in Trauer in dem eigentlich heiter wirkenden Schloss. Reges Geistesleben kehrte dann im 18. Jahrhundert mit der bürgerlichen Louise Dupin ein, die das Schloss vor den Zerstörungen der Revolution rettete. Nur wenig ist von der ursprünglichen Ausstattung erhalten, doch hat man Renaissancemobiliar verwendet, um so einen Eindruck der einstigen Einrichtung zu vermitteln. Hübsch anzusehen ist auch die Küche, die sich im Brückenpfeiler befindet. Hier hängen und stehen die glänzenden Kupfertöpfe und -pfannen in Reih und Glied.

10 Schloss Amboise

Auf einem Hügel, der steil zur Loire hin abfällt, steht das erste bedeutende Renaissance-Schloss Frankreichs. Zwar ist das Bauwerk nur in Teilen erhalten, besitzt aber noch immer eine beeindruckende Größe und Pracht. Im Jahr 1496 brachte Karl VIII. von einem Italien-Feldzug Künstler, Handwerker und Kunstwerke dorthin. Die mächtigen Türme waren im Inneren so eingerichtet, dass ein Reiter zu Pferd in die oberen Stockwerke gelangen konnte. Ein Zeugnis gotischer Baukunst stellt die Chapelle St-Hubert dar.
Nicht weit vom Schloss liegt das Schlösschen Le Clos-Lucé, in dem Leonardo da Vinci seine letzten Lebensjahre verbrachte. Franz I. hatte das italienische Universalgenie nach Frankreich geholt. Hier erinnert ein kleines Museum, das Modelle von Leonardos Erfindungen zeigt, an den großen italienischen Künstler.
Im unterhalb des Schlosses gelegenen Städtchen stammen noch eine Reihe von Häusern und der Uhrenturm aus der großen Zeit der Region. Von Amboise führt dann eine kleine Straße entlang der mittleren Loire nach Tours.

11 Tours

Dieser Stadt verdankt die Via Turonensis ihren Namen. Das Grab des heiligen Martin war ein ganz wichtiges Etappenziel auf dem Weg der frommen Jakobspilger. Die alte Basilika Saint-Martin rissen die Revolutionäre Ende des 18. Jahrhunderts ab. Die neue Basilika Saint-Martin im neobyzantinischen Stil mit dem Grab des Heiligen, das 1890 geweiht wurde, ist ein Beispiel für die monumentale Kirchenbaukunst jener Zeit, die sich aller Stile bediente. Die Kathedrale Saint-Gatien ist der kunsthistorisch wichtigste Kirchenbau der Stadt. Einen schönen Blick auf das Maßwerk der Türme und auf die fein gehauenen Strebebögen hat man vom zweistöckigen Kreuzgang aus. In der Altstadt selbst glaubt man sich stellenweise – wie etwa an der Place Plumereau – ins Mittelalter zurückversetzt: Schmucke Fachwerkhäuser mit spitzen Giebeln und oft auch geschnitzten Balken zeugen vom großen Reichtum der damaligen Kaufleute. In den historischen Räumen des Château Royal (13. Jahrhundert) werden Ausstellungen zeitgenössischer Kunst und Fotografie gezeigt.

12 Schloss Villandry

Das letzte große Schloss, das in der Renaissance an der Loire gebaut wurde, verfiel im 19. Jahrhundert, aus den Gärten wurde ein englischer Park. Im Jahr 1906 kaufte es die spanische Familie Carvallo, der die Renovierung des Schlosses und vor allem die Rekonstruktion der Gärten im Stil der Renaissance zu verdanken ist. Und so sind es heute in erster Linie die Liebhaber historischer Gartenkunst, die dieses Schloss besuchen. Egal, ob Blumen- oder Gemüsebeete, alles ist in kunstvollen Formen angelegt.

Bildleiste von oben:
Es waren meist Frauen, die auf Schloss Chenonceaux am Ufer des Cher den Ton angaben.

Am Steilufer der Loire stehen Reste des einst bedeutendsten Schlosses Frankreichs: Amboise.

Chateau de Chambord liegt malerisch am Ufer der Loire.

Im Loiretal laden Stellplätze zu einer Übernachtung inmitten einer herrlichen Kulturlandschaft ein.

13 Schloss Azay-le-Rideau

Das Schloss am Indre, das in den Jahren 1519 bis 1524 erbaut wurde, besticht sowohl durch die Harmonie seiner Proportionen als auch durch seine romantische Lage am Wasser, dem früheren Wehrgraben. Seinem Bauherrn, dem Bürgermeister von Tours, Gilles Berthelot, brachte es allerdings nicht viel Glück. Wie auch andere französische Könige ertrug es Franz I. nicht, wenn seine Untertanen ihren Reichtum allzu offen zur Schau stellten. Er bezichtigte den Bürgermeister kurzerhand der Unterschlagung und beschlagnahmte den Prachtbau.

14 Schloss Ussé

Das Chateau d'Ussé, ebenfalls am Indre gelegen, wurde auf den Mauern einer befestigten Burg in der zweiten Hälfte des 15. Jahrhunderts errichtet. Mit seinen Türmchen und Zinnen sowie seiner Lage am Waldrand kann man sich leicht vorstellen, dass es Märchendichter inspirierte. In der gotischen Kapelle befindet sich ein bedeutendes Kunstwerk der italienischen Renaissance, eine Terrakotta-Madonna des Florentiners Luca della Robbia.

15 Saumur

Pferdeliebhabern in der ganzen Welt dürfte der Name Saumur nicht fremd sein. Die im Jahr 1763 gegründete Kavallerieschule besteht als Nationale Reitschule fort. Das auf einem Hang über der Stadt liegende Schloss wurde in der zweiten Hälfte des 14. Jahrhunderts errichtet. Heute sind darin zwei Museen untergebracht: ein Museum für dekorative Kunst und das Musée du Cheval. In der Altstadt verdienen einige Fachwerkhäuser, beispielsweise an der Place St-Pierre, das Rathaus, das im Jahr 1508 als Patrizierpalais entstand, und die zahlreichen Villen aus dem 17. Jahrhundert Beachtung. In die gotische Kirche Notre-Dame de Nantilly ist im Seitenschiff, das Ludwig XI. im Flamboyant-Stil erbauen ließ, eine Betkapelle durch eine Inschrift als Oratorium des Königs ausgewiesen. Und für Regentage bietet sich das Champignon-Museum als weiteres originelles Museum an. Die edlen Pilze werden nämlich in der Umgebung der Stadt in zahlreichen Tuffsteinhöhlen gezüchtet. Vom westlichsten Punkt der Reise entlang der Loire führt der Weg nun 11 Kilometer zurück zur Abtei von Fontevraud.

16 Fontevraud-l'Abbaye

Die Abtei wurde im Jahr 1101 gegründet und bestand bis ins 19. Jahrhundert. In der hohen, lichten Abteikirche (geweiht 1119) befindet sich das Grabmal von Eleonore von Aquitanien. Durch ihre Heirat mit Heinrich Plantagenet (der spätere Heinrich II. von England) kam Südwestfrankreich zu England. Eleonores Gatte sowie der gemeinsame Sohn, Richard Löwenherz, sind ebenfalls in Fontevraud begraben. Der im 16. Jahrhundert errichtete Kreuzgang ist der größte in ganz Frankreich. Der originellste Bau der Anlage ist jedoch die im romanischen Stil gehaltene Klosterküche, die die mit ihren Apsiden fast wie eine Kapelle wirkt.

17 Chinon

Das hoch über den Ufern der Vienne gelegene burgähnliche Schloss spielte in der französischen Geschichte eine wichtige Rolle. Hier begegnete Jeanne d'Arc zum ersten Mal Karl VII. und erkannte ihn, obwohl er sich zwischen seinen Höflingen versteckte und sie ihn nie zuvor gesehen hatte. Heute sind ihr zwei Säle mit Kunstobjekten aus dem 18. bis 20. Jahrhundert, die in Zusammen-

hang mit der Heldin stehen, gewidmet. Im großen Turm, dem Tour de l'Horloge, ist der mittelalterliche Mechanismus zu sehen, mit dem die Glocke geläutet wurde. Weite Teile des Schlosses aus dem 10. bis 15. Jahrhundert existieren heute nur noch als Ruinen. Ein Höhepunkt beim Besuch des Schlossbergs ist der weite Blick über das Tal der Vienne.

18 Châtellerault

Der heute unbedeutende Ort war für die Jakobspilger einstmals ein wichtiger Rastplatz. Durch die Porte Sainte-Catherine betraten nicht nur die Wallfahrer, sondern auch Jeanne d'Arc den Ort. Die Kirche St-Jacques, das Ziel der Jakobspilger, wurde mit einem aufwendigen Glockenspiel versehen. Einige Bürgerhäuser lassen noch erahnen, wie das Leben im 15. Jahrhundert ablief, so etwa das Logis Cognet.

19 Poitiers

Die alte Stadt, eine wichtige Etappe auf dem Weg der Jakobspilger, hatte in Herzog Jean de Berry einen wichtigen Förderer. So war sie bis in die zweite Hälfte des 16. Jahrhundert ein Zentrum geistlichen und wissenschaftlichen Lebens, ihre Kirchen zeugen noch heute davon.

20 Marais Poitevin

Im westlich von Poitiers gelegenen und sich bis zur Küste hin erstreckenden Sumpfland scheint die Zeit stehen geblieben zu sein. Das wichtigste und oft einzige Fortbewegungsmittel in der Venise verte (»Grünes

PARKIN RUE DU STADE"

Der große gebührenpflichtige Platz befindet sich auf einem parkähnlichen Gelände an der Indre. Der Stellplatz verfügt über alle notwendigen Ver- und Entsorgungseinrichtungen und ist ganzjährig geöffnet. Das Schloss Azay-le-Rideau ist in Sichtweite, der Fußweg dorthin beträgt 700 Meter.

Rue du Stade 1, 37190 Azay-le-Rideau
GPS 47.25860, 0.46923

PARKING FUTUROSCOPE

Auf diesem großen, gebührenpflichtigen Platz sind alle notwendigen Ver- und Entsorgungseinrichtungen vorhanden. Er ist ganzjährig geöffnet. Der Themenpark Futuroscope beschäftigt sich mit den Medientechnologien der Zukunft – ein außergewöhnlicher Freizeitpark. Bis nach Poitiers sind es 11 Kilometer.

Avenue du Futuroscope, 86360 Chasseneuil-du-Poitou
www.futuroscope.com, GPS 46.66381, 0.36792

Links unten: Place Charles de Gaulle in Poitiers.

Unten: 900 Jahre Geschichte erzählt die Abtei von Fontevraud und dient als Grablege berühmter Persönlichkeiten wie Heinrich II. von England oder Richard Löwenherz.

Bildleiste von oben:
Trutzige alte Festungstürme wachen an der Hafeneinfahrt von La Rochelle.

Über Saint-Émilion ragt der gotische Glockenturm der Felsenkirche auf.

Venedig«) ist ein Boot mit flachem Boden. Unbedingt einen Besuch lohnen die romanischen Kirchen von Parthenay-le-Vieux rund 50 Kilometer westlich von Poitiers, wohin es vor der Weiterfahrt nach Saint-Jean d´Angély zurückgeht.

21 Saint-Jean d'Angély

Heute in Bedeutungslosigkeit versunken, war der Ort einst für die Jakobspilger ein wichtiges Ziel, galt es doch, dort dem Haupt Johannes des Täufers die Ehre zu erweisen. Von der gotischen Kirche sind nur noch Ruinen vorhanden, doch eine Reihe schöner Fachwerkhäuser, die Tour de la Grosse Horloge (Uhrturm) von 1406, ein kunstvoller Brunnen aus dem Jahr 1546 und die Abtei, die im 17. Jahrhundert wiedererrichtet wurde, vermögen den heutigen

Besucher in die Vergangenheit zu versetzen. Von hier lohnt sich ein Abstecher zur Hafenstadt La Rochelle am Atlantik. Diese dient auch als Ausgangspunkt für eine Fahrt zur Île de Ré an der Westküste.

22 Saintes

Die Hauptstadt der Saintonge blickt auf eine lange Geschichte zurück, deren Zeugnisse auch heute noch zu sehen sind. Aus römischer Zeit stammt der Arc de Germanicus, der ursprünglich den Zugang zu einer Brücke bildete. Bei der Abtragung der Brücke wurde er gerettet und am rechten Ufer wieder aufgestellt. Die heute von Grün überwachsene Ruine des Amphitheaters aus dem 1. Jahrhundert bot einst 20 000 Zuschauern Platz. Auch das Mittelalter hat beeindruckende Spuren hinterlassen: Die Abbaye aux Dames wurde 1047 gegründet, die romanische Kirche entstand im 11. und 12. Jahrhundert. Die gotische Kathedrale Saint-Pierre errichtete man im 13. und 14. Jahrhundert, der Turm wurde im 17. hinzugefügt. Die Kirche Saint-Eutrope (Ende 11. Jahrhundert) war das Ziel der Jakobspilger; hier beteten sie in der geräumigen Krypta am Grab des Stadtheiligen Eutropius. Von Saintes biegt man südöstlich nach Cognac ab.

23 Cognac

Die Stadt am Ufer der Charente steht heute ganz im Zeichen des gleichnamigen Getränks, das feine Nasen beim Bummel durch die Stadt riechen können. Im Schloss der Valois (15. und 16. Jahrhundert) befindet sich eine Cognac-Brennerei. Im Rathaus kann man sich in einer Ausstellung genauer über die Geschichte und die Herstellung des edlen Brandes, der fünf bis 40 Jahre lang reifen muss, informieren. Einige der Kellereien bieten interessante Führungen durch ihre Räume an. Die nächste Etappe führt uns nach Libourne.

24 Libourne

Das Städtchen ist eine typische Bastide, ein befestigter Ort, der in jener Zeit angelegt wurde, als der Südwesten Frankreichs Zankapfel zwischen England und Frankreich war (1150–1450). Alle Bastides besitzen eine schachbrettartige Gliederung sowie einen großen Marktplatz und sind von einer Mauer umgeben. Libourne entstand um 1270. Lange Zeit war der Hafen an der Dordogne von großer Bedeutung für die Verschiffung des Weins aus der Region. Heute empfiehlt sich ein Bummel über die Place Abel Surchamp. Sehenswert ist auch das kleine Museum Beaux-Arts et d'Archéologie im Rathaus.

25 Saint-Émilion

Inmitten von Weingärten, die zur Appellation St-Émilion gehören und hochwertige Weine liefern, erhebt sich das Städtchen, dessen Anfänge auf ein Kloster zurückgehen. Eine ganz besondere Sehenswürdigkeit ist die Felskirche (9. bis 12. Jahrhundert), deren unauffällige Fassade dem hübschen Marktplatz zugewendet ist. Aus dem 12. Jahrhundert stammt die Kollegiatskirche, das Hauptschiff ist romanisch. Nicht versäumen sollte man einen Blick in den sehr gut erhaltenen Kreuzgang. Hoch überragt der Donjon, ein Überrest der königlichen Festung, die Stadt. Hier tagt die Weinbruderschaft »Jurade« und beurteilt die neuen Weine; von der Plattform des Turms erklären die Mitglieder alljährlich die Weinlese feierlich für eröffnet. Wer Zeit hat, besucht eines der vielen Weingüter.

26 Bordeaux

Die alte Stadt an der Garonne ist seit alters vom Handel geprägt – in erster Linie vom Weinhandel. Ein Ereignis prägte die Stadt besonders: Im Jahr 1154 kam Bordeaux unter englische Herrschaft. Dank des großen Interesses der Engländer an den Weinen der Region nahm der Handel einen bedeutenden Aufschwung. Auch als Bordeaux längst wieder französisch war, blieb die enge Bindung an die britischen Inseln. Als Ausgangspunkt für einen Stadtbummel eignet sich die Place de la Comédie mit der klassizistischen Säulenfront des Grand Théâtre. Die Esplanade des Quinconces gilt als größter Platz Europas. Von den Kirchen der Stadt sollte man einige nicht verpassen. Die Kathedrale Saint-André entstand zwischen dem 13. und 15. Jahrhundert und fasziniert mit der Porte Royale, einem prachtvollen, reich mit Skulpturen geschmückten Portal. Neben der Kirche steht die Tour Pey-Berland, ein frei stehender Turm. Etwas später, im 14. bis 16. Jahrhundert, entstand die Kirche Saint-Michel, die im 17. Jahrhundert barock ausgestattet wurde. Wer auf den Spuren der Pilger unterwegs ist, sollte Saint-Seurin einen Be-

CAMPING CAMPÉOLE LES AMIS DE LA PLAGE

Der malerische Platz direkt am Strand auf der Île de Ré ist mit allen notwendigen Ver- und Entsorgungseinrichtungen sowie WiFi und einem Blick auf das Meer ausgestattet. Ganzjährig geöffnet. 22 Kilometer sind es bis nach La Rochelle.

Avenue du Pas des Boeufs 68
17580 Le Bois-Plage-en-Ré, GPS 46.17723, -1.38821

CAMPING AU FIL DE L'EAU

Auf dem großen gebührenpflichtigen parkähnlichen Areal gibt es alle notwendigen Ver- und Entsorgungseinrichtungen, inklusive Duschen und WiFi. Der Fußweg zur Altstadt beträgt etwa 1 Kilometer, bis zu den Ruinen des Amphitheaters sind es 2 Kilometer.

Rue de Courbiac, 17100 Saintes, GPS 45.75526, -0.62698

Bildleiste von oben:
Ein Abstecher über den 1709 Meter hohen Col d'Aubisque ist ein herrlicher Umweg in den Pyrenäen und auch mit dem Wohnmobil gut zu bewältigen.

Der Nive fließt durch die Stadt Saint-Jean-Pied-de-Port.

such abstatten. Die Anbetung des heiligen Severin war ein wichtiger Punkt im Programm der Jakobspilger. Die frühromanische Krypta stammt aus jener Zeit. Bordeaux hat darüber hinaus noch vieles mehr zu bieten, etwa die Stadttore Cailhau, Aquitaine, Monnaie und Dijeaux; den Pont de Pierre (steinerne Brücke) und die moderne hoch aufragende Pont d'Aquitaine aus dem Jahr 1967. Wer sich für die weltberühmten Weingüter der Region interessiert, dem empfiehlt sich die rund 50 Kilometer lange Fahrt entlang der Gironde nach Pauillac zum berühmten Château Mouton-Rothschild.

27 Les Landes

So heißt die typische Landschaft südlich von Bordeaux. Sie ist geprägt von flachem, sandigem Boden, auf dem lichte Nadelwälder wachsen. Diese Wälder wurden einst von Menschenhand gepflanzt und dienen auch heute noch der Forstwirtschaft (vorwiegend der Gewinnung von Harz). Die Hauptstadt der Landes ist das

etwas abseits der Route gelegene Mont-de-Marsan im Südosten der Region. Sie birgt einige sehenswerte romanische Häuser sowie den Donjon Lacataye, den Bergfried einer Burg aus dem 15. Jahrhundert, und einige sehr hübsche Parkanlagen.

28 Dax

Die kleine Stadt am Adour zählt zu den am stärksten frequentierten Thermalbädern Frankreichs. Aus der Fontaine de la Néhé sprudelt 64 °C heißes Wasser. Sehenswert ist zudem die Kathedrale, die aus dem 17. Jahrhundert stammt. Kunsthistorisch bedeutender ist die Apostelpforte aus dem gotischen Vorgängerbau. Ein Besuch des Musée Borda in einem schönen Stadtpalais sowie ein Bummel an den Ufern des Adour runden den Besuch ab. Wen es ans Meer zieht, der kann von Dax aus 40 Kilometer zum südlichen Ende der Côte d'Argent fahren, zur Côte des Basques nach Biarritz. Wer dagegen Bergluft in den Pyrenäen schnuppern möchte, der setzt die landschaftlich herrliche Route Richtung Südosten nach Orthez fort.

29 Saint-Jean-Pied-de-Port

Im Mittelalter war das schon in den Bergen liegende Städtchen ein wichtiger Rastplatz für die Pilger, der letzte vor der anstrengenden Überquerung der Pyrenäen über den 1057 Meter hohen Puerto de Ibañeta nach Roncesvalles in Spanien. Den mittelalterlichen Charakter hat sich der Ort bis heute bewahren können. Das Ufer des Nive ist von Häusern aus dem 16. und 17. Jahrhundert und der gotischen Kirche Notre-Dame-du-Bout-du-Pont gesäumt.

30 Bayonne

Die Hauptstadt des Pays Basque (Baskenland) liegt in einer dicht besiedelten Region, hat sich aber in ihrem Ortskern mit vielen Brücken an zwei Flüssen, weiten Plätzen und dicht gedrängten Häuserzeilen um die gotische Kathedrale Sainte-Marie viel Charme erhalten können. Berühmt ist das Stadtfest, das alljährlich am zweiten Augustwochenende stattfindet. Sehenswert sind u. a. die Grand Bayonne mit ihren stattlichen Bürgerhäusern und der oben genannten gotischen Kathedrale. Am anderen Nive-Ufer befindet sich die Petit Bayonne mit wunderschönen Fachwerkbauten und einem namhaften Kunstmuseum, dem Musée Bonnat. Das Musée Basque klärt hingegen über die Kultur der Basken auf. Von Bayonne ist es ein Katzen-

CHATEAU ARNAUD DE JACQUEMEAU

Dieser kostenlose Stellplatz befindet sich mitten in den Weinbergen (mit Dégustation). Ganzjährig geöffnet. Der Fußweg durch die Weinberge nach St-Émilion beträgt etwa 3 Kilometer.

2 Jacquemeau, 33330 Saint-Émilion
GPS 44.89924, -0.18083, www.arnaud-de-jacquemeau.com

CHÂTEAU SAINT AHON

Auf dem Gelände des Château Saint Ahon liegt dieser kostenpflichtige Stellplatz. Weinproben sind möglich. Das Zentrum von Bordeaux ist 12 Kilometer entfernt. Vom Gare de Blanquefort fährt die Bahn in etwas mehr als 20 Minuten ins Zentrum. Vom Stellplatz bis zum Bahnhof sind es 1,7 Kilometer.

57 Rue de Saint Ahon, 33290 Blanquefort
GPS 44.92756, -0.63188

AUSFLUGSZIELE

Weinregion Bordeaux

Die Stadt Bordeaux eignet sich hervorragend, um das sie umgebende Weinpardies zu erkunden. Das Bordelais mit seinen rund 120 000 Hektar Rebfläche gilt als das größte zusammenhängende Anbaugebiet für Qualitätswein weltweit. Es erstreckt sich an den Ufern der Flüsse Garonne und Dordogne sowie am Zusammenfluss beider in einem langen Mündungsgebiet bis fast zum Atlantik. Etwa 3000 Weingüter (Châteaux) liegen verstreut auf die fünf Gebiete Médoc, Graves, Entre-Deux-Mers (auch »Toskana des Bordelais« genannt), Blayais und Bourg/Libournais. Erzeugt werden vor allem trockene, langlebige Rotweine, die im Gebiet des »linken Ufers« der Garonne fruchtiger und in den Appellationen von Saint-Émilion und Pomerol (»rechtes Ufer«) sanfter und voller ausfallen. Viele von ihnen zählen zu den berühmtesten und teuersten Tropfen der Welt. Gewonnen werden sie vor allem aus den drei Rebsorten Cabernet Sauvignon, Merlot und Cabernet Franc. Die Spitze stellen die edelsüßen Sauternes aus der Sémillon-Traube dar, erzeugt um den gleichnamigen Ort und im nahen Barsac. Die charaktervollsten trockenen Weißweine – meist auf der Basis von Sauvignon Blanc – stammen aus dem Bereich Graves. Seit 1991 gibt es auch eine Appellation für Schaumwein, den Crémant de Bordeaux. Insgesamt existieren für das Weinbaugebiet rund 50 verschiedene AOC (Appellation d'Origine Contrôlée).
www.bordeaux.com

sprung bis zum Seebad Biarritz an der Küste. Der Bade- und Kurort Biarritz verströmt das Flair der Belle Époque. 1854 begann mit einem ersten Besuch der Kaiserin Eugénie der kometenhafte Aufstieg des zuvor unbedeutenden Fischerdorfs zur mondänen Sommerfrische. Ihr Ehegatte Napoléon III. ließ eine Residenz – das heutige Hôtel du Palais – hier errichten, in der sich das Paar fortan regelmäßig aufhielt. In der Folgezeit entdeckten weitere Angehörige der europäischen Monarchien und des Hochadels den Ort. Inzwischen tummeln sich hier vorwiegend Brandungssurfer wegen der hohen Wellen des Biarritzer Atlantikstrands.

AIRE DE CAMPING-CARS DU FRONTON

Auf diesem schattigen, parkähnlichen und kostenpflichtigen Platz gibt es alle notwendigen Ver- und Entsorgungseinrichtungen sowie WiFi. Ganzjährig geöffnet. Zu Fuß sind es 500 Meter bis ins Ortszentrum, 1 Kilometer bis zur Zitadelle.

Chemin d'Eyheraberry 3, 64220 Saint-Jean-Pied-de-Port
GPS 43.15925, -1.23691

AIRE DE CAMPING-CARS DE LA BARRE

Auf dem einfachen, sonnigen und gebührenpflichtigen Platz an der Mündung der Adour in den Atlantischen Ozean gibt es keinerlei Versorgungseinrichtungen. Ganzjährig geöffnet. Bis zum Strand sind es 800 Meter; Strandspaziergang nach Biarritz: 7 Kilometer.

Avenue de l'Adour, 64600 Anglet
GPS 43.52657, -1.51698

PYLA CAMPING

Dieser ist ein Komfort-Campingplatz in einem Pinienwald mit eigenem Pool, Restaurant, Minimarkt sowie allen notwendigen Ver- und Entsorgungseinrichtungen, Duschen, Waschmaschinen, Wäschetrocknern und WiFi. Geöffnet von Anfang April bis Anfang Oktober. Ein Campingplatz der Extraklasse, auch im Preis. Der Weg zum Strand beträgt 1 Kilometer, zur Dune du Pyla drei.

Grande Dune du Pyla, 33115 Pyla sur Mer
www.pyla-camping.com, GPS 44.57785, -1.21327

Mondänes Flair herrscht an der französischen Atlantikküste vor. Im Bild: die Grande Plage mit dem Kasino in Biarritz.

Château Mouton-Rothschild *Dieses ist eines der weltberühmten unter den vielen Weingütern im Médoc. Auf etwa 80 Hektar werden vor allem Cabernet-Sauvignon-Trauben angebaut.*

Abbaye de la Sauve-Majeure
Die Ruinen der Benediktinerabtei sind seit 1998 als Teil des Jakobswegs von der UNESCO geschützt. Im Mittelalter war die Abtei eine bedeutende Pilgerstätte, verfiel jedoch im 19. Jahrhundert völlig.

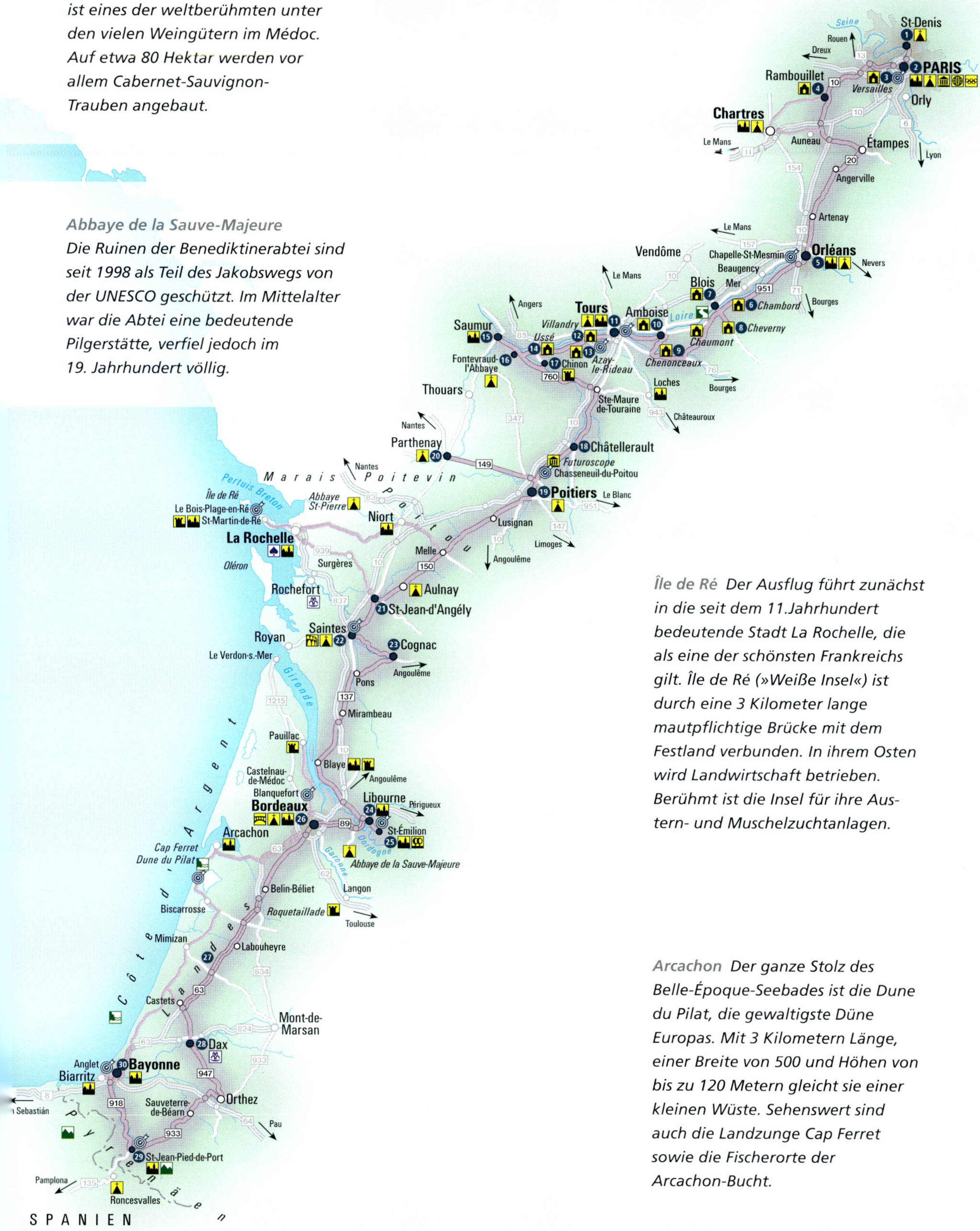

Île de Ré *Der Ausflug führt zunächst in die seit dem 11. Jahrhundert bedeutende Stadt La Rochelle, die als eine der schönsten Frankreichs gilt. Île de Ré (»Weiße Insel«) ist durch eine 3 Kilometer lange mautpflichtige Brücke mit dem Festland verbunden. In ihrem Osten wird Landwirtschaft betrieben. Berühmt ist die Insel für ihre Austern- und Muschelzuchtanlagen.*

Arcachon *Der ganze Stolz des Belle-Époque-Seebades ist die Dune du Pilat, die gewaltigste Düne Europas. Mit 3 Kilometern Länge, einer Breite von 500 und Höhen von bis zu 120 Metern gleicht sie einer kleinen Wüste. Sehenswert sind auch die Landzunge Cap Ferret sowie die Fischerorte der Arcachon-Bucht.*

ROUTE 13

ELSASS UND VOGESEN

170 Kilometer weit schlängelt sich die »Route des Vins d'Alsace« auf tadellosen, aber oft kurvenreichen Straßen von Marlenheim westlich von Strasbourg südwärts über Obernai und Colmar bis nach Thann. Zurück geht es in weitem Bogen und über bis zu 1200 Meter hohe Pässe auf der Vogesen-Kammstraße nach Sélestat. Weltberühmte Winzer- und Schlemmerorte wie Barr oder Riquewihr sowie bekannte Klöster und Burgen, allen voran Haut-Kœnigsbourg und Mont Sainte-Odile, säumen den Weg. Flammkuchen und das berühmte elsässische Choucroute garnie werden hier überall angeboten. Abstecher führen in altehrwürdige Städte wie Obernai oder Colmar. Die Rückfahrt erfolgt auf dem Höhenrücken der Vogesen.

Die Straßen in den Weinbaugebieten sind zwar häufig sehr schmal, aber dennoch gut zu fahren. Schwierigkeiten bereitet so manches Mal die Parkplatzsuche. Es ist nicht immer einfach, mit einem größeren Mobil in den kleinen Weinbauorten einen geeigneten Parkplatz zu finden. Auf dem Höhenrücken der Vogesen hat man dieses Problem nicht.

Wer Strasbourg besuchen will, sollte daran denken, dass es hier eine Umweltzone gibt. Um diese befahren zu dürfen, wird eine Umweltplakette, die sogenannte Vignette Crit'Air, benötigt. (Bestellung und Infos unter www.certificat-air.gouv.fr, auch in deutscher Sprache). Von der Bestellung bis zum Empfang der Plakette können bis zu vier Wochen vergehen, also rechtzeitig darum kümmern! Fahrzeuge, die vor 2006 zugelassen wurden, sind unter Umständen von Fahrverboten betroffen. Wir empfehlen für einen Besuch der Stadt Strasbourg, das Fahrzeug in Kehl abzustellen und mit dem Fahrrad oder der Tram in die Stadt zu fahren. Für den weiteren Weg ins Elsass kann man auf die Rheinbrücke bei Illkirch-Graffenstaden ausweichen und damit Strasbourg umfahren.

Hunawihr ist ein typisches Dorf an der elsässischen Weinstraße.

Oh là là

Von der Haupt- und Europastadt Strasbourg schlängelt sich diese Route durch sanft geschwungene Weinberge über den imposanten Kamm der Vogesen bis kurz vor Mulhouse.

Das Liebfrauenmünster zu Strasbourg ist ein Meisterwerk der Gotik und zählt zu den größten Sandsteinbauten der Welt.

ROUTE 13

Streckenlänge: ca. 350 km
Zeitbedarf: ca. 1 Woche
Routenverlauf (Hauptorte): Strasbourg, Molsheim, Barr, Colmar, Rouffach, Guebwiller, Thann, Col de la Schlucht, Munster, Sélestat
Charakteristik: Einige Weingüter bieten eigene Wohnmobilstellplätze. Um die Natur zu erkunden, bieten sich zahlreiche Wander- und Radwege an.
Informationen:
www.visit.alsace/de
www.france.fr/de

Hier geht's zum GPS-Track

01 Strasbourg (Straßburg)

Nach dem Stadtbummel in der Hauptstadt der Region Elsass geht es auf der N4 zunächst nach Westen, nach Marlenheim und zu einem kleinen Abstecher nach Saverne. Zurück im Ort Marlenheim folgt man den Schildern der »Route des Vins d'Alsace« Richtung Süden. Das Elsass gilt als das Paradies für Weinliebhaber. Und mitten hindurch führt die Elsässer Weinstraße. 5600 Winzerfamilien leben hier, westlich der Achse Strasbourg–Mulhouse, vom Rebensaft, der zwischen den Ausläufern der Vogesen und der Rheinebene so gut gedeiht. Als »Carrefour de l'Europe« wird die elsässische Hauptstadt bezeichnet – Schnittpunkt Europas nicht nur in verkehrsgeografischer, sondern auch kultureller Hinsicht. Die Stadt an der Mündung von Ill, Rhein-Marne- und Rhein-Rhône-Kanal in den Rhein ist Sitz mehrerer europäischer Institutionen: Europarat, Europäischer Gerichtshof für Menschenrechte und das Europäische Parlament tagen hier. Außerdem besitzt die alte Bischofsstadt drei Universitäten, etliche Museen von Rang, Theater, Opern und eine von Feinschmeckern gepriesene Dichte an Gourmettempeln. Hauptattraktion ist jedoch ihre von zwei Armen der Ill umflossene, trotz Kriegsschäden exzellent erhaltene Altstadt mit romantischen Fachwerkquartieren, gemütlichen Weinstuben und malerischen Quais. Das bedeutendste Bauwerk der Stadt ist das Münster, eine besonders prachtvolle Schöpfung der Spätgotik. Linkerseits des Westportals steht die über und über mit Schnitzereien bedeckte Maison Kammerzell, das wohl schönste Fachwerkhaus der Stadt. Auch die umliegenden Gassen und Plätze, die Rue Mercière, Rue Gutenberg, der Fischmarkt oder etwa die Place Marché-aux-Cochons-de-Lait, sind von entzückenden Häusern mit Erkerchen, Gauben und reichlich Fachwerk gesäumt. Südlich der Kirche erhebt sich das Palais Rohan, die barocke erzbischöfliche Residenz mit Prunkgemächern und erstklassigen Museen. Sehenswert sind auch das Elsässische Museum (Volkskunst und -traditionen) und jenes für Moderne und Zeitgenössische Kunst.

Das von Landwirtschaft, Weinbau und Tourismus geprägte Marlenheim markiert den nördlichsten Punkt an der Elsässer Weinstraße. Ein Schmuckstück ist die Kapelle der Schmerzhaften Jungfrau (17. Jahrhundert).

Anheimelnd ist in der westlichen Altstadt das Gerberviertel »Petite France« mit seinen Gässchen, Brücken, Stegen und alten Mühlen. Hier ist die Ill allgegenwärtig, die sich zu einem Delta mit fünf Armen und idyllischen Uferpromenaden auffächert. Einen krassen stilistischen Gegensatz bildet das Europaviertel am nordöstlichen Stadtrand mit den futuristischen Gebäuden des Europaparlaments bzw. des Europarats. Dank seiner charmanten baumbestandenen Plätze einen Spaziergang wert ist auch das Viertel rund um Place Kléber und Place Broglie.

02 Marlenheim

Das schmucke Städtchen, dessen Altes Zollhaus den offiziellen Ausgangspunkt der Elsässer Weinstraße bildet, gibt mit seinen properen Fachwerkhäusern, Weinstuben und Kellereien einen Vorgeschmack auf die zu erwartenden Augenweiden und Gaumenfreuden: Ein idyllisches Winzerdorf folgt dem anderen, eingebettet in sanfte Rebhänge, denen da und dort Pappelalleen einen fast südländischen Reiz verleihen. Nicht umsonst nennt sich die Stadt »Porte de la Route des Vins d'Alsace«. Marlenheim besitzt außerdem noch eine beachtliche Zahl an Häusern aus dem 13. bis 16. Jahrhundert. Das Schloss Petite Sorbonne stammt aus dem 19. Jahrhundert. Die Kirche Sainte-Richarde aus dem 12. Jahrhundert wurde sechs Jahrhunderte später umgebaut. Vom romanischen Bau ist nur das Südportal geblieben.

03 Saverne

Wegen der verkehrsgünstigen Lage an der Passstraße Richtung lothringisches Hochland tutliert sich das Industrie- und Handelsstädtchen gerne als das »Tor des Elsass«. Es besitzt

AM WASSERTURM

Dieser ist ein großer gebührenpflichtiger Platz mit allen notwendigen Ver- und Entsorgungseinrichtungen. Ganzjährig geöffnet. Man kann bequem mit dem Fahrrad über die Passerelle in das erfreulich fahrradfreundliche Strasbourg (7 Kilometer zum Münster) fahren oder mit der Tram vom Bahnhof Kehl über den Rhein in die Innenstadt.

Schwimmbadstraße 1, 77694 Kehl
GPS 48.56372, 7.81390

PARKING CAMPING-CAR

Der einfache gebührenpflichtige Stellplatz ist mit allen notwendigen Ver- und Entsorgungseinrichtungen ausgestattet. Ganzjährig geöffnet; 1 Kilometer bis ins Zentrum des malerischen Ortes.

Rue des Emouleurs, 67700 Saverne
GPS 48.74387, 7.367376

einen malerischen Kern mit engen Gassen, alten Fachwerkhäusern und mehreren stattlichen Bauwerken. Das Stadtbild wird vom Château des Rohan bestimmt. Das Schloss ist nach jener Adelsfamilie benannt, deren Mitglieder im 18. Jahrhundert die Straßburger Bischöfe stellten und die in den Sommermonaten in Saverne residierten. Hinter der 140 Meter langen Fassade aus rotem Buntsandstein verbirgt sich heute ein sehenswertes Schlossmuseum. Einen Stadtbummel lohnen insbesondere die Grand' Rue, die verkehrsbefreite Hauptachse der Altstadt, und – jenseits des Rhein-Marne-Kanals – der weitläufige Rosengarten aus dem 18. Jahrhundert. Wer dann noch Zeit hat, macht einen Abstecher zu der am Ende eines 5 Kilometer langen Bergsträßchens über der Landschaft thronenden, 800 Jahre alten Burgruine Haut-Barr. Sie ist noch gut erhalten.

04 Molsheim

Die teilweise noch mauerumgürtete alte Universitäts- und Bischofsstadt war im späten 16. Jahrhundert ein Zentrum der Gegenreformation. Aus ihrem reichen historischen Baubestand ragen die Porte des Forgerons, die spätgotische Jesuitenkirche und, auf dem Rathausplatz, La Metzig hervor – ein Zunfthaus im Stil der elsässischen Renaissance. Oldtimer-Fans finden im Stadtmuseum Leben und Wirken des visionären Fabrikanten und Konstrukteurs Ettore Bugatti dokumentiert, der vor Ort 1909 bis 1939 seine legendären Autos baute.

05 Mutzig

Die Hauptattraktion des für seine Brauerei bekannten Ortes ist die außerhalb auf einer Anhöhe gelegene wilhelminische Festung aus dem Jahr 1893, eine der besterhaltenen ihrer Zeit. Ein Kuriosum erwartet den Besucher im Rathaus: Ein Automat mit einem grimassierenden Gesicht streckt zu jeder vollen und halben Stunde die Zunge heraus und wackelt mit den Ohren.

06 Rosheim

Hier erhebt sich das Paradestück der elsässisch-romanischen Architektur, beschirmt von spätmittelalterlichen Mauern und Toren: die Kirche Saints-Pierre-et-Paul. Ebenfalls noch seine alten Festungsmauern, mehrere Stadttore sowie einen romanischen Kirchturm besitzt das benachbarte Dörfchen Bœrsch (Börsch).

07 Ottrott

Wo man – eine Seltenheit für die Region – Rotwein keltert, lockt neben den obligaten Fachwerkensembles ein Schauaquarium mit exotischen Fischen. Über dem Ort ragen zwei Burgruinen, Lutzelbourg (13. bis 15. Jahrhundert) und Rathsamhausen (12. bis 15. Jahrhundert), aus den bewaldeten Hügeln.

08 Obernai

Das Städtchen ist angeblich der Geburtsort der heiligen Odile, der Schutzpatronin des Elsass. Die Altstadt zählt mit ihren verwinkelten Gässchen, den vielfältigen Fachwerken, Giebeln und Innenhöfen zu den schönsten der Region. Ihr Zentrum bildet der Marktplatz mit dem Renaissancerathaus, der alten Kornhalle, dem Kapellturm und dem 1579 errichteten Sechseimerbrunnen. Auf einem stimmungsvollen Spaziergang entlang der teilweise noch sehr gut erhaltenen Wehrmauer kann man die Stadt umrunden. Sehenswert ist auch die neugotische Kirche Saints-Pierre-et-Paul (19. Jahrhundert).

09 Mont Sainte-Odile

Unübersehbar thront über dem Land der Odilienberg über der Oberrhein-

AUSFLUGSZIELE

Weingüter im Elsass

Domaine Sylvie Spielmann
Auf dem Areal der alten Familien-Gipsgrube und mit Lagen wie Altenberg und Kanzelberg keltert die Winzerin Interessantes wie den Gypse Terroir Unique aus drei Pinot-Sorten. Das Weingut ist generell nach Vereinbarung von Montag bis Samstag zu besuchen, an Sonn- und Feiertagen geschlossen.
2 route de Thannenkirch, 8750 Bergheim
www.sylviespielmann.com
GPS 48.211655, 7.342817

Domaine Robert Karcher et Fils
In einer Ferme aus dem Jahr 1602 im Herzen der Stadt verarbeitet die Familie nur Trauben der Lage Harth – auch zu Crémant Rosé.
11 rue de l'Ours, 68000 Colmar
vins-karcher.com, GPS 48.078549, 7.360130

Domaine Jean Becker
Hier werden Riesling und Gewürztraminer u. a. aus den Grand-Cru-Lagen Schoenenbourg, Sporen und Praelatenberg produziert.
4, Route d'Ostheim, 68340 Zellenberg
www.vinsbecker.com, GPS 48.168159, 7.319135

Domaine Rieflé
Seppi Landmann setzte Meilensteine in Sachen Elsässer Wein. Inzwischen übernahm die Winzerfamilie Rieflé, die ihre Weinberge in siebter Generation bewirtschaftet, seine Lagen mit etwa dem Gewürztraminer Grand Cru Zinnkoepfle. Seit 2014 wird durch die Produktion biologischer Weine auf die veränderten Kundenwünsche reagiert.
7 rue du Drotfeld, 68250 Pfaffenheim
www.riefle.com, GPS 47.978175, 7.290941

ebene. Auf seiner Kuppe steht der von einer über 10 Kilometer langen und bis zu 3 Meter hohen »Heidenmauer« eingefasste mächtige Klosterkomplex Mont Sainte-Odile, der gegen Ende des 7. Jahrhunderts begründet wurde. Der Ort, von dem aus man eine herrliche Aussicht genießt, gilt als wichtigste Wallfahrtsstätte der Region. Im Inneren der Anlage sind außer der Kirche auch die diversen Kapellen sehenswert.

10 Barr

Auch in der Weinmetropole des Département Bas-Rhin scheint die Zeit, was den Baubestand betrifft, seit Jahrhunderten nahezu stillzustehen. Museales Kleinod ist hier La Folie Marco – ein barockes Patrizierhaus mit Einblicken in die regionale Wohnkultur der Zeit vom 17. bis ins 19. Jahrhundert (Mai bis September).

CAMPING MUNICIPAL DE MOLSHEIM

Auf dem großen, gebührenpflichtigen parkähnlichen Areal gibt es alle notwendigen Ver- und Entsorgungseinrichtungen, inklusive Duschen, Waschmaschinen, Trocknern und WiFi. Geöffnet von Anfang April bis Ende Oktober. Nutzung des gegenüberliegenden Freibades im Preis enthalten. Der Fußweg in die Altstadt beträgt 700 Meter, bis zum Bugatti-Museum ist es ein Kilometer.

6 rue des Sports, 67120 Molsheim
www.camping-molsheim.com, GPS 48.54249, 7.49988

PARKING DES REMPART

Dieser ist ein einfacher, befestigter gebührenfreier Parkplatz. Nach 500 Metern erreicht man auf einem Fußweg die Innenstadt.

Rue Poincare, 67210 Obernai, GPS 48.46013, 7.48697

PARKING MONT SAINTE-ODILE

Von dem einfachen asphaltierten, gebührenfreien Parkplatz führt ein 750 Meter langer Fußweg zum Kloster. Ganzjährig geöffnet.

Mont Sainte-Odile, 67530 Ottrott, GPS 48.43264, 7.39993

Bildleiste von oben: Brunnen mit der Statue der Frauenrechtlerin Louise Weiss in Saverne.

Kirche Saint-Materne und Kapelle St-Ulric in Avolsheim bei Molsheim.

11 Mittelbergheim

Romantik pur mit Häusern im Renaissancestil und der Zehntscheune, dazu exzellente Weine vom heimischen Zotzenberg bietet die einst zur Abtei von Andlau gehörende Gemeinde. Sie wurde als eines der »100 schönsten Dörfer Frankreichs« klassifiziert.

12 Andlau

Zu Füßen zweier Burgruinen gelegen, wartet der Weinort mit einer romanischen Kirche auf, dem einzigen Relikt einer einst berühmten Abtei; Krypta und Portal sind besonders sehenswert. Nach dem Kulturgenuss geht die Fahrt weiter durch Itters- und Blienschwiller, Dambach-la-Ville, Scher- und Orschwiller, Bergheim – durch Winzerdörfer, die wie einem Bilderbuch entnommen wirken.

13 Kintzheim

Beeindruckende Erlebnisse, vor allem auch für Kinder, versprechen hier der Storchenpark Cigoland, der Montagne des Singes (Affenberg) mit seinen frei lebenden Berberaffen und die Burg, in deren Hof bei schönem Wetter Flugschauen mit bis zu 80 Greifvögeln stattfinden.

14 Haut-Kœnigsbourg

Das mächtige Adelsgeschlecht der Hohenstaufer konnte diese auf einer Felsnase prangende gewaltige Burg Mitte des 12. Jahrhunderts ihr Eigen

Bildleiste von oben:
Über dem Weinort Kintzheim thront die Ruine der gleichnamigen Burg.

In Riquewihr gibt es noch zahlreiche Fachwerkhäuser aus dem 16. und 17. Jahrhundert.

Rechts: Durch das typisch elsässische Kaysersberg fließt ein kleiner Bach.

nennen. Sie wurde im Dreißigjährigen Krieg geschleift und erst um 1900 von Kaiser Wilhelm II. zum höheren Ruhm Preußens und der Hohenzollern wiederaufgebaut. Heute vermittelt das originalgetreu möblierte Gemäuer mit Rittersälen und Waffenkammer Einblicke in die Ästhetik und das Alltagsleben des Spätmittelalters.

PARKING CHÂTEAU DU HAUT-KŒNIGSBOURG

Von dem asphaltierten gebührenfreien Parkplatz führt ein 750 Meter langer Fußweg zur Burg. Ganzjährig geöffnet. Achtung: Übernachten nicht gestattet!

D159, 67600 Orschwiller , GPS 48.24768, 7.33477

CAMPING DE RIQUEWIHR

Dieser schöne, gebührenpflichtige Campingplatz in den Weinbergen von Riquewihr verfügt über alle notwendigen Ver- und Entsorgungseinrichtungen sowie Duschen, Waschmaschinen, Trockner, WiFi und Spielplätze. Geöffnet Anfang April bis Ende Dezember. Bis zur Ortsmitte sind es 1,8 Kilometer, mit dem Fahrrad durch die Weinberge nach Ribeauvillé 6 Kilometer.

D1B, 68340 Riquewihr
campingriquewihr.com, GPS 48.16210, 7.31709

15 Ribeauvillé

Von drei Burgruinen (Girsberg, Château de/du Haut-Ribeaupierre und Château de Saint-Ulrich) überragt und von drei Grands Crus, also besonders hochrangigen Weinlagen, umgeben, zählt dieses Winzerstädtchen zu den Aushängeschildern der Region. Sein weitgehend verkehrsberuhigter Ortskern umfasst eine Fülle uralter Fachwerkhäuser. Hervorhebenswert sind das Rathaus mit der Silbersammlung, der Metzgerturm, das Pfifferhüs und das anschauliche Weinbaumuseum.

16 Riquewihr (Reichenweier)

Das alte Riquewihr bezeichnet sich gern – und mit gutem Recht – als »Perle der Weinstraße«. Kein zweiter Winzerort weist ein so unversehrtes, homogenes und zugleich weitläufiges Stadtbild aus dem 16. Jahrhundert auf. Mächtige Tortürme, lange Reihen stattlicher Renaissancehäuser und drei Museen zeugen vom jahrhundertealten Wohlstand des Ortes. Seinem Charme können auch das Spalier aus Kitsch- und Andenkenläden entlang der Rue de Gaulle und, in der Hauptsaison, die Besuchermassen keinen Abbruch tun.

17 Kientzheim

Allemal einen Besuch wert ist hier das Schloss, dessen einstiger Besitzer Lazarus von Schwendi im 16. Jahrhundert den Tokaierwein in der Region eingeführt hat. Heute ist das Schloss Eigentum der Weinbruderschaft St. Etienne d'Alsace, die im Musée du Vignoble et des Vins d'Alsace die spannende Geschichte des elsässischen Weines dokumentiert (nur im Sommer geöffnet).

18 Kaysersberg

Als geschichtsträchtig und reich an kostbaren Baudenkmälern erweist sich auch diese alte Freie Reichsstadt, Geburtsort des Friedensnobelpreisträgers Albert Schweitzer. Sie verfügt über alle Eigenheiten eines typisch romantischen Elsässer Städtchens. Höhepunkte jedes Stadtrundgangs sind die Invention-de-la-Sainte-Croix (12. bis 15. Jahrhundert), die Pont fortifié, eine befestigte Brücke über das Flüsschen Weiss, das Musée Schweitzer (Wiedereröffnung voraussichtlich Ende 2023) und die Burgruine Château Impérial (13. Jahrhundert), deren Bergfried über eine Treppe zugänglich ist.

19 Colmar

Die Hauptstadt des Département Haut-Rhin vereint in sich alle Reize der Region aufs Schönste. Ihre von der Lauch durchflossene Altstadt mit der Stiftskirche St. Martin, dem Gerberviertel und »Klein-Venedig« liefert allenthalben Postkartenmotive der romantischsten Art. Kunstfreunde pilgern zuvorderst in das weltberühmte Museum Unterlinden. Im Zentrum seiner herausragenden Sammlung mittelalterlicher Kunst steht Matthias Grünewalds Isenheimer Altar, ein am Übergang von der Spätgotik zur Renaissance entstandenes einzigartiges Meisterwerk

PORT DE PLAISANCE DE COLMAR

Großer gebührenpflichtiger Platz am Hafen. Der Stellplatz verfügt über alle notwendigen Ver- und Entsorgungseinrichtungen sowie Duschen, Waschmaschinen, Wäschetrockner und WiFi. Ganzjährig geöffnet. Bis zur Stadtmitte sind es 1,5 Kilometer.

Rue du Canal 6, 68000 Colmar
GPS 48.08058, 7.37442

AIRE DE CAMPING CAR

Auf dem kostenlosen Stellplatz an der Thur gibt es keinerlei Versorgungseinrichtungen. Ganzjährig geöffnet. Bis zum gotischen Münster sind zu es zu Fuß nur etwa 300 Meter.

Rue du Bungert, 68800 Thann
GPS 47.81165, 7.10490

abendländischer Malerei. In der nahen Dominikanerkirche bildet Martin Schongauers »Madonna im Rosenhag« (1473) den Blickfang.

20 Turckheim

Auch entlang der weiteren Route findet sich ein entzückender Winzerort nach dem anderen, so etwa Turckheim mit seinen mittelalterlichen Stadtmauern und dem geschlossenen historischen Stadtkern. Von Mai bis Oktober dreht hier täglich spätabends ein singender Nachtwächter seine Runden.

21 Eguisheim

Am Fuße dreier Burgruinen liegt, durch eine doppelte Stadtmauer geschützt, der malerische Geburtsort von Papst Leo IX. (11. Jahrhundert). Die Stadt ist in konzentrischen Kreisen um eine Burg herum angelegt. Ein malerisches Ensemble von Fachwerkhäusern, die mit üppigem Blumenschmuck versehen sind, lädt zu einem entspannten Bummel durch die engen Gässchen ein.

22 Rouffach

In dem traditionsreichen Städtchen können zahlreiche mit Giebeln und Erkern versehene Häuser aus den vergangenen Jahrhunderten bewundert werden. Hauptsehenswürdigkeit – neben der Kornhalle von 1544, dem Hexenturm (13. bis 15. Jahrhundert) und dem Alten Rathaus im Renaissancestil – ist jedoch die imposante, unvollendete Kirche Notre-Dame, die vom 11. bis 19. Jahrhundert vorwiegend im romanischen und gotischen Stil errichtet wurde.

23 Guebwiller

Städtischeren Charakter weist dieses traditionsreiche Zentrum der Textilherstellung auf. Hier verdienen die spätromanische Kirche St. Léger und die wuchtige klassizistische Eglise Notre-Dame Beachtung. Unbedingt ratsam ist ein kurzer Abstecher in den fünf Kilometer westlich inmitten von Wäldern gelegenen Ort Murbach, wo als Relikt einer einst bedeutsamen Benediktinerabtei noch der Chor, das Querhaus und zwei Türme einer romanischen Kirche stehen.

24 Thann

Der Endpunkt der Weinstraße, am Ausgang des engen Thurtals gelegen, wirkt bei der Einfahrt industriell und wenig einladend. Sein deutlich hübscheres Zentrum besitzt jedoch mit dem Collégiale Saint-Thiébaut das neben dem Münster von Strasbourg bedeutendste gotische Baudenkmal des Elsass. Als besondere Schmuckstücke gelten der 76 Meter hohe Turm und das mit 500 Figuren reich verzierte Doppelportal der Westfassade.
Von Cernay 6 Kilometer östlich von Thann aus schraubt sich die Route des Crêtes (Vogesen-Kammstraße) über Serpentinen durch dichten Wald bergan. Gut 100 Kilometer lang, wurde sie im Ersten Weltkrieg von Militärs angelegt. Heute gilt sie als eine der spektakulärsten Panoramastraßen der Region.

25 Vieil Armand

Nach wenigen Kilometern, auf dem einst Hartmannswillerkopf genannten Berg, erinnert eine eindrucksvolle Gedenkstätte mit 30 000 von einem Friedenskreuz überragten Soldatengräbern an die blutige Vergangenheit. Kurve für Kurve dringt man ab dann weiter in die Ballons des Vosges vor – ein Wanderparadies aus baumlosen Bergkuppen, sogenannten ballon (Belchen), Hochweiden und -mooren, Pässen und Seen.

26 Grand Ballon

Den mit 1424 Metern höchsten Gipfel des Elsass hat man bereits gut 20 Kilometer nach Cernay erreicht. Wo einst dem keltischen Sonnengott Belen gehuldigt wurde, stehen heute Radar- und Wetterstation, Skilifte, Hotels und Restaurants. Der wunderbare Panoramablick reicht über die Hochvogesen bis zum Schwarzwald, Jura und bei klarer Luft sogar bis zu den Alpen.
Grüne Matten, kahle Kuppen, Skilifte und bis in den Mai vereinzelte Schneefelder säumen auch den weiteren Weg Richtung Nordwesten über Markstein und den Col d'Hahnenbrunnen.

27 Col de la Schlucht

Spätestens auf diesem Pass (1159 Meter), über den bis ins Jahr 1919 die deutsch-französische Grenze verlief und eine wichtige Straße vom Oberrhein nach Lothringen führt, ist es an der Zeit, sich in einer Ferme-Auberge mit würzigem Münsterkäse zu stärken und danach in der herrlich frischen Luft einen kleinen Verdauungsspaziergang zu unternehmen.

28 Vallée de Munster

Ein hübscher Abstecher führt von dem Gebirgspass auf kurvenreicher Straße hinab in das Vallée de Munster. Dessen an der Fecht gelegener

Bildleiste von oben:
»Klein-Venedig« in Colmar.

Eguisheim ist ein elsässisches Örtchen wie aus dem Bilderbuch. Die Straßen säumen schöne Fachwerkhäuser mit üppig geschmückten Blumenfenstern.

Im Elsass schieben sich die Weinstöcke rechts und links oft bis an die Straße heran.

gleichnamiger Hauptort geht auf ein im 7. Jahrhundert gegründetes Benediktinerkloster zurück, verlor aber im Ersten Weltkrieg fast seinen gesamten alten Baubestand. Berühmt ist er vor allem bei Feinschmeckern wegen des aromatischen, deftig »duftenden« Münsterkäses, der auf Bauernhöfen der Umgebung hergestellt wird.
Besuchenswert ist in Gunsbach etwa 4 Kilometer östlich das Haus, in dem der in Kaysersberg bei Colmar geborene Albert Schweitzer seine Jugend verbrachte. Es birgt heute ein kleines Museum zum Gedenken an den »Arzt von Lambarene«, der im Jahr 1952 den Friedensnobelpreis verliehen bekam.
Wieder zurück auf der Route des Crêtes, geht es am Hauptkamm entlang über mehrere Pässe.

29 Sainte-Marie-aux-Mines

Der Blickfang dieser alten Bergbaustadt sind ihre bestens erhaltenen Renaissancebürgerhäuser. Der Ort wird nicht umsonst »Silbertal« genannt: Am Stadtrand können zwei Silberminen besichtigt werden; alles, was dafür nötig ist, sind rund 3 Stunden Zeit sowie festes Schuhwerk und warme Kleidung.

30 Sélestat

Die Stadt unten in der Ebene am Ufer der Ill setzt den Endpunkt dieser Rundfahrt. Aufgrund ihrer Industrie- und Gewerbeanlagen mag Sélestat zunächst wenig attraktiv erscheinen. Der Ortskern ist aber durchaus besuchenswert – allen voran die spätromanische Kirche St. Foy und die Bibliothèque Humaniste, die Zeugnis gibt von der Bedeutung, die Sélestat als geistig-intellektuelles Zentrum im 15. und 16. Jahrhundert genoss. Auch das 1538 bis 1560 errichtete Hôtel d'Ebersmunster und der Tour de l'horloge (Uhrturm) lohnen einen Besuch. Ein Spaziergang führt mitunter durch die verwinkelten Gässchen in der Altstadt.

Eine der menschenleersten und waldreichsten Regionen Frankreichs ist der 130 000 Hektar große Regionalpark Nordvogesen im Elsass. Umso mehr Wildtiere wie die scheuen Gämsen leben hier.

AIRE DE CAMPING-CAR BALLON D'ALSACE

Ausgezeichneter Wanderparkplatz mit allen notwendigen Ver- und Entsorgungseinrichtungen. Ganzjährig geöffnet. Bis zur Spitze des 1247 Meter hohen Ballon d'Alsace sind es 1,5 Kilometer.

42 Rue du Ballon d'Alsace
88560 Saint-Maurice-sur-Moselle
GPS 47.81290, 6.84141

COL DES BAGENELLES

Dieser ist ein toller Platz in sehr ruhiger Lage mit einer traumhaften Aussicht, aber leider ohne Versorgungseinrichtungen. Ganzjährig geöffnet. Ein Restaurant mit regionaler Küche befindet sich am Platz.

Col des Bagenelles, 68160 Sainte-Marie-aux-Mines
GPS 48.19297, 7.11410

CAMPING MUNICIPAL LES CICOGNES

Der sehr schöne, gebührenpflichtige Platz ist mit allen notwendigen Ver- und Entsorgungseinrichtungen, Duschen, Waschmaschinen, Trocknern und WiFi ausgestattet. Geöffnet von Mitte April bis Anfang Oktober. Bis zur Stadtmitte sind es 800 Meter.

Rue de la 1ère DFL, 67600 Sélestat
camping.selestat.fr, GPS 48.25459, 7.44774

Bergheim *Zwei Mosaikfunde belegen, dass schon die Römer an diesem, heute zum regionalen Naturpark Ballons des Vosges zählenden Ort siedelten. Die mittelalterliche Stadtmauer ist vollständig begehbar. Die Kirche Notre-Dame de l'Assomption besitzt Fresken aus dem 15. Jahrhundert.*

Hunawihr *Umgeben von Weinreben liegt auf halber Strecke zwischen Ribeauvillé und Riquewihr das malerische Winzerdorf Hunawihr am Fuß der Vogesen.*

Murbach *Von Guebwiller aus lohnt ein Abstecher in den inmitten von Wäldern gelegenen Ort Murbach mit den Resten einer bedeutenden Benediktinerabtei, die bereits im 8. Jahrhundert gegründet wurde, und der romanischen Kirche St. Leodegar.*

Regionaler Naturpark Ballons des Vosges *Eine unvergleichlich schöne Landschaft prägt dieses 3000 Quadratkilometer große Schutzgebiet, das man am besten wandernd erkundet.*

Ronchamp *Dieser kleine Ort gehört zum Regionalen Naturpark Ballons des Vosges und birgt die berühmte Wallfahrtskirche Notre-Dame-du-Haut, die 1950 von Le Corbusier errichtet wurde.*

ROUTE 14

ROUTE DES GRANDES ALPES

Über 700 Kilometer führt diese Route von Thonon-les-Bains am Genfer See bis nach Menton ans Mittelmeer. Nur in den Sommermonaten ist sie durchgängig befahrbar. Die Wintersperren der höchsten Pässe reichen teilweise bis in den Juni hinein. Der höchste ist mit 2770 Metern der Col de l'Iseran. Die Route ist bei Radlern, Bikern, Cabriofahrern und Reisemobilisten beliebt und insbesondere zwischen Chamonix und Barcelonette stark frequentiert. Auf dieser Strecke gibt es keine besonderen Beschränkungen für Wohnmobile. Besonders schmal und eng ist die Route des Grandes Alpes von Barcelonette bis zum 2326 Meter hohen Col de la Cayolle. Diesen Abschnitt dürfen Mobile über 4,5 Tonnen nicht befahren. Das ist nicht weiter tragisch, denn die Ausweichroute über den etwas weiter östlich gelegenen 2802 Meter hohen Col de la Bonette, dem höchsten befahrbaren Pass der Alpen, ist weitaus spektakulärer. Die für Reisemobilisten notwendigen Ver- und Entsorgungsmöglichkeiten sowie Übernachtungs- oder Campingplätze gibt es in ausreichender Zahl auf dieser fahrerisch anspruchsvollen Route.

ROUTE NAPOLÉON

Diese Touristenstraße folgt der Marschroute Napoleons von Cannes nach Grenoble auf seinem Weg aus der Verbannung auf Elba zur Rückeroberung der Macht in Paris. Die 335 Kilometer lange Strecke verläuft über die gut ausgebaute Route nationale 85 und ist bequem zu jeder Jahreszeit zu fahren. Die Hauptorte auf dieser Strecke sind die Parfümstadt Grasse, der Thermalkurort Digne-les-Bains, die Festungsstadt Sisteron, die Alpenstadt Gap und der Wintersportort Grenoble. Entlang dieser Strecke finden sich zahlreiche Übernachtungsstandorte und Versorgungseinrichtungen für Wohnmobile.

Die Verdon-Schlucht, die tiefste Schlucht Europas, bietet ein unvergessliches Naturerlebnis.

Einfach nur gigantisch

Zwei Passrouten mit atemberaubenden Ausblicken führen vom Mittelmeer durch die Alpen bis auf 2800 Meter Höhe, um dann traumhaft schön wieder an der Côte d'Azur zu enden.

Der Boulevard de la Croisette, der die prachtvolle Uferpromenade des mondänen Cannes bildet, ist gesäumt von Luxusboutiquen und gehobenen Hotels – ein Synonym für Glamour, Stars und Sternchen.

ROUTE 14

Streckenlänge: ca. 1600 km
Zeitbedarf: 2–3 Wochen
Routenverlauf (Hauptorte): Cannes, Grenoble, Chambéry, Annecy, Genf, Chamonix-Mont-Blanc, Albertville, Briançon, Nizza
Charakteristik: Die Route des Grandes Alpes mit teils engen Straßen und Kurven ist nur im Sommer befahrbar, die Route Napoléon ganzjährig.
Informationen:
www.france.fr/de
provence-alpes-cotedazur.com/de

Hier geht's zum GPS-Track

01 Cannes

Das einstige Fischerdorf am Golf de la Napoule ist als Stadt der Festivals und Kongresse weltberühmt und gilt bis heute als eine der mondänsten Städte an der Côte d'Azur. Als Treffpunkt der Reichen und Schönen ist Cannes eine der glamourösesten Städte der Mittelmeerküste, doch der Ruhm kam relativ spät: Am Golf de la Napoule siedelten zwar schon die Kelten und die Römer, zum attraktiven Ziel wurde die Bucht aber erst im 19. Jahrhundert durch die Engländer. Sie ließen sich hier zunächst schöne Villen bauen, später folgten komfortable Hotels und der Boulevard La Croisette, der sich um die gesamte Bucht herumzieht. Die Altstadt Le Suquet erstreckt sich oberhalb des alten Hafens am 67 Meter hohen Mont Chevalier. Seinen Gipfel ziert ein aus dem 11. Jahrhundert stammender Wachturm. Das danebenstehende Musée de la Castre zeigt Exponate der Antike. Die gotische Kirche Notre-Dame-de-l'Espérance stammt aus dem Jahr 1648. Von der Aussichtsplattform hinter dem Gebäude hat man einen herrlichen Blick auf die gesamte Bucht von Cannes, die der Stadt gegenüberliegenden Îles de Lérins, Île Sainte-Marguerite und Île Saint-Honorat und das nahe Massif de l'Esterel. Besuchenswert ist auch der am Rand der Altstadt gelegene Marché Forville in einer riesigen überdachten Markthalle.

Cannes ist vor allem als Stadt der Festivals bekannt: Leute des Show-Business, Film-, Fernseh- und Musikproduzenten und nicht zuletzt die Größen der Hochfinanz – sie alle kommen am Boulevard de la Croisette zusammen. Der Mai ist fest für das weltberühmte Cannes Film Festival reserviert, auf dem die Goldene Palme für den besten Film vergeben wird. Im Juni trifft sich die internationale Werbebranche beim Cannes Lions Festival, um Kreative aus den Bereichen Media, Cyber, Film und Print auszuzeichnen. Und im Herbst kommen die Fernsehgewaltigen aus der ganzen Welt zur Mipcom hierher, um Programme zu kaufen oder zu verkaufen. Zentrum dieser Aktivitäten ist das Palais du Festival am Westende der Croisette.

Enge Sträßchen durchziehen die für ihr Parfüm berühmte Stadt Grasse, die nur einen Steinwurf von Cannes entfernt liegt.

Der 1982 fertiggestellte Bau bietet 2400 Gästen Platz, hat ein Theater und eine 14 000 Quadratmeter große Ausstellungsfläche.

02 Antibes

Rund 11 Kilometer östlich, entlang der Küstenstraße, liegt das griechische Antipolis, das heutige Antibes, zu dem auch Golfe-Juan und Juan-les-Pins gehören. Interessant ist die hübsche, verwinkelte Altstadt. An ihrem Osthang steht die Kathedrale mit einer Barockfassade aus dem 17. Jahrhundert. Ihr Querschiff und der Chor stammen noch aus dem 12. Jahrhundert. Gleich neben der Kathedrale beeindruckt der wuchtige Bau des ehemaligen Grimaldi-Schlosses mit einem Wehrturm aus dem 17. Jahrhundert. Die exklusivsten Adressen an der Côte d'Azur findet man auf der Halbinsel Cap d'Antibes, die der Stadt vorgelagert ist. Hinter bisweilen ziemlich hohen Mauern verbergen sich unter alten Pinien die schönsten Villen auf parkähnlichen Grundstücken.
Von Antibes kann man entweder über die Küstenstraße nach Cagnes und von dort weiter nach Grasse fahren oder nach Cannes zurückkehren. Die in Cannes endende N85 verläuft entlang der Marschroute Napoleons auf seinem Weg nach Grenoble.

03 Grasse

Die »Stadt des Parfüms« präsentiert sich in einer sehr gut erhaltenen Altstadt mit mittelalterlichen Gassen und dem arkadengesäumten Place aux Aires. Die Kathedrale Notre-Dame-du-Puy geht auf die Romanik zurück und ist mit gleich drei Bildern von Rubens geschmückt. Für Parfümliebhaber ist ein Besuch des Musée International de la Parfumerie sowie der Parfümfabrik Fragonard Usine Historique Pflicht.

04 Castellane

Das Dorf an der Brücke über den Verdon wird von einem 164 Meter hohen Kreidefelsen überragt. Über seinen senkrechten Wänden thront die Kapelle Notre-Dame-du-Roc, die man in einer Stunde zu Fuß erreicht. Mindestens ebenso interessant ist die Kirche Saint-Victor (12. Jahrhundert) im Dorf selbst. Castellane ist der ideale Ausgangspunkt für die Weiterfahrt in den im Südwesten lie-

CAMPING LE RANCH

Diese große, ruhige und schattige Anlage hat alle notwendigen Ver- und Entsorgungseinrichtungen, inklusive Duschen, Waschmaschinen, Trocknern und WiFi. Geöffnet Mitte April bis Mitte Oktober. Bis nach Cannes sind es 5 Kilometer. Mit der Buslinie 10 benötigt man vom Campingplatz bis an die Croisette etwa eine halbe Stunde.

Chemin Saint Joseph, L'aubarède
06110 Le Cannet
GPS 43.56473, 6.97728

Train des Pignes

Es ist eine der spektakulärsten Zugfahrten Frankreichs: Der Train des Pignes, der sogenannte Tannenzapfenzug, verkehrt heute noch auf dem Abschnitt zwischen Puget-Théniers und Annot, wobei er 13 großartige, 1907 in Dienst gestellte Bauwerke – Tunnel, Brücken und elegant gebaute Viadukte – passiert und 300 Höhenmeter überwindet. Doch warum eigentlich der Name Tannenzapfenzug? Die Erklärungen sind so vielfältig wie fantasiereich. Während die einen meinen, es läge an der geringen Geschwindigkeit, die es erlaubt hätte, während der Fahrt auszusteigen und Tannenzapfen zu sammeln, behaupten andere, die damaligen Dampflokomotiven wären unter anderem mit den Zapfen betrieben worden. Der Dampfbetrieb ist auch heute noch zu bewundern, an Wochenenden zwischen Mai und November. Reservierung empfohlen. ***www.traindespignes.fr***
GPS 43.953950, 6.888601

Oben: Der Tannenzapfenzug, der u. a. den Viaduc de la Donne überquert.

Links: Digne-les-Bains ist für seine Heilquellen bekannt.

genden Grand Canyon du Verdon. Die D952 verläuft parallel zum Fluss Richtung Moustiers-Ste-Marie.

05 Grand Canyon du Verdon

Westlich von Castellane fließt das kleine Flüsschen Verdon auf 21 Kilometern Länge zwischen himmelhohen Felswänden, die an manchen Stellen am Boden der Schlucht keine 6 Meter auseinanderstehen. Erleben kann man dieses Naturwunder per Boot, zu Fuß oder auch per Wohnmobil – die Straße verläuft oben entlang der Steilküste. Die Route des Crêtes entlang der Nordseite wurde 1973 fertiggestellt, auf der Südseite wurde schon im Jahr 1947 die Route de la Corniche Sublime gebaut. Beide Strecken erschließen ganz gezielt die schönsten Aussichtspunkte der beiden Schluchtseiten.

Der nächste Abschnitt der Route Napoléon von Castellane nach Digne-les-Bains führt über den 1149 Meter hohen Col des Leques und ist landschaftlich äußerst reizvoll.

06 Digne-les-Bains

Der Kurort mit seinen Heilquellen liegt im Tal der Bléone und beeindruckt mit einem altertümlich anmutenden Stadtkern. Digne-les-Bains wird von der hoch gelegenen Kathedrale St-Jérôme aus dem 15. Jahrhundert beherrscht. Die alte Kathedrale Notre-Dame-du-Bourg ist ein prächtiger romanischer Bau, der jedoch seit 1437 nur noch als Friedhofskapelle genutzt wird.

Auf der Weiterfahrt folgt die Route national 85 zunächst der Bléone Richtung Südwesten und biegt dann nordwestwärts ins Tal der Oberen Durance ab.

07 Sisteron

Die knapp 500 Meter hoch gelegene Stadt an der Oberen Durance wurde unter Kaiser Augustus zur Straßenstation Segustero an der Via Sinistra ausgebaut. In der Mitte des 14. Jahrhunderts wurden die Befestigungsanlagen errichtet, von denen auch heute noch einige Türme stehen. Die auf einem hohen Bergriegel thronende Zitadelle dominiert bis zum heutigen Tag das Landschaftsbild um Sisteron. Gegenüber der Festung zeigt der Rocher de la Baume mit seinen senkrecht stehenden Gesteinsfalten ein Stück Geologie zum Anfassen. Die Kathedrale Notre-Dame-des-Pommiers entstand in den Jahren 1160 bis 1220 unter lombardischem Einfluss. Sehenswert ist auch die Altstadt mit ihren vielen, zur Durance hin abfallenden Gässchen.

Knapp 50 Kilometer legt man zurück von hier aus bis nach Gap, der geschäftigen Stadt im Hügelland der Alpes du Dauphiné.

CAMPING LA SOURCE

Der sehr schöne, gebührenpflichtige Campingplatz mit Badestrand am Lac de Ste-Croix verfügt über alle notwendigen Ver- und Entsorgungseinrichtungen sowie Duschen, Waschmaschinen, Trockner, WiFi und Spielplätze. Geöffnet von Mitte April bis Mitte Oktober. Der Platz ist ein guter Standort, um Paddeltouren auf dem Verdon zu unternehmen.

Bocouenne, 83630 Les Salles-sur-Verdon
www.camping-la-source.eu, GPS 43.77505, 6.20741

ESPACE CAMPING-CAR GEORGES AUBERT

Großer gebührenfreier Platz mit allen notwendigen Ver- und Entsorgungseinrichtungen. Ganzjährig geöffnet. Bis zur Altstadt sind es 2 Kilometer, zum Plan d'Eau des Ferréols zwei Kilometer.

Avenue René Cassin, 04000 Digne-les-Bains
GPS 44.07963, 6.26311

ZITADELLE

Der malerische Platz am Fuße der Zitadelle hat keinerlei Versorgungseinrichtungen. Ganzjährig geöffnet. 700 Meter bis in die Altstadt.

Allée du Souvenir Français, 04200 Sisteron
GPS 44.19908,5.93967

STADE NAUTIQUE DE FONTREYNE

Kostenloser Stellplatz am Stadtrand neben Sportstätten, dem Sportbad Stade nautique de Fontreyne und einer Parkanlage. Alle notwendigen Ver- und Entsorgungseinrichtungen sind vorhanden, jedoch keine Stromanschlüsse. Ganzjährig geöffnet. Sehr gut ausgebaute Radwege führen ins Zentrum von Gap.

3D Avenue de Traunstein, 05000 Gap
GPS 44.54209, 6.06120

08 Gap

Die Alpenstadt des Jahres 2002 verdankt ihre Bedeutung der Kreuzung der Route Napoléon mit der Verbindungsstraße zwischen Briançon und Valence. Wichtigstes Ausstellungsstück ist das Mausoleum für François de Bonne, den Herzog von Lesdiguières. Über den Col Bayard (1248 Meter) geht es nach Corps.

09 Corps

In diesem kleinen Dorf zweigt eine Straße zu einem der bedeutendsten französischen Marienwallfahrtsorte ab. Die Basilika Notre-Dame de la Salette ist bis heute das Ziel von jährlich weit über 100 000 Pilgern. Vom Wallfahrtsort sind es weitere 60 landschaftlich schöne Kilometer bis nach Grenoble, dem Endpunkt der Route Napoléon. Noch vor Grenoble lohnt sich ein Abstecher in den Parc National des Écrins. Allerdings sind die Stichstraßen in den Nationalpark nur mit kleinen Wohnmobilen befahrbar.

10 Grenoble

Die alte Hauptstadt der Dauphiné liegt malerisch an einem Knie der Isère und eingebettet zwischen bis zu 3000 Meter hohen Bergen. Lebendiger Mittelpunkt der Altstadt ist die Place Grenette. Die anschließende Grande Rue bestand schon zu Römerzeiten. Weiter östlich ist die Place Saint-André sehenswert.

Die gleichnamige Kirche entstand als Schlosskapelle der Grafen von Abon in den Jahren zwischen 1220 und 1236. Noch einige Schritte weiter östlich steht die Kathedrale Notre-Dame. Die größte Attraktion ist jedoch die Festung der Stadt. Von Grenoble aus führt die Route weiter nördlich über den Col de Porte (D512) nach Saint-Pierre-de-Chartreuse.

11 Monastère de la Grande Chartreuse

Das Mutterhaus des Kartäuserordens wurde Ende des 11. Jahrhunderts mit Erlaubnis des Bischofs von Grenoble in der »Déserte de Chartreuse« gegründet. Die Gebäude der heutigen Klosteranlage stammen aus dem 17. Jahrhundert. Das Kloster selbst darf nicht betreten werden. Beim Parkplatz (1,5 Kilometer vom Kloster entfernt) informiert ein Museum über den Kartäuserorden.

12 Col du Granier

Die Nordgrenze der Chartreuse markiert der 1134 Meter hohe Col du Granier. 1248 gab es hier einen riesigen Felssturz, der ein Dorf mit 5000 Personen unter sich begrub. Die Dimensionen der Katastrophe sind bis heute sichtbar: Das Trümmerfeld heißt »Abymes de Myans«. Die Nordrampe des Passes führt direkt hinunter in den Ort Chambéry.

13 Chambéry

Die Stadt südlich des Lac du Bourget war von 1232 bis in die Mitte des 16. Jahrhunderts Hauptstadt von Savoyen. Das Zentrum der Altstadt markiert die 1838 errichtete Fontaine des Eléphants. Vom Wahrzeichen der Stadt führt die von Arkaden flankierte Rue de Boigne zum Schloss – ehemaliger Wohnsitz der Herzöge von Savoyen (älteste Teile aus dem 14. und 15. Jahrhundert) und heute in Teilen ein Museum. Die Kathedrale geht bis auf das 13. Jahrhundert zurück, ihre bis heute unvollendete Fassade entstand erst im 15. Jahrhundert. Nicht versäumen sollte man die Kirche

St-Pierre-de-Lémenc, sie war im frühen Mittelalter das Zentrum der Christianisierung Savoyens.

14 Aix-les-Bains

Die Stadt am Ostufer des Lac du Bourget besitzt Thermalquellen, die bereits von den Römern genutzt wurden. Ein erstes richtiges Badehaus entstand im Jahr 1779 – bis heute sind daraus zwei große Staatsbäder gewachsen. Die Thermes Nationaux aus dem 19. Jahrhundert können besichtigt werden. Zu sehen sind außer den modernen Kureinrichtungen auch Reste der römischen Anlage. Das im 16. Jahrhundert errichtete Schloss des Marquis

AIRE MUNICIPALE, SASSENAGE BEI GRENOBLE

Der kostenlose Stellplatz am Stadtrand ist neben Sportstätten und einer Parkanlage mit großem See gelegen. Alle notwendigen Ver- und Entsorgungseinrichtungen sind vorhanden, jedoch keine Stromanschlüsse. Ganzjährig geöffnet. Gerade einmal 10 Kilometer sind es bis nach Grenoble.

Rue Pierre de Coubertin, 38360 Sassenage, GPS 45.21372, 5.66893

Links: Am Lac de Chésery spiegeln sich wundervoll die Aiguille Verte (links) und der Mont-Blanc (rechts).

Links unten: Die Passstraßen durch die französischen Alpen sind zwar eng, bieten aber immer wieder Haltebuchten, die man zum Ausweichen wie zum Aussteigen nutzen kann.

Rechts: 4810 Meter hoch ist der an der Nordseite fast völlig vergletscherte Mont-Blanc.

AUSFLUGSZIELE

Parc national des Écrins

Von der N85 bietet sich zwischen Gap und Vizille (die N91 ostwärts) mehrmals die Möglichkeit, in den östlich gelegenen Nationalpark zu fahren. Nationalparkhäuser befinden sich in Entraigues, Le Bourg-d'Oisans, La Chapelle-en-Valgaudemar und Pont-du-Fosses. Von der Route des Grandes Alpes ist der Park über Briançon via N94 (bis l'Argentière-la-Bessée) und die Nebenstraße 994E nach Ailefroide am Mont Pelvoux zugänglich. Mit dem Wohnmobil ist das die beste Möglichkeit, in den Park zu fahren. Die besonders geschützte Kernzone ist 91 800 Hektar groß. In dem 1973 gegründeten Park sind viele Wanderwege eingerichtet. Gämsen, Steinböcke und Murmeltiere lassen sich gut beobachten. Der Nationalpark erstreckt sich rund um das Massif des Écrins. Höchster Punkt des Parks ist mit 4102 Metern der Gipfel des Barre des Écrins (Erstbesteigung 1864). Obwohl er der höchste Punkt im Massiv ist, wurde er doch lange übersehen. Da der Gipfel von keinem Tal aus sichtbar ist, bot er den Alpinisten kein attraktives Ziel. Diese Funktion übernahm der 3914 Meter hohe Pelvoux. Er ist von Weitem und von allen Seiten als markanter Gipfel sichtbar.

www.ecrins-parcnational.fr
GPS 44.887707, 6.443731 (Ailefroide)

AIRE CAMPING-CAR PARK

Der Campingplatz verfügt über alle notwendigen Ver-, Entsorgungs- und Sanitäreinrichtungen, WiFi und Spielplätze. Ganzjährig geöffnet. Vom Platz sind es 200 Meter bis zur Uferpromenade am Lac du Bourget, 2,5 Kilometer bis ins Zentrum von Aix-les-Bains.

Rue des Goelands 5, 73100 Aix-les-Bains
www.campingcarpark.com, GPS 45.69660, 5.88890

JARDINS DU TAILLEFER, LAC D'ANNECY

Sehr schöner, ruhiger, gebührenpflichtiger Platz an der Südspitze des Sees mit allen notwendigen Ver- und Entsorgungseinrichtungen. Geöffnet von Mitte April bis Anfang Oktober. Bis zum See sind es 700 Meter. Es gibt einen ausgezeichneten, über einen alten Bahndamm führenden Radweg nach Annecy (16 Kilometer).

190 Route de la Porte, 74210 Lathuile
GPS 45.79472, 6.20810

TCS CAMPING GENF-VÉSENAZ

Die schöne parkähnliche Anlage direkt am Genfer See ist mit allen notwendigen Ver- und Entsorgungseinrichtungen, Duschen, Waschmaschinen, Trocknern und WiFi ausgestattet. Geöffnet Mitte März bis Anfang Oktober. Im etwas hohen Preis enthalten ist eine Busverbindung in die Innenstadt von Genf (ca. 7 Kilometer).

Chemin de la Bise 19, 1222 Vésenaz
www.tcs.ch, GPS 46.24525, 6.19355

d'Aix dient heute als Rathaus. Von Aix-les-Bains führen die A41 und die parallel verlaufende N201 nach Annecy, eine der attraktivsten Städte der französischen Alpen.

15 Annecy

Die Stadt am Nordende des Lac d'Annecy wird von schneebedeckten Gipfeln eingerahmt. Sie entstand im 12. Jahrhundert auf prähistorischem Siedlungsboden um eine befestigte Burg. Die mittelalterliche Altstadt gruppiert sich heute malerisch um mehrere Kanäle des Thiou. Hier befinden sich Restaurants in Hülle und Fülle, die alles anbieten, was sich in der internationalen und regionalen Küche bewährt hat. Aus dem 16. Jahrhundert stammt die Kathedrale Saint-Pierre. Innen ist sie gotisch, die vorgeblendete Fassade stammt aus der Renaissance. Interessanter noch ist die Kirche Saint-Maurice, die im 15. Jahrhundert von Dominikanern errichtet wurde. Die Wahrscheinlichkeit, auf dem kleinen altstadtnahen Wohnmobilstellplatz in den Sommermonaten das Fahrzeug abstellen zu können, ist gering. Wir empfehlen, einen der Campingplätze am See zu nutzen.

Die Weiterfahrt erfolgt über die N201, die nordwärts zum Südende des Genfer Sees führt. Nördlich von Annecy hat sich das Flüsschen Usses auf weiten Strecken tief in den Kalk eingegraben. Wo die N201 das Tal quert, steht noch die ursprüngliche Hängebrücke, die Pont de la Caille.

16 Mont Salève

Von Cruseilles aus sollte niemand den Umweg über die D41A zum Mont Salève versäumen. Zwar ist der höchste Punkt des gewaltigen, 18 Kilometer langen Bergrückens nur 1380 Meter hoch, doch bedeutet dies immer noch 1000 Höhenmeter Unterschied zum unmittelbar darunter gelegenen Genfer See. Bei der Grande Gorge öffnet sich schlagartig der Blick hinunter auf den schönen See und die Stadt Genf. Von der Orientierungstafel am höchsten Punkt sind bei klarer Sicht die Berge zwischen den Dents du Midi und dem Mont Blanc gut zu erkennen. Nach Norden reicht der Blick bis zum Schweizer Jura. Die Abfahrt führt nach Annemasse am See und direkt nach Genf.

17 Genf

Die Stadt gibt sich kosmopolitisch. Kein Wunder, denn Genf ist Wirtschafts- und Bankenzentrum sowie Sitz zahlreicher internationaler Institutionen. Die Hauptstadt des gleichnamigen Schweizer Kantons am Südwestende des Genfer Sees steht auf uraltem Siedlungsboden. Jahrhunderte vor den Römern gab es auf dem heutigen Stadthügel ein keltisches Oppidum, Cäsar nannte die Stadt erstmals Geneva. Während der Reformation geriet Genf in den Einfluss des Calvinismus. Mitglied der Eidgenossenschaft wurde die Stadt 1814. Mittelpunkt der Altstadt ist die Cathédrale Saint-Pierre, die auf erste christliche Bauten aus dem 4. und 5. Jahrhundert zurückgeht. Der heutige Bau wurde um 1150 romanisch begonnen und bis 1232 weitgehend gotisch fertiggestellt. Schönste Ausstattungsstücke sind das spätgotische Chorgestühl und die spätromanischen Kapitelle. Das auf das 15. Jahrhundert zurückgehende Rathaus südwestlich der Kathedrale besitzt interessante Renaissancefassaden und einen Turm von 1455. Der Ratssaal ist mit Malereien aus dem 15. bis 17. Jahrhundert verziert. Das interessanteste Museum der Stadt ist das Musée d'Art et d'Histoire. Das eigentliche Wahrzeichen Genfs aber ist sein am südlichen Seeufer 145 Meter hoch in den Himmel schießender Jet d'Eaux, die höchste Fontäne der Welt. Beinahe eine Welt für sich ist das Palais des Nations. Der Völkerbundpalast wurde 1937 fertiggestellt und wird mit seinen 25 000 Quadratmetern Grundfläche in Europa nur vom Versailler Schloss übertroffen. Von Genf kommt man direkt über die A40/E25 bis kurz vor Chamonix.

Bildleiste von oben: Quai de Mont-Blanc zur »blauen Stunde« am Genfer See.

140 Meter schießt das Wasser in die Höhe; die Fontäne ist ein Wahrzeichen von Genf.

Annecy war 2012 Alpenstadt des Jahres.

18 Chamonix-Mont-Blanc

Er ist der größte und bekannteste Skiort Frankreichs. Mit dem 4810 Meter hohen Mont-Blanc liegt er am höchsten Berg Europas. Einen Überblick verschafft man sich am besten bei einer Fahrt mit der Seilbahn auf die 3842 Meter hohe Aiguille du Midi. Hier kommt man ohne große Anstrengung der weißen Haube des Mont-Blanc am nächsten und hat das Tal und die Gebirgslandschaft gut im Blick. Attraktiv und landschaftlich lohnenswert ist auch eine Fahrt von Chamonix mit der Zahnradbahn Chemin de Fer du Montenvers zum Mer de Glace.

19 Albertville

Die Stadt liegt an der Mündung des Arly in die Isère und bietet den natürlichen Zugang zum südlich gelegenen Massif de la Vanoise. Sie

Links: In Chamonix ist das Massiv des Mont-Blanc allgegenwärtig.

Unten: Courmayeur ist ein beliebtes Ziel in der Region um den Mont-Blanc.

wurde im 19. Jahrhundert im Auftrag von König Charles-Albert von Savoyen auf regelmäßigem Grundriss errichtet. Die Vorgängersiedlung und eigentliche Altstadt von Albertville ist das auf einem Bergvorsprung oberhalb der Neustadt gelegene Conflans. Es bietet mit seinen spitzbogigen Stadttoren, den mächtigen Wehrmauern, einem Schloss, einer Barockkirche und schönen alten Häusern einen malerischen Anblick.
Bis Val d'Isère geht es nun immer im Tal der Isère flussaufwärts: Zunächst Richtung Südosten bis Moûtiers (das die Skigebiete im Massif de la Vanoise erschließt), dann nordostwärts zur alten Garnisonsstadt Bourg-Saint-Maurice. Hier teilt sich die Straße: Die N90 führt weiter über den Col du Petit Saint-Bernard nach Courmayeur, die D902 zweigt dagegen nach Süden ab. Mit der Fahrt durch die obere Tarentaise hinauf nach Val d'Isère beginnt nun endgültig das Fahr-Abenteuer auf der Route des Grandes Alpes.

PARKING GRÉPON

Dieser ist ein großer, gebührenpflichtiger Platz ohne Versorgungseinrichtungen. Ganzjährig geöffnet. 400 Meter Fußweg bis zur Seilbahnstation. Von dort geht es auf die Aiguille du Midi auf 3842 Meter Höhe. Dort hat man einen atemberaubenden Blick auf den Mont-Blanc und die Gebirgslandschaft der Alpen.

200 Chemin À Batioret, 74400 Chamonix-Mont-Blanc
GPS 45.91606, 6.87009

CITÉ MÉDIÉVALE DE CONFLANS

Auf dem gebührenfreien Platz sind alle nötigen Ver- und Entsorgungseinrichtungen vorhanden, jedoch keine Stromanschlüsse. Ganzjährig geöffnet. 400 Meter sind es bis in die mittelalterliche Altstadt von Albertville.

Montée Adolphe Hugues, 73200 Albertville
GPS 45.67370, 6.39709

20 Val d'Isère

Auf der Fahrt hinauf zum Lac de Chevril liegt die Steigung bei 9 bis 13 Prozent! Dahinter beginnt das »Paradies« der Skifahrer: Rund um Val d'Isère und Tignes reiht sich eine Aufstiegshilfe an die andere. In Lac de Tignes ist es möglich, mit der Seilbahn auf das 3656 Meter hoch gelegene Grand-Motte hinaufzufahren. Hinter dem Ort Val d'Isère beginnt der Anstieg zum Col de l'Iseran im Vanoise-Nationalpark. Dieser gilt mit seinen 2770 Metern als der zweithöchste überfahrbare Alpenpass. Und es geht durchaus ordentlich rauf und runter: Die Steigung beträgt auf der Nordseite 12 Prozent, beim Abstieg sind es 11 Prozent Gefälle.

21 Lanslevillard

Das Dorf am Südfuß des Col de l'Iseran besitzt mit der von Außen unscheinbaren Kapelle Saint-Sébastian ein einzigartiges Juwel: Ihr Inneres ist mit 35 Fresken aus dem Leben Christi und 16 Szenen aus der Sebastianslegende ausgemalt. Auf der N6 geht es weiter im Tal des Arc bis Saint-Michel-de-Maurienne.

22 Col du Galibier

Der 2650 Meter hohe Pass zählt zu den landschaftlich schönsten Stra-

AUSFLUGSZIELE

Tour de France

Seit 1903 wird das bedeutendste Radrennen Europas jedes Jahr mit wechselnder Streckenführung veranstaltet. Bei einer Gesamtlänge von 3000 bis 4000 Kilometern verlangt das Rennen von jedem Fahrer die Beherrschung unterschiedlichster Flach-, Hügel- und Bergstrecken. Der »Knackpunkt« ist dabei in den Alpen häufig der 2650 Meter hohe Col du Galibier. Er wird normalerweise von Norden angefahren und präsentiert als zusätzliche Tücke den vorgelagerten, 1570 Meter hohen Col du Télégraphe. Auf dessen Südseite geht es zunächst rund 200 Höhenmeter hinunter, die dann Richtung Galibier zusätzlich wieder erkämpft werden müssen. Insgesamt sind so auf der Nordrampe 2070 Meter Höhenunterschied zu überwinden. Auf der Südseite geht es anschließend 1321 Höhenmeter hinunter nach Briançon. Als wäre das alles nicht genug, beschert auch noch das Wetter den Fahrern so manche Tücke. Zieht gerade ein Tief von Nordwesten vorbei, hüllt sich die gesamte Nordrampe in dichte Wolken, Schnürlregen unten und Schnee oder gar Hagel weiter oben sind dann die Regel. Kommt ein Tief gerade von Süden, dann gibt es auf der Nordrampe den Föhneffekt mit Wärme und heftigen Gegenwinden, auf der Südrampe erwarten die völlig durchgeschwitzten Fahrer dann Nebel, Regen und im schlimmsten Fall auch Schneetreiben. So ist es nur allzu verständlich, dass immer wieder am Col du Galibier die Vorentscheidung fällt, wer viele Etappen später das Ziel auf den Pariser Champs-Elysées als Sieger erreicht.
www.letour.fr

AUSFLUGSZIELE

Monaco

Wo heute die Wolkenkratzer des »Manhattan der Côte d'Azur« auf gerade mal 190 Hektar in den Himmel ragen, siedelten schon die Griechen und die Römer. Im Jahr 1297 kam der Küstenstreifen unter die Herrschaft der genuesischen Adelsfamilie der Grimaldi, die 1612 den Fürstentitel annahmen. Auf dem Felsen südlich des Hafens errichteten die Grimaldis ihre Residenz. Es gelang ihnen, ihr Minifürstentum durch alle Wirren der Zeit zu erhalten. Seinen Reichtum verdankt Monaco Fürst Charles III., der 1865 auf der damals noch kahlen Landzunge ein Spielkasino errichtete. Die Einnahmen waren so groß, dass der Fürst schon fünf Jahre später sämtliche Steuern abschaffen und so den zweiten Grundstein für die Erfolgsgeschichte des heutigen Kleinstaates legen konnte. Ihm zu Ehren wurde der Felsen Casino Monte Carlo genannt, ein Name, der heute für den ganzen Bereich nördlich des Hafens gilt. Monaco-Stadt lockt mit dem Felsen »Le Roc« und dem Fürstenpalast die Besucher. Dabei ist der älteste gleichzeitig auch der mit 0,2 Quadratkilometern kleinste Stadtbezirk im Fürstentum Monaco. Reizvoll für viele Besucher ist das Zeremoniell der Wachablösung: Jeden Tag beobachtet eine große Menschenmenge, wie pünktlich um 11.55 Uhr die Wachen wechseln. In Monaco-Ville ist auch das weltweit bekannte Ozeanografische Museum untergebracht.

www.visitmonaco.com
GPS 43.726398, 7.417180

In Monaco drängen sich luxuriöse Boote und mondäne Behausungen. Ursprünglich war Monaco-Ville eine eigene Gemeinde, nun wird es von den Einheimischen als Altstadt bezeichnet.

ßen in Haute-Savoie. Die Berge La Meije (3983 Meter) und Barre des Écrins (4102 Meter) mit ihren steilen Nordwänden und den furchterregenden Gletscherkatarakten sind atemberaubend, so unmittelbar ragen sie hier in den Himmel empor. Weiter südlich unterhalb des Col du Galibier stößt die Passstraße auf die N91 von Briançon nach Vizille an der Route Napoléon (N85). Zurück geht es nun in die andere Richtung über den 2058 Meter hohen Col du Lautaret nach Briançon.

23 Briançon

Die Stadt liegt 1321 Meter hoch und wirbt damit, die höchstgelegene Stadt der EU zu sein. Seit Römerzeiten war Briançon stets eine Stadt des Militärs. Im Jahr 1692 beauftragte Ludwig XIV. den berühmten Festungsbaumeister Vauban mit der Anlage neuer Befestigungen. Er errichtete die heutige Zitadelle und umgab die Stadt bis in Jahr 1722 mit einem gewaltigen Mauerring. Mit zahlreichen weiteren in Sichtweite liegenden Festungsbauwerken wurde die Vauban-Festung mit der darin liegenden Stadt militärisch geschützt.

24 Col d'Izoard

Südlich von Briançon spürt man bereits deutlich den Süden. Dies zeigt sich schon bei der Fahrt über den Col d'Izoard (2361 Meter), der mit Steigungen bis 12 Prozent aufwartet. So richtig interessant aber wird es dann auf der Südrampe des Col d'Izoard, wenn unvermittelt die Casse Déserte auftaucht: Rotbraune Klötze und Pyramiden – teils aus Fels, teils aus einem Gemisch von Steinen und Geschiebe – ragen aus den Schutthängen auf. 20 Kilometer und 1110 Höhenmeter sind es von Guillestre hinauf zum nächsten Pass.

25 Col de Vars

Die Nordrampe (12 Prozent Steigung) bietet gute Ausblicke zurück auf das Massif de Pelvoux. Auf der Passhöhe (2109 Meter) werden die Felsmassive der südlichen Cottischen Alpen an der Grenze zu Italien sichtbar. Die Talfahrt vom Col de Vars führt an Erdpyramiden vorbei nach Saint-Paul-sur-Ubaye. Bei Barcelonette ist dann das Zentrum der französischen Südalpen – immerhin noch 1132 Meter hoch gelegen – erreicht. Unmittelbar hinter Barcelonette beginnt schließlich der Anstieg zum 2326 Meter hohen Col de la Cayolle. Unbedingt beachten: Auf dieser Passstraße sind Wohnmobile über 4,5 t nicht zugelassen (vgl. S. 186).

26 Col de la Cayolle

Die Straße D902 folgt dem Tal des Bachelard flussaufwärts und führt zunächst südwärts bis zur Nordwestecke des Parc National Le Mercantour. In den Gorges du Bachelard wird es dabei so eng, dass »Garagen«, also Ausweichstellen, eingerichtet werden mussten. Sobald sich die senkrechten Felswände dann etwas zurückziehen, klettert die Straße, die zunächst an der Nordgrenze des Nationalparks entlangläuft, den Hang hinauf (10 Prozent Steigung) und gibt schöne Talblicke auf die wilden Gorges du Bachelard frei. Nach der nahezu vegetationslosen Passregion (11 Prozent Gefälle) verlässt man auf der in vielen Serpentinen talwärts führenden Passstraße den Nationalpark und fährt weiter hinunter ins Tal des Var und hinaus nach Guillaumes.

27 Gorges de Daluis

Der Oberlauf des Var hat hinter Guillaumes in Jahrmillionen ein Meisterwerk geschaffen: Von Schokoladenbraun über Ziegelrot bis hin zu Purpur reicht die Farbpalette, in der die mehrere 100 Meter hohen Wände dieser Schlucht von unten heraufleuchten. Hoch über dem nur schmalen Bett des Var schlängelt sich die Straße als Corniche die Hänge entlang und ermöglicht großartige Tiefblicke. Südlich der Schlucht stößt die Straße auf die N202, die westlich von Nizza die Küste erreicht.

28 Vence

Rund 10 Kilometer vor der Küste zweigt nach Westen eine Straße nach Vence ab. Das lohnenswerte wie charmante Örtchen wurde als Vintium von den Römern gegründet, bereits im 4. Jahrhundert residierte hier ein Bischof, dessen ehemalige Kathedrale noch heute die Besucher beeindruckt. Errichtet wurde die Kirche Saint-Véron vom 10. Jahrhundert an. Die mittelalterliche Stadtmauer ist noch in weiten Teilen erhalten. Der Tour du Peyra stammt aus dem 12. Jahrhundert, die Porte de Peyra von 1441. Die Chapelle du Rosaire am nordwestlichen Stadtrand stiftete Henri Matisse 1951.
Etwas weiter südlich liegt das Dorf Saint-Paul-de-Vence, eines der bekanntesten Beispiele der »villages perchés«. Diese hoch gelegenen und

---

COL DU LAUT ARET

Großer gebührenfreier Platz ohne Versorgungseinrichtungen in atemberaubender Gebirgslandschaft mit Blick auf den Glacier du Lautaret. Ganzjährig geöffnet.

D1091, 05480 Villar-d'Arène
GPS 45.03288, 6.40699

PARC DES SPORTS

Dieser gebührenfreie Platz ist mit allen nötigen Ver- und Entsorgungseinrichtungen ausgestattet, hat aber leider keine Stromanschlüsse. Bis zur Cité Vauban sind es 2 Kilometer.

26 Rue Georges Bermond-Gonnet, 05100 Briançon
GPS 44.89019, 6.62906

AIRE MUNICIPALE

Auf dem gebührenfreien Platz gibt es alle notwendigen Ver- und Entsorgungseinrichtungen, jedoch keine Stromanschlüsse. 500 Meter sind es bis in die sehr überschaubare Ortsmitte. Der Platz eignet sich gut als Start für eine Erkundung der Gorges de Daluis.

Place de Provence, 06470 Guillaumes
GPS 44.08867, 6.85297

CAMPING PARK MAURETTES

Dieser Komfortcampingplatz ist mit allen notwendigen Ver- und Entsorgungseinrichtungen sowie Waschmaschinen, Wäschetrocknern und WiFi ausgestattet. Ganzjährig geöffnet. Von dort sind es nur 500 Meter bis zum Strand und zum Bahnhof. In 20 Minuten ist man auch schon in Nizza.

730 Avenue du Dr Julien Lefebvre, 06270 Villeneuve-Loubet
www.parcdesmaurettes.com, GPS 43.63103, 7.12984

von mächtigen Schutzwällen umgebenen mittelalterlichen Dörfer wurden zum Schutz vor Sarazeneneinfällen befestigt. Über Cagnes-sur-Mer und die Autobahn bzw. die Küstenstraße gelangt man nach Nizza.

29 Nizza

Die Hauptstadt des Départments Alpes-Maritimes liegt malerisch an den südlichen Ausläufern der Seealpen, hat mit der Promenade des Anglais eine großzügige Prachtstraße am Meer und lockt mit einer besonders schönen, von winkligen Gassen geprägten Altstadt. Gegründet wurde Nizza von den Griechen als Nikaia, später siedelten die Römer dann landeinwärts in Cemenelum, dem heutigen Cimiez. Heute sind hier die Thermen und Arenen der Römersiedlung zu besichtigen. Später gehörte Nizza zur Grafschaft Provence und von 1388 bis 1860 war man dann italienisch. Im 19. Jahrhundert wählten wohlhabende Engländer Nizza zu ihrem Altersruhesitz. Den besten Blick über ganz Nizza und den alten Hafen bietet der 92 Meter hohe Schlossberg, der älteste Siedlungsplatz der Stadt. Westlich davon erstreckt sich die Altstadt, deren nördlichen Teil die Kathedrale dominiert. Der zentrale Platz der Altstadt mit ihren verwinkelten Gassen und den italienisch anmutenden Häusern ist der Cours Saleya mit einem quirligen Blumen- und Gemüsemarkt. Das exotischste Wahrzeichen der Stadt ist ohne Zweifel die Cathédrale Orthodoxe Russe St.-Nicolas, die im Jahr 1912 erbaut wurde. Nizza gilt als Kunstmetropole und bietet viele Museen. Im Musée des Beaux-Arts sind Werke französischer Maler des 16. bis 20. Jahrhunderts vereint, darunter Lithografien von Jules Chéret, der sich häufig in Nizza aufhielt und dort 1932 verstarb. Weitere Museen widmen sich Henri Matisse und Marc Chagall, der Naiven Malerei sowie der asiatischen Kunst mit historischem und ethnografischem Ansatz. Das Museum für moderne und zeitgenössische Kunst zeigt Neue Realisten, etwa Yves Klein oder Christo, Pop-Art-Künstler wie Andy Warhol und Roy Lichtenstein sowie Vertreter der amerikanischen Abstraktion.

Oben: Vence ist eines der beliebtesten Reiseziele der Provence.

Links: Sieben Kilometer ist die Promenade des Anglais in Nizza lang. Hier reihen sich Villen aus dem 19. Jahrhundert und Hotelanlagen aneinander.

Naturpark Haut Jura *An der Grenze zur Schweiz gelegen, bietet dieses Schutzgebiet abwechslungsreiche Landschaften mit Gebirgen, tiefen Tälern, gewaltigen Quellen, Flüssen, Wasserfällen, Wäldern und Dörfern.*

Lac du Bourget *Am Westufer dieses natürlichen Sees erhebt sich die Abtei von Hautecombe aus dem 16. Jahrhundert mit dem Juragebirge im Hintergrund.*

Moustiers-Sainte-Marie *In der Nähe der Verdon-Schlucht liegt eines der schönsten Dörfer Frankreichs. Nicht nur die verschlungenen Gassen und die geduckten Häuser mit den terrakottafarbenen Dächern locken die Gäste, auch das Keramikhandwerk »Fayencen« ist bekannt.*

St.-Paul-de-Vence *In diesem Künstlerdorf an der Côte d'Azur trafen sich in den 1920er-Jahren Modigliani, Bonnard, Soutine, Signac und sogar Picasso. Die wichtigste Kunstadresse im Dorf ist heute die Fondation Maeght.*

St.-Tropez *Als Tummelplatz der Reichen und Schönen ist dieser Ort weltweit ein Begriff. Trotz dieses Hypes ist Saint-Tropez ein malerischer kleiner Küstenort geblieben.*

ROUTE 15

CÔTE D'AZUR UND COSTA BRAVA

Die Traumroute von Menton bis Barcelona mit Abstechern ins provenzalische Hinterland verbindet eindrucksvolle Felsküsten, weiße Strände, das Rhônedelta, die Ausläufer der Pyrenäen und weltberühmte Urlaubsorte mit einer Zeitreise in die über 2000 Jahre alte Siedlungsgeschichte dieses faszinierenden Kulturraumes.

Die Côte d'Azur mit dem Wohnmobil entlangzufahren, ist landschaftlich ohne Frage besonders reizvoll. Wer es gewohnt ist, für eine Rast oder eine Übernachtung ein freies Plätzchen in der Natur zu suchen, kann hier allerdings schnell verzweifeln. Zu viele Plätze entlang der Küste haben Absperrungen in zwei Metern Höhe oder sogar darunter und sind nur als Pkw-Parkplätze nutzbar. Dies zieht sich durch bis nach Narbonne, danach wird es für diejenigen, die gern auf die Infrastruktur von Campingplätzen verzichten, etwas besser. In der Provence wird man also oft vergeblich einen von den Wohnmobilisten so genannten »freien Platz« suchen. Da empfiehlt es sich doch gleich, sich auf offizielle Camping- und Stellplätze zu konzentrieren In den Sommermonaten Juli und August sind jedoch auch diese Plätze stark frequentiert. Im Frühjahr oder im Herbst dagegen ist die Lage sehr viel entspannter und wegen der Temperaturen eine angenehmere Reisezeit. Barcelona ist innerhalb der Ring-Schnellstraßen Umweltzone. Wer hineinfahren will, muss sich vorher unter zberegistre.ambmobilitat.cat/en/VehiclesEstrangers registrieren. Besser sucht man also einen Stellplatz außerhalb und fährt mit Öffis in die Stadt.

Erstrangige Architekturzeugnisse sind in Frankreich aus der Romanik und der Gotik erhalten. Im Bild: die Zisterzienserabtei Sénanque im Département Vaucluse.

Mittelmeerträume

Die Côte d'Azur bietet Landschaften von einmaliger Schönheit, die Provence ist ein Paradies für Natur- und Kulturenthusiasten, die Camargue eine ursprüngliche Deltalandschaft und die Costa Brava prägen steil zum Meer abfallende Berge. Und das Beste: All diese Regionen lernt man auf der folgenden Wohnmobilreise kennen!

Das malerische Menton mit seiner wundervollen, bunten Uferpromenade lädt zum Flanieren, Verweilen und Träumen ein.

ROUTE 15

Streckenlänge: ca. 1300 km
Zeitbedarf: 2–3 Wochen
Routenverlauf (Hauptorte): Menton, Monaco, Nizza, Toulon, Marseille, Aix-en-Provence, Arles, Avignon, Orange, Nîmes, Camargue, Narbonne, Perpignan, Barcelona
Charakteristik: Im Sommer wird es heiß, der Straßenverkehr ist dicht, Stellplätze werden rar. Daher empfehlen sich Frühjahr und Herbst.
Informationen:
www.france.fr/de
www.spain.info
www.catalunya.com

Hier geht's zum GPS-Track

01 Menton

Um 1870 entdeckten reiche Engländer die wohltuende Wirkung des milden Klimas der Côte d'Azur. Prächtige Villen und Hotels im Stil der Belle Époque erinnern an die Glanzzeiten dieser britischen Winterresidenz zwischen Alpen und Meer. Den schönsten Blick über Menton und die Bucht erhält man vom Friedhof oberhalb der Stadt. Zu ihren Sehenswürdigkeiten zählen die barocke Kirche St.-Michel, der Trausaal im Rathaus mit Fresken von Jean Cocteau sowie das Musée Cocteau in einer Festung aus dem 17. Jahrhundert. Nur wenige Kilometer hinter Menton liegt das Fürstentum Monaco, von dort führt eine steile Straße in das bergige Hinterland nach Èze.

02 Èze

Das Dörfchen thront wie ein Adlernest auf einem 427 Meter hohen Felsen über dem Mittelmeer. Es ist eines der schönsten mittelalterlichen Wehrdörfer der Provence, der sogenannten »villages perchés«. Eine dicke Steinmauer umgibt die Häuser, die sich hoch in den Bergen um einen Bergfried scharen. Um die ehemalige Festung wurde ein exotischer Garten angelegt, von ihm reicht der Blick an klaren Tagen bis nach Korsika. Zunächst der N7 in Richtung Nizza folgend, führt die Fahrt zurück ans Meer nach Villefranche-sur-Mer.

03 Cap Ferrat

Im Schatten mächtiger Pinien und versteckt hinter hohen Mauern liegen an den steil ins Meer abfallenden Küstenhängen von Cap Ferrat prächtige Millionärsvillen. Die Fondation Ephrussi de Rothschild, die wohl schönste Villa der Halbinsel, ist öffentlich zugänglich: Das hochherrschaftliche Gebäude inmitten prachtvoller Gärten zeigt die Einrichtung der Baronin Rothschild.

04 Nizza

Die heimliche Hauptstadt der Côte d'Azur ist eine Stadt der Gegensätze: Während die Prachtboulevards die Erinnerungen an die Belle Époque wachzuhalten versuchen, geht es in Teilen der Altstadt zu wie in einem italienischen Dorf. Im 5. Jahrhundert v. Chr. gründeten die Griechen hier

Cannes, der mondänste Ort der Côte d'Azur, hat eine von Mauern umgebene Altstadt. Der berühmte Boulevard de la Croisette folgt dem Küstenverlauf und wird von Sandstränden, Boutiquen und palastartigen Hotels gesäumt.

Nikaia, die »siegreiche Stadt«, die Römer bevorzugten die oberhalb liegenden Hügel für die Siedlung Cemenelum, heute Cimiez. Aushängeschild und Wahrzeichen Nizzas ist die Promenade des Anglais unmittelbar am Meer. Betuchte Briten hatten Nizza Mitte des 19. Jahrhunderts zu ihrem Altersruhesitz erkoren. Die eindrucksvollsten Paläste jener Zeit sind das berühmte Hotel Négresco und das Palais Masséna. Der zentrale Platz der Altstadt mit ihren verwinkelten Gassen und italienisch anmutenden Häusern ist der Cours Saleya mit einem schönen Blumen- und Gemüsemarkt. Vom Schlossberg bietet sich ein schöner Blick über die Altstadt und das Meer. Zu den sehenswerten Museen zählen das Musée d'Art Moderne et d'Art Contemporain, das Musée Chagall und das Musée Matisse in Cimiez, das Werke des Künstlers zeigt, der im Jahr 1916 nach Nizza zog. Eindrucksvollstes Relikt der römischen Epoche ist die 67 Meter lange und 56 Meter breite Arena, in der rund 5000 Römer Platz fanden. Hinter dem Flughafen verlässt die Route nun die Küstenstraße für einen Ausflug in das hügelige Hinterland der Provence. Kunstinteressierten empfiehlt sich ein Abstecher ins 10 Kilometer entfernte mittelalterliche Saint-Paul-de-Vence, in dem die Fondation Maeght Werke der Moderne zeigt. Von der Küste führt die D2085 nach Grasse.

05 Grasse

Parfüm hatte der Stadt frühen Reichtum beschert, den man noch heute in den mittelalterlichen Gassen und Straßen der Altstadt spürt. Alles über die Herstellung der wertvollen Essenzen verrät das Musée International de la Parfumerie, die großen Fabriken veranstalten täglich Führungen. Von Grasse führt die N85 zum Meer nach Cannes, dem wohl mondänsten Ort an der gesamten Côte d'Azur.

06 Cannes

Bekannt ist die Stadt vor allem für ihr jährliches Filmfestival: Die Reichen und Schönen treffen sich dann auf

Blick vom Jardin Exotique d'Èze auf das Bergdorf Èze und die Riviera.

CAMPING LA TOUR FONDUE

Diese große, ruhige und schattige Anlage ist mit allen notwendigen Ver- und Entsorgungseinrichtungen, inklusive Duschen, Waschmaschinen, Wäschetrocknern und WiFi ausgestattet. Geöffnet von Mitte März bis Anfang November. Der Platz liegt direkt am Strand.

Avenue des Arbanais La Tour Fondue, 83400 Hyères
www.camping-latourfondue.com
GPS 43.02920, 6.15672,

CAMPING GARLABAN

Auch größere Wohnmobile können den Familiencampingplatz problemlos anfahren. Die Ver- und Entsorgungsmöglichkeiten sind nicht perfekt, dafür besteht guter Anschluss nach Marseille mit öffentlichen Verkehrsmitteln. Mit dem Linienbus geht es zum Bahnhof von Aubagne, von dort weiter mit Bus oder Zug.

Chemin de la Thuilière 1915, 13400 Aubagne
www.camping-garlaban.com
GPS 43.224164, 5.277935,

dem Boulevard de la Croisette. Von Cannes sind es nur 11 Kilometer zum Cap d'Antibes mit den Urlaubsorten Juan-les-Pins und Antibes. Von Cannes nach Fréjus führt die N98 entlang der Corniche d'Estérel, die mit ihren roten Kliffen und Felsen, ihren Schluchten und versteckten Badebuchten zu den Höhepunkten der Fahrt zählt.

07 Fréjus

Noch heute ist das römische Erbe der 49 v. Chr. von Julius Caesar gegründeten Siedlung im Stadtbild deutlich: Erhalten sind Teile der römischen Stadtmauer, des Aquäduktes, vor allem aber des Amphitheaters. Sehenswert ist auch der Bezirk um die Cathédrale Saint-Léonce. Die Wehrkirche und das Kloster wurden im 12. Jahrhundert gegründet, das Baptisterium stammt bereits aus dem 5. Jahrhundert.

08 St.-Tropez

Zwischen Fréjus und Hyères drängen dichte Kiefern-, Eichen- und Kastanienwälder gegen die Küste, die Hügel brechen steil zum Meer ab und lassen an der Corniche des Maures keinen Platz für größere Siedlungen. Umso reizvoller ist hier die Küstenstraße, windet sie sich doch meist auf halber Höhe an den Hügeln entlang und bietet immer wieder faszinierende Ausblicke aufs Meer. In die Buchten schmiegen sich kleine ehemalige Fischerdörfer, die erfreulicherweise noch nahezu nichts von ihrem ursprünglichen Reiz verloren haben.

In Saint-Tropez heißt es »sehen und gesehen werden«. Der Ort wurde erst durch den Film »Und ewig lockt das Weib« aus dem Jahr 1956 mit Brigitte Bardot bekannt. Das Image vom ausschweifenden Leben lockte die Jugend der Welt und schließlich den Massentourismus in das bis dahin recht verschlafene Fischerdorf. Den Sommer über liegen in der Marina die Luxusjachten dicht an dicht. Die sündhaft teuren Bars und Klubs sind gut besucht und die Altstadtgassen voll von Tagesausflüglern.

09 Hyères

Die kleine Stadt ist das älteste Seebad an der Küste. Reizvoll zu besichtigen ist die mittelalterliche Vieille Ville. Von der alten Burgruine aus hat man einen prächtigen Panoramablick auf die Küste. Hyères vorgelagert sind die Îles d'Hyères. Staatspräsident Pompidou ließ die Inseln im Jahr 1971 vom französischen Staat unter Naturschutz stellen. Ein Besuch auf Porquerolles vermittelt eine Ahnung davon, wie die gesamte Côte d'Azur vor Beginn des Tourismus ausgesehen hat.

10 Toulon

Die Hauptstadt des Département Var verdankt ihre Bedeutung dem großen Naturhafen, der bis heute ein wichtiger Marinestützpunkt ist. Unter König Ludwig XIV. baute Vauban Toulon im 17. Jahrhundert zum Kriegshafen aus.

AUSFLUGSZIELE

Provenzialische Märkte

Unter schattigen Platanen breiten sich die kleinen Stände aus. Zwiebeln stapeln sich, kleine und große Kürbisse in allen Formen und selbst die Auberginen scheinen hier eine größere Vielfalt zu haben als andernorts. Nicht nur Obst- und Gemüse werden auf den Märkten verkauft, sondern auch Kunsthandwerk wie Töpferarbeiten, Spitze oder die typisch provenzialischen Röcke und Kleider. Es gibt Lavendel in allen Varianten: als Büschel, als ätherisches Öl oder in der Seife. Besondere Salamisorten aus Esel oder Stierfleisch locken ebenso wie große Käselaibe oder hausgemachte Nugatbrocken. Zu den schönsten Märkten der Region gehören die in Uzès, der Marché des Arceaux in Montpellier, der Wochenmarkt von Apt und der von Aix-en-Provence. Sehenswert ist auch der Bauernmarkt in Nizza.

11 Route de Crêtes

La Ciotat ist der Ausgangspunkt für eine Fahrt über die Route des Crêtes nach Cassis. Die »Straße der Bergkämme« führt über die Steilwände der Montagne de la Canaille und bietet prächtige Ausblicke sowohl auf das Meer als auch auf das Hinterland. Der kleine Hafenort Cassis konnte sich viel von seinem früheren Charme bewahren, vor allem die Gassen unmittelbar hinter dem Hafen vermitteln mit ihrem geschäftigen Treiben noch einen Einblick in die ursprüngliche Lebensart des Midi.
Westlich von Cassis steigen die weißen Kalkwände senkrecht aus dem kristallklaren Wasser. Bootsfahrten zu den Wänden werden ab Cassis angeboten. Wer von Cassis aus über die schmale Landstraße 559 direkt nach Marseille fährt, findet links abzweigend schmale Zufahrten zu drei sehenswerten Buchten: Port Miou, Port Pin und En-Vau. Für die Fahrt ins Herz der Provence bietet sich die Autobahn oder die N559 bis Aubagne an. Von dort führt die N96 nach Aix-en-Provence.

12 Marseille

Die zweitgrößte Stadt Frankreichs und wichtigste Hafenstadt des Landes kann auf eine 2500 Jahre alte Geschichte zurückblicken. Ihre Bedeutung als wichtiges Einfallstor nach Nordafrika spiegelt sich auch heute noch in ihrer Bevölkerungszusammensetzung wider. Gegründet wurde die Stadt Marseille von Griechen aus Kleinasien als Massalia auf dem Hügel, auf dem heute Notre-

Bildleiste von oben: Der Hafen von Saint-Tropez.

Marseilles Hafenviertel hat sich stark verändert: Wo früher heruntergekommene Gebäude standen, findet man heute teure Wohnungen und Geschäfte (untere Bilder).

CAMPING – HUBERT & JENNIFER LAGORD

Auf diesem einfachen, kostenpflichtigen Platz gibt es alle notwendigen Ver- und Entsorgungseinrichtungen sowie WiFi. Der Platz ist ganzjährig geöffnet. Bis in die Altstadt von Aix-en-Provence sind es gerade einmal 3 Kilometer.

Av. Fortuné Ferrini 592–634, 13080 Aix-en-Provence
GPS 43.50777, 5.43595

AIRE DE CAMPING-CAR QUAI KALYMNOS

Er ist gewiss kein schöner Platz, aber um die Altstadt von Arles zu Fuß zu erkunden, ist dieser Campingplatz an der Rhône ideal. Auf dem gebührenpflichtigen Platz sind alle notwendigen Ver- und Entsorgungseinrichtungen vorhanden. Ganzjährig geöffnet. Nur knappe 1,5 Kilometer sind es bis in die Altstadt von Arles.

3 Quai de la Gare maritime, 13200 Arles
GPS 43.67696, 4.61703

Dame-de-la-Garde steht. Mit den Römern war man zunächst verbündet, erst 49 v. Chr. eroberte Caesar die griechische Republik endgültig. Den ersten großen Aufschwung erlebte die Hafenstadt im 12. Jahrhundert, als sich die Heere der Kreuzritter von hier aus nach Jerusalem einschifften. In den folgenden Jahrhunderten war Marseille der wichtigste Hafen am Mittelmeer. Das Herz von Marseille schlägt bis heute im Alten Hafen, in dessen Verlängerung die Canebière als Hauptachse die gesamte Stadt erschließt. Der Prachtboulevard war einst das Symbol einer lebendigen Stadt. Die Einfahrt zum Alten Hafen flankiert auf der Nordseite das Fort Saint Jean und auf der Südseite das Fort Saint Nicolas. Vom Plateau de la Croix hat man vom Vorplatz der Basilika Notre-Dame-de-la-Garde, dem Wahrzeichen Marseilles, den besten Blick über Hafen und Stadt. Ein weiterer guter Aussichtsplatz ist der Gipfel des Felsens von Château d'If mit Sicht auf das gegenüberliegende Marseille. Besuchen sollte man außerdem die Abbaye Saint Victor sowie die Museen Vieille Charité, Musée des Docks Romains, Musée du Vieux Marseille.

13 Aix-en-Provence

Die Bäder- und Universitätsstadt war jahrhundertelang die Hauptstadt der Provence. Auf der keltisch-ligurischen Siedlung Entremont gründeten die Römer 122 v. Chr. die Kolonie Aquae Sextiae Saluviorum. Seit Ende des 12. Jahrhunderts Hauptstadt, wurde Aix schnell zur Stadt der Künstler und Gelehrten. Die Altstadt liegt zwischen dem Cours Mirabeau, einer Platanenallee mit schönen Stadtpalais aus dem 18. Jahrhundert, und der Kathedrale St. Sauveur mit einem Baptisterium aus der Merowingerzeit. Weitere Sehenswürdigkeiten sind das Rathaus, das Musée des Tapisseries und das Atelier Cézanne. Ein Lieblingsmotiv des berühmtesten Sohnes der Stadt ist der Montagne Sainte-Victoire, der einen Abstecher lohnt. Die kürzeste Verbindung nach Arles führt über die A8 / A7 nach Salon-de-Provence und quert den östlichen Teil des Rhônedeltas.

14 Arles

Das Eingangstor zur Camargue war Siedlungsgebiet der Kelten, der Griechen und der Römer. Kaiser Konstantin hatte hier eine prächtige Residenz, in der er im Jahr 314 ein Konzil einberief. Heute beeindrucken in Arles noch die Reste bedeutender Bauten der Römerzeit, zum Beispiel das 136 mal 107 Meter große Oval des Amphitheaters bot einst über 20 000 Besuchern Platz. Auch heute finden hier noch Stierkämpfe und andere Veranstaltungen statt. Die romanische Kirche Saint Trophime ist mit ihrem Portal aus dem Jahr 1190 ein Meisterwerk provenzalischer Steinmetzkunst. Der daran anschließende romanisch-gotische Kreuzgang gilt als der schönste der Provence.

Von Arles führt eine Landstraße nach Nordosten in eines der bekanntesten Dörfer der Gegend: Les Baux-de-Provence – sehr sehenswert!

15 Les Baux-de-Provence

Auf einem 900 Meter langen und 200 Meter breiten Felsrücken thront das Felsendorf. In der einst stolzen Festung trugen im Mittelalter Troubadoure ihre höfischen Liebeslieder vor. Die einzigartige Lage der Festung auf einem Felsen und der grandiose Blick über die Weite der Camargue und des Rhônedeltas ziehen unzählige Besucher in den autofreien Ort. Von hier nach Saint-Rémy quert die Straße die 24 Kilometer lange Bergkette der Alpilles.

16 St.-Rémy-de-Provence

In dem typischen Provencestädtchen wurde im Jahr 1503 Nostradamus geboren und van Gogh malte hier 1889 sein Bild »Kornfeld mit Zypressen«. Vorläufer Saint-Rémys war die Stadt Glanum, etwa ein Kilometer südlich des heutigen Zentrums. Aus dieser Zeit stammen ein 18 Meter hohes Mausoleum und der Arc Municipal aus der Zeit von Kaiser Augustus.

17 Avignon

Die Stadt der Päpste überragt das linke Rhôneufer und ist noch heute von einer etwa 4,5 Kilometer langen

Bildleiste von oben:
Der Cours Mirabeau ist nach Graf Gabriel-Honoré de Mirabeau benannt und die Flaniermeile von Aix-en-Provence.

Majestätisch und würdevoll ragt der Papstpalast in Avignon in den Himmel. Er war im 14. und 15. Jahrhundert Residenz des Pontifex.

Bildleiste von oben:
Sur le Pont d'Avignon ... sollte man auf jeden Fall einmal gewesen sein. Sie ist seit 1660 die Ruine einer Bogenbrücke und weltbekannt.

Der aus Muschelkalksteinen erbaute Pont du Gard ist ein beeindruckender Aquädukt.

Stadtmauer umgeben. Der Rocher des Doms und der Papstpalast beeindrucken den Besucher bereits von Weitem. 1309–1377 residierten hier sieben französische Päpste, erst 1403 flüchtete der letzte Gegenpapst aus seinem Palast. Während der rund hundertjährigen Papstpräsenz entstand der gewaltige festungsartige Palais des Papes (Papstpalast), von der einst überaus pompösen Inneneinrichtung ist so gut wie nichts erhalten. Die berühmte Pont St. Bénézet wurde 1177 gebaut, heute stehen davon nur noch vier der ursprünglich 22 Bögen.

Von hier geht es nach Norden zu zwei der schönsten römischen Bauwerke

Europas. Bei Sorgues zweigt die D17 nach Châteauneuf-du-Pape ab. Hier errichteten die Päpste von Avignon im 14. Jahrhundert eine Burg. Heute zählt der Wein aus dieser Gegend zu den besten der Côtes du Rhône. Wer noch Zeit hat, sollte auf dem Weg nach Orange einen Abstecher in das Luberon oder nach Villeneuve-les-Avignon unternehmen.

18 Orange und Pont du Gard

Das römische Arausio gründete Augustus 35 v. Chr. Bereits kurze Zeit später entstand das Theater, das zu den schönsten römischen Bauwerken der Provence zählt. Die gewaltige Bühnenwand ist 103 Meter breit und 38 Meter hoch. Im Norden steht der mit 22 Metern Höhe, 21 Metern Breite und 8 Metern Tiefe drittgrößte Triumphbogen dieses Typs.
Über die A9 erreicht man den famosen Pont du Gard. Dieser römische Brückenaquädukt ist ein echtes Meisterwerk der Ingenieurskunst.

19 Nîmes

Die Stadt der Tempel, der Thermen und der Theater wurde 16 n. Chr. von Kaiser Augustus gegründet. Der eindrucksvollste Bau der Römer ist das Amphitheater mit seiner ovalen Arena und den ansteigenden Steinreihen, die 25 000 Besuchern Sitzplätze boten. Das Maison Carrée aus den Jahren 2–3 n. Chr. zählt mit seinen Säulen und dem Schmuckfries zu den besterhaltenen römischen Tempeln Europas. Beim Jardin de la Fontaine konzentrierten sich viele Thermen, Tempel und ein Theater.

20 Aigues-Mortes

Diese Stadt beeindruckt mit ihren noch völlig intakten Befestigungsmauern. Der »Ort der toten Wasser« wurde von Ludwig XI. im 13. Jahrhundert zur Festigung seiner Macht am Mittelmeer errichtet. Ein Teil der Stadtmauer ist noch begehbar; den schönsten Blick über die Stadt bietet der Tour de Constance.

21 Saintes-Maries-de-la-Mer

Eine 30 Kilometer lange Straße führt durch die Camargue in ihren Hauptort, Les Saintes-Maries-de-la-Mer, der vor allem für die im Mai stattfindende »Wallfahrt der Zigeuner« bekannt ist. Trutzig wie eine kleine Burg liegt die Kirche der Stadt am Hafen, befestigt von starken Mauern. In ihrem Inneren birgt sie eine der wichtigsten Heiligenfiguren der Sinti und Roma: Die Schwarze Sara wird jedes Jahr verehrt. Auch jenseits der Kirche hat die Hauptstadt der Camargue einiges zu bieten.

22 Montpellier

In der Kapitale des Département Hérault befindet sich u. a. der älteste botanische Garten Frankreichs. Mittelpunkt der Stadt ist die Place de la Comédie. Zu den Sehenswürdigkeiten zählen die Patrizierhäuser aus dem 17. Jahrhundert. Montpellier ist außerdem die Stadt der Märkte. An fast jedem Wochentag gibt es in irgendeinem Stadtteil einen Markt, auf dem Spezialitäten verkauft werden.

23 Béziers

Die Route führt über Montpellier zur Stadt am Canal du Midi. Wer nach Béziers kommt, sollte sich der Stadt vom rechten Ufer der Orb aus nähern. Zu schön ist der Anblick, wenn sich der 75 000-Einwohner-Ort mit der alles überragenden Kathedrale Saint-Nazaire und der alten Pont Vieux (Bogenbrücke) in

CAMPING L'ART DE VIVRE

Komfortcampingplatz mit allen notwendigen Ver- und Entsorgungseinrichtungen, inklusive Waschmaschinen, Trocknern, WiFi, Restaurant, Pool und Fahrradverleih. Geöffnet von Mitte April bis Anfang Oktober. Der Platz ist ein guter Standort, um mit dem Fahrrad nach Orange (12 Kilometer) und Avignon (17 Kilometer) zu fahren.

960 Chemin de l'Islon-Saint-Luc, 84230 Châteauneuf-du-Pape
camping-artdevivre.com, GPS 44.04168, 4.82475

CAMPING LA SOUSTA

Der komfortable Campingplatz hat alle notwendigen Ver- und Entsorgungseinrichtungen sowie Waschmaschinen, Trockner, WiFi, Restaurant, Pool und Kanuverleih. Geöffnet von Anfang März bis Ende Oktober. Bis zum Pont du Gard sind es 800 Meter.

Avenue du Pont du Gard, 30210 Remoulins
www.lasousta.com, GPS 43.94841, 4.54609

PARKING 4

Dieser einfache, aber sehr teure und schattenlose Parkplatz liegt bei den Festungsmauern. Alle notwendigen Ver- und Entsorgungseinrichtungen sind vorhanden, allerdings keine Stromanschlüsse. Ganzjährig geöffnet.

49 Boulevard Diderot, 30220 Aigues-Mortes
GPS 43.56552, 4.19597

AIRE DE CAMPING-CAR PLAGE OUEST

Dieser relativ große, gebührenpflichtige und schattenlose Stellplatz befindet sich am Strand, zwei Kilometer westlich von Saintes-Maries-de-la-Mer. Er verfügt über alle notwendigen Ver- und Entsorgungseinrichtungen, jedoch gibt es keine Stromanschlüsse. Der Platz ist ganzjährig geöffnet.

D38, 13460 Saintes-Maries-de-la-Mer, GPS 43.44897, 4.40590

Bildleiste von oben: Blick auf Vermeille und Teile von Argelès-sur-Mer.

Seit 1997 gehört die Cité von Carcassonne zum UNESCO-Welterbe.

der Front des Wohnmobils vor den Reisenden auftut.

24 Narbonne

Die Stadt war einst ein bedeutender römischer Hafen. Sichtbares Zeugnis dieser Zeit ist das Horreum, ein im 1. Jahrhundert v. Chr. errichteter unterirdischer Kornspeicher. Die Cathédrale Saint Just stammt aus dem 13. Jahrhundert. Der Palais des Archevêques ist ein festungsähnlicher Komplex mit massiven Türmen. 60 Kilometer westlich von Narbonne liegt Carcassonne, ein Paradebeispiel mittelalterlicher Befestigungsarchitektur.

25 Carcassonne

Die Stadt am steilen Ufer der Aude ist schon von Weitem sichtbar. Ihr doppelter Mauerring mit Zinnen und zahllosen Türmen geht auf König Ludwig IX. zurück, der im 13. Jahrhundert mit dem Bau begann. Die Porte Narbonnaise gewährt Zugang in die Altstadt. Wichtigste Bauwerke sind das Château Comtal und die Basilique Saint Nazaire mit den schönsten Buntglasfenstern in Frankreich. Das Schloss – eine mächtige Festung innerhalb der Festung – wurde im 12. Jahrhundert errichtet und besitzt fünf Verteidigungstürme. Auf der Weiterfahrt in Richtung Perpignan

AUSFLUGSZIELE

Küstenstraße der Côte Vermeille

Sie gehört zu den eindrucksvollsten Strecken, die in dieser Gegend mit dem Wohnmobil befahren werden können: Die Küstenstraße der Côte Vermeille offenbart immer wieder absolut spektakuläre Blicke auf Buchten, kleine Hafenstädte und himmelblaues Meer. Die Straße beginnt in Collioure und führt bis zur spanischen Grenze. Collioure verfügt allein über drei Strände, Wahrzeichen aber ist der Wehrturm der Kirche, der zum Leuchtturm umfunktioniert ist. Weiter geht es von dort entlang feudaler Jachthäfen durch eine bergige Landschaft, die Straße bietet wunderschöne Panoramen über das Meer. Banyuls-sur-Mer ist nur eine Station, die sich auf der Strecke mehr als lohnt. Kleine Buchten, schroffe Felsen oder sanfte Strände – kaum eine Fahrt ist so vielfältig und an Landschaftsbildern bereichernd wie diese.

www.tourisme-occitanie.com

GPS 42.508674, 3.074446

über die D118 bis Quillan und die D117 lohnt ein Abstecher zum Château de Peyrepertuse, der eindrucksvollen Burgruine der Katharer in den Hügeln des Corbières.

AIRE DE CAMPING-CAR AQUAJET

Diese große, überwiegend schattenlose Anlage liegt direkt am Strand und ist mit allen notwendigen Ver- und Entsorgungseinrichtungen ausgestattet. Ganzjährig geöffnet. Mit dem Fahrrrad nach Narbonne sind es 21 Kilometer.

D332 Route de Gruissan
11100 Narbonne Plage
GPS 43.14400, 3.14372

AIRE DE CAMPING-CAR CARCASSONE

Auf der modernen Anlage gibt es alle nötigen Ver- und Entsorgungseinrichtungen, allerdings keine Stromanschlüsse. Ganzjährig geöffnet. Bis zum Eingang in die Cité sind es zu Fuß 1,5 Kilometer.

D104, 11000 Carcassonne, GPS 43.20005, 2.35270

CAMPING LES CRIQUES DE PORTEILS

Dieser luxuriöse 5-Sterne-Campingplatz ist auf Terrassen oberhalb der Steilküste angelegt. Alle notwendigen Ver- und Entsorgungseinrichtungen sind vorhanden, darüber hinaus Pool mit Wasserrutsche, Restaurant und Shops. Der Preis ist dementsprechend hoch. Geöffnet von Ende März bis Ende Oktober.

Porteils, 66700 Argeles-sur-Mer, www.lescriques.de
GPS 42.53407, 3.06809,

S'AGARO

Der sonnige kostenpflichtige Platz auf einer Terrasse oberhalb des Strandes hat alle notwendigen Ver- und Entsorgungseinrichtungen und bietet freie Sicht auf das Mittelmeer. Ganzjährig geöffnet. Bis zum Strand sind es 100 Meter.

Carrer de la Via del Tren 50, 17220 St. Feliu de Guíxols
www.sagaroarea.com, GPS 41.79008, 3.04439

26 Perpignan

Die Hauptstadt des Roussillon erlebte ihre Blütezeit unter den Königen von Mallorca im 13. und 14. Jahrhundert. Der Palais des Rois de Majorque ist ein Zeuge dieser Zeit und wurde malerisch um einen Arkadenhof gebaut. Glanzstück ist die zweistöckige Kapelle, ein gotisches Meisterwerk mit maurischen Elementen. Die Cathédrale de Saint Jean wurde 1324 begonnen und 1509 vollendet. Die farbenprächtigen Häuser an der von Palmen gesäumten Promenade entlang des Têt sind in Türkis oder Rosa gestrichen. In Perpignan ist besonders im Sommer der katalanische Einfluss deutlich spürbar. Dann ist die Place de la Loge der Schauplatz des katalanischen Tanzes »Sardana«, bei dem Jung und Alt mitmachen. An diesem Platz befindet sich auch einer der schönsten Bauten der Stadt, die 1397 erbaute Loge de Mer.

Wo die Pyrenäen an das Mittelmeer grenzen, schlängelt sich die Küstenstraße an den zinnoberroten Felsen der Côte Vermeille entlang, in deren Buchten sich uralte Fischerdörfer ducken. Zu den bedeutendsten zählen Argelès-Plages, Cerbère und Banyuls in Frankreich sowie Portbou in Spanien.

27 Cadaqués

Eines der schönsten Fischerdörfer der Costa Brava liegt hinter dem Coll de Perafita und ist nur über eine schmale Stichstraße erreichbar. Cadaqués mit seinen weißen Häusern besitzt eine Barockkirche aus dem 16. Jahrhundert. Im benachbarten Portlligat lebte Salvador Dalí nach seiner Rückkehr aus New York. Sein extravagantes Anwesen mit dem Ei auf dem Dach setzte er labyrinthartig aus einer Reihe kleiner Fischerhäuser zusammen. Es ist heute als Museum zugänglich. Das Kap von Creus im Norden von Cadaqués ist der letzte Ausläufer der Pyrenäen und zugleich der östlichste Punkt der Iberischen Halbinsel. Der Parc Natural del Cap de Creus verbindet Natur und Meer und ist ein weites unbewohntes Gebiet. Schon die Griechen erkannten die Schönheit der Badia de Roses mit ihren weitläufigen Stränden. Von Roses lohnt ein Abstecher nach Figueres ins Dalí-Museum. Auf der Weiterfahrt nach Süden durchquert man eine Ebene, von der aus man einen tollen Blick auf die östlichen Pyrenäen hat.

28 Costa Brava

Das schönste Dorf an der gesamten Costa Brava ist Pals. Es liegt wenig nördlich von Palafrugell etwas landeinwärts und entzückt jeden Besucher mit seinen schmucken Gässchen. Zurück an der Küste reiht sich nun ein Ferienort an den anderen. Rund um Palamós finden sich einsame Buchten und Strände, nur die Platja d'Aro wird von modernen Hotelburgen gesäumt. Die mittelalterliche Altstadt Tossa de Mar lädt zum Bummel ein. Hoch über den Dächern von Blanes lockt der berühmte botanische Garten Marimurtra. Die letzte Station der Reise ist die Metropole Barcelona.

29 Barcelona

Barcelona ist die zweitgrößte Stadt Spaniens und Hauptstadt Kataloniens. Die quirlige Metropole mit ihren bemerkenswerten Baudenkmälern, ihrem aufregenden Nachtleben und den schönen Promenaden am Hafen und am Meer verbindet Weltoffenheit mit eigenständiger Tradition. Nicht zuletzt ist sie die Stadt von Antoni Gaudí, der hier seine größten Bauwerke errichtete. Die ewige Konkurrentin Madrids blickt auf eine 2000 Jahre alte Geschichte zurück: Von den Römern gegründet, wurde sie 236 v. Chr. vom Karthager Hamilkas Barcas erobert, der ihr den Namen Barcino gab. Im Jahr 415 ging die Macht über die Stadt am Mittelmeer an die Westgoten, 713 an die Araber und 803 an die Franken über. Nach der Vereinigung der Königreiche Katalonien und Aragón im Jahr 1137 begann der Aufstieg zur wichtigen spanischen Hafen- und Handelsstadt. Ein Versuch, sich von Spanien zu lösen, scheiterte jedoch im 17. Jahrhundert. Im Spanischen Bürgerkrieg des 20. Jahrhunderts stand Barcelona aufseiten der Republikaner – gegen den späteren Sieger Franco. Ende des 19. Jahrhunderts entwickelte sich in Barcelona ein ganz neuer Kunst- und Architekturstil: der Modernisme – die katalonische Variante des Jugendstils –, der wie kein anderer das heutige Aussehen der Stadt geprägt hat. Neben Antoni Gaudí waren die wichtigsten Protagonisten die Architekten Josep Puig i Cadalfalch und Lluís Domènech i Montaner. Viele ihrer Bauwerke stehen im Stadtteil Eixample. Der beste Blick auf die Stadt bietet sich vom Montjuïc im Süden oder vom 532 Meter hohen Tibidabo im Westen, die beide über eine Seilbahn zu erreichen sind. Besonders sehenswert sind das Barri Gòtic, der erhöht gelegene, älteste Stadtteil; die Plaça del Rei mit dem Palast der katalanischen und kastilischen Könige; der Palau Real Major; die mächtige gotische Kathedrale La Seu mit Krypta und Kreuzgang, in dem traditionell Gänse die Gräber bewachen; die Plaça del Pi, ein stimmungsvoller Stadtplatz; Las Ramblas, Barcelonas berühmteste Flanier- und Amüsiermeile; die nostalgische Markthalle Boqueria (der »Schlund«) mit überwältigendem Angebot an Essen und

Canal du Midi *Er verbindet Toulouse mit dem Mittelmeer und ist eine der größten Ingenieurleistungen des Absolutismus. Der rund 350 Kilometer lange Kanal bewirkte einen enormen wirtschaftlichen Aufschwung in der Languedoc. Heute wird er vornehmlich von Hausbooten genutzt.*

Agde *Das sich zwischen dem Canal du Midi und dem Fluss Hérault befindende Städtchen lockt zu einem Besuch mit seinen engen Gassen und hübschen, im Schatten alter Bäume gelegenen Cafés, die besonders zum Markttag am Donnerstag zum Leben erwachen.*

Trinken; das Museu Nacional d'Art de Catalunya, dessen Sammlung romanischer Fresken und Altargemälde Weltruf genießt; das Museu Picasso mit 3600 Werken des Künstlers, der in Barcelona studierte; das Museu Maritim, das Schifffahrtsmuseum in alten Schiffbauhallen. Der großartigste Bau der Stadt und das Hauptwerk von Antoni Gaudí (1852–1926) ist die bis heute unvollendete Kirche Sagrada Família, in gigantischen Dimensionen mit überbordender, symbolträchtiger Formensprache. Ein weiteres Werk des Künstlers ist im Barri Xinès die gräfliche Privatresidenz Palau Güell. In der vom Modernisme geprägten Neustadt Eixample stehen die Wohnhäuser Casa Milà mit skurrilem Skulpturenschmuck und einer märchenhaften Dachlandschaft, Casa Calvet und Casa Batlló.

ESTACIONAMIENTO DE AUTOCARES

Auf dem schlichten, aber sehr teuren bewachten Parkplatz sind alle notwendigen Ver- und Entsorgungseinrichtungen vorhanden. Ideale Lage, um Barcelona zu besuchen. Der Palau Sant Jordi ist einen Kilometer entfernt, das Castell de Montjuïc 2,5 Kilometer. Die Plaza España liegt in 1 Kilometer Entfernung.

Avinguda des Montanyans, 08001 Barcelona
GPS 41.36739, 2.14679

Der Palau Güell und die Casa Milà gehören zum UNESCO-Weltkulturerbe. Die Avingua de Gaudí ist eine breite Allee ganz im Zeichen des großen Architekten. Zu den Werken von Domènech i Montaner zählen die Casa l'Ardiaca und Lleó Morera, der Palau de la Música Catalana, die Fundació Antoni Tàpies und die Illa de la Discòrdia. Den Eingang zu seinem Parc Güell flankieren Pförtnerhäuser mit Zuckergussdächern. Organisch geformtes Mauerwerk und viele Mosaike zieren den Park.

Barcelonas bis heute unvollendete, weltberühmte Sagrada Família gehört zu den Highlights der Stadt.

Cirque de Navacelles Ähnlich wie der Colorado River am nordamerikanischen Grand Canyon hat sich hier der kleine Fluss Vis in den Kalkstein gegraben und dabei ein Tal geformt, das in diesem Falle hufeisenförmig ist.

Camargue Schwarze Stiere, halbwilde weiße Pferde, mächtige Salzberge und rosa Flamingoschwärme sind typisch für das weite Sumpf-, Wiesen- und Weideland der Mündungsarme der Rhône.

Luberon Das bis zu 1125 Meter hohe Kalksteinmassiv ist für seine üppige Flora und Fauna bekannt. Typisch für die Gegend sind auch die Bories, mörtellos errichtete Hütten und Ställe am Rand der Wein- und Lavendelfelder.

ROUTE 16

JAKOBSWEG UND COSTA VERDE

Mehrere Pilgerstraßen führen von den Pyrenäen zum Grab des heiligen Jakobus. Diese Route beginnt in Roncesvalles und führt über Burgos und León nach Santiago de Compostela. Die Rückfahrt entlang der Atlantikküste erschließt die ganze Schönheit der galicischen, asturischen, kantabrischen und baskischen Küste.

Der Ausbauzustand der Straßen in Spanien ist durchweg als gut zu bezeichnen. National- und Provinzstraßen werden durch ein dichtes Netz von Autobahnen entlastet, wobei die staatlichen »autovías« alle gebührenfrei sind. Die ursprünglich privaten »autopistas« sind teilweise noch mautpflichtig, sukzessive werden aber jetzt immer mehr Strecken ebenfalls mautfrei. Wenn Ihr Fahrzeug einen Heckträger für Fahrräder hat oder auf dem Träger eine Gepäckbox transportiert wird, so ist hier eine 50 x 50 cm große, rot-weiß schraffierte Warntafel gut sichtbar und fest verzurrt anzubringen. Die Stellplatzsituation ist gut. Viele Städte und Gemeinden stellen Plätze für den Wohnmobilurlauber bereit und auch private Anbieter sehen in dem Betrieb eines Stellplatzes ein tragfähiges Geschäftsmodell. Die Nordküste ist für Wohnmobilurlauber besonders interessant, denn hier gibt es sie noch, die einsamen Buchten am Strand, wo man niemanden stört und von niemandem gestört wird. Klimatisch ist diese Reise auch interessant: Geht es zunächst am Nordrand der Meseta vergleichsweise regenarm zu, so ändert sich dies auf der Fahrt entlang der Küste. Das »Tief über dem Golf von Biskaya« ist nicht nur ein Standardsatz im Wetterbericht. Das Tief gibt es tatsächlich, es beschert der Nordabdachung des Kantabrischen Gebirges reichlich Niederschläge und den Scheibenwischern Ihres Fahrzeuges eine Menge Arbeit.

Olaverri in der Nähe von Pamplona auf dem Camino Francés besitzt eine für den Jakobsweg typische Landschaft.

Reise durch das grüne Spanien

Den Weg von den Pyrenäen bis Galicien säumen malerische Dörfer und Städte, Klöster und Kastelle und die mächtigen Kathedralen von Burgos und León, die Rückreise führt entlang der spanischen Nordküste.

Auf der Route kann man auch mal tierischen Nachbarn begegnen, wenn man einen der vielen wunderschönen Haltepunkte in der Natur anfährt.

ROUTE 16

Streckenlänge: ca. 1800 km
Zeitbedarf: 2 Wochen
Routenverlauf (Hauptorte): Roncesvalles, Pamplona, Puente la Reina, Logroño, Burgos, León, Santiago de Compostela, Cabo Finisterre, A Coruña, Santander, Bilbao, San Sebastián
Charakteristik: Wer Etappen des Jakobwegs zu Fuß pilgernd zurücklegen möchte, kann per Linienbus oder Taxi zum Wohnmobil zurückkehren.
Informationen:
www.spain.info
www.jakobsweg.de

Hier geht's zum GPS-Track

01 Roncesvalles

Im Dörfchen knapp unterhalb des Ibañeta-Passes entschied sich im Jahr 778 das Schicksal von Markgraf Roland, der im Gefolge Karls des Großen versucht hatte, die Mauren aus Zaragoza zu vertreiben. Beim Rückzug des Heeres führte Roland die Nachhut an, geriet in einen Hinterhalt und wurde erschlagen. Die sich um seinen Tod rankenden Heldensagen wurden um 1080 zum »Rolandslied« zusammengefasst. Neben dieser Begebenheit hat das Städtchen noch ein altes Augustiner-Hospiz, eine der ältesten Herbergen am Pilgerweg, zu bieten. Sehenswert ist auch die Stiftskirche (1127). Die gotische Kirche Santa María entstand im 13. Jahrhundert; sie birgt eine versilberte Madonna aus Zedernholz.

02 Pamplona

Die Stadt der Sanfermines mit dem berühmten Wettrennen der Stiere ist eine Gründung des römischen Generals Pompejus aus dem Jahr 75 v. Chr. Im 8. Jahrhundert herrschten hier die Mauren, ab 905 war Pamplona Hauptstadt des Königreiches Navarra, aus dem ab 1512 das Großreich Kastilien entstand. Heute

ÁREA DE AUTOCARAVANAS DE BERRIOZAR BEI PAMPLONA

Dieser Platz besteht aus großen, kostenlosen, asphaltierten, aber schattenlosen Parkflächen in einer Sackgasse. Auch für sehr große Reisemobile gut geeignet. Alle notwendigen Ver- und Entsorgungseinrichtungen sind vorhanden. Ganzjährig geöffnet. Pamplona ist mit dem Fahrrad sehr gut zu erreichen (3,5 Kilometer).

Av. Berriozar 1, 31013 Berriozar
GPS 42.84138, -1.66604

Die Puente la Reina ist eine der ersten romanischen Brücken Spaniens. Die 110 Meter lange Bogenbrücke besteht aus grob rechtwinklig behauenem Naturstein und beginnt in einem Torbauwerk am Ende der Calle Mayor.

ist die Plaza del Castillo mit den repräsentativen Häuserzeilen aus dem 18. und 19. Jahrhundert das lebendige Zentrum der Stadt. Recht eindrucksvoll ist die Fassade des Rathauses auf der Plaza Consistorial mit ihren interessanten dorischen, ionischen sowie korinthischen Elementen. Die Kirche San Saturnino gegenüber war einst eine Wehrkirche. Ihr angeschlossen ist eine Herberge für die Pilger des Jakobswegs. Wahrzeichen Pamplonas aber ist die Kathedrale Santa María mit ihren rund 50 Meter hohen Türmen. Hinter der klassizistischen Fassade verbirgt sich ein gotischer Innenraum nach französischem Vorbild. Dominierendes Ausstattungsstück ist die Virgen del Sagrario über dem Hauptaltar. Vor der romanischen Marienskulptur wurden im Mittelalter die Könige von Navarra gekrönt. Nicht versäumen sollte man den gotischen Kreuzgang mit seinen zahlreichen Grabplatten.

03 Puente la Reina

Der Ortsname geht auf die im 11. Jahrhundert erbaute fünfbogi-

AUSFLUGSZIELE

Fiesta de San Fermín

Niemand weiß, wann das berühmte Fest entstanden ist, aber man begeht die Fiesta de San Fermín bereits seit dem 14. Jahrhundert. Jedes Jahr im Juni feiert Pamplona eine Woche lang das Fest des heiligen Fermin, der in christlicher Frühzeit in Pamplona geboren worden sein soll und Schutzpatron der Bäcker, Weinhändler und Küfer ist. Höhepunkt dieses Fests ist der »encierro«: Jeden Morgen um 8 Uhr kündigt ein Böller den Beginn des Laufs an. Die Stiere werden aus dem Pferch von Santo Domingo auf einer Strecke von 848 Metern quer durch die Altstadt bis in die Arena getrieben. Wer von den Männern tollkühn ist, versucht, vor den Stieren herzulaufen. Dieses Ritual wiederholt sich jeden Morgen, 8 Tage lang. Nur 3 Minuten dauert die gefährliche Jagd gewöhnlich. In Weiß mit roter Schärpe und rotem Halstuch kann dabei jeder mitlaufen, Einheimische ebenso wie Touristen. In der Arena finden tagsüber Stierkämpfe mit professionellen Matadoren statt. Pamplona befindet sich in der Festwoche im Ausnahmezustand, die Bodegas und Straßen sind Tag und Nacht mit feiernden Menschen gefüllt. Ernest Hemingway hat dies in seinem Roman »Fiesta« (1926) leidenschaftlich beschrieben und dem Fest damit zur Unsterblichkeit verholfen.

www.sanfermin.com

GPS 42.819357, -1.648029

PARKING GRATUITO LAS NORIAS

Dieser schattige, kostenlose Parkplatz befindet sich in unmittelbarer Nähe des Freibades Las Norias. Keinerlei Versorgungseinrichtungen, ganzjährig geöffnet. Der Fußweg durch den Parque del Ebro in die Innenstadt ist 1,5 Kilometer lang.

Terreno, Sector la Arena, 26, 26009 Logroño
GPS 42.47560, -2.45426

CAMPING FUENTES BLANCAS

Sehr gepflegter, gebührenpflichtiger Platz in einer parkähnlichen Landschaft mit allen notwendigen Ver- und Entsorgungseinrichtungen sowie Duschen, Waschmaschinen, Trocknern, WiFi, Restaurant und Shop. Ganzjährig geöffnet. Der Badestrand liegt am Río Arlanzón. Ein schöner, schattiger Rad- und Fußweg führt entlang des Flusses in die Innenstadt (4 Kilometer).

Calle Cartuja de Miraflores 0, 09001 Burgos
www.campingburgos.com, GPS 42.34151, -3.65778

PARKING MIRADOR DE ORELLÁN

Der befestigte Parkplatz ohne Versorgungseinrichtungen ist ganzjährig geöffnet. 700 Meter sind es bis zu der besonders im Abendrot spektakulären Aussicht auf die Bergbaulandschaft Las Médulas.

Parking Mirador de Orellán, 24444 Borrenes
GPS 42.45964, -6.74550

ge Fußgängerbrücke Puente Regina zurück, eine Stiftung von Doña Mayor, der Gattin des navarresischen Königs Sancho el Mayor. Die romanische Pilgerbrücke über den Río Arga ist die schönste am gesamten Pilgerweg. Gleich am Ortseingang steht neben dem alten Pilgerhospital die von Tempelrittern erbaute Iglesia del Crucifijo aus dem 12. Jahrhundert mit einem Kruzifix aus dem 14. Jahrhundert. Die Pfarrkirche hat eine romanische Fassade und eine barocke Innenausstattung. Interessant ist auch der geschnitzte »Santiago Beltza«.

04 Estella

Die alte Königsresidenz umfasste in ihrer Blütezeit nicht weniger als 20 Kirchen, Klöster und Kapellen. Die schönste von ihnen ist San Pedro de la Rúa aus dem 12. Jahrhundert. Die drei gotischen Schiffe haben jeweils romanische Apsiden. Das Hauptgewölbe wurde im 17. Jahrhundert geschlossen. Die kostbarsten Stücke sind eine Marienfigur aus dem 12. Jahrhundert und ein Christus aus dem 14. Jahrhundert. Durchaus interessant sind die Reste des romanischen Kreuzgangs mit ihren fein gearbeiteten Kapitellen.

05 Logroño

Die Hauptstadt der Rioja ist in ihrem Altstadtkern um die Plaza del Mercado am schönsten. Dort steht auch die Kathedrale Santa María de la Redonda mit ihren weithin sichtbaren Barocktürmen. Der Bau stammt aus dem 15. Jahrhundert, sein kostbarstes Stück ist ein Kreuzigungsbild, das von Michelangelo stammen soll. Die Pilgerroute des Jakobswegs verhalf der Stadt bereits im Mittelalter zu Reichtum und zieht noch heute viele Besucher an.

AUSFLUGSZIELE

Las Médulas

Das kleine Bergdorf in der Nähe von Carucedo, rund 25 Kilometer südwestlich von Ponferrada, thront auf Gold – zumindest war dies zu Zeiten der Römer so. Diese durchwühlten das Gelände auf mehreren Quadratkilometern auf der Suche nach dem Edelmetall so gründlich, dass davon bis heute bizarre Geländeformationen zeugen. Höhlen- und Schachteingänge wechseln sich ab mit Gräben, antiken Waschanlagen und Hügeln inmitten einer einzigartigen, von Schluchten durchzogenen Erosionslandschaft. Alles weist darauf hin, dass hier mit den einfachsten Mitteln, aber dennoch äußerst systematisch nach Gold gesucht wurde. Innerhalb von 200 Jahren haben die Römer schätzungsweise 500 Tonnen Gold abgebaut. Mit einem komplizierten Kanalsystem schafften sie aus der Umgebung Wasser herbei, um das wertvolle Metall auszuschwemmen. Ein Nebenprodukt der Goldsuche ist auch der Lago de Carucedo südwestlich von Ponferrada: Hier hatten die Sklaven einen künstlichen See anlegen müssen, der zusammen mit einem Netz von Kanälen und Rinnen zum Waschen der Millionen Tonnen Gestein aus den umliegenden Hügeln diente. Heute erschließt ein etwa zwei Kilometer langer Weg das von der UNESCO zum Weltkulturerbe erklärte antike Goldminengebiet.
42.457984, -6.773057

06 Nájera

Das Städtchen, bis 1076 Hauptstadt von La Rioja und Navarra, erlebte seine Blütezeit Anfang des 11. Jahrhunderts unter König Sancho el Mayor. Aus jener Zeit stammt das Kloster Santa María la Real. Sein Kreuzgang der Ritter entstand im 16., die Kirche Santa María im 15. Jahrhundert. Zentrum des goldenen Barockaltars ist ein wundertätiges Marienbild. Das schönste Ausstattungsstück ist das prächtig ornamentierte Chorgestühl aus dem späten 15. Jahrhundert.

07 Santo Domingo de la Calzada

Attraktion der hiesigen Kathedrale ist ein reich verzierter Hühnerstall, in dem seit Jahrhunderten eine weiße Henne und ein weißer Hahn gehalten werden. Sie sollen der Legende nach einem unschuldig Gehängten das Leben gerettet haben. Die Kirche selbst ist eine Gründung des heiligen Domingo, der sich im 11. Jahrhundert um die Jakobspilger verdient gemacht hatte. Den romanischen Chor der Kirche füllt ein riesiger Hochaltar aus dem Jahr 1540.

08 Burgos

Quer durch die Jahrhunderte war die Stadt eine der wichtigsten Stationen am Jakobsweg, Ende des 15. Jahrhunderts gab es in ihr nicht weniger als 32 Pilgerhospize. Der Bedeutung musste auch die Kathedrale entsprechen, deren Bau Bischof Mauricio 1221 begann. Drei Jahrhunderte lang wurde an der drittgrößten Kathedrale Spaniens gebaut, 108 Meter wurde sie lang, 61 Meter breit und das Gewölbe im Mittelschiff

Bildleiste von oben:
Kreuzgang der Kirche San Pedro de la Rúa in Estella.

Steinbrücke in Logroño.

Las Médulas ist ein antikes Goldminengebiet.

Gotische Kathedrale von Burgos.

CERVECERIA ASADOR

20 Meter hoch. Ihre im 15. Jahrhundert fertiggestellten gotischen Türme recken sich 80 Meter weit in den Himmel, ihre überaus reich geschmückte Hauptfassade präsentiert gleich acht Königsstatuen, die vier Portale sind jedes für sich ein bildhauerisches Meisterwerk. Entsprechend überwältigend ist das Innere: Den Kunstfreund »erschlagen« 19 Kapellen, 38 Altäre und zahllose Skulpturen, Reliefs und Gemälde. Vor allem die Kapellen bergen einen unendlichen Schatz an Einzelkunstwerken aus vielen Jahrhunderten. Im Zentrum des opulenten Hochaltars steht die Silberstatue der Santa María la Mayor, der Schutzpatronin von Burgos. Nicht versäumt werden darf ein Besuch des Kreuzganges aus dem 13. Jahrhundert und der angrenzenden Kapellen. In der Kathedrale liegt der berühmteste Sohn der Stadt, El Cid (1043–1099), begraben, der 1094 Valencia von den Mauren zurückeroberte und mit dem Epos »El Cantar del Mío Cid« unsterblich wurde. Nicht verpassen sollte man das alte Kartäuserkloster Cartuja de Santa María de Miraflores im Osten der Stadt. Die 1499 vollendete gotische Klosterkirche birgt ein meisterhaftes Renaissance-Chorgestühl, einen goldverzierten Hochaltar sowie das Alabastergrabmal von Juan II. und Isabel von Portugal.

09 Frómista

In dem kleinen Städtchen steht die wohl schönste romanische Kirche des gesamten Jakobsweges. Begonnen wurde der Bau 1066, entsprechend stilrein sind ihre romanischen Formen. Sowohl der achteckige Vierungsturm als auch die beiden kleinen Rundtürme im Westen erinnern an Wehrtürme, die Dachüberstände sind mit über 300 Fabelwesen, Tieren, Pflanzen und Ornamenten verziert. Im Inneren des Sakralbaus befindet sich ein Bildnis des heiligen Martin aus dem 14. Jahrhundert und des heiligen Jakobus aus dem 16. Einzigartig sind vor allem die mit Tiermotiven und Bibelszenen überreich verzierten Kapitelle.

10 León

Die alte Königsstadt am Río Bernesga wurde im 1. Jahrhundert gegründet. Schon früh war León eine wichtige Station auf dem Jakobsweg, entsprechend großartig gerieten auch die Kirchen. Das Glanzstück ist die im 13. Jahrhundert begonnene gotische Kathedrale Santa María de Regla mit ihren beiden 65 und 68 Meter hohen Türmen. Die überaus reich geschmückte Westfassade beeindruckt mit ihrer Fensterrosette und gleich drei mit reichem Skulpturenschmuck ausgestatteten Portalen. Auch an der Südfassade gibt es eine große Fensterrose und am Weg unter Glas die Reste römischer Thermen. Der eigentliche Schatz des Gotteshauses aber sind seine mehr als 100 Buntglasfenster mit einer Gesamtfläche von gut 1800 Quadratmetern. Die ältesten stammen noch aus dem 13. Jahrhundert, die jüngsten aus dem 20. und decken eine Vielfalt an Themen – von Fabelwesen bis Pflanzenmotiven – ab. Kaum weniger bedeutsam ist die auf das 11. Jahrhundert zurückgehende königliche Stiftskirche San Isidoro. Sie ist ein Paradebeispiel der spanischen Romanik und birgt seit 1063 die Reliquien des heiligen Isidor von Sevilla. Neben der Kirche ist als Museum das Panteón Real zugänglich, in dem nicht weniger als 23 Könige und Königinnen ihre letzte Ruhestätte gefunden haben. Bereits um 1160 wurde die Decke mit einzigartigen romanischen Fresken ausgestattet, die dem Pantheon den Beinamen »Sixtinische Kapelle der romanischen Kunst Spaniens« einbrachte. Durch den anschließenden Kreuzgang geht es dann ins eigentliche Museum mit

PARKING DE AUTOCARAVANAS

Auf dem großen, kostenpflichtigen und schattenlosen Parkplatz in unmittelbarer Nähe des Río Bernesga gibt es alle notwendigen Ver- und Entsorgungseinrichtungen. Er ist ganzjährig geöffnet. Der Fußweg in die Altstadt beträgt 1,5 Kilometer.

Av. los Peregrinos 3, 24008 León, GPS 42.60454, -5.58495

Bildleiste von oben:
Als Kornkammer Spaniens wird die weite Landschaft der Tierra de Campos oft bezeichnet.

Die Kathedrale von León wurde im 13. Jahrhundert errichtet.

Der einladende Hauptplatz und das schmucke Rathaus von Astorga.

Rechts: In Frómista besticht die romanische Kirche San Martín aus dem 11. Jahrhundert.

CAMPING AS CANCELAS

Schattiger Campingplatz mit allen notwendigen Ver- und Entsorgungseinrichtungen sowie Duschen, Waschmaschinen, Trocknern und WiFi. Relativ teuer. Ganzjährig geöffnet. Sehr guter Standort für einen Besuch Santiagos (Fußweg ins Zentrum: 2 Kilometer).

Rúa do Vintecinco de Xullo 35, 15703 Santiago de Compostela
www.campingascancelas.com, GPS 42.88969, -8.52473

APARCAMIENTO AUTOCARAVANAS CABO FINISTERRE

In der Nähe des Leuchtturms am Cabo Finisterre liegt dieser kostenlose Stellplatz mit fantastischer Aussicht auf den Atlantik. Keinerlei Versorgungseinrichtungen. Der Platz ist zwar sehr windig, aber ganzjährig geöffnet. Ein kleines Restaurant am Leuchtturm ist in den Sommermonaten in Betrieb.

AC–445, 15155 Fisterra, GPS 42.88661, -9.27259

seinen zahlreichen Kunstschätzen. Das Kloster San Marcos stifteten die katholischen Könige Anfang des 16. Jahrhunderts. Hinter der Fassade des Klosters, das als ein eindrucksvolles Beispiel spanischer Renaissance gilt, verbirgt sich heute ein Hotel. Wer den schönen Kreuzgang des alten Klosters erleben möchte, geht in die Halle des Hotels und nimmt dort auf der rechten Seite die zweite Tür.
Von León aus geht es über die N120 weiter nach Astorga.

11 Astorga

Von der Avenida de las Murallas präsentieren sich die Schätze der Stadt am schönsten: die auf die Römer zurückgehende Stadtmauer, das von Antoni Gaudí errichtete Bischöfliche Palais und die Kathedrale Santa María. Der 1913 fertiggestellte Gaudí-Palast wurde von den Bischöfen nie bezogen und dient heute als sehenswertes Jakobswegmuseum (Museo de los Caminos). Die im Jahr 1471 begonnene spätgotische Kathedrale wurde erst im 18. Jahrhundert vollendet. Ihr Hauptaltar stammt aus der Mitte des 16. Jahrhunderts, in der gleichen Zeit wurde auch das reich verzierte Chorgestühl gefertigt.

12 Ponferrada

An der »pons ferrata«, der eisernen Brücke aus dem 11. Jahrhundert, errichteten die Tempelritter zum Schutz der Jakobspilger eine gewaltige Burg. Zu den Sehenswürdigkeiten der Altstadt zählt die mozarabische Iglesia de Santo Tomás de las Ollas mit schönen Hufeisenbögen.

13 O Cebreiro

In dem winzigen Dörfchen errichtete Alfons II., der Keusche, bereits 836 ein Pilgerhospital und ein Kloster. Kein Wunder also, dass hier das älteste Kirchlein am Jakobsweg steht. Es stammt wie das Kloster aus dem 9. Jahrhundert und birgt in seinen wehrhaften Mauern ein Madonnenbild aus dem 12. Jahrhundert. Ebenfalls beeindruckend sind die »Pallozas«, die Hütten der Keltiberer, die hier zusammen mit einem Museum über die frühe Besiedlung der Gegend aufklären.

14 Santiago de Compostela

Das Grab des heiligen Jakobus war im Mittelalter neben Rom und Jerusalem das bedeutendste Pilgerziel der Christenheit. Nach der endgültigen Vertreibung der Mauren begann deshalb Bischof Diego Pelaez im Jahr 1075 mit dem Bau einer der Bedeutung des Pilgerzieles angemessenen Kathedrale. Ihre Fertigstellung allerdings zog sich bis in die Mitte des 18. Jahrhundert hin. Die beiden wuchtigen Fassadentürme wurden 1750 fertiggestellt. Die lange Bauzeit brachte es mit sich, dass reine Romanik und üppigster Barock neben- und miteinander existieren. Diese Mischung beherrscht auch die Fassade. Der mit reichem Skulpturenschmuck versehene Pórtico de la Gloria wird von einem spätbarocken Vorbau verdeckt. Im Inneren setzt sich der Stilmix fort: Die eindrucksvolle romanische Formensprache des Gebäudes ist teilweise mit üppigstem Barockschmuck überzogen, das Ganze gipfelt im goldenen Hochaltar mit der versilberten Figur des heiligen Jakobus aus dem 13. Jahrhundert. Unter dem Hochaltar befindet sich das Mausoleum des Heiligen, dessen Reliquien in einem Silberschrein ruhen. Das Kathedralmuseum umfasst die Schatzkammer, den Kapitelsaal und den Kreuzgang.
Die Stadt selbst ist praktisch um die Kathedrale herum gewachsen und präsentiert sich heute wie ein kulturhistorisches Freilichtmuseum. Zahlreiche, vor allem barocke Kirchen warten auf fachkundige Besucher, pittoreske Altstadtgassen bieten dem Touristen ebenso wie dem frommen Pilger weltliche Erholung. Im Anschluss entlang des historischen Jakobsweges empfiehlt sich die Weiterfahrt zur galicischen Küste. Entlang der nordspanischen Gestade geht es nach San Sebastián.

15 Carnota

Am sieben Kilometer langen Sandstrand an der Nordwestküste Spaniens finden Surfer ihr Paradies. In dem Dörfchen selbst befindet sich der längste (über 30 Meter) und wohl auch schönste Getreidespeicher ganz Galiciens. Gebaut wurde der sogenannte Hórreo Ende des 18. Jahrhunderts aus Granit. Wegen der Mäuse steht er auf einer Doppelreihe von Pfeilern, die mit Kragsteinen gesichert sind.

16 Cabo Finisterre

Das »finis terrae«, das Ende der Welt, ragt als Halbinsel über die Costa da Morte hinaus. An der Todesküste scheiterten bis in unsere Tage hinein unzählige Schiffe an den

Rechts: Mit dem Wohnmobil am Cabo Finisterre – dem »Ende der Welt« – zu stehen, ist ein unvergessliches Erlebnis.

Unten: Santiago de Compostela: Die galicische Hauptstadt ist eines der bedeutendsten Pilgerziele der Christenheit. Die gesamte Altstadt und die Kathedrale sind Kunstwerke aus Stein.

Atlantikströmungen und den gefährlichen Klippen. Der westlichste Punkt des europäischen Kontinents ist das Cabo Touriñán etwas weiter im Norden. Beide sind schaurig-schöne Orte, und beide waren schon für die Kelten wichtige Kultstätten. Für viele Pilger des Jakobsweges ist das Kap auch das Ende ihrer Wallfahrt. Auch Wohnmobilreisende können dieses spezielle Fleckchen Erde in vollen Zügen genießen, gibt es doch direkt am »Ende der Welt« einen schönen Stellplatz (siehe S. 244).

17 A Coruña

Die zweitgrößte Stadt Galiciens war von den Römern zu einer bedeutenden Hafenstadt ausgebaut worden. Auf diese Zeit geht der Torre de Hércules an der Westseite der Halbinsel zurück. Das schon 100 n. Chr. begonnene Bauwerk ist der vermutlich älteste Leuchtturm der Welt. Er ist 60 Meter hoch und kann im Sommer bestiegen werden. Die Altstadt ist aus der alten Pescaderia, der Stadt der Fischer, gewachsen. Neben verschiedenen romanischen und barocken Kirchen sind zwei Museen sehenswert: Museo de Bellas Artes an der Plaza de Zalaeta präsentiert Werke von Rubens bis Picasso. Das Archäologisch-historische zeigt keltische und römische Funde sowie mittelalterliche Skulpturen.

18 Rías Altas

Wer zwischen La Coruña und Ribadeo die Küstenstraße entlangfährt, erlebt malerische Meeresarme, kleine Ferien- und Fischerorte, uralte Bauernhäuser und noch ältere Kornspeicher. Flaches Küstenland wechselt mit steilen Flanken, immer wieder gibt es weit vorgeschobene Landzungen. Im Hinterland dominieren Pinien- und Eukalyptuswälder.

19 Ribadeo

Der östlichste galicische Ort liegt an der weit ins Land greifenden Mündung des Río Eo in den Atlantik. Rund um die Plaza de España stehen alte trutzige Herrenhäuser, der Convento de Santa Clara stammt aus dem 14. Jahrhundert.

20 Luarca

Das Hafenstädtchen an der Costa Verde gehört zu den schönsten Asturiens. Der Fischerhafen liegt so eng zwischen Felshänge und Häuserzeilen eingezwängt, dass den Booten nur eine winzige Ein- und Ausfahrt bleibt. Besonders fotogen ist das Fischerviertel, und vom Stadthügel Atalaya hat man die beste Aussicht.

21 Costa Verde

Die Küste zwischen Ribadeo und Santander präsentiert sich als eine Kette wunderschöner und auch sehr einsamer Sandbuchten und eindrucksvoller Klippen, die nur von weit ins Land reichenden Rías unterbrochen werden. Das Städtchen Cudillero hat einen malerischen Fischerhafen, heimelige Kneipen und vor allem mehrere meist einsame Strände. Von der Küstenschnellstraße abbiegend, wird hier jeder sein eigenes stilles Plätzchen finden. Bei Avilés lohnt ein Abstecher ins Landesinnere nach Oviedo, der Hauptstadt Asturiens.

Picos de Europa: Heimkehrende Seefahrer gaben dem wie aus dem Meer aufragenden Gebirgsstock seinen Namen. Teile des Gebirges bilden einen von Europas größten Nationalparks.

22 Luanco
Nordwestlich von Gijón bietet das Strandstädtchen ein interessantes Meereskundemuseum. Ein weitläufiger Strand führt von Banugues bis zum wind- und wellengepeitschten Cabo de Peñas. Doch Vorsicht ist geboten: Das Baden ist an solchen Küstenabschnitten nicht ungefährlich!

23 Ribadesella
Die Altstadt an der Mündung des Río Sella und die lange Promenade um den feinen Sandstrand machen das Städtchen liebenswert, interessant ist es vor allem wegen der im Jahr 1968 entdeckten Höhle Tito Bustillo. Die Tropfsteinhöhle enthält ungefähr 22 000 bis 10 000 Jahre alte steinzeitliche Felsbilder. Diese bilden rote und schwarze Hirsche und Pferde ab sowie einen äußerst selten vorkommenden Wal und sehr viele Frauenkörper. Aus konservatorischen Gründen ist die Anzahl der täglich eingelassenen Besucher ähnlich wie in der Höhle von Altamira limitiert worden.

24 Cueva del Pindal
Unterhalb des kleinen Bauerndorfes Pimiango verbergen sich in der Pindalhöhle weitere prähistorische Felsbilder. Da täglich nur 200 Personen in die Höhle hineingelassen werden, sollte man möglichst frühmorgens kommen. In Unquera lockt ein Abstecher nach Süden in die Picos de Europa. Hinter Panes beginnt die Schlucht Desfiladero de La Hermida mit 600 Meter hohen, teils senkrechten Felswänden. Potes ist der Hauptort der östlichen Picos de Europa.

25 Santillana del Mar
Das Städtchen, das nicht am Meer, sondern im Hinterland liegt, verdankt seine Existenz den Reliquien der heiligen Juliana. Mönche bauten um diese Reliquien herum ein Kloster, dessen romanische Stiftskirche bis heute das wichtigste Bauwerk des Ortes ist. Das Interessante am Städtchen aber sind seine malerischen Gassen, die Vielfalt der lie-

PARKING TORRE DE HÉRCULES

Dieser kostenlose Stellplatz befindet sich direkt neben dem Turm. Keinerlei Versorgungseinrichtungen sind vorhanden. Der Platz ist ganzjährig geöffnet und bietet eine wunderbare Aussicht auf das Meer und auf La Coruña. Der Fußweg in die Altstadt beträgt 2 Kilometer; die Buslinie 5 benötigt 5 Minuten. Der Fußweg zum Strand ist nur 350 Meter lang.

Dr. Vázquez Iglesias, 15002 A Coruña, GPS 43.38363, -8.40242

PARKING DE EL RINCONÍN

Ein Parkplatz mit schönem Blick über den Parque de El Rinconín und das Meer. Ganzjährig geöffnet. Der Platz ist kostenlos, hat aber keinerlei Versorgungseinrichtungen. Nach 2,5 Kilometern ist das Zentrum von Gijón, nach 300 Metern der Strand erreicht.

Camino de las Mimosas 3, 33201 Gijón, GPS 43.54730, -5.63658

Oben: Bemerkenswert in architektonischer Hinsicht ist in Bilbao das silbrig glänzende Museo Guggenheim von Frank O. Gehry.

Links: Die Türme der Kathedrale ragen weit über das Dächergewirr der Altstadt von Santander hinaus.

AUSFLUGSZIELE

Wein und Architektur im Baskenland

In der Umgebung der »Hauptstädte des Weins« (Logroño und Haro) und in der Nähe anderer Ortschaften wie Cenicero, Briones, Laguardia und Fuenmayor siedelten sich zahllose Winzer an. Viele ihrer Güter sind schon aus architektonischer Sicht einen Abstecher wert. Hochinteressant sind z. B. die Gebäude aus dem 16. Jahrhundert mit 15 Meter tiefen Kellern, in denen die Weine der Marke Marqués de Griñón lagern, die Gewölbe der Winzerei La Franco Española oder die Gärungsbehälter des Weinguts Viguera Gómez, das bereits seit 1555 Wein keltert. Neueren Datums sind die 1972 von J. A. Ridruejo restaurierten Bauten der Bodegas Olarra, die Gebäude von Santiago Calatrava für Domecq in Laguardia oder der von Frank O. Gehry für Marqués de Riscal in Elciego entworfene Komplex. ***www.euskadi.eus***

bevoll gepflegten Blumentöpfe und die vom Efeu romantisch überwucherten alten Mauern. Rund 2 Kilometer oberhalb des Dorfes versteckt sich die weltberühmten Höhlen von Altamira.

26 Santander

Die weit in den Ozean hinausragende kantabrische Hauptstadt ist Hafenstadt, Seebad und heimliche »Hauptstadt der Promenaden«. Die Stadt entwickelte sich aus einem kleinen Fischer- zu einem großen Handelshafen. 1941 ging ein Großteil der Gebäude bei einem verheerenden Stadtbrand in Flammen auf. In Santander sind heute die Spaziergänger gefragt, deren Ziel vor allem die Halbinsel La Magdalena sein sollte. Den dortigen, Anfang des 20. Jahrhunderts in englischem Stil errichteten Palacio de la Magdalena hatte sich König Alfonso XIII. zu seiner Sommerresidenz erkoren. Nordwestlich der Halbinsel erstrecken sich die schönen Strände Primera Playa und Segunda Playa. Der Küstenstraße folgend kommt man durch Castro Urdiales, das von einer Tempelritterburg dominiert wird.

CAMPING SANTILLANA DEL MAR

Der Campingplatz ist ausgestattet mit allen notwendigen Ver- und Entsorgungseinrichtungen, inklusive Duschen, Waschmaschinen, Wäschetrocknern, WiFi und einem guten Restaurant. Ganzjährig geöffnet. Ausgezeichneter Standort für einen Besuch der Stadt (700 Meter zu Fuß) sowie der Höhlen von Altamira (3 Kilometer). Auf dem dortigen Parkplatz ist eine Übernachtung nicht möglich.

Calle Jesús Otero 1001, 39330 Santillana del Mar
www.campingsantillana.com, GPS 43.39283, -4.11308

PARQUE LAS LAMAS

Der stadtnahe kostenlose Parkplatz am Parque Atlántico de Las Llamas hat alle nötigen Ver- und Entsorgungseinrichtungen, allerdings keine Stromanschlüsse. Ganzjährig geöffnet. Bis in die Innenstadt sind es 1,8 Kilometer.

Calle Marino Fernández Fontecha, 39005 Santander
GPS 43.47215, -3.80346

ÁREA DE AUTOCARAVANAS DE KOBETAMENDI

Dieser Stellplatz über den Dächern von Bilbao verfügt über alle notwendigen Ver- und Entsorgungseinrichtungen sowie WiFi. Von hier aus hat man eine fantastische Sicht auf die Stadt. Januar bis März geschlossen. Direkt daneben ist noch ein kostenloser Platz ohne Versorgungseinrichtungen. Bis in die Innenstadt sind es 3 Kilometer, eine Omnibushaltestelle ist in unmittelbarer Nähe.

Kobeta 31, 48002 Bilbao, GPS 43.26004, -2.96438

27 Bilbao

Die Industriestadt am Río Nervión erwuchs ab dem 11. Jahrhundert aus einer Fischersiedlung. Früh gab es hier Eisenhütten, die ab der zweiten Hälfte des 19. Jahrhunderts großen Wohlstand in die Stadt brachten. Sehenswert ist eigentlich nur die Altstadt, dort vor allem die Siete Calles. Diese sieben Straßen liegen zwischen der Kathedrale und dem Fluss und sind alle zum Fluss hin ausgerichtet. Die im 14. Jahrhundert errichtete Kathedrale brannte im Jahr 1571 vollständig aus, ihre heutige Form und der Kreuzgang stammen deshalb aus dem ausgehenden 16. Jahrhundert. Das elegante Leben spielt sich an der im 19. Jahrhundert neoklassizistisch ausgestalteten Plaza Nueva ab. Nördlich des Platzes lohnt die im 15. Jahrhundert errichtete Kirche San Nicolás einen Besuch. Sie besitzt einen wunderschönen gotischen Schnitzaltar sowie interessante Skulpturen. Unbedingt einen Besuch wert sind das Kunstmuseum mit Werken von El Greco, Goya, Gauguin und Tàpies und das gigantische und weltbekannte, von Frank O. Gehry entworfene Museo Guggenheim, das jährlich mehr als eine Million Menschen anzieht.

28 Costa Vasca

Die 176 Kilometer lange baskische Küste prägen Buchten und Meeresarme, die von zahlreichen Klippen gesäumt werden; im Hinterland befindet sich eine bewaldete Hügellandschaft. Auf traumhafte Strände trifft der Reisende bei Algorta an der Ostküste der Ría von Bilbao. Weitaus interessanter jedoch ist die etwas westlich vom Kap Machichaco gelegene Kapelle San Juan de Gaztelugatxe auf einer Felsnase inmitten der wildromantischen, windgepeitschten Steilküste. Sie ist nur über einen einmalig schönen, den Felsen abgerungenen Treppenaufstieg erreichbar. Interessant ist aber auch die Seefahrerkapelle auf dem Felsen, die aus dem 11. Jahrhundert stammt. Von Bermeo starteten früher die Walfänger Richtung Island und Labrador. Das Museo del Pescador in dem aus dem 16. Jahrhundert stammenden Ercilla-Wehrturm beantwortet jede Frage rund um das Thema Fisch.

29 Guernica

Die Stadt markiert eines der dunkelsten Kapitel spanisch-deutscher Geschichte. Während des Spanischen Bürgerkrieges zerstörte ein Luftangriff der deutschen Legion Condor die Stadt am 26. April 1937 fast vollständig. Im Inferno starben rund 2000 Menschen, ohne dass die Welt daran das kommende Unheil des Zweiten Weltkriegs ablas. Lediglich Pablo Picasso erfasste den Schrecken in seinem weltberühm-

AUTOKARABANAK PASEO DE BERIO

Auf diesem asphaltierten Parkplatz gibt es allen nötigen Versorgungseinrichtungen, jedoch keine Stromanschlüsse. Der Platz ist ganzjährig geöffnet. 4 Kilometer sind es bis in die Innenstadt, 5 bis zum Mirador del Monte Igueldo mit Blick auf die Bucht La Concha. Eine Bushaltestelle ist in unmittelbarer Nähe.

Passeo de Berio 2, 20018 San Sebastián
GPS 43.30797, -2.01447

ten Gemälde »Guernica«, das jetzt im Madrider Museo Reina Sofía hängt. Als »heilige Stadt der Basken« gilt Guernica, weil die Basken hier schon im Mittelalter ihre Regionalversammlungen abhielten. Als das Baskenland zu Kastilien kam, mussten die spanischen Könige an diesem Ort schwören, dass sie die Rechte der Basken auf ewig respektieren würden. Alles Wissenswerte über die Basken erfährt man im Museo de Euskal Herria.

30 San Sebastián

Die Nordspanien-Rundfahrt endet im Seebad der Belle Époque, das den spanischen Königen als Sommerfrische diente. Zu »Besuch« kamen Adlige aus ganz Europa, die damals erbauten Herrensitze prägen bis heute das Stadtbild. Die Altstadt von San Sebastián wird vom Monte Urgull und dem Castillo de la Mota überragt. Zentrum ist die Plaza de la Constitución, die von hübschen Häusern gesäumt wird. Einst wurden auf dem Platz Stierkämpfe ausgetragen – dieser Umstand erklärt die große Anzahl an Balkonen. Weitere Sehenswürdigkeiten der baskischen Metropole sind das Aquarium, das Museo de San Telmo in einem Kloster aus dem 16. Jahrhundert und der Palacio del Mar. Im Westen schließt sich eine riesige Bucht mit zwei sehr beliebten Stränden an. Den mit Abstand schönsten Ausblick aber bietet der Monte Igueldo. Und nicht zuletzt trumpft San Sebastián mit unzähligen Gourmetrestaurants auf – darunter sind viele mit Michelin-Stern!

Luxuriöse Adelssitze und feinste Kuranlagen der Belle Époque, feine Stadtstrände und erlesene Feinschmeckerlokale prägen das baskische Seebad San Sebastián.

Oviedo *Obgleich der Spanische Bürgerkrieg im wirtschaftlichen und kulturellen Mittelpunkt Asturiens vieles zerstörte, blieb die Kathedrale mit dem 82 Meter hohen Turm aus dem 16. Jahrhundert stehen. Etwas außerhalb der Stadt liegen zwei eindrucksvolle frühromanische Bauwerke, die Kirche Santa María del Naranco und die Palastkapelle San Miguel de Lillo.*

Vigo *Der Umschlagplatz für den industriellen Atlantikverkehr und für die Thunfisch- und Sardinenfischerei ist heute ein beliebter Sporthafen. Das liegt u. a. an der Altstadt rund um das Fischerviertel Berbés mit den verwinkelten Gässchen, kleinen Bars und Plätzen.*

Gijón *Am Golf von Biskaya liegt eine der bedeutendsten Hafenstädte der Nordküste. Erste Siedler ließen sich auf dem Hügel Santa Catalina nieder, auf dem die heutige Altstadt thront. Schöne Herrenhäuser und alte Fischerbehausungen stehen zwischen Playa de San Lorenzo und Sporthafen.*

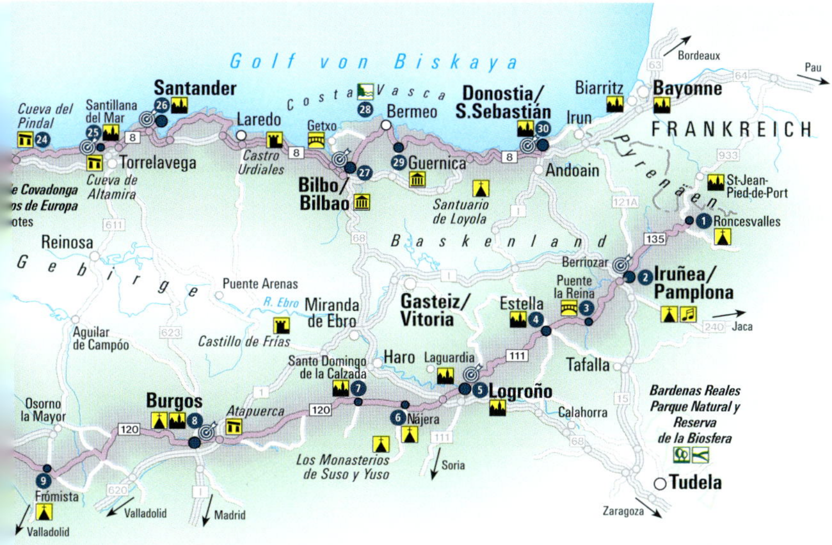

Höhle von Altamira Die Wände und Decken der weltberühmten Höhle sind mit Darstellungen von allerlei Jagdtieren bedeckt. Die Zeichnungen stammen aus der Altsteinzeit. Ein originalgetreuer Höhlennachbau ermöglicht die Ansicht der Malereien.

Biskaya Die Meeresbucht erstreckt sich von Galicien an der spanischen Nord- bis zur Bretagne an der französischen Westküste. Vor allem ist sie für Tiefdruckgebiete, Stürme und eine raue See bekannt. Sie umfasst aber auch goldene Sandstrände mit Steilküsten und tiefblauem Meer.

Bardenas Reales Die 415 Quadratmeter große Halbwüste gliedert sich in drei Zonen: die landwirtschaftlich genutzte Hochebene El Plano und die Oase Vedado de Eguaras mit den Ruinen der Burg Peñaflor im Norden, die dunklere Bardena Negra, deren Kiefernwälder die spärliche Vegetation des Naturparks bilden, und die Bardena Blanca – voller Hochebenen, Hügel, Schluchten und monolithischer Gebilde.

ROUTE 17

ANDALUSIEN-RUNDREISE

Die rund 1600 Kilometer lange Strecke führt in die fruchtbare Ebene des Guadalquivir, in die Bergwelt der Sierra Nevada, an die Costa del Sol und an die Costa de la Luz. Sie berührt die »weißen Dörfer« ebenso wie die prachtvollen Städte mit ihren unvergleichlichen Bauten aus maurischer Vergangenheit.

Dass die Straßen in Spanien in einem guten Zustand sind, hatten wir schon im vorhergehenden Kapitel erwähnt. Die Streckenführung sowie die topografischen Gegebenheiten stellen keine besonderen Ansprüche an fahrerisches Können.

Wer hier in Andalusien in den Sommermonaten unterwegs ist, wird sich über eine gut funktionierende Klimaanlage im Fahrzeug freuen. Am Guadalquivir und an der Küste kann es im Fahrzeug ohne Klimaanlage unerträglich heiß werden! Da wird die Fahrt in die Höhen der Sierra Nevada zu einer angenehmen Temperatur-Verschnaufpause. Ein Unterschied von 10° C ist dort gut möglich, und eine Schneeballschlacht dank der Reste des Winters schafft eine angenehme Abkühlung. Erfrischung bietet auch ein Bad im Meer: Entlang der Costa del Sol und der Costa de la Luz gibt es eine Vielzahl von Stellplätzen, die mit dem Wohnmobil angefahren werden können. Zumeist liegen sie in Strandnähe und ein Restaurant mit Fischspezialitäten ist in der Regel auch nicht fern. In Andalusien lassen sich Kunst- und Kulturgenuss mit Kulinarik und Badeurlaub im mobilen Zuhause auf angenehmste Art miteinander verbinden.

Drei Gebäude formen einen imposanten Komplex im Herzen Sevillas und bilden das Weltkulturerbe der Stadt: der Alcázar, die Kathedrale und das Archivo de Indias.

Viva España!

Ein fruchtbare Land, über dem die Sommerhitze flirrt, Olivenbäume vor der Kulisse schneebedeckter Berge, weiß gekalkte Häuser und ein reiches maurisches Kulturerbe – Andalusien ist Spanien wir aus dem Bilderbuch.

Mit 16 Bögen überspannt die Puente Romano den Fluss Guadalquivir in Córdoba. Die Brücke war einst Bestandteil der Via Augusta, in unseren Tagen diente sie als Filmkulisse für die Fantasy-Serie »Games of Thrones«.

ROUTE 17

Streckenlänge: ca. 1600 km
Zeitbedarf: 8–10 Tage
Routenverlauf (Hauptorte): Sevilla, Córdoba, Granada, Almería, Málaga, Ronda, Olvera, Arcos de la Frontera, Cádiz, Sanlúcar, Jerez, Sevilla
Charakteristik: In den Ebenen sind die Straßen breit und gut befahrbar. Bergstrecken sind schmaler und haben teilweise keine Mittelstreifen.
Informationen: www.spain.info www.andalucia.org

Hier geht's zum GPS-Track

01 Sevilla

Wer Spanien kennenlernen will, muss in jedem Fall Sevilla, die Hauptstadt Andalusiens, gesehen haben! Sie gehört zu den reizvollsten Städten des Landes, steht allerdings in ständigem Wettstreit mit Granada, der zweiten andalusischen Schönheit mit maurischer Vergangenheit. Ihre Blütezeit erlebte Sevilla nach der Entdeckung Amerikas als Flusshafen am Guadalquivir und als bedeutende Handelsstadt, von der aus die Waren aus den spanischen Überseekolonien abgeladen und weitertransportiert wurden. Das brachte sehr viel Reichtum und die frische Luft der Neuen Welt in die alte Stadt. Besonders sehenswert ist die Kathedrale Santa María (15. Jahrhundert), eine Anlage mit aufwendig gestalteten Portalen sowie dem Patio de los Naranjos, dem einstigen Moscheenhof mit frühmittelalterlichem Marmorbecken, und dem Glockenturm La Giralda, im 12. Jahrhundert als Minarett erbaut. Gleich daneben befinden sich die Reales Alcázares, im 12. Jahrhundert von den Almohaden erbaut und ab 1248 christlicher Königspalast, der bis ins 16. Jahrhundert ausgebaut wurde. Höhepunkte der Besichtigung sind die kostbar gestalteten Innenhöfe, um die sich die Palastbauten gruppieren, sowie die Gärten. Kathedrale und Palast sind UNESCO-Welterbe. Außerdem lohnt das Barrio de Santa Cruz, das Judenviertel mit engen Gassen, gekachelten Innenhöfen und schmiedeeisernen Balkonen einen Besuch. Die Casa de Pilatos ist ein weitläufiger Privatpalast in faszinierender Stilmischung. Das Hospital de la Caridad (17. Jahrhundert) ist das bedeutendste Werk des Sevillaner Barock. Kunstsammlungen mit Schwerpunkt spanische Barockmalerei bietet das Museo de Bellas Artes. Und die Plaza de España punktet mit Keramikbildern. Keramik, weitere Kirchen und Flamenco sind die Highlights im Stadtviertel Triana. Außerhalb der Stadt lohnen die Ruinen des römischen Itálica mit Amphitheater und Mosaikböden einen Besuch. Wer über Ostern in der Stadt ist, sollte es nicht versäumen, den Feierlichkeiten der Semana Santa beizuwohnen.

Sevillas gotische Kathedrale (im Bild: mit dem Glockenturm La Giralda) ist eine der größten Kirchen der Welt. Sie wurde 1401 bis 1519 erbaut.

02 Vega del Guadalquivir

Eben, grün, fruchtbar: So präsentiert sich die Landschaft, sobald man Sevilla auf der C431 Richtung Córdoba verlässt. In der Auenlandschaft der Vega del Guadalquivir, die der in breiten Windungen mäandrierende Fluss geschaffen hat, dehnen sich Orangenplantagen, Getreide- und Sonnenblumenfelder aus. Oft krönen kleine Dörfer mit schneeweißen Häusern die Hügel. Die meisten Bewohner dieser Ortschaften leben von der Landwirtschaft.

03 Palma del Río

Schon die Lage am Zusammenfluss von Guadalquivir und Genil ist romantisch, und wegen des vielen Grüns in der Umgebung wird Palma del Río auch »Garten Andalusiens« genannt. Von der Geschichte der Stadt, die auf eine römische Gründung zurückgeht, erzählen die teilweise erhaltenen Stadtmauern aus dem 12. Jahrhundert. Zwischen dem 16. und 18. Jahrhundert entsandte der Convento de San Francisco Missionare nach Amerika, unter ihnen Bruder Junípero Serra, der das Christentum nach Kalifornien brachte. Das Kloster hat inzwischen eine neue Aufgabe gefunden: Schön renoviert dient es heute als Hotel.

04 Medina Azahara

Kurz vor der Stadt Córdoba zweigt eine Straße zu den Ruinen von Medina Azahara ab. Teile der alten, auf drei Terrassen angelegten Palaststadt, in der vom späten 10. bis ins frühe 11. Jahrhundert die Kalifen mitsamt ihrem Hofstaat residierten, wurden renoviert. So lässt sich die einstige Schönheit der »Stadt der Blumen«, einem Meisterwerk islamischer Bau-

CAMPING VILLSOM SEVILLA

Ein hoher Baumbestand und ein gefälliger Pool zeichnen den typischen Stadtcampingplatz am Rand von Sevillas Nachbarort Dos Hermanas aus. Gut für Wohnmobile geeignet. Snackbar vorhanden, Hunde sind angeleint erlaubt. Linienbus nach Sevilla, die Haltestelle ist 5 Minuten entfernt. Ganzjährig geöffnet.

Ctra. Isla Menor, 41703 Dos Hermanas
campingvillsom.com, GPS 37.277582, -5.936514

ÁREA AUTOCARAVANAS DE PALMA DEL RÍO

Der einfache, kostenlose, sonnige Parkplatz hat Wasserver- und Grauwasserentsorgung. Ganzjährig geöffnet. Ins Stadtzentrum sind es 700 Meter. Bis zum Palacio Portocarrero mit den gut erhaltenen Befestigungsanlagen ist es 1 Kilometer.

Calle de la Bombilla, 14700 Palma del Río
GPS 37.69231, -5.28440

kunst, auch heute noch erahnen. Wer will, besucht noch das dem Komplex zugehörige Museum.

05 Córdoba

Die Stadt war schon zur Römerzeit ein wichtiges politisches und kulturelles Zentrum. Einer ihrer berühmtesten Söhne ist der römische Philosoph Seneca. Im Jahr 929 stieg Córdoba zur glänzenden Metropole des Kalifats auf spanischem Boden auf und trat damit in Konkurrenz zu der einstigen Weltstadt Bagdad. Jüdische, arabische und christliche Kulturen lebten friedlich nebeneinander, Wissenschaft und Philosophie erlebten bis dahin ungekannte Höhenflüge. Im alten Stadtzentrum rund um die Mezquita ist von dieser Stimmung auch heute noch etwas zu spüren. Aus der einstigen Millionenstadt des mächtigen Kalifats ist zwar eine Provinzhauptstadt mit 326 000 Einwohnern geworden, ein Traum in Weiß ist Córdoba aber geblieben: Die Altstadt mit ihren engen Gässchen, weißen Häusern und blumengeschmückten Innenhöfen ist eine einzige Idylle. In der Mitte thront, einer wuchtigen Festung gleich, die Mezquita, früher eine Moschee, heute eine Kathedrale. Die riesige Anlage mit dem prächtigen, 856 Säulen umfassenden einstigen Gebetssaal wurde von der UNESCO zum »Erbe der Menschheit« erklärt. 19 Längs- und 36 Querschiffe, herrliche orientalische Ornamente und das geheimnisvolle Spiel des Lichtes zwischen den Säulen machen den Besuch in der Mezquita unvergesslich. Gleich nebenan liegt das ehemalige jüdische Viertel mit den engen, blumengeschmückten Gassen. Eine der schönsten ist die Calleja de las Flores. Einen Besuch wert sind die ehemalige Synagoge und das Stierkampfmuseum, übrigens eines der interessantesten ganz Spaniens. Der Alcázar de los Reyes Cristianos, die als Festung gebaute Residenz aus dem 14. Jahrhundert, hat eine besonders schöne Gartenanlage. Das Museo Arqueológico y Etnológico zeigt in einem Renaissancepalast römische, westgotische und arabische Exponate. Etwas abseits, im Viertel um die christlichen Kirchen, hält Córdoba noch eine Sehenswürdigkeit bereit: den Palacio de Viana, ein Herrschaftshaus mit zwölf Innenhöfen und einer prachtvollen Gartenanlage. Córdoba und Granada, die beiden wichtigsten Zentren der ara-

Unten: Die Stadtburg Alhambra in Granada hat die schneebedeckten Gipfel der Sierra Nevada im Rücken und beeindruckt allein schon wegen ihrer Lage auf einer Anhöhe.

Rechts: Idyllische Rast- und Übernachtungsmöglichkeiten lassen die Hitze eines andalusischen Sommertages schnell vergessen.

bischen Epoche in Spanien, verbindet die Route des Kalifats. Sie verläuft heute in Form der N432 durch hügeliges, dünn besiedeltes Gebiet mit kleinen Ansiedlungen und wehrhaften Burgen und Türmen. In dem vom maurischen Castillo de La Mota überragten Ort Alcalá la Real verlässt man die 432 und fährt gemütlich durch die Dörfer des fruchtbaren Hochlandes, der Vega.

06 Montefrío

Dieser Ort liegt in einer einzigartigen Berglandschaft. Sehenswert ist das um 1500 auf den Mauern einer alten maurischen Festung errichtete Schloss Castillo de la Villa. Nach etwa 20 Kilometern erreicht man die A92 und fährt dann Richtung Granada.

07 Granada

Schon die geografische Lage dieser Stadt ist beeindruckend: Sie wird im Westen von der Hochebene und im Süden vom Nordufer des Río Genil begrenzt und hat die schneebedeckten Gipfel der Sierra Nevada im Rücken. Was Granada aber zu einem wahren Märchen aus »1001 Nacht« macht, ist das gewaltige maurische Erbe, das die heutige Hauptstadt der gleichnamigen Provinz, in der rund 900 000 Menschen leben, seit Jahrhunderten geprägt hat. Ihre Blütezeit erlebte die Stadt zwischen dem 13. und 15. Jahrhundert, als sich die Mauren vor den Heeren der christlichen Rückeroberer nach Süden zurückzogen. 250 Jahre lang war Gra-

PARKING AUTOCARAVANA

Dieser kostenpflichtige Parkplatz mit Ver- und Entsorgungseinrichtungen wird videoüberwacht und ist ganzjährig geöffnet. Der Fußweg zur Mezquita beträgt 1,2 Kilometer, zum Alcázar 800 Meter.

Av. del Corregidor 1
14004 Córdoba
GPS: 37.87432, -4.78729

PARKING AUTOCARAVANAS, ALHAMBRA

Der wenige Hundert Meter von der Alhambra entfernte Parkplatz ist relativ teurer, aber videoüberwacht. Keinerlei Versorgungseinrichtungen. Ganzjährig geöffnet.

Calle Tramo de Unión
18009 Granada, GPS: 37.17149, -3.57963

Bildleiste von oben: Almería besitzt eine malerische Altstadt und eine mächtige Kathedrale. Darüber thront die Alcazaba, die größte maurische Festung Spaniens.

Die Sierra del Cabo de Gata bei Almería bietet menschenleere Strände, die oftmals direkt an der Straße liegen.

Guadix ist bekannt für seine Höhlenviertel.

PARKING AUTOCARAVANAS, SIERRA NEVADA

Dieser ganzjährig geöffnete, befestigte und kostenpflichtige Parkplatz ohne Versorgungseinrichtungen bietet eine überwältigende Aussicht in die Gebirgslandschaft der Sierra Nevada. Wanderungen zum 3396 Meter hohen Pico del Veleta (13 Kilometer) und zum 3482 Meter hohen Mulhacén (weitere 10 Kilometer) bieten sich an.

Urbanización Solynieve 211, 18196 Monachil
GPS 37.09883, -3.39450

AULA DE LA NATURALEZA CORTIJO SAN MIGUEL

Auf dem paradiesischen Platz mit Avocadobäumen und Palmen sind alle notwendigen Ver- und Entsorgungseinrichtungen, inklusive Duschen, Waschmaschinen, Wäschetrocknern und WiFi vorhanden. Angemessene Preise. Ganzjährig geöffnet. Sehr guter Standort für einen Besuch von Nerja (Strandspaziergang 3 Kilometer). Bis zum Strand sind es nur 5 Minuten.

Diseminado Diseminados 398, 29780 Nerja
GPS 36.74715, -3.89876

nada die Hauptstadt des selbstständigen Königreichs der Nasriden. In dieser Zeit entstand auch ihre attraktivste Sehenswürdigkeit, die Alhambra. An dieser Krönung von spanisch-arabischen Bauwerken haben 23 Sultane des Geschlechts der Nasriden mitgewirkt. Jetzt liegt der ebenso trutzigen wie eleganten Burg die Stadt zu Füßen – die Sierra Nevada bildet ihre himmlische Kulisse. Die Alhambra, deren Name »Die Rote« vom rötlichen Ocker ihrer Mauern herrührt, ist ein riesiger Komplex aus Festungsmauern, Türmen, Wohnpalästen, Moscheen und Gärten. Im Prinzip besteht er aus vier Teilen: der Wehrburg Alcazaba auf der Westspitze des Hügels, dem Palacio Árabe, dem Palacio de Carlos V, einem Renaissancepalast mit dem Museo de Bellas Artes in der Mitte des Hügels und den Gartenanlagen des Generalife im Osten. Abgesehen von den Gärten, sind alle Gebäude von einer wehrhaften, von vielen Türmen gekrönten Mauer umgeben. Zu den eindrucksvollsten Teilen der Alhambra zählen der Palacio de los Leones mit seinem filigran gearbeiteten Arkadengang und dem Löwenbrunnen. Und natürlich die Wasserspiele der Gartenanlagen, die auch heute noch einen Hauch von Orient vermitteln.

Dass Granada außer der Alhambra auch sonst noch einiges zu bieten hat, darf nicht vergessen werden. Da ist zum Beispiel das Albaicín, das weiß getünchte maurische Stadtviertel, das mit seinen engen Gassen und dem Mirador, dem Aussichtspunkt San Nicolás, ein Kleinod der Weltarchitektur darstellt. Und dann natürlich das Domviertel um die Kathedrale aus dem 16./17. Jahrhundert, die Capilla Real, die spätgotische Königskapelle und die Cartuja, die Kartause, die zu Beginn des 16. Jahrhunderts gegründet wurde. Im Barrio del Sacromonte findet man noch authentische Höhlen, in denen früher wie heute Gitanos (die spanischen Roma), Künstler und Flamenco-Artisten leben.

Für Freunde der Dichtkunst ist ein Abstecher nach Fuente Vaqueros ein Muss, dem 17 Kilometer von Granada entfernt in der Vega gelegenen Geburtsort des großen spanischen Schriftstellers Federico García Lorca. Dann freilich heißt es: Nichts wie hinauf zu einem Abstecher in die Sierra Nevada über die höchste Bergstraße Europas. Verlässt man Granada auf einer kleinen Straße parallel zur A 92 Richtung Osten, wird die Landschaft immer karger und wilder. Dieser Eindruck verstärkt sich noch, sobald dann die ersten Hügel auftauchen, in die Höhlenwohnungen eingegraben sind – übereinander, Stockwerk über Stockwerk.

08 Guadix

Die uralte Stadt, deren Geschichte in die römische Zeit zurückreicht und die stattliche Ruinen aus maurischer Zeit besitzt, hat ebenfalls ein Viertel, das aus Höhlenwohnungen besteht: Im Barrio de Santiago leben rund 5000 Gitanos. Ihre mehrräumigen, in die steilen Lösshänge gegrabenen Wohnungen sind an die städtische Wasserversorgung und an das Stromnetz angeschlossen.

Auf der Weiterfahrt ändert sich das Landschaftsbild nicht wesentlich. Hinter Guadix lohnt die Burg von La Calahorra einen Abstecher. Dann kommt der Golf von Almería in Sicht.

09 Almería

Die Stadt hat immer von ihrer besonderen geografischen Lage profitiert. Gegen das Festland hin wird sie von Gebirgsketten geschützt, der weite Golf bietet alle Voraussetzungen für einen guten Hafen- und Handels-

Oben: Rainer Maria Rilke nannte den am Rand einer Schlucht gelegenen Ort Ronda seine »Traumstadt«. Auch Hemingway war fasziniert. Und jeder, der Ronda besucht hat, wird Jahre später noch davon schwärmen!

Links: Málaga, die Geburtsstadt Picassos, lohnt den Abstecher nicht nur, weil sie am Meer liegt. Zu den Besuchermagneten gehören auch Kathedrale, Burg und Römisches Theater.

platz. Das wussten schon die Phönizier, die einen Hafen, den Vorgänger des römischen Portus Magnus, anlegten. Später fanden Piraten hier einen idealen Schlupfwinkel. Zur Kalifenzeit erlebte Almería als Handelsstadt einen steilen Aufstieg: Es wurde Hauptstadt eines Reiches, zu dem zeitweilig sogar Córdoba, Murcia, Jaén und Teile Granadas gehörten. 1489 wurde die Stadt von den Christen zurückerobert, von da an spielte sie nur mehr eine untergeordnete Rolle. Heute setzt Almería stark auf die Landwirtschaft. In der

Umgebung reihen sich Treibhäuser aneinander, in denen Obst und Gemüse für den Export gezogen werden. Im unweit gelegenen Andarax-Tal liegt außerdem der Obst- und Weingarten der Region. Der überwiegende Teil von Almería besteht aus modernen Stadtteilen mit breiten, palmenbestandenen Hauptstraßen. Beherrscht wird der Ort aber von der auf einem Hügel thronenden riesigen Alcazaba. Mit ihrem Bau wurde schon im 10. Jahrhundert begonnen, sie ist eine der mächtigsten und besterhaltenen Festungsanlagen ganz Andalusiens. Die Altstadt mit dem malerischen Fischer- und Gitanoviertel La Chanca am Burgberg mutet auch heute noch ganz und gar maurisch an. Die bunten kubischen Häuser und die Höhlenwohnungen wirken wie Relikte aus einer fernen Zeit. Für die Weiterreise empfiehlt es sich, nicht die Autobahn zu wählen, sondern in Küstennähe die romantische, durch die Sierra Nevada führende Straße 348. Über Motril geht es dann durch die fruchtbare Vega, in der vor allem Südfrüchte gedeihen, an die Costa del Sol. Rund 50 Kilometer vor Málaga ist ein Stopp angebracht: Dort liegt auf einem Felssporn der Ort Nerja mit der prächtigen Tropfsteinhöhle.

SIMBAD EL MARINO

Direkt am Strand zwischen dem Torre de Lance de Las Cañas und dem Restaurant Simbad el Marino liegt dieser kostenlose, ruhige Stellplatz. Leider gibt es keine Versorgungseinrichtungen, dafür aber eine traumhafte Lage. Ganzjährig geöffnet. Das Restaurant mit Strandterrasse hat ausgezeichnete Fischgerichte.

Urbanización Marbesa, s/n, 29604 Marbella
GPS 36.48657, -4.75889

APARCAMIENTO RONDA

Auf diesem kostenlosen, sonnigen Parkplatz gibt es keinerlei Versorgungseinrichtungen, er ist aber ganzjährig geöffnet. Von hier hat man einen wunderbaren Blick auf die Sierra de Grazalema. Zur Plaza de Toros und zur Puente Nuevo läuft man 1 Kilometer.

Plaza Pruna 2, 29400 Ronda
GPS 36.75077, -5.17105

10 Málaga

Mit über einer halben Million Einwohner ist sie die zweitgrößte Stadt Andalusiens und ein wichtiger Wirtschaftsstandort. Der Hafen ist nach Barcelona der zweitbedeutendste an der spanischen Mittelmeerküste. Über ihn wird der Handel mit den landwirtschaftlichen Produkten der Vega, vor allem Wein und Rosinen, abgewickelt. An Sehenswürdigkeiten hat Málaga nicht allzu viel zu bieten. Ein Aufstieg zum Gibralfaro, der maurischen Zitadelle mit Leuchtturm, lohnt sich aber auf jeden Fall, denn von dort aus bietet sich ein schöner Ausblick auf die sich halbkreisförmig ausbreitende Stadt. Von der Pracht der Alcazaba, die einst immerhin im gleichen Atemzug mit der Alhambra genannt wurde, ist heute so gut wie nichts mehr übrig geblieben. Und die Kathedrale, die im 16. Jahrhundert begonnen wurde, blieb auch unvollendet. Interessant sind das Museo Picasso im Palacio de Buenavista und sein Geburtshaus. Von Málaga geht es auf der Küstenstraße 340 weiter die Costa del Sol mit ihren großen Urlaubsorten entlang. Nach Ronda zweigt zwar in San Pedro de Alcántara die Hauptstraße ab, Landschaftsgenießer wählen aber die Route, die 30 Kilometer weiter westlich von Manilva bergan führt und die Serranía de Ronda erklimmt. Wer Gibraltar besuchen will, bleibt bei Manilva weitere 40 Kilometer auf der Küstenstraße.

11 Ronda

Der Ort ist schon wegen seiner nahezu abenteuerlichen Lage sehens-

AUSFLUGSZIELE

Marbella

Der Mythos Marbella – an ihm wirkten Cary Grant und Grace Kelly ebenso mit wie südamerikanische Diktatoren oder all die Superreichen, die einen sonnigen Platz im Süden suchten. Gut erreichbar, luxuriös und ohne Rummel wie in Monaco oder an der Côte d'Azur sollte es sein. So stieg das einstige Fischerdorf in den 1950er-Jahren durch Alfonso Prinz zu Hohenlohe-Langenburg zum Lieblingsort des Jetsets auf. Der Prinz gründete das Marbella Beach Club Hotel und bot den Stars Ruhe vor den Paparazzi. Heute sind die Medien permanent vor Ort: in den schicken Strandclubs am Niki Beach oder im Casino. Wer das wahre Marbella erkunden will, lässt die teuren Jachten einfach im Hafen liegen und begibt sich auf einen Stadtrundgang zur üppig bepflanzten Plaza de los Naranjos und zum kleinen Gotteshaus Ermita de Santiago – dort herrscht himmlische Stille.

www.marbella.es
GPS 36.512648, -4.901048

wert. Es liegt am Rand eines Hochplateaus, das der Río Guadalevín durch eine bis zu 200 Meter tiefe Schlucht teilt. Die Häuser der Stadt, darunter zahlreiche Herrenhäuser, reichen bis an den Rand der Steilhänge. Über die Schlucht spannt sich 98 Meter hoch der Puente Nuovo aus dem 18. Jahrhundert. Von der Stadt und der tiefen Schlucht war Ernest Hemingway ebenso fasziniert wie Rainer Maria Rilke, der schrieb: »Überall habe ich nach meiner Traumstadt gesucht, und gefunden habe ich sie in Ronda.«

Der Ort gliedert sich in drei Stadtviertel. Das älteste, La Ciudad, liegt in der Mitte des Kalkplateaus und wird zum einen von einer maurischen Mauer und zum anderen von steil abfallendem Gelände begrenzt. Zu seinen Füßen breitet sich mit einem von Bauernhäusern gesäumten Straßennetz das Viertel San Francisco aus, und jenseits der Tajo-Schlucht liegt der moderne Stadtteil El Mercadillo, in dem der Großteil der 34000 Einwohner lebt. Eine der wichtigsten Sehenswürdigkeiten ist die Casa del Rey Moro in der Altstadt. Von diesem maurischen Palast aus führt im Felseninneren eine Treppe mit 365 Stufen die Schlucht hinunter. Sehenswert sind auch die Kathedrale, der Palacio de Mondragón und die Casa del Gigante mit ihren arabischen Dekorelementen. Und dann die Stierkampfarena: Erbaut 1785, zählt sie zu den ältesten Spaniens. In Ronda wurde Ende des 18. Jahrhunderts dem Stierkampf so etwas wie eine »Verfassung« gegeben.

Ausflüge in die Umgebung sind von diesem Ort aus unerlässlich. In dem Gebiet mit schroffen Bergen und steilen Abhängen lohnen die berühmten »weißen Dörfer« einen Besuch: Prado del Rey mit seinen regelmäßig angelegten Straßenzügen, Ubrique, die Hauptstadt der Sierra de Cádiz, die für ihre Ledererzeugnisse bekannt ist, Zahara oder Setenil, die mit ihren an die Felsen geklebten Häusern wie große Adlerhorste aussehen, und natürlich Olvera, die Stadt, deren gesamte Architektur noch immer maurisch geprägt ist und deren Oberstadt von einem Kastell aus dem 12. Jahrhundert beherrscht wird.

12 Arcos de la Frontera

Vorbei an der Embalse de Zahara verläuft die Route weiter Richtung Atlantikküste. Die 31 000 Einwohner zählende Stadt liegt auf einem vom Guadalete umflossenen Felsrücken. Ihre weiß gekalkten Häuser vermitteln eine maurische Atmosphäre. Die Kirche San Pedro ist auf jeden Fall sehenswert. Sie steht unmittelbar an einem Felsabsturz und bietet einen imposanten Blick in die Schlucht und die Ebene mit ihren endlosen Olivenhainen. Über die Fernstraße 382 führt die Reiseroute nun in Richtung Atlantikküste, doch zuvor lohnt sich ein Abstecher nach Cádiz.

13 Cádiz

Die Stadt gilt als die älteste Spaniens, bereits die Phönizier nutzten ihre schmale, rund 10 Kilometer lange Halbinsel als Stapelplatz. Nach der Entdeckung Amerikas kam die Stadt zu großem Reichtum. Cádiz ist nach El Ferrol der zweitwichtigste Werftplatz Spaniens. Wichtige Einnahmequellen sind aber auch Fisch und Salz, das in riesigen Salinen im Südosten der Stadt gewonnen wird. Cádiz lässt sich am besten im Zuge einer Droschkenfahrt rund um die

PARKING SANTA CATALINA

Am Meer direkt neben dem Castillo de Santa Catalina am Westzipfel von Cádiz liegt dieser relativ teure Parkplatz. Er ist ganzjährig geöffnet, hat aber keinerlei Versorgungseinrichtungen. 300 Meter sind es bis zum Strand, 1 Kilometer bis zum Mercado Central.

Calle Campo de las Balas, s/n, 11002 Cádiz
GPS 36.53441, -6.30672

AUSFLUGSZIELE

Gibraltar

Wenn die wagemutigen Seefahrer der Antike diesen Berg sichteten, glaubten sie, das Ende der Welt erreicht zu haben: den Felsen von Gibraltar. Ihn umwitterte eine Aura des Geheimnisvollen. Der Sage nach soll Herkules, Sohn des Zeus, zwei Säulen am Rand des Erdkreises aufgestellt haben, auf denen das Himmelszelt verankert ist: an der Südspitze Spaniens den Felsen von Gibraltar und schräg gegenüber auf der afrikanischen Seite den Berg Musa. Die Engländer bekamen den exotischen Zipfel am Mittelmeer bereits 1704 zugesprochen, der als Marine- und Militärstützpunkt von strategischer Bedeutung war. Von jeher leben im Naturreservat Upper Rock die berühmten Affen. Der britische Premierminister Winston Churchill selbst soll sie unter Schutz gestellt haben, damit ihre Anzahl nie geringer als 24 wäre. Die frechen Tiere sind mittlerweile so an den Menschenrummel gewöhnt, dass sie den Touristen auch mal ganz dreist Essen oder sogar den Fotoapparat aus den Händen reißen. Das Wohnmobil lässt man am besten auf dem offiziellen Stellplatz am Jachthafen der spanischen Nachbarstadt La Línea stehen und geht zu Fuß über die Grenze.

www.visitgibraltar.gi
GPS 36.155224, -5.354630

Bildleiste von oben:
Weiß gekalkte Häuser verleihen Arcos de la Frontera arabisches Flair.

Die Kirche San Antonio de Padua in Cádiz (links) und die Parroquia de Nuestra Senora del Carmen y Santa Teresa dominieren das Stadtpanorama von Cadiz.

Der Blick von der spanischen Stadt La Línea auf den 6 Quadratkilometer großen britischen Außenposten Gibraltar ist einfach prachtvoll. Die Fahrt per Seilbahn auf den 425 Meter hohen, von Affen bewohnten Felsen lohnt sich.

Altstadt erkunden. So präsentiert es sich besonders malerisch: Die niedrigen Häuserwürfel werden von der goldfarbenen Kuppel der Catedral Nueva überragt. Zu ihrem Kirchenschatz zählt die größte und kostbarste Prozessionsmonstranz der Welt. Im Stadtinneren ist die Kirche San Felipe Neri einen Besuch wert, in der die Cortes 1812 die liberale Verfassung Spaniens verkündeten. Das Museo de Cádiz zeigt schöne Werke spanischer Meister wie Zurbarán und Murillo. Nördlich von Cádiz liegen an der Atlantikküste eine Reihe hübscher Badeorte: Puerto Real, Puerto de Santa Maria, Rota und Chipiona besitzen kilometerlange, breite, feinsandige Strände.

SANLÚCAR AC PARKING

Der Campingplatz ist ausgestattet mit allen notwendigen Ver- und Entsorgungseinrichtungen, inklusive Duschen, Waschmaschinen, Wäschetrocknern und WiFi. Es gibt nur wenige schattige Plätze. Ganzjährig geöffnet. 50 Meter bis zum Strand.

Camino de la Reyerta, 11540 Sanlúcar de Barrameda
GPS 36.76187, -6.39569

PLAYA DEL COTO

Dies ist ein Strandplatz am Parque Nacional de Doñana, ideal für traumhafte Sonnenuntergänge. Ganzjährig geöffnet. Keinerlei Versorgungseinrichtungen, aber geringe Parkgebühr. Ins Besucherzentrum des Nationalparks sind es mit dem Fahrrad 9 Kilometer.

Sector C Segunda Fase, s/n, 21760 Matalascañas
GPS 36.98361111,-6.52919444

14 Sanlúcar de Barrameda

Die direkt an der Mündung des Guadalquivir gelegene herrschaftliche, gediegen wirkende Stadt ist das Exportzentrum für die berühmten Manzanilla-Weine. Die Sorte Fino wird nur in Sanlúcar erzeugt. Die Stadt gliedert sich in zwei Teile: die Ober- und die Unterstadt. Sehenswert sind der Palast der einst einflussreichen Herzöge von Medina-Sidonia und das herrliche Mudéjar-Portal der Kirche Santa María de la O. Eine weitere Sehenswürdigkeit ist die Real Escuela Andaluza de Arte Ecuestre (königliche Reitschule), in der die spanische Variante der Reitkunst mit Dressurübungen gezeigt wird. Von Sanlúcar aus begann Kolumbus seine dritte Fahrt nach Amerika und auch Magellan startete hier. Lange zuvor soll die Heilige Jungfrau dort gelandet sein. Vom Kai des Hafens kann man heute an den Rand des Parque Nacional de Doñana mit dem Schiff fahren. Von Sanlúcar führt die meist von Weinbergen gesäumte C440, die »Ruta del Vino« (Weinstraße), in die Heimat des Sherry: nach Jerez.

15 Jerez de la Frontera

In der traditionsreichen Stadt ist der Besuch einer der wunderbaren Bodegas (Kellereien) ein Muss. Viele von ihnen haben neben dem Sherry jeweils noch etwas Besonderes zu bieten: So bezaubern die Bodegas Fundador in der Calle Puerta de Rota in Teilen durch ihr maurisches Interieur. In der Bodega González Byass stammt die Eisenkonstruktion von keinem Geringeren als Gustave Eiffel. Wer nach den verführerischen Bodegas noch Kraft für Besichtigungen hat, sollte sich in der Altstadt die Kirche San Salvador aus dem 17. und 18. Jahrhundert anschauen. Auch der Alcázar aus dem 11. Jahrhundert und die etwas außerhalb der Stadt gelegene »Cartuja«, deren gotische Kirche besonders reich ausgestattet ist, lohnen einen Besuch.

Die prächtige Kathedrale von Jerez de la Frontera steht zwischen der Calle de La Rosa und der Calle Aire im Herzen der Stadt.

Carmona Auf der Plaza San Fernando spielt sich von mittags bis zum frühen Abend das gesellschaftliche Leben des kleinen Ortes ab. Wer hier in einer Tapas-Bar sitzt, genießt den Blick auf die Paläste im Mudéjar- oder Renaissancestil.

Almodóvar del Río Sie war »der Christen Plage«. Mauren errichteten die mächtige Festung im 8. Jahrhundert, um den Schiffsverkehr auf dem Guadalquivir zu überwachen. Sie steht auf der Spitze eines Felsens, der dramatisch aus dem feher flachen Becken des Guadalquivir heraussticht.

Montilla Nach diesem Ort ist das gesamte Weinbaugebiet der Region benannt. Hier konzentriert sich alles auf die edlen Tropfen und auf das Erkunden ortstypischer Bodegas. Eine Erfindung der Winzer aus Montilla ist der »Amontillado«, ein Aperitif, der bis zu 25 Jahre reift.

Tarifa Die perfekte Welle ist in diesem Paradies für Surfer sicher zu finden. Nur 15 Kilometer von hier liegt Afrika, Tarifa ist der südlichste Zipfel Spaniens. Außerhalb der Hauptsaison, wenn die sonnenhungrigen Touristenströme verebbt sind, lassen sich in der Altstadt bezaubernde kleine Viertel mit engen Gassen entdecken.

Höhlen von Nerja Hier kommen auch höhlenerprobte Besucher ins Staunen: Grünlich-blau schimmern die Stalaktiten und Stalagmiten der Tropfsteinhöhle und formen bizarre Gebilde in den bis zu 60 Meter hohen Sälen und Gewölben.

Las Tabernas Drei Filmdörfer in der angrenzenden Wüste dienten als Western-Kulisse. Hier kaute Clint Eastwood auf seinem Zigarillo, Cowboys begegneten sich beim »High-Noon« vor dem Saloon. Hier findet man alles, was man von einer Westernstadt erwartet: Sheriff-Büro, Holzkirche, Pferdeverleih – und zur Show auch eine gepflegte Schießerei.

ROUTE 18

PORTUGAL

Die Fahrt beginnt in Lissabon und führt nach Westen bis zum Cabo da Roca und dann nach Norden bis Porto und Braga. Nach einem Abstecher nach Bragança wendet sich die Route nach Süden durch Ribatejo und Alentejo bis zur Algarve bei Faro und kehrt dann die Küste entlang zurück in die Hauptstadt.

Der Straßenzustand in Portugal ist ausgezeichnet. Autobahnen sind gebührenpflichtig. Es gibt konventionelle Mautstationen, d.h. man zieht bei der Auffahrt ein Ticket und bezahlt es beim Verlassen der Autobahn per Kreditkarte oder bar. Es gibt aber auch Autobahnen mit elektronischen Mautstationen. Hier ist es notwendig, sich vorher registrieren zu lassen. Für einen Aufenthalt von bis zu 30 Tagen gibt es dafür die »EASYToll-Karte« (wird vom Bankkonto abgebucht), für einen längeren Aufenthalt die »TOLLCard« (Prepaid, verschiedene Beträge möglich). Als weitere Variante gibt es den »Via-Verde-Visitors-Sender«, der 90 Tage gültig ist, verlängert werden kann und nicht an das Fahrzeugkennzeichen gebunden ist (Informationen unter visitors.viaverde.pt oder auf der Internetseite des ADAC).

In Portugal gibt es genügend Stell- und Campingplätze. In den Küstenregionen sind sie besonders zahlreich, aber auch in den touristisch interessanten Orten des Binnenlandes findet man immer einen Platz. Wenn Ihr Fahrzeug einen Heckträger für Fahrräder hat oder auf dem Träger eine Gepäckbox transportiert wird, so ist wie in Spanien eine 50 x 50 cm große, rot-weiß schraffierte Warntafel gut sichtbar und fest verzurrt anzubringen. Die sogenannte freie Übernachtung ist nicht erlaubt und wird insbesondere an den Küsten nicht mehr toleriert.

Die Aussicht vom gegenüberliegenden Ufer des Douro auf Portos Stadtteil Ribeira und die alles überragende Kathedrale ist einmalig.

Reise durch Lusitanien

In Lissabon beginnt und endet diese Rundreise, die sowohl nördliche Städte wie Porto oder Coimbra als auch schmucke Fischerorte an der Algarve einschließt.

Mit der berühmten Tram 28 geht's durch die Altstadt von Lissabon. Wegen ihres teils abenteuerlichen Streckenverlaufs ist die Straßenbahnlinie bei Touristen äußerst beliebt.

ROUTE 18

Streckenlänge: ca. 1250 km
Zeitbedarf: 14–16 Tage
Routenverlauf (Hauptorte): Lissabon, Cascais, Sintra, Óbidos, Coimbra, Porto, Braga, Vila Real, Estremoz, Évora, Mértola, Faro, Portimão, Lagos, Sagres, Setúbal, Lissabon
Charakteristik: An den Küsten sind die Landstraßen im Sommer oft stark befahren. Als Alternative bieten sich mautpflichtige Autobahnen an.
Informationen:
www.visitportugal.com
www.visitlisboa.com
www.visitalgarve.pt

Hier geht's zum GPS-Track

01 Lisboa (Lissabon)

In der »weißen Stadt« zieht sich von der breiten Mündungsbucht des Tejo ein Häusermeer die steilen Hügel hinauf. Die traumhafte Lage Lissabons zieht Besucher aus aller Welt an, die – wie auch die Einheimischen – in den Eléctricos, den alten und quietschenden Straßenbahnen, durch die Stadt fahren. Besonders sehenswert ist die Alfama, der älteste und malerischste Teil der Stadt – ein orientalisch anmutendes Gassenlabyrinth am Burgberg, gekrönt von der Ruine Castelo de São Jorge. Zwischen Burgruine und mittelalterlicher Kathedrale Sé befinden sich zwei der vielen schönen Miradouros (Aussichtsterrassen), für die Lissabon bekannt ist. Die Avenida da Liberdade ist eine 90 Meter breite Prachtstraße des 19. Jahrhunderts. Das Bairro Alto (Oberstadt) ist bekannt als Ausgehviertel mit unzähligen Kneipen, Restaurants und Fado-Lokalen. Baixa nennt sich die nach dem verheerenden Erdbeben von 1755 planmäßig aufgebaute Unterstadt, heute ein Banken- und Einkaufsviertel. Das Chiado ist das ehemalige Literaten- und Intellektuellenviertel im Stil der Belle Époque. Unbedingt sehen sollte man den Elevador de Santa Justa (1901) zwischen Unter- und Oberstadt. Auch das Museu do Azulejo im Kloster Madre de Deus, das Museu Calouste Gulbenkian (Stiftung des Ölmagnaten mit erstrangiger europäischer Kunst) und das Museu Nacional de Arte Antiga (größtes Museum portugiesischer Kunst) lohnen einen Besuch. Wer dann noch Zeit hat, geht ins Oceanário oder sieht sich den Palácio dos Marqueses de Fronteira, eine Schlossanlage mit herrlichem Barockgarten, an.

02 Cascais

Wegen seiner Badebucht ist dieser Fischerort heute ein touristisches Zentrum mit vielen Cafés und Boutiquen. Abwechslung bietet die tägliche Fischauktion; zu den Sehenswürdigkeiten gehören der Parque da Gandarinha und die Azulejos im alten Rathaus und in der Kapelle Nossa Senhora de Nazaré. Eine landschaftlich schöne Küstenstraße führt zum nördlich von Cascais gelegenen westlichsten Punkt Euro-

Über der Stadt Sintra thront der Palácio Nacional da Pena. Er wird auch als »portugiesisches Neuschwanstein« bezeichnet.

pas: Der Cabo da Roca ragt anmutig 160 Meter hoch aus dem anbrandenden Atlantik.

03 Sintra

Die ehemals maurische Stadt und spätere Sommerresidenz der portugiesischen Könige und Adeligen liegt am Fuß eines dicht bewachsenen Felsgebirges und ist geprägt von verwinkelten Gassen, malerischen und reizvollen Quintas. Im Stadtzentrum liegt der Paço Real, der manuelinische Stadtpalast aus dem 15. und 16. Jahrhundert, ein Konglomerat unterschiedlicher Baustile. Seine überdimensionalen Kamine gelten als Wahrzeichen der Stadt. Der Palácio Nacional da Pena beherrscht weithin sichtbar Sintra von der höchsten Felsspitze der Stadt aus. Beim »portugiesischen Neuschwanstein« handelt es sich um ein pseudomittelalterliches, erst im 19. Jahrhundert entstandenes Burgschloss von unglaublichem Stilmix: gotische Türen, manuelinische Fenster, byzantinische Decken, minarettähnliche Türmchen, maurische Azulejos, romanische und auch Renaissanceelemente. Das Ganze ist so bizarr, dass es schon wieder faszinierend ist. Erbaut wurde es in den Jahren 1840 bis 1850 durch Baron von Eschwege im Auftrag von Prinz Ferdinand von Sachsen-Coburg.

04 Mafra

Nördlich von Sintra liegt Mafra, mit einem riesigem Klosterpalast, der 1707 bis 1750 erbaut wurde und mit dem König João V. den spanischen Escorial in den Schatten stellen woll-

CAIS DA VISCONDESSA

Direkt an den Hafenanlagen am Tejo liegt dieser kostenlose Parkplatz ohne Versorgungseinrichtungen. Bar, Restaurant und Tanzschule in unmittelbarer Nähe führen zu relativ hohem Verkehrsaufkommen, deshalb ist es hier unruhig und zuweilen auch laut. Ganzjährig geöffnet. Guter Standort für eine Besichtigung der Stadt: Bis zur Praça do Comércio sind es 1,5 Kilometer.

Cais da Viscondessa, Av. de Brasilia, 1200–109 Lissabon
GPS 38.70563, -9.15602

CAMPING ORBITUR GUINCHO, CASCAIS

Komfort-Campingplatz mit allen notwendigen Ver- und Entsorgungseinrichtungen, inklusive Duschen, Waschmaschinen, Wäschetrocknern und WiFi. Angemessene Preise. Ganzjährig geöffnet. Der große Strand Grande do Guincho ist 1,5 Kilometer entfernt, das historische Zentrum von Cascais 6 Kilometer.

Estr. Nacional 247 6, Lugar de Areia, 2750–053 Cascais
GPS 38.72244, -9.46756, www.orbitur.pt

AREA DE SERVIÇO DE AUTOCARAVANAS

Dieser ist ein preiswerter, ruhiger Stellplatz am Aquädukt mit allen notwendigen Ver- und Entsorgungseinrichtungen. Ganzjährig geöffnet. Zum historischen Zentrum des Ortes führt ein Weg entlang des Aquädukts (700 Meter).

Estr. da Capeleira, 2510–089 Óbidos, GPS 39.35629, -9.15671

AREA CAMPER COIMBRA

Der kostenlose, sonnige Parkplatz am Mondego ist mit allen notwendigen Ver- und Entsorgungseinrichtungen ausgestattet. Ganzjährig geöffnet. Bis in die Altstadt sind es über die Ponte Pedonal Pedro e Inês 1,5 Kilometer.

Parque do Choupalinho, 3040 Coimbra, GPS 40.19998, -8.42943

ESTACIONAMENTO AUTOCARAVANAS, PORTO

Auf diesem kostenlosen Parkplatz am Douro gibt es keinerlei Versorgungseinrichtungen. Ganzjährig geöffnet. 1,5 Kilometer sind es bis zum Teleférico de Gaia. Von dort geht es über die Ponte Dom Luís I ins historische Zentrum von Porto.

Cais do Cavaco 2, 4400 Vila Nova de Gaia, GPS 41.14309, -8.63243

te. Hinter der 220 Meter langen Fassade verbergen sich 880 Räume. Allein die Kapelle hat die Ausmaße einer Kathedrale, ganz zu schweigen von der riesigen Basilika!

05 Óbidos

Ab Mafra führt die Straße direkt an der Küste entlang bis Peniche, einem der größten Fischereihäfen Portugals. Die auf einer Landzunge im Meer liegende Stadt hat eine sehenswerte Hafenburg aus dem 18. Jahrhundert. Von Peniche geht es wieder landeinwärts nach Óbidos. Das »portugiesische Rothenburg« ist für Besucher der Gegend ein Muss. Seinen Ehrentitel verdankt das Bilderbuch-Bergdorf seinen malerischen Gassen mit blumengeschmückten weißen Häusern und der bis zu 15 Meter hohen Stadtmauer, die den Ort bis heute umschließt.

06 Alcobaça

Kaum zu glauben, dass einer der größten Sakralbauten der Christenheit ausgerechnet in diesem knapp 6000 Seelen zählenden Ort nördlich von Caldas da Reinha steht. Das ehemalige Zisterzienserkloster Santa Maria de Alcobaça, das ab 1222 gebaut wurde, hat eine 220 Meter breite und 42 Meter hohe dreigeschossige Barockfassade (18. Jahrhundert). Imposant ist auch der dreischiffige gotische Innenraum mit seinen ungewöhnlichen Ausmaßen: 106 Meter lang, 20 Meter hoch, aber nur 17 Meter breit. Viele Besucher pilgern zu den Sarkophagen von König Pedro I. und seiner ermordeten Geliebten Inês de Castro, die ihm genau gegenüber bestattet ist, damit »bei der Auferstehung jeder zuerst den anderen erblicke«.

07 Batalha

Das schlichte Landstädtchen liegt auf dem Weg nach Leiria und gehört wegen seines weltberühmten Klosters Santa Maria da Vitoria seit 1983 zum Weltkulturerbe der UNESCO. Mit dessen Bau wurde im Jahr 1388 nach dem historischen Sieg von João I. bei Aljabarrota (1385) begonnen, vollendet wurde es erst 1533. Das Kloster gilt als eine Art Nationalheiligtum der Portugiesen, weil es den Beginn der Unabhängigkeit Portugals von Spanien symbolisiert. Ein 15 Meter hohes, reich verziertes manuelinisches Portal führt in die Kathedrale, die 88 Meter lang und 32 Meter hoch ist. An sie schließt sich der »königliche« Kreuzgang an. Interessant sind auch die bereits im 15. Jahrhundert begonnenen Grabkapellen.

AUSFLUGSZIELE

Parque Nacional da Peneda-Gerês

Portugals einziger Nationalpark erstreckt sich im Nordosten entlang der spanischen Grenze über die Serras (Gebirgskämme) Peneda und Gerês, die mit ihren Stauseen ein wichtiger Wasserspeicher für den Norden des Landes sind. Einsame, von dichten Wäldern bestandene Täler und Berge, karge Hochebenen und Gipfel prägen das Landschaftsbild ebenso wie die steinernen »espigueiros«, die traditionellen Getreidespeicher. Es gibt hier zahlreiche Wanderwege, und die meisten sind gut markiert. Deutlich erkennbar ist aber die Römerstraße, die einst durch das Gebirge verlief, und deren Meilensteine – teils sogar noch das Pflaster und drei erhaltene Brücken – auf insgesamt 40 Kilometern Länge die Größe und Akkuratesse des Römischen Reiches demonstrieren. Bei Portela do Homen an der spanischen Grenze wurde sogar eine Thermenanlage entdeckt. Die Straßen sind schmal; der letzte Abschnitt bis zum Portela do Homen ist Anfang Juni bis Ende September gebührenpflichtig.

pnpgeres.pt

GPS 41.767028, -8.204597

08 Leiria

Sieben Burgen sind im Staatswappen Portugals abgebildet. Eine davon ist jene in Leiria, die zu den schönsten Burgen des Landes zählt. Ihre Baugeschichte reicht von den Römern über die Mauren bis zu den Kreuzrittern. Heute ist die Anlage ein Stilmix aus Gotik und Renaissance. Von hier aus hat man einen herrlichen Blick über den größten Pinienwald Portugals. Von Leiria aus sollte man einen Abstecher nach Südosten unternehmen, zum einen in den rund 30 Kilometer entfernten Wallfahrtsort Fátima und von dort weiter zur Templerburg in Tomar.

09 Coimbra

Die Stadt am Steilufer des Rio Mondego ist eine der ältesten Universitätsstädte Europas (12. Jahrhundert) und war bis 1910 die einzige Portugals. Im Stadtzentrum steht die festungsartige Sé Velha (Alte Kathedrale), die größte romanische Kirche Portugals aus dem 12. Jahrhundert. Hinter der Sé geht es hinauf zur Alten Universität, dem ehemaligen Königspalast. Prunkstück ist hier die Bibliothek (1716 bis 1728), der schönste Barockraum Portugals, der je nach Fachrichtung in unterschiedlichen Farben gehalten ist. Unweit befindet sich im einstigen Bischofspalast das Museu Nacional de Machado de Castro. Am Hang gegenüber ragt die Sé Nova (Neue Kathedrale) empor, eine ehemalige Jesuitenkirche (um 1600). Ein kleiner Fußmarsch führt hinüber zum Mosteiro de Santa Cruz, einem ehemaligen Augustinerkloster. Ein schöner Ort zum Ausruhen ist der zum Kloster gehörende Parque de Santa Cruz, aber auch die Quinta das Lagrimas, wo die Liebesgeschichte vom spanischen Kronprinzen Pedro und seiner Geliebten Inês so tragisch endete. Das Leben der Stadt ist bestimmt durch die etwa 20000 Studenten, die nicht nur zu besonderen Anlässen, wie dem Studentenfest Queima das Fitas, noch heute die traditionelle »capa«, einen langen schwarzen Umhang, tragen.

10 Porto

2001 war die zweitgrößte portugiesische Stadt an der Costa Verde keineswegs zufällig Kulturhauptstadt Europas. Die Hafenstadt an der Mündung des Douro in den Atlantik hat ihren Besuchern eine ganze Menge zu bieten. Mittlerweile fünf Brücken verbinden Porto mit der gegenüberliegenden Schwesterstadt Vila Nova de Gaia, dem Sitz der meisten Portweinkellereien. Die Altstadt Portos klebt förmlich an hohen Granitfelsen, wo Straßen und Häuserzeilen nach oben krie-

Bildleiste von oben:
Gasse im Altstadtviertel von Porto.

Mosteiro de Santa Cruz in Coimbra.

Der königliche Kreuzgang im Kloster Batalha beeindruckt durch seine filigran ausgestalteten Arkaden und Säulen.

PARQUE CAMPISMO DE BRAGA

Der Campingplatz ist ausgestattet mit allen notwendigen Ver- und Entsorgungseinrichtungen, inklusive Duschen, Waschmaschinen, Wäschetrocknern und WiFi. Ganzjährig geöffnet. 2 Kilometer sind es bis in die Mitte der Altstadt.

N101 12, 4715 Braga, GPS 41.53866, -8.42207

ESTACIONAMENTO AUTOCARAVANAS

Auf dem großen, kostenlosen und sonnigen Parkplatz gibt es alle notwendigen Ver- und Entsorgungseinrichtungen. Das Zentrum von Guarda ist 3 Kilometer entfernt.

R. da Direcção Geral de Viação, Guarda
GPS 40.54915, -7.24144

AREA DE SERVIÇO DE AUTOCARAVANAS

Der Platz am Convento de Nossa Senhora da Estrela besticht mit einer fantastischen Aussicht in das Umland. Alle notwendigen Ver- und Entsorgungseinrichtungen sind vorhanden. Bis in das Zentrum des historischen Ortes sind es 500 Meter.

N359-6, 7330 Marvão, GPS 39.39402, -7.37361

Die Casa de Mateus ist zweifelsohne eines der schönsten Gebäude im Barockstil in Portugal und liegt inmitten wunderschöner Gärten.

Rechte Seite: Mittelalterliche Festung von Marvão.

chen. Im Stadtzentrum liegt am unteren Ende der Avenida dos Aliados die Praça da Liberdade mit dem Torre dos Clérigos, dem höchsten Kirchturm Portugals (75 Meter). An ihrem oberen Ende steht das Rathaus mit seinem 70 Meter hohen Glockenturm. Am Bahnhof São Bento lohnen vor allem die riesigen Azulejo-Bildwände einen Blick. Auf dem Weg zur Ponte de Dom Luis I. gelangt man zur Kathedrale mit ihrem aus 800 Kilogramm Silber getriebenen Sakramentsaltar. Von hier aus kann man hinabsteigen ins Bairro da Sé, das älteste Stadtviertel Portos, oder zum Largo do Colegio. Die Praça da Ribeiro und die Praça Infante Dom Henriques sind die Zentren des Ribeiraviertels, wo Armut und Reichtum direkt und hart aufeinanderprallen – hier die Börse, dort enge und schmutzige Gassen.

11 Braga

Die alte Bischofsstadt liegt nordöstlich von Porto im Landesinneren. Hier stehen dicht gedrängt ganze 20 Kirchen, darunter die ursprünglich romanische, dann aber jahrhundertelang umgebaute Kathedrale mit ihren zwei massigen Türmen. Der Palácio dos Biscainhos aus dem 18. Jahrhundert ist von einem herrlichen Garten umgeben. Die Basílica de Nossa Senhora do Sameiro ist für ihr Marienheiligtum bekannt. 4 Kilometer außerhalb der Stadt liegt die Capela de São Frutuoso, ein kleiner, westgotischer Sakralbau

aus dem 7. Jahrhundert. Berühmt ist auch die 7 Kilometer entfernte barocke Wallfahrtskirche Bom Jesus do Monte, zu der eine als Kreuzweg gestaltete Treppenanlage aus dem 18. Jahrhundert hinaufführt. Nach Fátima ist sie das zweitwichtigste Pilgerziel Portugals.

12 Guimarães

Voller Stolz bezeichnet sich die Stadt 22 Kilometer südwestlich von Braga als »Wiege Portugals«: Hier wurde im Jahr 1111 Afonso Henriques geboren, der Begründer des Königreichs Portugal. Auf dem »Heiligen Hügel« über der Stadt steht seine von Zinnen gekrönte romanische Burg mit einem mächtigen, 27 Meter hohen Bergfried. In der schmucken Altstadt, die zum UNESCO-Weltkulturerbe zählt, erhebt sich der Palast der Herzöge von Bragança (15. Jahrhundert). Sehenswert ist auch die Kirche Nossa Senhora da Oliveira.
Von Guimarães führt eine landschaftlich schöne Straße (N206) in den Nordosten nach Bragança, ein lohnenswerter, wenngleich auch aufgrund der Länge von 230 Kilometern sehr weiter Abstecher. Richtung Süden zweigt man bei Vila Pouca de Aguiar ab nach Vila Real.

13 Vila Real

Die »königliche Stadt« mit etlichen prunkvollen Adelspalästen liegt am Rio Corgo und ist für ihre schwarzen Töpfereiwaren berühmt. 4 Kilometer östlich liegen der barocke Herrensitz und das Weingut der Familie Mateus.
Der Solar de Mateus (Mateuspalast), ein herrschaftlicher Landsitz aus dem 18. Jahrhundert unweit des Zentrums von Vila Real gelegen, lohnt ebenfalls einen Abstecher. Hier gibt es diverse Ausstellungen und Weinverkostungen.

14 Viseu

Die Stadtgeschichte reicht zurück zu den Römern und Westgoten, deren letzter König Roderich hier dem maurischen Heer unterlag. Bei einem Bummel durch die pittoreske Altstadt kommt man zur kubisch-strengen Kathedrale mit dem zweigeschossigen Kreuzgang (13. Jahrhundert). Im Inneren ist vor allem das manuelinische Gewölbe beachtenswert, dessen Dekor aus Tauen zu bestehen scheint. Im Museu Nacional Grão Vasco ist die Geschichte der »Malschule von Viseu« dokumentiert. Die landschaftlich schöne A25 führt ins 100 Kilometer entfernte Guarda.

15 Guarda

Die höchstgelegene Stadt Portugals, in der immerzu der Wind weht, liegt auf einem 1056 Meter hohen Felsmassiv der Serra de Estrela und war lange Zeit eine der wichtigsten Grenzfestungen des Landes. Davon zeugen die ehemaligen Festungsanlagen und die Kathedrale. Empfehlenswert: ein Bummel durch die Altstadt.

16 Castelo Branco

Die Hauptstadt der Beira Baixa war wegen ihrer Nähe zu Spanien jahrhundertelang ein politischer Zankapfel. Von der Templerburg aus dem 13. Jahrhundert sind nur Reste erhalten. Der etwas skurril wirkende Jardim Episcopal am Bischofspalast gilt als einer der schönsten Barockgärten Portugals. Zunächst der A23 nach Süden folgend, biegt man bei Gardete nach Osten in die Berge ab.

17 Marvão

Wie ein Adlerhorst thront der auf die Mauren zurückgehende Bergort auf einer 870 Meter hohen Felsnase. Die mächtige Festungsanlage spielte in den vergangenen Jahrhunderten eine wichtige Rolle in den Grenzkriegen mit Spanien. Von hier oben hat

Links: Praia dos Arrifes bei Albufeira.

Links unten: Die Gewölbe des Konvents O Real Mosteiro de Nossa Senhora da Conceição in Beja sind aufwendig dekoriert.

man einen herrlichen Blick auf das von alten Stadtmauern umringte Städtchen, die Serra de São Mamede, die Serra de Estrela und bis hinüber nach Spanien.
Das 20 Kilometer südlich gelegene Portalegre wirkt mit seinen Adelspalästen, Klöstern, dem Kastell, der Kathedrale und der Stadtmauer wie ein großes Freilichtmuseum.

18 Estremoz

Die Stadt besaß im Mittelalter eine der wichtigsten Burgen im Alentejo, von der heute nur noch der massige Bergfried erhalten ist (13. Jahrhundert). Bekannt ist sie wegen ihrer Töpferwaren, die immer samstags auf dem großen, mit Marmor gepflasterten Marktplatz verkauft werden. Von Estremoz aus lohnt sich unbedingt ein Ausflug nach Elvas, das rund 30 Kilometer östlich von Estremoz unweit der spanischen Grenze liegt.

19 Évora

Die größte und schönste Stadt im Alentejo ist wegen ihres historischen Stadtkerns, ihrer Plätze und Bürgerhäuser aus dem 16./17. Jahrhundert, ihrer Paläste, zahlreichen Kirchen und mittelalterlichen Stadtmauer ein UNESCO-Weltkulturerbe. Von der Praça do Giraldo mit ihrem schönen Renaissancebrunnen und der Kirche Santo Antão von 1557 gelangt man zur Kathedrale, einem im 14. Jahrhundert vollendeten gotischen Kirchenbau. Der festungsähnliche Bau vereint romanische und gotische Elemente, dazu ein Renaissanceportal und einen Barockaltar. Ihm sind heute das Museu de Arte Sacra da Sé und das Museu Regional angegliedert. Nördlich der Kathedrale steht der Templo Romano aus dem 2. Jahrhundert mit 14 erhaltenen korinthischen Säulen, dessen Relikte trotz jahrhundertelanger Zweckentfremdung in recht gutem Zustand sind. Eine etwas makabre Attraktion ist die Capela dos Ossos in der Kirche São Francisco, deren Wände 5000 Totenschädel »zieren«.

20 Monsaraz und Mourão

Einen Abstecher wert ist der 50 Kilometer östlich von Évora gelegene, mittelalterlich wirkende Ort Monsaraz mit seiner Stadtmauer, der Burg aus dem 14. Jahrhundert, der gotischen Pfarrkirche und dem Pelourinho (17. Jahrhundert).
Auf der anderen Seite des Río Guardiana führt die Straße nach Mourão am größten Stausee Europas, dem Barragem do Alqueva, der die Wassermassen des Río Guadiana staut. Kleine Landstraßen führen einen zur nächsten Station nach Moura.

21 Moura

Schon der Name des Thermalkurortes, in dem es einen gepflegten Kurpark und einen Musikpavillon gibt, verrät seinen maurischen Ursprung, von dem eine Burg zeugt (13. Jahrhundert). Sehenswert ist das alte Maurenviertel mit seinen einstöckigen weißen Häusern und den eigenartigen Kaminen.

22 Beja

Über Vidigueira kommt man anschließend nach Beja, der zweitgrößten Stadt im Alentejo und eine der heißesten Städte Portugals. Beja geht auf eine römische Siedlung zurück, unter den Westgoten wurde sie zum Bischofssitz ernannt, bevor sie 400 Jahre lang unter maurischer Herrschaft stand. Sehenswert ist die Altstadt mit ihrem Gassengewirr, das Kloster Nossa Senhora da Conçeição, dessen Kreuzgang mit wunderschönen Azulejos geschmückt ist, und die Kirche Santo Amaro, die noch aus westgotischer Zeit stammt. Das um 1300 errichtete Castelo wird überragt vom höchsten Bergfried Portugals. Dieser zählt zu den wichtigsten Exemplaren mittelalterlicher Architektur in Portugal.

23 Mértola

Das Städtchen liegt malerisch am rechten Ufer des Río Guadiana und schmiegt sich terrassenförmig an den Hang unterhalb des Castelo dos Mouros. Die schneeweiße Igreja Matriz war bis 1238 eine Moschee.

24 Faro

Das »Tor zur Algarve« ist heute eine eher reizlose Fischerei- und Industriestadt an einer lang gezogenen Lagune, hat aber einen nach wie vor durchaus sehenswerten Altstadtkern rund um die Kathedrale am Largo da Sé und ist umgeben von einer mittelalterlichen Stadtmauer. Eine Besichtigung wert ist auch die Carmokirche (18. Jahrhundert) mit der Capela dos Ossos (Beinhaus).
Von Faro aus kann man einen Ausflug zum Fischereihafen Olhão mit seinen Markthallen machen. Zwischen Olhão und Faro erstreckt sich außerdem der Naturpark Ria Formosa, an dessen Südzipfel der Cabo de Santa Maria liegt, der südlichste Punkt von Portugal.

25 Albufeira

Der ehemalige Fischerort westlich von Faro hat nicht viele Sehenswürdigkeiten zu bieten, doch ist er wegen seiner günstigen Lage an der Algarve eine Touristenhochburg. Es ist das Saint-Tropez der Algarve mit zahllosen Stränden, bizarren Felsformationen, Kneipen für alle Ansprüche und einigen Diskotheken. Die Häuser des hübschen alten Ortskerns ziehen sich malerisch die Steilküste hinauf.

PARKING AUTOCARAVANAS, AQUEDUTO DE ÁGUA DE PRATA

Dieser kostenlose Parkplatz befindet sich am Aquädukt. Er verfügt über keinerlei Versorgungseinrichtungen, ist aber ganzjährig geöffnet. Von hier sind es 800 Meter bis in die Altstadt.

R114, 7000 Évora, GPS 38.57655, -7.91485

BARRAGEM DO ALQUEVA

Außerordentlicher Platz auf einer Landzunge am Alqueva-Stausee. Unglaublich malerisch und ruhig mit einer fantastischen Aussicht auf den See. Keinerlei Versorgungseinrichtungen; ganzjährig geöffnet.

Rua do Meirinho, Estrela, 7885 Amareleja
GPS 38.26626, -7.38878

PARKING FONTE SANTA

Gebührenpflichtiger Stellplatz mit allen notwendigen Ver- und Entsorgungseinrichtungen. Ganzjährig geöffnet.

Estrada Fonte Santa, 8125 Quarteira, GPS 37.07329, -8.07695

Nur 2 Kilometer weiter befindet sich ein weiterer Platz in außergewöhnlich schöner Lage direkt am Strand. Hier gibt es allerdings keinerlei Versorgungsanlagen.

R. do Poço Romano, 8125 Quarteira, GPS 37.06181, -8.08818

26 Portimão

Die zweite touristische Hochburg an der Algarve wurde nicht zuletzt wegen ihres 1,5 Kilometer langen Strandes (Praia da Rocha) mit seinen bizarr geformten Felsen bekannt.
Wer Zeit hat, kann von hier aus einen Ausflug nach Silves im Landesinneren machen. Dort erwarten ihn eine imposante Burganlage und eine schöne gotische Kathedrale aus dem 13. Jahrhundert. Hier findet sich mit dem Museu de Arqueologia das einzige Museum, das an die maurische Epoche Portugals erinnert. Zu jener Zeit war Xelb, das heutige Silves, die Hauptstadt.

27 Lagos

Von der Hafenstadt stachen einst die portugiesischen Seefahrer mit ihren Karavellen in See, seit der Zeit Heinrich des Seefahrers (1394 bis 1460) ist Lagos ein Zentrum des Schiffsbaus. Zu den schwarzen Seiten der Stadtgeschichte gehört ohne Zweifel der Sklavenhandel: Die ersten afrikanischen Sklaven wurden 1443 an der Praça da Republica versteigert. Überragt wird die Stadt von der Festung Ponta da Bandeira aus dem 17. Jahrhundert. Sehenswert sind auch die alte Festungsmauer und die barocke Kirche Santo António, aber auch die Felsklippen an der rund 2 Kilometer südlich gelegenen Ponta Piedade. Die Sand- und Felsstrände rund um Lagos sind ein beliebtes Ziel von Wassersportlern.

28 Sagres

Die Hafenstadt spielte im 15. und 16. Jahrhundert eine große Rolle, denn hier soll sich die legendäre Nautikschule von Heinrich dem Seefahrer befunden haben. Dokumentiert ist dies durch die riesige steinerne Windrose mit einem Durchmesser von 43 Metern auf dem Felsenriff der Ponta de Sagres unweit der Fortaleza. Fast in Sichtweite ragt das Cabo de São Vicente mit seinem Leuchtturm aus dem Meer. Es symbolisiert den südwestlichsten Punkt Europas. Die bis zu 60 Meter hohen Klippen galten vor Christoph Ko-

CABO DE SÃO VICENTE

Dieser kostenlose, sonnige Parkplatz am Leuchtturm hat keinerlei Versorgungseinrichtungen, ist aber ganzjährig geöffnet. Hier hat man einen fantastischen Blick auf das Meer und die Küstenlandschaft. Sehr außergewöhnlich ist der Imbissstand »Letzte Bratwurst vor Amerika«: Die original Nürnberger und Thüringer Wurstspezialitäten haben Kultstatus!

Cabo de S.Vicente-Sagres, 8650-370 Vila do Bispo
GPS 37.02386, -8.99471

lumbus und seinen Entdeckungen noch als »Ende der Welt«.
Von Sagres aus folgt die Route zurück nach Lissabon im Wesentlichen der Atlantikküste.

29 Westküste der Algarve

Die erste Station ist der Ort Vila do Bispo, wo sich ein Besuch der Ermida de Nossa Senhora de Guadalupe lohnt. Von dort geht es weiter nach Aljezur, wo das Castelo einen herrlichen Ausblick bietet.
Wer einen kurzen Strandabstecher machen möchte, ist im inmitten der Dünenlandschaft des Naturparks Costa Vicentina gelegenen Carrapateira gut aufgehoben.
Von Aljezur führt die Straße nach Odemira, einem Landstädtchen am Rio Mira, der 30 Kilometer südöstlich zur 44 Kilometer langen Barragem de Santa Clara aufgestaut wird.
Die nächste Station ist Vila Nova de Milfontes. Hier gibt es schöne Sandstrände und einige Wassersportmöglichkeiten.
Ab Sines zieht sich die Straße zunächst ins Landesinnere zurück. Hinter dem festungsartigen Alcácer do Sol mit seiner maurischen Burg wendet sich die Straße wieder meerwärts in Richtung Setúbal.

30 Setúbal

Die drittgrößte Hafenstadt Portugals war schon zu Römerzeiten ein wichtiger Fischereihafen an der Mündungsbucht des Flusses Sádo. Heute ist sie von Hafenanlagen, Sardinenfabriken und Werftanlagen geprägt. Der Fischereihafen mit seinem bunten Treiben bietet eine hübsche Szenerie ebenso wie die malerische Altstadt mit ihren verwinkelten Gassen. Setúbal wird oft »Juwel der Manuelinik« genannt, und ein Schmuckstück dieses Baustils ist zweifellos die Igreja de Jesús (1491) mit ihren tauartig gedrehten Säulen. In der Kathedrale (16. Jahrhundert) sind herrliche Azulejos des 18. Jahrhunderts zu bewundern. Vom westlich über der Stadt gelegenen Castelo São Filipe aus genießt man einen herrlichen Blick über die Stadt. Wer anschließend gern an den Strand möchte, fährt mit der Fähre hinüber zur Halbinsel Tróia – oder gleich wieder zurück in die Hauptstadt Lissabon.

Bis zu 150 Meter fällt das Hochplateau des Cabo de São Vicente nahezu senkrecht in den Atlantik ab. Was für ein Ort, um mit dem mobilen Zuhause zu parken.

Viana do Castelo *Endlose Strände, eine hübsche Altstadt und eines der beliebtesten Ausflugslokale der Portugiesen fügen sich in Viana do Castelo zu einem stimmigen Gesamtbild. Die auf eine griechische Handelsniederlassung zurückgehende Stadt, über der sich die neobyzantinische Wallfahrtskirche Igreja de Santa Luzia erhebt, liegt nördlich der Mündung des Rio Lima.*

Aveiro *»Venedig Portugals« wird die von ein paar Kanälen durchzogene Stadt an der Lagune gern genannt. Sie ist außerdem geprägt von schönen Jugendstilbauten, von mit Azulejos verzierten Fassaden und einer gusseisernen Markthalle, in der bis heute der Fischmarkt abgehalten wird. Salzgewinnung und Tangfischerei spielen hier zudem eine wichtige Rolle.*

Azhenas do Mar *Die malerische Ortschaft ist sowohl wegen ihrer Lage als auch wegen der winzigen Sandbucht am Fuß einer Klippe ein beliebtes Wochenendziel der Hauptstädter.*

Costa Vicentina *Die einsame Küstenlandschaft zwischen Sagres und dem Städtchen Aljezur ist geprägt von weiten Sandbuchten zwischen steilen Felsklippen, die hier zumeist aus Schiefer bestehen. Dieser Küstenabschnitt ist einer der wenigen Orte weltweit, an dem Weißstörche ihre Nester in Felsen bauen. Die Strände gelten zudem als gutes Surfrevier.*

ROUTE 19

OBERITALIEN-TOUR

Von der Lagunenstadt Venedig führt die Traumroute aufs Festland und retour an die Gestade der Adria. Es geht hinauf nach Friaul, gen Westen in die Dolomiten und wieder in den mediterranen Raum bis nach Padua in Venetien. Der Märchenberg Monte Sciliar (Schlern), Seis, die größte Almwiese der Welt, oder das gläserne Wasser des Gardasees sind magische Sehnsuchtsorte.

Mit dem Wohnmobil in Italien zu fahren ist genauso wenig ein Problem wie in den anderen Ländern Süd- und Westeuropas, die sich inzwischen an die mobilen Ferienwohnungen auf Rädern gewöhnt haben, und für die entsprechende Plätze eingerichtet wurden, um die »mobilen« Gäste willkommen zu heißen. Wie in Spanien und Portugal ist es auch hier notwendig, eine rot-weiß gestreifte reflektierende Warntafel am Heck zu befestigen, wenn man die Fahrräder oder eine Transportbox auf einem Heckträger dabeihat. Sie muss auch dann montiert werden, wenn man nichts auf dem Heckträger transportiert, da er über die Stoßstange hinausragt. Tagsüber ist mit Abblendlicht zu fahren, auf den Landstraßen gilt maximal mit 90 km/h bis 3,5 Tonnen, und wenn das Fahrzeug schwerer ist, nur 80 km/h. Auf Autobahnen sind es 130 bzw. 100 km/h. Die Autobahnen sind fast alle gebührenpflichtig. Hier herrscht folgendes System: Ticket bei der Auffahrt ziehen und bei der Abfahrt mit der Debitkarte oder bar bezahlen. Die Grenze von 0,5 Promille sollte strikt befolgt werden. Die Strafen sind hart für denjenigen, der mit einem zu hohen Alkoholgehalt im Blut erwischt wird. Und noch etwas gilt es zu beachten: Übernachtungen auf Wanderpark- und anderen freien Plätzen sind nicht grundsätzlich verboten. Allerdings müssen Tische und Stühle im Fahrzeug verbleiben, und es dürfen auch keine Ausgleichskeile für die Nivellierung des Fahrzeugs benutzt werden.

Vom Gondelanleger am Markusplatz fällt der Blick auf die Insel San Giorgio Maggiore in der Lagune von Venedig.

Vom Adriastrand zum Alpenland

Die Tour führt von Venedig nach Triest, in die Dolomiten und über Trient an den Gardasee. Von dort geht es über Verona, Vicenza und Padua wieder zurück in die Lagunenstadt.

Eine von 400 Brücken in Venedig: Die Rialtobrücke über dem Canale Grande (vollendet 1591) ist wohl mit das bekannteste Bauwerk der Lagunenstadt. Sie verbindet höchst elegant die beiden Stadtteile San Marco und San Polo.

ROUTE 19

Streckenlänge: ca. 750 km
Zeitbedarf: 3–4 Wochen
Routenverlauf (Hauptorte): Venezia, Treviso, Aquiléia, Trieste, Udine, Vittorio Veneto, Belluno, Cortina d'Ampezzo, Bressanone, Trento, Lago di Garda, Verona, Vicenza, Padua
Charakteristik: Um das Fahrerlebnis auszukosten, empfehlen sich Landstraßen und nur auf ebenen Teilstrecken die mautpflichtigen Autobahnen.
Informationen:
www.enit.de
www.italia.it
www.veneto.eu/de

Hier geht's zum GPS-Track

01 Venezia (Venedig)

Ein Besuch der einzigartigen Lagunenstadt ist zu jeder Jahreszeit ein unvergessliches Erlebnis. Wer sich nicht gerade in der Hauptsaison mit Tausenden anderer Touristen in den engen Gassen rund um die Piazza San Marco drängt, wird von Venedig begeistert sein. Die traumhaft schöne Stadt im Meer – als Seemacht einst die Herrin des östlichen Mittelmeers – ist nicht zuletzt dank ihrer eigenständigen mittelalterlichen Architektursprache, einer Verschmelzung von byzantinischen, arabischen und gotischen Elementen, schlicht einzigartig. Die Hauptstadt der oberitalienischen Provinz Venetien liegt auf etwa 120 Inseln in einer Lagune, einem großen Strandsee der Adria. Mit dem Festland ist die UNESCO-Welterbestadt über Dämme und Brücken verbunden. Errichtet wurde Venedig auf Pfahlrosten. Die Stadt hat 160 Kanäle und 400 Brücken. Ursprünglich war die Siedlung eine Fluchtstätte, die nach dem Einfall der Hunnen angelegt wurde. Die Lagunenbewohner blieben in der anfangs abgeschiedenen Lage über die Jahrhunderte unabhängig. Es gelang ihnen im 8. Jahrhundert, das Erbe Ravennas anzutreten. Im 15. Jahrhundert verlagerte sich der Welthandel, und die Seemacht verlor ihre Grundlage, sodass Venedig im frühen Stadium einer Metropole stehen geblieben ist. Besonders sehenswert ist der Markusplatz, der seit 1000 Jahren das Zentrum der Stadt bildet. Außerdem ist die orientalisch inspirierte, kostbar ausgestattete Markusbasilika aus dem 11. Jahrhundert schön. Der Dogenpalast, ein Hauptwerk der venezianischen Gotik, der Canal Grande mit Rialtobrücke, die Kirche Santa Maria Gloriosa dei Frari, die Scuola Grande di San Rocco, die Gallerie dell'Accademia mit umfassenden Sammlungen zur venezianischen Malerei des 14. bis 18. Jahrhunderts sind weitere Top-Sehenswürdigkeiten. Lohnend ist ferner der Besuch der Inseln Murano, Burano und Torcello.

02 Treviso

Auf der S13 geht es von Mestre nach Norden und unversehens befindet man sich im Mittelalter. Der autofreie

In der Sala del Maggior Consiglio im Dogenpalast tagte einst der aus bis zu 1800 Mitgliedern bestehende Große Rat der Republik Venedig.

Stadtkern Trevisos zwischen dem Duomo San Pietro und der Piazza dei Signori lädt zum Flanieren ein. Als eines der schönsten Rathäuser des Landes gilt der Palazzo dei Trecento (13./14. Jahrhundert).

03 Portogruaro

Ostwärts in Richtung Triest lohnt es sich, Portogruaro zu besuchen, das viel älter als Venedig ist. Von der Romanik bis ins 17. Jahrhundert wurde hier prächtig gebaut, ein großartiges Beispiel der Renaissancearchitektur ist der Palazzo Marzotto. Auf der S14 fährt man dann weiter nach Osten und biegt bei Cervignano del Friuli Richtung Aquiléia ab.

04 Aquiléia und Grado

Als Militär- und Handelszentrum im Jahr 183 v. Chr. von den Römern gegründet, wurde Aquiléia in christlicher Zeit Bischofssitz und war zeitweise so bedeutend wie später Venedig und Triest. Im Mittelalter verfiel die Stadt. Säulen des antiken Forums und die Kirche Santa Maria delle Grazie (500 n. Chr.) zeugen von vergangener Größe.

CARAVAN PARK SAN GIULIANO

Auf dem kostenpflichtigen Platz sind alle nötigen Ver- und Entsorgungseinrichtungen sowie Duschen, Waschmaschinen, Trockner und WiFi vorhanden. Ganzjährig geöffnet. Optimal für einen Besuch von Venedig. Mit dem Bus ist man in 10 Minuten in der Lagunenstadt.

Via San Giuliano 1, 30174 Venezia
www.sangiulianovenice.com, GPS 45.46787, 12.27899

CAMPING VILLAGE MIRAMARE

Der Luxus-Campingplatz ist mit allen notwendigen Einrichtungen und Sanitärbereichen sowie WiFi, Pool, Restaurant und Bar ausgestattet. Geöffnet von Anfang April bis Anfang November. Angemessene Preise. Der Stellplatz liegt am Ende einer Landzunge, die die Lagune von Venedig zur Adria abgrenzt. Mehrere Personenfähren verkehren nach Venedig; der Fährhafen ist 800 Meter vom Platz entfernt.

Lungomare Dante Alighieri, 29, 30013 Cavallino-Treporti
www.miramarevenezia.it, GPS 45.44061, 12.42228

CAMPING AL BOSCO

Inmitten eines schattigen Pinienwaldes liegt dieser Komfort-Campingplatz mit eigenem Strand. Er ist komplett ausgestattet und verfügt über ein Restaurant. Geöffnet von Mitte April bis Mitte September. Angemessene Preise.

Largo San Crisogono, 34073 Grado, campingalbosco.it
GPS 45.67867, 13.42104

PARCHEGGIO COMUNALE

Auf dem gebührenpflichtigen Parkplatz am Jachthafen gibt es keinerlei Versorgungseinrichtungen. Der Platz ist ganzjährig geöffnet und eignet sich gut für einen Besuch der angrenzenden Altstadt. Für eine Übernachtung ist es hier eher zu laut.

Via Ottaviano Augusto, 1, 34123 Trieste
GPS 45.64640, 13.75635

VIA PASQUALIGO

Der kostenlose Parkplatz liegt innerhalb der Festung. Durch hohe Bäume ist er angenehm schattig. Es gibt keinerlei Versorgungseinrichtungen. Ganzjährig geöffnet. 300 Meter sind es bis zur Piazza Grande.

Via Pasqualigo, 33057 Palmanova, GPS 45.90748, 13.31075

PARCHEGGIO SCAMBIATORE

Dieser kostenlose, sonnige Stellplatz ist mit allen notwendigen Ver- und Entsorgungseinrichtungen ausgestattet und ganzjährig geöffnet. Bis ins Zentrum sind es 2,5 Kilometer. Die Haltestelle der Buslinie 1 befindet sich in unmittelbarer Nähe. Der Bus fährt im 8-Minuten-Takt und benötigt 12 Minuten bis in die Stadtmitte.

Via Chiusaforte 62, 33100 Udine, GPS 46.08126, 13.22278

Wenige Kilometer südlich liegt Grado, einst der Hafen von Aquiléia. Das heutige Seebad und Fischerstädtchen hat sein mittelalterliches Ortsbild bewahren können.

05 Castello di Miramare

Das weiße Traumschloss des österreichischen Erzherzogs Ferdinand Maximilian rückt auf der Küstenfahrt ins Bild, kurz bevor man Triest erreicht. Es ist von einem schönen Garten umgeben. Im Inneren des Schlosses können die Wohn- und Repräsentationsräume mit Originaleinrichtung aus dem 19. Jahrhundert bewundert werden.

06 Trieste (Triest)

Zwischen Gebirge und Golfo di Trieste behauptet die historische Hafenstadt ihren Platz seit über 2000 Jahren. Wäre Venedig nicht die Schönheitskönigin der Adria, zöge es schon längst viel mehr Touristen nach Triest. Vom 14. Jahrhundert bis zum Ende des Ersten Weltkriegs herrschte die Kaiser-Dynastie der Habsburger. Italienisch seit 1919, prunkt die Stadt mit den Prachtbauten ihrer Glanzära um 1900, als der noch neue Suezkanal den Seehandel blühen ließ und Triest nach Genua der zweitwichtigste Hafen Italiens wurde, ein Zentrum der Banken und Versicherungen und auch der Literaten und Caféhäuser. Bis heute sind Triest und sein Umland reich an literarischen Erinnerungen, sei es von Rainer Maria Rilke, James Joyce oder von dem gebürtigen Triestiner Italo Svevo, der bürgerlich eigentlich Ettore Schmitz hieß. Zum repräsentativen Ensemble der Piazza dell'Unità, Piazza Verdi und Piazza Borsa mit ihren Brunnen und Statuen gehören das Opernhaus Teatro Verdi und die Alte Börse, beide um das Jahr 1800 erbaut. Als Wahrzeichen der Stadt gilt die romanische Kathedrale San Giusto auf ihrem dominanten Hügel. Kaffeehausliebhaber treffen sich im Caffè Tommaseo (seit 1830 am Lungomare), im Caffè degli Specchi (seit 1839) oder im Jugendstilcafé San Marco (seit 1914). Die Ausstellungen der zahlreichen Museen und Galerien reichen von Dinosaurierfunden bis zur Malerei des 20. Jahrhunderts. Naturfreunde erwandern im Hinterland das Karstgebirge mit seinen weißgrauen Kalkfelsen, dichtem Buschwald, Dolinen und Höhlen. Flüsse und Bäche verschwinden plötzlich in der Tiefe – der berühmteste ist der Timavo, der 35 Kilometer unterirdisch fließt, bevor er nördlich von Duino wieder sichtbar wird.

07 Duino

Hier entstand große Poesie: Rainer Maria Rilke verfasste an diesem Ort erste Teile der berühmten »Duineser Elegien«. Von Oktober 1911 bis Mai 1912 war er zu Gast bei seiner mütterlichen Freundin und Sponsorin Fürstin Marie von Thurn und Taxis. Der »Rilkeweg« führt in schönster Landschaft zwischen Duino und Sistiana durch einen Wald und an Steilklippen über dem Meer entlang. Das mittelalterliche Schloss ist samt Park zu besichtigen. Über die S14 und die S352 hält man sich anschließend Richtung Udine.

08 Palmanova

In der italienischen Renaissance baute man selbst Festungen nach ästhetischen Regeln. Die Anlage von Venedigs Festung Palmanova – ab 1593 gegen die Türken, aber auch zum Schutz vor den Österreichern erbaut – bildet ein streng geometrisches Neuneck als Idealstadt um die sechseckige Piazza Grande mit Skulpturen von Architekten und Generälen. Knapp 30 Kilometer weiter nördlich erreicht man Udine.

09 Udine

Die alte Hauptstadt Friauls, heute Zentrum der Provinz Udine, kann man sehr wohl als Tochter Venedigs bezeichnen, denn in fast vier Jahrhunderten der venezianischen Herrschaft (1420–1797) hat Udines Altstadt ihre Gestalt gefunden. Viel älter noch ist der monumentale Dom Santa Maria Annunziata. Berthold von Andechs ließ ihn im 13. Jahrhundert erbauen. In älterer Vergangenheit war Udine ein römischer Stützpunkt an der Via Julia Augusta. Die elegante Geschäftsstraße Mercatovecchio und die großartige Piazza della Libertà verleihen der Stadt

einen festlichen Charakter – wie auf einer Bühne bewegen sich die Menschen zwischen Säulen und offenen Hallen, einem dekorativen Drei-Schalen-Brunnen sowie einem Uhrturm und den auf Freisäulen platzierten Göttinnen des Rechts und des Friedens. Meisterliche venezianische Spätgotik zeigen der Palast Loggia del Lionello, der Kastellhügel sowie etliche Paläste und Museen. Es lohnt, hier eine Reisepause einzulegen! Weiter geht es auf der S54 nach Osten.

10 Cividale del Friuli

Das Städtchen in den Colli Orientali, den Weinhügeln von Ost-Friaul, liegt malerisch über dem Steilufer des Natisone, der sich sein Flussbett tief eingegraben hat. Einst residierten in Cividale langobardische Fürsten, jahrhundertelang auch die Patriarchen von Aquiléia. Die Langobarden hinterließen so seltene wie kostbare Zeugnisse ihrer Kunst: Der »Tempietto Langobardo« stammt mit seinen

Bildleiste von oben: Hingucker in Triest: die Piazza dell'Unità (oben) und der Canal Grande (unten).

Über der Piazza della Libertà in Udine thront majestätisch die Burg der Stadt aus dem 16. Jahrhundert.

TRATTORIA
CERVA

Bildleiste von oben:
Die Piazza von Serravalle Scrivia lädt ein, bei einem Espresso einfach nur in die Sonne zu blinzeln und das piemontesische Flair zu genießen.

Cividale del Friuli ist eine traditionsreiche und besuchenswerte Stadt in der Region Friaul.

Der beste Ausgangspunkt für die gesamte Bergwelt der Belluneser Dolomiten ist Belluno (im Bild: Piazza Martiri).

schönen Wandmalereien und Skulpturen vermutlich aus dem späten 8. Jahrhundert und der mehrmals erneuerte Dom Santa Maria Assunta aus dem 15. Jahrhundert. Prächtige Ausblicke gibt es zu den Bergen.

11 Pordenone

Unterwegs von der fruchtbaren Wein-, Weizen- und Obstlandschaft Friauls zu der dramatischen Bergschönheit der Dolomiten empfehlen sich mehrere Städte für einen Halt. Im historischen Stadtkern von Pordenone mit seinen Laubengängen und bilderreichen Fassaden flaniert man auf dem Corso Vittorio Emanuele, staunt über die kurios spätgotische Architektur des Palazzo Comunale und bewundert den Dom San Marco und seinen Glockenturm, wohl einen der schönsten Italiens. Der Renaissance-Maler Pordenone erhielt seinen Namen von der Stadt, eigentlich hieß er Giovanni Antonio de'Sacchi (1484–1539). Technikgeschichte kann auf dem »Rundgang der industriellen Archäologie« in den Baumwollspinnereien des 19. Jahrhundert nacherlebt werden.

12 Conegliano

Diese schmucke Weinstadt weiter westlich mit ihrer schönen Altstadt, der Hauptstraße Contrada Granda und schönen Palästen sowie einem zinnenbekrönten Kastell ist ein sehr guter Ort, um die beliebte »Strada del Vino Rosso«, die sich bis nach Oderzo erstreckt, zu erkunden. Hier können vielerorts Weine verkostet und gleich für den eigenen Keller eingekauft werden. Außerdem ist in Conegliano die Scuola dei Battut mit ihren Fresken sehenswert. Später geht die Fahrt weiter Richtung Alpen.

13 Vittorio Veneto

Beim Anschluss des Veneto an das junge Königreich Italien im Jahr 1866 wurde aus den zwei Städten Ceneda und Serravalle eine: Vittorio Veneto. Deshalb besitzt die Stadt zwei Dome: Santa Maria Nuova, im 18. Jahrhundert umgebaut, im Stadtteil Serravalle und den erst im 18. Jahrhundert erbauten Dom Santa Maria Assunta e Tiziano Vescovo im moderneren Stadtteil Ceneda. Der wohl kostbarste Kunstschatz befindet sich in der kleinen Kirche San Lorenzo in Seravalle. Er gehört zu den am besten erhaltenen Freskenzyklen venezianischer Malerei des frühen 15. Jahrhunderts – traumhaft schön!

14 Belluno

Am Horizont erblickt man im Parco Nazionale delle Dolomiti Bellunesi die über 2500 Meter hohen Gipfel der Schiara-Gruppe, in der Stadt die Piave, die südlich in weitem Bogen der Adria zuströmt. So wunderbar liegt Belluno, die Hauptstadt der gleichnamigen Provinz – nah am Gebirge und dennoch mit dem Meer verbunden. Die verwinkelte Altstadt, die auf einer breiten Terrasse über dem Fluss liegt, entwickelte sich seit der Antike zu einem kirchlichen, politischen und wirtschaftlichen Zentrum. Die reiche Geschichte der Stadt ist in ihren Palästen – allen voran der Palazzo dei Rettori am Domplatz –, Kirchen und Patriziergebäuden noch heute anschaulich präsent.

15 Cortina d'Ampezzo

Skisportler und Bergwanderer aus aller Welt kennen den waldumgebenen Bergort inmitten der drei Dolomiten-Gruppen Marmarole, Cristallo und Tofana mit ihren über 3000 Meter hohen Gipfeln. Weiter nördlich beeindrucken die Sextener Dolomiten mit den Drei Zinnen. Die Olympischen Winterspiele von 1956 machten den Ort Cortina d'Ampezzo

AUSFLUGSZIELE

Wein aus Südtirol

»Reben raus, Äpfi eini«, lautete bei manchen Winzern im späten 20. Jahrhundert die Parole: So erfolgreich waren die Apfelbauern im Bozner Unterland um Kaltern und den Kalterer See und im Überetsch, so große Ernten wurden erzielt, dass sie insgesamt rund ein Zehntel der Apfelproduktion der EU einbrachten. Doch auch Südtirols Weinbau erholte sich, seit die Winzer nicht mehr auf Masse, sondern auf Klasse setzen. Neben dem dunklen Lagreiner, Blauburgunder und Gewürztraminer ist es vor allem die Vernatschtraube, eine dünnschalige rote Sorte, die einen bekömmlichen Wein mit wenig Gerbsäure hervorbringt und einen Löwenanteil des Südtiroler Weinbaus ausmacht. Aus dieser Traube werden die berühmten Weine »Kalterer See«, »St. Magdalener«, »Bozner Leiten« und »Südtiroler Vernatsch« gekeltert, die weit über Italiens Grenzen hinaus bekannt und geschätzt sind und zum großen Teil exportiert werden. Weinkenner und -liebhaber kommen am besten selbst zum Verkosten: Allein die Südtiroler Weinstraße von Bozen bis Salurn ist rund 40 Kilometer lang, mit fast 100 Burgen und Ansitzen am Weg. In manchen sind auch Logiergäste willkommen.

www.suedtiroler-weinstrasse.it
GPS 46.495351, 11.352808

noch berühmter. Die Folge war ein regelrechter Hotelbauboom. Die im Kern gotische Dorfkirche überragt die Sporthotels dennoch mit ihrem 76 Meter hohen Turm.

16 Monte Sciliar (Schlern)

Mit seinen 2563 Metern ist der Schlern gewiss keiner der höchsten Berge in den Dolomiten, aber mit dem weithin sichtbaren rötlichen Steilabbruch über dem Eisacktal einer der markantesten und ein Wahrzeichen Südtirols. Im gleichnamigen Naturpark zwischen Grödnertal und Bozen ist die Seiseralm mit großartigen Fernblicken auch mit dem Auto und Wohnmobil zu erreichen, ebenso der Völser Weiher am Fuß des Gebirgsstocks mit dem Restaurant gleichen Namens. Schöne Wanderwege führen hinüber zum Rosengarten-Massiv, dem sagenhaften Reich des Zwergenkönigs Laurin.

17 Dolomiten

Drei italienische Provinzen haben Teil an der gewaltigen Gebirgsszenerie der Dolomiten: Bolzano (Südtirol), Trento (Trentino) und Belluno (Venetien). Gämsen und Gletscher, Bergbauern und Burgherren, Holzschnitzer, Alpinisten und Skiasse, doch auch Mountainbiker oder vielleicht eine Mondprinzessin trifft man in diesem so wunderbar abwechslungsreichen Gebirge. Le Corbusier nannte es »die schönste Architektur Europas«. Mit 3343 Metern erhebt sich die Marmolada als höchster Gipfel über dem Felsengetürm der Dolomiten, das von Weingärten und Edelkastanienhainen, von Burgen und alten Städten in den Tälern von Eisack, Rienz und Piave gesäumt wird. »Lis montes pàlyes«, die »bleichen Berge«, heißen die Dolomiten in der melodiösen Sprache der Ladiner. Doch sie sind nicht durchgehend hell, sondern in ihrer unterschiedlichen Farbgebung so faszinierend wie in ihren Formationen: von der Felsenburg Sella bis zu den schlanken Felsnadeln der Drei Zinnen.
Als dem jungen Wissenschaftler Déodat Gratet de Dolomieu 1789 auf einer Gebirgserkundung das kalkige Gestein auffiel, schickte er Proben nach Genf an den prominenten Geologen Nicolas Théodore de Saussure und bat um eine exakte Analyse. Dieser gab dem Gemenge aus Magnesium und Kalziumkarbonat nicht nur seine chemische Formel, sondern mit einer höflichen Geste für den jüngeren Kollegen auch den Namen: Dolomit. Falsch wäre es, auf dieses Gestein im ganzen Gebirge zu schließen. Aus Feuer und Wasser wurde es geboren. Vulkanisches Tuff- und Lavagestein, rote Porphyrmassive, Korallenatolle und

CAMPING ROCCHETTA

Der Komfort-Campingplatz ist ausgestattet mit allen notwendigen Ver- und Entsorgungseinrichtungen, Duschen, Whirlpool, Waschmaschinen, Trocknern, einem Lebensmittelgeschäft und WiFi. Ganzjährig geöffnet. Angemessene Preise. Der Panoramafußweg zur Stadtmitte von Cortina dauert 20 Minuten.

Frazione Campo di Sopra, 1, 32043 Cortina d'Ampezzo
GPS 46.52248, 12.13401, www.campingrocchetta.it

Riffburgen im Tethys-Meer haben ihren Teil beigetragen. Vor etwa 218 Millionen Jahren, am Ende des Erdaltertums (der sogenannten Permzeit), ließen vulkanische Ausbrüche von gewaltigen Dimensionen Magma und Asche hervortreten. Sie erkalteten und bildeten die »Bozner Porphyrplatte«, rötliche Felsen. Einige Millionen Jahre später entwickelten sich in einem seichten tropischen Meer gesteinsbildende Kalkalgen in wohl nur 20 bis 100 Meter Tiefe. Wie aber konnten daraus viele 100 Meter hohe Felsnadeln und Türme entstehen? Dafür muss die Plattentektonik verantwortlich sein.

Die bäuerlichen Siedlungen in den Dolomiten sind älter als das antike Rom. Räter, Illyrer, Etrusker und Kelten siedelten mit ihren Höfen und Almen immer höher in die Seitentäler hinauf. Heute leben hier Menschen dreier Sprachen – der deutschen, italienischen und ladinischen – friedlich zusammen. So hart und arm das Leben der Bergbauern über Jahrhunderte war, die Dörfer und wenigen Städte der Region besitzen reiche Überlieferungen und Kunstschätze. Und sie beherbergen rund ums Jahr Hunderttausende von Gästen, die sich in der Bergluft erholen und neue Energie tanken wollen.

Für die Norditalien-Runde schlagen wir von Cortina d' Ampezzo die Große Dolomitenstraße vor, die nach dem Pordoijoch ein Stück nordwärts an der Sellagruppe vorbei und weiter durchs vielbesuchte Grödnertal nach Klausen und Brixen führt.

18 Bressanone (Brixen)

Wo die Rienz von Osten aus dem Pustertal und der Eisack von Norden, vom Brennertal her zusammenfließen und das Eisacktal sich zu einem breiten Kessel weitet, wurde der Ort Brixen (bis 1919 offiziell Brixen am Eisack) um 990 anstelle des südlich benachbarten Säben zum Bischofssitz bestimmt und zur ältesten städtischen Siedlung Südtirols erweitert. Brixen blieb fast 1000 Jahre Bischofsstadt (seit 1964 ist es Bozen). Brixens Stadtbild zählt bis heute zu den schönsten der gesamten Region. Mit seinem zumindest im Kern den Fußgängern überlassenen historischen Zentrum ist es ein Musterbeispiel gut erhaltener alpiner Stadtbaukunst: ein Ensemble drei- und vierstöckiger Fassaden, die fast alle dieselben Grundmuster von Toreinfahrten, Erkern und Giebeln zeigen und doch alle etwas charakteristisch Eigenes aufweisen. Die noch weithin erhaltene Stadtummauerung trennt die immer weiter ins Umland wachsenden Neubauviertel vom alten Kern. Für die Läden, die den Touristenscharen ihre Waren andienen, beschränkt sich die Rücksicht auf historische Bausubstanz freilich im günstigsten Fall darauf, dass keine riesigen Schaufenster in die Fassaden gebrochen werden. Die alten Gassendurchgänge zwischen den großen und kleinen Lauben sind oft nur handtuchschmal. Der eine oder andere baumbestandene Platz steigert noch die Freude an Brixens hübscher Altstadt.

Die architektonische Sehenswürdigkeit Nummer eins ist die barocke Domkirche, deren Zwillingstürme den weiträumigen, in den 1990er-Jahren

Links: Bei Brixen eine Fahrpause einlegen und das Bergpanorama in vollen Zügen genießen!

Unten: Einzigartig: die Felsformation der Drei Zinnen in den Dolomiten.

AREA CAMPERSTOP KLAUSEN

Auf dem autobahnnahen Campingplatz gibt es alle notwendigen Ver- und Entsorgungseinrichtungen. Ganzjährig geöffnet. Bis in die Ortsmitte sind es 800 Meter. Die Bahn nach Bressanone/Brixen benötigt 8 Minuten, nach Bozen 24. Der Bahnhof ist nur 300 Meter vom Stellplatz entfernt.

Griesbruck 10, 39043 Chiusa
GPS 46.52248, 12.13401, www.campingrocchetta.it

CAMPING MOOSBAUER

Dieser Komfort-Campingplatz ist ausgestattet mit Ver- und Entsorgungseinrichtungen sowie Duschen, Waschmaschinen, Trocknern und WiFi. Außerdem gibt es ein sehr gutes Restaurant. Ganzjährig geöffnet. Der Radweg nach Bozen ist 3 Kilometer lang.

Moritzinger Weg, 83, 39100 Bolzano
GPS 46.50094, 11.30010, www.moosbauer.com

umgestalteten Domplatz dominieren. Die Kunstschätze des Gotteshauses sind die Wand- und Deckenmalereien. Im Langhaus findet man ein barockes Riesenfresko des Pustertaler Meisters Paul Troger, im Domkreuzgang reiche Fresken aus dem 14. und 15. Jahrhundert. Sie gelten als die großartigste Folge mittelalterlicher Wandmalerei im gesamten Alpenraum. Vom Kreuzgang aus kommt man auch zum Domschatz mit byzantinischen Kostbarkeiten. Auf dem kleinen Friedhof hinter dem Dom befindet sich der 1408 geschaffene Gedenkstein für den Dichter und Minnesänger Oswald von Wolkenstein.

In der ehemaligen bischöflichen Hofburg locken die Schätze des Diözesanmuseums. Unter Brixens traditionsreichen Stätten kulinarischen Genießens – von »Fink« bis »Finsterwirt« – kam das Hotel und Restaurant »Elephant« auf besondere Weise zu seinem Namen: durch einen echten indischen Elefanten nämlich, der 1552 im Tross von Erzherzog Maximilian auf dem Weg von Genua nach Wien nach Brixen kam. In den Stallungen des Wirtshauses »Am hohen Felde« wurde der Elefant untergebracht. Der Wirt ließ daraufhin einen Dickhäuter an die Hausfassade malen – und gab seinem Wirtshaus einen neuen Namen.

Kloster Neustift, etwas nördlich von Brixen, ist die größte Klosteranlage Südtirols und wartet mit einer herrlichen barocken Kirche, einer berühmten Bibliothek, einer wertvollen Gemäldesammlung und einem freskengeschmückten Kreuzgang auf.

19 Villnösstal

Zu einem Abstecher von der Verkehrsachse Brenner-Verona in eines der reizvollsten Nebentäler des Eisacktals verlässt man die Autobahn E45 oder die Nationalstraße 12 bei Klausen (Chiusa) ostwärts. Mit dem Wohnmobil geht es dann an Weiden und Wäldern vorbei zum Bergdorf Sankt Magdalena und noch weiter bis zur Zanser Alm. Mit Zirbenbäumen, Alpenrosen und Berg-Arnika lädt der Munkel-Weg zum Wandern ein. Im Naturpark Puez-Geisler kann man leichte Wanderungen ebenso wie anspruchsvolle Touren unternehmen. Der Extrembergsteiger Reinhold Messner, der alle Achttausender der Erde erstieg und dabei auf Sauerstoffgeräte verzichtete, stammt aus dem Villnösstal und wuchs hier im Angesicht der grandiosen Geislerspitzen als Sohn eines Dorfschullehrers auf.

20 Ponte Gardena (Waidbruck)

Über dem Ort Waidbruck im Eisacktal thront eine der am aufwendigsten restaurierten mittelalterlichen Burgen Südtirols: die Trostburg, um 1150 erbaut mit Bergfried, Torbau, Kapelle und Hof. Eine gewölbte Stube blieb noch erhalten. Der Festsaal mit wappengeschmückter Felderdecke prunkt mit Nischenfiguren von acht Ahnen von Oswald von Wolkenstein (um 1377–1445), darunter auch der große Barde und Dichter höchstselbst.

21 Bolzano (Bozen)

Nach einem deutschen Minnesänger, den man in Südtirol gern als Hiesigen eingemeinden möchte, hat die Hauptstadt ihren zentralen Platz benannt, und schon seit 1889 blickt Walther von der Vogelweide von seinem Podest auf den Waltherplatz. Seitdem hat sich Bozen zur Großstadt entwickelt. In der Mussolini-Ära kam ein italienisches Gesicht dazu mit imperialen Zügen und heroischen Denkmalen um die Piazza Vitoria. Darüber hinaus entstand auch ein wachsendes Industrieviertel. In der Stadt wird heute deutlich mehr Italienisch als Deutsch gesprochen. Beinahe jeder Besucher unternimmt einen Bummel durch die historische Altstadt mit den berühmten Lauben, sehenswerten Kirchen und Museen. Auch lohnt sich ein Ausflug zur Burg Runkelstein mit ihren Fresken, die so lebendig vom höfischen Leben im Mittelalter erzählen, von Jagd, Tanz und Turnier, von Liebespaaren und Badstuben. Die Straße A22 oder die S12 führen im Tal der Etsch weiter nach Süden.

22 Trento (Trient)

Ein Stadtjuwel und alter Handelsplatz in breitem Talgrund, wo vom Etschtal das Val Sugana in Richtung Bassano und Padua abzweigt: Das ist Trient, Hauptstadt des Trentino, mit seiner von der Renaissancearchitektur geprägten Altstadt. Im 16. Jahrhundert bereitete hier das »Tridentinum«, ein Kirchenkonzil, das sich in Etappen über fast 20 Jahre hinzog, die katholische Gegenreformation vor. Ab dem Jahr 1212 wurde der romanische Dom mit barocker Kuppel erbaut. Auf dem Domplatz sprudelt der barocke Neptunbrunnen.

23 Torbole

Das einstige Fischerstädtchen am Nordufer des Gardasees mit seinem noch immer malerischen kleinen Hafen hat sich zu Italiens wohl beliebtestem Surfertreff mit einer optimalen Infrastruktur gemausert. Nicht ohne Grund: Morgens treibt die Surfer die Tramontana, der kräftige Nordwind, südwärts, später sorgt die Ora, der starke Südwind, für eine verlässliche Rückkehr. Schwimmer sollten sich hier besser andere Reviere suchen: Der südliche Teil des Sees empfiehlt sich, hier gibt es auch höhere Wassertemperaturen. Nun geht es zu Füßen des Monte Baldo am Gardasee entlang.

Bildleiste von oben:
In der Bozener Altstadt verführen nicht nur ein Markt, sondern auch viele Cafés und Wirtschaften zum Genuss Südtiroler Spezialitäten.

Die Trostburg oberhalb von Waidbruck zählt zu den schönsten Mittelalterburgen in Südtirol.

Von üppig grünen Weinbergen umstanden liegt Kloster Neustift in einer malerischen Landschaft.

Bildleiste von oben:
Wie aus einem Traum entstanden und auf einer Leinwand festgehalten, so unglaublich schön scheint der See Mandrone im Val Rendena.

Steil und kurvig schraubt sich die Straße die Alpenlandschaft hinauf – ein herrliches Fahrvergnügen!

»Perle des Gardasees«: der Ort Malcesine am Fuß des Monte Baldo.

PARKING SANSEVERINO

Der Parkplatz ist nicht schön und hat keinerlei Versorgungseinrichtungen, er hat aber zwei Vorteile: Er ist erstens kostenlos und liegt zweitens sehr dicht am historischen Zentrum von Trient (600 Meter). Ganzjährig geöffnet.

Via Roberto da Sanseverino / Via Verdi, 38100 Trento
GPS 46.06588, 11.11486

CAMPING CISANO SAN VITO

Inmitten eines schattigen Waldes liegt dieser Komfort-Campingplatz mit eigenem Strand direkt am See. Ausgestattet mit allen notwendigen Ver- und Entsorgungseinrichtungen sowie Duschen, Waschmaschinen, Wäschetrocknern, WiFi und Restaurant. Geöffnet von Ende März bis Anfang Oktober. Angemessene Preise. Das Zentrum von Bardolino ist 2,5 Kilometer entfernt.

Via Peschiera 48, Loc. Cisano, 37011 Bardolino
GPS 45.52554, 10.72859, www.camping-cisano.it

24 Gardasee

Gletschereis hobelte den einstigen Meeresarm eines tropischen Ozeans zu einem immer tieferen Becken aus. Der größte See Italiens hat 52 Kilometer Länge und bis zu 362 Meter Tiefe. Auf 370 Quadratkilometern Wasserfläche tummeln sich Segel- und Motorschiffe, Tragflügelboote, Surfer, Wasserskifahrer und Schwimmer. Im Norden bringt die Sarca Frischwasser von den Alpen in den Gardasee, im Süden fließt sie mit dem Mincio zum Po ab und dann weiter ins Adriatische Meer. Drei italienische Regionen haben ihren Anteil am See: Zu Trentino/Alto Adige gehört der Norden, zur Lombardei der Westen, zum Veneto der Osten. Keine schlechte Lösung, meint so mancher Gardasee-Kenner, denn so fühlen sich die drei Regionen zum Wetteifern herausgefordert, zum Beispiel beim Straßenbau oder der Pflege der Umwelt. Das wurde in den vergangenen zwei Jahrzehnten nicht leichter: Mit immer weiter wachsenden Gästezahlen – rund fünf Millionen jährlich! – erhöhte sich der Druck der Investoren, die auf Genehmigungen für immer größere Hotelanlagen drängten. Dass sich die drei Verwaltungen rasch einigen können, wenn es sein muss, bewiesen sie schon in den 1980er-Jahren. Damals geriet der Gardasee wegen seiner immer schlechteren Wasserqualität in die Schlagzeilen. Daraufhin wurde eine aufwendige Ringkanalisation gebaut. Seither spiegelt sich der blaue Himmel wieder in sauberem Seewasser. Die großartig über den Seeufern aufsteigende Berglandschaft, die reiche mediterrane Vegetation mit ihrer Blütenpracht im Frühling und Sommer und mit Agaven und Palmwipfeln und dazu das immer noch bäuerliche Hinterland – all dies steigert das Gardasee-Erlebnis für viele Touristen noch zusätzlich.

25 Malcesine

Vom Turm der Scaligerburg kann man den besten Blick auf die freundliche Altstadt von Malcesine am Ostufer des Sees genießen. Mittelalterliches Mauerwerk umschließt die

AUSFLUGSZIELE

Opernfestival in Verona

Die Veroneser Opernfans feierten vor einigen Jahren hundertjähriges Jubiläum: Am 10. August 1913, dem 100. Geburtstag Giuseppe Verdis, ließ sich das Publikum zum ersten Mal in der römischen Arena zu Begeisterungsstürmen hinreißen, damals zu »Aida«. Tausende entzündeten bei Einbruch der Dunkelheit Kerzen und führten damit ein Lichterritual ein, das bis heute zu diesen Festspielen gehört, die ebenso Volksfest wie gesellschaftliches Ereignis sind. Jedes Jahr zwischen Juni und August faszinieren Opernaufführungen das Publikum. Das Oval der Arena – 152 Meter lang, 128 Meter breit – fasst bis zu 25 000 Menschen. Während es im Parkett bequem gepolsterte Sessel mit Lehne gibt, sitzt man weiter oben tatsächlich auf Stufen – Kissen, Decken, Picknickkorb und Getränke bringt man einfach mit.
www.arena.it/de/arena-di-verona
GPS 45.438995, 10.994357

IL SETTIMO SPLENDORE

Burg mit drei Innenhöfen; sie ist in einen unteren und einen oberen Palast geteilt und gibt im Museo di Storia Naturale del Monte Baldo e del Garda anschaulich Aufschluss über die reiche Fauna und Flora rund um den Gardasee.
Das veronesische Adelsgeschlecht der Scaliger, die in ihrem Wappen eine Leiter haben, herrschte vor allem im 14. Jahrhundert über Verona und große Teile des Veneto, bis es 1387 von den Visconti vertrieben wurde und schließlich in Bayern Zuflucht suchte, wo die letzten Nachfahren im 20. Jahrhundert starben. Von Malcesine führt eine Seilbahn bis zum Monte Baldo hinauf.

AREA COMUNALE PORTA PALIO

Der schattige, kostenpflichtige Platz in unmittelbarer Nähe der Stadtmauer ist videoüberwacht. Alle notwendigen Ver- und Entsorgungseinrichtungen sind vorhanden, jedoch keine Stromanschlüsse. Ganzjährig geöffnet. Bis zur Arena sind es 1,5 Kilometer. Trotz städtischer Lage ist der Platz in der Nacht sehr ruhig.

Via Gianattilio Dalla Bona, 37100 Verona
GPS 45.43439, 10.97791

PARKING VIALE CRICOLI

Der schattenlose, kostenpflichtige Platz am Stadtrand hat alle notwendigen Ver- und Entsorgungseinrichtungen, jedoch keine Stromanschlüsse. Ganzjährig geöffnet. Ein kostenloser Shuttlebus fährt in die Innenstadt.

Via Cricoli, 36100 Vicenza, GPS 45.56369, 11.54797

26 Bardolino

Am Südteil des Gardasees tritt das Gebirge zurück und der Weinbau beginnt. Bardolino ist der Namensgeber dieses Landstrichs geworden, deren rote, zumeist leichte Weine weit über Italiens Grenzen hinaus geschätzt werden. Das Bild des im Sommer stark bevölkerten Ortes dominiert die romanische Kirche San Severo mit ihrem mächtigem Glockenturm; in der Krypta sind Säulen aus dem 9. Jahrhundert zu finden.

27 Sirmione

Zur Spitze der schmalen, rund vier Kilometer langen Halbinsel am südlichen Seeufer führt eine Pinienallee: an ihrem Ende ist das wohl schönste Altstadtzentrum des Gardasees zu erkunden. Schon die Römer genossen die Landschaft: Der Dichter Catull zum Beispiel lobte sie in höchsten Tönen. Doch war er wohl nicht der Hausherr der weitläufigen Villen- oder Palastanlage, deren Ruinen heute als Grotten des Catull bezeichnet werden. Besser erhalten ist die mächtige, düstere Festung, die auch von den Scaligern errichtet wurde.
Der nächste Routenhöhepunkt lässt nicht lange auf sich warten, auf der A4 wie der S11 ist die Stadt Verona schnell erreicht.

28 Verona

Ein Pilgerort der Liebenden wurde Verona dank William Shakespeare – vor dem freilich schon ein halbes Dutzend anderer Autoren die melodramatische Geschichte des glücklich-unglücklichen Muster-Liebespaars erzählt hatte – nur kein Werk wurde so romantisiert wie das des großen Briten. Zahllose Gäste besuchen Veronas »Casa Giulietta« und streichen der Bronzefigur der Julia über die rechte Brust in der Hoffnung auf Liebesglück. Doch nicht nur wegen Romeo und Julia kommen die Besucher nach Verona, sondern auch wegen der Opernfestspiele in der antiken Arena (siehe oben). Beides passt zueinander: Große Oper ist doch immer auch ein Fest der Fantasie, meist melodramatisch und nie ohne Liebesschmerz. Höchst bewundernswert sind aber auch Veronas Schätze der Architektur und der Kunst: die romanische Abteikirche San Zeno Maggiore mit ihren meisterlichen Bronzereliefs an den Türen, der Dom Santa Maria Matricolare, die majestätische gotische Kirche Sant'Anastasia, die Piazza delle Erbe, der schönste Marktplatz der Stadt, der Triumphbogen und das Teatro Olympico – ein Augenschmaus für die Besucher! Wer Zeit hat, sollte über den Ponte Pietra zum nördlichen Etschufer gehen: Im ältesten Teil der Stadt gibt es ein römisches Theater und zahlreiche sehenswerte

Bildleiste von oben:
An der Uferpromenade von Bardolino lässt sich der Gardasee bestens genießen.

Einst ein römisches Amphitheater, heute Aufführungsort weltberühmter Opern: die Arena von Verona.

Oberhalb des mittelalterlichen Dorfs Soave thront die gleichnamige Burg. Ein imposantes Bauwerk aus dem 14. Jahrhundert in der berühmten Weinregion.

Bildleiste von oben:
Elegante Architektur an der Piazza dei Signori, dem Zentrum der Stadt Vicenza: der Palazzo del Monte di Pietà mit der Kirche San Vincenzo.

Das Teatro Olimpico in Vicenza entwarf kein Geringerer als Andrea Palladio. Es war das letzte große Projekt des genialen Bauherrn.

Rechte Seite:
Die Villa Cordellina-Lombardi in Montecchio Maggiore konnte vor dem Verfall gerettet werden und erstrahlt heute wieder prächtig.

AUSFLUGSZIELE

Grappa

Der hochprozentige Tresterbrand wird vor allem in Norditalien produziert, und zwar durch direkte Destillation des Tresters, also der ausgepressten Weintrauben, nicht der Weine – deren Einsatz ist für echten Grappa streng untersagt. Die Produzenten haben sich von der Europäischen Union verbriefen lassen, dass nur Grappa italienischer Herkunft diesen Namen tragen darf. Für den Grappa gelten Reinheitsgebote, das schließt aber beispielsweise die Lagerung in Eichenfässern, um das Destillat zu verfeinern, nicht aus. »Alter« Grappa muss mindestens sechs Monate im Holzfass und danach noch sechs Monate unter Luftabschluss lagern. Erlaubt sind auch aromatisierende Zugaben von Kräutern, etwa zum Wacholdergrappa, oder von Früchten, z. B. zum Brombeergrappa. Im Unterschied dazu ist aromatischer Grappa ein Produkt nur aus Trester, und zwar von Reben wie Riesling, Moscato und Traminer. Wohl bekomm's!

Vicenza, Stadt Palladios

Seit etwa 1545 wirkte der geniale Baumeister Andrea Palladio (1508–1580) in Vicenza und gab der Stadt ihr heutiges Gesicht. In der italienischen Renaissance waren Architektur und Bildende Kunst noch nicht getrennt. Maler oder Bildhauer entwarfen Gebäude, und Baumeister schufen Kunstwerke. Andrea Palladio hielt sich nicht an diese Regel. Er war nichts anderes als Architekt – aber was für einer! Grundlage seiner Baukunst war zum einen das Handwerk. Zum Genie machten ihn sein einzigartiger Sinn für Proportion und Harmonie sowie die Sensibilität, mit der er seine Bauten in die Umgebung einpasste. In Vicenza zeugen davon vor allem das Rathaus und das Teatro Olimpico.

GPS 45.547761, 11.545386

www.vicenzae.org/de

Kirchen.

29 Soave

Weißweintrauben reifen auf den Hügeln rund um die kleine Stadt, die dem Wein ihren Namen gab und ihn damit weltbekannt machte. Mittelalterliches konnte um den Hauptplatz bis heute überdauern: Das Rathaus (früher Palazzo di Giustizia) imponiert mit einer stattlichen spätgotischen Marmortreppe. Die Scaliger, eifrige Burgenbauer, hinterließen auch in Soave ein von ihnen erweitertes Kastell und – noch ansehnlicher, weil fast ganz erhalten – eine Wehrmauer mit 24 Türmen um die Stadt herum.

Auf dem Weg nach Vicenza führt eine kleine Stippvisite von der S11 nach Montecchio Maggiore.

30 Montecchio Maggiore

Der Maler Tiepolo lockt die Besucher zur Villa Cordellina-Lombardi – mit seinen großformatigen Wandgemälden, die er 1743 im hohen Mittelsaal schuf. Die Bilder sind Allegorien für Großmut und Milde, mit Motiven aus der damals immer gern zitierten griechisch-römischen Antike. Eines zeigt Alexander den Großen, wie er nach der Schlacht von Issos die Familie des besiegten Großkönigs Darius empfängt, das andere den römischen Feldherrn Scipio d. Ä., wie er ein Mädchen, das ihm als Kriegsbeute gehörte, ihrem Bräutigam zurückgab. Die Villa selbst ist ein Werk des Venezianers Giorgio Massari. Er baute im Stil Palladios: ein dominanter Mittelbau mit Säulenvorhalle, flankiert von Wirtschaftsgebäuden.

31 Vicenza

Die »Stadt Palladios« wird Vicenza oft genannt, und traumhaft schön mutet ihre Lage von den Höhen der einst vulkanischen Monti Berici an, mit dem Blick auf das weite Becken, in dem sich um die Türme und Kuppeln von Mittelalter und Renaissance die moderne Bebauung immer weiter ausbreitet. Zu architektonischem Ruhm kam die schon in römischer Zeit gegründete Stadt, als sie sich 1404 der Republik San Marco, also Venedig anschloss. Gotische Residenzen und Renaissancebauten blieben bis heute in der Altstadt erhalten, vor allem Werke Antonio Palladios. Überaus sehenswert sind die Kunstwerke im Museo Civico (in einem Palladio-Palast) und die Paläste am Corso Andrea Palladio. Den Durchbruch zum Ruhm schaffte der große Baumeister Palladio als Sieger eines Wettbewerbs um die Neugestaltung des Palazzo della Ragione, des Rathauses. Der Baumeister umgab die beiden Geschosse des auch »Basilica« genannten Baus mit Arkadenreihen und dem später als Palladio-Motiv bezeichneten Fenster mit einem breiten Mittelbogen, der von zwei schmalen

senkrechten Öffnungen bis zur Höhe des Bogenkämpfers flankiert wird.
Eine Rarität von allerhöchstem Rang ist das Teatro Olimpico, Palladios letztes Werk. Es war sein bis heute faszinierender Versuch, das antike Theater zu rekonstruieren und zugleich zu erneuern. Auftraggeber war Vicenzas Olympische Akademie (daher auch der Name des Theaters), und – mag man es glauben oder nicht – dieser Bau gilt als das erste ständige Theatergebäude nach denen der Antike. Palladio entwarf die Pläne, starb darüber im Sommer des Jahres 1580, und sein Sohn Silla führte sie mit Vincenzo Scamozzi in den folgenden drei Jahren aus. Der Zuschauerraum zeigt stufenartig stark ansteigende Sitzreihen in einem Halboval, im Hintergrund eine Säulenreihe mit Balustrade. Die Statuen wurden erst später hinzugefügt. Imposant und figurenreich ist die hölzerne Schauwand der Bühne, dahinter öffnen sich Portale und die Gassen einer Kulissenstadt. Im Umkreis von Vicenza führen Wanderwege zu Höhlen und einstigen Einsiedeleien, zu Bauerngütern und Weilern in den Colli Berici.
Auf der S53 gelangt man anschließend nach Cittadella.

32 Cittadella

Wie zwei Feinde von ehedem, die ihre Waffen ins Museum gelegt und sich zu umgänglichen Nachbarn gemausert haben, begrüßen einen die Städtchen Cittadella und Castelfranco.
Die Festungsstadt Cittadella wurde um 1220 von den Paduanern als Antwort auf den Bau der Festung Castelfranco (1199–1209) seitens der Stadt Treviso errichtet, ein Beispiel für mittelalterliches Wettrüsten. Cittadellas elliptische Wehrmauer mit ihren 32 Türmen, dem Wehrgang und Wassergraben blieb über die Jahrhunderte erhalten. An den Innenseiten der vier Toranlagen sind sogar noch einige Reste von Fresken Jacopo Bassanos zu entdecken.
Nach Norden abzweigend auf die S47 geht die Route weiter zur Hochburg des Grappa.

33 Bassano del Grappa

Im Tal der Brenta, die bei Trient entspringt und südlich von Chioggia in die Adria mündet, ist Bassano del Grappa die größte Stadt bis Padua und sehr malerisch zu Füßen des Monte Grappa gelegen. Kein Geringerer als Andrea Palladio konstruierte die überdachte Holzbrücke Ponte Vecchio über die Brenta, die deshalb auch nach jeder Zerstörung durch Hochwasser getreu dem Palladio-Vorbild rekonstruiert wurde. Die Stadt erwarb sich durch die Malerfamilie Bassano, die eigentlich da Ponte hieß, kunsthistorisch einen Ruf. Heute ist sie der Hauptort norditalienischer Keramiker. Bewohner wie Besucher erfreuen sich an der Architektur Bassanos, an einer Platzsinfonie in drei Sätzen: Piazzotto Monte Vecchio mit bemalten Renaissancefassaden und Marmortafeln am Staatsgefängnis, Piazza Libertà mit den beiden Säulen, die den Markuslöwen und den Stadtheiligen Santo Bassiano tragen, und Piazza Garibaldi, wo der bunte Wochenmarkt abgehalten wird, überragt vom mittelalterlichen Stadtturm. An der Piazza Garibaldi steht auch die Kirche San Francesco, die mit ihrer schlichten hohen Halle wohl die schönste der Stadt ist. Durch den Kreuzgang des angrenzenden Franziskanerklosters gelangt man in das Museo Civico. Dort sind Werke des marmorkühlen Klassizisten Antonio Canova ausgestellt, der im nahen Possagno geboren wurde. Bilderdrucke der im 18. Jahrhundert in ganz Europa berühmten Druckerei Remondini und Kostüme des Opernsängers Tito Gobbi aus Bassano del Grappa sind hier ebenfalls zu bewundern. Der Grappa, den man in der Distelleria Poli oder in der Nachbar-Grapperia Nardini am Ponte Vecchio seit 1779 in besten Qualitäten brennt und ausschenkt, ist mit der Stadt nicht verwandt. Sie erhielt ihren Namen vom Monte Grappa, der Tresterbrand aber von dem italienischen Wort für Weintraube.
Wieder zurück auf der S53, fährt man auf der Straße ein Stück weiter in östliche Richtung und erreicht die Kleinstadt Castelfranco.

34 Castelfranco

Heute ein freundliches Landstädtchen, wurde Castelfranco einst zur Abwehr von Paduanern erbaut. Das regelmäßig, nach dem Muster eines römischen Legions-Castrums angelegte Kastell und die Wehrmauer befinden sich heute im Zentrum der Stadt. Am Kreuzungspunkt der Straßen von Padua, Vicenza, Treviso und Asolo entwickelte sich Castelfranco zum Handelsplatz und erhielt im 18. Jahrhundert einen großen Dom, nach Vorbilderbauten des großen Baumeisters Andrea Palladio. Hierhin wurde aus einer Familienkapelle der Familie Costanzo das als »Madonna von Castelfranco« weltbekannte Gemälde von Giorgione (1478–1510) gebracht. Dieses ist ein guter Grund für einen Besuch Castelfrancos, ist doch die Zahl gesicherter Giorgione-Werke extrem klein. Nahe dem Dom steht auch das vermutliche Wohnhaus des berühmten Malers.

AREA TERME SALESIANE

Dieser kostenpflichtige, sonnige Platz an der Therme Mamma Margherita ist komfortabel ausgestattet und verfügt über alle notwendigen Ver- und Entsorgungseinrichtungen. Außerdem gibt es Duschen, Waschmaschinen, Wäschetrockner, WiFi und ein Restaurant. Ganzjährig geöffnet. Padua ist 12 Kilometer entfernt und mit dem Bus in 50 Minuten zu erreichen.

Via Monteortone [SP25D], 35031 Abano Terme
GPS 45.35173, 11.75715,
www.termesalesiani.it

Bildleiste von oben:
Cittadella kann vollständig auf der sie umgebenden mittelalterlichen Stadtmauer umrundet werden.

Über die hölzerne Ponte degli Alpini gelangt man direkt in die Altstadt von Bassano del Grappa.

Stadtplätze in Padua

Im Zentrum von Padua laden zahlreiche Plätze zum Entspannen und Flanieren ein. Der überdimensional großzügig angelegte Prato della Valle ist ein ovaler Platz inmitten der Stadt. Er gilt als einer der größten öffentlichen Plätze Europas. Bei Anwohnern wie Besuchern ist er zum Verweilen und Flanieren sehr beliebt. Im Hintergrund dominiert die römisch-katholische Basilika Santa Giustina I, die ebenfalls auf der Größentabelle ganz oben steht. Hinter dem Justizpalast befinden sich die Piazzi della Frutta und delle Erbe, auf denen regelmäßig Märkte stattfinden. In der Nähe davon besticht die Piazza dei Signori mit ihrem historischen Uhrturm. Wer etwas mehr Grün sucht, der sollte sich den Orto botanico ansehen, in dem es sich ebenfalls sehr gut erholen lässt.
www.turismopadova.it,
GPS 45.398420, 11.874339

35 Padua

Kurz und schlicht »Il Santo« nennen die Paduaner ihr gotisches Gotteshaus, das ihre Vorfahren einst um das Grab des heiligen Antonius bauten. Der hochgeschätzte Helfer bei vielerlei Körper- und Seelenleiden hat Padua zum Pilgerziel werden lassen. Die Universität, eine der ältesten Europas, machte die Stadt zum Ziel zahlloser Studenten. Berühmt ist Padua auch, weil Giotto hier einen seiner großartigsten Gemäldezyklen schuf, weil der Architekt Palladio in der Stadt geboren wurde und weil Galilei hier einmal lehrte.

Demnach verwundert es kaum, dass das Centro Storico von Padua zu den schönsten Italiens zählt. Als erstes sollte man die Giotto-Fresken in der Arena-Kapelle, auch Cappella degli Scrovegni genannt, bewundern. Ihre feierliche Zartheit schildert das Leben von Maria und Jesus; außerdem werden das Weltgericht und Allegorien von Tugend und Laster gezeigt – ein lebensnah frommer Kosmos, den der im Jahr 1266 bei Florenz geborene Giotto di Bondone zu Beginn des 14. Jahrhunderts geschaffen hat. Die Diesseitigkeit, die ihnen bei aller Feierlichkeit eigen ist, stellt diese Bilder an die Schwelle der Renaissance, die dann erst ein Jahrhundert später von Masaccio und anderen verwirklicht wurde. Zurück zur Mitte der Stadt, zu ihren Plätzen, Märkten und Palästen: Der Palazzo della Ragione, das mittelalterliche Rathaus, erhielt um 1435 nach einem Brand den riesigen, fast 80 Meter langen und 27 Meter hohen Saal im Obergeschoss – eine so eindrucksvolle Architektur, dass seither der gesamte Bau »Il Salone« genannt wird. In der nahe gelegenen Universität kann man das Teatro Anatomico sehen, wo schon um 1600 Medizinstudenten ihre Vorlesungen hörten. Weiter westlich steht das schon im Jahr 1260 erbaute Baptisterium mit den geheimnisvoll anmutenden Bildern von Giusto de'Menabuoi. Nach Süden geht man unter Arkaden zu der mächtigen, von mehreren Kuppeln überwölbten Basilica di Sant'Antonio, der Grabkirche des heiligen Antonius. Hier warten immer Menschen, die ihre Hände auf seinen mit Gold und Marmor überdeckten Sarkophag legen wollen. Vor dem Gotteshaus steht eines der berühmtesten Reiterstandbilder Italiens, der vom Florentiner Bildhauer Donatello geschaffene »Gattamelata«. Den Beinamen »gefleckte Katze« erhielt der gefürchtete Söldner Condottiere Erasmo de'Narni (1370–1443) wegen seiner Finten und Listen.

87 Statuen verdienter Einwohner der Stadt schmücken den imposanten Prato della Valle in Padua.

Gardasee *Zwischen Trient und Verona erstreckt sich Italiens größter See. Zahlreiche Freizeitaktivitäten locken Besucher genauso an wie Kulturangebote und die herrliche, den See umgebende Berglandschaft.*

Meran *Von Bozen aus gelangt man in etwa einer halben Stunde nach Meran. Die Stadt bietet zahlreiche historische Bauwerke, Europas größten Pferderennplatz und eine Thermalanlage.*

Schlern *Der weithin sichtbare Berg samt dem ihn umgebenden Naturpark in den Dolomiten ist nur zu Fuß erreichbar. Von der charakteristischen Hochfläche aus hat man eine großartige Sicht hinüber auf den Rosengarten mit Kesselkogel, Vajoletttürmen, Rosengartenspitze und Rotwand.*

Mantua *In dieser Stadt weiß man gar nicht, was man zuerst besichtigen soll: den Dom, die Basilika Sant'Andrea, den Palazzo Ducale oder den Palazzo Te. Unbedingt einen Abstecher wert!*

Euganeische Hügel
Im Südwesten von Padua erheben sich grüne Hügel vulkanischen Ursprungs aus der Landschaft. Zu vielen Dörfern, Landsitzen, Villen, Klöstern und Ruinen der Hügelkette gelangt man allerdings nur per Fahrrad oder zu Fuß.

Strand von Jesolo
Der Lido ist wohl der bekannteste Strand des Küstenabschnittes bei Jesolo. Zahlreiche Campingplätze reihen sich entlang der Küste, im Norden gibt es Wohnmobilstellplätze. Venedig ist von hier aus nicht weit.

ROUTE 20

TOSKANA

Die in Florenz beginnende Reise ist ein Streifzug durch das Mittelalter und die Renaissance. An der Küste laden zahlreiche Strände zu Zwischenstopps ein, bevor die Fahrt weiter ins Inland Richtung Siena führt. Die verträumten Nebenstrecken geben Gelegenheit, die toskanische Landschaft in all ihren Schattierungen kennenzulernen.

Wie in Deutschland auch, gibt es in Italien Umweltzonen. Hier werden sie mit ZTL abgekürzt, was ausgeschrieben »Zona a traffico limitato« heißt. Auch ausländische Fahrzeuglenker haben sich daran zu halten. In die Innenstadt von Florenz darf man zum Beispiel grundsätzlich nicht hineinfahren. Es empfiehlt sich, den genannten Platz auf der übernächsten Seite für einen Besuch der Stadt anzufahren und dann auf öffentliche Verkehrsmittel umzusteigen. Auch in vielen anderen Städten der Toskana gibt es ZTL-Zonen, in die nur Anwohner und Fahrzeuge mit Ausnahmegenehmigung hineinfahren dürfen. Die Innenstädte sind ohnehin tabu für die Einfahrt mit dem Wohnmobil: Die Fahrzeuge sind einfach zu groß, zu breit und zu lang für die verwinkelten Gassen. Es ist besser, den fahrbaren Untersatz am Stadtrand auf einem Parkplatz abzustellen und die malerischen Kleinode dieser Region mit öffentlichen Verkehrsmitteln, dem Fahrrad oder zu Fuß aufzusuchen. Versorgungseinrichtungen finden Sie in der Toskana zur Genüge. Italien ist ein wohnmobilfreundliches Land, und die Toskana ein stark frequentiertes Reiseziel von Wohnmobilurlaubern aus ganz Europa. Die Straßen lassen sich in dieser Region sehr gut befahren. Je weiter man jedoch ins Landesinnere vorstößt, desto schmaler werden die Straßen, vor allem in den Bergen. Doch mit ein wenig Übung und der gebotenen Vorsicht ist das Fahren dort kein Problem.

Das Val d'Orcia gilt als idealtypische Landschaft der Toskana. Im Bild: Felder bei Pienza.

Zu schön, um wahr zu sein

Sanft geschwungenes Hügelland, Pinienhaine und Zypressenalleen, unermessliche Kunstschätze und wunderbares Essen – diese Tour ist ein Paradies für alle Kulturliebhaber und Genießer.

Berühmtes Postkartenmotiv und oftmals von Touristen stark frequentiert: Der Ponte Vecchio, der in der Altstadt von Florenz den Fluss Arno überquert, ist seit dem Mittelalter mit kleinen Ladenlokalen bebaut.

ROUTE 20

Streckenlänge: ca. 1200 km
Zeitbedarf: ca. 2 Wochen
Routenverlauf (Hauptorte): Florenz, Fiesole, Prato, Montecatini Terme, Lucca, Viareggio, Pisa, Livorno, Piombino, San Galgano, Siena, Pienza, Montepulciano
Charakteristik: Die Landstraßen in der Toskana sind gut ausgebaut und kostenfrei befahrbar, im Gegensatz zu den mautpflichtigen Autobahnen.
Informationen:
www.enit.de
www.italia.it
www.visittuscany.com/de

Hier geht's zum GPS-Track

01 Firenze (Florenz)

Die Rundfahrt beginnt in Florenz. Wie keine andere Stadt prägte diese Stadt die Geschichte des Abendlandes: Hier ist der Geburtsort der Renaissance. Entsprechend reich ist das kulturelle Angebot – und die Zahl der Touristen pro Jahr. Wer die Stadt erst einmal von oben betrachten möchte, der geht zur 104 Meter über der Altstadt liegenden Piazzale Michelangelo. Von hier genießt man einen unvergleichlichen Blick über Florenz, das sich malerisch zu beiden Seiten des Arno erstreckt. Beinahe alle Sehenswürdigkeiten der Altstadt sind bequem zu Fuß erreichbar. Die Innenstadt wird vom Dom Santa Maria del Fiore (1296 bis 1436) mit der achteckigen Kuppel von Brunelleschi dominiert. Gegenüber befindet sich die Taufkirche San Giovanni (11. bis 13. Jahrhundert) mit den drei Bronzetüren von Pisano und Ghiberti; vor allem die »Paradiestür« ist von einzigartiger Lebendigkeit. Die Uffizien beherbergen eine der bedeutendsten Gemäldesammlungen der Welt mit Werken von Giotto, Botticelli und anderen. Ganz in der Nähe spannt sich die Ponte Vecchio über den Fluss. Auf der ältesten Brücke der Stadt konzentrieren sich seit dem 16. Jahrhundert Läden mit Juwelieren und Goldschmieden. Zurück auf dem Domplatz, empfiehlt sich ein Bummel entlang der Via Calzaiuoli zur Piazza della Signoria – dem schönsten Platz der Stadt. Hier ragt der Palazzo Vecchio (14. Jahrhundert) auf. Mit seinem schlanken Turm und der wehrhaften Fassade wirkt das Rathaus wuchtig. Ein Besuch des Giardino di Boboli lässt im Anschluss den Stadtbummel ausklingen.

In nur 8 Kilometern Entfernung befindet sich im Norden der Stadt der Ort Fiesole.

02 Fiesole

Die etruskische Gründung aus dem 6. Jahrhundert v. Chr. wartet – weit entfernt vom Trubel der Großstadt – mit einem wunderschönen Panoramablick über Florenz auf. Hier fand der Florentiner Adel in den vergangenen Jahrhunderten Schutz vor der Hitze der Hausmauern. Im Zentrum des Ortes öffnet sich die Piazza Mino da Fiésole mit der

Die Cattedrale di San Zeno glänzt mit einer herrlichen Fassade aus grünen und weißen Marmorstreifen aus dem 12. Jahrhundert.

Kathedrale San Romolo (Baubeginn 1028). Nordöstlich der Kathedrale wurden sehr gut erhaltene römische Siedlungsreste entdeckt, darunter die Ruinen eines Theaters, das einst 3000 Besuchern Platz bot.
Die Weiterfahrt über Florenz führt ins lebhafte Prato, der drittgrößten Stadt der Toskana.

03 Prato

Mit seiner gewagten Mischung aus mittelalterlichen Bauten und moderner Architektur könnte Prato nicht gegensätzlicher sein. In der Metropole der Textilfabrikanten – heute eine der reichsten Städte der Gegend – siedelten sich schon im Mittelalter Wollweber an. Der historische Ortskern ist noch von einer mittelalterlichen Stadtmauer umgeben; hier befindet sich der Dom, der nach seinen Vorbildern in Pisa und Lucca erbaut wurde. Herausragend ist das eindrucksvolle Castello dell'Imperatore, das Kaiser Friedrich II. hier zwischen 1237 und 1248 errichten ließ.
Weiter geht es durch das breite und flache Tal des Ombrone Pistoiese nach Pistoia.

04 Pistoia

Die traditionsreiche und quicklebendige Stadt liegt im grünen Ombrone-Tal und ist umgeben von Baumschulen und blumenreichen Gärtnereien. Neben den vielen bunten Märkten lohnt eine Besichtigung der Kirche Sant'Andrea (9. Jahrhundert) mit ihrer legendären Kanzel von Giovanni Pisano aus dem Jahr 1298. Herzstück der Altstadt ist der weite Domplatz mit seinen mittelalterlichen Bauten und dem romanischen Dom aus dem 12./13. Jahrhundert.

FLORENCE PARK SCANDICCI

Dieser ist ein kostenpflichtiger, sicherer Platz mit allen notwendigen Ver- und Entsorgungseinrichtungen sowie Internetzugang. Ganzjährig geöffnet. Der Park ist ein guter Standort für eine Besichtigung der Stadt. Mit dem Bus der Linie 6 gelangt man in 25 Minuten ins Zentrum von Florenz.

Via di Scandicci, 241–243, 50143 Firenze
GPS 43.762299, 11.20907

CAMPING BELSITO

Dieser Komfort-Campingplatz ist mit allen notwendigen Ver- und Entsorgungseinrichtungen, Duschen, Waschmaschinen, Wäschetrocknern, WiFi und großem Freibad ausgestattet. Angemessene Preise. Geöffnet Anfang April bis Ende September. Die Terrassenlage bietet eine schöne Aussicht auf die Berglandschaft der Toskana.

Via Delle Vigne, 1, 51016 Montecatini Terme
GPS 43.90506, 10.78783, www.campingbelsito.it

Bildleiste von oben:
In Montecatini Terme kann man Kuranlagen besuchen, darunter die Therme Tettuccio, in der es Heilwasser zu trinken gibt.

Autoverkehr gibt es innerhalb der Stadtmauern von Lucca kaum. Umso entspannter kann man hier die vielen Sehenswürdigkeiten genießen.

Die Piazza dei Miracoli in Pisa ist tatsächlich ein Wunderwerk der Architektur.

05 Montecatini Terme

Etwa 15 Kilometer westlich von Pistoia liegt eines der bekanntesten Thermalbäder Europas, das von Prominenz und Adel aus aller Welt besucht wird. Heilquellen mit Soda und Sulfat, Trinkkuren, Wannenbäder und Fangopackungen schaffen Linderung bei Beschwerden aller Art. Schon im 18. Jahrhundert wurde der Kurbetrieb von Erzherzog Pietro Leopoldo I. gefördert. Zu den schönsten Anlagen zählt die neoklassizistische Terme Tettuccio. Neben den zahlreichen Kuranwendungen bietet Montecatini, das auf rund 600 Jahre Tradition und Erfahrung zurückblickt, erlesene Unterhaltungsmöglichkeiten wie Filmfestivals oder Modenschauen. Eine Zahnradbahn befördert die Gäste bequem in das mittelalterliche Montecatini Alto. Von der Rocca hat man eine wunderbare Aussicht über das hügelige Umland.

AREA IL SERCHIO

Auf diesem gebührenpflichtigen, ruhigen Stellplatz gibt es alle notwendigen Ver- und Entsorgungseinrichtungen sowie Duschen, Waschmaschinen, Trockner und WiFi. Geöffnet von Ende März bis Ende Dezember. Ins historische Zentrum von Lucca sind es zu Fuß etwa 20 Minuten.

Via Del Tiro a Segno 704, 55100 Lucca
www.camperilserchio.it, GPS 43.85009, 10.48594

PARCHEGGIO RISTORANTE LUNEZIA

Dieser ist ein gebührenpflichtiger, sonniger Parkplatz in der Nähe des Strandes unweit von Pietrasanta. Er ist mit allen notwendigen Ver- und Entsorgungseinrichtungen ausgestattet und ganzjährig geöffnet. Der Strand ist in den Sommermonaten sehr belebt.

Viale Cristoforo Colombo, 54036 Marina di Carrara
GPS 44.04464, 10.02174

06 Lucca

Wer wissen möchte, wie eine italienische Stadt zur Zeit der Renaissance von oben ausgesehen haben mag, der sollte nach Lucca fahren. Hier kann man ein Wahrzeichen der Stadt besteigen: den Torre dei Guinigi – einen Geschlechterturm, auf dessen 44 Meter hoher Plattform große Steineichen stehen. Schöne Ansichten der Stadt gewährt auch ein Spaziergang über die 12 Meter hohe und mehr als 4 Kilometer lange Stadtmauer. Beispiele italienischer Jugendstilarchitektur finden sich in der Via Fillungo mit ihren eleganten Cafés. Zwei Plätze verweisen auf die antike Stadtgeschichte: Die Piazza San Michele mit der Kirche San Michele in Foro wurde auf dem ehemaligen Forum errichtet, und die ovale Form der Piazza dell'Anfiteatro entstand durch den Bau von Häusern rund um ein nicht mehr vorhandenes, im 2. Jahrhundert errichtetes Amphitheater.
Von Lucca führt die S439 ins »Land des Marmors« nach Pietrasanta.

07 Pietrasanta

In den Ateliers der Altstadt von Pietrasanta kann der Besucher den Steinmetzen bei ihrer Arbeit zusehen – oder den Dom San Martino, der aus dem 13. Jahrhundert stammt, und seinen reizvollen Backstein-Campanile bewundern.
Nach einem gemütlichen Bummel durch den alten Ortskern geht die Fahrt weiter bis Massa auf der S1 und von dort zu den weltberühmten Steinbrüchen von Carrara. Danach führt die Route zunächst zurück nach Massa und weiter Richtung Süden nach Viareggio an der Versiliaküste.

08 Viareggio

In diesem Seebad leben die Menschen, wie die Einwohner von Carrara, noch von der Marmorverarbeitung. Weitere Einnahmequellen sind der Schiffsbau und vor allem der Tourismus. Im 19. Jahrhundert wurde das einstige Fischerdorf von der europäischen Oberschicht entdeckt,

AUSFLUGSZIELE

Leonardo da Vinci: Museum und Geburtshaus

Fährt man von Florenz durch die hügelige Landschaft der Toskana ein Stückchen Richtung Westen, so gelangt man in einen eher unscheinbaren Ort mit großer Geschichte. Nur wenige Häuser zählt das 3 Kilometer von Vinci entfernte Anchiano, wo Leonardo da Vinci am 15. April 1452 geboren wurde. Hier steht Besuchern sein Geburtshaus zur Besichtigung offen. In Vinci selbst ist dem Genie und Universaltalent ein Museum gewidmet. Einige Skizzen, Zeichnungen und Modelle sowie Drucke und nachgebaute Maschinen sind hier zu sehen. Auch im Ort selbst sind die Spuren Leonardos deutlich erkennbar: Die Biblioteca Leonardiana dient als Hauptdokumentationsstätte seines künstlerischen Schaffens, in der Pfarrkirche Santa Croce wurde der Wissenschaftler getauft. Außerdem sind dem Künstler zwei Statuen im Ort gewidmet.
www.museoleonardino.it
GPS 43.787246, 10.924396

wovon noch heute zahlreiche Jugendstilvillen und Cafés im Zuckerbäckerstil zeugen. Entlang des Parco regionale Migliarino San Rossore Massaciuccoli geht es von hier aus 21 Kilometer nach Pisa im Süden.

09 Pisa

Weltweit verbindet man Pisa stets mit dem Schiefen Turm, der seit dem 12. Jahrhundert auf dem Campo dei Miracoli, einem einzigartigen Bauensemble, steht. Ein wahres Wunderwerk besitzt die Stadt mit diesem Platz. Doch Pisa hat noch viel mehr zu bieten. In der Altstadt befindet sich mit der Piazza dei Cavalieri einer der schönsten Renaissanceplätze Europas: Hier steht auch der Palazzo della Carovana. Ebenso ist die Kirche Santo Stefano dei Cavalieri (1567) einen Besuch wert. Die Eingangshalle der heutigen Stadtverwaltung, des gotischen Palazzo Gambacorti (1370 bis 1392), kann ebenfalls besichtigt werden. Entspannen kann man im verträumten botanischen Garten. Ebenfalls lohnend ist ein Bummel durch das Stadtviertel Borgo Stretto. Und stets begegnet man der Geschichte: Einst war der Einfluss der Handelsstadt Pisa sehr groß – sie galt als Königin der Meere. Doch schließlich unterlag sie den mächtigen Rivalen Genua und Venedig, und ihr Hafen versandete. Einzig die Universität blieb führend im Land und zeugt von einer tief verwurzelten Bildungstradition. Etwas außerhalb des Zentrums gelegen, steht die Basilika San Piero a Grado aus dem 10. Jahrhundert, in deren Innerem schöne farbige Fresken aus dem 13. Jahrhundert zu bestaunen sind.

10 Livorno

Kaum zu glauben, dass Livorno tatsächlich auch zur Toskana gehört, so

Links: Volterras Atmosphäre macht seine Geschichte fast greifbar. Viele Gebäude sind noch gut erhalten.

Unten: »Manhattan des Mittelalters« nennt man den Ort San Gimignano (links), wo es diesen Stellplatz gibt (unten).

sehr unterscheidet sich seine Stimmung von der des Umlands. Dies liegt an der späten Entstehung des Ortes: Erst Cosimo I. ließ das kleine Fischerdorf 1571 zum Hafen ausbauen, als der von Pisa zu verschlammen drohte. Der Deich, der die Hafenanlage schützt, wurde 1607 bis 1621 gebaut. Heute ist Livorno die wichtigste Hafenstadt der Toskana. Am Meer ragen die Fortezza Vecchia (1521–1523) und die Fortezza Nuova (1590) auf. Südlich von Livorno geht die Fahrt entlang der Steilküste mit einigen Sandbuchten bis nach San Pietro in Palazzi. Hier empfiehlt sich ein Abstecher ins Inland: Die S68 führt 33 Kilometer weit ins hoch über dem Umland thronende Volterra und von dort weiter nach San Gimignano. Hier stehen noch 15 historische Geschlechtertürme.

Auf gleicher Strecke geht es zurück an die Küste und auf der S1 Richtung Süden bis San Vincenzo. Hier biegt eine kleine Küstenstraße nach Piombino ab; unterwegs laden zahlreiche Strände zu Zwischenstopps ein.

11 Piombino

In der Hafen- und Industriestadt legen die Fähren in Richtung Elba ab. Reizvoll sind vor allem die Ausblicke von der Hafenpromenade hinüber nach Elba und auf den alten Hafen. Sehenswert in der Nähe ist Populonia, eine ehemalige etruskische Hafenstadt, wo es die eindrucksvolle Nekropole San Cerbone zu besichtigen gilt.

Danach geht es auf kleinen Straßen weiter bis Follonica; hier zweigt die S439 ins Inland Richtung Massa Marittima ab.

PARCHEGGIO CAMPER VIA DI PRATALE

Im Nordosten von Pisa liegt dieser gebührenpflichtige, sonnige Parkplatz. Dort gibt es alle nötigen Ver- und Entsorgungseinrichtungen sowie Stromanschlüsse. Ganzjährig geöffnet. Bis ins Stadtzentrum sind es mit dem Bus 12 Minuten.

Via di Pratale 78, 56100 Pisa, GPS 43.72170, 10.42062

CAMPING VILLAGE LE ESPERIDI

Auf diesem Komfort-Campingplatz gibt es alle notwendigen Ver- und Entsorgungseinrichtungen, Duschen, Waschmaschinen, Wäschetrockner und WiFi. Der Platz liegt direkt am Strand in einem Pinienwald. Geöffnet von Mitte Mai bis Mitte Oktober.

Via Dei Cavalleggeri Nord, 25 – 57020 Marina di Bibbona
www.esperidi.it, GPS 43.25031, 10.52536

PARCHEGGIO PER CAMPER SANTA LUCIA

Dieser gebührenpflichtige Wohnmobilstellplatz ist videoüberwacht, verfügt allerdings über keinerlei Ver- und Entsorgungseinrichtungen. Es besteht eine regelmäßige Busverbindung in die Stadt.

Loc Santa Lucia, 53037 San Gimignano, GPS 43.45183, 11.05564

12 Massa Marittima

Am Rande der Maremma, einem ausgedehnten Sumpfgebiet, das im 20. Jahrhundert trockengelegt wurde, liegt das Städtchen Massa Marittima in 26 Kilometer Entfernung zum Meer. Von der Oberstadt – vor allem vom Torre del Candeliere – hat man einen herrlichen Rundblick auf die roten Dächer der Altstadt und das pittoreske toskanische Umland. Im 12./13. Jahrhundert wurde der Ort Bischofssitz, wovon noch mittelalterliche Prachtbauten wie der Dom San Cerbone (13./14. Jahrhundert) zeugen. Die schönste Piazza und das Herz des alten Stadtkerns ist die von mittelalterlichen Gebäuden umgebene Piazza Garibaldi: Logge del Comune, Palazzo Comunale, Palazzo Pretorio und Dom bilden ein prächtiges Ensemble.

Über die S441 und S73 geht es nun in das 75 Kilometer entfernte Siena, auf halber Strecke dorthin lohnt aber noch ein Halt bei der südlich der S441 gelegenen Ruine Abbazia San Galgano.

13 Abbazia San Galgano

Etwa 35 Kilometer vor Siena ragt ein Bauwerk eindrucksvoll gen Himmel: Das Zisterzienserkloster San Galgano, einstmals das mächtigste Kloster der südlichen Toskana, wurde im Jahr 1224 von einem frommen Ritter gegründet. Es erlebte mit dem 15. Jahrhundert jedoch einen unaufhaltsamen Niedergang und wurde 1652 endgültig aufgegeben. Einen überwältigenden Anblick bietet die einsam im Grünen stehende Ruine trotzdem: Unvergesslich ist der Kontrast zwischen dem wenigen Zierrat des großen Gebäudes – Säulenkapitelle, der Türstock des Portals mit einer steinernen Rosette, die Spitzbögen der Fenster – und dem Anblick des weiten Himmels über sich. Mitte des 16. Jahrhunderts wurde das Schutzblei des Kirchendaches verkauft und somit der Verfall beschleunigt.

14 Siena

Viele halten Siena mit ihren roten Backsteinpalästen und dem außergewöhnlichen Flair für ursprünglicher als ihre ewige Konkurrentin Florenz. Über drei Höhenrücken erstreckt sich die »Stadt der Gotik« im Herzen der toskanischen Hügellandschaft. Im historischen Ortskern liegt die von gotischen Palazzi gesäumte muschelförmige Piazza del Campo, der vielleicht schönste Stadtplatz Italiens. Hier findet auch der legendäre Palio statt, der die Stadt alljährlich für Tage in einen Hexenkessel verwandelt. Neben einer Besichtigung des Duomo Santa Maria Assunta (12. Jahrhundert) – einem eindrucksvollen Hauptwerk der Gotik – lohnt ein Besuch des Palazzo Publico (1288–1309). Er ist ein gotisches Bauwerk aus Backstein und Travertin. In den gut erhaltenen Innenräumen gibt es zahlreiche Fresken der Sieneser Schule und andere Kunstwerke zu bewundern. Sehenswert ist auch der schlanke Torre del Mangia, der mit einer Höhe von 102 Metern einer der gewagtesten Turmbauten des Mittelalters ist (Aufgang vom Palazzo Publico aus).

Nach einem ausgedehnten Kultur- und Städteprogramm empfiehlt sich ein Abstecher in die anmutige Hügellandschaft der Chianti-Region zwischen Siena und Florenz, wo man köstlichen Wein verkosten kann.

Zurück in Siena geht es schließlich weiter zur letzten Etappe: Dafür verlässt man Siena zunächst in Richtung Perugia auf der S326 und biegt nach wenigen Kilometern auf die S438 Richtung Asciano ab.

Die Crete südlich von Siena gehört zu den eindrucksvollsten Landschaften der Toskana. Starke, wechselnde Farben bestimmen das Bild: Je nach Jahreszeit herrschen kräftige Erdfarben oder auch helle Grüntöne, durchsetzt mit Gelb, vor. Allgegenwärtig ist jedoch der Eindruck einer überwältigenden Mondlandschaft aus Lehmhügeln, verursacht durch radikale Abholzung und Erosion. Nach langer Trockenheit fühlt man sich beinahe in die Wüste versetzt. Lediglich als karge Weidefläche und an vereinzelten Stellen zum Weizenanbau ist der Boden nutzbar.

Die spezielle Vegetation ermöglicht andererseits die Herstellung eines besonderen Produkts: Den hiesigen Pecorino-Käse zeichnet ein unvergleichliches Aroma aus.

15 Asciano

Im oberen Tal des Ombrone liegt 25 Kilometer südöstlich von Siena das mittelalterliche Städtchen Asciano. Es hat eine noch weitgehend intakte Befestigungsmauer. Lohnend ist der Besuch der romanischen Collegiata Sant'Agata (11. bis 14. Jahrhundert) sowie des Etruskermuseums. Es befindet sich in der Kirche San Bernardino und zeigt Fundstücke aus der Region. Sie stammen aus der Necropoli di Poggiopinci (Nekropole von Poggiopinci) und dem Tumulo di Mulinello (Tumulus von Molenello). Nun geht es auf kleinen, landschaftlich reizvollen Sträßchen nach Pienza. Zunächst auf der S438 nach Buonconvento, dann weiter über die S2 bis San Quirico d'Orcia, wo man auf die S146 abzweigt.

16 Pienza

An der Grenze zu Umbrien liegt auf einem Hügel die Musterstadt der Renaissance: Das exakt durchgeplante Pienza wurde ab 1459 von nur einem einzigen Mann in drei Jahren erbaut. Papst Pius II. beauftragte den Architekten Bernardo Rosselino, seinen Geburtsort Corsignano zur Kunststadt umzugestalten. Den neuen Namen erhielt die Stadt vom Papst persönlich. Besucher überwältigt der Anblick des Palazzo Piccolomini, von der Kathedrale Santa Maria Assunta, vom Kanonikerhaus und vom Palazzo Vescovile (Bischofspalast). Überall in der Stadt wird der in der Umgebung produzierte Pecorino, ein harter Schafskäse, angeboten.

Links: Hoch über der Ebene der Maremma erhebt sich das beschauliche Örtchen Massa Marittima.

Oben: Mit seiner einzigartigen Muschelform gilt die Piazza del Campo in Siena als einer der größten mittelalterlichen Plätze Europas.

PANZANELLO AZIENDA AGRICOLA

Der kostenlose Stellplatz an einem Weingut offenbart einen schönen Blick auf die umliegenden Weinberge. Leider sind hier keinerlei Ver- oder Entsorgungseinrichtungen für Wohnmobile vorhanden.

Via Case Sparse (Panzano), 86 – 50020 Panzano
GPS 43.56115, 11.30098

PARCHEGGIO COMUNALE

Relativ ruhiger, kostenloser Parkplatz im Nordwesten der Stadt. Keinerlei Versorgungseinrichtungen, ganzjährig geöffnet. Mit dem Omnibus fährt man 10 Minuten in die Altstadt.

Via delle Province [SR 222], 53100 Siena
GPS 43.34208, 11.30541

PARCHEGGIO COMUNALE

Etwas staubiger, kostenloser Platz mit schöner Aussicht auf die hügelige Zypressenlandschaft der Südtoskana. Keinerlei Versorgungseinrichtungen vorhanden. Der sehr ruhige Platz ist ein idealer Übernachtungsort und ein guter Standort, um die Sehenswürdigkeiten des Val d'Orcia zu erkunden. Ganzjährig geöffnet.

Strada di Bago Vignoni, 53027 Bagno Vignoni
GPS 43.02976, 11.62035

Von Pienza geht es weiter auf der S146 ins 15 Kilometer entfernte malerische Montepulciano, dem letzten Halt auf dieser Rundfahrt.

17 Montepulciano

Etwa 70 Kilometer südöstlich von Siena liegt der Ort malerisch auf einem Tuffsteinhügel über dem Orcia- und dem Chianatal. Das Städtchen mit seinem Renaissance-Stadtbild und den malerischen Backsteinbauten ist ein Mekka für Weinliebhaber und Kunstfreunde und wird dementsprechend stark frequentiert. Überall in der Stadt verleiten Weinstuben und unterirdische Weinkeller zum Probieren des berühmten Vino Nobile di Montepulciano – einem trockenen, etwas herben Rotwein, der mindestens zwei Jahre lang in Fässern lagern muss, bevor er das begehrte Qualitätszeichen DOCG erhält. Neben den großen Kellereien, die alle Verkaufsstellen in Montepulciano unterhalten, sollte man unbedingt auch bei den kleineren Fattorie Wein kosten. Auch Grappa und Olivenöl sind von hervorragender Qualität. Bei einem Spaziergang durch das größtenteils mittelalterliche Städtchen passiert man herrliche Paläste wie den Palazzo Comunale, der wie eine kleine Ausgabe des Palazzo Vecchio in Florenz wirkt. Von seinem Turm (13./14. Jahrhundert) kann man bei gutem Wetter eine fantastische Aussicht genießen. Am dreigeschossigen Palazzo Contucci aus dem 16. Jahrhundert wird man schon wegen seines wunderschönen Weinkellers einen Halt machen. Der bis 1630 errichtete barocke Dom an der Piazza Grande wartet mit einem reich geschmückten gotischen Triptychon von Taddeo di Bartolo auf, seine Fassade wurde jedoch nicht vollendet. Am Palazzo del Capitano del Popolo sind noch die von Siena beeinflussten gotischen Stilelemente sichtbar. Im Juli und August hält beim renommierten Festival »Cantiere internazionale d'Arte« moderne Musik des Komponisten Hans Werner Henze Einzug. Traditionell geht es am letzten Augustsonntag beim »Bravio« zu: Bei diesem Wettbewerb rollen die Bewohner der einzelnen Stadtteile, gekleidet in historischen Kostümen, rund 80 Kilogramm schwere Weinfässer hinauf zur Piazza Grande. Beim anschließenden Festessen werden die Fässer dann schnell um den Inhalt erleichtert. Die turbulente Geschichte der Stadt bildet den Hintergrund für ein weiteres Fest im August: Während des »Bruscello« spielen etliche Akteure Episoden aus früheren Zeiten nach.

Mit einem Besuch der Wallfahrtskirche Tempio di San Biagio von Antonio da Sangallo d. Ä. endet unsere Reise durch die Toskana. Die außerhalb der Stadt gelegene Wallfahrtskirche hat die Form eines griechischen Kreuzes. Die auffällige Kuppel des Renaissancebaus ist schon von Weitem sichtbar.

Montepulcianos Zentrum bildet die von Renaissancepalästen umgebene Piazza Grande.

AREA COMUNALE P5

Dieser ist ein gebührenpflichtiger Stellplatz mit Panoramablick auf Montepulciano. Alle notwendigen Ver- und Entsorgungseinrichtungen sind vorhanden, jedoch keine Stromanschlüsse. Der Fußweg ins Zentrum beträgt 1 Kilometer (100 Meter Höhenunterschied).

Viale delle Lettere, 53045 Montepulciano
GPS 43.09596, 11.78717

Carrara Neben den spektakulären Marmorbrüchen lohnt ein Besuch des Museo Civico del Marmo außerhalb des Stadtzentrums. Der Dom Sant'Andrea ist prachtvoll mit Marmor verkleidet, birgt zahlreiche Kunstwerke und ist allein deshalb einen Abstecher wert.

Volterra Gute 550 Meter über dem Meeresspiegel thront dieser Ort auf einem Felsen und blickt auf eine karge Landschaft. Volterra ist von einem mittelalterlichen Mauerring umgeben und zieht jährlich wegen seines Etruskermuseums viele Besucher an.

San Gimignano Eine Reise ins Mittelalter macht man, wenn man diese Stadt besucht. Hier sind noch 15 von einst über 70 sogenannten Geschlechtertürmen, befestigten Wohntürmen, erhalten. Außerdem hat der Ort noch viele weitere Gebäude aus dem 14. Jahrhundert zu zeigen. Das Stadtbild ist wirklich einmalig!

Monte Argentario Die Halbinsel mit ihren beinahe unberührten Traumstränden und versteckten Buchten gilt als Geheimtipp. Teilweise ist dieser idyllische Fleck der Maremma Naturschutzgebiet, die beliebtesten Orte sind Porto Ercole und Porto S. Stefano.

Montalcino Aus diesem Ort stammt der Brunello, einer der teuersten Weine der Welt. Das Städtchen in den toskanischen Hügeln besticht außerdem durch seinen mittelalterlichen Stadtkern mit schnuckeligen Gässchen und pittoreskem Charme.

Chianti Das Gebiet zwischen Florenz und Siena ist eine vom Weinbau geprägte Kulturlandschaft. Zentrum des Weinanbaus ist der Ort Greve. Weingüter mit dem Hinweis »Vendita diretta« bieten Direktverkauf an. Wer ganz in die Welt des Chianti eintauchen will, fährt die »Chiantigiana«, die Weinstraße, entlang.

ROUTE 21

ITALIENISCHE ADRIA

Eine Reise an die italienische Adria ist zu jeder Jahreszeit verlockend, selbst dann, wenn die Witterung und die Wassertemperaturen Badefreuden unmöglich machen. Die Küste und ihr Hinterland bergen eine Fülle von Sehenswürdigkeiten, die auch außerhalb der üblichen Reisesaison nichts von ihrer Attraktivität einbüßen. Diese Route führt fast am gesamten Schaft des italienischen Stiefels entlang. Naturschönheiten wie das Po-Delta und der Nationalpark Gargano mit seiner Felsenküste wechseln sich ab mit Bauten von größter kultur- und kunstgeschichtlicher Bedeutung.

Den Blick auf die Straße zu halten und sich auf den Verkehr zu konzentrieren, fällt auf dieser Tour zuweilen schwer. Das Meer und die schönen Strände machen doch den einen oder anderen Zwischenstopp nahezu unumgänglich: Da ist dann ein Strandspaziergang, ein erfrischendes Bad oder eine Portion Spaghetti ai frutti di mare in einem der zahlreichen Restaurants am Wegesrand angesagt. Das gehört zum Urlaub an der Adria einfach dazu. Immer nur Kirchen, Klöster und Städte anzuschauen, wird auf Dauer ein wenig eintönig. Am Strand kann man auch einfach einmal die Seele baumeln lassen. Wir haben dazu einige schöne Plätze ausgesucht.

Was auf den Straßen in Italien zu beachten ist, wurde bereits in den vorangegangenen Kapiteln beschrieben. Das alles gilt natürlich auch für die Route entlang der Adria. Für den Weg in den Süden stehen die Haupt- und Landstraßen unmittelbar entlang der Küste zur Verfügung oder – wenn es schnell gehen soll – die gebührenpflichtige Autobahn. Wenn Sie in Brindisi angekommen sind, können Sie sogar mit der Fähre nach Griechenland fahren und dort die Urlaubsreise fortsetzen.

Als es die Möglichkeit der Fotografie noch nicht gab, hielten Künstler den Markusplatz in Venedig aus vielfältigen Perspektiven auf Gemälden fest. Sein Bann ist bis heute ungebrochen.

Immer am Meer entlang

Von Grado bis nach Brindisi: Mal karge, mal üppig-mediterrane Vegetation – und immer der Blick aufs Meer: Entlang der italienischen Adria begegnen dem Reisenden mittelalterliche Städte und viel Kunst und Kultur.

Der Hafen Grados ragt mitten in die Stadt hinein. Auch Taxiboote und das Ausflugsschiff »Nuova Cristina« starten von hier aus ihre Touren in die Lagune.

ROUTE 21

Streckenlänge: ca. 2125 km
Zeitbedarf: 3–4 Wochen
Routenverlauf (Hauptorte): Grado, Venedig, Ravenna, Rimini, Urbino, Ancona, Ascoli Piceno, Halbinsel Gargano, Castel del Monte, Bari, Brindisi
Charakteristik: Von Juni bis August und auch zu Ostern herrscht an der italienischen Adria Hochbetrieb. Ruhiger sind die Monate Mai und September.
Informationen:
www.enit.de
www.italia.it

Hier geht's zum GPS-Track

01 Grado

In Grado, am Nordende der Adria, beginnt die Fahrt. Das Städtchen, das sich über eine lang gestreckte Laguneninsel hinzieht, war schon zu römischer Zeit Seebad, im Mittelalter sogar Sitz eines bedeutenden Patriarchen. Heute ist Grado einer der meistbesuchten Badeorte im Norden der italienischen Adria. Durch den großen Fischereihafen, das mittelalterliche Gepräge der Altstadt, die gepflegten Thermal- und Kuranlagen hebt sich Grado wohltuend von vielen anderen Badeorten der Adria ab.

02 Aquileia

Eine Gründung der Römer ist diese Stadt nördlich von Grado. Als sie noch eine Verbindung zum Meer hatte, war sie ein wichtiger Hafenplatz. Dank der günstigen Lage entwickelte sie sich zum Mittelpunkt der gesamten Region zwischen Adria und Alpen. Zahlreiche Ausgrabungen, wie zum Beispiel das Amphitheater, zeugen heute noch von der früheren Bedeutung der Stadt. Ihrer Stellung entsprechend wurde Aquileia schon im 3. Jahrhundert Sitz eines Bischofs bzw. Patriarchen und damit auch kulturelles Zentrum. Zu

CAMPING AL BOSCO

Inmitten eines schattigen Pinienwaldes liegt dieser Komfort-Campingplatz mit eigenem Strand direkt am Meer. Er ist ausgestattet mit allen notwendigen Ver- und Entsorgungseinrichtungen. Außerdem gibt es Duschen, Waschmaschinen, Wäschetrockner, WiFi und ein Restaurant. Geöffnet von Mitte April bis Mitte September. Angemessene Preise.

Largo San Crisogono, 34073 Grado
GPS 45.67868, 13.42107, campingalbosco.it

Schirm an Schirm, Sonnenliege an Sonnenliege – der Strand von Jesolo verströmt seinen ganz eigenen Italien-Charme.

den großartigsten Schätzen gehören die wunderbaren Mosaikarbeiten, wie sie den Fußboden der romanischen Basilika Santa Maria Assunta von Aquileia zieren.
Auf der S14 Richtung Mestre biegt man zur Weiterfahrt in San Donà di Piave zum Meer ab.

03 Jesolo

Die Stadt, die dem weltbekannten Lido di Jesolo den Namen gab, hat durch Verlandung der Küste schon vor Jahrhunderten ihren Meereszugang verloren und ist fast in der Bedeutungslosigkeit verschwunden. Am Lido hingegen ist dank des enormen Zustroms von Badegästen eine Touristenstadt entstanden, die sich auf 15 Kilometern Länge parallel zum Strand erstreckt. Bagni, Restaurants, Diskotheken, Surfschulen und Sportanlagen reihen sich aneinander. Die Haupteinkaufsstraße Via Andrea Bafile wird im Sommer allabendlich zur Flaniermeile.
Die weitere Fahrt führt zurück nach San Donà di Piave und von dort nach Mestre. Hier geht es weiter Richtung Venedig, wo das Wohnmobil auf einem Stellplatz vor den Toren der Stadt abgestellt werden kann.

04 Venezia (Venedig)

Venedig ist nicht nur Hauptstadt der Region Veneto und der gleichnamigen Provinz, sondern zusammen mit den Vororten Mestre und Marghera auch ihr bedeutendstes wirtschaftliches Zentrum und mit ihrem Hafen und Flughafen ein wichtiger Verkehrsknotenpunkt. Doch nicht als Wirtschaftsmetropole, sondern als »Stadt auf dem Wasser« ist Venedig weltberühmt geworden. Schon im Mittelalter wurden benachbarte Inseln in die Bebauung einbezogen, woanders wurden Pfähle in den schlickigen Meeresboden gerammt, die

AUSFLUGSZIELE

Schloss Duino

Auf einem steilen Felsen thront das Schloss Duino an einer Bucht über dem Meer. Seine Entstehung geht auf das 14. Jahrhundert zurück. Der Sage nach wollte ein eifersüchtiger Ritter seine Frau von den Mauern in die Tiefe stürzen. Sie soll den Himmel um Hilfe angefleht haben und daraufhin im Fall in einen weißen Stein verwandelt worden sein. Heute wird das Schloss von Mitgliedern der Adelsfamilie von Thurn und Taxis bewohnt. Rainer Maria Rilke schrieb hier die »Duineser Elegien«. Nach ihm ist auch der Rilke-Weg benannt, der an der Steilküste entlang bis nach Sistina verläuft, heute allerdings nur noch teilweise begehbar ist.
www.castellodiduino.it,
GPS 45.772055, 13.603984

als Fundament für den Bau großartiger Paläste, Kirchen oder Wohnhäuser dienten. So entstanden allseitig von Wasser umgebene Baublöcke, zwischen denen eine Verbindung nur mit dem Boot möglich ist. An die 160 Kanäle sollen die Stadt durchziehen, ihre genaue Zahl lässt sich kaum bestimmen. Hauptverkehrsader ist der 35 bis 70 Meter breite und 3,8 Kilometer lange Canale Grande. Das monumentale wie prachtvolle Zentrum der Stadt bildet die Piazza San Marco mit der gleichnamigen Basilika und dem Palazzo Ducale (Dogenpalast). Der Reichtum der Stadt an Bau- und Kunstdenkmälern ist Zeugnis der großartigen Vergangenheit Venedigs als mächtigste Handelsstadt des Mittelmeerraumes.

Nördlich des Stadtkerns liegen die »Friedhofsinsel« San Michele, die durch ihr Glasgewerbe bekannte Insel Murano sowie einige weitere Eilande wie Burano, Torcello und San Erasmo. Der lang gestreckte Lido, der die Lagune zur Adria begrenzt, dient als Erholungsgebiet und Seebad. Venedig reicht aber auch weit auf das rund 4 Kilometer entfernte Festland, mit dem der historische Stadtkern seit 1846 mit einer Eisenbahnbrücke und seit 1933 auch mit einer Straßenbrücke verbunden ist. Mestre ist mit seinen 200 000 Einwohnern heute die eigentliche Wohnstadt. Die benachbarte Vorstadt Marghera ist geprägt durch große Hafenanlagen. Sie sichern Venedig den dritten Platz unter den Seehäfen Italiens.

Über die S309 geht es noch weiter Richtung Süden.

05 Chioggia

Die auf Inseln errichtete Lagunenstadt wird von zahlreichen Kanälen durchzogen. Malerische Brücken und alte Paläste – das alles erinnert an Venedig, und doch hält Chioggia den Vergleich mit der an Kunstschätzen so reichen Metropole nicht aus. Dafür ist Chioggia weniger von Touristen überlaufen und weist die Atmosphäre eines lebendigen Fischerhafens auf. Die Stadt hat zwei parallel zueinander verlaufende Achsen: Der breite Corso del Popolo, der die Stadt vom Dom bis zum Ponte Vigo durchzieht, ist die Flaniermeile. Parallel dazu verläuft der von neun Brücken gequerte Canale Vena mit seinen bunten Booten.

06 Porto Levante

Ein schmales Sträßchen, das kurz hinter Rosolina von der Hauptroute nach Osten abzweigt, führt parallel zum Po di Levante, einem nördlichen Arm des Flusses, weit in die flache Deltalandschaft hinein. Ein Gewirr von Schilfgürteln, Brackwasserseen, Hochwasserdämmen und Altwasserarmen geben der Deltalandschaft ihr eigenes Gepräge. Zahlreiche seltene Vogelarten können hier beobachtet werden. An der Mündung des Flussarms liegt auf der Isola Albarella der Yachthafen von Porto Levante, wo auch Hausboote für mehrtägige Rundfahrten durch das Podelta gemietet werden können. Die »Insel« ist durch Anschwemmung von Flusssedimenten über schmale Landzungen längst mit dem Festland verbunden. Noch heute ist die amphibische Landschaft des Po-Deltas in stetem Wandel begriffen. Größere Teilgebiete wurden in der Zwischenzeit als Nationalpark unter Schutz gestellt.

Wieder zurück an der Küstenstraße

S309 liegen weiter südlich die Orte wie Perlen auf einer Kette aufgereiht.

07 Abbazia di Pomposa

Die Abbazia di Pomposa (Abtei von Pomposa) ist eine Gründung von Benediktinermönchen. Das genaue Datum des Beginns ist unbekannt, doch um 1000 war die Abtei bereits ein blühendes Zentrum des Geistes- und Kulturlebens. Als der Po im 13. Jahrhundert seinen Lauf veränderte, die Felder durch Überschwemmungen verwüstet wurden und die Malaria mehr und mehr Opfer forderte, verließen die Mönche die Abtei, die offiziell erst im Jahr 1652 aufgelöst wurde. Was die Kunsthistorik angeht, ist der wertvollste Bau des Klosterkomplexes wohl die Abteikirche, deren älteste Teile aus dem

Links: Gondolieri in Venedig, die sanft ihre Boote durch das Wasser schieben.

Unten: Der alte Fischerort Chioggia liegt am südlichen Ende der Lagune von Venedig.

CARAVAN PARK SAN GIULIANO

Der kostenpflichtige Platz ist mit allen notwendigen Ver- und Entsorgungseinrichtungen sowie Duschen, Waschmaschinen, Wäschetrocknern und WiFi ausgestattet. Ganzjährig geöffnet. Der Stellplatz ist optimal für einen Besuch von Venedig. Mit dem Bus ist man in 10 Minuten in der Lagunenstadt.

Via San Giuliano 1, 30174 Venezia
www.sangiulianovenice.com, GPS 45.46789, 12.27902

PARCHEGGIO COMUNALE

Dieser ruhige, nur in den Sommermonaten gebührenpflichtige Platz im Po-Delta besitzt Ver- und Entsorgungseinrichtungen und ist ganzjährig geöffnet. Etwa 200 Meter sind es bis zum Strand. Das Fischrestaurant hat nur im Sommer geöffnet.

Lungomare, 45018 Boccasette, GPS 45.02657, 12.42125

MARINA CAMPING VILLAGE

Der Komfort-Campingplatz ist ausgestattet mit allen nötigen Ver- und Entsorgungseinrichtungen, einem großen Schwimmbad mit Whirlpool sowie Waschmaschinen, Wäschetrocknern, Lebensmittelgeschäft und Internetzugang. Geöffnet von Mai bis September. Nur 200 Meter sind es bis zum Strand. Es gibt auch eine Busverbindung nach Ravenna (10 Kilometer, Fahrzeit ca. 20 Minuten).

Via dei Campeggi, 8 – 48122 Punta Marina Terme
GPS 44.43221, 12.29844

AREA DELLE ROBINIE

Der perfekte Platz für Wohnmobilisten! Ausgestattet mit allen notwendigen Ver- und Entsorgungseinrichtungen liegt er direkt am Strand und ist im Preis sehr moderat. Die ausreichend großen Stellplätze sind durch Hecken voneinander getrennt. Bis nach Rimini sind es nur 9 Kilometer. Geöffnet Anfang April bis Mitte Oktober.

Via Alfredo Pinzon 258, 47814 Igea Marina
GPS 44.12766, 12.48834, www.parkingdellerobinie.com

Bildleiste von oben:
Die wunderschöne Brücke aus istrischem Stein wurde 14 n. Chr. von Kaiser Augustus begonnen und 21 n. Chr. von Kaiser Tiberius vollendet.

Der verwinkelte Palazzo Ducale und die riesige Kuppel des Doms dominieren das Stadtbild von Urbino.

7. Jahrhundert stammen. Der kunstvolle Mosaikboden wurde im 11. Jahrhundert verlegt. Großartig ist auch die Freskenmalerei, die die Wände und das Gewölbe der Kirche schmückt. Teilweise sind auch in den übrigen Klostergebäuden noch solch schöne Fresken zu finden.

08 Comacchio

Nicht nur Ravenna, sondern auch mehrere andere Städte verloren durch die Abschnürung vom Meer ihre einstige Bedeutung. Die Überreste der etruskischen Hafenstadt Spina, die im 6. Jahrhundert. v. Chr. im Norden der Valli di Comacchio gegründet worden war, befinden sich heute 12 Kilometer vom Meer entfernt. Unter meterdicken Schichten von Schlamm und Schlick begraben, wurde die Stadt erst 1953 mithilfe von Luftbildern entdeckt. Die auf 13 Inseln erbaute und durch Salzgewinnung reich gewordene Stadt Comacchio, deren Flotte einmal sogar die venezianische besiegte, behielt ihre Funktion als Fischereihafen nur, weil ein künstlich offengehaltener Durchlass die Ausfahrt aus dem Strandsee auf das offene Meer ermöglicht. Außer der Kathedrale San Cassiano, dem Torre dell'Orologio (Uhrturm) und dem Fischmarkt ist der Trepponti als besondere Sehenswürdigkeit des Stadtzentrums zu nennen. Dieses aufwendig gemauerte Bauwerk von 1634 besteht aus fünf Treppenaufgängen, die sich zu einer Brücke über dem Kanal vereinigen. Zurück auf der S309 sind es etwa 30 Kilometer bis Ravenna.

09 Ravenna

Der Besuch Ravennas ist einer der absoluten Höhepunkte der Adriaroute. Die wichtigsten Kunstwerke liegen etwas abseits vom Zentrum der

AUSFLUGSZIELE

Strände der Adria

Auch wenn die Region zahlreiche Kulturschätze beherbergt: Gepflegte Sandstrände sind das Kapital der Adria. Kilometerlang erstrecken sich vor allem zwischen Rimini und Ancona flache Strände mit ihren einheitlichen »ombrelloni e lettini« (Sonnenschirmen und Liegen). Namen wie Cattolica, Gabbice Mare oder Senigallia sind Synonyme für einen unbeschwerten Strandurlaub in Gesellschaft vieler anderer Menschen. Dabei hat sich die Region ihre Qualitäten wie gutes Essen beibehalten. Südlich von Ancona reichen Ausläufer des Berglands bis ans Meer und formen eine schwer zugängliche Steilküste, etwa an der Riviera del Conero. Hier hat sich an den von Felsen eingerahmten Buchten eine relativ ursprüngliche Landschaft erhalten, die noch nicht vom Massentourismus dominiert wird.

Altstadt und der Piazza del Popolo. Im Nordwesten nahe der Stadtmauer befinden sich die Kirche San Vitale mit ihren großartigen Mosaiken und das Mausoleum der Prinzessin Galla Placidia. Nicht minder beeindruckend sind die Mosaiken in der Basilica Sant'Apollinare Nuovo, die südöstlich der Piazza del Popolo liegt. Hier füllen Heiligengestalten in zwei langen Prozessionen die Wände des Gotteshauses. Die byzantinischen Mosaiken kamen erst nach dem Sturz des ostgotischen Königs Theoderich hinzu, als manches, was an die Herrschaft des Gotenkönigs erinnerte, beseitigt wurde. Das Mausoleo di Teodorico (Mausoleum Theoderichs), ein wuchtiger, von einer Kuppel gekrönter Bau aus Kalksteinblöcken, liegt bereits außerhalb der historischen Altstadt. Es beeindruckt durch seine schlichte Monumentalität.
Weiter geht es auf der S16 immer an der Küste entlang.

10 Cesenatico

Das einstige Fischerdorf entstand im 14. Jahrhundert als Hafen der landeinwärts liegenden Stadt Cesena. 1502 beauftragte der Landesherr Cesare Borgia Leonardo da Vinci mit dem Ausbau des Porto Canale. Eine ganz neue Entwicklung setzte 1878 ein, als in Cesenatico nach dem Vorbild anderer Adriaorte eine erste Badeanstalt eingerichtet wurde. Seitdem hat sich der Badetourismus stetig fortentwickelt. Für die Touristen, die sich an den weiten Stränden vergnügen können, entstanden schon früh große Hotelpaläste, die zusammen mit den schattigen Alleen dem Stadtbild einen besonderen Charme verleihen.

11 Rimini

Das älteste der großen Seebäder an der italienischen Adria kann mit einem wundervollen Sandstrand und einer riesigen Auswahl an Hotels, Restaurants und Diskotheken aufwarten. Doch bietet die Stadt, deren Geschichte bis in römische Zeit zurückreicht, auch eine Reihe architektonischer Sehenswürdigkeiten. Die beiden wichtigsten finden sich an den Enden des Corso d'Augusto: die im Jahr 27 v. Chr. eingeweihte Ponte di Tiberio (Tiberiusbrücke) über die Marecchia und der wenig später errichtete Arco di Augusto (Triumphbogen) zu Ehren des Kaisers Augustus. Daneben gibt es auch Paläste, Brunnen und Denkmäler aus der wechselvollen Zeit zwischen dem 13. und 16. Jahrhundert. Von Rimini lohnt sich ein Abstecher ins Landesinnere in die Republik San Marino.

12 Cattolica

Dieser Ort gehört wie Rimini zur Generation der älteren Seebäder Italiens, die bereits um die Mitte des 19. Jahrhunderts entstanden. Daneben ist die traditionsreiche Fischerei

Bildleiste von oben:
»Le due sorelle« heißen diese Zwilllingsfelsen an der Riviera del Conero.

Idyllisch zeigt sich die Piazza XX Settembre in Fano mit dem Palazzo del Podestà und der Fontana della Fortuna.

Riesige Kreuzfahrtschiffe legen im Hafen von Ancona an.

eine wichtige Erwerbsquelle geblieben. Der belebte Fischereihafen ist aber auch eine Attraktion für Touristen. Darüber hinaus bietet Cattolica alles, was man von einem großen Badeort erwarten kann: eine Strandpromenade, ein Delfinarium und den Themenpark »Le Navi«, der auf unterhaltsame Weise über die Entstehung der Erde informiert.
Die Route verlässt kurz vor Pesaro die Küstenstraße und wendet sich dem Apennin zu. Ziel ist das in 451 Metern Höhe in den Randbergen des Apennins gelegene Urbino, das nach 40 Kilometern erreicht wird.

13 Urbino

Die Stadt gehört zu den eindrucksvollsten Kulturstätten Italiens und wurde von der UNESCO auf die Liste des Weltkulturerbes gesetzt. Urbino verdankt seine geschlossene Baugestalt einigen der kunstsinnigen Landesherren der Renaissance. Die prachtvolle Altstadt ist noch heute von einem Mauerring umgeben. Der Dom wurde allerdings erst im 19. Jahrhundert auf den Ruinen eines bei einem Erdbeben zerstörten Tempels aus dem 11. Jahrhundert errichtet. Der von außen recht wuchtig wirkende Palazzo Ducale, die Residenz der Herzöge von Urbino, lässt seine kunstvolle Ausgestaltung erst im Innenhof erkennen. Er ist umgeben von Arkaden, über die der Zugang zu den Gemächern erfolgt. Zu den bedeutenden Herrschern Urbinos gehörte Herzog Federico di Montefeltro

(1444–1482). Er war Förderer der Künste und Wissenschaften und machte die Stadt zu einem Zentrum des Humanismus. Untrennbar verbunden ist Urbino mit dem Maler Raffael (1483–1520), dessen Geburtshaus in der Via Raffaello 57 steht. In der Galleria Nazionale delle Marche sind einige Bilder von ihm zu sehen.

14 Pesaro
Die zweitgrößte Stadt der Region Marken wurde 184 v. Chr. als römische Bürgerkolonie gegründet. Die Großstadt hat sich mit ihrem historischen Zentrum, der Altstadt um die Piazza del Popolo mit dem zinnengekrönten Palazzo Ducale (15./16. Jahrhundert), einen architektonischen Schatz bewahrt. Am Hof der kunstsinnigen Herzöge della Rovere verkehrten die berühmtesten Dichter ihrer Zeit. Lange war die Stadt eines der wichtigsten Zentren der Majolikaproduktion in Italien. Das Museo delle Ceramiche präsentiert eine bemerkenswerte Sammlung italienischer Keramik aus Renaissance, Barock und Moderne. Festspiele und das kleine Museum Casa Rossini erinnern an den bedeutendsten Sohn der Stadt, den Komponisten Gioacchino Rossini, der hier 1792 geboren wurde. Auch das Opernhaus, ein fünfstöckiges Logentheater, trägt seinen Namen.

15 Fano
Die 12 Kilometer weiter südlich gelegene Stadt wurde unter dem römischen Kaiser Augustus als Veteranenkolonie gegründet. Viele bauliche Überreste wie die imposanten Ruinen der römischen Mauer und ein Stadttor zeugen noch von jener Zeit. Auch Mittelalter und Renaissance haben ihre Spuren im Stadtbild hinterlassen. Der Palazzo della Ragione aus dem Jahr 1299 ist der älteste Palast der Stadt. Im 19. Jahrhundert wurde er als Theater eingerichtet. Diese enge Verzahnung der Jahrhunderte zeigt sich auch am Logge San Michele, einem Renaissancegebäude mit zweigeschossigem Innenhof, das mit dem römischen Stadttor baulich verbunden wurde.

CAMPING BELLAMARE

Hier haben Sie die Wahl: Komfort-Campingplatz, schattig, vollständig ausgestattet, oder einfacher Stellplatz in der prallen Sonne. Beide haben dieselbe Zufahrt, beide sind kostenpflichtig und beide sind 150 Meter vom Strand entfernt. Die Plätze liegen 25 Kilometer südlich von Ancona.

Viale Scarfiotti 13, 62017 Scossicci
www.bellamare.it, GPS 43.47127, 13.64161

16 Corinaldo
Das Städtchen bildet ein reizvolles Ziel für einen Abstecher von der Küstenstraße ins hügelige Hinterland. Man biegt in Marotta landeinwärts ab und folgt dem Cesanotal (22 Kilometer). Zwischen dem Cesano und Nevola gelegen, nimmt es die für solche Landstädtchen typische Höhenlage ein. Sie lässt die gut erhaltene Stadtmauer gebührend zur Geltung kommen. Die Mauer bietet die Möglichkeit zu einem Spaziergang hoch über den Dächern der mittelalterlichen Stadt.
Bevor es zurück an die Adriaküste geht, empfiehlt sich ein Besuch von Jesi, das über kleine Straßen durch das Hügelland, vorbei an Ostra und San Marcello, zu erreichen ist.

17 Jesi
Auch Jesi liegt auf einem Bergrücken und ist vollständig von mittelalterlichen Mauern umgeben. Der Palazzo della Signoria, ein 1498 vollendeter Bau im Stil der Frührenaissance mit schönem Innenhof, ist das architektonische Glanzstück der Stadt. Weiter nordöstlich mündet die Via Pergolesi in die Piazza Federico II. Der Komponist Giovanni Battista Pergolesi wurde ebenso wie Kaiser Friedrich II. hier geboren. Zurück an der Küste, ist bald Ancona erreicht.

18 Ancona
Die Hauptstadt der Region Marken wurde 390 v. Chr. als Ankón von Syrakusern gegründet. Zu römischer Zeit war es ein bedeutendes Handelszentrum. Der 115 n. Chr. errichtete Arco di Traiano (Trajansbogen) erinnert an den Ausbau des Hafens. Im Mittelalter bildete Ancona eine unabhängige Stadtrepublik, die weitreichende Handelskontakte unterhielt. Im Jahr 1532 kam die Stadt unter päpstliche Herrschaft. Aus dieser Zeit stammt der Arco Clementino, ein Triumphbogen zu Ehren von Papst Clemens XII. Das weithin sichtbare Wahrzeichen Anconas ist der romanische Dom auf dem Monte Guasco. Zwei auf das Meer blickende Löwen, die den Zugang flankieren, tragen einen baldachinartigen Portalvorbau (um 1200). Sehenswert ist auch die romanische Kirche Santa Maria della Piazza (12. Jahrhundert), die in der unvollendet gebliebenen Blendfassade einen deutlich byzantinischen Einfluss aufweist. Der Ausbau der Fährverbindungen von Ancona zur dalmatinischen Gegenküste und vor allem nach Griechenland hat zur Entwicklung der heute über 100 000 Einwohner zählenden Stadt wesentlich beigetragen.

19 Monte Conero
Kurz hinter Ancona wird das sonst überwiegend flache Küstenland der Adria durch den schroff aufragenden Kalkklotz des Monte Conero unterbrochen. Seine Felshänge reichen fast bis ans Meer und trennen eine Reihe reizvoller Buchten ab. Sie geben der Riviera del Conero ihre besondere Note. Um eine einmalig weite Aussicht über das Adriatische Meer, die Küstenebene und das bergige Hinterland genießen zu können, biegt man kurz hinter Portonovo nach links zum Gipfel des Monte Conero ab. Der markante Felsklotz ist ein isolierter Vorposten des Apennin, dessen Jura-Kalkschichten hier noch einmal bis 572 Meter Höhe aufragen.

20 Loreto

Am Ortsausgang der alten Handelsstadt Numana, heute ein viel besuchtes Seebad, zweigt die Route nach Westen von der Küstenstraße ab. Ein kleines Sträßchen führt bergan, bis nach 8 Kilometern die Straße nach Loreto erreicht ist. Nach wenigen Kilometern erblickt man das hoch gelegene Ossarium, in dem die Gebeine der in der Schlacht von Castelfidardo (1860) Gefallenen aufgebahrt sind. Nach Überquerung des Flüsschens Musone erreicht man den Wallfahrtsort Loreto. Der Überlieferung nach soll die »Santa Casa«, das Haus der Jungfrau Maria, in dem Jesus seine Jugendjahre verbrachte, im Jahr 1295 auf geheimnisvolle Weise von Engeln hierher gebracht worden sein. Vermutlich ist die Tradition der Wallfahrt nach Loreto allerdings älter. Um die Basilika, mit deren Bau 1486 begonnen wurde, entstand ein Ort, der im Jahr 1586 von dem päpstlichen Landesherrn Sixtus V. zur Stadt erhoben wurde. Das ganze Jahr über, vor allem aber an den diversen Marienfeiertagen und am 9. Dezember, dem Tag der Ankunft des Hauses, kommen die Pilger nach Loreto. Die Wallfahrtskirche, an deren Bau und aufwendiger Ausschmückung so bedeutende Renaissancekünstler wie Bramante beteiligt waren, steht im Zentrum des schönen Städtchens. In der Nachbarschaft befindet sich der Palazzo Apostolico, der mit seinen zweigeschossigen Arkaden die Piazza della Madonna säumt und durchaus sehenswert ist.

Von Loreto führt die Route wieder zurück auf die Küstenstraße, die in Porto Recanati erreicht wird. Rund 15 Kilometer weiter südlich liegt schließlich der nächste Halt: die Stadt Civitanova.

21 Civitanova

Der Ort ist ein Juwel an der Adriaküste und besteht aus zwei Siedlungen: Civitanova Alta thront auf einem Hügel etwa 4 Kilometer vom Meer entfernt und ist über ein in Fontespina von der Küstenstraße abzweigendes Sträßchen erreichbar. Die reizvolle Kleinstadt mit dem Palazzo Ducale aus dem 13. Jahrhundert umgibt ein Mauerring. Besonders eindrucksvoll sind die Stadttore, die Porta zoppa und die Porta marina. Die Lage abseits des Meeres diente einst dem Schutz der Bürger vor Überfällen, war jedoch auch mit manchen Nachteilen verbunden. Im 17. Jahrhundert legte man deshalb Porto Civitanova als Hafenplatz am Meer an. Heute liegt hier das geschäftige Zentrum der Stadt. Wie das lebhafte Treiben am breiten Strand zeigt, spielt der Badetourismus eine wichtige Rolle. Weitere Erwerbsmöglichkeiten für die Bewohner bieten die Fischerei und vor allem die Herstellung eleganter Schuhe in zahlreichen, meist kleinen Betrieben.

Rund 5 Kilometer südlich von San Benedetto verlässt man die Küstenstraße und biegt nach Westen auf die »Via Salaria« ab. Wie die parallel verlaufende Schnellstraße und die Eisenbahnlinie führt sie durch das Tal des Tronto zur Provinzhauptstadt Ascoli, die nach dem Volksstamm der Picener den Beinamen Piceno trägt.

Unten: Das Zentrum des Örtchens Loreto bildet die hübsch ausgeschmückte Basilika vom Heiligen Haus.

Rechts: Die Piazza Arringo, auch als Piazza dell'Arengo bekannt, ist der älteste monumentale Platz in Ascoli.

22 Ascoli Piceno

Die Stadt liegt in nur 153 Metern Höhe, wird jedoch im Norden und besonders im Süden von den über 1000 Meter hohen Berggipfeln des Apennins überragt. Ihre Entwicklung verdankt sie der Lage an einer wichtigen Verkehrsachse. Die von den Flüssen Tronto und seinem Nebenfluss Castellano umrahmte Stadt weist zahlreiche interessante bauliche Überreste aus der Antike und dem Mittelalter auf. Die Piazza del Popolo, an deren Westseite sich der im 13. Jahrhundert erbaute Palazzo dei Capitani erhebt, bildet das Zentrum der Stadt. Kunstfreunde dürfen einen Besuch der Pinacoteca civica an der Piazza Arringo nicht versäumen. Unter den alten Meistern, deren Gemälde hier zu sehen sind, ragt vor allem der Venezianer Carlo Crivelli (um 1430–1500), der ab 1469 in Ascoli lebte, mit zahlreichen Werken hervor. Von ihm stammt auch der Flügelaltar im benachbarten Dom. Am ersten Sonntag im August findet in Ascoli alljährlich das farbenprächtige Giostra della Quintana (Quintana-Tunier) statt, bei dem die verschiedenen Stadtviertel um den Sieg streiten. Ein ganz anderes Erlebnis bietet das Caffè Meletti, dessen originale Jugendstil-Ausstattung einen besonderen Charme ausstrahlt. Von Ascoli aus lassen sich reizvolle Halbtagesausflüge unternehmen. Im Süden (Ausfahrt von Ascoli über die Viale Marconi) führt eine interessante Route in das Gebiet der Montagna dei Fiori, deren 1676 Meter hoher Monte Piselli von San Giacomo aus mit einer Kabinenbahn erreicht werden kann. An klaren Tagen lässt sich von hier aus die gesamte Adria bis hin zur dalmatinischen Küste überblicken.

Ein weiteres Ziel ist Civitella del Tronto südlich von Ascoli, eine der größten Festungsanlagen Italiens, die im 16./17. Jahrhundert errichtet wurde. Von Civitella del Tronto kann man über eine schöne Strecke nach Teramo fahren, von wo die S80 wieder an die Küste führt.

AZIENDA AGRITURISTICA SPECA

Der sehr saubere, schattige Platz befindet sich bei einem Bauernhof inmitten einer Obst- und Gartenbaulandschaft. Alle notwendigen Ver- und Entsorgungseinrichtungen sind vorhanden. Im Hofladen gibt es frisches Obst und Gemüse. 500 Meter bis zum Strand. Bis nach Ascoli Piceno sind es 36 Kilometer, nach Pescara 60.

Via degli Orti 1, 64014 Villa Rosa
GPS 42.86221, 13.91954

AREA VILLAGGIO LA TORRE

Dieser ist ein naturbelassener Stellplatz auf einer kleinen Anhöhe über der Spiaggia Risacca mit freiem Blick aufs Meer. Er ist mit den notwendigen Ver- und Entsorgungseinrichtungen ausgestattet. Geöffnet Juni bis September. In 10 Kilometern ist man in Termoli.

SS16 km 16.5, 86038 Petacciato
GPS 42.02438, 14.88738

AREA CAMPER DI BAIA DEGLI ARANCI

Dieser Komfort-Campingplatz direkt am Meer bietet alle notwendigen Ver- und Entsorgungseinrichtungen, inklusive Waschmaschine, Wäschetrockner, WiFi, Pool, Minimarkt und Restaurant. Geöffnet von Mitte April bis Mitte Oktober. Angemessene Preise. In nur 20 Minuten gelangt man zu Fuß in die Altstadt von Vieste.

Lungomare Europa 48, 71019 Vieste
GPS 41.88693, 16.16609, www.baiadegliaranci.it

CAMPING LIDO SALPI

Ein Platz zum Überwintern! Inmitten eines schattigen Waldes liegt dieser Komfort-Campingplatz mit eigenem Strand direkt am Meer. Er ist ausgestattet mit allen notwendigen Ver- und Entsorgungseinrichtungen sowie Sanitäreinrichtungen, Waschmaschinen und WiFi. Das Restaurant serviert Fischspezialitäten. Ganzjährig geöffnet.

SP 141 km 6,2, 71043 Manfredonia
GPS 41.55534, 15.89300, campinglidosalpi.it

23 Termoli

Dieser Ort liegt malerisch auf einer ins Meer vorstoßenden Halbinsel. Die alte Bischofsstadt zeigt noch manche bauliche Überreste aus dem Mittelalter, darunter die im Zerfall begriffene Burg der Hohenstaufen aus dem 13. Jahrhundert. Mehr aber als die Stadt selbst bezaubert die Aussicht, die sich bei klarem Wetter von hier auf die Bergwelt der Abruzzen bietet. Der Hafen von Termoli ist wichtigster Ausgangspunkt für den Ausflugsverkehr zu den Tremitischen Inseln. Über die S16 und 89 erreicht man die Halbinsel Gargano.

24 Peschici

Das Städtchen, auf einem steilen Felsen über dem Hafen gelegen, befindet sich am nördlichsten Punkt der Halbinsel Gargano und zugleich Apuliens. Im Sommer verkehren von hier aus Ausflugsboote zu den Tremitischen Inseln. Der Ort geht auf die Ansiedlung einer slawischen Bevölkerungsgruppe zurück. Im Sommer ist Peschici mit seinen Souvenirläden, in denen einheimische Arbeiten angeboten werden, ein beliebtes Ausflugsziel bei Touristen.

25 Vieste

Etwa 27 Kilometer südlich thront Vieste auf einem Felsvorsprung in 43 Metern Höhe über dem Meer. Der Pizzomunno, ein markanter Kreidefelsen, der sich wenige Meter vor der Küste aus dem Wasser erhebt, ist das Wahrzeichen der Stadt. Die Geschichte von Vieste lässt sich bis in die Zeit der griechischen Kolonisation zurückverfolgen. Das alles beherrschende Bauwerk, Castello di Vieste aus dem 13. Jahrhundert, wurde im 16. Jahrhundert in der Substanz stark verändert. Vom Burgberg hat man einen herrlichen Blick auf den langen Sandstrand, die Altstadt und den Hafen. Gut zu Fuß sollte sein, wer die engen Gassen und steilen Treppen erkunden will. Südlich von Vieste beginnt der sicherlich schönste Abschnitt der berühmten Küstenstraße des Gargano. In unzähligen Windungen führt die Strecke mit überraschenden Ausblicken auf die Küste und das Meer nach Süden. Hinter Mattinata biegt nach etwa 5 Kilometern eine Straße nach rechts ab und führt in vielen Kurven steil bergauf nach Monte Sant'Angelo.

26 Monte Sant'Angelo

Mit 12 500 Einwohnern ist es die größte Stadt des Gargano und ein berühmter Wallfahrtsort. Eine Grotte und das über ihr errichtete Santuario San Michele Arcangelo (Kirche des Erzengels Michael) sind das Ziel der Pilger. Auch die Kirche Santa Maria Maggiore aus dem 12. Jahrhundert mit einem schönen Portal und den üppigen Fresken im Inneren ist hervorzuheben. Monte Sant'Angelo ist Ausgangspunkt für Touren in den Gargano-Nationalpark.

27 Barletta

Auf einer kurvenreichen Straße geht die Fahrt von Monte Sant'Angelo

AUSFLUGSZIELE

Monte Sant'Angelo

Monte Sant'Angelo auf der Halbinsel Gargano ist ein berühmter Wallfahrtsort, an dem der Erzengel Michael verehrt wird. Ihm wurde hier eine Grottenkirche geweiht, von der lediglich der achteckige Turm und die Empfangshalle aus dem engen Gassengewirr ragen. Der eigentliche Kirchenraum, der schon seit dem 5. Jahrhundert von Pilgern aufgesucht wird, ist unterirdisch angelegt. Eine in Konstantinopel gestaltete Bronzetür aus dem 11. Jahrhundert bildet den Zugang zur weitläufigen Grotte, die man über 89 Stufen erreicht und in der mehrfach täglich Messen für die zahlreichen Pilger abgehalten werden. Weitere sehenswerte Sakralgebäude in der Nähe des Heiligtums sind die Chiesa di San Pietro und das Baptisterium Tomba di Rotari.

www.santuariosanmichele.it
GPS 41.708017, 15.952581

Bildleiste von oben: Monte Sant'Angelo ist ein beliebter Wallfahrtsort.

Anmutig erstreckt sich die Altstadt von Vieste mit ihrer mittelalterlichen Kirche an der Spitze der Halbinsel in die Adria.

Ein herrliches Farbschauspiel kann man im Gargano (bei Vieste) erleben, wenn sich das türkisfarbene Meer, die weißen Buchten und die grüne Vegetation treffen.

zurück in Richtung Küste und weiter nach Manfredonia, einer im Jahr 1256 von König Manfred angelegten Stadt mit großem Kastell. Im Süden des Golfs von Manfredonia wird eine Lagune seit Langem zur Gewinnung von Meersalz genutzt. Über eine Strecke von 16 Kilometern begleitet Salz, aufgehäuft in Becken und zu Hügeln, die Straße. In Margherita di Savoia informiert ein Salzmuseum über die Geschichte und Technik der Salinen.
Wenige Kilometer weiter wird der Ofanto, die Grenze zur Provinz Bari, überquert. In fruchtbarer Umgebung liegt Barletta, seit alters ein wichtiger Hafen und Umschlagplatz für Wein. Bereits im 3. Jahrhundert v. Chr. erwähnt, gewann Barletta ab dem 11. Jahrhundert an Bedeutung, als sich die Kreuzfahrer hier zur Reise ins Heilige Land einschifften. Zeitweilig war es sogar wichtigster Stützpunkt des deutschen Ritterordens in Italien, und unter König Manfred zweite Hauptstadt seines Herrschaftsbereichs. An die einstige Bedeutung Barlettas erinnern das Kastell und die Paläste bedeutender Familien.
Von Barletta lohnt ein Abstecher in das südwestlich gelegene Canne della Battaglia, wo Überreste einer mittelalterlichen und einer römischen Siedlung freigelegt wurden. Hier soll 216 v. Chr. die Schlacht von Cannae stattgefunden haben, in der die Karthager unter Hannibal die Römer vernichtend schlugen.
Eine anderer Abstecher führt von Barletta über Andria zum 28 Kilometer entfernten Castel del Monte, der sicher eindrucksvollsten mittelalterlichen Burg Süditaliens.

28 Castel del Monte

Weithin sichtbar überragt das aus hellem Kalkstein in 540 Metern Höhe erbaute Kastell die kahle Hügellandschaft der Murgia. Kaiser Friedrich II. ließ es ab 1240 erbauen. Die wuchtige, von acht Türmen umschlossene Anlage war als Jagdschloss geplant. Soweit sich aus dem erhaltenen Bauwerk erschließen lässt, war das Castel mit allem Luxus jener Zeit ausgestattet. 1996 wurde es in die Liste des Weltkulturerbes der UNESCO aufgenommen.

29 Ruvo di Puglia

Rund 20 Kilometer führt die Route von Castel del Monte in östliche Richtung zum Städtchen Ruvo di Puglia. Es liegt inmitten fruchtbarer Olivenhaine und Weingärten auf einem Hügel in 256 Metern Höhe. Die prächtige Kathedrale Concattedrale di Santa Maria Assunta mit schönen Fenstern, darunter einer Rosette von 1273, wurde Ende des 12. Jahrhunderts über einer älteren Basilika errichtet. Die freigelegten Mauern der Vorgängerkirche sind zu besichtigen. Der Campanile diente einst den Bürgern der Stadt als Wehrturm.
Nach weiteren rund 40 Kilometern nach Osten erreicht man bei Bari wieder die Küste.

30 Bari

Mit seinen rund 325 000 Einwohnern ist Bari, die Hauptstadt Apuliens, nach Neapel und Palermo die größte Stadt des italienischen Südens. Sie ist Industrie- und Handelsstadt sowie ein bedeutender Hafen. Schon das antike Barium war als wichtige Hafenstadt bekannt; Bari steht heute unter den Adriahäfen an dritter Stelle. Während der Zeit der Kreuzzüge erlangte Bari unter den Staufern große wirtschaftliche, strategische und kulturelle Bedeutung.

Ab 1558 bis zur politischen Einigung Italiens gehörte die Stadt zum Königreich Neapel. Ihr interessantester Teil liegt auf einer Landzunge zwischen dem alten und neuen Hafen. Hier steht die romanische Kathedrale, die um das Jahr 1156 über den Fundamenten der älteren Bischofskirche errichtet wurde. Ebenfalls in der Altstadt befindet sich die Basilika San Nicola (erbaut ab 1087), die älteste Emporenbasilika Apuliens. Sie ist eine Wallfahrtskirche mit den Reliquien des heiligen Nikolaus. Überragt wird die Altstadt vom übermächtigen Castello Svevo, das 1233 bis 1240 auf alten Fundamenten errichtet und im 16. Jahrhundert der veränderten Kriegstechnik baulich angepasst wurde. Ein Gang über die teilweise noch erhaltenen Stadtmauern ermöglicht interessante Einblicke in das Leben der Altstadt.

Deutlich hebt sich die Neustadt mit ihrem schachbrettartigen Grundriss und den klassizistischen Bauten von der Altstadt ab. Die Via Sparano, die die Neustadt quert und vom Bahnhof über die Piazza Umberto I. auf die Altstadt zuläuft, ist die Hauptgeschäftsstraße mit Shops, Cafés und Restaurants. Die klassizistischen, teils recht überladen wirkenden Prachtbauten des 19. Jahrhunderts geben der Straße ihr besonderes Gepräge.

31 Monopoli

In Monopoli bildet die riesige Piazza Vittorio Emanuele eine deutliche Grenze zwischen der betriebsamen Neustadt und der Altstadt. Die Stadt kann auf eine jahrtausendealte Geschichte zurückblicken. Der Hafen, schon von den Kreuzfahrern des Mittelalters genutzt, war bis Ende des 19. Jahrhunderts der wichtigste Umschlagplatz für den Export von Oliven. Castello di Monopoli, das im Jahr 1552 anstelle einer älteren Anlage erbaut wurde, diente vor allem zum Schutz vor Korsaren. Im 18. Jahrhundert erlebte die Stadt beachtlichen Wohlstand, wie die in dieser Zeit entstandenen Kirchen und Adelspaläste zeigen. Eindrucksvolle Beispiele sind der Palazzo Palmieri und die barocke Cattedrale Maria Santissima della Madia.

32 Grotte di Castellana

In dem für Apulien charakteristischen Kalkgestein sind Karsterscheinungen keine Seltenheit, doch nirgendwo zeigen sie sich so ausgeprägt wie in den Grotte di Castellana Die Höhlen beeindrucken durch den Formenreichtum der Dome und Tropfsteine, die sich zu einer fantastischen unterirdischen Landschaft zusammenfügen. Besichtigungen finden hier nur im Rahmen von Führungen statt. 10 Kilometer weiter kommt man zu den berühmten Trulli (siehe S. 308).

33 Alberobello

Nirgendwo sonst in Apulien haben sich die Trulli, die typischen Rundbauten der Region, in solcher Zahl erhalten wie in und um Alberobello. Die Stadt ist Mittelpunkt der Zona Monumentale, die UNESCO-Weltkulturerbe ist. Bei einem Spaziergang über die schön gepflasterten Gassen

Links: Das 1240 unter Kaiser Friedrich II. erbaute oktogonale Castel del Monte, einer der faszinierendsten Bauten des Mittelalters.

Unten: Im apulisch-romanischen Stil zeigt sich die Kathedrale von Bari.

AUSFLUGSZIELE

UNESCO-Welterbe Trulli

In Alberobello baut man heute noch Trulli, wie die traditionellen Häuser mit ihren kegelförmigen Dächern in Apulien genannt werden. Felssteine, die nur grob behauen sind, werden ohne Mörtel zu Mauern aufgeschichtet. Für das Dach setzen die Erbauer flache Steinplatten in immer enger werdenden Kreisen so übereinander, dass jeder Stein etwa zur Hälfte von einem darüber liegenden bedeckt wird. Allein durch dessen Gewicht wird er gehalten. Innen weisen die Trulli einen quadratischen Grundriss auf, je nach Platzbedarf werden mehrere miteinander verbunden. Bereits seit der Antike waren bei den Bauern im Mittelmeerraum einfache Rundbauten aus aufgeschichteten Steinplatten verbreitet. 1996 hat die UNESCO diese Bauwerke zum Weltkulturerbe erklärt.

whc.unesco.org/en/list/787
GPS 40.783021, 17.202245

Wie Zipfelmützen ragen die Trulli, die traditionellen apulischen Kraggewölbebauten, zwischen den normalen Häusern heraus.

.der Stadt stößt man überall auf diese merkwürdigen Steinbauten, von denen es allein in Alberobello an die tausend gibt. Im Museo del Territorio erfährt der Besucher viele interessante Einzelheiten über die Geschichte und die Bauweise der Häuschen.

34 Martina Franca

Der Nachbarort Martina Franca ist ein städtebauliches Kleinod, in dem die barocke Gestaltungslust nicht nur in den Adelspalästen, sondern auch in den Bürgerhäusern ihren Niederschlag gefunden hat.
Nach 50 Kilometern Richtung Osten ist Brindisi, der Endpunkt dieser Wohnmobilfahrt, erreicht.

35 Brindisi

Eine tief eingreifende Bucht bietet Platz für einen geschützten Hafen. Durch seinen natürlichen Hafen war Brindisi bereits in der Antike bedeutend. Lebhafter Mittelpunkt des Ortes sind die Piazza del Popolo sowie die Piazza della Vittoria mit der Fontana de Torres aus dem Jahr 1618. Dieser gilt als der schönste unter den hiesigen Brunnen. Besonders sehenswert sind das Museo Archeologico Provinciale Francesco Ribezzo und die Kirche San Benedetto mit dem ältesten Kreuzgang Apuliens. Außerhalb der Stadt kann man noch einen schönen Ausflug zur Kirche Santa Maria del Casale aus dem 13. Jahrhundert machen. Die rot-weiß gemusterte Fassade und der mit sehr wertvollen Fresken geschmückte Innenraum sind besonders interessant anzusehen.

AGRICAMPEGGIO BREZZA TRA GLI ULIVI

Dieser Platz ist auch zum Überwintern geeignet. Hier stehen die Wohnmobile zwischen schattenspendenden Feigen- und Olivenbäumen. Alle notwendigen Ver- und Entsorgungseinrichtungen sind in dieser videoüberwachten Anlage vorhanden. Ein Pool und ein ausgezeichnetes Restaurant runden das Angebot ab. Ganzjährig geöffnet. Es sind etwa 200 Meter bis zum Strand.

Via Imbriani, 441, 70052 Bisceglie
GPS 41.22752, 16.53574, www.brezzatragliulivi.it

AREA SOSTA NEL VERDE

Auf diesem gebührenpflichtigen und videoüberwachten Stellplatz gibt es Ver- und Entsorgungseinrichtungen, Stromanschlüsse und Internetzugang. Die Stellplätze befinden sich zwischen Olivenbäumen. Ganzjährig geöffnet. 500 Meter bis in die Innenstadt.

Via Cadore, 70011 Alberobello
GPS 40.78278, 17.23358, www.areasostaalberobello.it

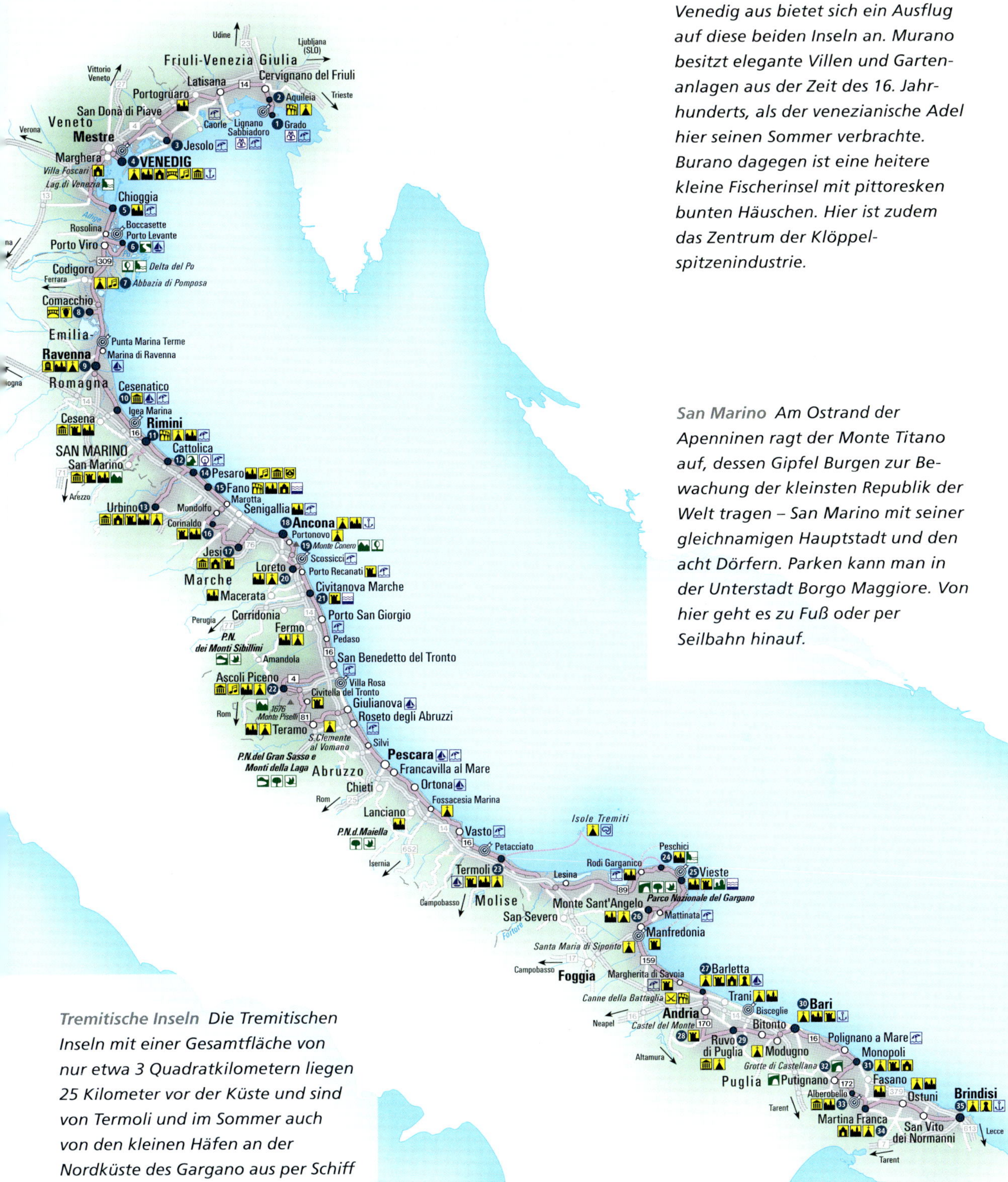

Inseln Murano und Burano Von Venedig aus bietet sich ein Ausflug auf diese beiden Inseln an. Murano besitzt elegante Villen und Gartenanlagen aus der Zeit des 16. Jahrhunderts, als der venezianische Adel hier seinen Sommer verbrachte. Burano dagegen ist eine heitere kleine Fischerinsel mit pittoresken bunten Häuschen. Hier ist zudem das Zentrum der Klöppelspitzenindustrie.

San Marino Am Ostrand der Apenninen ragt der Monte Titano auf, dessen Gipfel Burgen zur Bewachung der kleinsten Republik der Welt tragen – San Marino mit seiner gleichnamigen Hauptstadt und den acht Dörfern. Parken kann man in der Unterstadt Borgo Maggiore. Von hier geht es zu Fuß oder per Seilbahn hinauf.

Tremitische Inseln Die Tremitischen Inseln mit einer Gesamtfläche von nur etwa 3 Quadratkilometern liegen 25 Kilometer vor der Küste und sind von Termoli und im Sommer auch von den kleinen Häfen an der Nordküste des Gargano aus per Schiff zu erreichen (das Wohnmobil muss man auf dem Festland zurücklassen).

ROUTE 22

SIZILIEN-RUNDREISE

Wer die größte Insel des Mittelmeers auf der 850 Kilometer langen Küstenstraße umrundet, erhält einen umfassenden Eindruck von ihrer Geschichte und dem Reichtum an Baudenkmälern und Landschaften. Ergänzt wird die Reise durch Abstecher ins Landesinnere und auf die vorgelagerten Inseln.

Natürlich gelten auf Sizilien dieselben Verkehrsregeln wie in den anderen Regionen Italiens. Doch auf den Straßen dieser Insel geht es etwas turbulenter zu. An den forschen Fahrstil der Einheimischen muss man sich gewöhnen. Geschwindigkeitsbegrenzungen werden nicht immer eingehalten, eine rote Ampel wird nur manchmal beachtet, und wer am Zebrastreifen Fußgänger über die Straße lässt, kann sich des Ärgers des Hintermannes sicher sein, denn er rechnet einfach nicht damit. In Palermo und den anderen großen Städten klopft auch schon mal der Sozius auf der Vespa an den Aufbau. Nicht um Sie zu ärgern, sondern nur um auf sich aufmerksam zu machen. Denn wieselflink sind die motorisierten Zweiräder, jede Lücke im Verkehrsgewühl nutzend, links oder rechts an einem vorbei. Da kann einem durchaus der Atem stocken. Aber so chaotisch es manchmal zugeht, so nachsichtig ist man auch bei den Fahrfehlern des anderen. Natürlich mit laut geschimpften Kommentaren, die man aber nicht für bare Münze nehmen muss, das ist sizilianische Lebensart. Außerhalb der großen Städte ist die Fahrweise gemächlicher und die Verkehrsdichte nicht hoch. Im Inselinneren stellen nur die teils sehr schmalen Straßen den Fahrer vor ein Problem. Hier kommen oftmals zwei breite Fahrzeuge im Gegenverkehr nicht aneinander vorbei. Da muss man unter Umständen zur nächsten Ausweichstelle zurück oder, bei vorausschauender Fahrt, rechtzeitig anhalten.

Im Schatten des Stadtfelsens La Rocca wirkt der gewaltige normannische Dom über den Dächern von Cefalù geradezu klein.

Einmal um die größte Insel im Mittelmeer

Griechische Tempel, normannische Kathedralen und barocke Paläste machen aus der Insel eine Art überdimensionales Stilkundemuseum. Die passende Kulisse liefert die Natur mit dramatischen Felsküsten und Europas höchstem Vulkan.

Die Kathedrale Maria Santissima Assunta gleicht mehr einem Palast als einem Gotteshaus. Sie ist von byzantinisch-arabisch-normannischen Einflüssen geprägt und ein Muss für alle, die Palermo besuchen.

ROUTE 22

Streckenlänge: ca. 900 km
Zeitbedarf: ca. 2–3 Wochen
Routenverlauf (Hauptorte): Messina, Cafalú, Palermo, Trápani, Marsala, Agrigento, Ragusa, Syrakus, Catania, Taormina, Messina
Charakteristik: Von April bis Mitte Mai steht Sizilien in Blüte. Im Herbst wird bis zum November gebadet. Die Winter sind kurz und mild.
Informationen:
www.enit.de
www.italia.it
www.visitsicily.info

Hier geht's zum GPS-Track

01 Messina

So wie diese nur knapp 3 Kilometer vom italienischen Festland entfernt gelegene Hafenstadt seit ihrer Gründung durch die Griechen im 8. Jahrhundert v. Chr. den meisten Eroberern als erster Stützpunkt fungierte, so dient sie auch heute als »Tor zur Insel«. Die Stadt wurde mehrmals zerstört: 1783 und 1908 durch Erdbeben und 1943 durch Bombenangriffe im Zweiten Weltkrieg. Aus alter Zeit herübergerettet hat sich die kleine Normannenkirche Santissima Annunziata dei Catalani. Sehr schön ist das Panorama von den höher gelegenen Stadtbezirken über die schachbrettartigen Straßen und die Hafenanlagen hinweg auf die berühmt-berüchtigte Meerenge und die nahen, bewaldeten Hügel Kalabriens. Über die so kurven- wie aussichtsreiche Uferstraße erreicht man die Nordküste und nach insgesamt 80 Kilometern eines der berühmtesten Wallfahrtsziele Siziliens.

02 Tindari

Von der 260 Meter hohen Felsklippe, auf der das moderne Heiligtum mit der wundertätigen schwarzen Madonna thront, genießt man einen herrlichen Blick hinab auf die Sandbänke und hinüber zu den Liparischen Inseln. Nicht minder prachtvoll ist die Aussicht vom benachbarten Ruinenfeld des antiken Tyndaris, von dem noch Reste des Theaters, der römischen Basilika, der Wohnbezirke und der Stadtmauern erhalten sind. Auf der viel befahrenen SS113 Richtung Westen passiert man abwechselnd Strände, Felsklippen, Badeorte und Industrieanlagen. Nach 130 Kilometern erreicht man das auf einer Landzunge liegende Cefalù.

03 Cefalù

Das unter einem mächtigen Kalkfelsen geduckte Fischerstädtchen wäre allein wegen seiner orientalisch anmutenden Altstadt und dem Sandstrand einen Zwischenstopp wert. Immerhin wartet es mit der Ruine eines antiken Heiligtums, mit arabischen Waschhäusern und – im Museo Mandralisca – einer reizvollen, privaten Kunstsammlung auf. All dies wird aber im wahrsten Sinne des

Monreale, ein wahrhaft »königlicher Berg« und die größte Kirche Siziliens. Ihre imposanten Mosaiken und der Kreuzgang sind echte Highlights.

Wortes vom Dom in den Schatten gestellt. Den Grundstein für diesen ältesten Sakralbau Siziliens aus der Normannenzeit ließ König Roger II. im Jahr 1131 legen. Allein der Anblick der Fassade mit ihrem romanisch strengen Bogenportal und den beiden wuchtigen Wehrtürmen gräbt sich tief ins Gedächtnis ein. Absolut überwältigend ist der hohe, schlanke Innenraum. Meister aus Konstantinopel schufen im Chorbereich noch zu Lebzeiten des Stifters herrliche, golden gleißende Mosaike. Seit 2015 gehört die Kathedrale zum Weltkulturerbe der UNESCO.

04 Bagheria

Der Ort war im 17. und 18. Jahrhundert die bevorzugte Sommerfrische der Adelsfamilien aus Palermo. Hier, wo eine Meeresbrise Kühlung versprach, entstanden inmitten idyllischer Zitronen- und Olivenhaine zahlreiche barocke Landpaläste. Einige der Residenzen sind nach wie vor zu besichtigen, u.a. die Villa Palagonia mit ihrem manierierten Skulpturenschmuck. Von Bagheria sind es noch 14 Kilometer bis Palermo.

05 Palermo

Diese Stadt war im Ersten Punischen Krieg Hauptstützpunkt der karthagischen Flotte und erlebte in der Folge unter Arabern, Normannen und Staufern kulturelle Blütezeiten sondergleichen. Aus all diesen Epochen hat sich ein immenser Schatz an Baudenkmälern erhalten. In der Altstadt stehen byzantinische Kirchen neben Moscheen, barocke und katalanische Paläste neben klassizistischen Kasernen und arabischen Lustschlössern. Glanzstücke sind die gewaltige Kathedrale und der Normannenpalast mit der mosaikgeschmückten Cappella Palatina. Sehenswert sind auch die Kirchen San Cataldo, Santa Maria dell'Ammiraglio, San Giovanni degli Eremiti, der Palast La Zisa, das Teatro Massimo, die Katakomben des Kapuzinerkonvents sowie die Galleria Interdisciplinare Regionale della Sicilia und das Museo Archeologico Regionale Antonino Salinas. Vor 200 Jahren noch eine der prächtigsten Residenzstädte Europas, schien Palermo nach dem letzten Krieg dem Verfall preisgegeben. In den 1990er-Jahren streifte »die Schöne« das Stigma mafiöser Dekadenz ab. Seither wird emsig renoviert. Bester Beweis: die exotisch bunten Märkte sowie die gut besuchten Flaniermeilen und Plätze.

PARCHEGGIO LA RUOTA

Dieser ist ein sehr einfacher, kostenpflichtiger, aber dafür sicherer Platz am Strand ohne Ver- und Entsorgungseinrichtungen. Ganzjährig geöffnet. Der Platz ist ein guter Standort für eine Besichtigung der Altstadt, die man zu Fuß bequem erreichen kann.

Lungomare Giuseppe Giardina, 90015 Cefalù
GPS 38.03596, 14.01731, cefalubeachparking.com

AUSFLUGSZIELE

Liparische Inseln

Lohnende Tagesausflüge führen vom Fährhafen Milazzo auf die Liparischen Inseln, das Wohnmobil bleibt am besten in Milazzo stehen. Der aus erstarrter Lava und vulkanischem Tuff bestehende Archipel ist das mythische Reich von Äolus, dem Windgott und Erfinder der Segelschifffahrt. Seine fast durchwegs steilen, von Menschenhand unversehrten Küsten locken mit winzigen Buchten, die oft nur mit Booten zu erreichen sind. Touristisch am dichtesten erschlossen ist die Hauptinsel Lípari (4500 Einwohner). Wegen zweier Strandbuchten und der Heilkraft der schwefelhaltigen Schlammbäder viel besucht ist auch Vulcano. Agrarisch geprägt zeigt sich Salina, wo insbesondere Kapern und der süße Malvasier gedeihen. Abseits der großen Touristenströme liegen Filicudi, Alicudi und Strómboli. Der aktive Vulkan auf Letzterer fasziniert mit seinen regelmäßigen Auswürfen von glühendem Magma. Mit Abstand größte kulturelle Attraktion der Inselgruppe ist das in der Akropolis von Lípari eingerichtete, mit antiken Funden gut bestückte Nationalmuseum.

www.visitsicily.info

GPS 38.217707, 15.241317

06 Monreale

Kein Aufenthalt in Palermo ist denkbar ohne die Fahrt hinauf in das 8 Kilometer entfernte Bischofsstädtchen Monreale. Von der Anhöhe des Monte Caputo hat man die sizilianische Hauptstadt mit ihrer wie mit dem Zirkel gezogenen Bucht, der Conca d'Oro, unvergleichlich schön vor sich liegen. Hauptsehenswürdigkeit ist die berühmte Kathedrale. Im Jahr 1172 hatte Wilhelm II. hier in luftiger Höhe eine Benediktinerabtei gestiftet, um die sich alsbald eine Stadt bildete. In ihrem Zentrum ließ er einen Dom bauen – eine dreischiffige Basilika, die den Triumph des Christentums über den Islam symbolisieren sollte. Diese mit einer Länge von 102 Metern und Breite von 40 Metern größte Kirche Siziliens ruht auf 18 antiken Säulen. Sie enthält die Sarkophage der Könige Wilhelm I. und II. sowie herrliche Bronzeportale und Marmorfußböden. Die große Sensation sind freilich ihre einzigartigen Mosaike, die auf einer Fläche von 6300 Quadratmetern mit beispielloser Pracht biblische Geschichten erzählen. Sehenswert ist auch der Kreuzgang mit seinen 216 Säulenpaaren. Westlich von Palermo gerät das Tyrrhenische Meer teilweise außer Sicht. Die SS113 führt von hier ins Landesinnere nach Segesta.

07 Segesta

In der heute unbewohnten Hügellandschaft hatten sich in der Antike die Elymer, angebliche Nachkommen der Trojaner, niedergelassen. Von der Stadt dieses Volkes sind ein majestätischer, jedoch unvollendeter dorischer Tempel und ein prachtvoll gelegenes Amphitheater erhalten.

08 Trápani

Die auf einer Landzunge gelegene Provinzhauptstadt bildet den westlichen Endpunkt der SS113 und der A29. Drepanon, so der Name ihrer antiken Vorgängerin, diente den Karthagern und Römern als Flottenstützpunkt. Unter normannisch-staufischer Herrschaft stand die Stadt als religiöse Freistadt für alle Mittelmeervölker und als Haupthandelshafen für Salz, Fisch und Wein in Blüte. Vom alten Wohlstand zeugen heute in der vom Stil des Barock geprägten Altstadt noch zahlreiche Prachtbauten. Mit archäologischen Exponaten und Kunstschätzen gut bestückt ist das Museo Regionale Agostino Pepoli. Einen Besuch lohnt auch die Wallfahrtskirche Basilica santuario di Maria Santissima Annunziata: Sie ist ein wuchtiger Kolossalbau im katalanisch-gotischen Stil. Wer etwas Zeit hat, unternimmt einen Ausflug nach Erice oder San Vito lo Capo.

Links oben: Die Liparische Insel Volcano mit dem 391 Meter hohen aktiven Grand Cratère.

Links: Stellplatz mit Zugang zum Meer an der Nordküste von Sizilien.

PARCHEGGIO COMUNALE

Der asphaltierte, kostenpflichtige Parkplatz befindet sich in unmittelbarer Nähe der Kathedrale mit schönem Blick auf Palermo. Der Platz ist ganzjährig geöffnet.

Via Florio, 9, 90046 Monreale, GPS 38.07955, 13.29169

LA PINETA

Inmitten eines schattigen Pinienwaldes liegt dieser Komfort-Campingplatz direkt am Meer. Ausgestattet mit allen nötigen Ver- und Entsorgungseinrichtungen, Waschmaschinen, Trocknern, WiFi, Restaurant und zwei großen Swimmingpools. Ganzjährig geöffnet. Der Platz ist ideal zum Überwintern. Angemessene Preise.

Via del Secco 90, 91010 San Vito lo Capo
www.campinglapineta.it, GPS 38.17386, 12.74856

09 Ägadische Inseln

Von Trápani aus kann man einen schönen Tagesausflug auf diese drei Inseln vor der Westspitze Siziliens machen, die einst als Piratennester berühmt-berüchtigt waren. Maréttimo ist ein unberührtes Wandergebiet. Auf Lévanzo harrt die Grotta del Genovese mit steinzeitlichen Höhlenmalereien der Bewunderung. Und Favignana ist für die im Frühjahr veranstaltete »Mattanza«, eine Thunfischjagd, berühmt.

10 Marsala

Die Stadt gab dem Dessertwein seinen Namen. Der nahe dem Capo Lilibeo, Siziliens westlichstem Punkt, von den Phöniziern angelegte Hafen hält noch mehr bereit: einen schönen, barocken Kern mit einer repräsentativen Piazza, einen ursprünglich normannischen Dom, ein mit flämischen Gobelins bestücktes Museum und eine archäologische Fundstätte aus der Römerzeit. Sein orientalisch anmutendes Stadtbild verdankt der Ort dem im Jahr 827 von den Arabern neu gegründeten Mars al-Allah, dem »Hafen Gottes«.

11 Mazara del Vallo

Die einstige Verwaltungshauptstadt des Val di Mazara, einem mehrheitlich von Muslimen bewohnten Emirat, hat zwei Seiten: eine ziemlich abweisende in Form eines riesigen Fischereihafens und eine schöne in Form einer barock geprägten Innenstadt mit einer idyllischen Piazza samt üppig dekoriertem Dom.

Richtung Landesinneres erhebt sich ein architektonisches Juwel etwa 3,5 Kilometer westlich des Städtchens Castelvetrano: das über 900 Jahre alte, von den Normannen errichtete Kuppelkirchlein Santa Trinità.

12 Selinunte

Die Stadt, die einst dank dem Handel mit Weizen zu den wichtigsten griechischen Orten auf Sizilien zählte, wurde im 7. Jahrhundert v. Chr. von Dorern gegründet und 250 v. Chr. von den Karthagern zerstört. Trotz etlicher Erdbeben und dem Missbrauch als Steinbruch haben sich auf dem riesigen Ruinengelände imposante Relikte erhalten. Auf der Akropolis und zwei Hügeln wurden insgesamt neun Tempelanlagen freigelegt. Einige sind wiederhergestellt und bilden, direkt am Meer gelegen, geradezu Paradebeispiele für monumentale Heiligtümer der klassisch-griechischen Zeit.

Auf der landschaftlich reizvollen Nebenstraße nimmt man nun, der Küste folgend, Kurs Richtung Südost. Nächste Stationen sind Sciacca, aus dessen Boden eine schon von den Römern geschätzte Thermalquelle sprudelt und – über einen kurzen Umweg ins Landesinnere – Caltabellotta, ein spektakulär auf einem fast 1000 Meter hohen Felsen klebendes »Falkennest«, von dessen normannischer Burgruine man einen atemberaubenden Panoramablick über weite Teile der Insel hat.

Zurück an der Küste, wartet nach ca. 12 Kilometern schon die nächste antike Sehenswürdigkeit.

13 Eraclea Minoa

Die spärlichen Grundmauern und das schöne Theater dieser im 6. Jahrhundert v. Chr. gegründeten Stadt liegen auf einem Plateau, das mit schneeweißen Kreideklippen senkrecht zum Meer abbricht.

14 Agrigento

Die 30 Kilometer weiter gelegene Provinzhauptstadt hinterlässt an-

BEACH SIBILIANA VILLAGE

Auf dem gebührenpflichtigen, halbschattigen Stellplatz in Strandnähe gibt es Ver- und Entsorgungseinrichtungen. Geöffnet von April bis Oktober. Ein kostenloser Shuttlebus fährt nach Marsala.

Contrada Fossarunza 205, 91025 Lido Signorino
GPS 37.73517, 12.47432, beachsibilianavillage.com/

CAMPING LA PALMA

Unmittelbar an einem schönen Strand gelegener, familiengeführter Platz. Die überschaubar große Anlage ist nicht in Parzellen aufgeteilt. Man campt also relativ frei in dem waldartigen Gelände. Bar und kleiner Supermarkt vorhanden, mit dem Fahrrad sind weitere Lokale und Einkaufsmöglichkeiten gut zu erreichen.

Via delle Palme 29, 92013 Lido Fiori
GPS 37.565019, 12.964071, www.campinglapalma.com

CAMPING VALLE DEI TEMPLI

Dieser ist ein Komfort-Campingplatz mit allen notwendigen Ver- und Entsorgungseinrichtungen, Waschmaschinen, Wäschetrocknern, WiFi und Pool. Ganzjährig geöffnet. Das Valle dei Templi ist 2,5 Kilometer entfernt und lässt sich bequem mit dem Fahrrad erreichen.

Viale Emporium 49, 92100 Agrigento
GPS 37.26936, 13.58315, www.campingvalledeitempli.com/

NOTO PARKING

Auf dem gebührenpflichtigen, videoüberwachten Stellplatz gibt es alle notwendigen Ver- und Entsorgungseinrichtungen sowie Duschen, WiFi und Stromanschlüsse. Es ist ein schattiger Platz mit Zitrusbäumen. Der Fußweg nach Noto beträgt 2 Kilometer.

Contr. Faldino, 96017 Noto, GPS 36.88360, 15.08467

fangs einen zwiespältigen Eindruck: Allzu unschön haben Hochhäuser und Industrie den breiten Abhang überwuchert. In der überwiegend barocken Altstadt verbirgt sich jedoch so manches gemütliche Plätzchen und bauliche Juwel – allen voran der im Kern normannische Dom.

15 Valle dei Templi

Das »Tal der Tempel«, genau genommen ein langgestreckter Bergrücken, fasziniert durch die harmonische Verschmelzung von klassischer Architektur und mediterraner Landschaft. Wie Perlen sind die Kultbauten des antiken Akragas, das im 5. Jahrhundert v. Chr. neben Syrakus zur stärksten Macht Siziliens aufgestiegen war, aneinandergereiht – monumentale Tempel im klassisch-dorischen Stil. Über die Hafen- und Industriestadt Gela, die wegen der altgriechischen Wehrmauern und des gut bestückten Archäologischen Museums einen Zwischenstopp lohnt, gelangt man in den Südosten Siziliens, das Land der kargen Karstgebirge und des üppigen Barock. Vittoria und Comiso heißen die beiden ersten Städte entlang der Strecke ins Landesinnere (SS115). Sie geben einen Vorgeschmack auf die schwelgerischen Formen der hiesigen Architektur.

16 Ragusa

Diese Stadt bildete schon unter den Sikulern, den antiken Bewohnern Ostsiziliens, ein wichtiges Zentrum. Nach dem verheerenden Erdbeben von 1693 wurde sie komplett neu erbaut. Ihr östlicher Teil, Ragusa-Ibla, drängt sich mit seinen winkeligen Gassen auf einem schmalen Felssporn und wird vom Dom San Giorgio (erbaut 1744 bis 1775) überragt. In der westlichen, 100 Jahre jüngeren Stadthälfte befinden sich die 1760 fertiggestellte Kathedrale, einige repräsentative Palazzi und das Museo Archeologico Ibleo (bis auf Weiteres geschlossen). Beide Bezirke bieten ein barockes Stadtbild par excellence. Die Stadt zählt zu den von der UNESCO geschützten »spätbarocken Städten des Val di Noto«.

Auf einem 500 Meter hohen Hügel wurde die Unterstadt Ragusa Ibla errichtet. Hier stand einst auch die antike Altstadt. Ganz Ragusa steht unter dem besonderen Schutz der UNESCO.

17 Módica

Fast noch malerischer an die Steilhänge zweier Karstschluchten geschmiegt und ebenso einheitlich dem Barockstil verschrieben, präsentiert sich das altehrwürdige Städtchen

Bildleiste von oben:
Mit Blick auf Vulkan und Meer: Das Teatro Antico di Taormina ist ein griechisch-römisches Theater, in dem heute noch Aufführungen gezeigt werden.

Die auf einer Insel liegende Altstadt Ortygia bildet das historische Zentrum von Syrakus.

Selbst die Balkone in Noto sind ein Hingucker. Gestützt von Löwen und anderen mythischen Figuren reihen sie sich nahtlos in die barocke Pracht der Stadt ein.

Módica. Seine Hauptattraktion ist der Dom San Giorgio. Alle bisherigen Stationen waren allerdings nur eine Art Vorspiel für das, was 50 Kilometer östlich auf die Sinne wartet ...

18 Noto
Das auf einem flachen Ausläufer der Iblei-Berge erbaute Städtchen gilt als schönstes urbanes Gesamtkunstwerk des sogenannten sizilianischen »Nach-Beben-Barock«. Die Hauptachse des rechtwinkeligen Straßenrasters, das, in Terrassen abgestuft, den Hang überzieht, bildet der Corso Vittorio Emanuele. Franziskanerkirche, Kapuzinerkonvent, Dom San Nicolò, Rathaus, Erzbischöfliches Palais – die reich stuckierten Fassadenfronten schaffen hier im Verbund mit Freitreppen, Parks und Plätzen eine Kulisse von kaum überbietbarer Theatralik. Und von reizvoller Morbidität: Denn die ganze vornehm goldgelb getönte Pracht ist akut vom Verfall bedroht. Sandstein und Gips zerbröseln. Die Denkmalschützer kommen mit dem Restaurieren fast nicht mehr nach.

19 Siracusa (Syrakus)
Beim ersten Blick auf die gesichtslosen Neubauten von Syrakus mag man kaum glauben, dass diese Provinzhauptstadt vor 2300 Jahren einmal eine Million Einwohner zählte. Oder, dass sie einst die mächtigste der griechischen Städte in Süditalien war – Brennpunkt des Handels, aber auch der Philosophie und Wissenschaft. Doch ein Gang durch die malerische Altstadt öffnet die Augen. Denn jene Insel namens Ortigia, auf der von der Gründung durch die Korinther um 740 v. Chr. bis heute das historische Herz von Syrakus schlägt, besitzt etliche Relikte der einstigen Blüte – einen Apollo-Tempel zum Beispiel, die Arethusa-Quelle und auch einen dorischen Tempel, den man im 7. Jahrhundert n. Chr. zum heutigen Dom ausbaute. Von der antiken Neapolis auf dem Festland ist ebenfalls einiges erhalten geblieben. Der archäologische Park auf ihrem Gelände umfasst u. a. ein römisches und ein griechisches Theater, eine Vielzahl von Katakomben, den riesigen, aus dem weichen Kalkstein gemeißelten Altar Hierons II. und eine große Grotte, das »Ohr des Dionysios«. Neben den Überresten des Altertums lohnen aber auch Attraktionen aus dem Mittelalter und der Neuzeit wie die Regionalgalerie oder das unter Friedrich II. erbaute Castello Maniace einen Besuch.

20 Catnia
Siziliens zweitgrößte Stadt liegt weniger als 30 Kilometer Luftlinie vom Hauptgipfel des Ätna entfernt und hatte unter dieser engen Nachbarschaft oft zu leiden. Im Lauf ihrer fast 3000-jährigen Geschichte haben Lavaströme und Erdbeben sie wiederholt zerstört. Ende des 17. Jahrhunderts wurde sie nach einem verheerenden Beben streng nach Plan aus dunklem Lavagestein in spätbarockem Stil wieder aufgebaut. Aus der Vielzahl pompöser Paläste und Kirchen ragt besonders der Dom heraus. Ebenfalls besuchenswert ist das Städtische Museum im Castello Ursino und das Römische Theater. Bellinis Geburtshaus, das nach ihm benannte Teatro und die kolossale Barockkirche San Nicolò sind weitere Ziele. Von Catania aus lohnt sich natürlich ein Abstecher über Nicolosi zum Vulkan Ätna.

21 Taormina
Zum Grande Finale geht es, auf halbem Weg von Catania nach Messina, hinauf in den meistbesuchten Ort der sizilianischen Insel. Seine traumhafte Hanglage auf einem Fel-

CAMPING CAPTAIN
Dieser Campingplatz an der Südspitze Siziliens bietet direkten Zugang zum Strand. Der Platz ist mit allen notwendigen Ver- und Entsorgungseinrichtungen ausgestattet.

Isola delle correnti, 96010 Portopalo di Capo Passero www.campeggiocaptain.it , GPS 36.65240, 15.07923

SIRACUSA PORT
Auf diesem einfachen, relativ ruhigen Parkplatz am Jachthafen gibt es keinerlei Versorgungseinrichtungen, er ist aber ganzjährig geöffnet. Die Insel Ortygia ist bequem zu Fuß zu erreichen.

Riva Porto Lachio 1, 96100 Siracusa, GPS 37.06904, 15.29078

CAMPING JONIO
Der Campingplatz im Norden der Stadt liegt an einer Felsküste aus Lavagestein mit freiem Blick auf das Mittelmeer. Alle notwendigen Ver- und Entsorgungseinrichtungen, Waschmaschinen, Trockner und WiFi sind vorhanden. Ganzjährig geöffnet. Die Innenstadt ist 3 Kilometer entfernt.

Via Villini a Mare 2, 95126 Catania campingjonio.com, GPS 37.53289, 15.12041

PARCHEGGIO RIFUGIO SAPIENZA
Dieser gebührenpflichtige Parkplatz liegt am Fuße des Ätna auf 1900 Metern Höhe. Er hat keine Versorgungseinrichtungen, aber ein gutes Restaurant. Ganzjährig geöffnet. Der Platz ist ein ausgezeichneter Standort, um sich dem Vulkan auf einer Wanderung zu nähern (ca. 8 Kilometer, 1300 Meter Höhenunterschied).

Loc Rifugio Sapienza, 95019 Etna, GPS 37.69935, 15.00095

AREA LAGANI PARKING

Der ruhige Platz ist mit allen notwendigen Ver- und Entsorgungseinrichtungen, inklusive Waschmaschinen, Trocknern und WiFi ausgestattet. Ganzjährig geöffnet. Es sind 300 Meter bis zum Strand, 6 Kilometer bis Taormina. Stündlich fährt ein Bus in die Stadt (Fahrzeit 20–30 Minuten). Es gibt in Taormina keine geeigneten Parkplätze für Wohnmobile.

Viale Stracina 22, 98035 Giardini Naxos
www.parkinglagani.it, GPS 37.82205, 15.26657

Nicht nur der größte, sondern auch der höchste aktive Vulkan Europas ist der 3323 Meter hohe Ätna auf Sizilien – und der Feuerberg, der so oft ausgebrochen ist wie kein zweiter in der Geschichte. Er ist fantastisch anzuschauen.

sen hoch über dem Meer und das antike Amphitheater bescherten dem 11 000-Einwohner-Ort Taormina bereits im 19. Jahrhundert einen Gästeboom. Im 4. vorchristlichen Jahrhundert gegründet, war die Stadt mehr als 200 Jahre lang griechisch, ehe sie schließlich im Jahr 215 v. Chr. an Rom fiel. Vom Teatro Greco, das im 2. Jahrhundert v. Chr. auf den Fundamenten eines hellenistischen Vorgängerbaus errichtet wurde, weitet sich der Blick bis zum Vulkan. Diese ist wohl eine der schönsten Theaterkulissen der Welt! Ein weiterer guter Aussichtspunkt ist auch die rund 200 Meter über dem Meer gelegene Terrasse der Piazza IX. Aprile. Beeindruckende Paläste und Klöster ziehen Besucher ebenso nach Taormina wie die urigen Gässchen und gemütlichen Plätze. Im Jahr 1787 besuchte schon Johann Wolfgang von Goethe diesen Ort und schwärmte ausführlich in seiner zweibändigen »Italienischen Reise« davon.

Naturschutzgebiet Zingaro *Im Nordwesten der Insel, in der Provinz Trapani, befindet sich dieses 1600 Hektar große Naturreservat. Neben der herrlichen Küstenlandschaft sollte man sich die Uzzo-Grotte, eine Magma-Blase, ansehen.*

Érice *Ein Ausflug von Trápani aus führt in das mittelalterliche Städtchen Érice. Im Ort, von dem aus man schöne Blicke auf die Küstenebene genießt, haben sich Reste antiker Tempel- und Verteidigungsmauern erhalten.*

San Vito lo Capo *Eindrucksvoll ist die Fahrt entlang der Küste nach San Vito lo Capo. Nach 40 Kilometern wartet am Rand einer flachen Sandbucht ein wunderschönes Kap samt Leuchtturm.*

Villa Romana del Casale *Eine Tagesfahrt von Catania westwärts in das Innere Siziliens vermittelt einen guten Eindruck von den Reizen jenes Hügel- und Berglands, das den Römern einst als Kornkammer diente. Auf der 250 Kilometer langen Rundfahrt macht man mit Caltagirone, der malerischen Hauptstadt der Keramikherstellung, und mit Enna, dem mächtig befestigten »Belvedere Siziliens«, Bekanntschaft. Höhepunkt ist die spätantike Villa Romana del Casale.*

Ätna *Ein Ausflug auf den 3323 Meter hohen Gipfel ist ein unvergessliches Erlebnis. Von Nicolosi oder Zafferana führt die Strada dell'Etna in vielen Kurven bis zum Schutzhaus Sapienza auf 1910 Meter Höhe. Weiter geht es per Seilbahn auf 2600 Meter und zuletzt mit Führer im Allradfahrzeug bis zum Kraterrand. Eine bequeme Alternative bietet die Ferrovia Circumetnea, eine Schmalspurbahn, die in etwa 3,5 Stunden einmal rund um den Koloss zuckelt.*

Caltabellotta *Rund um den Ort ragen zahlreiche mit Burgen oder Kirchen bebaute Felszinnen auf. Von einigen hat man einen fantastischen Blick über die Insel, zum Ätna und auf das spektakulär gelegene Caltabellotta selbst.*

ROUTE 23

JADRANSKA MAGISTRALA

Landschaftlich wie kulturell bietet diese Tour entlang der Küste von Slowenien und Kroatien viel Abwechslung. Fast auf der ganzen Strecke hat man einen traumhaften Ausblick auf das tiefblaue Adriameer und die Küste, paradiesische Badebuchten und Strände. Und alte Städtchen laden immer wieder zum Verweilen ein.

Die Küstenstraße, auch Adria-Magistrale genannt, befindet sich in einem guten Zustand. Sie wurde in den letzten Jahren verstärkt ausgebaut. Kurvenreich ist sie allerdings geblieben. Man benötigt also viel Zeit, denn schnell lässt sich diese Straße mit dem Wohnmobil nicht fahren. Aber das will man auch nicht, zu schön sind die Ausblicke auf das Meer mit seinen zahlreichen Buchten und Inseln. Wer schnell in den Süden Kroatiens will, der nimmt die gebührenpflichtige Autobahn. Welche Strecke Sie auch wählen, mit Abblendlicht müssen Sie immer fahren, auch tagsüber.

Die Zahl der Stellplätze ist begrenzt. Zumeist handelt es sich dabei um nur wenig attraktive Abstellflächen. Dafür bieten die Campingplätze aber hohen Komfort; sie sind auch in großer Zahl vorhanden. In den Sommermonaten kann es sehr wohl einmal vorkommen, dass sie auf der einen oder anderen Insel ausgebucht sind. Wer genau weiß, wo er sich in den Sommermonaten an der Küste längere Zeit aufhalten will, tut gut daran, vorher zu reservieren. In der Vor- und Nachsaison, die ohnehin die schöneren Zeiten sind, weil nicht so viele Touristen unterwegs und die Temperaturen erträglicher sind, ist eine Reservierung nicht notwendig. Dafür muss man in dieser Zeit mit dem ein oder anderen Regenguss rechnen. Das kann zu tückischen Straßenverhältnissen führen: Wenn sich der feine Kalkstaub des Karstgesteins mit Wasser mischt, fährt man wie auf Schmierseife. Also Vorsicht bei Regenwetter!

Die kurvenreiche Jadranska Magistrala wurde in den 1960er- und 1970er-Jahren erbaut und gilt als eine malerischsten Küstenstraßen.

Die wohl schönste Küstenstraße der Welt

Die legendäre Jadranska Magistrala schlängelt sich in vielen Kurven von Slowenien bis nach Montenegro. Die Straße sollte von Nord nach Süd befahren werden, denn so hat man rechter Hand immer das Meer vor Augen.

Das Stadtbild von Rovinj ist geprägt vom Glockenturm der Kirche Sveta Eufemija. Die charmanten, engen Gassen der Altstadt erinnern an Venedig und laden mit Cafés, Restaurants und dem Markt zum Bummeln wie Flanieren ein.

ROUTE 23

Streckenlänge: 1800 km
Zeitbedarf: mindestens eine Woche, empfehlenswert sind 14 Tage
Routenverlauf (Hauptorte): Koper, Izola, Piran, Poreč, Rovinj, Pula, Opatija, Rijeka, Cres, Senj, Rab, Zadar, Split, Mostar, Dubrovnik, Cavtat
Charakteristik: Die Adria-Magistrale ist kurvenreich und stark befahren. Bei Sturmwind wegen Böen unbedingt die Warnhinweise beachten!
Informationen: www.slovenia.info/de croatia.hr/de-de

Hier geht's zum GPS-Track

01 Koper und Piran

Die slowenische Küste ist nur 40 Kilometer lang, und doch findet sich hier in drei Städten alles versammelt, was zum Meer und zur Seefahrt gehört: Koper ist der Handelshafen des Landes, Izola der Fischereihafen, und in Piran sonnen sich die Urlauber. Die ehemalige Insel Koper wurde durch einen Damm mit dem Festland verbunden. Das Zentrum der historischen Altstadt mit ihrem venezianischen Flair ist der Titov trg (Titusplatz) mit dem Prätorenpalast, der Kathedrale, dem Glockenturm und einer Loggia, die zu einem charmanten Kaffeehaus umfunktioniert wurde. Auch Izola wurde auf einer Insel erbaut und später mit dem Festland verbunden. Obwohl die Zeugnisse der venezianischen Vergangenheit hier ebenfalls zahlreich sind, ist der Ort doch in erster Linie ein Fischereihafen.

Piran, eine der schönsten Städte der Adria, lebt vom Tourismus. Mittelpunkt der Stadt ist der Tartiniplatz: Ein Halbrund aus alten Gebäuden säumt die eine Seite des Platzes. Von der anderen Seite blickt man auf den kleinen Fischerhafen gegenüber. In Piran sollte man sich einfach treiben und von den verträumten Details an Loggien, Brunnen und Zisternen verzaubern lassen. Auf der Weiterfahrt kommt der Reisende alsbald auf kroatischen Boden.

02 Umag

Die zerklüftete Westküste Istriens von Savudrija bis Rovinj mit ihren belebten Badezentren, Fischerdörfern und den venezianisch anmutenden Städtchen am Meer hat ein abwechslungsreiches landschaftliches Gesicht. Der Weg führt zunächst durch rotes, weites Land: Die Traumroute erreicht schließlich die »Kornkammer« Istriens, deren Mittelpunkt die schöne Stadt Umag bildet. Der einstige venezianische Hafen mit seiner historischen Altstadt ist beinahe vollständig vom Meer umschlossen. Im Mittelalter gehörte die Stadt – damals noch eine vom Festland getrennte Insel – dem Bischof von Triest.

Auf landschaftlich sehr schönen Straßen in Küstennähe geht es danach weiter bis nach Poreč.

Der Innenraum der Euphrasius-Basilika von Poreč mit dem Mosaikaltar.
Unten: 26 000 Zuschauer fanden einst im Amphitheater in Pula Platz.

03 Poreč

Von Pinien gesäumte Landzungen, Lagunen mit glasklarem Wasser und zerklüftete Klippen sind die Markenzeichen der 70 Kilometer langen Riviera zwischen Poreč und Vrsar. Es überrascht nicht, dass sich das bereits von den Römern besiedelte Städtchen Poreč zum touristischen Zentrum Istriens entwickelt hat. Sehenswert sind die Türme der alten Stadtmauer sowie die Eufrasius-Basilika mit ihren reichen Verzierungen und fein gearbeiteten Mosaiken. Sie ist das bedeutendste Monument byzantinischer Sakralbaukunst (3. bis 6. Jahrhundert). Der Glockenturm stammt aus dem 15. Jahrhundert. Um zur Stadt Rovinj zu gelangen, müssen Wohnmobilfahrer die Bucht Limski kanal umgehen. Nach einer recht kurzen Fahrt durchs Landesinnere führt eine Abzweigung in den Westen der Halbinsel.

04 Rovinj

Kennern gilt diese Küstenstadt mit ihrem venezianischen Glockenturm, den zahlreichen bunten Häusern und verträumten Sträßchen sowie unzähligen Bademöglichkeiten als eine der schönsten Küstenstädte des Landes. Seit dem Altertum ist die Felseninsel bereits besiedelt. Unter der venezianischen Herrschaft galt Rovinj als ein blühendes Zentrum für Fischerei und Handel. Beginnen sollte der Altstadtbummel bei der Ha-

CEFALÙ BEACH PARKING

Dieser Premium-Campingplatz mit eigenem Strand liegt direkt am Meer. Der Platz ist ausgestattet mit allen notwendigen Ver- und Entsorgungseinrichtungen, Waschmaschinen, Wäschetrocknern, WiFi, Restaurant, Jachthafen und diversen Sportplätzen. Dennoch angemessene Preise. Ganzjährig geöffnet.

Zelena laguna, 52440 Poreč (Parenzo), GPS 45.19607, 13.58910

CAMPING ARENA STOJA

Der kostenpflichtige Komfort-Campingplatz besitzt Ver- und Entsorgungseinrichtungen sowie Duschen, Waschmaschinen, Wäschetrockner und WiFi. Geöffnet von Mitte April bis Anfang Oktober. Man hat die Wahl, das Fahrzeug im Schatten unter Bäumen abzustellen oder schattenlos an der Felsküste. Die Altstadt von Pula ist mit dem Fahrrad in 10 Minuten zu erreichen.

Stoja 37, 52100 Pula, GPS 44.85645, 13.81389

fenpromenade mit ihren schönen Ausblicken. Zentrum der Stadt ist der Platz Trg Tita. Hier sorgen gemütliche Cafés, das Stadtmuseum und der schöne Uhrturm aus der Spätrenaissance für ein einzigartiges Flair. Besonders sehenswert ist auch die alles überragende Barockkirche Sveta Eufemija aus dem Jahr 1736 mit ihrem Glockenturm.
Zurück auf der E751 passiert man eine eindrucksvolle Karstlandschaft sowie ein Weinanbaugebiet und erreicht dann den Süden von Istrien.

05 Pula

Am Südende der Halbinsel befindet sich die Hafen- und Industriestadt mit ihrer imposanten römischen Arena. Pula entwickelte sich bereits zu Zeiten von Kaiser Augustus zu einer blühenden Provinzhauptstadt. Mit ihren 56 000 Einwohnern bildet sie auch heute noch das kulturelle und wirtschaftliche Zentrum der Halbinsel. Museen und ein ringförmig um den Kastellhügel angelegter Altstadtkern laden zur Besichtigung ein – am beeindruckendsten ist wohl das gigantische Amphitheater mit seinen 33 Meter hohen Arkadenbögen. Es ist eines der unbestrittenen Wahrzeichen Pulas.

06 Labin

Die Fahrt führt nun entlang der Ostküste Istriens nach Norden. Die E751 überquert das zum Teil schluchtartige Raša-Tal und führt danach rasch aufwärts in die überaus reizvolle mittelalterliche Stadt Labin, die hoch über dem Meer liegt.
Der Streckenabschnitt entlang der gewundenen Ostküste wird nun vom Ucka beherrscht, dem höchsten Berg Istriens (1401 Meter): Hier liegt die Opatijska-Riviera mit den charmanten Seebädern Lovran und Opatija aus dem 19. Jahrhundert. Mit Brestova endet die Region Istrien und geht in die Kvarner Bucht über.

07 Opatija

Belle Époque, blühende Gärten und Kaffeehäuser – in Opatija sind noch heute allerorts die Spuren der österreichisch-ungarischen Monarchie zu finden: Seit seiner Ernennung zum Kurort 1889 entwickelte sich das Seebad zu einem urbanen Gesamtkunstwerk. Neben mondänem Strandleben bietet es schöne Spazierwege auf der 8 Kilometer langen Uferpromenade. Im Herzen der Stadt im Angiolina-Park von 1885 traf sich einst die europäische Oberschicht, und noch heute wird auf einem Bummel unter Akazien, Zedern und Zitronenbäumen die überaus glanzvolle Vergangenheit wieder lebendig.

08 Rijeka

Oft dient die nahe Hafen- und Industriestadt Rijeka nur als Ausgangspunkt für die Reise entlang der Küstenstraße – zu Unrecht. Sehenswert ist nicht nur der 33 Meter hohe Glockenturm des Doms Sveta Marija. Das Gotteshaus stammt aus dem 13. Jahrhundert, seine Fassade aus dem 19. Wegen seiner Neigung wird der Turm auch »Schiefer Turm von Rijeka« genannt. Auch die zahlreichen

AUSFLUGSZIELE

Weinstraße Istriens

Es fühlt sich ein bisschen an wie die »Kroatische Toskana« – vielleicht auch, weil die Halbinsel lange unter italienischer Herrschaft stand. Gleich fünf Weinstraßen gibt es hier, denen sich mehr als 80 Kellereien angeschlossen haben. Im Nordwesten liegt die längste von ihnen, die »Weinstraße von Buje«. Die anderen vier sind kürzer. Alle lassen sich aber je nach Zeitbudget problemlos miteinander kombinieren. Zweisprachig sind die Wege zu den Weingütern mit »Vinska Cesta« (Kroatisch) bzw. »La Strada del Vino« (Italienisch) ausgeschildert. Die Tradition des Weinanbaus auf der Halbinsel ist alt – schon der Geschichtsschreiber Plinius der Ältere lobte mehrfach den »Vinum Pucinatum« aus Istrien. Man vermutet, dass es sich bei diesem Rotwein um einen Vorläufer des autochthonen Teran bzw. dessen Untersorte Refosco handelt. Der berühmte istrische Weißwein Malvazija ist wahrscheinlich Abkömmling einer Traube, die unter venezianischer Herrschaft eingeführt wurde. Mehr als zwei Drittel der hiesigen Weinanbaugebiete werden für weiße Traubensorten verwendet, allen voran der Malvazija, dicht gefolgt von Chardonnay, Weiß- und Grauburgunder. Auf den restlichen Anbauflächen wachsen rote Rebsorten – vom Teran über Merlot, Cabernet Sauvignon bis zum Blauburgunder.
www.istra.hr
GPS 45.402787, 13.654390

*Bildleiste von oben:
Vor der Ostküste der Halbinsel erstreckt sich die Weinstraße um Labin.*

Viele der kroatischen Stellplätze wurden direkt an idyllischen Badebuchten errichtet.

Vieles in Opatija erinnert an die vergangenen Zeiten der K.-u.-k.-Monarchie: blühende Gärten, Kaffeehäuser und eine Strandpromenade. Markenzeichen ist die Statue »Jungfrau mit der Möwe« (1956) vor der Küste.

Links: *Valun ist ein typisches kroatisches Fischerdorf und liegt zwischen zwei schönen Kiesstränden südlich der Stadt Cres.*

Unten: Die 16 Seen des Nationalparks Plitvicer Seen am Fuß der Kleinen Kapela sind über Terrassen, Kaskaden und Wasserfälle miteinander verbunden.

AUSFLUGSZIELE

Plitvicer Seen

Der Schatz im Silbersee liegt im mittleren Kroatien, und zwar in einem der 16 oberirdischen Plitvicer Seen. Dort wurden in den 1960er-Jahren zahllose Karl-May-Romane verfilmt, darunter der Klassiker um den Goldschatz im Silbersee. Die Abenteuer von Winnetou machten die einzigartige Karstlandschaft auch in Deutschland zu einem Sehnsuchtsziel ersten Ranges. Jeder wollte vor diesen sterbensschönen Seekaskaden stehen, die durch fragile Travertin-Barrieren voneinander getrennt sind und sich wie eine steinerne Wassertreppe ineinander ergießen. Der Nationalpark wurde 1949 gegründet und 1979 in das Weltnaturerbe der UNESCO aufgenommen. Mit dem Wohnmobil kann man gut am Nationalpark-Eingang 2 parken und von dort aus das Besichtigungsprogramm beginnen.

np-plitvicka-jezera.hr/de/
GPS 44.883712, 15.620442

Museen und den Korso mit Boutiquen und Buchhandlungen sollte man sich ansehen. Pflicht ist der Besuch der Festung Trsat (13. Jahrhundert), die sich hoch über der Stadt erhebt und einen herrlichen Rundblick auf Berge und Meer bietet.
Weiter geht es auf der E65: Die 600 Kilometer lange Adria-Magistrale zwischen Rijeka und Dubrovnik führt fast ausnahmslos am Meer entlang, durch eine einzigartige Landschaft aus Karstgebirge, tiefblau funkelndem Wasser und gleißendem Licht. Wer Zeit hat für einen längeren Besuch, sollte bei Kraljevica nach Krk fahren und von Valbiska auf die Insel Cres mit ihrer eindrucksvollen Mondlandschaft übersetzen.

09 Cres

Wacholder, Rosmarin, Ginster und Oleander schicken ihre Aromen über das karge Eiland. Archaische, aus dem grauen Karststein gebaute Städtchen wie das museale Dorf Lubenice thronen über der Steilküste, und an den tiefen Buchten dazwischen säumen Kapitäns- und Kaufmannshäuser in venezianischer Gotik die Hafenbecken von Valun und der Inselhauptstadt Cres. Kiesstrände laden bei Cres, Martinšćica und Valun zu einem Sprung in die glasklare Adria. Der Insel kommt eine wichtige Rolle im Schutz bedrohter Tierarten zu: Der Weiler Beli im Nordosten ist Sitz von Caput Insulae, einer Organisation, die sich für die seltenen Gänsegeier engagiert, ihre Brutplätze beobachtet und verletzte Tiere gesund pflegt.

10 Lošinj

Die kleine Insel im Südwesten von Cres war ursprünglich durch eine Landenge mit ihrer großen Schwester verbunden. Die Römer jedoch durchstachen sie, um die Schiffswege abzukürzen, und so gelangt man heute von Osor aus über eine Hebebrücke nach Lošinj. Üppige Vegetation und eine Vielzahl geschützter Badebuchten empfangen hier den Feriengast. Lošinj besitzt ein besonderes Heilklima, das bereits Anfang des 20. Jahrhunderts Kurgäste anlockte. Klassizistische und Jugendstil-Villen verstecken sich auf der Halbinsel Čikat in schattigen Kiefern- und Pinienwäldern. In den beiden Städten Mali und Veli Lošinj stehen stolze Kapitänshäuser entlang der Hafenbuchten: Lošinjs Kapitäne waren im 19. und weit ins 20. Jahrhundert hinein berühmt für ihr seemännisches Geschick. Und auch in Lošinj engagieren sich die Menschen für den Artenschutz: Hier beobachtet und erforscht man den Lebensraum der Adriadelfine, deren Bestand durch den regen Schiffsverkehr und die Fischerei stark dezimiert wurde.

11 Crikvenica

Das 30 Kilometer von Rijeka entfernte Crikvenica ist ein Seebad der letzten Jahrhundertwende. Mit einem weiten Sandstrand und der 8 Kilometer langen Uferpromenade, die bis nach Selce reicht, lockt es im Sommer zahlreiche Touristen an. Lohnend ist ein Besuch des Aquariums, das einen Einblick in die reiche Fisch- und Pflanzenwelt des Mittelmeers gibt. 30 Kilometer weiter liegt Senj. Von dort aus lohnt sich der Abstecher zu den 90 Kilometer entfernten Plitvicer Seen. Wieder zurück auf der Küstenstraße, säumen kleine Orte den Weg, die immer wieder zu kurzen Zwischenstopps einladen. Auf halber Strecke zwischen Rijeka und Šibenik befindet sich der Fährhafen Jablanac. Von hier kann die malerische Insel Rab besucht werden – die Überfahrt dauert nur etwa 10 Minuten.

12 Rab

Die Umrisse der südlichsten Insel im Kvarner Golf erinnern an einen Krebs; und dessen rechte Schere, die Halbinsel Lopar, besitzt eine ganz besondere Attraktion an der kroatischen Adria: Sandstrände. Bucht um Bucht ist gesäumt von feinem, hellen Sand. Der Rest der Insel hingegen präsentiert sich wie die gesamte kroatische Adriaküste mit schönen Kies- und Felsstränden. Unbedingt einen Besuch wert ist die Inselhauptstadt Rab mit vier hintereinander gestaffelten Kirchen auf einem Höhenrücken über dem Altstadtkern, der venezianischen Loggia und dem im 13. Jahrhundert errichteten Palazzo davor. In der Altstadt und an der Uferpromenade laden zahlreiche Restaurants und Straßencafés zum Verweilen ein.

13 Zadar

Dalmatiens Hauptstadt (75 000 Einwohner) ist längst über den malerischen Altstadtkern auf seiner wie ein Schiffsbug ins Meer ragenden

JEŽEVAC PREMIUM CAMPING RESORT

Nur wenige Gehminuten von der Altstadt von Krk entfernt befindet sich dieser Premium-Campingplatz direkt am Strand. Alle notwendigen Ver- und Entsorgungseinrichtungen sind vorhanden, natürlich auch Waschmaschinen, Trockner, WiFi, Restaurant und diverse Sportplätze. Geöffnet von Ende März bis Anfang Oktober.

Košljunska ul.51500, Krk
www.camping-adriatic.com/jezevac-camp-krk
GPS 45.01875, 14.56680,

PLITVICE HOLIDAY RESORT

Hier gibt es alles, was das Camperherz begehrt, und das in unmittelbarer Nähe zu den Plitvicer Seen. Unterschiedliche Kategorien von Stellplätzen in einer parkähnlichen Ferienanlage. Alle Ver- und Entsorgungseinrichtungen, Restaurant und Einkaufsmöglichkeiten vorhanden. Von Mai bis September geöffnet.

Grabovac 102-D1, 47245 Rakovica
www.plitvice.com, GPS 44.973470, 15.648081

Halbinsel hinausgewachsen. Der Mittelpunkt des Stari Grad, der Altstadt, ist das römische Forum. Fundamente von Geschäften und der Basilika sowie eine monumentale Säule erinnern an die römische Epoche. Hier erhebt sich auch eine der ältesten Kirchen der kroatischen Adria, die aus byzantinischer Zeit stammende Sv. Donat. Im 12. Jahrhundert wurde die romanische Kathedrale Sv. Stošija mit einer schönen steinernen Rosette über dem Portal errichtet. Der moderne Bau des Archäologischen Museums am Forum birgt die vielen bei Ausgrabungen entdeckten Schätze aus der Region Zadar. Noch mehr Schätze kann man im Benediktinerinnenkloster Sveta Marija bewundern: Reliquien, Gemälde sowie Kultobjekte aus dem Kirchenschatz.

Trogirs Altstadt ist seit 1997 Weltkulturerbe der UNESCO. Ihr romanisch-gotisches Gebäudeensemble, die Stadtmauer, das Schloss, die Paläste und Kirchen – in dieser Stadt sollte man mindestens zwei Tage bleiben!

14 Šibenik

Die reizvolle Hafenstadt wird von der weißen Kathedrale Jura Dalmatinács (1441) geprägt. Der begabte Baumeister arbeitete den Großteil seines Lebens an seinem Meisterwerk, das auf einzigartige Weise den Übergang von der Gotik zur Renaissance verkörpert. Herausragend sind die Apsiden mit ihrem Band aus 74 Köpfen, von denen jeder in seiner Lebendigkeit ein Unikat ist. Die Landschaft des Umlands ist freundlicher als im nördlichen Teil der Küstenstraße, auch die Vegetation mutet nun viel mediterraner an. Nahe Šibenik beginnt der Krka-Nationalpark; die einzigartige Landschaft mit Quellen, rauschenden Bächen und Wasserfällen ist bekannt als das Reich der kroatischen Feen und Wassermänner. Weiter führt die Strecke über Primošten. Im Umland wird übrigens seit Jahrhunderten Wein kultiviert.

15 Trogir

Auf einer kleinen Insel liegt die stimmungsvolle Altstadt von Trogir: Verwinkelte Gassen und ein Dom des berühmten Baumeisters Radovan entführen den Besucher unversehens ins Mittelalter. Die Stadt mit heute knapp 13 000 Einwohnern war einst griechische, dann römische Kolonie und entwickelte sich vom 9. bis ins 11. Jahrhundert zum politischen und kulturellen Zentrum Kroatiens. Von dieser Stellung zeugen heute nicht nur der eindrucksvolle Dom (13. bis 16. Jahrhundert), sondern auch die zahlreichen prächtigen Kirchen und Paläste. Die grandiose Altstadt von Trogir wurde mittlerweile in die Liste des UNESCO-Weltkulturerbes aufgenommen.

16 Split

Auf einer Halbinsel an der Küste, überragt vom Marjanberg, liegt die Hafenstadt Split (167 000 Einwohner), die mit ihren zahlreichen Museen und Theatern das kulturelle und wirtschaftliche Zentrum Dalmatiens bildet. Die reizvolle Altstadt mit ihrer kuriosen Mischung aus römischen, mittelalterlichen und modernen Bauten wurde von der UNESCO zum Weltkulturerbe erklärt, erlitt jedoch im serbisch-kroatischen Bürgerkrieg erhebliche Schäden. Den beeindru-

ckenden, 180 Meter breiten und 200 Meter langen Diokletianspalast, der zwischen 295 und 305 n. Chr. erbaut wurde, sowie die achteckige Kathedrale aus dem 13. Jahrhundert sollte man nicht verpassen.

17 Makarska

Immer schmaler wird der zu Kroatien gehörige Küstenstrich auf der Weiterfahrt; nur noch der Gebirgszug des Biokovo trennt die Küste von Bosnien-Herzegowina. Hier liegt das einstmals als Makarska-Riviera bekannt gewordene, beliebte und malerische Badegebiet, das bereits im 19. Jahrhundert von Passagierdampfern angelaufen wurde. 1962 zerstörte ein starkes Erdbeben einen Großteil der Prachtbauten.
Aufgrund des hohen Gebirgszugs im Rücken herrscht hier mildes Klima, sodass Wein und Olivenbäume kultiviert werden können. Malerische Fischerdörfer, Kiesstrände und Pinienwälder laden zu einer Pause ein. Auch die Insel Hvar profitiert vom Schutz des Gebirges. Vom Hafen Drvenik verkehren Fähren hinüber nach Sućuraj.

KAMP ODMORIŠTE

Dieser ist ein kostenpflichtiger Stellplatz mit guten Sanitäreinrichtungen sowie Waschmaschine, Wäschetrockner, WiFi, kleinem Swimmingpool und überdachtem Grillplatz. Ganzjährig geöffnet. Preiswerter Shuttleservice nach Zadar.

Kralja Tomislava 102, 23000 Murvica
GPS 44.86388, 15.64144

AUTO CAMP SANI

Sehr guter, komplett ausgestatteter Platz mit allen Sanitäreinrichtungen, Waschmaschinen, Wäschetrockner und WiFi. Der Strand ist 250 Meter entfernt. Bis nach Šibenik sind es 7 Kilometer. Geöffnet von Anfang Mai bis Ende Oktober.

Put Gomljanika 38, 22010 Brodarica
GPS 43.68206, 15.91762

KAMP ROŽAC

Sehr sauberer, malerischer Platz mit großem Baumbestand auf einer Landzunge an der Bucht von Trogir. Der Platz ist komplett ausgestattet mit Sanitäreinrichtungen, Waschmaschinen, Wäschetrocknern und WiFi. Die Altstadt von Trogir ist 1,5 Kilometer entfernt. Geöffnet von Anfang April bis Ende Oktober.

Šetalište Stjepana Radića, 21223 Okrug Gornji
www.camp-rozac.hr
GPS 43.50529, 16.25803

CAMPING NEVIO, PELJEŠAC

Der sehr schöne und ruhige Campingplatz auf einer kleinen Anhöhe über dem Meer ist mit allen notwendigen Ver- und Entsorgungseinrichtungen ausgestattet. Der Strand ist nur wenige Meter entfernt. Herrliche Aussicht, ausgezeichnetes Restaurant. Ganzjährig geöffnet.

Dubravica 15, 20250 Orebić
www.nevio-camping.com, GPS 42.98224, 17.19826

Rechts: Die Brücke Stari most in Mostar wurde ab 1566 im Auftrag des Sultans Süleyman I. als Einbogenbrücke errichtet und im Bosnienkrieg zerstört und wieder aufgebaut.

Rechts unten: Venedigs ehemalige Konkurrentin, Dubrovnik, verzaubert jeden Besucher.

18 Hvar

Die schmale, lang gestreckte, viertgrößte Insel Kroatiens ist besonders im Sommer dank des blühenden Lavendels eine Augenweide: Die Hauptstraße führt in den Ort Hvar. Mit seinem von venezianischen und klassizistischen Bauten wie der Loggia, der Kathedrale und dem Arsenal gesäumten Hauptplatz wirkt er überaus romantisch. In Stari Grad, dem zweiten bedeutenden Städtchen, lebte der kroatische Dichter Petar Hektorović im 16. Jahrhundert in einem hübschen Renaissanceschloss. Dieses »alte Schloss«, Stari Grad, ist die Hauptattraktion des geruhsamen Ortes. Sehenswert ist auch das museale Dorf Humac, etwa 350 Meter hoch über dem Badeort Jelsa gelegen, mit niedrigen im 17. Jahrhundert aus Bruchstein erbauten Bauernhäusern.

Auf gleichem Wege zurück und weiter auf der Adria-Magistrale nach Süden umkurvt die Straße hinter Ploče das Mündungsdelta der Neretva. Bauern staken auf flachen Kähnen zu den Feldern zwischen den Wasserwegen, und die Fischer fangen die hier als Spezialität geschätzten Aale und Frösche. Im Weiler Vid sind in vielen alten Häusern Steine und Reliefs aus der römischen Vorgängersiedlung Narona eingemauert. Hier bietet sich ein Abstecher in das bosnische Mostar mit seiner berühmten Brücke an (siehe unten).

Um Bosnien und Herzegowina den Zugang zum Meer zu sichern, musste Kroatien ein Stück der Küste abtreten; der Weg nach Dubrovnik führt daher bei Neum über zwei weitere Grenzkontrollen. Einige Kilometer weiter geht es bei Zaton Doli auf die Halbinsel Pelješac.

19 Pelješac

Die 350 Quadratkilometer große Halbinsel streckt sich wie ein Finger weit in die Adria hinaus. Auf ihren Böden gedeihen die besten Weine Dalmatiens. Wie umkämpft dieses fruchtbare Stück Land war, beweisen die imposanten Festungsanlagen Mali Ston und Veliki Ston, gleich am Anfang der Halbinsel gelegen. Ein schweres Erdbeben hat im Jahr 1996 große Zerstörungen an dem historischen Festungswerk angerichtet. Anlass für den Bau der zwischen 1333 und 1506 errichtete Wehranlage war die Konkurrenz zwischen Venedig und Dubrovnik, das damals noch Ragusa hieß. Pelješac gehörte zur Einflusssphäre Ragusas; auf dem Festland jedoch begann der Machtbereich Venedigs. Auch im beschaulichen Orebić am Südostende der Halbinsel sind Zeugnisse dieser Rivalität erhalten. Das im 15. Jahrhundert erbaute Franziskanerkloster war angeblich ein Spionagenest, von dem aus das Geschehen auf der Insel Korčula gleich gegenüber beobachtet wurde, denn diese gehörte Venedig. Heutige Besucher interessieren sich hier aber mehr für die schattigen Strandbuchten und die komfortablen Hotels. Windsurfer finden in der Wasserstraße zwischen Orebic und Korčula beste Bedingungen.

Mit der Fähre ist es ein Katzensprung hinüber auf die angebliche Geburtsinsel Marco Polos.

20 Korčula

Die Hauptstadt der gleichnamigen Insel brüstet sich stolz damit, der Geburtsort Marco Polos zu sein. Die idyllische Altstadt auf einer Halbinsel ist hervorragend erhalten und reizvoll. In der spätgotischen Kathedrale Sv. Marko kontrastieren moderne Bildhauerarbeiten mit dem gotischen Maßwerk. Der Bischofspalast und die Schatzkammer bergen wertvolle Stücke aus der reichen Geschichte der Stadt. Schöne Renaissance- und Barockpaläste säumen die Altstadtgassen. Das mutmaßliche Geburtshaus von Marco Polo ist derzeit geschlossen und soll zu einem Museum über den berühmten China-Reisenden ausgebaut werden. Kulturell hat Korčula einiges zu bieten: Anfang Juli zeigen zum Beispiel die Inselbewohner beim Schwerttanz-Festival stolz ihren berühmten Kumpanija-Tanz.

Von Korčula aus führt die Strecke auf gleichem Wege über Pelješac zurück aufs Festland und dann weiter auf der Adria-Magistrale nach Dubrovnik. Die tief eingeschnittene Bucht Rijeka Dubrovačka überquert zunächst noch eine moderne Brücke. Und dann ist endlich die »Königin der östlichen Adria« erreicht.

21 Dubrovnik

Die alte Handels- und Hafenstadt zu Füßen des 412 Meter hohen Srdj ist eines der am besten erhaltenen Architekturensembles aus Renaissance und Barock an der östlichen Adria und zählt zum UNESCO-Weltkulturerbe. Dubrovnik bzw. Ragusa, wie die Stadt früher hieß, war Venedigs schärfste Konkurrentin um die Kontrolle der Handelswege im östlichen Mittelmeer. An den monumentalen Stadttoren Pile und Ploče begrüßt folglich der Schutzpatron Sveti Vlaho die Besucher. Vor der Stadtbesichtigung empfiehlt sich ein Rundgang auf der mächtigen, im 14./15. Jahrhundert erbauten und 2 Kilometer langen Stadtmauer. Vom Pile-Tor

AUSFLUGSZIELE

Abstecher nach Mostar

Die Hauptstadt der Herzegowina ist ein außergewöhnliches Beispiel für multikulturell geprägtes urbanes Leben – aber auch für die damit verbundenen Konflikte. Mostar (Deutsch: »Hüter der Brücke«) hat seinen Namen von einer alten Holzbrücke über die Neretva. Sie wurde 1566 im Auftrag des Sultans durch eine Einbogenbrücke aus Stein ersetzt. Noch heute leben die meisten Christen der Stadt am West- und die Muslime am Ostufer – eine Trennung, die durch den Bosnienkrieg, der von 1992 bis 1995 tobte, zementiert wurde. In Mostar hatten Kroaten und Muslime Anfang der 1990er-Jahre zuerst zusammen gegen die Serben gekämpft. Dann verwalteten sie die Stadt etwa ein halbes Jahr gemeinsam, ehe sie sich untereinander bekriegten (1993/1994). Streitkräfte der bosnischen Kroaten nahmen auch die Brücke unter Beschuss, sodass sie im November 1993 einstürzte. Auch viele andere alte Gebäude, vor allem im bosnischen Ostteil, sind im Bosnienkrieg stark beschädigt oder zerstört worden. Fünf Jahre später, 1998, begann dann mit großer internationaler Unterstützung der Wiederaufbau der Stadt.

www.mostar.ba

GPS 43.339304, 17.811026

Ganz oben: Zahlreiche einzigartige Bauwerke prägen das Stadtbild von Dubrovnik. Arkaden und Sichtachsen mit prächtigen Sakralbauten verleihen der Stadt ein fast italienisches Flair.

Oben: Blick auf den Hafen und die Altstadt von Cavtat.

SOLITUDO CAMPING

Der Campingplatz befindet sich in unmittelbarer Nähe des Meeres und ist ausgestattet mit allen nötigen Ver- und Entsorgungseinrichtungen, Waschmaschinen, Trocknern, WiFi und einem Restaurant. Geöffnet von Anfang April bis Ende Oktober. Angemessene Preise. In die Altstadt von Dubrovnik sind es 5 Kilometer; in der Stadt gibt es kaum Parkplätze für Wohnmobile. Es ist daher besser, auf öffentliche Verkehrsmittel zurückzugreifen.

Ul. Vatroslava Lisinskog 60, 20000, Dubrovnik
solitudo-camp-dubrovnik
GPS 42.66208, 18.07051, www.camping-adriatic.com/

kommend betritt man die Hauptstraße Stradun am westlichen Ende mit dem barocken Onofrio-Brunnen, der ab 1438 die Wasserversorgung der Stadt sicherstellte. Unter den vielen Kirchen und Klöstern Dubrovniks bezaubert das Franziskaner-Kloster durch einen idyllischen Kreuzgang mit romanischen Säulen. Die im Kloster eingerichtete Apotheke zählt zu den ältesten der Welt. Elegante Barockarchitektur prägt die Häuser entlang des Stradun. Nachdem ein Erdbeben Ragusa 1667 stark zerstört hatte, wurde die Straße in einheitlichem Stil wieder aufgebaut. Zahlreiche Cafés laden hier zur Rast, Jung und Alt promenieren beim Korso. Der Stradun (»Große Straße«) endet im Ostteil der Stadt am ehemaligen Marktplatz Luša. Hier stehen die im Jahr 1418 errichtete Rolandsäule und der im 16. Jahrhundert erbaute spätgotische Sponza-Palast.
Von hier führt die Route nun weiter nach Süden in das knapp 30 Kilometer entfernte Cavtat.

22 Cavtat

Hier begann Dubrovniks Geschichte: Die Bewohner der römischen Siedlung Epidauros, zumeist Menschen griechischer und römischer Abstammung, litten unter den Überfällen slawischer Völker und verließen im 7. Jahrhundert ihre Heimat. Auf einer dem Festland vorgelagerten Insel fühlten sie sich sicherer und gründeten so eine Stadt. An den schönen Stränden kann man sich heute erholen oder aber zum Tauchen aufbrechen. Cavtat liegt malerisch eingebettet zwischen türkisblauem Meer und üppig grünen Hügeln. Im Stadtzentrum sind historische Bauwerke aus der Renaissance und der Gotik zu bewundern, darunter der Rektorenpalast, Teile der alten Befestigungsanlage, die Kirche des heiligen Nikolaus sowie viele schöne Stadtplätze.
Zum Abschluss lockt noch ein reizvolles Ziel: Rund 60 Kilometer sind es von Cavtat bis zur Bucht von Kotor in Montenegro. Auf diesem Abstecher sieht man dramatische Berglandschaften, alte Kirchen und romantische Hafenstädte.

Brijuni-Inseln Von Fažana setzen regelmäßig Boote auf das Archipel über. Die 14 Inseln mit ihrer einzigartigen Tier- und Pflanzenwelt stehen unter Naturschutz.

Grobnik-Alpen Ein Abstecher von Rijeka ins Landesinnere führt in die Berge von Grobnik. Höchster Berg ist der Fratar (1353 Meter), der einen tollen Blick auf die Kvarner Bucht bietet. An seinem Hang befindet sich die Hahlic-Hütte auf 1100 Metern Höhe. Sie ist die älteste an der Küste Kroatiens.

Podgorica Die aufstrebende Hauptstadt Montenegros wartet mit historischen Bauwerken wie der Georgskirche (10. Jahrhundert) oder Moscheen aus osmanischer Zeit auf, hat aber auch moderne Bauten wie das Nationaltheater oder die Millenniumsbrücke zu bieten. Mit Museen und zahlreichen Theatern ist die Stadt auch kultureller Mittelpunkt des Landes.

Lošinj Schöne Hafen- und Badebuchten sind typisch für die kleine Insel, die im Südwesten von Cres liegt. Die Altstadt prägen schmale Gässchen, kleine Läden und bunte Häuser.

Kotor Noch heute wird diese Stadt in Montenegro von einer fast 5 Kilometer langen mächtigen Mauer umschlossen. Vor allem aus der Renaissance und dem Barock stammen zahlreiche Paläste und Patrizierhäuser, die oftmals von der Herrschaft der Venezianer geprägt wurden.

Sveti Stefan Das in Montenegro gelegene Fischerdorf stammt aus dem 15. Jahrhundert. Im Lauf des 20. Jahrhunderts wurde es zu einer komfortablen Hotelinsel umgebaut.

ROUTE 24

KLASSISCHES GRIECHENLAND

Diese reizvolle Tour führt durch grandiose Berg- und Küstenlandschaften zu den wichtigsten Zeugnissen der griechischen Antike sowie der römischen, byzantinischen und venezianischen Epoche im südlichen Festland, auf Attika und dem Peloponnes.

Es ist schon sehr weit nach Griechenland. Wer die lange Fahrt dorthin scheut (z. B. sind es von Frankfurt am Main nach Athen ca. 2400 Kilometer), der nimmt die Fähre von Venedig nach Patras am Westrand des Peloponnes oder nach Igoumenitsa im Norden Griechenlands. Mit dem Schiff dauert es mehr als 30 Stunden und man kommt entspannt in Griechenland an. Das ist dann sozusagen eine Mischung aus Kreuzfahrt und Wohnmobilreise. Wer diesen Weg wählt, sollte rechtzeitig buchen, doch billig ist es ohnehin nicht. Kürzere Fährverbindungen bestehen zwischen Bari und Patras und zwischen Brindisi und Igoumenitsa. Wenn Sie viel Zeit mitbringen, bietet es sich an, die in diesem Buch beschriebenen Touren durch Venetien und entlang der Adria mit einer Schiffspassage nach Patras zu kombinieren.

In Griechenland angekommen, werden Sie feststellen, dass die meisten Straßen in einem ordentlichen Zustand sind. Die Hauptstraßen sind gut ausgebaut, lediglich bei Nebenstraßen oder auf dem Weg zu den Stränden muss man mit Schlaglochpisten rechnen. Das Angebot an Stellplätzen ist überschaubar. Für die Ver- und Entsorgung sowie für die Übernachtung kommt man nicht umhin, Campingplätze aufzusuchen. Freies Campieren ist offiziell verboten, wird aber häufig toleriert. Hier ist der Mut des Einzelnen gefragt. Wer Tisch und Stühle im Fahrzeug lässt, hat in der Regel kein Problem.

Wildromantisch: der Poseidon-Tempel am Kap Sounion in der Region Attika.

Auf den Spuren der Götter

Griechenland ist die Wiege der abendländischen Kultur. Doch lohnt eine Reise dorthin auch wegen der einzigartigen Natur mit ihren eindrucksvollen Hochgebirgslandschaften, wilden Küsten und wunderbaren Stränden.

Wiege der Demokratie und eine der ältesten Städte Europas: Athen ist seit der Antike das wirtschaftliche und kulturelle Zentrum des Landes. Ihr Wahrzeichen, die Akropolis, wurde zum UNESCO-Weltkulturerbe ernannt.

ROUTE 24

Streckenlänge: ca. 1500 km
Zeitbedarf: ca. 3 Wochen
Routenverlauf (Hauptorte): Athen, Kap Sounion, Theben, Delphi, Korinth, Nauplia, Sparta, Máni, Methóni, Olympia, Patras, Korinth, Athen
Charakteristik: Die Straßen sind generell in gutem Zustand, auf dem gebirgigen Peloponnes aber teilweise schmal und ohne Mittelstreifen.
Informationen:
www.visitgreece.gr
www.thisisathens.org

Hier geht's zum GPS-Track

01 Athen

Die griechische Hauptstadt ist eine pulsierende, moderne Metropole mit über drei Millionen Einwohnern. Im Großraum von Athen lebt etwa ein Viertel der Bevölkerung.

Athen ist eine Stadt der Gegensätze: Verkehrschaos mit täglichen Staus und massive Umweltprobleme, besonders der Smog, prägen und belasten das Zentrum. Die großartigsten Zeugnisse der Antike konzentrieren sich in der südlichen Innenstadt. Athens weithin sichtbares Wahrzeichen ist die Akropolis, der Inbegriff des klassischen Griechenlands. Der weltberühmte Burgberg wurde um 800 v. Chr. zum heiligen Bezirk umgestaltet und diente vor allem der Verehrung der Göttin Athene, der Schutzpatronin der Stadt. Die Akropolis steht auf einem schroff abfallenden, 156 Meter hohen Tafelberg aus hellem Kalkstein und war für die Bevölkerung in Notzeiten ein wichtiger Zufluchtsort. Erste Anfänge einer Burgmauer sind bereits für das 13. Jahrhundert v. Chr. nachgewiesen. Nach der Zerstörung der archaischen Tempel durch die Perser 480 v. Chr. entstand in der ersten Hälfte des 5. Jahrhunderts v. Chr. das Ensemble monumentaler Marmorbauten mit dem Torbau der Propyläen, dem Nike-Tempel, dem gewaltigen Parthenon (447–432 v. Chr.) und dem ionischen Erechtheion mit seiner Korenhalle. Bedeutende Skulpturen und Reliefs sind im Akropolismuseum ausgestellt. Die starken Zerstörungen am Parthenon stammen aus dem 17. Jahrhundert, als eine Granate der Venezianer dort das türkische Pulvermagazin traf und die Decke in die Luft sprengte. Die Gesamtkosten der Akropolis betrugen mehr als 2000 antike Talente Gold. Für einen Stadtstaat von der Größe Athens war das eine enorm große Summe.

Die Hauptsehenswürdigkeiten unterhalb der Akropolis sind das Dionysostheater, in dem vor 17 000 Zuschauern Dramen von Aischylos, Euripides und Sophokles uraufgeführt wurden, sowie das römische Odeion (160 n. Chr.), der Bau des reichen Athener Bürgers Herodes Attikus.

Um die Agora, seit 600 v. Chr. der antike Marktplatz und jahrhundertelang

In der Plaka, Athens historische Altstadt, ziehen sich Gässchen mit vielen kleinen Läden und Restaurants den Hang hinauf.

das Zentrum des öffentlichen Lebens, gruppieren sich der dorische Hephaistos-Tempel oder Theseion (449 bis 440 v. Chr); die als Museum wiederaufgebaute Säulenhalle Attalos Stoa, einst ein Zentrum der Handwerker (mit Funden von der antiken Agora); der achteckige Turm der Winde (1. Jahrhundert v. Chr.), ehemals Wasser- und Sonnenuhr mit einer Wetterfahne; die römische Agora aus der Zeit um Christi Geburt und die benachbarte Fethiye-Moschee (Ende des 15. Jahrhunderts).

In der Plaka, der malerischen Altstadt mit engen Gassen, kleinen Läden, netten Cafés und einladenden Tavernen, stehen mehrere byzantinische Kirchen, etwa die schöne Kleine Mitropolis (12. Jahrhundert) und die älteste christliche Kirche der Stadt, die Kreuzkuppelkirche Kapnikarea aus dem 11. Jahrhundert an der Geschäftsstraße Ermou. Sehenswert ist auch die Kreuzkuppelkirche Panagía gorgoepikoos (12. Jahrhundert). Am Monastirakiplatz befinden sich eine kleine Basarmoschee und die Reste der römischen Hadriansbibliothek.

Im modernen Athen rund um den verkehrsreichen Sintagmaplatz sollte man sich das Parlamentsgebäude (Voulí), das 1842 durch den Architekten Friedrich von Gärtner erbaut wurde, ansehen. Auch der 1836 angelegte Nationalgarten mit exotischen Gewächsen und das Numismatische Museum im Wohnhaus Heinrich Schliemanns lohnen den Besuch. Aus römischer Zeit stammen die Reste des Hadriantors und des Zeustempels Olympieion. Das für die ersten Olympischen Spiele der Neuzeit im Jahr 1896 rekonstruierte antike Kallimármaro-Stadion ist faszinierend. Eine einzigartige Sammlung griechischer Kunst der Antike wartet im Archäologischen Nationalmuseum auf den Besucher. Aber auch das Museum für Kykladische Kunst, das Byzantinische und Christliche Museum und das Benáki-Museum (koptische Textilien, byzantinisches Kunsthandwerk) beeindrucken.

In der Umgebung sind die byzantinischen Klöster Kaisariani mit der um 1000 erbauten Marienkirche und Dafni aus dem 11. Jahrhundert mit überaus kunstvollen Blattgoldmosaiken in der Hauptkirche sehenswert. Empfehlenswert sind auch Ausflüge nach Piräus, seit antiker Zeit Hafen von Athen, mit dem Fischerhafen Mikrolimano, dem

CAMPING ATHINA

Auf diesem schattigen Campingplatz gibt es Ver- und Entsorgungseinrichtungen, Stromanschlüsse und Internet. Die großen Stellplätze liegen zwischen Olivenbäumen und Palmen. Ganzjährig geöffnet, moderate Preise. Gute Busverbindung ins Zentrum.

Athinon Ave 198–200, Athina 121 36
campingathens.gr, GPS 38.00871, 23.67171

CAMPING DELFI

Der Campingplatz bietet alle notwendigen Ver- und Entsorgungseinrichtungen, inklusive Stromanschlüsse, Waschmaschinen, Trockner und WiFi. Man hat einen atemberaubenden Blick über den Golf von Korinth sowie ausreichend große schattige Plätze unter Pinien und Olivenbäumen. Ein Pool und ein gutes Restaurant runden das Angebot ab. Ganzjährig geöffnet, moderate Preise. Für eine Wanderung zu den archäologischen Stätten von Delphi hat man 3 Kilometer zurückzulegen und 200 Höhenmeter zu überwinden.

Itea road, 33054 Delphi
www.delphicamping.com, GPS 38.47862, 22.47485

Griechischen Schifffahrtsmuseum und Archäologischem Museum. Oder man fährt zum Poseidontempel am 67 Kilometer entfernten Kap Sounion und auf die Inseln im Saronischen Golf, Ägina mit Apollon-Tempel und Aphaia-Tempel, oder auf die Inseln Poros und Hydra.

02 Kap Sounion

Die Fahrt führt von Athen zunächst auf der Schnellstraße 91 rund 70 Kilometer nach Süden bis zur äußersten Spitze der Halbinsel. Für einen Halt entlang der Attischen Küste zwischen Piräus und Sounion empfehlen sich die schönen Strände bei Voúla und Vouliagméni. Am Fuß des Kaps befindet sich der dem Meeresgott Poseidon geweihte Tempel (444 v. Chr.), von dem aus sich herrliche Ausblicke auf den Saronischen Golf bieten. Von Kap Sounion verläuft die Strecke auf der Ostseite der Halbinsel nach Norden, östlich von Athen führt die Fernstraße 54 nach Marathón. In der Marathón-Ebene schlugen die Griechen 490 v. Chr. ein großes Perserheer. Ein Bote in voller Rüstung trug die Siegeskunde nach Athen – die 42 Kilometer lange Strecke ist die Referenzstrecke für die klassische Marathonstrecke der Moderne. Der Küstenstraße nach Norden folgend, bietet sich bei Halkída ein Abstecher zur Insel Évia (Euböa) an.

03 Theben

Von Halkída führt die Fernstraße 44 nach Thíva, dem antiken Theben, das heute ein unbedeutendes Provinzstädtchen ist. Die wenigen Funde aus der berühmten Geschichte der einst mächtigsten Stadt Griechenlands (4. Jahrhundert) zeigt das Archäologische Museum.
Auf der Weiterfahrt nach Nordwesten passiert man den Turm einer fränkischen Kreuzritterburg aus dem 13. Jahrhundert. Richtung Delphi nimmt man dann die Fernstraße 3 und biegt danach auf die 48 ab.
Die Stadt Livádia liegt inmitten großer Baumwollfelder. Nach Verlassen der Stadt eröffnen sich nach Nordwesten schöne Blicke auf den Parnassós (Parnass).

04 Ósios Loukás

Nach etwa 13 Kilometern zweigt eine Straße nach Süden Richtung Distomo ab. Eine ebenso 13 Kilometer lange Straße führt zum Kloster Ósios Loukás (Hosios Lukas), das als das schönste griechisch-orthodoxe Kloster aus byzantinischer Zeit gilt.Es besitzt eine bemerkenswerte Bauweise, aber Höhepunkt jeder Besichtigung sind seine 1000 Jahre alte Mosaiken – Meisterwerke der Weltkunst!
Zurück auf der Fernstraße 48 erreicht man nach weiteren 24 Kilometern über zum Teil steile Bergstraßen die Stadt Delphi.

05 Delphi

Der Zauber Delphis liegt sowohl in der Mythologie als auch in seiner Lage begründet: Malerisch im Gebirge (540 Meter) am steilen Berghang des Parnassós gelegen, galt der Ort den alten Griechen als der Mittelpunkt der Welt. Das Orakel von Delphi im Apollon-Heiligtum wurde zwischen dem 8. Jahrhundert v. Chr. und 393 n. Chr. regelmäßig befragt. Zu den bedeutendsten Stätten des antiken Delphi zählen das Amphitheater (2. Jahrhundert v. Chr.), von dem aus man einen herrlichen Blick

AUSFLUGSZIELE

Pirgos-Dirou-Tropfsteinhöhlen

Dies ist das längste Höhlensystem Griechenlands und daher auch eine der Hauptattraktionen der Mani-Halbinsel. Insgesamt etwa 15,4 Kilometer Höhlengänge befinden sich hier. Die Höhle Glyfada ist größtenteils durchflutet, sodass man hauptsächlich per Boot durch das abenteuerliche Labyrinth geführt wird. In gondelähnlichen Schiffchen schlängelt man sich durch die in verschiedensten Farbtönen schillernden und höchst beeindruckenden Gesteinsformationen der Tropfsteinwelt, die sich wunderbar im Wasser spiegelt. Die letzten Meter der Tour werden auf einem gut befestigten Pfad zurückgelegt. Zur Höhle gehört auch ein Museum mit Funden, die im Zuge der wissenschaftlichen Erforschungen aufgetaucht sind. Man fand auch menschliche Spuren, die darauf hindeuten, dass die Höhle einst womöglich sogar besiedelt war. Ein Parkplatz befindet sich direkt bei den Höhlen.

GPS 36.638442, 22.378450
www.diros-caves.gr

auf den Apollon-Tempel (4. Jahrhundert v. Chr.) hat, die Heilige Straße und das Heiligtum der Athena Pronaia mit der Tholos, dem berühmten Rundtempel. Zu empfehlen ist auch ein Besuch des Archäologischen Museums mit einer Rekonstruktion des Heiligtums. Prunkstück ist der lebensgroße bronzene Wagenlenker, der Apollon zum Dank für ein gewonnenes Wagenrennen geweiht worden war (478 v. Chr.).
Von Delphi aus empfiehlt sich ein 220 Kilometer langer Abstecher zu den Metéora-Klöstern im gebirgigen Zentrum Nordgriechenlands. Wer den Abstecher nach Norden auslässt, nimmt zunächst den gleichen Weg zurück nach Thíva, folgt der Fernstraße 3 Richtung Athen bis Asprópirgos und biegt anschließend Richtung Westen auf eine kleine, parallel zur Küste verlaufende Straße ab. Die Strecke führt an der Bucht von Salamis entlang, in der die Griechen 480 v. Chr. die Perserflotte besiegten. Vorbei an Mégara: Aussicht auf den Golf von Ägina genießen!

06 Korinth
Nach etwa 25 Kilometern erscheint Korinth, dessen antike Vorläuferin im 2. Jahrhundert n. Chr. unter Kaiser Hadrian als die schönste griechische Stadt galt. Zu den Hauptsehenswürdigkeiten zählen neben dem Kanal von Korinth der Apollon-Tempel (44 v. Chr.), der Octavia-Tempel und die Straße nach Lechaion. Einige Ausgrabungen dokumentieren die gewaltigen Ausmaße der durch ein Erdbeben zerstörten antiken Stadt.
Anschließend folgt man der Schnellstraße 70 entlang der Nordostküste des Peloponnes bis nach Epidauros.

07 Epidauros
Das antike Epidaurus war ein Heiligtum des Asklepios, des Gottes der Heilkunst. Berühmt wurde die Stadt wegen ihres gewaltigen Amphitheaters, das sehr gut erhalten und für seine einzigartige Akustik berühmt ist. Sogar in den obersten Reihen konnte man hören, was ganz unten gesprochen wurde.

08 Nauplia
40 Kilometer weiter westlich liegt Nauplia. Nach dem Unabhängigkeitskrieg war es vorübergehend Hauptstadt des Königreichs Griechenland (1829–1834). Die Hafenstadt war über Jahrhunderte immer wieder Ziel von Angriffen. Zum Schutz der Stadt errichtete man deshalb die beiden Festungen Akronafplía und Palmídi sowie die Inselfestung Bourtzi.

09 Tiryns
Die Burg aus dem 14. oder 13. Jahrhundert v. Chr. thront auf einem

Rechts: Das Theater von Epidauros bot einst Platz für rund 14 000 Zuschauer.

Unten: Die Tholos des Heiligtums der Athena Pronaia in Delphi.

18 Meter hohen Felsen über einer einstmals sumpfigen Ebene. Die mächtigen Mauern der Festung bestehen aus 2 bis 3 Meter langen Felsquadern, die bis zu 12 Tonnen wiegen. Homer zufolge konnten nur Riesen – Zyklopen – die etwa 700 Meter lange und bis zu 8 Meter dicke Ringmauer aufgeschichtet haben. Von hier sind es nur 13 Kilometer nach Árgos. Ab dort lohnt ein Abstecher gen Norden nach Mykene, eine kleine Straße zweigt bei Fihtí ab. Zurück in Árgos, führt die Strecke westwärts nach Trípoli und von dort durch die historische Landschaft Lakonien ins 60 Kilometer entfernte Sparta.

10 Sparta

Das antike Sparta war ein Stadtstaat, der an Bedeutung einst Athen übertraf. Das moderne Spárti aus dem 19. Jahrhundert hat dagegen wenig zu bieten: Neben der Akropolis, die außerhalb des Stadtzentrums liegt, lohnt ein Besuch des Archäologischen Museums mit römischen Mosaiken aus dem 4./5. Jahrhundert.

11 Mystras

Das benachbarte Mystras (Mistrás) am Fuß des 2404 Meter hohen Taygetos wurde im Jahr 1249 in der Nähe des antiken Sparta gegründet und zählte wohl in seiner Blütezeit schon 50 000 Einwohner (um 1700 waren es noch ca. 40 000). Die einzigartige byzantinische Ruinenstadt an einem steilen Hang zeigt eindrucksvolle Bauten aus dem 13. bis 15. Jahrhundert, darunter einige Kirchen, ein Kloster und den Despotenpalast. Oberhalb des Ortes liegt am Hang eine fränkische Burg der Kreuzritter aus dem 13. Jahrhundert (Kástro).

Zurück in Sparta, folgt man der Fernstraße 39 bis zur Ortschaft Hania (ca. 1 Stunde Fahrzeit). Von dort sind

Bildleiste von oben:
Bizarrer ist Griechenland an kaum einer anderen Stelle: die Halbinsel Máni auf dem Peloponnes.

Wasserspeier im Zeus-Tempel in Olympia.

Oleanderblüten säumen den Weg durch das Parnon-Gebirge.

es nur noch knapp 75 Kilometer nach Monemvassiá. Von der Kreuzung geht es bergab nach Githio, dem Tor zur Halbinsel Máni, dem mittleren der drei Finger des Peloponnes.

12 Halbinsel Máni

Die Halbinsel südlich einer Linie von Githiobis Areópoli wird auch als Tiefe oder Lakonische Máni bezeichnet. Die rund 90 Kilometer lange Rundfahrt über Máni führt zunächst vorbei an der Burg Passavá (13. Jahrhundert) auf die weitgehend unbesiedelte gebirgige Ostseite. Die Halbinsel selbst hat sich viel von ihrer Ursprünglichkeit bewahren können, doch sind heute viele Dörfer verlassen. Von Páliros an der Südspitze geht es nordwärts nach Vathia mit seinen Turmhäusern. Das Dorf ist das am spektakulärsten gelegene entlang der Westküste. Der 17 Kilometer lange Küstenabschnitt zwischen Geroliménas und Pígros Diroú ist für seine byzantinischen Kirchen aus dem 10. bis 14. Jahrhundert berühmt. Im Nordwesten liegen bei Kíta und Mamína einige sehenswerte Tropfsteinhöhlen. Zu den eindrucksvollsten zählt die von Pírgos Diroú (siehe oben).

13 Westküste des Peloponnes

Von Areópoli geht es weiter nordwärts entlang der Küste bis nach Kalamáta. Die Stadt liegt an der Bucht von Navarino, in der 1827 eine berühmte Schlacht stattfand. An der Westseite des westlichen Fingers des Peloponnes ziehen sich zahlreiche von Dünen gesäumte Strände entlang. Ein kleiner Abstecher zweigt von hier zur Hafenstadt Methóni ab. Entlang der Küste führt die Strecke weiter nach Norden, bis etwa 15 Kilometer vor Pírgos die landschaftlich schöne, aber kurvenreiche Straße 76 abbiegt, die durch das bergige Arkadien nach Andrítsena (Tempel von Bassae, 5. Jahrhundert) und Karitena (Brücke über den Alfíos, 15. Jahrhundert) führt. Auf der gleichen Straße geht es zurück nach Kréstena und über den Alfioó weiter nach Olympia.

CAMPING ISTHMIA BEACH

Campingplatz mit Ver- und Entsorgungseinrichtungen, Stromanschlüssen, Waschmaschinen, Trocknern und WiFi. Der Platz bietet ausreichend große und schattige Plätze direkt am Kieselstrand einer Bucht des Saronischen Golfes sowie ein Restaurant mit Blick auf die Bucht. Geöffnet Mitte April bis Mitte Oktober, moderate Preise. Die Archäologischen Stätten von Isthmia sind 6 Kilometer entfernt.

Koliatsou 37, Korinthos 201 00
www.campingisthmia.gr, GPS 37.89105, 23.00667

CAMPING NICOLAS II

Die außergewöhnlich schöne Anlage am Golf von Epidauros hat Stellplätze direkt am Sandstrand. Alle notwendigen Ver- und Entsorgungseinrichtungen, inklusive Stromanschlüsse, Waschmaschinen, Trockner und WiFi sind vorhanden, ebenso ein gutes Restaurant mit traditioneller griechischer Küche. Die antiken Stätten sind nur 500 Meter entfernt. Ganzjährig geöffnet.

Epidavros 210 52
mouria.gr/de/home-de, GPS 37.61607, 23.15948,

CAMPING PALEOLOGIO MYSTRAS

Dieser ist ein einfacher Campingplatz mit allen notwendigen Ver- und Entsorgungseinrichtungen, Stromanschlüssen, Waschmaschinen, Trocknern, WiFi und einem Pool. Ausreichend große und schattige Plätze; ganzjährig geöffnet; moderate Preise. Bis zu den archäologischen Stätten von Sparta sind es 3 Kilometer, die von Mystras sind 4,5 Kilometer entfernt.

Panagiotis Kapetaneas, Paleologio Mystra, Laconia
www.campingpaleologio.com, GPS 37.07219, 22.40479

PORTO KAGIO

Der einfache, kostenlose Platz ohne Versorgungseinrichtungen liegt in einem sehr kleinen Dorf auf der Halbinsel Máni. Hier profitiert man von der idyllischen Lage direkt am Meer. Eine Wanderung zum Leuchtturm von Ténaro mit einem weiten Blick über das Meer ist reizvoll (hin und zurück 13 Kilometer). Ganzjährig geöffnet.

Anatolika Mani, 23071 Porto Kagio, GPS 36.42822, 22.48691

14 Olympia

Spuren früher Besiedlung gehen bereits auf das 2. Jahrtausend v. Chr. zurück. Der Ort war in der Antike eine religiöse (Zeus-Heiligtum) und sportliche Kultstätte. Spätestens 776 v. Chr. fanden hier erstmals Olympische Spiele statt. Alle bedeutenden Kultstätten Olympias befinden sich innerhalb der »Altis«, eines gemauerten heiligen Bezirks. Die sportlichen Wettkämpfe fanden außerhalb der Altis statt, zu den Spielstätten zählen ein Stadion für die Läufer, das Hippodrom (für Wagenrennen) und die Übungsstätten Gymnasion und Palaestra. Weitere Sehenswürdigkeiten sind das Pryentaion, in dem das olympische Feuer bewacht wurde, und das Heraion, ein der Göttin Hera geweihter Tempel. Vor Letzterem wird vor allen Olympischen Spielen das Feuer entzündet. Die Echohalle, eine zweischiffige Wandelhalle, war für ihr siebenfaches Echo berühmt. Beim Tempel des Zeus (um 450 v. Chr.) zeugen

Säulenreste von der Größe des einstigen Baus. Das Archäologische Museum von Olympia ist eines der bedeutendsten des Landes.
Nördlich von Pírgos fährt man auf einer malerisch von Ölbäumen, Weinfeldern und Zuckerrohrplantagen gesäumten Straße weiter.

15 Zákinthos

Vom Hafenort Kilíni an der Nordwestküste des Peloponnes verkehren Fähren nach Zakynthos, der südlichsten der Ionischen Inseln. Das Eiland lässt sich mit dem Wohnmobil bequem an einem Tag umrunden. Die venezianischen Bauten in ihrem Hauptort wurden 1953 bei einem Erdbeben fast alle zerstört, sehenswert sind aber die schöne Kirche Agios Dionísos (1925) und die traditionellen Arkadenhäuser. Von Agios Nikólaos steuern Boote die Blauen Höhlen am Nordkap an. Eine weitere Attraktion der Insel ist das gestrandete Schiffswrack an der Nordwestküste. Im Süden von Zakynthos hat in der Bucht von Laganás die Unechte Karettschildkröte einen Eiablageplatz.

CAMPING ALPHIOS

Auf dem einfachen, aber videoüberwachten Campingplatz gibt es alle nötigen Ver- und Entsorgungseinrichtungen sowie Stromanschlüsse, Waschmaschinen, Trockner, WiFi und einen Pool. Die ausreichend großen und schattigen Plätze liegen unter Mattendächern. Geöffnet Anfang April bis Mitte Oktober, moderate Preise. Bis zu den archäologischen Stätten von Olympia sind es zu Fuß rund 1,3 Kilometer (ca. 100 Meter Höhenunterschied).

Olympia 270 65, GPS 37.64367, 21.61957

KATO ALISSOS

Dieser schattige Campingplatz ist mit allen nötigen Ver- und Entsorgungseinrichtungen, Stromanschlüssen und WiFi ausgestattet. Die Plätze befinden sich zwischen Bäumen. Geöffnet von Anfang April bis Ende Oktober, moderate Preise. Es ist ein guter Platz, um Wartezeiten für die Fähre von Patras nach Brindisi oder Ancona zu überbrücken. Entfernung zum Fährhafen: 21 Kilometer.

Kato Alissos, 25002 Kato Alissos
www.camping-kato-alissos.gr, GPS 38.15035, 21.57755

EN PLO BEACH CAFE

Auf dem Campingplatz gibt es Ver- und Entsorgungseinrichtungen sowie Stromanschlüsse, Waschmaschinen, Trockner und WiFi. Ausreichend große, schattige Plätze. Ganzjährig geöffnet, moderate Preise. Der Kiesstrand am Golf von Korinth ist nur wenige Meter entfernt. Der Bahnhof der Zahnradbahn Diakoftó ist 10 Kilometer entfernt. Der Parkplatz am Bahnhof bietet genug Raum für das Abstellen von Wohnmobilen.

Nikoleika, 25100 Aigio, GPS 38.22374, 22.14657

16 Patras

Von Lehená geht es auf der Fernstraße 9 nach Patras. Ein lohnender Abstecher führt zur lagunenreichen Küste zwischen der Araxos-Mündung und der Kotychi-Lagune: Hier erstreckt sich der Nationalpark Strofylia mit einem der größten europäischen Feuchtgebiete, in dessen Sümpfen, Pinienbeständen und Dünen Tausende von Zugvögeln einen Zwischenstopp einlegen. Ein Besucherzentrum befindet sich bei Lápas.
In der Meerenge nordöstlich von Patras, der drittgrößten Stadt Griechenlands ohne nennenswerte Sehenswürdigkeiten, fand die Seeschlacht von Lepanto statt. Im Jahr 1571 schlug hier Don Juan d'Austria die türkische Flotte.

17 Diakoftó

Statt der Schnellstraße 8 empfiehlt sich die an der Küste verlaufende kleine Landstraße. Eine Abwechslung bietet unterwegs eine Fahrt mit der Zahnradbahn von Diakoftó (etwa 40 Kilometer östlich von Patras) nach Kalávrita in 700 Meter Höhe. Für die 22 Kilometer lange Strecke mit 14 Tunneln und jeder Menge Brücken braucht die Bahn etwa 1 Stunde, man durchquert dabei überaus imposante Gebirgslandschaften. Fährt man mit dem Wohnmobil zwischen diesen beiden Orten, dann sieht man spektakulär in 940 Metern Höhe das Kloster Méga Spíleo an einer Felswand kleben.

Der Leuchtturm von Patras ist das Wahrzeichen der Stadt.

Höhlenkloster Méga Spíleo »Große Höhle« bedeutet der Name übersetzt. Gegründet wurde es im 4. Jahrhundert und gilt damit als ältestes Kloster Griechenlands.

Árgos Die eher weniger touristische Stadt ist eine der ältesten auf dem Peloponnes. Sehenswert sind hier die Ausgrabungen mehrerer antiker Theater sowie der ehemaligen Thermen. Von dem großen Amphitheater aus überblickt man ganz Árgos.

Mykene Die gigantische Festungsanlage und das dazugehörige Museum bergen bedeutende Zeugnisse der Antike. Der Eingang zur Ausgrabungsstätte, das »Löwentor«, ist eines der beliebtesten Fotomotive in Mykene.

Voidokilia und Paleokastro Die halbkreisförmige Bucht von Voidokilia, auch Ochsenbauchbucht genannt, gilt als eine der schönsten der Halbinsel. Ihre nahezu perfekte Form kommt besonders von der darüber gelegenen Festungsruine Paleo Kastro zur Geltung, die zur anderen Seite auf die Bucht von Navarino blickt und ebenfalls einen Besuch lohnt.

Methoni Die ins Meer reichende Festung der einstigen venezianischen Hafenstadt zählt zu den größten der peloponnesischen Halbinsel. Ihre Mauern und Tore sind bis heute gut erhalten.

Polylimnio-Wasserfälle Als Naturparadies gilt dieser – für den Peloponnes eher untypisch grüne – Ort bei Kazarma. Vom Parkplatz steigt man über mehrere kleine Pfade zum Hauptwasserbecken des Wasserfalls hinab.

Reiseatlas Europa

Die Routen in diesem Buch sind so abwechslungsreich, wie es Europa nur sein kann. Und auf vielen der vorgestellten Etappen findet man schnell entspannende Abgeschiedenheit.

ZEICHENERKLÄRUNG

	Autobahn
	Autobahn im Bau
	Mehrspurige Schnellstraße
	Mehrspurige Schnellstraße im Bau
	Fernstraße
	Hauptstraße
	Nebenstraße
	Fahrweg, Piste
(1216)	Passhöhe in Meter
	Bahnlinie
	Andere Bahnlinie
	Autofähre

	Staatsgrenze
	Provinzgrenze
	Zeitzonengrenze
	Nationalpark
	Naturpark
BERLIN	Hauptstadt eines souveränen Staates
ZÜRICH	Hauptstadt eines Bundesstaates
SALZBURG	Sehenswerter Ort
Struve Geodetic Arc *	Kulturobjekt
Giant's Causeway *	Naturobjekt
FRA	Flughafen international mit IATA Code
LEJ	Flughafen national mit IATA Code

1 : 2.25 Mio
1 : 4.5 Mio
Greenland
Kalaallit Nunaat
DK
350
352
Reykjavík
IS
350 - 351
352 - 353
354 - 355
SWE
FIN
NOR
358 - 359
356 - 357
Helsinki
Oslo
Tallinn
Stockholm
EST
RUS
364
365
360 - 361
MOSKAU
Riga
LV
362 - 363
BY
DK
Kopenhagen
IRL
Dublin
UK
LT
RUS
Vilnius
MINSK
398 - 399
366 - 367
Amsterdam
LONDON
NL
BERLIN
WARSCHAU
368 - 369
PL
370 - 371
KIEW
BRÜSSEL
B
DEU
L
Luxemburg
PRAG
CZ
UA
PARIS
372 - 373
374 - 375
WIEN
Bratislava
SK
BUDAPEST
MD
Kischinau
F
AUT
Bern
CH
H
376 - 377
RO
378
400 - 401
SLO
Ljubljana
Zagreb
SRB
380 - 381
382 - 383
HR
BUKAREST
BELGRAD
E
AND
BIH
P
384 - 385
Sarajevo
386 - 387
379
MNE
Pristina
SOFIA
BG
MADRID
I
Podgorica
RKS
Skopje
ANKARA
LISABON
ROM
Tirana
NMK
TR
AL
388 - 389
390 - 391
392 - 393
GR
402 - 403
394 - 395
SYR
ATHEN
TUNIS
Nicosia
RL
DAMASKUS
ALGIER
RABAT
CY
BEIRUT
396
397
IL
AMMAN
MA
TN
Jerusalem
JOR
TRIPOLIS
KAIRO
DZ
ET
LAR
MLI
NER
TCD
SDN

Maßstab 1:2 250 000

0 30 60 90 120 150 Kilometer

0 15 30 45 60 75 90 Miles

Cb
Cc
Cd
Ce
Cf
Cg
Ch
Cj
Ck
Da
19
20
21
22
23
24
Knivskjelodden
Nordkapp
Skarsvåg
Hjelmsøya
Ingøya
Gjesvær
Magerøya
Havøysund
Honningsvåg
Tufjord
Rolvsøya
Kåfjord
Gamvik
Mehamn
Nordkinn-halvøya
Kjøllefjord
Berlevåg
Skjånes
Hopseidet
Raggon-jargga
Båtsfjord
Nordfjord
Sværholt-klubben
Sværholt-halvøya
Veidnes
Akkarfjord
Struve Geodetic Arc
Hammerfest
Rypefjord
Kvaløya
Snøfjord
Porsanger-halvøya
Repvåg
Store Tamsøya
Kalak
Duolbbadasgaissa
Langnes
Stangenes-tinden
Sørøya
Langstrand
Sørvær
Breivikbotn
Hasvik
Kårhamn
Kvalsund
Erdalsfjellet
Olderfjord
Ifjord
Smalfjord
Rustefjelbma
Varanger-halvøya
Skipskjølen
Varangerhalvøya nasjonalpark
Seiland
Seiland nasjonalpark
Nordmanns-fjordjøkelen
Saraby
Skaidi
Indre Billefjord
Børselv
Varangerbotn
Vestre Jakobselv
Nesseby
Vadsø
Tanabru
Hurtigruten
Loppa
Silda
Stjernøya
Hakkstabben
Øksfjord
Nyvoll
Sør-Tverrfjord
Seglvik
Øksfjordjøkelen
Stabbursdalen nasjonalpark
Čuokkarašša
Lakselv
Gaissane
Rastigaissa
Polmak
Grasbakken
Bugøynes
Nuorgam (Njuorggán)
Vetsikko (Veahčat)
Utsjoki (Ohcejohka)
Patoniva (Buoððobohki)
Bugøyfjord
Neiden
Kirkenes
Bjørnevatn
Grense Jakobselv
Skjervøy
Alteidet
Burfjord
Alta
Helleristninger
Halddde
Sandbukt
Lævvajokgiedde
Skoganvarra
Valjok
Nuvvus (Nuvvos)
Näätämö
Sevettijärvi (Čevetjárvi)
Skanvik
Skogfoss
Sørstraumen
Storslett
Rieppe
Kvænangsbotn
Finnmark
Finnmarksvidda
Outakoski (Vuovdaguoika)
Karasjok
Kenttan
Karigasniemi
Säytsjärvi
Suojanperä
Bæccegælhaldde
Bilto
Reisadalen
Masi
Šuošjavrre
Gárva
Kaamasmukka (Gámasmohkki)
Huutoniemi
Partakko Päärtih
Øvre Pasvik nas.-p.
Pasvik zapovednik
Nyrud
Prirečnyj
Gruver
Bidjovagge
Čáravarre
Raisduoddar-haldde
Halti (Háldi)
Reisa nasjonalpark
Kahperusvaarat (Kahperusak)
Lappoluobbal
Jorgastak
Köngäs
Koarvikodds
Kaamanen
Mieron
Inarijärvi (Anárjávri)
Nautsi
Janiskoski
Kilpisjärvi (Gilbbesjávri)
Saana
Kautokeino
Lavvoaivve
Øvre Anarjákka nasjonalpark
Basse-vuovdde
Gurbiš
Angeli Ánnel
Tirro
Inari (Anár)
Virtaniemi
Nellim (Njellim)
Talvikjulja
Koppelo
Ropi (Roahppi)
Aiddejavrre Fjellstue
Struve Geodetic Arc
Lemmenjoki
Lemmenjoen kansallispuisto
Viipustunturi (Viibustuoddarak)
Menesjärvi (Menešjávri)
Hammastunturi (Pánnjordo)
Ivalo (Avvil)
Törmänen
+1h Gr. Time
+3h Gr. Time
+2h Gr. Time
Murmanskaja oblast'
Paloajärvi (Bálojávri)
Kalmankaltio
Kaaresuvanto (Karasavvon)
Enontekiö (Eanodat)
Lisma
Kuttura (Guhtur)
Saariselkä
Raja-Jooseppi
Urho Kekkonen kansallispuisto
Sokosti
g. Ionn-N'jugoaje
Pulsujärvi
Maunu
Karesuando
Kuttainen
Idivuoma
Paittasjärvi
Peltovuoma
Nunnanen Njunnas
Palojoensuu
Ounastunturi
Pallas-Yllästunturin kansallispuisto
Pokka
Vuotso
Tankavaara
Kemihaara
Övre Soppero
Lannavaara
Saatukkavaara
Pallastunturi
Raattama
Yli-Muonio
Tepasto
Porttipahdan tekojärvi
Lokan tekojärvi
Tulppio
Muodos-lompolo
Muonio
Särkijärvi
Kangosjärvi
Kiistala
Vajukosken allas
Lokka
Esrange (Raketbas)
Vesmajärvi
Ruuvaoja
Tuntsa
Lainio
Parkalompolo
Kitkiöjoki
Sirkka
Rajala
Petkula
Tanhua
Kittilä
Vittangi
Oksajärvi
Kerantöjärvi
Kihlanki
Äkäslompolo
Ylläsjärvi
Tepsa
Sodankylä
Martti
Sorsatunturi
Svappavaara
Parakka
Kangos
Äkäsjokisuu
Kaukonen
Vaalajärvi
Savukoski
Masugnsbyn
Junosuando
Aareavaara
Kurtakko
Syväjärvi
Aska
Kaymäjärvi
Kolari
Luosto
Pyhäjärvi
Pelkosenniemi
Saija
Saittarova
Nilivaara
Anttis
Pajala
Ruokojärvi
Lohiniva
Unari
Ahvenselkä
Kelloselkä
Kuolajarvi
Koskullskulle
Tärendö
Sieppijärvi
Pyhä-Luoston kansallispuisto
Pyhätunturi
Vuostimo
Leipojärvi
Ullatti
Kainulasjärvi
Jarhois
Meltaus
Tiainen
Kemijärvi
Isokylä
Kursu
Salla
Iso Pyhätunturi
Hakkas
Lahnajärvi
Korpilombolo
Aapua
Konttajärvi
Joutsijärvi
Norrbotten
SUOMI FINLAND
Lappi
GEELLAND
Sameland
Pello
Etu-Aapua
Nattavaara
354
355
Misi
Vikajärvi

Maßstab 1:2 250 000

0 30 60 90 120 150 Kilometer

0 15 30 45 60 75 90 Miles

Bb
Bc
Bd
Be
Bf
Bg
Bh
Bj
Bk
350
354
357
358
24
25
26
27
28
Saltfjellet
Svartisen
Lahko n.p.
Junkerdal n.p.
Saltfjell-Svartisen nasjonalpark
Pieljekaise nationalpark
Lomsdal-Visten nasjonalpark
Børgefjell nas.-park
Blåfjella-Skjækerfjella nasjonalpark
Lierne n.p.
Skarvan og Roltdalen n.p.
Björnlandets nationalpark
Skuleskogens nationalpark
Mo i Rana
Mosjøen
Sandnessjøen
Brønnøysund
Namsos
Steinkjer
Meråker
Storlien
Åre
Järpen
Östersund
Frösö
Krokom
Brunflo
Bräcke
Sundsvall
Timrå
Härnösand
Sollefteå
Kramfors
Örnsköldsvik
Lycksele
Storuman
Vilhelmina
Dorotea
Åsele
Strömsund
Hammerdal
Gäddede
Tärnaby
Hemavan
Sorsele
Arjeplog
Arvidsjaur
Jäkkvik
Adolfsström
Dikanäs
Klimpfjäll
Saxnäs
Hattfjelldal
Trofors
Grong
Snåsa
Røros
Tänndalen
Funäsdalen
Ljungdalen
Vemdalen
Rätansbyn
Ånge
Fränsta
Stöde
Vega
Dønna
Alsten
Vågaholmen
Kilboghamn
Nesna
Hemnesberget
Korgen
Elsfjord
Tjøtta
Vik
Leka
Gutvik
Kolvereid
Foldereid
Kongsmoen
Namsskogan
Røyrvik
Harran
Nordli
Sørli
Sunnan
Verdalsøra
Levanger
Kall
Kallsjön
Storsjön
Flåsjön
Ströms vattudal
Ranseln
Kultsjön
Malgomaj
Vojmsjön
Storuman
Stor-juktan
Hornavan
Uddjaure
Storavan
Gardfjället
Marsfjällen
Norra Storfjället
Okstindan
Børgefjellet
Sylarna
Helagsfjället
Oviksfjällen
Namdalen
Trøndelag
Nordland
Västerbotten län
Jämtlands län
Västernorrlands län
Ångermanland
Medelpad
Lappland
E06
E12
E14
E45
E04
E10
95
363
365
360
90
92
87
86
84
320
321
323
331
335
342
344
345
346
348
352
353
Hällristn.

Bg
Bh
Bj
Bk
Ca
Cb
Cc
Cd
350
353
358
24
25
26
27
28
Muddus nationalpark
Pieljekaise nationalpark
Björnlandets nationalpark
Skuleskogens nationalpark
Haparanda skärgårds nationalpark
Storforsen
Norrbotten
Västerbottens län
Västernorrlands län
Ångermanland
SVERIGE
Bottenviken
Perämeri
Gulf of Bothnia
Pohjanmaa
Etelä-Pohjanmaa
Länsi-Suomi
Norra Kvarken
Merenkurkku
+1h Gr. Time
+2h Gr. Time
Luleå
Boden
Kirkestad
Gammelstaden
Piteå
Skellefteå
Skelleftehamn
Umeå
Gemmlia
Holmsund
Örnsköldsvik
Härnösand
Sundsvall
Timrå
Vaasa
Vasa
Seinäjoki
Kokkola
Karleby
Jakobstad
Pietarsaari
Kristinestad
Kristiinankaupunki
Jokkmokk
Arjeplog
Arvidsjaur
Sorsele
Storuman
Stensele
Vilhelmina
Lycksele
Åsele
Vindeln
Vännäs
Robertsfors
Bygdeå
Nordmaling
Bjurholm
Sollefteå
Kramfors
Haparanda
Kalix
Överkalix
Övertorneå
Pello
Ylitornio
Tornio
Älvsbyn
Arnäsvall
Husum
Hälla
Dorotea
Malå
Norsjö
Boliden
Burträsk
Byske
Kåge
Jörn
Lövånger
Vaasa
Laihia
Isokyrö
Ylistaro
Lapua
Kauhava
Kurikka
Ilmajoki
Kauhajoki
Teuva
Närpes
Närpiö
Kaskinen
Kaskö
Alavus
Kuortane
Ähtäri
Lappajärvi
Vimpeli
Kalajoki
Himanka
Raahe
Brahestad
Pyhäjoki
Kannus
Kälviä
Ullava
Kronoby
Kruunupyy
Nykarleby
Uusikaarlepyy
Jeppo
Jepua
Oravais
Oravainen
Maxmo
Maksamaa
Korsholm
Mustasaari
Replot
Raippaluoto
Björköby
Holmön
Ängesön
Bergö
Malax
Maalahti
Petalax
Petolahti
Korsnäs
Pörtom
Pirttikylä
Jurva
Övermark
Järvenpää
Jalasjärvi
Peräseinäjoki
Alajärvi
Soini
Lehtimäki
Töysä
Kyyjärvi
Kvarkens skärgård
Sundsvallsbukten
Alnön
Njurunda
Höga Kusten
E04
E08
E10
E12
E45
95
97
94
363
365
370
374
373
360
364
353
92
90
335
331
348
352
87
86
346
98
398
356
8
3
16
18
19
13
28
63
66
67
68
27
21
Maßstab 1:2 250 000
0 30 60 90 120 150 Kilometer
0 15 30 45 60 75 90 Miles

Cf
Cg
Ch
Cj
Ck
Da
Db
Dc
Dd
351
359
24
25
26
27
28
ROSSIJA
Respublika Karelija
Zapadno-Karel'skaja vozvyšennost'
Pohjois-Suomen avi
Itä-Suomen
FINLAND
Oulangan kansallispuisto
Nacional'nyj park Paanajärvi
Riisitunturin kans. puisto
Syötteen kans. puisto
Hossan kans. puisto
Kaleval'skij nac. park
Kostomukšskij zapovednik
Rokuan kans. puisto
Hiidenportin kansallispuisto
Tiilikkajärven kans. puisto
Patvinsuon kans. puisto
Kolin kans.
Petkeljärven
Pyhä-Häkin kans. puisto
Etelä-Konneveden kans.
Koloveden kans.
Salla
Kemijärvi
Posio
Ruka
Kuusamo
Taivalkoski
Pudasjärvi
Suomussalmi
Kuhmo
Kajaani
Sotkamo
Vaala
Oulujärvi
Iisalmi
Nurmes
Lieksa
Pielinen
Koli
Kontiolahti
Joensuu
Outokumpu
KUOPIO
Siilinjärvi
Varkaus
Pieksämäki
Leppävirta
Ilomantsi
Kostomukša
Kalevala
Louhi
Piaozero
Sosnovyj
Muezerskij
Velikij
Vuorijarvi
Zarečensk
Juma
Kem'
Värtsilä
Tohmajärvi
Kitee
Rääkkylä
Onkamo
Viitasaari
Äänekoski
Suolahti
Pyhäjärvi
Kiuruvesi
Muhos
Utajärvi
Tyrnävä
Kiiminki
Ranua
Puolanka
Hyrynsalmi
Kuivajärvi
Vartius
Ylikiiminki
Pyhäntä

Maßstab 1:2 250 000

0 30 60 90 120 150 Kilometer
0 15 30 45 60 75 90 Miles

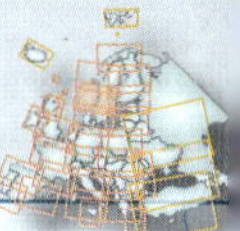

Bb
Bc
Bd
Be
Bf
Bg
Bh
Bj
353
28
29
30
31
32
358
361
Røros
Brekken
Funäsdalen
Tännäs
Sørvika
Femundsmarka n.p.
Elgå
Töfsingdalens nationalpark
Storsätern
Gutulia n.p.
Idre
Särna
Fulufjället
Fulufjällets nationalpark
Härjedalen
Sånfjället nationalpark
Vemdalen
Hede
Hedeviken
Klövsjö
Rätansbyn
Sveg
Lillhärdal
Hamra nationalpark
Älvdalen
Dalarnas län
Mora
Orsa
Rättvik
Leksand
Siljan
Falun
Borlänge
Malung
Vansbro
Ludvika
Bergslagen
Sundsvall
Njurunda
Matfors
Ljusdal
Hudiksvall
Delsbo
Gävleborgs län
Decorated Farmhouses
Bollnäs
Söderhamn
Bottenhavet
Gävle
Sandviken
Hofors
Gästrikland
Uppsala
UPPSALA
Uppsala län
Uppland
Västmanlands län
VÄSTERÅS
Köping
Sala
Avesta
Fagersta
Enköping
Sigtuna
Märsta
Täby
Skokloster
Drottningholm
Birka
Hovgården
Gripsholm
Södertälje
STOCKHOLM
Eskilstuna
Södermanland
Södermanlands län
Strängnäs
Flen
Katrineholm
Nyköping
Oxelösund
Tullgarns slott
Norrköping
Löfstad
Linköping
Vreta Kloster
Stegeborg
Östergötlands län
Östergötland
Motala
Vadstena
Vättern
Mjölby
Örebro
Örebro län
Närke
Kumla
Karlskoga
Garphyttans nationalpark
Tivedens nationalpark
Karlstad
Värmlands län
Värmland
Arvika
Kristinehamn
Filipstad
Hagfors
Torsby
Säffle
Åmål
Vänern
Djurö nationalpark
Mariestad
Skövde
Lidköping
Skara
Falköping
Västra
Vänersborg
Trollhättan
Uddevalla
Dalsland
Halden
Trestickland nationalpark
Hällristningar
Kongsvinger
Elverum
Svealand

Maßstab 1:2 250 000

0 30 60 90 120 150 Kilometer

0 15 30 45 60 75 90 Miles

Cf
Cg
Ch
Cj
Ck
Da
Db
355
363
28
29
30
31
32
Joensuu
Jyväskylä
Pieksämäki
Varkaus
Savonlinna
Punkaharju
Mikkeli
Heinola
Lahti (Lahtis)
Kouvola
Lappeenranta (Villmanstrand)
Imatra
Kotka
Hamina
Porvoo Borgå
Vantaa Vanda
Espoo Esbo
HELSINKI HELSINGFORS
Itäisen Suomenlahden kansallispuisto
Struve Geodetic Arc
Gogland o.
Sortavala
Valaamskij monastyr'
o. Valaam
Nacional'nyj park Ladožkie šhery
Priozersk
Ladožskoe ozero
Vyborg
Svetogorsk
S.-PETERBURG
Kronštadt
Petrodvorec
Lomonosov
Sosnovyj Bor
Puškin
Pavlovsk
Kolpino
Gatčina
Vsevoložsk
Šlissel'burg
Leningradskaja oblast'
Kingisepp
Ivangorod
Narva
Narva laht
Sillamäe
Kohtla-Järve
Rakvere
Lahemaa rahvuspark
Kunda laht
Maardu
Harjumaa
Lääne Virumaa
Ida-Virumaa
Järvamaa
Jõgevamaa
Viljandimaa
Tartumaa
TARTU
Viljandi
Paide
Peipsi järv
Čudskoe ozero
Soomaa rahvuspark
Pärnu
EESTI
ROSSIJA
Luga
Slancy
Gdov
Pljussa
Strugi Krasnye
VELIKIJ NOVGOROD
Mšinskoe Boloto zakaznik
Lužskaja vozv.
Suomenselkä
Suomen lahti
Gulf of Finland
Etelä-Savo
Karjala
Kymi
+2h Gr. Time
+3h Gr. Time
Bol. Tjuters o.
o. Bol. Berëzovyj
o. Seskar
o. Kotlin
Moščnyj, o.
Prangli s.
Koporskaja guba
Lužskaja guba
E18
E20
E63
E75
E95
E105
A118
A120
A121
A180
A181
P23

Maßstab 1:2 250 000

0 30 60 90 120 150 Kilometer

0 15 30 45 60 75 90 Miles

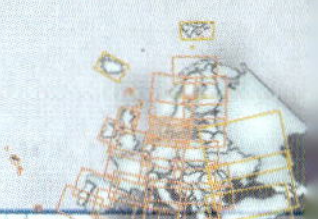

357
362
369
Bc
Bd
Be
Bf
Bg
Bh
Bj
32
33
34
35
36
37
Vänersborg
Trollhättan
Lilla Edet
Alingsås
Partille
Mölnlycke
Kinna
Varberg
Falkenberg
Halmstad
Laholmsbukten
Ängelholm
Höganäs
HELSINGBORG
Helsingør
Hillerød
Hovedstaden
Roskilde
KØBENHAVN
Køge
Falsterbo
Trelleborg
MALMÖ
Lund
Landskrona
Eslöv
Ystad
Simrishamn
Kristianstad
Hässleholm
Hanöbukten
Skåne
Skåne län
Borås
Västra Götalands
Falköping
Jönköping
JÖNKÖPING
Huskvarna
Nässjö
Eksjö
Tranås
Vättern
Jönköpings län
Värnamo
Ljungby
Växjö
Kronobergs län
Småland
Blekinge län
Karlshamn
Ronneby
Karlskrona
Kalmar
Kalmar län
Kalmarsund
Nybro
Vimmerby
Västervik
Oskarshamn
Östergötlands län
SVERIGE
Öland
Borgholm
Gotland
Visby
Bornholm (Dan.)
Hovedstaden
Rønne
Christiansø (Dan.)
Baltic Sea
Bornholmsgattet
Møn
Falster
Nykøbing Falster
Rügen
Stralsund
ROSTOCK
Greifswald
Usedom
Pommersche Bucht
Zatoka Pomorska
Mecklenburg-Vorpommern
Świnoujście
Wolin
KOSZALIN
SŁUPSK
Kołobrzeg
Darłowo
Ustka
Łeba
Słowiński Park Narodowy
Woj. zachodnio-pomorskie
Woj. pomorskie
Szczecinek
Człuchów

Maßstab 1:2 250 000

0 30 60 90 120 150 Kilometer

0 15 30 45 60 75 90 Miles

Ce
Cf
Cg
Ch
Cj
Ck
Da
359
32
33
34
35
36
37
398
371
Pärnu
Viljandi
TARTU
Viljandimaa
Tartumaa
Pōlvamaa
Valgamaa
Võrumaa
Soomaa rahvuspark
Luitemaa looduskaitseala
Karula rahvuspark
Kihnu s.
Kilingi-Nõmme
Mõisaküla
Häädemeeste
Mustla
Rõngu
Elva
Otepää
Põlva
Räpina
Meeksi
Tõrva
Valka
Valga
Antsla
Võru
Pskovskoe ozero
PSKOV
Pečory
Izborsk
Palkino
Ostrov
Porhov
Dno
Pskovskaja oblast'
Novoržev
Puškinskie Gory
Opočka
Krasnogorodsk
Pytalovo
memorjal'nyj zapovednik Mihazlorskoe
ROSSIJA
Pustoška
Sebež
Sebežskij nac. park
Nevel'
Salacgrīva
Ainaži
Staicele
Aloja
Limbaži
Valmiera
Gaujas nac. parks
Cēsis
Sigulda
Saulkrasti
RĪGA
LATVIJA
Ogre
Jelgava
Olaine
Lielvārde
Skrīveri
Aizkraukle
Madona
Alūksne
Gulbene
Balvi
Vilaka
Rēzekne
Ludza
Zilupe
Latgales augstiene
Rāznas nac. p.
Jēkabpils
Līvāni
Preiļi
Aglona
Dagda
Krāslava
DAUGAVPILS
Bauska
Rundāle pils
Biržai
Rokiškis
Struve Geodetic Arc
PANEVĖŽYS
Kupiškis
Anykščiai
Utena
Visaginas
Aukštaitijos nac. parkas
Ignalina
Ukmergė
Jonava
Kėdainiai
LITHUANIA (LIETUVA)
KAUNAS
Kaišiadorys
Elektrėnai
Trakų ist. nac. p.
Trakai
Kernavė
VILNIUS
Alytus
Druskininkai
Varėna
Dzūkijos nacionalinis parkas
Lida
Ašmjany
Pastavy
Braslaŭ
Nacyjanalny park Braslaŭskija aziory
Nacyjanalny Park Naračanski
Vicebskaja voblasc'
Navapolack
Polack
Hlybokaje
Lepel'
Bjarezinski bijasferny zapavednik
Maladzečna
Vilejka
Smarhon'
BELARUS'
Barysaŭ
Žodzina
MINSK
Uschodni
Zaslaŭje
Astroŭna
VICEBSK

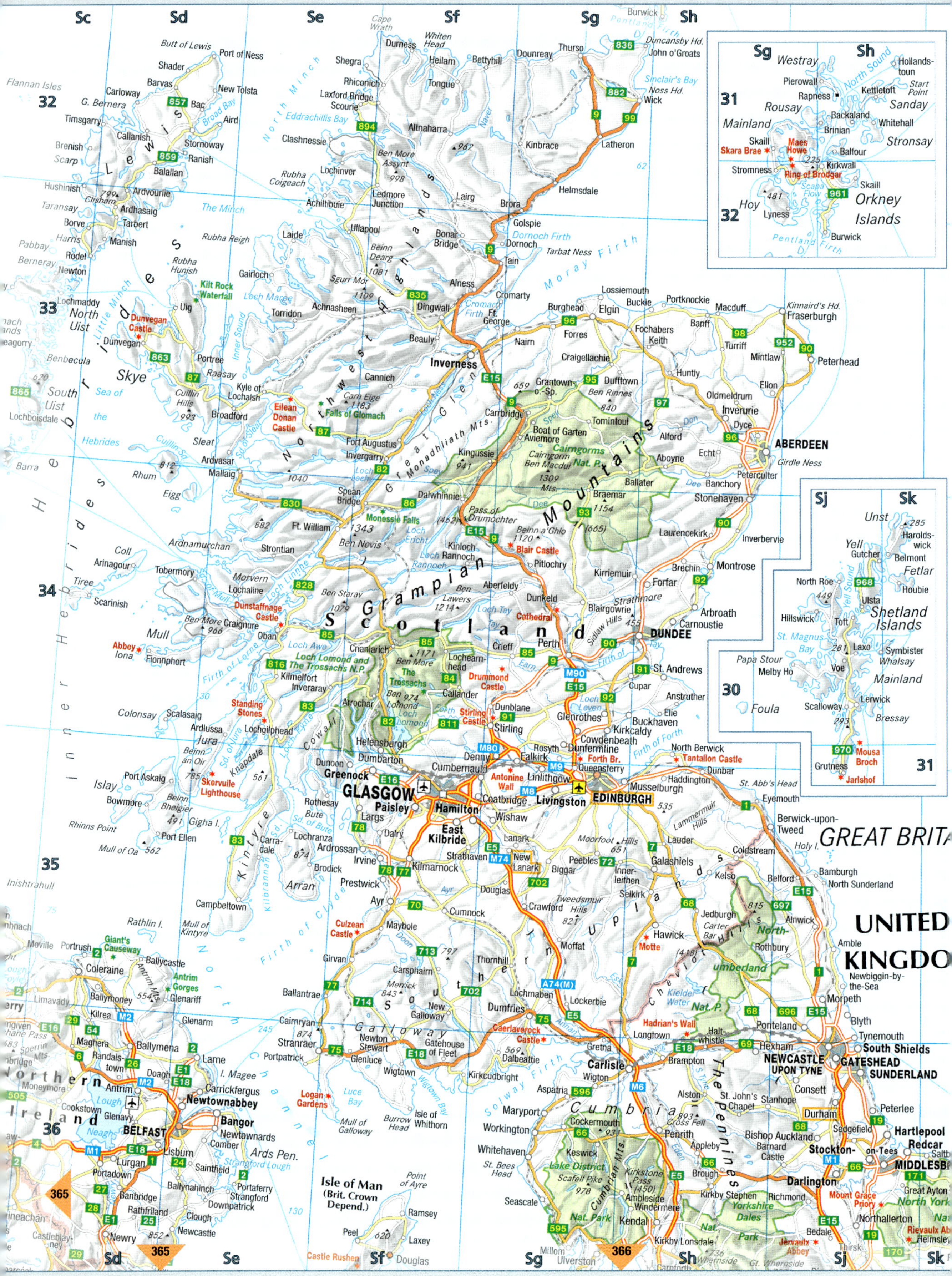

Maßstab 1:2 250 000

0 30 60 90 120 150 Kilometer

0 15 30 45 60 75 90 Miles

Rk
Sa
Sb
Sc
Sd
Se
Sf
364
35
36
37
38
39
40
366
ÉIRE
IRELAND
ÉIRE
ELAND
Northern
Ireland
Isle of Man
(Brit. Crown
Depend.)
Irish Sea
North Channel
St. George's Channel
Firth of Clyde
Inishtrahull
Cionn Mhálanna
Malin Head
Rathlin I.
Mull of Kintyre
Campbeltown
Toraigh
Tory I.
Seven Arches
Giant's Causeway
Carn Domhnach
Inishowen
Moville
Portrush
Ballycastle
Antrim Gorges
Glenariff
Port an Salainn
An Fál Carrach
Carraig Air
Creestough
Bun Crannch
Coleraine
Ballymoney
An Reannach Rua
Bloody Foreland
Árainn Mhór
Arranmore I.
Glenveagh Nat. P.
Derry
Limavady
Kilrea
Ballymena
Larne
Glenarm
Ailt an Chorráin
An Clochan Liath
Gweebarra B.
Leitir Ceanainn
Fintown
Lifford
Strabane
Dungiven
Glenshane Pass
Maghera
Randalstown
Doagh
Carrickfergus
Newtownabbey
Bangor
Newtownards
Comber
Ards Pen.
BELFAST
Antrim
Lough Neagh
Glenavy
Cookstown
Moneymore
Plumbridge
Sperrin Mts.
Castlederg
Newtown Steward
Omagh
Dungannon
Lisburn
Lurgan
Portadown
Armagh
Banbridge
Rathfriland
Newry
Mourne Mts.
Kilkeel
Newcastle
Clough
Downpatrick
Ballynahinch
Saintfield
Strangford Lough
Portaferry
Strangford
Na Gleannta
Ard an Ratha
Ceann Ros Eoghain
Malin More
An Charraig
Na Cealla Beaga
Donegal Bay
Béal Átha Seanaidh
Dún na nGall
Blue Stack Mtn.
Bealach Feich
Belleek
Lower Lough Erne
Irvinestown
Dromore
Ballygawley
Enniskillen
Belcoo
Lisnaskea
Upper L. Erne
Cluain Eois
Muineachán
Castleblayney
Muinchille
Cuilcagh Mts.
Cluainin
Sligeach
Sligo B.
Baile Easa Dara
Darty Mts.
An Ghrainseach
Downpatrick Head
Killala Bay
Broad Haven
Erris Hd.
Béal an Mhuirthead
Mullet Peninsula
Glenamoy
Baile an Chaisil
Dromore West
Béal an Átha
Baingear
Ballycroy N.P.
Blacksod Bay
2000 Precipice
Achill Head
An Caol
Acaill
Achill I.
Nephin Beg Range
Lough Conn
Slieve Gamph
Tobar an Choire
Béal Easa
Caisleán an Bharraigh
Mallaranny
Clew Bay
Clare I.
Cathair na Mairt
Pilgrimage Church
Inis Toirc
Inishturk
Cluain Cearbán
Clár Clainne Mhuiris
Inis Bó Finne
Inishbofin
Mweelrea
Lough Mask
Connemara Nat. P.
Aughrus Point
An Clochán
Baile an Róba
Tuaim
An Teach Dóite
Uachtar Ard
Áth Cinn
Lough Corrib
Bertaghboy B.
Gaillimh
Galway
Órán Mór
An Spidéal
Gorumna I.
Galway Bay
Cil Rónáin
Inishmore
Oileáin Árainn
Aran Is.
Black Head
Cinn Mhara
Lios Duin Bhearn
The Burren
Cliffs of Moher
Ennis Díomáin
Liscannor B.
Sraid na Cathrach
Inis
Cill Chaoi
Carraig an Chabhalfaigh
Loop Head
Cill Rois
Sionainn
Shannon
Faing
Eas Geitine
Baile an Bhuinneánaigh
Kerry Head
Tralee Bay
Trá Lí
Lios Tuathail
Mainistir na Féile
Brandon Mtn.
Dingle
Baile an Daingin
An Daingean
Slea Head
Dingle Bay
Slieve Mish Mts.
Cill Orglan
Gleann Beithe
An Fearann Fuar
Oileán Ciarraí
Cill Airne
Killarney Nat. P.
Macgillycuddy's Reeks
Cathair Saidhbhín
Valencia I.
An Caladh
Ring of Kerry
Iveragh
An Snaidhm
An Coireán
Skellig Michael
Neidín
Kenmare River
Beara
An Gleann Garbh
Baile Chaisleáin Bhéarra
Dursey I.
Bantry Bay
Dunmanus B.
An Scoil
Mizen Head
Roaringwater B.
Cape Clear
Dún na Séad
An Sciobairín
Beanntraí
Dún Mánmhai
Maigh Chromtha
The Pass of Keimaneigh
Shehy Mts.
The Paps
Droichead na Bandan
Bandon
Cloich na Coillte
Galley Head
Old Head of Kinsale
Cionn Sáile
Great I.
An Cóbh
Cork Harbour
CORCAIGH
CORK
Mainistir an Corann
Eochaill
Knockadoon Head
Dún Garbhán
Ceapach Choinn
Lios Mór
Mainistir Fhear Mai
Blackwater
Mala
Ceann Toirc
Banteer
Boggeragh Mts.
Ráth Luirc
Galty Mts.
An Chathair
Cluain Meala
Baile Mhistéala
Port Láirge
Trá Mhór
Waterford H.
Hook Hd.
Arthurstown
Dunbrody Abbey
Cé na Cille Móire
Carnsore Point
Ros Mhic Thriúin
Loch Garman
Calafort Ros Láir
Rosslare Harbour
Inis Córthaidh
Fearna
An tAbhallort
Guaire
Graig na Manach
Baile Mhic Andáin
Carraig na Siúire
Callain
Cill Chainnigh
Ceatharlach
Leithghlinn an Droichid
An Tulach
Mt. Leinster
Caiseal
Rock of Cashel
Tiobraid Árann
Cill Náile
Durlas
Áth na nUrlainn
Milestone
Luimneach
Limerick
Cill Dalua
Silvermine Mts.
An Teampall Mór
An tAonach
An Scairbh
Buiríos Uí Chéin
Lough Derg
Ros Cré
Maighean Rátha
Mainistir Laoise
Darú
Port Laoise
Baile Átha Í
Slieve Bloom Mts.
Biorra
Port Omna
An Gort
Slieve Aughty Mts.
Baile Locha Riach
Béal Átha na Sluaighe
Monastic Ruins
An Clochán
Móinteach Mílic
Tulach Mhór
Baile Átha Luain
An Móta
Cill Bheagáin
Éadan Doire
Mainistir Eimhin
Cill Dara
Cill Droichid
An Nás
Cill Chuillin
Wicklow Mts.
Wicklow Mts. N.P.
Cillin Chaoimhín
An Láithreach
Cill Mhantáin
Wicklow Head
Ráth Droma
Eachroim
An tInbhear Mór
Ros Comáin
Béal Átha hAmhnais
Dún Mór
An Creagán
Baile Átha Liagh
Baile uí Mhatháin
Lough Ree
An Longfort
Tuilsce
Mainistir na Búille
Droim Seanbho
Cora Droma Rúisc
Dromad
Gránard
Meathas Troim
Tullynally Castle
Baile na gCros
An Muileann gCearr
Cinn Átha Gad
An Bóthar Buí
Baile Átha Troim
Dún Seachlainn
Maigh Nuad
An Uaimh
Brú na Bóinne
Ceanánnas
Achad an Iúir
An Cabhán
Carraig Mhachaire Rois
Baile Átha Fhirdhia
Dún Dealgan
Dundalk B.
Baile an Ghearlánaigh
Droichead Átha
Baile Brigin
Na Sceiri
Mullach Íde
BAILE ÁTHA CLIATH
DUBLIN
Dún Laoghaire
Bré
Na Clocha Liatha
Beal Tairbirt
Nymphe Bank
Pembrokeshire Coast Nat. Park
Fishguard
St. David's
St. Brides B.
Haverfordwest
Milford Haven
St. Ann's Head
Pembroke
St. Govan's H.
Maybole
Culzean Castle
Girvan
Ballantrae
Cairnryan
Stranraer
Portpatrick
Logan Gardens
Mull of Galloway
Newton Stewart
Glenluce
Wigtown
Luce Bay
Burrow Head
Castle Rushen
Port Erin
Peel
Castletown
Spanish Head
Holyhead
Holy I.
Anglesey
Arran

Maßstab 1:2 250 000

0 30 60 90 120 150 Kilometer

0 15 30 45 60 75 90 Miles

Aa
Ab
Ac
Ad
Ae
Af
36
37
38
39
40
UNITED
KINGDOM
NEDERLAND
BELGIË BELGIQUE
FRANCE
Hauts-de-France
Vlaanderen
Wallonie
Waddeneilanden
Waddenzee
IJsselmeer
West-Friesland
Flamborough Head
Withernsea
Spurn Head
Grimsby
Cleethorpes
Humber
Saltfleet
Louth
Mablethorpe and Sutton
Skegness
Boston
The Wash
Hunstanton
Wells-next-the-Sea
Sheringham
Cromer
Mundesley
Fakenham
North Walsham
Aylsham
The Broads N.P.
King's Lynn
Wisbech
Dereham
NORWICH
Acle
Caister-on-Sea
Great Yarmouth
Downham Market
Wymondham
Attleborough
Beccles
Lowestoft
March
Brandon
Thetford
Diss
Harleston
Halesworth
Cathedral
Ely
St. Ives
Bury St. Edmunds
Saxmundham
Framlingham
Leiston
Aldeburgh
Newmarket
CAMBRIDGE
Stowmarket
Orford
Haverhill
IPSWICH
Woodbridge
Saffron Walden
Sudbury
Felixstowe
Braintree
Harwich
COLCHESTER
Walton-on-the-Naze
Clacton-on-Sea
Ware
Harlow
CHELMSFORD
Maldon
Burnham-on-Crouch
Brentwood
BASILDON
SOUTHEND-ON-SEA
Dartford
Tilbury
Thames
Sheerness
Rochester
I. of Sheppey
Margate
Foreness Pt.
Ramsgate
Gillingham
Faversham
Sevenoaks
Knole House
Maidstone
Canterbury
Castle
Deal
Tonbridge
Leeds Castle
Ashford
Crawley
Royal Tunbridge Wells
Dover
Chalk Cliffs
Tenterden
Folkestone
Bodiam Castle
Uckfield
New Romney
Dungeness
Royal Pavilion
Lewes
Lydd
Bexhill
St. Clemens Caves
Hastings
Newhaven
Eastbourne
Beachy Head
Strait of Dover
Pas de Calais
Eurotunnel
Calais
Cap Gris-Nez
Marquise
Boulogne-sur-Mer
Nausicaa
Côte d'Opale
Le Touquet-Paris-Plage
Berck-Plage
Montreuil
Desvres
St Omer
Aire-s.-l-Lys
Lillers
Béthune
Bruay-la-B.
Lens
Liévin
Carvin
Bassin minier
Douai
Hesdin
Frévent
St-Pol-s.-Ternoise
Arras
Auxi-le Château
St-Valery-s.Somme
Cayeux-s.-M.
Ault
Le Tréport
Abbeville
Bernaville
Doullens
Bapaume
Albert
Péronne
Cambrai
Caudry
Le Cateau-Cambrésis
Avesnes-sur-Helpe
Bohain-en-Verm.
Guise
La Capelle
Hirson
Fourmies
Rocroi
Revin
Gedinne
Neufchâteau
Dunkerque
Gravelines
Bourbourg
Bergues
Watten
Steenvoorde
Cassel
Hazebrouck
Armentières
LILLE
Bailleul
Roubaix
Tourcoing
Tournai
Orchies
St-Amand-l.-E.
Valenciennes
Anzin
Denain
Aniche
Maubeuge
Jeumont
Beaumont
Chimay
Couvin
Philippeville
Givet
Dinant
Rochefort
Ciney
Marche-en-Famenne
NAMUR
Provendeville
CHARLEROI
Mettet
Sites miniers maj.
Spiennes
Binche
Mons
Canal d. Centre
Châtelet
Gembloux
Eghezee
Huy
Meuse
Ath
Leuze
Soignies
Boussu
Halle
Waterloo
BRUXELLES BRUSSEL
Tienen
Sint-Truiden
Tongeren
LIÈGE
Leuven
Béguinages
Hasselt
Aarschot
Mechelen
Vilvoorde
Willebroek
Lier
Geel
Mol
Herentals
Lommel
Bree
Leopoldsburg
Hoge Kempen
Genk
Maasmechelen
ANTWERPEN (ANVERS)
St.-Niklaas
Lokeren
Lebbeke
Wetteren
Aalst
Zottegem
Geraardsb.
Ronse
Merelbeke
GENT (GAND)
Evergem
Eeklo
Zelzate
Maldegem
Aalter
Tielt
Ingelm.
Roeselare
Waregem
Kortrijk
Menen
Ieper
Poperinge
Diksmuide
Torhout
BRUGGE (BRUGES)
Sluis
Knokke-Heist
Zeebrugge
Blankenberge
Oostende
Middelkerke
Nieuwpoort
De Panne
Veurne
Breskens
Westerschelde
Terneuzen
Hulst
Vlissingen
Middelburg
Veere
Goes
Oosterschelde
N.P. Oosterschelde
Zierikzee
Schouwen
Goeree
Middelharnis
Hellevoetsluis
Bergen op Zoom
Steenbergen
Roosendaal
Zundert
Baarle-N.
Essen
Grenspark
Kapellen
Brecht
Turnhout
Arendonk
Hamont-Achel
EINDHOVEN
Best
Boxtel
Helmond
Veghel
Vught
TILBURG
Waalwijk
BREDA
Oosterhout
's-Hertogenbosch
De Biesbosch
Gorinchem
DORDRECHT
Spijkenisse
Vlaardingen
Europoort
Hoek van Holland
Windmolen
ROTTERDAM
Delft
Gouda
Leerdam
Culemborg
Tiel
NIJMEGEN
Oss
DEN HAAG 'S-GRAVENHAGE
Wassenaar
Katwijk
LEIDEN
Alphen a.d.R.
Noordwijk aan Zee
UTRECHT
Zeist
AMERSFOORT
Hilversum
Nijkerk
Barneveld
Ede
APELDOORN
Harderwijk
Nunspeet
Almere
Naarden
Lelystad
Flevoland
Hillegom
Aalsmeer
HAARLEM
Zandvoort
IJmuiden
Noordzeekan.
Beverwijk
ZAANSTAD
AMSTERDAM
Purmerend
Beemster Polder
Castricum
Heiloo
Alkmaar
Egmond aan Zee
Bergen
Hoorn
Enkhuizen
Schagen
Den Helder
Medemblik
Den Oever
Stavoren
Lemmer
Workum
Afsluitdijk
N.P. Duinen v. Texel
Den Burg
Texel
Vlieland
Terschelling
Ameland
Harlingen
Franeker
Leeuwarden (Ljouwert)
Holwerd
Bolsward
Sneek
Snits
Alte Feanen
Heerenveen It Hearrenfean
Noordoostpolder
Emmeloord
Urk
Kampen
Dronten

Maßstab 1:2 250 000

0 30 60 90 120 150 Kilometer

0 15 30 45 60 75 90 Miles

361
370
375
Bb
Bc
Bd
Be
Bf
Bg
37
38
39
40
41
LÜBECK
Wismar
SCHWERIN
Mecklenburg
Vorpommern
Neubrandenburg
Anklam
Demmin
Teterow
Güstrow
Malchin
Waren (M.)
Müritz Nat.P.
Neustrelitz
Prenzlau
Pasewalk
Ueckermünde
Świnoujście
SZCZECIN
Stargard Szczeciński
zachodnio-pomorskie
Woj.
POLSKA
Drawieński P.N.
Uckermark
Schwedt /O.
Angermünde
Eberswalde
Oranienburg
Neuruppin
Wittstock /D.
Prignitz
Perleberg
Wittenberge
Salzwedel
Altmark
Stendal
WOLFSBURG
Havelland
BERLIN
POTSDAM
Brandenburg a.d.Havel
Brandenburg
Frankfurt (Oder)
Oderbruch
GORZÓW
Kotlina Gorzowska
Pojezierze Wielkopolskie
Woj. lubuskie
ZIELONA GÓRA
Nizina Wielkopolska
Cottbus
Spreewald
Lübben (Spreew.)
Niederlausitz
MAGDEBURG
Sachsen-Anhalt
Dessau-Roßlau
Lutherstadt Wittenberg
Fläming
HALLE (SAALE)
LEIPZIG
Sachsen
DRESDEN
Meißen
Hoyerswerda
Görlitz
Bautzen
Oberlausitz
Woj. dolnośląskie
JELENIA GÓRA
LIBEREC
Liberecký kraj
Ústí nad Labem
Ústecký kraj
Děčín
Teplice
Erzgebirge
Krušné hory
CHEMNITZ
Zwickau
Freiberg
GERA
JENA
Weimar
ERFURT
Thüringen
Thüringer Wald
Frankenwald
Plauen
Hof
Karlovarský kraj
Karlovy Vary
Cheb
Bayreuth
Fichtelgebirge
Oberpfälzer Wald
Český les
Plzeňský kraj
PLZEŇ
PRAHA
Středočeský kraj
Kladno
Kralovehradecký kraj
HRADEC KRÁLOVÉ
Pardubice
Pardubický kraj
Jihlavský kraj
Jihlava
ČESKO
ERLANGEN
FÜRTH
Bamberg
Coburg
Nordhausen
Naumburg
Altenburg
Sächs. Schweiz
Brdy
Střední Českomoravská vrchovina

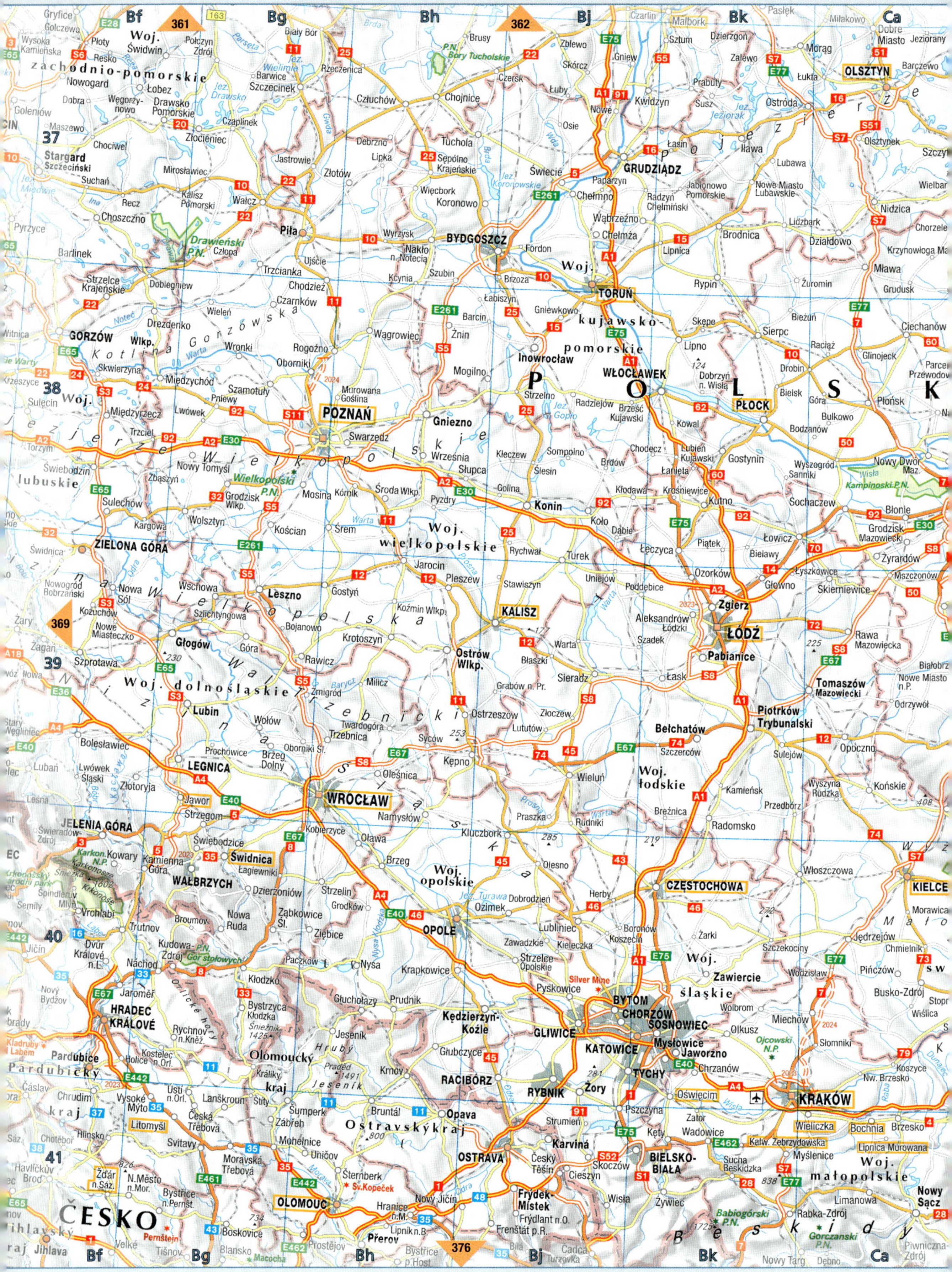

Maßstab 1:2 250 000

0 30 60 90 120 150 Kilometer

0 15 30 45 60 75 90 Miles

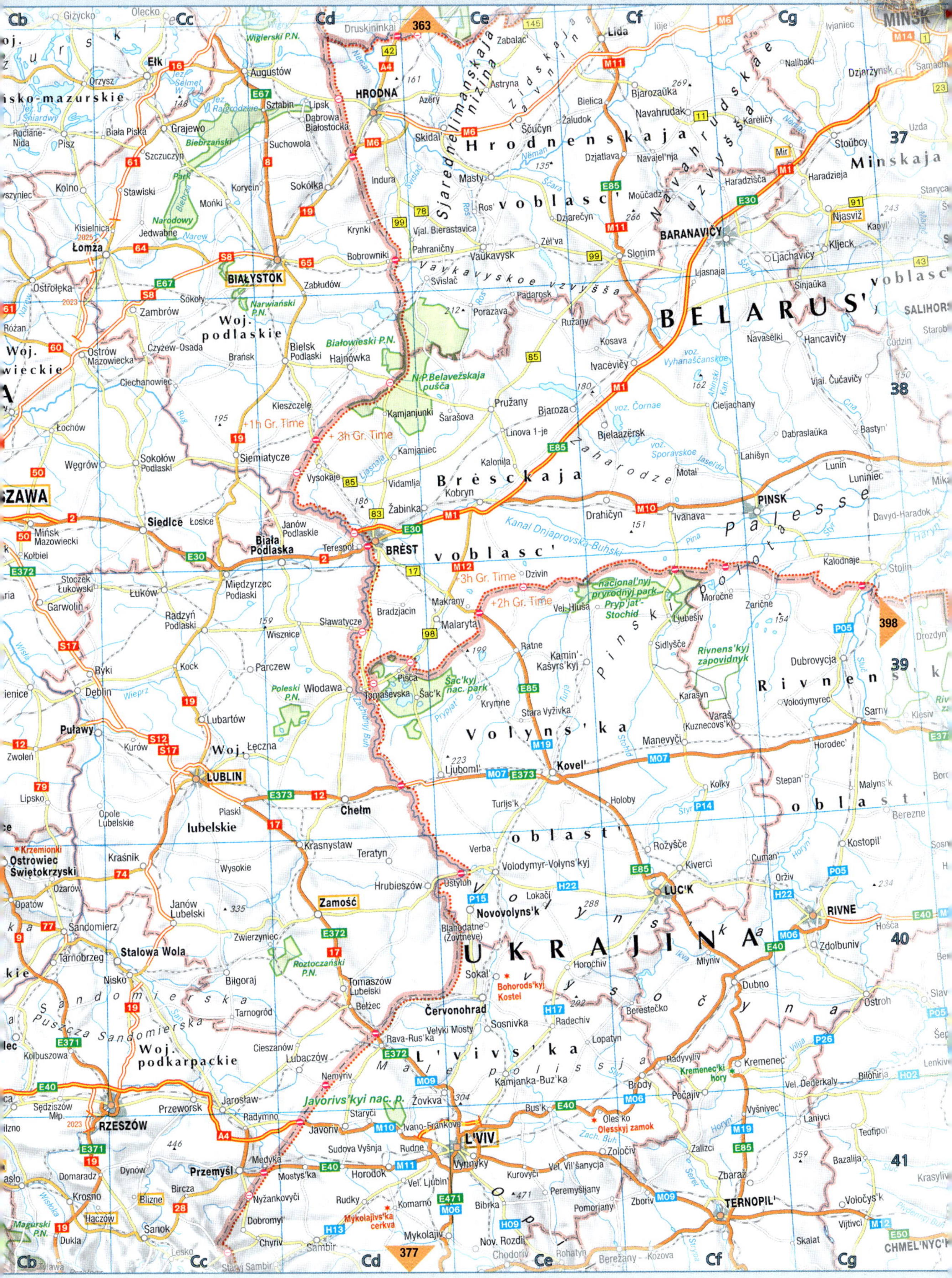
Cb
Cc
Cd
Ce
Cf
Cg
363
377
398
37
38
39
40
41
MINSK
Giżycko
Olecko
Druskininkai
Lida
Zabalac'
Ivjaniec
Ełk
Augustów
Orzysz
HRODNA
Azëry
Astryna
Nalibaki
Dzjaržynsk
Wigierski P.N.
Sztabin
Lipsk
Dąbrowa Białostocka
Biała Piska
Grajewo
Pisz
Ruciane-Nida
Biebrzański Park Narodowy
Suchowola
Skidal'
Šščučyn
Želudok
Bielica
Bjarozaŭka
Navahrudak
Karelіčy
Stoŭbcy
Uzda
Hrodnenskaja voblasc'
Minskaja
Sjarednenjamanskaja nizina
Navahrudskae uzvyšša
Szczuczyn
Kolno
Stawiski
Korycin
Mońki
Sokółka
Indura
Masty
Dzjatlava
Navajel'nja
Haradzišča
Haradzieja
Kisielnica
Jedwabne
Łomża
Krynki
Vjal. Bierastavica
Ros'
Dzjarečyn
Moŭčadz'
Njasviž
Kapyl'
BIAŁYSTOK
Bobrowniki
Pahraničny
Vaŭkavysk
Zel'va
Slonim
BARANAVIČY
Ljachavičy
Kljeck
Ostrołęka
Zabłudów
Sokoły
Svislač
Vaŭkavyskoe vzvyšša
Padarosk
Ljasnaja
Sinjaŭka
Zambrów
Woj. podlaskie
Narwiański P.N.
Porazava
Ružany
BELARUS'
Navasëlki
Hancavičy
SALIHORSK
Różan
Ostrów Mazowiecka
Czyżew-Osada
Brańsk
Bielsk Podlaski
Hajnówka
Białowieski P.N.
N.P. Belavežskaja pušča
Kosava
Ivacevičy
voz. Vyhanaščanskoe
Vjal. Čučavičy
Ciechanowiec
Kleszczele
Kamjanjunki
Šarašova
Pružany
Bjaroza
voz. Čornae
Cieljachany
Łochów
+1h Gr. Time
+3h Gr. Time
Linova 1-je
Bjelaazërsk
Dabraslaŭka
Bastyn'
Węgrów
Sokołów Podlaski
Siemiatycze
Kamjaniec
Kalonija
Zaharodze
voz. Sporavskoe
Lahišyn
Lunin
Luniniec
Vysokaje
Vidamlja
Brèsckaja
Motal'
Žabinka
Kobryn
PINSK
Palesse
Davyd-Haradok
WARSZAWA
Mińsk Mazowiecki
Siedlce
Łosice
Janów Podlaskie
Drahičyn
Ivanava
Kanal Dnjaprovska-Buhski
Biała Podlaska
Terespol
BRÈST
voblasc'
Kołbiel
Kalodnaje
Stolin
Stoczek Łukowski
Łuków
Międzyrzec Podlaski
+3h Gr. Time
Dzivin
+2h Gr. Time
nacional'nyj pryrodnyj park Pryp'jat'-Stochid
Moročne
Zarične
Garwolin
Radzyń Podlaski
Wisznice
Sławatycze
Bradzjacin
Makrany
Malaryta
Vel. Hluša
Ljubešiv
Pinski boloto
Sidlyšče
Rivnens'kyj zapovidnyk
Dubrovycja
Ryki
Kock
Parczew
Ratne
Kamin'-Kašyrs'kyj
Dęblin
Poleski P.N.
Włodawa
Tomaševska
Pišča
Šac'k
Šac'kyj nac. park
Krymne
Karasyn
Volodymyrec'
Rivnens'ka
Puławy
Lubartów
Stara Vyživka
Varaš (Kuznecovs'k)
Sarny
Zwoleń
Kurów
Łęczna
Volyns'ka
Manevyči
Horodec'
LUBLIN
Ljuboml'
Kovel'
Kolky
Stepan'
Malyns'k
Lipsko
Opole Lubelskie
Piaski
Chełm
Turijs'k
Holoby
oblast'
Berezne
Krzemionki
Ostrowiec Świętokrzyski
Kraśnik
lubelskie
Krasnystaw
Teratyn
Verba
Rožyšče
Kostopil'
Wysokie
Hrubieszów
Ustyluh
Volodymyr-Volyns'kyj
Kiverci
Cuman'
Orživ
Ożarów
Opatów
Janów Lubelski
Zamość
Lokači
LUC'K
RIVNE
Sandomierz
Novovolyns'k
Blahodatne (Žovtneve)
Hošča
Tarnobrzeg
Stalowa Wola
Zwierzyniec
Roztoczański P.N.
UKRAJINA
Zdolbuniv
Nisko
Biłgoraj
Tomaszów Lubelski
Sokal'
Bohorods'kyj Kostel
Horochiv
Mlyniv
Dubno
Sandomierska
Tarnogród
Bełżec
Červonohrad
Radechiv
Berestečko
Ostroh
Puszcza Sandomierska
Woj. podkarpackie
Cieszanów
Lubaczów
Rava-Rus'ka
Velyki Mosty
Sosnivka
Lopatyn
L'vivs'ka
Malé Polissja
Kolbuszowa
Radyvyliv
Kremenec'
Kremenec'ki hory
Nemyriv
Kamjanka-Buz'ka
Brody
Vel. Dederkaly
Bilohirja
Sędziszów Młp.
RZESZÓW
Przeworsk
Jarosław
Javorivs'kyj nac. p.
Žovkva
Počajiv
Radymno
Staryči
Ivano-Frankove
Bus'k
Oles'ko
Oleskyj zamok
Vyšnivec'
Lanivci
Javoriv
L'VIV
Zoločiv
Teofipol'
Sudova Vyšnja
Rudne
Medyka
Vynnyky
Vel. Vil'šanycja
Zalizci
Bazalija
Domaradz
Dynów
Przemyśl
Mostys'ka
Horodok
Vel. Ljubin'
Kurovyči
Zbaraž
Krasyliv
Krosno
Bircza
Nyžankovyči
Rudky
Komarno
Bibrka
Peremyšljany
Opillja
Voločys'k
Blizne
Dobromyl'
Mykolajivs'ka cerkva
Pomorjany
Zboriv
TERNOPIL'
Magurski P.N.
Haczów
Sanok
Chyriv
Sambir
Mykolajiv
Nov. Rozdil
Vijtivci
Dukla
Lesko
Staryi Sambir
Chodoriv
Rohatyn
Berežany
Kozova
Skalat
CHMEL'NYC'KYJ

Maßstab 1:2 250 000

0 30 60 90 120 150 Kilometer

0 15 30 45 60 75 90 Miles

Ab
Ac
Ad
Ae
Af
367
374
383
41
42
43
44
45
Hauts-de-France
Île de France
Grand Est
Champagne
Centre Val de Loire
Bourgogne-Franche-Comté
Auvergne
FRANCE
LËTZEBUERG LUXEMBOURG
Luxembourg
PARIS
St-Denis
Nanterre
BOULOGNE-B.
Créteil
Versailles
Vitry-s.-S.
Évry
Melun
Meaux
ROUEN
AMIENS
Beauvais
Compiègne
Soissons
Laon
St-Quentin
REIMS
Châlons-en-Champ.
Charleville-Mézières
Sedan
Verdun
METZ
Troyes
Chartres
Fontainebleau
ORLÉANS
Blois
Vierzon
Bourges
Châteauroux
Nevers
Auxerre
DIJON
BESANÇON
Beaune
Chalon-sur-Saône
Mâcon
Montluçon
Vichy
Moulins
Roanne
CLERMONT-FERRAND
LIMOGES
LYON
Villeurbanne
Vénissieux
ST-ÉTIENNE
Dieppe
Évreux
Dreux
Provins
Sens
Langres
Chaumont
Autun
Bourg-en-Bresse
Parc National de Forêts
Plateau de Langres
Morvan
Forêt d'Orient
Plateau de Millevaches
Monts du Limousin
Mts du Forez
Vulcania
Chambord
Val de Loire

Maßstab 1:2 250 000

0 30 60 90 120 150 Kilometer

0 15 30 45 60 75 90 Miles

Bb
Bc
Bd
Be
Bf
369
385
376
41
42
43
44
45
ČESKO
Plzňský kraj
PLZEŇ
Jihlavský kraj
Jihlava
Jihočeský kraj
ČESKÉ BUDĚJOVICE
Bayern
Bayreuth
ERLANGEN
FÜRTH
NÜRNBERG
REGENSBURG
INGOLSTADT
AUGSBURG
MÜNCHEN
Landshut
Passau
Niederbayern
Oberbayern
Rosenheim
SALZBURG
Salzburg
LINZ
Wels
St. Pölten
Oberösterreich
Niederösterreich
Steiermark
GRAZ
ÖSTERREICH
Tirol
INNSBRUCK
Kärnten
Villach
Klagenfurt
Trentino-Südtirol
BOLZANO BOZEN
Trentino-Alto Adige
Trento
Friuli-Venezia Giulia
UDINE
Pordenone
TRIESTE
Veneto
VICENZA
Treviso
Mestre
PADOVA
VERONA
SLOVENIJA
LJUBLJANA
Maribor
Šumava
Böhmerwald
Oberpfälzer Wald
Dolomiti
Karawanken

Maßstab 1:2 250 000

0 30 60 90 120 150 Kilometer

0 15 30 45 60 75 90 Miles

Ca
Cb
Cc
Cd
Ce
Cf
371
378
387
41
42
43
44
45
TARNÓW
RZESZÓW
Przemyśl
L'VIV
TERNOPIL'
Nowy Sącz
Krosno
Sanok
Bardejov
Svidník
Prešov
KOŠICE
Michalovce
Humenné
UŽHOROD
Mukačeve
Sambir
Drohobyč
Stryj
Kaluš
IVANO-FRANKIVS'K
Kolomyja
Ternopil's'ka obl.
Ivano-Frankivs'ka oblast'
Zakarpats'ka oblast'
Berehove
Vynohradiv
Chust
Rachiv
MISKOLC
NYÍREGYHÁZA
DEBRECEN
SATU MARE
BAIA MARE
Sighetu Marmaţiei
Suceava
Bistriţa
Zalău
ORADEA
CLUJ-NAPOCA
Turda
TÂRGU MUREŞ
Mediaş
Sighişoara
Békéscsaba
ARAD
TIMIŞOARA
Lugoj
Deva
Hunedoara
Alba Iulia
SIBIU
Făgăraş
Petroşani
Caransebeş
Transilvania
ROMÂNIA
Wooden Churches
Bieszczadzki P.N.
Hortobágyi N.P.
P.N. Apuseni
P.N. Munţii Rodnei
Munţii Apuseni
Munţii Călimani

Maßstab 1:2 250 000

0 30 60 90 120 150 Kilometer

0 15 30 45 60 75 90 Miles

Cf
Cg
Ch
Cj
Ck
378
45
46
47
48
49
50
400
402
Sinaia
Buzău
Rămnicu Sărat
Brăila
Izmail
Tulcea
Luncavița
Isaccea
Măcin
Somova
Brațul Sulina
Sulina
Cislău
Vernești
Vălenii de M.
Câmpina
Fieni
Băicoi
Pucioasa
Boldești-Scăeni
Urlați
Sângeru
Prahova
Ianca
Șutești
Făurei
Ulmu
Dudești
Viziru
Însurăței
Costești
Mizil
Ploiești
Moreni
Cilibia
Brăila
P.N. Munții Măcinului
Cerna
Nalbant
Murighiol
Agighiol
Delta Dunării
Delta du Danube
Sfântu Gheorghe
Sfântu Gheorghe Palade-Perișor
Tulcea
Babadag
Ciucurova
Topolog
Jurilovca
Razim
Baia
Pogoanele
Padina
Urziceni
Ciorani de Jos
Cornești
Găești
Moara Vlăsiei
Ialomița
Balaciu
Amara
Grivița
Scînteia
Giurgeni
Hârșova
Râmnicu de Jos
Istria
Grindul Chituc
Țăndărei
Făcăieni
Ciochina
Slobozia
Movila
Crucea
Mihail Kogălniceanu
Titu
Buftea
Afumați
Movilița
Tărtășești
Otopeni
Bolintin-Vale
Fundulea
Dor Mărunt
Dragalina
Perișoru
Fetești
Dorobanțu
BUCUREȘTI
Crevedia Mare
Cernavoda
Medgidia
Ovidiu
Năvodari
Mamaia
Constanța
CONSTANȚA
Călărași
Frumușani
Mostiștea
Mânăstirea
Grădiștea
Rasova
Basarabi
Videle
Adunații-Copăceni
Vidra
Curcani
Oltina
Adamclisi
Eforie Nord
Ghimpați
Giurgiu
Oltenița
Srebărna
Silistra
Ostrov
Băneasa
Cobadin
Tuzla
Drăgănești-Vlașca
Prundu
N.P. Srebarna
Tutrakan
Topraisar
Comana
Toporu
Băneasa
Kajnardža
Rosica
Negru Vodă
Mangalia
Vama Veche
Giurgiu
RUSE
Tetovo
Belica
Glavinica
Alfatar
Dulovo
Svestari
Hitovo
General Toševo
Vedea
Kubrat
Zavet
Okorš
Svoboda
Jovkovo
Pietroșani
Ivanovo
Štrakievo
Tervel
Karapelit
Vaklino
N. Šabla
Isperih
Kaolinovo
Dobrič
Vranino
Šabla
Car Kaloja
Svištov
Razgrad
Venec
Dobrudžansko Plato
Obročište
Kavarna
Bjala
Opaka
Lomci
Novi Pazar
Vălčidol
Balčik
N. Kaliakra
Popovo
Vetrino
Šumen
Madara
Varnenski Zaliv
Pavlikeni
Kamen
Slavjanovo
Tărgovište
Veliki Preslav
Provadija
Devnja
Beloslav
VARNA
Veliko Tărnovo
Gorna Orjahovica
Antonovo
Omurtag
Dălgopol
Kamčija
Jastrebino
Smjadovo
Dolni Čiflik
Staro Orjahovo
Drjanovo
Elena
Stara Reka
Vărbica
Kotel
Prilep
Solnik
Vǎglevci
Trjavna
Bjala
Šipčenski Pr.
Sungurlare
Sliven
Ajtos
Nesebăr
Tvărdica
Gurkovo
Šipka
Karnobat
Straldža
Kameno
Pomorie
Jagoda
Kermen
Jambol
BURGAS
Sozopol
Nova Zagora
Pobeda
Malina
Sredec
Radnevo
Novo-selec
Goljam Manastir
Polski Gradec
Elhovo
Goljamo Kruševo
Kruševec
Primorsko
Priroden Park Strandža
Carevo
Ahtopol
+2h Gr. Time
+3h Gr. Time
Rezovo
Gălăbovo
Dimitrovgrad
Marica
Knjaževo
Topolovgrad
Šarkovo
Zvezdec
Hasekijata
Mako Tărnovo
Dereköy
Karacadağ
İğneada
İğneada Longoz Ormanları Milli Parkı
Haskovo
Harmanli
Malevo
Ljubimec
Radovec
Devletliağaç
Kofçaz
Lalapaşa
Yoğuntaş
Demirköy
Yıldız Dağları
Malak Izvor
Malko Gradište
Svilengrad
Sırpsındığı
EDIRNE
Süleoğlu
Kırklareli
Kıyıköy
Kărdžali
Filaki
Hasköy
İnece
Pınarhisar
Vize
Yalıköy
Momčilgrad
Ivajlov-grad
Orestiáda
Havsa
Ahmetbey
Saray
Karacaköy
Krumovgrad
Ládi
Kırcasalih
Babaeski
LÜLEBURGAZ
Çatalca Yarımadası
Karaburun
Mikron Derion
Didimótiho
Lávara
Pehlivanköy
Beyaz-köy
Çerkezköy
Kumköy
Çayağzı
Doğancılı
Şile
Ağva
Uzunköprü
Dambaslar
Muratlı
Sinekli
Boyalık
Kemerburgaz
BEYKOZ
Yeşilvadi
Makedonía
Thráki
Kai
Soufli
E.P. dásous Dadiás, Lefkimmis kai Souflíou
Dadiá
Meriç
Küplü
Hayrabolu
Hamidiye
ÇORLU
Çatalca
Esenyurt
Ömerli
FATİH
ÜSKÜDAR
BAKIRKÖY
KADIKÖY
SULTANBEYLİ
KARTAL
Kocaeli Yarımadası
Akçaova
Arrianá
Sápes
Essimi
Banarlı
SILIVRI
Büyükçekmece
Mollafeneri
Sevindikli
Şahin
TEKİRDAĞ
Marmaraereğlisi
Büyük Ada
GEBZE
İSTANBUL
Mésti
Féres
İpsala
Yürük
İnecik
Barbaros
Darıca
Hereke
Harálambos
Alexandroúpoli
Ethn. igr. P. Délta Évrou
Karpuzlu
Malkara
Keşan
Ballı
Işıklar Dağı
Marmara Denizi
Yalova
Gala Gölü Milli Parkı
Enez
Evrese
Mürefte
Çınarcık
Kılıç
Yalakdere
Karamürsel
Bahçeci
Gölcük
Černomors'k
Istanbul Boğazı (Bosporus)
Ivanovo
Kardzali

Maßstab 1:2 250 000

0 30 60 90 120 150 Kilometer

0 15 30 45 60 75 90 Miles

Se
Sf
Sg
Sh
Sj
Costa Esmeralda
Costa Vasca
GIJÓN XIXÓN
SANTANDER
Torrelavega
Portugalete
BARAKALDO
BILBAO BILBO
Getxo
DONOSTIA S.SEBASTIÁN
Irun
Hendaye
Biarritz
Bayonne
VITORIA-GASTEIZ
PAMPLONA IRUÑEA
LOGROÑO
LEÓN
BURGOS
Palencia
VALLADOLID
Segovia
Ávila
MADRID
ALCALÁ D.H.
TORREJÓN D.A.
ALCORCÓN
MÓSTOLES
LEGANÉS
GETAFE
Pozuelo d.A.
Guadalajara
Toledo
Talavera de la Reina
Aranjuez
Cuenca
Soria
Tudela
Calatayud
Tarazona
Cantabria
Euskadi
Navarra
La Rioja
Cd. For. de
Castilla y León
Cd. de Madrid
Castilla-La Mancha
Cordillera Cantábrica
Sierra de Guadarrama
Montes de Toledo
Tierra de Campos
Cuevas de Altamira
Cueva de Atapuerca
Numancia
El Escorial
P.N. de los Picos de Europa
P.N. de Cabañeros
47
48
49
50
51
382
389
390

Maßstab 1:2 250 000

0 30 60 90 120 150 Kilometer

0 15 30 45 60 75 90 Miles

Ad
Ae
Af
Ag
Ah
373
374
391
384
45
46
47
48
49
LYON
Chambéry
Vallée d'Aoste
Auvergne-
Rhône-Alpes
ST-ÉTIENNE
GRENOBLE
Dauphiné
Savoie
Piemonte
TORINO
Moncalieri
Cuneo
Le Puy-en-Velay
Valence
Montélimar
Nyons
Orange
Avignon
NÎMES
Arles
MONTPELLIER
Sète
Agde
Provence-
Alpes-
Côte d'Azur
Digne-l.-B.
Sisteron
Gap
Briançon
AIX-EN-PROV.
MARSEILLE
Aubagne
La Ciotat
TOULON
La Seyne-s.-Mer
Hyères
Îles d'Hyères
Saint-Tropez
Fréjus
St-Raphaël
Cannes
Antibes
NICE
MONACO
Monaco
Menton
Sanremo
Ventimiglia
Golfe du Lion
Côte d'Azur
MEDITERRANEAN
SEA
Costa Brava
Parc Nat. des Écrins
Parc Nat. du Mercantour
Parc Nat. de la Vanoise
Parc National des Calanques
Parc Nat. Rég. de Camargue
Parc Nat. Rég. du Luberon
Parc Nat. Rég. du Verdon
Mont Ventoux
Pont du Gard
Grotte Chauvet
Les Causses et les Cévennes

Maßstab 1:2 250 000

0 30 60 90 120 150 Kilometer

0 15 30 45 60 75 90 Miles

Bd
Be
Bf
Bg
Bh
375
376
386
393
394
45
46
47
48
49
TRIESTE
Muggia
Koper
Piran
Izola
Umag
Novigrad
Poreč
Pazin
Rovinj
Pula
Nacionalni park Brijuni
Opatija
RIJEKA
Kraljevica
Crikvenica
Novi Vinodolski
Senj
Karlovac
Ogulin
Delnice
Nac.park Risnjak
Vrbovsko
Duga Resa
Slunj
Plitvica
Nac. park Plitvička jezera
Bihać
Otočac
Gospić
Karlobag
Nac. park Sjeverni Velebit
Nac.park Paklenica
Starigrad-Paklenica
Zadar
Nin
Biograd
Pašman
Ugljan
Dugi Otok
Sali
Nacionalni park Kornati
Kornati
Murter
Vodice
Šibenik
Skradin
Krka slap
Nac. park Krka
Knin
Drniš
Sinj
Trogir
SPLIT
Omiš
Makarska
Brač
Supetar
Bol
Hvar
Stari Grad
Jelsa
Vis
Komiža
Biševo
Modra spilja
Korčula
Vela Luka
Lastovo
Park prirode Lastovo
Nac. park Mljet
Pelješac
Orebić
Palagruža
Cres
Lošinj
Mali Lošinj
Krk
Rab
Pag
Silba
Olib
Premuda
Molat
Susak
Unije
HRVATSKA
(CROATIA)
BOSNA I HERCEGOVINA
BANJA LUKA
Prijedor
Bosanska Dubica
Nac. park Kozara
Sanski Most
Ključ
Bosanski Petrovac
Drvar
Livno
Glamoč
Mrkonjić Grad
Jajce
Tomislavgrad
N.p. Una
Jadransko more
Jadranska magistrala
Mare Adriatico
Riccione
Cattolica
Pesaro
Fano
Senigallia
ANCONA
Falconara Marittima
Jesi
Loreto
Porto Recanati
Civitanova Marche
Macerata
Fabriano
Marche
Porto S. Giorgio
Fermo
S.Benedetto d.T.
Ascoli Piceno
P. Naz. dei Monti Sibillini
Martinsicuro
Giulianova
Roseto d.A.
Teramo
Pineto
PESCARA
Ortona
Chieti
Lanciano
Vasto
Termoli
Abruzzo
L'Aquila
Gran Sasso d'Italia
P.N. della Maiella
Sulmona
Avezzano
Appennino Abruzzese
P.N. d'Abruzzo
TERNI
Spoleto
Rieti
Tivoli
Frascati
Velletri
Lazio
LATINA
Frosinone
Cassino
Montecassino
Terracina
Formia
Gaeta
Parco Naz. del Circeo
Molise
Campobasso
Isernia
Benevento
Caserta
Capua
Mondragone
San Severo
FOGGIA
Lucera
Manfredonia
Monte Sant'Angelo
Vieste
Promontorio del Gargano
P. Naz. del Gargano
Isole Tremiti
Isola Pianosa
Golfo di Manfredonia
Tavoliere
Cerignola
Barletta
Trani
Andria
Molfetta
BARI
P.N.d. Alta Murgia
Castel del Monte
Puglia
Golfo di Trieste
Golfo di Gaeta

Maßstab 1:2 250 000

0 30 60 90 120 150 Kilometer

0 15 30 45 60 75 90 Miles

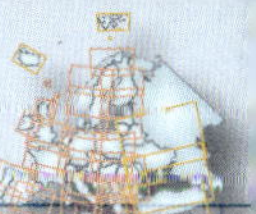

Cc
Cd
Ce
Cf
Cg
377
378
379
395
45
46
47
48
49
50
Lugoj
Caransebeş
Munţii Retezat
Petroşani
Lupeni
Petrila
Munţii Lotrului
Munţii Şureanu
Sarmizegetusa
Munţii Vâlcanului
P.N. Retezat
P.N. Defileul Jiului
P.N. Domogled-Valea Cernei
CARPAŢII MERIDIONALI
Teregova
Băile Herculane
Târgu Jiu
Bumbeşti-Jiu
Orşova
Porţile de Fier
Derdap
DROBETA-TURNU SEVERIN
Strehaia
Filiaşi
Mehedinţi
Nac. Park
Negotin
Vidin
Calafat
CRAIOVA
Dolj
Băileşti
Bechet
RÂMNICU VÂLCEA
Horezu
P.N. Cozia
P.N. Buila-Vânturariţa
Curtea de Argeş
Argeş
PITEŞTI
Câmpulung
TÂRGOVIŞTE
Dâmboviţa
Sinaia
Buşteni
Prahova
PLOIEŞTI
Buzău
BUZĂU
Slatina
Olt
Caracal
Drăgăşani
Teleorman
Alexandria
Turnu Măgurele
Roşiori de Vede
Giurgiu
BUCUREŞTI
Ruse
Zimnicea
Nikopol
Svištov
Oltenita
Tutrakan
Razgrad
Popovo
Veliko Tărnovo
Gorna Orjahovica
PLEVEN
Loveč
Dunavska Ravnina
Lom
Kozloduj
Montana
Vraca
Mezdra
N.P. Vračanska planina
Pirot
Zaječar
Knjaževac
Botevgrad
Etropole
SOFIJA
Pernik
N. P. Vitoša
Samokov
Ihtiman
Kjustendil
Dupnica
Rila
Rilski Manastir
N.P. Rila
Blagoevgrad
Razlog
N.P. Pirin
Sandanski
Petrič
Kulata
Pazardžik
PLOVDIV
Asenovgrad
Haskovo
Dimitrovgrad
Kărdžali
Smoljan
Rodopi
Trojan
N.P. Centr. Balkan
Stara Planina
Gabrovo
Kazanlăk
STARA ZAGORA
Sliven
Nova Zagora
Jambol
Karlovo
Šipka
Sevlievo
Tărgovište
Omurtag
Bălgarija
Strumica
Gevgelija
Štip
Radoviš
Drama
Xánthi
Komotini
Kavála
Sérres
Anatolikí Makedonía kai Thráki
E.P. Orosirás Rodópis
Edirne
387

Maßstab 1:2 250 000

0 30 60 90 120 150 Kilometer

0 15 30 45 60 75 90 Miles

ESPAÑA
Andalucía
AL-MAGHRIB (MAROC)
SEVILLA
CÓRDOBA
MÁLAGA
HUELVA
CÁDIZ
JEREZ D.L.FR.
ALGECIRAS
MARBELLA
Mérida
BADAJOZ
Ciudad Real
Puertollano
TANGER
TITWAN (TETOUAN)
Ceuta (Sebta) (Esp.)
Gibraltar (U.K.)
Al-Hoceima
Tanger-Tétouan-Al-Hoceima
EL-ARAÏCH (LARACHE)
KSAR-EL-KEBIR
Chefchaouen
Faro
Golfo de Cádiz
Costa de la Luz
Costa del Sol
Alboran
P.N. de Doñana
Lanzarote
Fuerteventura
Parque Nac. de Timanfaya
Arrecife
Puerto del Rosario
Península de Jandía
Estrecho de La Bocaina
Barcelona, Sète, Genova, Livorno
Gr. Time
+1h Gr. Time
381
390
51
52
53
54
55
56
61
62
63
Sc
Sd
Se
Sf
Rf
Rg

Maßstab 1:2 250 000

0 30 60 90 120 150 Kilometer

0 15 30 45 60 75 90 Miles

Aa
Ab
Ac
Ad
Ae
383
49
50
51
52
53
54
Poblet
Prades
Valls
Flix
1201
Falset
REUS
TARRAGONA
Vilanova i la Geltrú
El Vendrell
Sitges
Castelldefels
Cambrils
Cap de Salou
Golf de Sant Jordi
Móra d'Ebre
Gandesa
Xerta
Roquetes
1413
Tortosa
l'Hospitalet de l'Infant
l'Ametlla d.M.
Cap de Tortosa
Parc nat. Delta de l'Ebre
Amposta
Ulldecona
St. Carles de la R.
Alcanar
Vinaròs
Benicarló
Peñíscola
E90
C32
N420
E15
AP7
N340
Costa Daurada
Costa del Azahar
Islas Columbretes
97
151
1628
1801
200
1185
Illes Balears
Menorca
Cap de Cavalleria
Fornells
El Toro
350
Ciutadella
Naveta des Tudons
Ferreries
Es Mercadal
Alaior
Maó (Mahón)
S'Algar
Tamarinda
Cap d'Artrutx
Cap de Formentor
Port de Pollença
Pollença
Alcúdia
P.N. de S'Albufera
Cap de Ferrutx
Puig Major
1445
Port de Sóller
Sóller
Valldemossa
La Cartuja
Serra de Tramuntana
Banyalbufar
Inca
Muro
Artà
560
Cala Rajada
Sta. Maria del Camí
Sineu
Montuïri
Manacor
Cala Millor
Andratx
1026
PALMA
s'Arenal
Magaluf
sa Dragonera
548
Llucmajor
Porto Cristo
Coves del Drac
Serra de Llevant
Felanitx
Campos
Cala d'Or
Colònia de Sant Jordi
Santanyi
Cap de ses Salines
Mallorca
Cabrera
P.N. del Archipiélago de Cabrera
78
Eivissa (Ibiza)
Sant Joan de Labritja
Punta Grossa
Cuillerам
St. Antoni de Portmany
Sta. Eulària d.R.
475
Cova Santa
Eivissa (Ibiza)
San Francesc d. F.
192
Formentera
1060
2560
2000
Costa Blanca
Cap de la Nau
1536
MEDITERRANEAN SEA
2835
2886
Alacant
Marseille
AL-JAZĀ'IR (ALGER)
Dellys
Tigzirt
Azeffoun
Aïn Benian
Zeralda
Aïn Taya
Boumerdes
Thenia
BORDJ EL KIFFAN
BARAKI
Bou-Ismail
Khemis el Khechna
Larba
Boufarik
Okolea
Gorges
Lakhdaria
Bordj Menaiel
TIZI OUZOU
Azazga
Arbaa Naït Irathen
Boghni
Aïn el-Hammam
Corniche des Dahra
Cherchell
Tipaza
Kbor Roumia
Gouraya
BENI MERAD
A1
N5

Maßstab 1:2 250 000

0 30 60 90 120 150 Kilometer

0 15 30 45 60 75 90 Miles

Bd
Be
Bf
Bg
385
394
396
49
50
51
52
53
54
TALIA
Campania
Puglia
Basilicata
Lucania
Calabria
Sicilia
Sicilia (It.)
Madonie
Isole Eolie o Lipari
Golfo di Gaeta
Golfo di Salerno
Golfo di Policastro
Golfo di Taranto
Golfo di S. Eufemia
Golfo di Squillace
Golfo di Noto
Golfo di Termini Imerese
Stretto di Messina
Parco Naz. del Circeo
Isole Ponziane o Pontine
Isola d'Ischia
Isola di Capri
Isola di Ustica
Isola Stromboli
Isola Alicudi
Isola Filicudi
Isola Salina
Isola Lipari
Isola Vulcano
I. Panarea
Marsili
Sabaudia
Terracina
Fondi
Gaeta
Formia
Sessa A.
Mondragone
Capua
Caserta
Benevento
Aversa
NAPOLI
Pozzuoli
Torre d.Gr.
Pompei
Castellammare d.S.
Sorrento
Positano
Amalfi
Capri
Ischia
Nocera
Avellino
SALERNO
Eboli
Battipaglia
Paestum
Agropoli
Capaccio
Castellabate
Punta Licosa
Velia
Ascea
Palinuro
Capo Palinuro
Sapri
Ariano
Cerignola
Barletta
Andria
Trani
Bisceglie
Molfetta
BARI
Canosa d.P.
Castel del Monte
Altamura
Gravina i.P.
Matera
Sassi
Spinazzola
Venosa
Melfi
Rionero i.V.
Avigliano
Potenza
Laterza
Alberobello
Metaponto
Policoro
Pisticci
Ferrandina
Lauria
Maratea
Praia a.M.
Mormanno
Castrovillari
Sibari
Trebisacce
Belvedere Marittimo
Cetraro
Paola
Cosenza
Rossano
Cariati
Acri
S.Giovanni in Fiore
Campana
Amantea
Lamezia Terme
Catanzaro
Catanzaro Marina
Crotone
Soverato
Pizzo
Vibo Valentia
Tropea
Capo Vaticano
Nicotera
Rosarno
Gioia Tauro
Palmi
Polistena
Cittanova
Locri
Villa S.G.
REGGIO D.C.
Melito d.P. Salvo
Bova Marina
Brancaleone Marina
MESSINA
Milazzo
Capo d'Orlando
Patti
Sant'Agata d.M.
Cefalù
Termini Imerese
Bagheria
PALERMO
Monreale
Carini
Partinico
Alcamo
Calatafimi
Partanna
Corleone
Sciacca
Ribera
Agrigento
Eraclea Minoa
Porto Empedocle
Raffadali
Canicattì
Caltanissetta
Licata
Gela
Enna
Nicosia
Troina
Bronte
Adrano
Randazzo
M. Etna
Taormina
Giarre
Acireale
Paternò
CATANIA
Lentini
Augusta
SIRACUSA
Caltagirone
Piazza Armerina
Scavi di Casale
Niscemi
Vittoria
Ragusa
Modica
Noto
Avola
Scicli
Ispica
Pachino
Pozzallo
Capo delle Correnti
Marina d. Ragusa

Maßstab 1:2 250 000

0 30 60 90 120 150 Kilometer

0 15 30 45 60 75 90 Miles

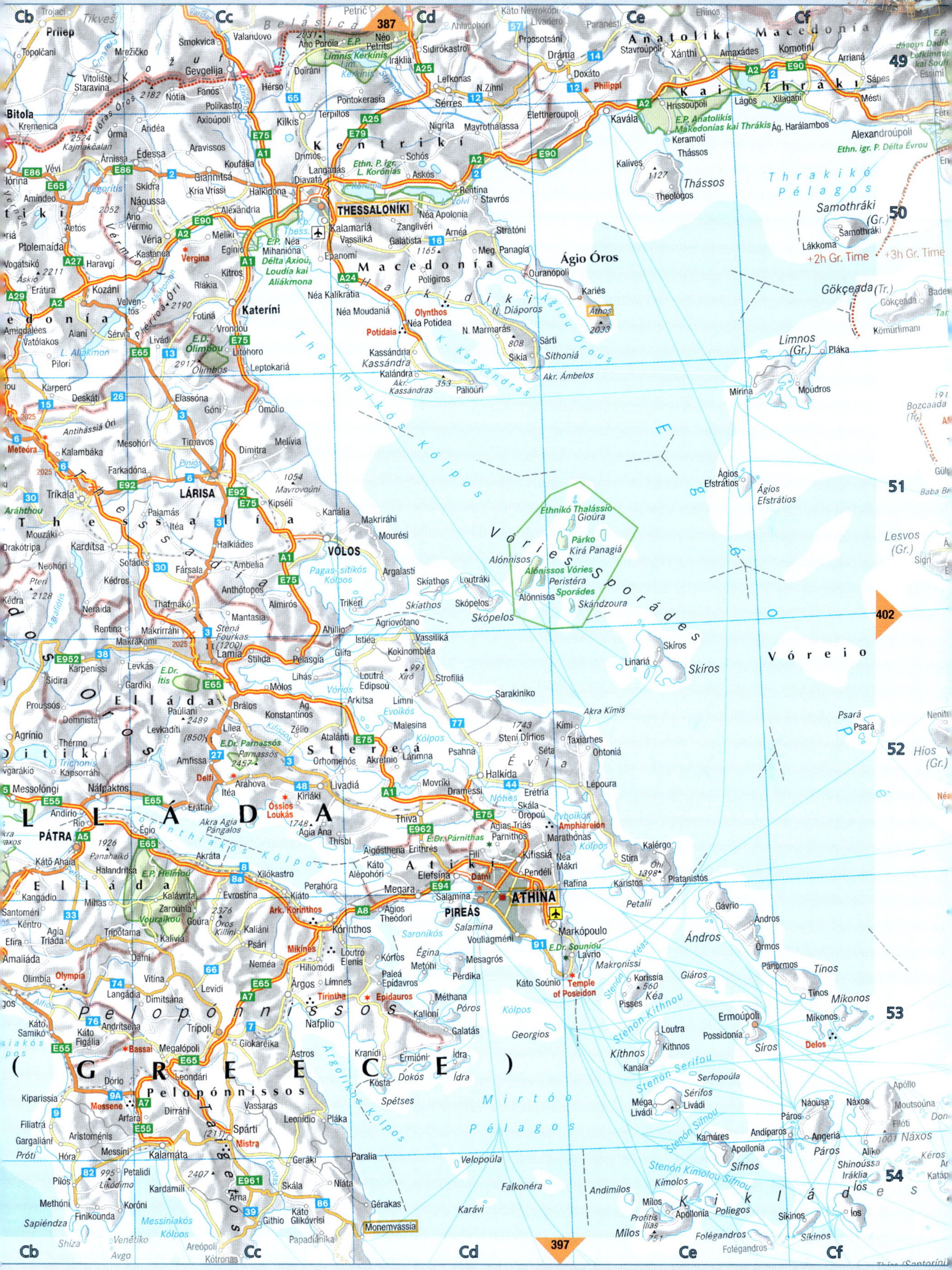

Cb
Cc
Cd
Ce
Cf
387
397
402
49
50
51
52
53
54
Prilep
Bitola
Gevgelija
Thessaloníki
Kentrikí Makedonía
Anatolikí Makedonía kai Thráki
Kavála
Dráma
Sérres
Xánthi
Komotiní
Alexandroúpoli
Thássos
Samothráki
Thrakikó Pélagos
Ágio Óros
Athos
Kateríni
Olimbos
Vergina
Chalkidiki
Kassándra
Sithoniá
Límnos
Mírina
Gökçeada
Bozcaada
Thermaïkós Kólpos
Lárisa
Tríkala
Meteóra
Kalambáka
Kardítsa
Vólos
Thessalía
Vóries Sporádes
Alónnisos
Skíathos
Skópelos
Skíros
Ágios Efstrátios
Lesvos (Gr.)
Lamía
Karpenisi
Stereá Elláda
Dytikí Elláda
Delfi
Óssios Loukás
Livadiá
Thiva
Halkída
Évia
Eretria
Amphiareion
Marathonas
Rafina
ATHÍNA
PIREÁS
Elefsína
Megara
Salamína
Lávrio
Temple of Poseidon
Ándros
Tínos
Síros
Ermoúpoli
Mikonos
Delos
Kéa
Kíthnos
Sérifos
Sífnos
Mílos
Páros
Náxos
Íos
Folégandros
Sikinos
Pátra
Kórinthos
Ark. Korinthos
Náfplio
Argos
Mikínes
Tírintha
Epidauros
Égina
Póros
Méthana
Ídra
Spétses
Tripoli
Megalópoli
Bassai
Olympía
Messene
Kalamáta
Spárti
Mistra
Pýlos
Methóni
Koróni
Gíthio
Monemvassia
Peloponnisos
Mirtóo Pélagos
Argolikós Kólpos
Saronikós
Kikládes
Vóreio Egéo
Elláda (Greece)
+2h Gr. Time
+3h Gr. Time

Maßstab 1:2 250 000

0 30 60 90 120 150 Kilometer

0 15 30 45 60 75 90 Miles

Cc
Cd
Ce
Cf
Cg
395
402
52
53
54
55
56
57
E L L Á D A
G R E E C E)
Stereá
Atikí
Pelopónnissos
ATHÍNA
PIREÁS
Halkída
Livadiá
Thíva
Elefsína
Megara
Kórinthos
Náfplio
Árgos
Spárti
Mistra
Monemvassía
Kíthira
Mírtóo Pélagos
Kritiko Pélagos
Livikó Pélagos
Egéo
Nótio Egéo
Kikládes
Ándros
Tínos
Míkonos
Delos
Síros
Ermoúpoli
Kéa
Kíthnos
Sérifos
Sífnos
Mílos
Kímolos
Páros
Náxos
Amorgós
Íos
Síkinos
Folégandros
Thira (Santoríni)
Akrotiri
Anáfi
Astipálea
Ikaría
Sámos (Gr.)
Híos (Gr.)
Pátmos
Léros
Kríti
IRÁKLIO
Knossós
Haniá
Réthimno
Sitía
Ierápetra
Phaistos
Gortis
Gávdos
Kalloní
Póros
Ídra
Spétses
Égina
Salamína
Lavrio
Temple of Poseidon
Amphiareion
Epidauros
Tirintha
Mikines
Ássos Loukás
Çeşme
Alaçati
Urla
+1h Gr. Time
+2h Gr. Time

Kyjiv - Moskva

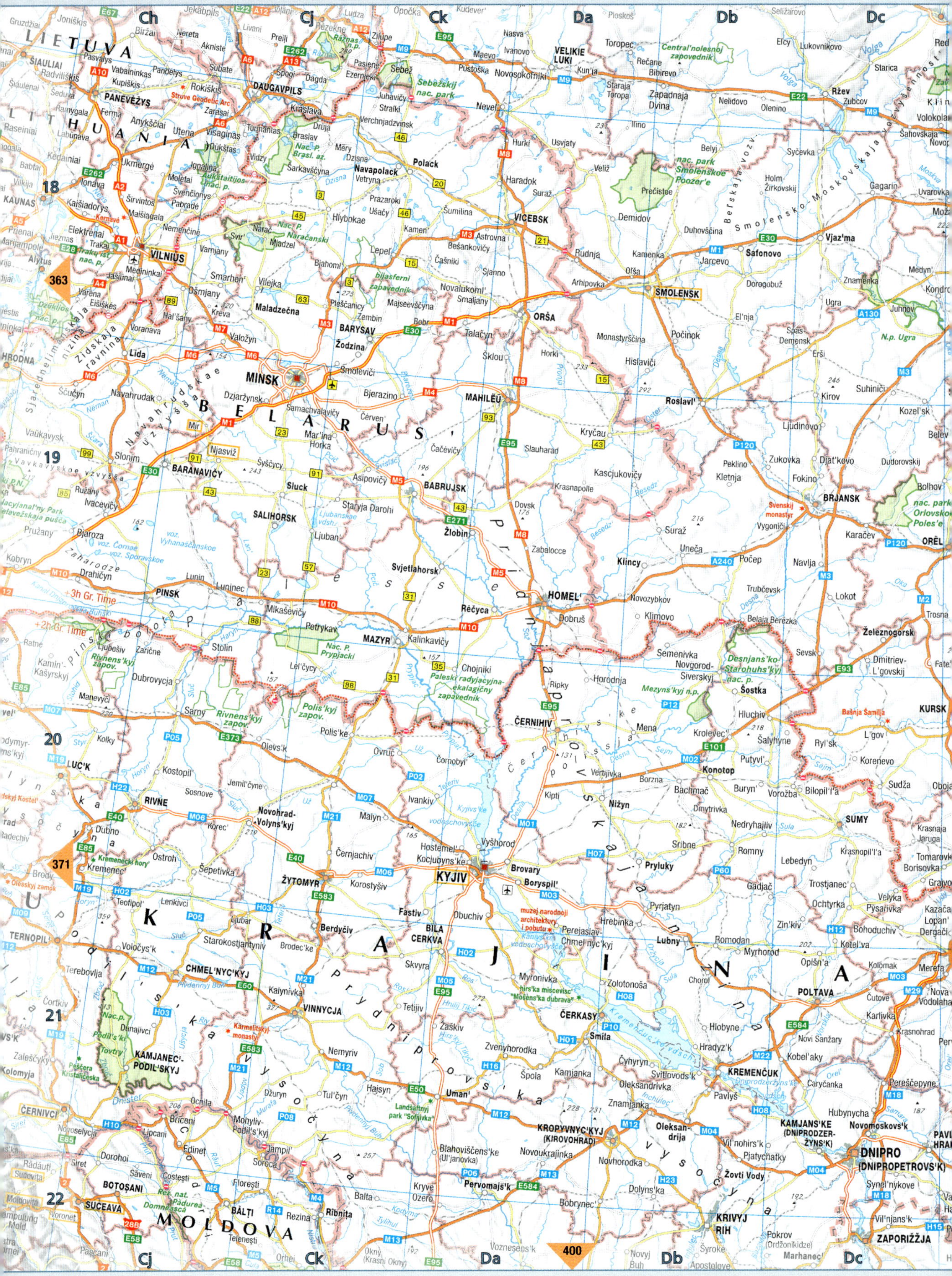

Maßstab 1:4 500 000

0 60 120 180 240 300 Kilometer

0 30 60 90 120 150 180 Miles

De
Df
Dg
Dh
Dj
Dk
NIŽNIJ NOVGOROD
KAZAN'
VLADIMIR
ČEBOKSARY
NOVOČEBOKSARSK
DZERŽINSK
Kstovo
Volžsk
Zelenodol'sk
SERGIEV POSAD
Aleksandrov
Pereslavl'-Zalesskij
Suzdal'
KOVROV
MYTIŠČI
BALAŠIHA
LJUBERCY
NOGINSK
ELEKTROSTAL'
OREHOVO-ZUEVO
ŠČELKOVO
KOLOMNA
Stupino
RJAZAN'
MUROM
ARZAMAS
Vyksa
Kasimov
Nac. park Meščjora
Meščerskaja nizmennost'
SARANSK
Ruzaevka
UL'JANOVSK
Novoul'janovsk
DIMITROVGRAD
TOL'JATTI
SYZRAN'
PENZA
Kuzneck
Moršansk
TAMBOV
MIČURINSK
LIPECK
ELEC
NOVOMOSKOVSK
TULA
Efremov
Oksko-Donskaja ravnina
ROSSIJA
VORONEŽ
Borisoglebsk
Balašov
SARATOV
ENGEL'S
BALAKOVO
Vol'sk
Hvalynsk
Kamyšin
Mihajlovka
VOLGOGRAD
VOLŽSKIJ
Srednerusskaja vozvyšennost'
Privolžskaja vozvyšennost'
Donskaja grjada
Ostrogožsk
Liski
Rossoš'
Pavlovsk
STARYJ OSKOL
Gubkin
Kamensk-Šahtinskij
LUHANS'K
DONEC'K
HORLIVKA
SLOVJANS'K
KRAMATORS'K
LYSYČANS'K
SJEVJERODONEC'K
Millerovo
Volgogradskoe vodohranilišče
Cimljanskoe vodohranilišče
Ahtubinsk
+3h Gr. Time
+2h Gr. Time
+4h
18
19
20
21
22
401

Maßstab 1:4 500 000

0 60 120 180 240 300 Kilometer

0 30 60 90 120 150 180 Miles

Dd
De
Df
Dg
Dh
Dj
399
403
22
23
24
25
26
DONEC'K
MARIUPOL'
TAGANROG
ROSTOV-NA-DONU
NOVOČERKASSK
ŠAHTY
NOVOŠAHTINSK
VOLGODONSK
Taganrogskij zaliv
Ejsk
Azov
Batajsk
Zernograd
Proletarsk
Sal'sk
Elista
KRASNODAR
NOVOROSSIJSK
Anapa
Temrjuk
Kropotkin
ARMAVIR
STAVROPOL'
NEVINNOMYSSK
ČERKESSK
MAJKOP
Tuapse
SOČI
Adler
Gagra
Picunda
SUHUM (AQUA)
PJATIGORSK
Mineral'nye Vody
Essentuki
KISLOVODSK
NAL'ČIK
VLADIKAVKAZ
GROZNYJ
Budënnovsk
Georgievsk
Kutaisi
Poti
BATUMI
TBILISI
RUSTAVI
SAKARTVELO (GEORGIA)
HAYASTAN (ARMENIA)
EREVAN
GYOWMRI
VANAJOR
TRABZON
Rize
Giresun
ORDU
Erzincan
ERZURUM
Kars
Ağrı
Doğubayazıt
SİVAS
TOKAT
Armenija
+2h Gr.Time
+3h Gr.Time
Manyčskaja grjada
Kavkazskij zapovednik
Zapovednik Černye zemli
g. El'brus 5642
Kazbek 5033

Maßstab 1:4 500 000

0 60 120 180 240 300 Kilometer

0 30 60 90 120 150 180 Miles

Dc
Dd
401
De
Df
Dg
25
26
27
28
29
Sinop
Samsun
Bafra
Çarşamba
Terme
Ünye
Ordu
Fatsa
Giresun
Tirebolu
Trabzon
Rize
Batumi
Kutaisi
Poti
Zestaponi
Ozurgeti
Hopa
Artvin
Ardahan
Kars
Merzifon
Amasya
Çorum
Tokat
Turhal
Niksar
Erbaa
Reşadiye
Sivas
Zara
Imranlı
Erzincan
Erzurum
Bayburt
Gümüşhane
Tortum
Pasinler
Ağrı
Eleşkirt
Yozgat
Sorgun
Kayseri
Nevşehir
Ürgüp
Niğde
Divriği
Kangal
Malatya
Elazığ
Tunceli
Bingöl
Muş
Tatvan
Bitlis
Van Gölü
Armenija
Elbistan
Kahraman-maraş
Adıyaman
Siverek
Diyarbakır
Batman
Siirt
Mardin
Midyat
Nusaybin
Kızıltepe
Şanlıurfa
Gaziantep
Osmaniye
Adana
Ceyhan
Tarsus
Mersin (İçel)
İskenderun
Hatay (Antakya)
Kilis
Birecik
Nizip
Ceylanpınar
al-Qāmišlī
al-Ḥasaka
Halab (Aleppo)
Manbiǧ
Idlib
Ar-Raqqa
Dair az-Zaur
Abū Kamāl
Al-Lāḏiqīya (Latakia)
Tarṭūs
Ḥamāh
Ḥimṣ
Tadmur
Palmyra
Sūriya
Ǧabal Bišrī
(Tripoli) Ṭarābulus
Al-Lubnān (Lebanon)
Bairūt
Ṣaidā
Dimašq
Al-ʿIrāq
Bādiyat aš-Šām
+3h Gr. Time
+2h Gr. Time
Dc
Dd
De
Df

A

Aachen Ag40 368
Aalborg Ak33 360
Aalen Ba42 374
Aalsmeer Ae38 368
Aalst Ae40 367
Aalten Ag39 368
Aalter Ad39 367
Äänekoski Cf28 355
Aarau Aj43 374
Aarhus Ba34 360
Aarlen = Arlon Af41 368
Aars Ak34 360
Aarschot Ae40 368
Abbadia San Salvatore Bb48 384
Abbeville Ab40 367
Abbeyfeale = Mainistir na Féile Sa38 365
Åbenrå = Aabenraa Ak35 360
Aberdâr = Aberdare Sg39 366
Aberdare Sg39 366
Aberdaugleddau = Milford Haven Se39 366
Aberdeen Sh33 364
Abergavenny Sh39 366
Abergele Sg37 366
Aberhonddu = Brecon Sg39 366
Abertawe = Swansea Sg39 366
Aberystwyth Sf38 366
Åbo = Turku Cc30 358
Abovjan Dh25 401
Abrantes Sb51 380
Abrene = Pytalovo Ch33 363
Abrets-en-Dauphiné, Les Af45 374
Abrud Cd44 377
Abū Kamāl Df28 403
Achim Ak37 368
Acıpayam Ck27 402
Acireale Bf53 396
A Coruña Sb47 380
Acqui Terme Aj46 384
Acri Bg51 393
Ada Ca45 376
Adana Dc27 403
Adapazarı Da25 402
Adelfia Bg50 385
Adıyaman De27 403
Adjud Ch44 378
Adjud Cj22 400
Adler De24 401
Adorf Bc40 369
Adra Sg54 390
Adrano Be53 393
Adria Bc45 384
Adunaţii-Copăceni Cg46 387
Adygejsk De23 401
'Afrīn Dd27 403
Afşin Dd26 403
Afumaţi Cg46 387
Afyon = Afyonkarahisar Da26 402
Afyonkarahisar Da26 402
Agde Ad47 383
Agen Aa46 382
Ágii Theódori Cd53 397
Ágios Nikólaos Cf55 397
Agira Be53 396
Agnetheln = Agnita Ce45 377
Agnita Ce45 377
Agnone Be49 385
Agram = Zagreb Bf45 376
Ağrı Dg26 401
Agrigento Bd53 396
Agrínio Cb52 395
Agropoli Bf50 393
A Guarda Sb49 380
Águeda Sb50 380
Aguilar Sf53 389
Aguilar de Campoo Sf48 381
Águilas Sj53 390
Ahalcihe Dg25 401
Ahalkalaki Dg25 401
Ahaus Ah38 368
Ahlat Dg26 403
Ahlen Ah39 368
Ahmeta Dh25 401
Ahrensbök Ba36 360
Ahrensburg Ba37 368
Ahrweiler, Bad Neuenahr- Ah40 368
Ähtäri Cd28 354
Ahtarsk, Primorsko- De22 401
Ahtopol Ch48 379
Ahtubinsk Dj21 399
Åhus Be35 361
Aibling, Bad Bc43 375
Aigle, L' Aa42 373
Aigues-Mortes Ae47 383
'Ain al-'Arab De27 403
Aïn Benian Ac54 391
Aïn Draham Aj54 392
Aïn Taya Ad54 391
Aire-sur-l'Adour Sk47 382
Aire-sur-la-Lys Ac40 367
Aiud Cd44 377
Aix-en-Provence Af47 383
Aix-les-Bains Af45 374
Aizenay Sj44 372
Aizkraukle Cf34 363
Aizpute Cb34 362
Ajaccio Aj49 384
Ajacciu = Ajaccio Aj49 384
Ajdovščina Bd45 375
Akçaabat De25 403
Akçadağ Dd26 403
Akçakale De27 403
Akçakoca Da25 402
Akdağmadeni Dc26 400
Aken (Elbe) Bc39 369
Åkersberga Bj31 358
Akhisar Cj26 402
Akmenė, Naujoji Cc34 362
Åkrahamn-Vedavågen Af31 356
Akranes Ad13 352
Aksaj De22 401
Aksaray Dc26 402
Akşehir Da26 402
Akseki Da27 402
Akureyri Af13 352
Alaca Dc25 400
Alaçam Dc25 403
Alacant Sk52 390
Alagir Dd26 403
Alagón Sj49 382
Alajärvi Cd28 354
Alanya Db27 402
Alaşehir Ck26 402
Alassio Aj46 384
Alatri Bd49 385
Alatyr' Dj18 399
Alaverdi Dh25 401
Alavus Cd28 354
Alba Aj46 384
al-Bāb Dd27 403
Albacete Sj52 390
Alba Iulia Cd44 377
Albenga Aj46 384
Albergaria-a-Velha Sb50 380
Alberobello Bh50 394
Albert Ac40 373
Albertville Ag45 374
Albi Ac47 382
Albocácer = Albocàsser Aa50 390
Albocàsser Aa50 390
Ålborg = Aalborg Ak33 360
Albox Sh53 390
Albstadt Ak42 374
Albuera, La Sd52 389
Albufeira Sb53 388
Alburquerque Sc51 389
Alcácer do Sal Sb52 388
Alcalá de Chivert = Alcalà de Xivert Aa50 391
Alcalá de Guadaira Se53 389
Alcalá de Henares Sg50 390
Alcalá de los Gazules Se54 389
Alcalà de Xivert Aa50 391
Alcalá la Real Sg53 389
Alcamo Bc53 393
Alcanar Aa50 391
Alcañiz Sk49 390
Alcantarilla Sj53 390
Alcaudete Sf53 390
Alcázar de San Juan Sg51 390
Alčevs'k De21 401
Alcobaça Sb51 380
Alcoi Sk52 390
Alcora = Alcora, L' Sk50 390
Alcora, L' Sk50 390
Alcorcón Sg50 381
Alcoy = Alcoi Sk52 390
Alcúdia, l' Sk51 390
Aldershot Sk39 366
Aleksandrija = Oleksandrija Db21 398
Aleksandrovskoe Dg23 401
Aleksandrów Łódzki Bk39 370
Alekseevka De20 399
Aleksin Dd18 399
Aleksinac Cb47 387
Alençon Aa42 372
Aleppo = Ḥalab Dd27 403
Alès Ae46 383
Aleşd Cc43 377
Alessandria Aj46 384
Ålesund Ag28 356
Alexándria Cc50 395
Alexandria Cf47 387
Alexandroúpoli Cf50 379
Alfaro Sj48 381
Alfatar Ch47 379
Alfatar Cj24 400
Alfeld (Leine) Ak39 368
Alfonsine Bc46 384
Alfreton Sj37 366
Alfta Bg29 357
Algaba, La Sd53 389
Ålgård-Figgjo Af32 356
Algeciras Se54 389
Alger = Al-Jazā'ir Ad54 391
Alghero Aj50 392
Algodonales Se54 389
Alguer, L' = Alghero Aj50 392
al-Haffa Dd28 403
Alhama de Granada Sf53 390
Alhama de Murcia Sj53 390
Al-Harmal Dd28 403
al-Ḥasaka Df27 403
Alhaurín el Grande Sf54 389
Aliağa Cj26 402
Alicante = Alacant Sk52 390
Alife Be49 393
Alingsås Bc33 361
Al-Jazā'ir Ad54 391
Aljustrel Sb53 389
Alkmaar Ae38 368
al-Lāḏiqīya Dc28 403
Allariz Sc48 380
Allersberg Bb41 375
Almada Sa52 388
Almadén Sf52 389
Almagro Sg52 390
Almansa Sj52 390
Almanzora, Cuevas del Sj53 390
al-Mauṣil Dg27 403
al-Mayādīn Df28 403
Almazán Sh49 381
Almeida Sd50 380
Almeirim Sb51 388
Almelo Ag38 368
Almendralejo Sd52 389
Almere Af38 367
Almería Sh54 390
Älmhult Be34 361
al-Mīnā' Dc28 403
Almirós Cc51 395
Almodóvar del Campo Sf52 390
Almodóvar del Río Se53 389
Almonte Sd53 389
Almuñécar Sg54 390
Almunia de Doña Godina, La Sj49 382
Almus Dd25 403
Alness Sf33 364
Alnwick Sj35 364
Álora Sf54 389
Alost = Aalst Ae40 367
Alphen aan de Rijn Ae38 367
Alpiarça Sb51 388
Alpu Da26 400
al-Qāmišlī Df27 403
al-Quṣair Dd28 403
al-Quṭaifa Dd29 403
Alsasu Sh48 381
Alsfeld Ak40 368
Alta Cd21 351
Altamura Bg50 393
Altdorf (UR) Aj44 374
Altdorf bei Nürnberg Bb41 375
Altea Sk52 390
Altenberg Bd40 369
Altenburg Bc40 369
Altentreptow Bd37 369
Altkirch Ah43 374
Altomünster Bb42 375
Alton Sk39 366
Altötting Bc42 375
Altsohl = Zvolen Bk42 376
Alucra De25 403
Alūksne Ch33 363
Alupka Db23 400
Alušta Dc23 400
Älvdalen Bd29 357
Alvesta Be34 361
Alvito Sc52 389
Älvsbyn Cb25 354
al-Ya'rubiya Dg27 403
Alytus Ce36 363
Alzey Aj41 368
Alzira Sk51 390
Amadora Sa52 388
Åmål Bc31 357
Amaliáda Cb53 395
Amara Ch46 379
Amărăştii de Jos Ce47 387
Amasya Dc25 403
Amberg Bb41 375
Ambérieu-en-Bugey Af44 373
Ambert Ad45 383
Amble Sj35 364
Ambleside Sh36 364
Amboise Ab43 373
Amersfoort Af38 368
Amersham Sk39 366
Amfilohía Cb52 394
Ámfissa Cc52 395
Amiens Ac41 373
Ammanford Sg39 366
Amorebieta-Etxano Sh47 381
Amposta Aa50 391
Amsterdam Ae38 368
Amstetten Be42 375
'Āna Df28 403
Anamur Db27 402
Anapa Dd23 401
Ancenis Sj43 372
An Chathair Sc38 365
An Cóbh Sb39 365
Ancona Bd47 385
Andelys, Les Ab41 373
Andenes Bg21 350
Andernach Ah40 368
Anderstorp Bd33 361
Andırın Dd27 403
Andoain Sh47 381
Andorra Sk50 390
Andorra la Vella Ab48 382
Andover Sj39 366
Andria Bg49 393
Andrijevica Bk48 386
Andújar Sf52 390
Anenii Noi Ck44 378
Ånge Bf28 353
Ängelholm Bc34 361
Angerburg = Węgorzewo Cb36 362
Angermünde Be37 369
Angers Sk43 372
Angoulême Aa45 372
Angra do Heroísmo Qc52 388
Aniche Ad40 367
Anina Cb45 387
Ankara Db26 400
Anklam Bd37 361
An Longfort Sc37 365
An Muileann-gCearr Sc37 365
Anna Df20 399
Annaberg-Buchholz Bd40 369
an-Nabk Dd28 403
An Nás Sd37 365
Annecy Ag45 374
Annemasse Ag44 374
Annonay Ae45 383
Annweiler am Trifels Ah41 374
An Ómaigh = Omagh Sc36 365
An Oriant = Lorient Sg43 372
Ansbach Ba41 375
Antakya Dd27 403
Antalya Da27 402
An tAonach Urmhumhan Sb38 365
An Teampall Mór Sc38 365
Antequera Sf53 389
Antibes Ah47 383
An tInbhear Mór Sd38 366
An tIúr = Newry Sd36 366
Antonovo Cg47 387
Antracyt De21 401
Antrim Sd36 364
An Tulach Sd38 365
Antwerpen Ae39 367
Anvers = Antwerpen Ae39 367
Anykščiai Cf35 363
Anykščiai Ch18 398
Aosta Ah45 374
Apahida Cd44 377
Apatin Bk45 376
Apeldoorn Af38 368
Apolda Bb39 369
Apollonía Ce54 395
Apostolove Db22 400
Appenzell Ak43 374
Appingedam Ag37 368
Appleby-in-Westmorland Sh36 364
Apricena Bf49 385
Apšeronsk De23 401
Apt Af47 383
Aqua = Suhum Df24 401
Aquila, L' Bd48 385
Araban Dd27 403
Arabaoua Se56 389
Araç Db25 400
Aracena Sd53 389
Arad Cb44 377
Arahal, El Se53 389
Araklı Df25 403
Aralık Dh26 401
Aranda de Duero Sg49 381
Aranđelovac Ca46 386
Aranjuez Sg50 390
Ararat Dh26 401
Arboga Bf31 357
Arbrå Bg29 357
Arbresle, L' Ae45 373
Arbroath Sh34 364
Arcachon Sj46 382
Archena Sj52 390
Archidona Sf53 389
Arcos de la Frontera Se54 389
Arcos de Valdevez Sb49 380
Arcyz Ck45 378
Arcyz Ck23 400
Ardahan Dg25 403
Ardanuç Dg25 403
Ardatov Dg18 399
Ardeşen Df25 403
Ard Mhacha = Armagh Sd36 365
Ardon Dh24 401
Ardrossan Sf35 364
Arenas de San Pedro Se50 381
Arendal Aj32 356
Arendonk Af39 367
Arenys de Mar Ac49 382
Arès Sj46 382
Arévalo Sf49 381
Argamasilla de Alba Sg51 390
Arganda Sg50 381
Argenau = Gniewkowo Bj38 370
Argentan Sk42 372
Argenton-sur-Creuse Ab44 373
Árgos Cc53 397
Árgos Orestikó Cb50 395
Argostóli Ca52 394
Arhavi Df25 403
Århus = Aarhus Ba34 360
Ariana Ba54 392
Aridéa Cc50 395
Arilje Ca47 386
Årjäng Bc31 357
Arjona Sf53 390
Arkadak Dg20 399
Arklow = An tInbhear Mór Sd38 366
Arles Ae47 383
Arlon Af41 368
Armagh Sd36 365
Armavir Df23 401
Armentières Ac40 367
Armjansk Db22 400
Armjans'k = Armjansk Db22 400
Arnedo Sh48 381
Arnhem Af39 368
Arnsberg Aj39 368
Arnstadt Ba40 369
Arnstein Ak41 368
Arnswalde = Choszczno Bf37 369
Arolsen, Bad Ak39 368
Arpajon Ac42 373
Arpino Bd49 385
ar-Raqqa De28 403
Arras Ac40 367
Arrasate-Mondragón = Arrasate o Mondragón Sh47 381
Arrasate o Mondragón Sh47 381
ar-Rastān Dd28 403
Arrecife Rg62 388
Arriondas Se47 381
Arroyo de la Luz Sd51 380
Års = Aars Ak34 360
Artà Ad51 391
Árta Cb51 394
Artašat Dh26 401
Artemivs'k = Bachmut De21 399
Artemovsk = Bachmut De21 399
Artik Dg25 401
Artvin Df25 403
Arvidsjaur Bk25 354
Arvika Bc31 357
Aryanah = Ariana Ba54 392
Arzachena Ak49 392
Arzamas Dg18 399
Arzignano Bb45 375
Aš Bc40 369
Asch = Aš Bc40 369
Aschaffenburg Ak41 368
Aschersleben Bb39 369
Ascoli Piceno Bd48 385
Ashbourne Sj37 366
Ashford Aa39 367
Asikkala Cf29 359
Asilah Sd55 389
Asipovičy Ck19 398
Aşkale Df26 401
Asker Ba31 356
Askim Bb31 357
Askøy Af30 356
Asola Ba45 384
Aspatria Sg36 364
aš-Šaddāda Df27 403
as-Safira Dd27 403
Assen Ag37 368
Aštarak Dh25 401
Asten Af39 368
Asti Aj46 384
Astillero,El Sg47 381
Astorga Sd48 380
Åstorp Bc34 361
Astravec Cf36 363
Atalánti Cc52 395
Atarfe Sg53 390
Atessa Be48 385
Ath Ad40 367
Athína Cd53 395
Athlone = Baile Átha Luain Sc37 365
Athy = Baile Átha Í Sd38 365
Atkarsk Dh20 399
at-Tall Dd29 403
aṭ-Ṭawra De28 403
Attleborough Ab38 367
Åtvidaberg Bg32 361
Aubagne Af47 383
Aubenas Ae46 383
Aubigny-sur-Nère Ac43 373
Aubusson Ac45 373
Auch Aa47 382
Audincourt Ag43 374
Aue Bc40 369
Auerbach (Vogtland) Bc40 369
Auerbach in der Oberpfalz Bb41 369
Aughrim = Eachroim Sd38 365
Augsburg Ba42 375
Augustów Cc37 371
Auneau-Bleury-St-Symphorien Ab42 373
Auray Sg43 372
Aurich (Ostfriesland) Ah37 368
Aurillac Ac46 382
Aussig = Ústí nad Labem Be40 369
Austerlitz = Slavkov u Brna Bg41 376
Autun Ae44 373
Auxerre Ad43 373
Auxonne Af43 373
Avallon Ad43 373
Aveiro Sb50 380
Avellino Be50 393
Avesnes-sur-Helpe Ad40 367
Avesta Bg30 357
Avignon Ae47 383
Ávila Sf50 381
Avilés Se47 381
Avola Bf54 393
Avranches Sj42 372
Avrig Ce45 377
Ayamonte Sc53 389
Ayancık Dc25 403
Ayas Db25 400
Aydın Cj27 402
Aylesbury Sk39 366
Ayora Sj51 390
Ayr Sf35 364
Ayvacık Dd25 400
A'zāz Dd27 403
Azov De22 401
Azpeitia Sh47 381
Azuaga Se52 389
az-Zabadānī Dd29 403

B

Baalbek = Ba'labakk Dc29 403
Bāb, al- Dd27 403
Babadag Cj46 379
Babadag Ck23 400
Babaeski Ch49 379
Babaeski Cj25 402
Bab-Berred Sf55 389
B'abdā Dc29 403
Băbeni Ce46 387
Babrujsk Ck19 398
Bab-Taza Se55 389
Bacău Cg44 378
Bacău Cj22 400
Baccarat Ag42 374
Bachčysaraj = Bahčisaraj Db23 400
Bachmač Db20 398
Bachmut De21 399
Bačka Palanka Bk45 386
Bačka Topola Bk45 376
Backnang Ak42 374
Bad Aibling Bc43 375
Badajoz Sd52 389
Badalona Ac49 382
Bad Arolsen Ak39 368
Bad Belzig Bc38 369
Bad Bentheim Ah38 368
Bad Bergzabern Ah41 374
Bad Berka Bb40 369
Bad Berleburg Aj39 368
Bad Bevensen Ba37 369
Bad Bramstedt Ak37 360
Bad Doberan Bb36 361
Bad Düben Bc39 369
Bad Dürkheim Aj41 374
Bad Dürrenberg Bc39 369
Bad Ems Ah40 368
Baden Aj43 374
Baden Bg42 376
Baden-Baden Aj42 374
Bad Fallingbostel Ak38 368
Bad Frankenhausen (Kyffhäuser) Bb39 369
Bad Freienwalde (Oder) Be38 369
Bad Friedrichshall Ak41 374
Bad Gastein Bd43 375

Bad Griesbach im Rottal Bd42 375
Bad Hall Be42 375
Bad Harzburg Ba39 369
Bad Hersfeld Ak40 368
Bad Homburg vor der Höhe Aj40 368
Bad Honnef Ah40 368
Bad Ischl Bd43 375
Bad Kissingen Ba40 368
Bad Königshofen im Grabfeld Ba40 369
Bad Kösen Bb39 369
Bad Kötzting Bc41 375
Bad Kreuznach Ah41 368
Bad Laasphe Aj40 368
Bad Lauterberg im Harz Ba39 369
Bad Liebenwerda Bd39 369
Bad Lobenstein Bb40 369
Bad Meinberg, Horn- Aj39 368
Bad Mergentheim Ak41 374
Bad Muskau Be39 369
Bad Neuenahr-Ahrweiler Ah40 368
Bad Neustadt an der Saale Ba40 368
Bad Oeynhausen Aj38 368
Bad Oldesloe Ba37 369
Bad Orb Ak40 368
Bad Pyrmont Ak39 368
Bad Reichenhall Bc43 375
Bad Salzdetfurth Ba38 368
Bad Salzuflen Aj38 368
Bad Salzungen Ba40 368
Bad Schmiedeberg Bc39 369
Bad Schussenried Ak42 374
Bad Schwartau Ba37 360
Bad Segeberg Ba37 360
Bad Sobernheim Ah41 368
Bad Tölz Bb43 375
Bad Waldsee Ak43 374
Bad Wildungen Ak39 368
Bad Zwischenahn Aj37 368
Baen = Bain-de-Bretagne Sj43 372
Baena Sf53 389
Baeza Sg53 390
Bafra Dc25 403
Bagheria Bd52 396
Bagnères-de-Bigorre Aa47 382
Bagno di Romagna Bb47 384
Bagnols-sur-Cèze Ae46 383
Bahçe Dd27 403
Bahčisaraj Db23 400
Baia Cj46 379
Baia de Aramă Cc46 387
Baia Mare Cd43 377
Baia Sprie Cd43 377
Băicoi Cf45 379
Băiculeşti Ce45 387
Baile Átha Cliath = Dublin Sd37 365
Baile Átha Í Sd38 365
Baile Átha Luain Sc37 365
Baile Átha Troim = Trim Sd37 365
Băile Herculane Cc46 387
Baile Mhistéala Sb38 365
Bailén Sg52 390
Băileşti Cd46 387
Bailleul Ac40 367
Bain-de-Bretagne Sj43 372
Bairūt Dc29 403
Bajina Bašta Bk47 386
Bajmok Bk45 376
Bajram Curri Ca48 386
Baksan Dg24 401
Baktalórántháza Cc43 377
Balā Db26 400
Ba'labakk Dc29 403
Bălăbăneşti Ch44 378
Bălăciţa Cd46 387
Balaciu Cg46 379
Balaguer Aa49 382
Balahna Dg17 399
Balaklija Dd21 398
Balakovo Dj19 399
Balašiha Dd18 399
Balašov Dg20 399
Balatonboglár Bh44 376
Balatonfűzfő Bj43 376
Bălăuşeri Ce44 377
Bălceşti Cd46 387
Balčik Cj47 379
Balčik Ck24 400
Bâle = Basel Ah43 374
Balıkesir Cj26 400
Balingen Aj42 374
Ballina Sa36 365
Ballinasloe = Béal Átha na Sluaighe Sb37 365
Ballshi Bk50 394
Ballymena Sd36 364
Ballymoney Sd35 365
Ballynahinch Se36 365
Balmaseda Sg47 381
Balş Ce46 387
Balta Ck43 378
Balta Ck22 398
Bălţi Ch43 378
Bălţi Cj22 398
Baltijsk Bk36 362
Balvi Ch33 363
Bamberg Ba41 369
Banaleg = Bannalec Sg43 372
Banaz Ck26 402
Banbridge Sd36 366
Banbury Sj38 366
Banchory Sh33 364
Bandırma Cj25 400
Bandon = Droichead na Bandan Sb39 365
Băneasa Cg46 387
Băneasa Ch46 379
Bañeza, La Se48 381
Bangor Se36 364
Bangor Sf37 366
Bāniyās Dc28 403
Banja Koviljača Bk46 386
Banja Luka Bh46 385
Bankeryd Be33 361
Bannalec Sg43 372
Banovići Bj46 386
Banská Bystrica Bk42 376
Banská Štiavnica Bj42 376
Banyoles Ac48 382
Bar Bk48 386
Bar Ch41 378
Baracaldo = Barakaldo Sh47 381
Barajevo Ca46 386
Barakaldo Sh47 381
Baraki Ad54 391
Baranavičy Cg37 371
Baranavičy Cj19 398
Baranoviči = Baranavičy Cg37 371
Baranoviči = Baranavičy Cj19 398
Baraolt Cf44 378
Barbastro Aa48 382
Barbate Se54 389
Barbate de Franco = Barbate Se54 389
Bârca Cd47 387
Barcelona Ac49 382
Barcelos Sb49 380
Barcin Bh38 370
Barczewo Ca37 370
Bardejov Cb41 377
Barentin Aa41 373
Barga Ba46 384
Bârgăului, Mureşenii Ce43 377
Bari Bg49 394
Bârlad Ch44 378
Bârlad Cj22 400
Bar-le-Duc Af42 373
Barletta Bg49 385
Barlinek Bf38 369
Barnard Castle Sj36 364
Barneveld Af38 368
Barnsley Sj37 366
Barnstaple Sf39 366
Barrafranca Be53 393
Barranco de Santiago Rc62 388
Barrancos Sd52 389
Barreiro Sa52 388
Barri = Barry Sg39 366
Barrow-in-Furness Sg36 366
Barry Sg39 366
Baršć Łužyca = Forst (Lausitz) Be39 369
Bar-sur-Aube Ae42 373
Barth Bc36 361
Bartın Db25 402
Barton-upon-Humber Sk37 366
Bartoszyce Ca36 362
Barvinkove Dd21 398
Baryš Dj19 399
Barysaŭ Cj36 363
Barysaŭ Ck18 398
Basarabeasca Cj44 378
Basarabeasca Ck22 400
Basarabi Cj46 379
Basarabi Ck23 400
Basel Ah43 374
Basildon Aa39 367
Basingstoke Sj39 366
Bassum Aj38 368
Baštanka Db22 400
Bastenaken = Bastogne Af40 368
Bastia Ak48 384
Bastogne Af40 368
Batajnica Ca46 386
Batajsk De22 401
Batak Ce49 387
Batalha Sb51 380
Batalpažinsk = Čerkessk Df23 401
Bátaszék Bj44 376
Bath Sh39 366
Batman Df27 403
Batočina Cb46 386
Battonya Cb44 377
Baugé-en-Anjou Sk43 372
Baule, La Sh43 372
Baule-Escoublac, La = Baule, La Sh43 372
Baume-les-Dames Ag43 374
Bauska Ce34 363
Bautzen Be39 369
Bayat Dc25 402
Bayburt Df25 403
Bayeux Sk41 372
Bayındır Cj26 402
Baykan Df26 403
Bayonne Sj47 382
Bayramiç Cj26 402
Bayreuth Bb41 369
Baza Sh53 390
Béal an Átha = Ballina Sa36 365
Béal Átha na Sluaighe Sb37 365
Bear = Bégard Sg42 372
Beasain Sh47 381
Beas de Segura Sh52 390
Beaucaire Ae47 383
Beaugency Ab43 373
Beaumont Ae40 367
Beaumont-sur-Oise Ac41 373
Beaune Ae43 373
Beaupréau-en-Mauges Sk43 372
Beauvais Ac41 373
Bebra Ak40 368
Beccles Ab38 367
Bečej Ca45 376
Beckum Aj39 368
Beclean Ce43 377
Bédarieux Ad47 383
Bedford Sk38 366
Bednodem'janovsk = Spassk Dg19 399
Bedum Ag37 368
Beeskow Be38 369
Bégard Sg42 372
Beilen Ag38 368
Beiuş Cc44 377
Béja Ak54 392
Beja Sc52 389
Béjar Se50 381
Békéscsaba Cb44 377
Bela Crkva Cb46 386
Belaja Berëzka Db19 398
Belaja Cerkov' = Bila Cerkva Da21 398
Belaja Kalitva Df21 401
Belalcázar Se52 389
Bela Palanka Cc47 387
Běła Woda = Weißwasser/Oberlausitz Be39 369
Bèl'c' = Bălţi Ch43 378
Bèl'c' = Bălţi Cj22 398
Bełchatów Bk39 370
Bel'cy = Bălţi Ch43 378
Bel'cy = Bălţi Cj22 398
Belev Dd19 398
Belfast Se36 364
Belfort Ag43 374
Belgorod Dd20 399
Belgrad = Beograd Ca46 386
Beli Manastir Bj45 376
Belinskij Dg19 399
Bellegarde-sur-Valserine Af44 374
Belley Af45 374
Bellinzona Ak44 374
Belluno Bc44 375
Belmez Se52 389
Belogorsk Dc23 400
Belorečensk De23 401
Beloslav Ch47 379
Belovo Cd48 387
Belper Sj37 366
Belyj Db18 398
Belzig, Bad Bc38 369
Benavente Se49 381
Bender Ck44 378
Bender Ck22 400
Bendery = Bender Ck44 378
Bendery = Bender Ck22 400
Beneschau = Benešov Be41 369
Benešov Be41 369
Benevento Be49 393
Bengtsfors Bc31 357
Beni-Boufrah Sf55 389
Benicarló Aa50 391
Benicasim = Benicàssim Aa50 390
Benicàssim Aa50 390
Benidorm Sk52 390
Benifaió Sk51 390
Bentheim, Bad Ah38 368
Beograd Ca46 386
Berane Bk48 386
Berat Bk50 394
Berchtesgaden Bc43 375
Berd'ansk = Berdjans'k Dd22 400
Berdičev = Berdyčiv Ck21 398
Berdjans'k Dd22 400
Berdyčiv Ck21 398
Beregove = Berehove Cc42 377
Berehomet Cf42 378
Berehove Cc42 377
Berent = Kościerzyna Bh36 362
Berettyóújfalu Cb43 377
Berežany Ce41 378
Berezivka Da22 400
Bereznehuvate Db22 400
Berga Ab48 382
Bergama Cj26 402
Bergamo Ak45 374
Bergara Sh47 381
Bergen Ak38 368
Bergen Af30 356
Bergen Ae38 368
Bergen = Mons Ad40 367
Bergen auf Rügen Bd36 361
Bergen op Zoom Ae39 367
Bergerac Aa46 382
Bergisch Gladbach Ah40 368
Bergzabern, Bad Ah41 374
Berja Sh54 390
Berka, Bad Bb40 369
Berkovica Cd47 387
Berlanga Se52 389
Berleburg, Bad Aj39 368
Berlin Bd38 369
Berlinchen = Barlinek Bf38 369
Bermeo Sh47 381
Bern Ah44 374
Bernau Bd38 369
Bernay Aa41 373
Bernburg (Saale) Bb39 369
Bernkastel-Kues Ah41 368
Beroun Be41 369
Berre-l'Étang Af47 383
Beršad' Ck42 378
Bersenbrück Ah38 368
Berthoud = Burgdorf Ah43 374
Berwick-upon-Tweed Sh35 364
Beryslav Db22 400
Besançon Ag43 374
Besarabjaska = Basarabeasca Cj44 378
Besarabjaska = Basarabeasca Ck22 400
Beslan Dh24 401
Besni Dd27 403
Bessarabka = Basarabeasca Cj44 378
Bessarabka = Basarabeasca Ck22 400
Best Af39 368
Betanzos Sb47 380
Bétera Sk51 390
Bethlen = Beclean Ce43 377
Béthune Ac40 367
Bevensen, Bad Ba37 369
Beverley Sk37 366
Beverwijk Ae38 367
Bexhill Aa40 367
Beypazarı Da25 402
Beyşehir Da27 402
Beytüşşebap Dg27 403
Bežanicy Ck34 363
Béziers Ad47 383
Biała, Bielsko- Bk41 370
Biała Podlaska Cd38 371
Białobrzegi Ca39 370
Białogard Bg36 361
Białystok Cd37 371
Biarritz Sj47 381
Bibbiena Bb47 384
Biberach an der Riß Ak42 374
Bicaz Cg44 378
Bicester Sj39 366
Bideford Sf39 366
Biel Ah43 374
Bielaazërsk Cf38 371
Bielefeld Aj38 368
Biella Aj45 374
Bielsko-Biała Bk41 370
Bielsk Podlaski Cd38 371
Bienne = Biel Ah43 374
Biešankovičy Ck35 363
Biešankovičy Ck18 398
Bietigheim-Bissingen Ak42 374
Biga Cj25 402
Bigadiç Ck26 400
Bihać Bf46 385
Biharia Cb43 377
Bijeljina Bk46 386
Bijelo Polje Bk47 386
Bila Cerkva Da21 398
Bilbao Sh47 381
Bilbo = Bilbao Sh47 381
Bileća Bj48 386
Bilecik Ck25 402
Biłgoraj Cc40 371
Bilhorod-Dnistrovs'kyj Da22 400
Bilisht Cb50 394
Bilohirja Cg40 371
Bilohirs'k = Belogorsk Dc23 400
Bilopillja Dc20 398
Bilovods'k De21 399
Binche Ae40 367
Binéfar Aa49 382
Bingen am Rhein Ah41 368
Bingöl Df26 403
Binz Bd36 361
Birecik Dd27 403
Birkenfeld Ah41 368
Birkenhead Sg37 366
Birkerød Bc35 361
Birmingham Sj38 366
Biržai Ce34 363
Bisbal d'Empordà, la Ad49 382
Biscarrosse Sj46 382
Bisceglie Bg49 393
Bischofshofen Bd43 375
Bischofswerda Be39 369
Bischwiller Ah42 374
Bishop Auckland Sj36 364
Bisignano Bg51 393
Biskupiec Ca37 370
Bismil Df27 403
Bissingen, Bietigheim- Ak42 374
Bistreţ Cd47 387
Bistriţa Bârgăului Ce43 377
Bistritz am Hostein = Bystřice pod Hostýnem Bh41 376
Bitburg Ag41 368
Bitche Ah41 374
Bitlis Dg26 403
Bitola Cb49 395
Bitterfeld Bc39 369
Bizerte Ak53 392
Bjala Cf47 379
Bjala Ch48 379
Bjala Slatina Cd47 387
Bjaroza Ce38 371
Bjaroza Ch19 398
Bjarozaŭka Cf37 371
Bjerazino Cj37 363
Bjerazino Ck19 398
Björneborg = Pori Cb29 358
Bjuv Bc34 361
Blace Cb47 386
Blackburn Sh37 366
Blackpool Sg37 366
Blagodarnyj Dg23 401
Blagoevgrad Cd48 387
Blahodatne Ce40 371
Blahoviščens'ke Da21 400
Blain Sj43 372
Blairgowrie Sg34 364
Blaj Cd44 377
Blanc, Le Ab44 373
Blandford Forum Sh40 366
Blanes Ac49 382
Blankenberge Ad39 367
Blankenburg (Harz) Ba39 369
Blansko Bg41 376
Blanz = Blansko Bg41 376
Blasendorf = Blaj Cd44 377
Blaubeuren Ak42 374
Bleckede Ba37 369
Bleicherode Ba39 369
Blois Ab43 373
Błonie Ca38 370
Bludenz Ak43 374
Blyth Sj35 364
Boalset = Bolsward Af37 368
Böblingen Ak42 374
Bobrov De20 399
Bobrujsk = Babrujsk Ck19 398
Bobrynec' Db21 400
Bochnia Ca41 370
Bocholt Ag39 368
Bochum Ah39 368
Boden Cb25 354
Bodmin Sf40 366
Bodø Be23 350
Bodrum Cj27 402
Boğazlıyan Dc26 403
Bogdanovka = Ninocminda Dg25 401
Bognor Regis Sk40 366
Bogorodick De19 399
Bogorodsk Dg17 399
Bogučar Df21 399
Bohain-en-Vermandois Ad41 367
Böhmische Leipa = Česká Lípa Be40 369
Böhmisch Kamnitz = Česká Kamenice Be40 369
Böhmisch-Trübau = Česká Třebová Bg41 370
Bohoduchiv Dc20 398
Bohorodčany Ce42 377
Boizenburg (Elbe) Ba37 369
Bojano Be49 385
Bojčinovci Cd47 387
Bolaños de Calatrava Sg52 390
Bolbec Aa41 373
Boldeşti-Scăeni Cg45 387
Bolechiv Cd41 377
Bolesławiec Bf39 369
Bolhov Dd19 398
Bolhrad Cj45 378
Bolhrad Ck23 400
Bolintin-Vale Cf46 379
Bollène Ae46 383
Bollnäs Bg29 357
Bollstabruk Bh28 353
Bollullos Par del Condado Sd53 389
Bolnisi Dh25 401
Bologna Bb46 384
Bol'šaja Martynovka = S'loboda Bol'šaja Martynovka Df22 401
Bolsward Af37 368
Bolton Sh37 366
Bolu Da25 400
Bolzano Bb44 375
Bondeno Bb46 384
Bonn Ah40 368
Bonneville Ag44 374
Boppard Ah40 368
Bor Cc46 387
Bor Dc27 403
Borås Bc33 361
Borçka Df25 401
Bordeaux Sk46 382
Bordj El Kiffan Ad54 391
Borgå = Porvoo Cf30 359
Borges Blanques, les Aa49 382
Borgo San Dalmazzo Ah46 383
Borgo San Lorenzo Bb47 384
Borgo Val di Taro Ak46 384
Borgo Valsugana Bb44 375
Borisoglebsk Dg20 399
Borisov = Barysaŭ Cj36 363
Borisov = Barysaŭ Ck18 398
Borisovka Dd20 398
Borja Sj49 381
Borjas Blancas = Borges Blanques, les Aa49 382
Borken Ag39 368
Borlänge Bf30 357
Borna Bc39 369
Borovsk Dd18 398
Borriana Sk51 390
Borşa Ce43 377
Borščiv Cg42 378
Boryslav Cd41 377
Boryspil' Da20 398
Boržomi Dg25 403
Bosa Aj50 392
Bosanska Dubica Bg45 386
Bosanska Krupa Bg46 385
Bosanski Brod = Brod Bj45 386
Bosanski Novi = Novi Grad Bg45 385
Bosanski Petrovac Bg46 385
Bosanski Šamac = Srpski Šamac Bj45 386
Boskovice Bg41 376
Boskovitz = Boskovice Bg41 376
Boston Sk38 367
Botevgrad Cd48 387
Boticas Sc49 380
Botoşani Cg43 378
Botoşani Cj22 398
Boucau Sj47 382
Bouillon Af41 368
Bou Ismaïl Ac54 391
Boulogne-Billancourt Ac42 373
Boulogne-sur-Mer Ab40 367
Boumerdes Ad54 391
Bourbon-Lancy Ad44 373
Bourbourg Ac40 367
Bourg-de-Péage Af45 383
Bourg-en-Bresse Af44 373
Bourges Ac43 373
Bourgoin-Jallieu Af45 373
Bourg-Saint-Andéol Ae46 383
Bourg-Saint-Maurice Ag45 374
Bournemouth Sj40 366
Boussu Ad40 367
Bóveda de Toro, La Se49 381
Boxmeer Af39 368
Boxtel Af39 368
Boyabat Dc25 400
Bozen = Bolzano Bb44 375
Bozkır Db27 402
Bozova De27 403
Bozüyük Da26 400
Bozyazı Db27 402
Bra Ah46 384
Brackley Sj38 366
Bracknell Sk39 366
Braclav Cj42 378
Brad Cc44 377
Bradford Sj37 366
Braga Sb49 380
Bragança Sd49 380

Brahestad = Raahe Ce26 354
Brăila Ch45 379
Brăila Cj23 400
Braintree Aa39 367
Bräist = Bredstedt Aj36 360
Brajiliv Cj41 378
Brake (Unterweser) Aj37 368
Brakel Ak39 368
Bramming Aj35 360
Brampton Sh36 364
Bramsche Ah38 368
Bramstedt, Bad Ak37 360
Brande Ak35 360
Brandeis-Altbunzlau = Brandýs nad Labem-Stará Boleslav Be40 369
Brandenburg an der Havel Bc38 369
Brandon Aa38 367
Brandýs nad Labem-Stará Boleslav Be40 369
Braniewo Bk36 362
Braslaŭ Ch35 363
Braslav Cj18 398
Braşov Cf45 378
Bratislava Bh42 376
Bratovoeşti Cd46 387
Bratunac Bk46 386
Braunau = Broumov Bg40 370
Braunau am Inn Bd42 375
Braunlage Ba39 369
Braunschweig Ba38 369
Bray = Bré Sd37 366
Brčko Bj46 386
Bré Sd37 366
Brechin Sh34 364
Brecht Ae39 367
Břeclav Bg42 376
Brecon Sg39 366
Breda Ae39 368
Bredstedt Aj36 360
Bree Af39 368
Bregenz Ak43 374
Bregovo Cc46 387
Breisach am Rhein Ah42 374
Bremen Aj37 368
Bremerhaven Aj37 368
Bremervörde Ak37 368
Brenes Se53 389
Brentwood Aa39 367
Brescia Ba45 374
Bressuire Sk44 372
Brest Sf42 372
Brèst Cd38 371
Brest = Brèst Cd38 371
Bretten Aj41 374
Brežice Bf45 376
Breznik Cc48 387
Brezno Bk42 376
Brezoi Ce45 387
Brezová pod Bradlom Bh42 376
Brezovo Cf48 387
Briançon Ag46 383
Bričany = Briceni Ch42 378
Bričany = Briceni Cj21 398
Bričen' = Briceni Ch42 378
Bričen' = Briceni Cj21 398
Briceni Ch42 378
Briceni Cj21 398
Bridgend Sg39 366
Bridgnorth Sh38 366
Bridgwater Sh39 366
Bridlington Sk36 367
Bridport Sh40 366
Bries = Brezno Bk42 376
Brig Aj44 374
Brighton Sk40 367
Brignoles Ag47 383
Brilon Aj39 368
Brindisi Bh50 394
Brioude Ad45 383
Brisighella Bb46 384
Bristol Sh39 366
Brive-la-Gaillarde Ab45 382
Brixham Sg40 366
Brjanka De21 401
Brjansk Dc19 398
Brno Bg41 376
Brod Bj45 386
Brodnica Bk37 370
Brody Cf40 371
Bromberg = Bydgoszcz Bj37 370
Bromölla Be34 361
Bromsgrove-Catshill Sh38 366
Brønderslev Ak33 360
Bronnicy De18 399
Bronte Be53 393
Broos = Orăştie Cd45 377
Broumov Bg40 370
Brovary Da20 398
Bruay-en-Artois = Bruay-la-Buissière Ac40 367
Bruay-la-Buissière Ac40 367
Bruchsal Aj41 374
Bruck an der Mur Bf43 375
Bruges = Brugge Ad39 367
Brugg Aj43 374
Brugge Ad39 367
Brugge = Bruges Ad39 367
Brühl Ag40 368
Brumunddal Ba30 357
Brunsbüttel Ak37 360
Bruntál Bh41 370
Brussel = Bruxelles Ae40 367
Brüx = Most Bd40 369
Bruxelles Ae40 367
Bruxelles = Brussel Ae40 367
Bruz Sj42 372
Bryne Af32 356
Brzeg Bh40 370
Brzeg Dolny Bg39 370
Brzesko Ca41 370
Bširrī Dc28 403
Bučač Cf41 378
Bucak Da27 402
Buccino Bf50 393
Buchholz, Annaberg- Bd40 369
Buchholz in der Nordheide Ak37 368
Buchloe Ba42 375
Bückeburg Ak38 368
Buckhaven Sg34 364
Buckie Sh33 364
Bucureşti Cg46 387
Bucureşti Cj23 400
Buddusò Ak50 392
Bude Sf40 366
Büdelsdorf Ak36 360
Budënnovsk Dh23 401
Büdingen Ak40 368
Budva Bj48 386
Budweis = České Budějovice Be42 375
Budyšin = Bautzen Be39 369
Buftea Cf46 379
Bugojno Bh46 386
Bühl Aj42 374
Buhuşi Cg44 378
Buinsk Dk18 399
Bujalance Sf53 389
Bujanovac Cb48 387
Bülach Aj43 374
Bulancak De25 403
Bulanık Dg26 403
Buldan Ck26 402
Bullas Sj52 390
Bulle Ah44 374
Bulqizë Ca49 386
Buncrana = Bun Cranncha Sc35 365
Bun Cranncha Sc35 365
Bünde Aj38 368
Buñol Sk51 390
Bünyan Dc26 403
Burdur Da27 402
Büren Aj39 368
Burg Bb38 369
Burgas Ch48 379
Burgas Cj24 400
Burgau Ba42 375
Burgdorf Ba38 368
Burgdorf Ah43 374
Burghausen Bc42 375
Burglengenfeld Bc41 375
Burgo de Osma, El Sg49 381
Burgos Sg48 381
Burguillos del Cerro Sd52 389
Burhaniye Cj26 402
Burjassot Sk51 390
Burnham-on-Crouch Aa39 367
Burnham-on-Sea Sh39 366
Burnley Sh37 366
Burrel Bk49 386
Burriana = Borriana Sk51 390
Burry Port Sf39 366
Bursa Ck25 400
Burštyn Ce41 377
Burton-upon-Trent Sj38 366
Bury Sh37 366
Buryn' Db20 398
Bury Saint Edmunds Aa38 367
Busca Ah46 383
Busiasch = Buziaş Cb45 377
Bus'k Ce41 371
Busko-Zdrój Ca40 370
Busko-Zdrój Ca40 370
Buşteni Cf45 387
Buštyno Cd42 377
Büsum Aj36 360
Butera Be53 396
Buturlinovka Df20 399
Butzbach Aj40 368
Bützow Bb37 361
Buxtehude Ak37 368
Buxton Sj37 366
Büyükçekmece Cj49 379
Buzău Cg45 379
Buziaş Cb45 377
Bydgoszcz Bj37 370
Bystřice nad Pernštejnem Bg41 376
Bystřice pod Hostýnem Bh41 376
Bystrzyca Kłodzka Bg40 370
Bytča Bj41 376
Bytom Bj40 370
Bytów Bh36 362

C

Cabeza del Buey Se52 389
Cabezas de San Juan, Las Se54 389
Cabezón de la Sal Sf47 381
Cabra Sf53 389
Cabras Aj51 392
Čačak Ca47 386
Cáceres Sd51 380
Čadca Bj41 376
Cádiz Sd54 389
Caen Sk41 372
Caerdydd = Cardiff Sg39 366
Caerfyrddin = Carmarthen Sf39 366
Caergybi = Holyhead Sf37 366
Caernarfon Sf37 366
Cageri Dg24 401
Cagli Bc47 385
Cagliari Ak51 392
Cagnano Varano Bf49 385
Caher = An Chathair Sc38 365
Cahors Ab46 382
Cahul Cj45 378
Cahul Ck23 400
Caisleán an Bharraigh Sa37 365
Caister-on-Sea Ab38 367
Čakovec Bg44 376
Čakva Df25 403
Calafat Cc47 387
Calahorra Sj48 381
Calais Ab40 367
Cala Millor Ad51 391
Călăraşi Ch46 379
Călăraşi Cj43 378
Călăraşi Cj23 400
Călăraşi Ck22 400
Calasparra Sj52 390
Calatafimi Bc53 393
Calatayud Sj49 381
Calau Bd39 369
Caldas da Rainha Sa51 380
Caldas de Reis Sb48 380
Caldes de Montbui Ac49 382
Caldes de Montbúy = Caldes de Montbui Ac49 382
Calella Ac49 382
Callosa de Segura Sk52 390
Čalovo = Veľký Meder Bh43 376
Caltagirone Be53 393
Caltanissetta Be53 396
Calvi Aj48 384
Calw Aj42 374
Calzada de Calatrava Sg52 390
Camas Sd53 389
Cambados Sb48 380
Camberley Sk39 366
Cambo-les-Bains Sj47 382
Camborne Se40 366
Cambrai Ad40 367
Cambridge Aa38 367
Cambrils Ab49 391
Camenca Cj42 378
Camerino Bd47 385
Caminha Sb49 380
Çamlıdere Db25 400
Campanario Se52 389
Campbeltown Se35 364
Câmpeni Cd44 377
Câmpia Turzii Cd44 377
Campillos Sf53 389
Câmpina Cf45 379
Campobasso Be49 385
Campobello di Licata Bd53 396
Campo de Criptana Sg51 390
Campo Maior Sc51 389
Câmpulung Cf45 387
Câmpulung Moldovenesc Cf43 378
Čamzinka Dj18 399
Çan Cj25 402
Çanakkale Cj25 402
Canals Sk52 390
Candeleda Se50 381
Canelli Aj46 384
Cangas Sb48 380
Cangas del Narcea Sd47 380
Canicattì Bd53 393
Çankırı Db25 402
Cannes Ah47 383
Cannock Sh38 366
Canosa di Puglia Bg49 393
Cantanhede Sb50 380
Cantemir Cj44 378
Canterbury Ab39 367
Cantillana Se53 389
Capaccio Bf50 393
Capbreton Sj47 382
Capdenac-Gare Ac46 382
Čapljina Bh47 386
Čaplygin De19 399
Čaplynka Db22 400
Capodistria = Koper Bd45 375
Capo d'Orlando Be52 393
Cappoquin = Ceapach Choinn Sc38 365
Capri Be50 393
Capua Be49 393
Caracal Ce46 387
Caransebeş Cc45 387
Caravaca de la Cruz Sj52 390
Carballiño = Carballino, O Sb48 380
Carballino, O Sb48 380
Carbonia Aj51 392
Carcassonne Ac47 382
Cardiff Sg39 366
Cardona Ab49 382
Carei Cc43 377
Čarencavan Dh25 401
Carentan-les-Marais Sj41 372
Carevo Ch48 379
Carhaix-Plouguer Sg42 372
Carini Bd52 396
Car Kalojan Cg47 387
Carlisle Sh36 364
Carloforte Aj51 392
Carlow = Ceatharlach Sd38 365
Carmagnola Ah46 384
Carmarthen Sf39 366
Carmaux Ac46 382
Carmona Se53 389
Carnforth Sh36 366
Carnoustie Sh34 364
Carolina, La Sg52 390
Carpentras Af46 383
Cărpiniş Ca45 377
Carquefou Sj43 372
Carraig na Siúire Sc38 365
Carrara Ba46 384
Carrickfergus Se36 364
Carrick on Suir = Carraig na Siúire Sc38 365
Çarşamba Dd25 403
Cartagena Sk53 390
Cartaxo Sb51 388
Cartaya Sc53 389
Carvin Ac40 367
Caryčanka Dc21 398
Casalmaggiore Ba46 384
Casas-Ibáñez Sj51 390
Cascais Sa52 388
Caserta Be49 393
Čáslav Bf41 369
Casnewydd = Newport Sh39 366
Čašniki Ck36 363
Čašniki Ck18 398
Caspe Sk49 390
Cassis Af47 383
Castanheira de Pêra Sb50 380
Castelbuono Be53 396
Castelfranco Veneto Bb45 375
Castel Gandolfo Bc49 385
Casteljaloux Aa46 382
Castellammare del Golfo Bc52 393
Castelldefels Ab49 382
Castell-nedd = Neath Sg39 366
Castelló de la Plana Sk50 390
Castellón de la Plana = Castelló de la Plana Sk50 390
Castelnaudary Ab47 382
Castelnovo ne' Monti Ba46 384
Castelnuovo di Garfagnana Ba46 384
Castelo Branco Sc51 380
Castelsarrasin Ab46 382
Casteltermini Bd53 393
Castelvetrano Bc53 393
Castiglione della Pescaia Ba48 384
Castiglion Fiorentino Bb47 384
Castlebar = Caisleán an Bharraigh Sa37 365
Castres Ac47 382
Castricum Ae38 368
Castro Daire Sc50 380
Castropol Sc47 380
Castro Urdiales Sg47 381
Castro Verde Sb53 389
Castrovillari Bg51 393
Castuera Se52 389
Çatalca Cj49 379
Catania Bf53 396
Catanzaro Bg52 393
Cateau-Cambrésis, Le Ad40 367
Catenanuova Be53 396
Cathair na Mart = Westport Sa37 365
Cattolica Bc47 385
Caudry Ad40 367
Căuşeni Ck44 378
Căuşeni Ck22 400
Cavaillon Af47 383
Cavarzere Bc45 384
Cavnic Cd43 377
Cavtat Bj48 386
Çay Da26 402
Čazma Bg45 376
Cazorla Sg53 390
Ceadîr-Lunga Cj44 378
Ceapach Choinn Sc38 365
Ceatharlach Sd38 365
Čeboksary Dj17 399
Čečel'nyk Ck42 378
Cegléd Bk43 376
Cehegín Sj52 390
Čehov Dd18 399
Çekerek Dc25 403
Celina Df22 401
Celje Bf44 375
Celle Ba38 368
Çeltik Da26 402
Cenon Sk46 382
Čepelare Ce49 387
Čepin Bj45 376
Cercal Sb53 388
Céret Ac48 382
Čerkassy = Čerkasy Db21 398
Čerkasy Db21 398
Çerkeş Db25 400
Čerkessk Df23 401
Çerkezköy Ch49 379
Cerknica Be45 375
Çermik De26 403
Cerna Cj45 379
Cerna Ck23 400
Cernavodă Cj46 379
Cernavodă Ck23 400
Cernay Ah43 374
Černigov = Černihiv Da20 398
Černihiv Da20 398
Černivci Cf42 378
Černjachiv Ck20 398
Černjahovsk Cb36 362
Černjanka Dd20 399
Černomorskoe Db23 400
Černovcy = Černivci Cf42 378
Černyškovskij Dg21 401
Cërrik Bk49 394
Čertkovo Df21 399
Červen Brjag Ce47 387
Cerveteri Bc48 384
Cervia Bc46 384
Čërvien' Ck19 398
Červonoarmijs'k = Radyvyliv Cf40 371
Červonograd = Červonohrad Ce40 371
Červonohrad Ce40 371
Cesena Bc46 384
Cesenatico Bc46 385
Cēsis Cf33 363
Česká Kamenice Be40 369
Česká Lípa Be40 369
Česká Třebová Bg41 370
České Budějovice Be42 375
Český Brod Be40 369
Český Krumlov Be42 375
Český Těšín Bj41 370
Çeşme Cg52 397
Çeşme Cj26 402
Cetinje Bj48 386
Ceuta Se55 389
Ceva Aj46 384
Ceyhan Dc27 403
Ceylanpınar Df27 403
Chagny Ae44 373
Chakaja = Senaki Df24 403
Châlette-sur-Loing Ac42 373
Challans Sj44 372
Chalonnes-sur-Loire Sk43 372
Châlons-en-Champagne Ae42 373
Châlons-sur-Marne = Châlons-en-Champagne Ae42 373
Chalon-sur-Saône Ae44 373
Chaltubo Dg24 401
Cham Bc41 375
Chambéry Af45 374
Chamonix-Mont-Blanc Ag45 374
Champagnole Af44 374
Chantada Sc48 380
Chantilly Ac41 373
Chantonnay Sj44 372
Chard Sh40 366
Charité-sur-Loire, La Ad43 373
Charkiv Dd21 398
Charkow = Charkiv Dd21 398
Charleroi Ae40 367
Charleville-Mézières Ae41 373
Charny-Orée-de-Puisaye Ad43 373
Chartres Ab42 373
Châteaubriant Sj43 372
Châteaudun Ab42 373
Château-Gontier-sur-Mayenne Sk43 372
Châteaulin Sf42 372
Châteauneuf-sur-Loire Ac43 373
Château-Renault Aa43 373
Châteauroux Ab44 373
Château-Thierry Ad41 373
Châtelaillon-Plage Sj44 372
Châtelet Ae40 367
Châtellerault Aa44 373
Châtillon-sur-Seine Ae43 373
Chaumont Af42 373
Chauny Ad41 373
Chauvigny Aa44 373
Chaux-de-Fonds, La Ag43 374
Chaves Sc49 380
Cheb Bc40 369
Chefchaouèn Se55 389
Chełm Cd39 371
Chełmno Bj37 370
Chelmsford Aa39 367
Chełmża Bj37 370
Cheltenham Sh39 366
Chemillé-en-Anjou Sk43 372
Chemnitz Bc40 369
Chepstow Sh39 366
Cherbourg-en-Cotentin Sj41 372
Cherbourg-Octeville = Cherbourg-en-Cotentin Sj41 372
Cherson Db22 400
Cheste Sk51 390
Chester Sh37 366
Chesterfield Sj37 366
Chiaravalle Centrale Bg52 393
Chiari Ak45 384
Chichester Sk40 366
Chiclana de la Frontera Sd54 389
Chieri Ah45 384
Chieti Be48 385
Chimay Ae40 367
Chinchilla de Monte Aragón Sj52 390
Chinon Aa43 372
Chioggia Bc45 384
Chipiona Sd54 389
Chippenham Sh39 366
Chişinău Cj43 378
Chişinău Ck22 400
Chişineu-Criş Cb44 377
Chmel'nyc'kyj Ch41 378
Chmel'nyc'kyj Cj21 398
Chmel'nyc'kyj, Perejaslav- Da20 398
Chodoriv Ce41 377
Chodzież Bg38 370
Chojna Be38 369
Chojnice Bh37 370
Chojniki Da20 398
Cholet Sk43 372
Chomutov Bd40 369
Chorzów Bj40 370
Chośebuz = Cottbus Be39 369
Choszczno Bf37 369
Chotěboř Bf41 369
Chotyn Cg42 378
Christchurch Sj40 366
Chrudim Bf41 370
Chrzanów Bk40 370
Chur Ak44 374
Chust Cd42 377
Ciadîr-Lunga = Ceadîr-Lunga Cj44 378
Čiatura Dg24 403
Cide Db25 402
Ciechanów Ca38 370
Ciempozuelos Sg50 390
Cieszyn Bj41 370
Çifteler Da26 402
Cihanbeyli Db26 402
Cill Airne Sa38 365
Cill Chainnigh Sc38 365
Cill Chaoi Sa38 365
Cill Chuillin Sd37 365
Cill Dara Sd37 365
Cill Droichid Sd37 365
Cilli = Celje Bf44 375
Cill Mhantáin Sd38 366
Cill Rois Sa38 365
Cimişlia Cj44 378
Cimişlia Ck22 400
Cimljansk Dg22 401
Çınar Df27 403
Çine Ck27 402
Ciney Af40 367

Ciochina Ch46 379
Cioranii de Jos Cg46 379
Ciotat, La Af47 383
Ciprovci Cc47 387
Cirencester Sj39 366
Ciriè Ah45 384
Cislău Cg45 387
Cistierna Se48 381
Città della Pieve Bc48 384
Cittanova Bg52 393
Cittanova = Novigrad Bd45 385
Ciuc, Miercurea- Cf44 378
Ciucea Cc44 377
Ciudad Real Sg52 389
Ciudad Rodrigo Sd50 380
Ciutadella Ad50 391
Cividale del Friuli Bd44 375
Civil'sk Dj18 399
Civita Castellana Bc48 385
Civitavecchia Bb48 384
Çivril Ck26 402
Cizre Dg27 403
Cjurupyns'k = Oleškу Db22 400
Clacton-on-Sea Ab39 367
Clamecy Ad43 373
Cleethorpes Sk37 367
Clermont Ac41 373
Clermont-Ferrand Ad45 373
Clermont-l'Hérault Ad47 383
Clevedon Sh39 366
Clisson Sj43 372
Clitheroe Sh37 366
Cloich na Coillte Sb39 365
Clonakilty = Cloich na Coillte Sb39 365
Clonmel = Cluain Meala Sc38 365
Cloppenburg Aj38 368
Cluain Meala Sc38 365
Cluj-Napoca Cd44 377
Coatbridge Sf35 364
Cobadin Cj46 379
Cobh = An Cóbh Sb39 365
Coburg Ba40 369
Cochem Ah40 368
Cockermouth Sg36 364
Codigoro Bc46 384
Codlea Cf45 378
Codru Cc42 377
Coesfeld Ah39 368
Coevorden Ag38 368
Cognac Sk45 372
Coimbra Sb50 380
Coín Sf54 389
Čoka Ca45 376
Colchester Aa39 367
Colditz Bc39 369
Coleraine Sd35 365
Colico Ak44 374
Collado Villalba Sf50 390
Collesalvetti Ba47 384
Colmar Ah42 374
Colmenar Viejo Sg50 381
Colomiers Ab47 382
Colunga Se47 381
Colwyn Bay = Bae Colwyn Sg37 366
Comănești Cg44 378
Comber Se36 364
Comblain-au-Pont Af40 368
Commentry Ac44 373
Commercy Af42 374
Como Ak45 374
Compiègne Ac41 373
Comrat Cj44 378
Comrat Ck22 400
Concarneau Sg43 372
Condé-en-Normandie Sk42 372
Condom Aa47 382
Congleton Sh37 366
Conil de la Frontera Sd54 389
Connah's Quay Sg37 366
Consett Sj36 364
Constanța Cj46 379
Constanța Ck23 400
Constantina Se53 389
Consuegra Sg51 390
Contadero Sg52 390
Conwy Sg37 366
Cookstown Sd36 365
Čop Cc42 377
Copșa Mică Ce44 377
Corabia Ce47 387
Corbeil-Essonnes Ac42 373
Corbie Ac41 373
Corby Sk38 366
Corcaigh Sb39 365
Corcubión Sa48 380
Córdoba Sf53 389
Corella Sj48 381
Coria Sd50 380
Coria del Río Sd53 389
Cork = Corcaigh Sb39 365
Corleone Bd53 396
Çorlu Ch49 379
Çorlu Cj25 400
Cornești Cf46 379
Čornomors'k Da22 400
Čornomors'ke = Černomorskoe Db23 400
Çorovodë Ca50 394
Corral de Almaguer Sg51 381
Corrales, Los (Corralles de Buelna, Los) Sf47 381
Corte Ak48 384
Corti = Corte Ak48 384
Čortkiv Cf41 378
Coruche Sb52 388
Çorum Dc25 400
Coruña, A Sb47 380
Cosenza Bg51 393
Coșești Ce45 387
Cosne-Cours-sur-Loire Ac43 373
Costești Cg45 379
Costești Ce46 387
Coswig Bd39 369
Coswig (Anhalt) Bc39 369
Cottbus Be39 369
Couëron Sj43 372
Coulommiers Ad42 373
Cournon-d'Auvergne Ad45 373
Couronne, La Aa45 372
Coursan Ad47 383
Cours-sur-Loire, Cosne- Ac43 373
Courtrai = Kortrijk Ad40 367
Coutances Sj41 372
Coutras Sk45 382
Couvin Ae40 367
Covasna Cg45 378
Coventry Sj38 366
Covilhã Sc50 380
Cowdenbeath Sg34 364
Cowes Sj40 366
Crailsheim Ba41 374
Craiova Cd46 387
Crawley Sk39 367
Crediton Sg40 366
Creil Ac41 373
Cremona Ba45 384
Crépy-en-Valois Ac41 373
Crest Af46 383
Créteil Ac42 373
Creusot, Le Ae44 373
Crevillente Sk52 390
Crewe Sh37 366
Crewkerne Sh40 366
Cricova Cj43 378
Crieff Sg34 364
Crikvenica Be45 385
Crimmitschau Bc40 369
Criș, Chișineu- Cb44 377
Cristianos, Los Rd62 388
Cristuru Secuiesc Cf44 377
Criuleni Ck43 378
Croix-de-Vie, Saint-Gilles- Sj44 372
Cromer Ab38 367
Crosby Sg37 366
Crossen = Krosno Odrzańskie Bf38 369
Crotone Bh51 394
Crozon Sf42 372
Cuba Sc52 389
Çubuk Db25 402
Cuéllar Sf49 381
Cuenca Sh50 381
Cuers Ag47 383
Cuevas del Almanzora Sj53 390
Čuhujiv Dd21 399
Čuhujv = Čuhujiv Dd21 399
Culemborg Af39 367
Cullera Sk51 390
Cuman' Cf40 371
Cumbernauld Sf35 364
Cumnock Sf35 364
Çumra Db27 402
Cuneo Ah46 383
Cupar Sg34 364
Cupcini Ch42 378
Ćuprija Cb47 386
Curcani Cg46 379
Curtea de Argeș Ce45 387
Čutove Dc21 398
Cutro Bh51 394
Cuxhaven Aj37 360
Čyhyryn Db21 398
Czaplinek Bg37 369
Czarnków Bg38 370
Czersk Bh37 362
Częstochowa Bk40 370
Człuchów Bh37 370

D

Dąbrowa Białostocka Cd37 371
Dăbuleni Ce47 387
Dachau Bb42 375
Dačice Bf41 375
Daimiel Sg51 390
Dair az-Zaur Df28 403
Đakovica = Gyakovë Ca48 386
Đakovo Bj45 386
Dalby Bd35 361
Dălgopol Ch47 379
Dalías Sh54 390
Dalry Sf35 364
Damgarten, Ribnitz- Bc36 361
Dankov De19 399
Dannenberg (Elbe) Bb37 369
Daoulas, Plougastel- Sf42 372
Darabani Cg42 378
Darende Dd26 403
Dargeçit Df27 403
Darıca Ck50 379
Darlington Sj36 364
Darłowo Bg36 361
Darmstadt Aj41 368
Darnétal Ab41 373
Dartford Aa39 367
Dartmouth Sg40 366
Daruvar Bh45 376
Datça Cj27 402
Daugavpils Cg35 363
Daugavpils Cj18 398
Daun Ag40 368
Daventry Sj38 366
Davos Ak44 374
Dax Sj47 382
Dazkırı Ck27 402
Deal Ab39 367
Debal'ceve De21 401
Debar Ca49 386
Dębica Cb40 371
Dęblin Cb39 371
Dębno Be38 369
Debno Ca41 376
Debrecen Cb43 377
Debrzno Bh37 370
Deçan Ca48 386
Dečani = Deçan Ca48 386
Decazeville Ac46 382
Děčín Be40 369
Decize Ad44 373
Dedoviči Ck33 363
Degerfors Be31 357
Deggendorf Bc42 375
Dej Cd43 377
Deje Bd31 357
Delčevo Cc49 387
Delémont Ah43 374
Delft Ae39 367
Delfzijl Ag37 368
Delitzsch Bc39 369
Deljatyn Ce42 377
Delle Ah43 374
Dellys Ad54 391
Delmenhorst Aj37 368
Delnice Be45 385
Delsberg = Delémont Ah43 374
Delsbo Bg29 357
Demensk, Spas- Dc18 398
Demidov Da18 398
Demirci Ck26 402
Demirköy Ch49 379
Demmin Bd37 361
Demre Ck27 402
Denain Ad40 367
Denbigh Sg37 366
Den Haag Ae38 367
Den Haag = 's-Gravenhage Ae38 367
Den Helder Ae38 368
Denia Aa52 390
Denizli Ck27 402
Denny Sg34 364
De Panne Ac39 367
Deražnja Ch41 378
Derby Sj38 366
Dereham Aa38 367
Dereli De25 401
Derhači Dd20 398
Derik Df27 403
Derry Sc35 365
Derry Doire = Derry Sc35 365
Derventa Bh46 386
Desch = Dej Cd43 377
Dessau Bc39 369
Desvres Ab40 367
Deta Cb45 386
Detmold Aj39 368
Deurne Af39 368
Deutsch Brod = Havlíčkův Brod Bf41 376
Deutsch Krone = Wałcz Bg37 370
Deutsch Ostrau = Ostrów Wielkopolski Bh39 370
Deva Cc45 377
Develi Dc26 403
Deventer Ag38 368
Devin Ce49 387
Devizes Sj39 366
Devnja Ch47 379
Devnja Cj24 400
Devrek Da25 402
Diavatá Cc50 395
Didcot Sj39 366
Didim Cj27 402
Didimótiho Cg49 379
Didimótiho Cj25 402
Dieburg Aj41 368
Diekirch Ag41 368
Diemrich = Deva Cc45 377
Diepholz Aj38 368
Dieppe Ab41 373
Digne-les-Bains Ag46 383
Digoin Ae44 373
Digora Dh24 401
Dijon Af43 373
Dikili Cj26 402
Diksmuide Ac39 367
Dillenburg Aj40 368
Dillingen an der Donau Ba42 375
Dimašq Dd29 403
Dimitrovgrad Cc47 387
Dimovo Cc47 387
Dinan Sh42 372
Dinant Ae40 368
Dinar Da26 402
Dinard Sh42 372
Dinarzh = Dinard Sh42 372
Dinbych = Denbigh Sg37 366
Dinbych-y-pysgodm = Tenby Sf39 366
Dingelstädt Ba39 368
Dingolfing Bc42 375
Dingwall Sf33 364
Dinkelsbühl Ba41 374
Dinslaken Ag39 368
Dirschau = Tczew Bj36 362
Diss Ab38 367
Dives-sur-Mer Sk41 372
Divriği De26 403
Diyadin Dg26 401
Diyarbakır Df27 403
Djat'kovo Dc19 398
Dmitrievka Df19 399
Dmitriev-L'govskij Dc19 398
Dmitrov Dd17 399
Dnestrovsc Ck44 378
Dnipro Dc21 400
Dniprodzeržyns'k = Kam-jans'ke Dc21 398
Dnipropetrovs'k = Dnipro Dc21 400
Dniprorudne Dc22 400
Dno Ck33 363
Dobele Cd34 362
Döbeln Bd39 369
Doberan, Bad Bb36 361
Doboj Bj46 386
Dobre Miasto Ca37 362
Dobrič Ch47 379
Dobrič Cj24 400
Dobrinka Df19 399
Dobříš Be41 369
Dobromyľ Cc41 377
Dobrotești Ce46 387
Dobruš Da19 398
Doetinchem Ag39 368
Doğancılı Ck49 379
Doğanșehir Dd26 403
Doğubayazıt Dh26 401
Doksy Be40 369
Dokšycy Ch36 363
Doktor Petru Groza = Ștei Cc44 377
Dokučajevs'k Dd22 401
Dole Af43 374
Dolianova Ak51 392
Dolni Čiflik Ch47 379
Dolni Dăbnik Ce47 387
Dolný Kubín Bk41 376
Dolyna Ce42 377
Dolyns'ka Db21 400
Domažlice Bc41 375
Dombasle-sur-Meurthe Ag42 374
Domžale Be44 375
Donaueschingen Aj43 374
Donauwörth Ba42 375
Don Benito Se52 389
Doncaster Sj37 366
Dondjušany = Dondușeni Ch42 378
Dondușeni Ch42 378
Doneck De21 401
Donec'k Dd22 399
Doneck = Donec'k Dd22 399
Donji Miholjac Bj45 376
Donostia / San Sebastián Sj47 381
Donskoj De19 399
Doornik = Tournai Ad40 367
Dorchester Sh40 366
Dordrecht Ae39 368
Dorfen Bc42 375
Dorking Sk39 367
Dormagen Ag39 368
Dor Mărunt Cg46 379
Dornbirn Ak43 374
Dorohoi Cg43 378
Dorohoi Cj22 400
Dorohovo Dd18 398
Dorpat = Tartu Cg32 359
Dorsten Ag39 368
Dortmund Ah39 368
Dörtyol Dd27 403
Dos Hermanas Se53 389
Douai Ad40 367
Douarnenez Sf42 372
Doué-en-Anjou Sk43 372
Douglas Sf36 366
Doullens Ac40 367
Dourdan Ac42 373
Dover Ab39 367
Dovšans'k = Sverdlovs'k De21 401
Downpatrick Se36 366
Dragalina Ch46 379
Dragalina Cj23 400
Drăgănești-Olt Ce46 387
Drăgănești-Vlașca Cf46 379
Drăgășani Ce46 387
Dragoman Cc48 387
Dragomirești Ch44 378
Draguignan Ag47 383
Drahičyn Cf38 371
Drahičyn Ch19 398
Dráma Ce49 395
Dramburg = Drawsko Pomorskie Bf37 370
Drammen Ba31 356
Drawsko Pomorskie Bf37 370
Dresden Bd39 369
Dreux Ab42 373
Drezdenko Bf38 370
Driesen = Drezdenko Bf38 370
Driffield Sk36 366
Drjanovo Cf48 387
Drniš Bg47 385
Drøbak Ba31 356
Drobeta-Turnu Severin Cc46 387
Drochia Ch42 378
Drogheda = Droichead Átha Sd37 365
Drogobyč = Drohobyč Cd41 377
Drohobyč Cd41 377
Droichead Átha Sd37 365
Droichead na Bandan Sb39 365
Dronero Ah46 383
Dronten Af38 368
Druskininkai Cd36 363
Družkivka Dd21 399
Družkovka = Družkivka Dd21 399
Drvar Bg46 385
Dubăsari Ck43 378
Dubăsari Ck22 400
Düben, Bad Bc39 369
Dubėsar' = Dubăsari Ck43 378
Dubėsar' = Dubăsari Ck22 400
Dublin = Baile Átha Cliath Sd37 365
Dubna Dd17 399
Dubnica nad Váhom Bj42 376
Dubno Cf40 371
Dubno Ch20 398
Dubossary = Dubăsari Ck43 378
Dubossary = Dubăsari Ck22 400
Dubove Cd42 377
Dubovka Dh21 399
Dubrovka Da31 359
Dubrovnik Bj48 386
Dubrovycja Cg39 371
Dubrovycja Cj20 398
Duchcov Bd40 369
Dudelange Ag41 374
Duderstadt Ba39 368
Dudești Ch46 379
Dudley Sh38 366
Dueñas Sf49 381
Duga Resa Bf45 385
Duhovščina Db18 398
Duisburg Ag39 368
Dülmen Ah39 368
Dulovo Ch47 379
Dulovo Cj24 400
Dūmā Dd29 403
Dumbarton Sf35 364
Dumfries Sg35 364
Dunaföldvár Bj44 376
Dunajivci Cg42 378
Dunajivci Cj21 398
Dunajská Streda Bh42 376
Dunbar Sh35 364
Dunblane Sg34 364
Dundalk = Dún Dealgan Sd36 365
Dún Dealgan Sd36 365
Dundee Sh34 364
Dunfermline Sg34 364
Dungannon Sd36 365
Dún Garbhán Sc38 365
Dungarvan = Dún Garbhán Sc38 365
Dunkerque Ac39 367
Dún Laoghaire Sd37 366
Dunoon Sf35 364
Dun Pádrig = Downpatrick Se36 366
Dupnica Cd48 387
Durağan Dc25 403
Durango Sh47 381
Düren Ag40 368
Durham Sj36 364
Dürkheim, Bad Aj41 374
Durlas Sc38 365
Dürrenberg, Bad Bc39 369
Durrës Bk49 386
Dursunbey Ck26 400
Düsseldorf Ag39 368
Duvno = Tomislavgrad Bh47 386
Dux = Duchcov Bd40 369
Düzce Da25 400
Düziçi Dd27 403
Dvor Bg45 385
Dvůr Králové nad Labem Bf40 370
Dyce Sh33 364
Džankoj Dc23 400
Dzeržinsk Dg17 399
Dzeržyns'k = Torec'k Dd21 401
Działdowo Ca37 370
Dzierżoniów Bg40 370
Dzjaržynsk Cj19 398
Dzjatlava Cf37 371

E

Eachroim Sd38 365
Eanodat = Enontekiö Cd22 351
Eastbourne Aa40 367
East Kilbride Sf35 364
Eaton Socon-Saint Neots Sk38 367
Eberbach Aj41 374
Ebersbach-Neugersdorf Be39 369
Eberswalde Bd38 369
Eberswalde-Finow = Eberswalde Bd38 369
Écija Se53 389
Eckernförde Ak36 360
Ėčmiadzin Dh25 401
Ed Bb32 357
Ede Af38 368
Édessa Cc50 395
Edinburgh Sg35 364
Edincy = Edineț Ch42 378
Edincy = Edineț Cj21 400
Edinec = Edineț Ch42 378
Edinec = Edineț Cj21 400
Edineț Ch42 378
Edineț Cj21 400
Edirne Cg49 379
Edirne Cj25 402
Edremit Cj26 402
Edsbyn Bf29 357
Eeklo Ad39 367
Eforie Nord Cj46 379
Eforie Nord Ck23 400
Efremov De19 399
Eger Ca43 377
Eger = Cheb Bc40 369
Egersund Ag32 356
Eggenfelden Bc42 375
Eghezée Ae40 368
Égio Cc52 395
Eğirdir Da27 402
Egor'evsk De18 399
Ehingen (Donau) Ak42 374
Eichstätt Bb42 375
Eilenburg Bc39 369
Einbeck Ak39 368
Eindhoven Af39 368
Eisenach Ba40 368
Eisenerz Be43 375
Eisenhüttenstadt Be38 369
Eisenmarkt = Hunedoara Cc45 377
Eisenstadt Bg43 376
Eisfeld Ba40 369
Eisleben, Lutherstadt Bb39 369
Eivissa Ab52 391
Ejea de los Caballeros Sj48 382
Ejido, El Sh54 390
Ejsk De22 401
Ekaterinovka Dh19 399
Ekenäs Cd31 358
Eksjö Bf33 361
Elan' Dg20 399
Elan'-Kolenovskij Df20 399
El Arahal Se53 389
El-Araïch = Larache Sd55 389
Elassóna Cc51 395
El Astillero Sg47 381
Elâzığ De26 403
Elbasan Ca49 394
Elbeuf Ab41 373
Elbistan Dd26 403
Elbląg Bk36 362
Elche = Elx Sk52 390
Elda Sk52 390
Elec De19 399
Elefsína Cd52 397
Eleftheroúpoli Ce50 395
El Ejido Sh54 390
Elektrėnai Ce36 363
Ėlektrostal' De18 399
Elena Cf48 379

El Escorial Sf50 381
Eleşkirt Dg26 401
Elgin Sg33 364
El-Haouaria Bb53 392
El'hotovo Dh24 401
Elimäki Cg30 359
Èlista Dh22 401
Ełk Cc37 371
El-Kala Aj54 392
Ellon Sh33 364
Ellwangen (Jagst) Ba42 374
Elmadağ Db26 400
Elmalı Ck27 402
Elmshorn Ak37 368
Elne Ac48 382
Elsterwerda Bd39 369
Elva Cg32 363
Elvas Sc52 389
Elverum Bb30 357
Elx Sk52 390
Ely Aa38 367
Elze Ak38 368
Emden Ah37 368
Emet Ck26 400
Emirdağ Da26 402
Emirgazi Db27 402
Emlichheim Ag38 368
Emmaboda Bf34 361
Emmen Ag38 368
Emmendingen Ah42 374
Emmerich am Rhein Ag39 368
Empoli Ba47 384
Ems, Bad Ah40 368
Emsdetten Ah38 368
Enakievo = Jenakijeve De21 401
Enerhodar Dc22 400
Èngel's Dj20 399
Enkhuizen Af38 367
Enköping Bh31 357
Enna Be53 393
Ennis = Inis Sb38 365
Enniscorthy = Inis Córthaidh Sd38 365
Enniskillen Sc36 365
Eno Da28 355
Enontekiö Cd22 351
Enschede Ag38 368
Entroncamento Sb51 380
Eochaill = Youghal Sc39 365
Epanomí Cc50 395
Epe Af38 368
Épernay Ad41 373
Épinal Ag42 374
Eppingen Aj41 374
Epsom Sk39 367
Erbaa Dd25 403
Érd Bj43 376
Erdek Cj25 402
Erdemli Dc27 403
Erding Bb42 375
Ereğli Dc27 402
Ereğli Da25 400
Erevan Dh25 401
Erfurt Bb40 369
Ergani De26 403
Erlangen Bb41 375
Ermenek Db27 402
Ermesinde Sb49 380
Ermoúpoli Ce53 397
Ernée Sk42 372
Ernei Ce44 377
Ertil' Df20 399
Eruh Dg27 403
Erzincan De26 401
Erzurum Df26 401
Esbjerg Aj35 360
Esbo = Espoo Ce30 359
Esch-sur-Alzette Af41 374
Eschwege Ba39 368
Escorial, El Sf50 381
Escoublac, La Baule- = Baule, La Sh43 372
Esens Ah37 368
Esenyurt Cj49 379
Esenyurt Ck25 400
Eskil Db26 402
Eskilstuna Bg31 357
Eslöv Bd35 361
Eşme Ck26 402
Espinho Sb49 380
Espoo Ce30 359
Esposende Sb49 380
Esseg = Osijek Bj45 376
Essen Ah39 368
Essen Ae39 367
Essentuki Dg23 401
Esslingen am Neckar Ak42 374
Estarreja Sb50 380
Estella Sh48 381
Estepa Sf53 389
Estepona Se54 389
Estremoz Sc52 389
Esztergom Bj43 376
Étampes Ac42 373
Etropole Ce48 387
Ettadhamen Ba54 392
Et-Tleta-el-Oued-Laou Se55 389
Eu Ab40 373
Eupen Ag40 368
Eura Cc29 358
Eurajoki Cb29 358
Euskirchen Ag40 368
Eutin Ba36 360
Evergem Ad39 367
Evesham Sj38 366
Évian-les-Bains Ag44 374
Évora Sc52 389
Evpatorija Db23 400
Évreux Ab41 373
Évron Sk42 372
Évry-Courcouronnes Ac42 373
Exeter Sg40 366
Exmouth Sg40 366
Ezcaray Sg48 381
Ezine Cj26 402

F

Faaborg Ba35 360
Fåborg = Faaborg Ba35 360
Făcăeni Ch46 379
Faenza Bb46 384
Fafe Sb49 380
Făgăraş Ce45 377
Fagersta Bf30 357
Făget Cc45 377
Fakenham Aa38 367
Falaise Sk42 372
Fălești Ch43 378
Falkenau = Sokolov Bc40 369
Falkenberg Bc34 361
Falkenberg (Elster) Bd39 369
Falkensee Bd38 369
Falkirk Sg35 364
Falköping Bd32 361
Fallingbostel, Bad Ak38 368
Falmouth Se40 366
Fălticeni Cg43 378
Falun Bf30 357
Fano Bd47 385
Fara in Sabina Bc48 385
Faro Sc53 389
Fársala Cc51 395
Fastiv Ck20 398
Fastov = Fastiv Ck20 398
Fatež Dc19 398
Fátima Sb51 380
Fatnassa Ak54 392
Fatsa Dd25 401
Faulquemont Ag41 374
Fauske Bf23 350
Faversham Aa39 367
Fawley Sj40 366
Fécamp Aa41 372
Feke Dc27 403
Feldkirch Ak43 374
Feldkirchen in Kärnten Be44 375
Felger = Fougères Sj42 372
Felixstowe Ab39 367
Feodosija Dc23 400
Ferentino Bd49 385
Ferizaj = Uroševac Cb48 386
Fermo Bd47 385
Fermoy = Mainistir Fhear Maí Sb38 365
Ferrara Bb46 384
Ferreira do Alentejo Sb52 389
Ferrol Sb47 380
Ferté-Bernard, La Aa42 373
Ferté-Macé, La Sk42 372
Ferté-Saint-Aubin, La Ab43 373
Ferté-sous-Jouarre, La Ad42 373
Fetești Ch46 379
Fetești Cj23 400
Fethiye Ck27 402
Feuchtwangen Ba41 374
Feurs Ae45 373
Fieni Cf45 387
Fier Bk50 394
Figeac Ac46 382
Figgjo, Ålgård- Af32 356
Figueira da Foz Sb50 380
Figueiró dos Vinhos Sb51 380
Figueres Ac48 382
Filey Sk36 367
Filiași Cd46 387
Filiatés Ca51 394
Filiatrá Cb53 395
Filipstad Be31 357
Finike Da27 402
Finnentrop Ah39 368
Finspång Bf32 357
Finsterwalde Bd39 369
Firenze Bb47 384
Firminy Ae45 383
Fishguard Sf39 366
Fismes Ad41 373
Fiume = Rijeka Be45 385
Flatow = Złotów Bh37 370
Flèche, La Sk43 372
Fleetwood Sg37 366
Flekkefjord Ag32 356
Flen Bg31 357
Flensborg = Flensburg Ak36 360
Flensburg Ak36 360
Flers Sk42 372
Fleurance Aa47 382
Flint Sg37 366
Flix Aa49 391
Floda Bc33 361
Flöha Bd40 369
Florești Cj43 378
Florești Ck22 398
Floreşty = Florești Cj43 378
Floreşty = Florești Ck22 398
Floridia Bf53 396
Flórina Cb50 395
Florø Af29 356
Foča Bj47 386
Foça Cj26 402
Focșani Ch45 378
Focșani Cj23 400
Fogarasch = Făgăraş Ce45 377
Foix Ab48 382
Fokino Dc19 398
Foligno Bc48 385
Folkestone Ab39 367
Fonsagrada, A Sc47 380
Fonsagrada = Fonsagrada, A Sc47 380
Fontainebleau Ac42 373
Fontenay-le-Comte Sk44 372
Forbach Ag41 374
Forchheim Bb41 369
Forfar Sh34 364
Forlì Bc46 384
Formby Sg37 366
Forres Sg33 364
Forshaga Bd31 357
Forssa Cd30 358
Forst (Lausitz) Be39 369
Fortuna Sj52 390
Fort William Se34 364
Fossano Ah46 384
Fossombrone Bc47 385
Fouenant = Fouesnant Sf43 372
Fouesnant Sf43 372
Fougères Sj42 372
Fourchambault Ad43 373
Fourmies Ae40 367
Fraga Aa49 382
Francofonte Be53 396
Frankenberg (Eder) Aj39 368
Frankenhausen (Kyffhäuser), Bad Bb39 369
Frankfurt (Oder) Be38 369
Frankfurt am Main Aj40 368
Frankstadt = Frenštát pod Radhoštěm Bj41 376
Fraserburgh Sh33 364
Frauenfeld Aj43 374
Fraustadt = Wschowa Bg39 370
Freck = Avrig Ce45 377
Fredericia Ak35 360
Frederikshavn Ba33 360
Frederikssund Bc35 361
Frederiksværk Bc35 361
Fredrikshamn = Hamina Ch30 359
Fredrikstad-Sarpsborg Ba31 356
Fregenal de la Sierra Sd52 389
Freiberg Bd40 369
Freiburg = Fribourg Ah44 374
Freiburg im Breisgau Ah43 374
Freienwalde (Oder), Bad Be38 369
Freilassing Bc43 375
Freising Bb42 375
Freistadt Be42 375
Freital Bd39 369
Freiwaldau = Jeseník Bh40 370
Fréjus Ag47 383
Frenštát pod Radhoštěm Bj41 376
Freudenstadt Aj42 374
Freudenthal = Bruntál Bh41 370
Freyung Bd42 375
Fribourg Ah44 374
Friedberg (Hessen) Aj40 368
Friedeberg = Strzelce Krajeńskie Bf38 369
Friedeck-Friedberg = Frýdek-Místek Bj41 370
Friedland Bd37 369
Friedland = Frýdlant Bf40 369
Friedrichshafen Ak43 374
Friedrichshall, Bad Ak41 374
Friesach Be44 375
Friesoythe Ah37 368
Fritzlar Ak39 368
Frohenbruck = Veselí nad Lužnicí Be41 375
Frolovo Dg21 399
Frome Sh39 366
Frontignan Ad47 383
Frosinone Bd49 385
Frumușani Cg46 387
Frunzivka = Zacharivka Ck43 378
Frutigen Ah44 374
Frýdek-Místek Bj41 370
Frýdlant Bf40 369
Frýdlant nad Ostravicí Bj41 376
Fuengirola Sf54 389
Fuente de Cantos Sd52 389
Fuente Obejuna Se52 389
Fuenterrabía = Hondarribia Sj47 381
Fuentesaúco Se49 381
Fulda Ak40 368
Fumel Aa46 382
Funchal Rd58 388
Fundão Sc50 380
Fundulea Cg46 379
Furculești Cf47 387
Furnas Qe53 388
Fürstenau Ah38 368
Fürstenberg/Havel Bd37 369
Fürstenfeldbruck Bb42 375
Fürstenwalde (Spree) Be38 369
Fürth Ba41 375
Furth im Wald Bc41 375
Furtwangen im Schwarzwald Aj42 374
Fushë-Krujë Bk49 386
Füssen Ba43 375

G

Ğabala Dc28 403
Gablonz an der Neiße = Jablonec nad Nisou Bf40 369
Gabrovo Cf48 387
Gacko Bj47 386
Gadebusch Bb37 369
Gadjač = Hadjač Db20 398
Găești Cf46 387
Gagarin Dc18 398
Gagra Df24 401
Gaildorf Ak42 374
Gaillac Ab47 382
Gaillimh Sa37 365
Gainsborough Sk37 366
Gălăbovo Cf48 379
Galashiels Sh35 364
Galați Cj45 378
Galați Ck23 400
Gali Df24 401
Galway = Gaillimh Sa37 365
Gammelstaden Cc25 354
Gand = Gent Ad39 367
Ganderkesee Aj37 368
Gandía Sk52 390
Găneasa Ce46 387
Gannat Ad44 373
Gap Ag46 383
Ğarāblus Dd27 403
Garbsen Ak38 368
Gardabani Dh25 401
Gardanne Af47 383
Gardelegen Bb38 369
Gargaliáni Cb53 395
Gargždai Cb35 362
Garlasco Aj45 384
Garliava Cd36 363
Garmisch-Partenkirchen Bb43 375
Garwolin Cb39 371
Gastein, Bad Bd43 375
Gasteiz, Vitoria- Sh48 381
Gătaia Cb45 386
Gatčina Da31 359
Gateshead Sj36 364
Gattinara Aj45 374
Gävle Bh30 357
Gaziantep Dd27 403
Gazipaşa Db27 402
Gdańsk Bj36 362
Gdov Ch32 359
Gdynia Bj36 362
Gebze Ck50 379
Gebze Ck25 402
Gediz Ck26 402
Geel Ae39 368
Geilenkirchen Ag40 368
Geisenfeld Bb42 375
Geislingen an der Steige Ak42 374
Gela Be53 396
Geldern Ag39 368
Gelendžik De23 401
Gelibolu Cj25 402
Gelnhausen Ak40 368
Gelsenkirchen Ah39 368
Gembloux Ae40 367
Gemerek Dd26 403
Gemlik Ck25 402
Gemona del Friuli Bd44 375
Gemünden am Main Ak40 368
General Toševo Cj47 379
General Toševo Ck24 400
Genève Ag44 374
Genf = Genève Ag44 374
Genk Af40 368
Genlis Af43 373
Genova Aj46 384
Gent Ad39 367
Genthin Bc38 369
Genzano di Lucania Bg50 393
Georgievsk Dg23 401
Georgi Trajkov = Dolni Čiflik Ch47 379
Georgiu-Dež = Liski De20 399
Gera Bc40 369
Geraardsbergen Ad40 367
Gerede Db25 400
Germencik Cj27 402
Germersheim Aj41 374
Gernica y Luno = Gernika-Lumo Sh47 381
Gernika-Lumo Sh47 381
Gerona = Girona Ac49 382
Gerze Dc25 403
Geseke Aj39 368
Getafe Sg50 381
Getxo Sh47 381
Getxo = Getxo Sh47 381
Gevaş Dg26 403
Gevgelija Cc49 395
Gex Ag44 374
Geyve Da25 402
Ghar el-Melh Ba53 392
Gheorghe Gheorghiu-Dej = Onești Cg44 378
Gheorghe Gheorghiu-Dej = Onești Cj22 400
Gheorgheni Cf44 378
Gherla Cd43 377
Ghimpați Cf46 379
Giaginskaja Df23 401
Giannitsá Cc50 395
Giarre Bf53 396
Gibraleón Sd53 389
Gibraltar Se54 389
Gien Ac43 373
Gießen Aj40 368
Gifhorn Ba38 369
Gigant Df22 401
Ghighera Cd47 387
Gijón Se47 381
Gillingham Aa39 367
Gioia del Colle Bg50 394
Gioia Tauro Bf52 393
Giresun De25 401
Girifalco Bg52 393
Girne Db28 402
Giron = Kiruna Ca23 350
Girona Ac49 382
Gironella Ab48 382
Girvan Sf35 365
Gislaved Bd33 361
Gisors Ab41 373
Ğisr aš-Šuġūr Dd28 403
Giurgiu Cf47 379
Givet Ae40 367
Givors Ae45 373
Giżycko Cb36 362
Ğizzīn Dc29 403
Gjilan = Gnjilane Cb48 386
Gjirokastër Ca50 394
Gjøvik Ba30 356
Gjumri = Gyowmri Dg25 401
Glamoč Bg46 385
Glarus Ak43 374
Glasgow Sf35 364
Glastonbury Sh39 366
Glatz = Kłodzko Bg40 370
Glauchau Bc40 369
Glavinica Cg47 379
Glenrothes Sg34 364
Glina Bg45 385
Gliwice Bj40 370
Glodeni Ch43 378
Glogau = Głogów Bg39 370
Głogów Bg39 370
Glossop Sj37 366
Gloucester Sh39 366
Głowno Bk39 370
Głubczyce Bh40 370
Glubokij Df21 399
Głuchołazy Bh40 370
Glückstadt Ak37 368
Gmunden Bd43 375
Gnarrenburg Aj37 368
Gnesen = Gniezno Bh38 370
Gniew Bj37 362
Gniewkowo Bj38 370
Gniezno Bh38 370
Gnjilane = Gjilan Cb48 386
Goch Ag39 368
Godeč Cd47 387
Göding = Hodonín Bh42 376
Gödöllő Bk43 376
Goes Ad39 367
Gökçeada Ch25 402
Göksun Dd26 403
Golaj Ca48 386
Gölbaşı Dd27 403
Gölbaşı Db26 400
Gölcük Ck25 400
Gołdap Cc36 362
Goldap = Gołdap Cc36 362
Goldberg Bc37 369
Göle Dg25 403
Golegã Sb51 380
Goleniów Be37 369
Gölhisar Ck27 402
Gölköy Dd25 401
Gollnow = Goleniów Be37 369
Gölmarmara Cj26 402
Golnik Be44 375
Gomel' = Homel' Da19 398
Gondomar Sb49 380
Gönen Cj25 400
Goole Sk37 366
Göppingen Ak42 374
Góra Bg39 370
Góra Kalwaria Cb39 371
Goražde Bk47 386
Gördes Ck26 402
Gorey = Guaire Sd38 365
Gori Dh25 401
Gorinchem Ae39 368
Gorizia Bd45 375
Gorjačevodskij Dg23 401
Gorjačij Ključ De23 401
Gor'kij = Nižnij Novgorod Dg17 399
Gorlice Cb41 377
Görlitz Be39 369
Görlitz = Zgorzelec Bf39 369
Gorlovka = Horlivka De21 401
Gorna Orjahovica Cf47 379
Gornjackij Df21 401
Gornji Milanovac Ca46 386
Gornji Vakuf-Uskoplje Bh47 386
Gorodišče Dh19 399
Gorodovikovsk Df22 401
Goršečnoe De20 399
Gorzów Wielkopolski Bf38 369
Goslar Ba39 369
Gospić Bf46 385
Gossau (SG) Ak43 374
Gostivar Ca49 386
Gostyń Bh39 370
Gostynin Bk38 370
Göteborg Bb33 361
Götene Bd32 357
Gotha Ba40 369
Göttingen Ak39 368
Gottwaldov = Zlín Bh41 376
Gouda Ae38 368
Gournay-en-Bray Ab41 373
Grabow Bb37 369
Gračanica Bj46 386
Gradačac Bj46 386
Gradiška Bh45 385
Gradiška = Gradiška Bh45 385
Grădiştea Ch46 379
Grado Sd47 380
Gräfelfing Bb42 375
Grafenau Bd42 375
Gräfenhainichen Bc39 369
Grajewo Cc37 371
Grajvoron Dc20 398
Gramada Cc47 387
Grammont = Geraardsbergen Ad40 367
Gramsh Ca50 394
Granada Sg53 390
Granadilla de Abona Rd62 388
Grand-Combe, La Ae46 383
Grândola Sb52 388
Grängesberg Be30 357
Granollers Ac49 382
Gransee Bd37 369
Grantham Sk38 366
Granville Sj42 372
Grasse Ag47 383
Grau = Grado Sd47 380
Graudenz = Grudziądz Bj37 370
Graulhet Ab47 382
Grave Af39 368
Gravelines Ac40 367
Gray Af43 374
Graz Bf43 376
Great Malvern Sh38 366
Great Yarmouth Ab38 367
Greenock Sf35 364
Greifenberg in Pommern = Gryfice Bf37 361
Greifswald Bd36 361
Greiz Bc40 369
Gremjač'e De20 399
Grenå = Grenaa Ba34 360
Grenaa Ba34 360
Grenade Ab47 382
Grenchen Ah43 374
Grenoble Af45 383

Greven Ah38 368
Grevená Cb50 395
Grevenbroich Ag39 368
Grevesmühlen Bb37 360
Gribanovskij Df20 399
Griesbach im Rottal, Bad Bd42 375
Grigoriopol Ck43 378
Grimma Bc39 369
Grimmen Bd36 361
Grimsby Sk37 367
Grimstad Aj32 356
Grindsted Aj35 360
Grivița Ch46 379
Grivița Cj23 400
Grjazi De19 399
Grodk = Spremberg Be39 369
Grodków Bh40 370
Grodno = Hrodna Cd37 371
Grodzisk Mazowiecki Ca38 370
Grodzisk Wielkopolski Bg38 370
Groenlo Ag38 368
Grójec Ca39 370
Grömitz Ba36 360
Groningen Ag37 368
Grossanktnikolaus = Sânnicolau Mare Ca44 377
Großendorf = Władysławowo Bj36 362
Großenhain Bd39 369
Grosseto Bb48 384
Groß Strehlitz = Strzelce Opolskie Bj40 370
Grosswardein = Oradea Cb43 377
Groznyj Dh24 401
Grubišno Polje Bh45 376
Grudovo = Sredec Ch48 379
Grudovo = Sredec Cj24 400
Grudziądz Bj37 370
Grulich = Králíky Bg40 370
Grums Bd31 357
Grünberg Aj40 368
Grünberg = Zielona Góra Bf39 369
Grybów Ca41 377
Gryfice Bf37 361
Gryfino Be37 369
Guadalajara Sg50 390
Guadalcanal Se52 389
Guadix Sg53 390
Guaire Sd38 365
Gualdo Tadino Bc47 385
Guarda Sc50 380
Guarda, A Sb49 380
Guardamar del Segura Sk52 390
Guardia, La = Guarda, A Sb49 380
Guardiagrele Be48 385
Guardo Sf48 381
Guareña Sd52 389
Ğubail Dc28 403
Guben Be39 369
Guben = Gubin Be39 369
Gubin Be39 369
Gubin = Guben Be39 369
Gubkin Dd20 399
Gudauta Df24 401
Guebwiller Ah43 374
Guer Sh43 372
Guérande Sh43 372
Guéret Ab44 373
Gueugnon Ae44 373
Guichen Sj43 372
Guildford Sk39 366
Güímar Rd62 388
Guimarães Sb49 380
Guingamp Sg42 372
Guise Ad41 373
Gukovo De21 399
Gulbene Cg33 363
Guljanci Ce47 387
Guľkeviči Df23 401
Gülnar Db27 402
Gülşehir Dc26 403
Gummersbach Ah39 368
Gumpolds = Humpolec Bf41 375
Gümüşhane De25 401
Gündoğmuş Da27 402
Ğuniya Dc29 403
Günzburg Ba42 374
Gunzenhausen Ba41 375
Guovdageainnu = Kautokeino Cd21 351
Gurahonț Cc44 377
Gura Humorului Cf43 378
Gurkovo Cf48 379
Güroymak Dg26 403
Gürün Dd26 403
Gurzuf Dc23 400
Gusev Cc36 362
Gus'-Hrustal'nyj Df18 399
Guspini Aj51 392
Gustavsberg Bj31 358
Güstrow Bc37 369
Gütersloh Aj39 368
Guttstadt = Dobre Miasto Ca37 362
Gvardejsk Cb36 362
Gwened = Vannes Sh43 372
Gwengamp = Guingamp Sg42 372
Gwen-Porc'hoed = Guer Sh43 372
Gwitreg = Vitré Sj42 372
Gwizien = Guichen Sj43 372
Gyakovë = Đakovica Ca48 386
Gyoma Ca44 377
Gyöngyös Bk43 376
Győr Bh43 376
Gyowmri Dg25 401
Gyula Cb44 377
Gžatsk = Gagarin Dc18 398

H

Haag, Den Ae38 367
Haag in Oberbayern Bc42 375
Haaksbergen Ag38 368
Haapajärvi Cf27 355
Haapavesi Cf26 355
Haapsalu Cd32 358
Haarlem Ae38 367
Haddington Sh35 364
Haderslev Ak35 360
Hadım Db27 402
Hadjač Db20 398
Hadsund Ba34 360
Hadyžensk De23 401
Haffa, al- Dd28 403
Hafik Dd26 401
Hafnarfjörður Ae13 352
Hagen Ah39 368
Hagenow Bb37 369
Hagfors Bd30 357
Haguenau Ah42 374
Haida = Nový Bor Be40 369
Hainichen Bd40 369
Hajdúböszörmény Cb43 377
Hajdúszoboszló Cb43 377
Hajnówka Cd38 371
Hajsyn Ck42 378
Hajsyn Ck21 398
Hajvoron Ck42 378
Ḥalab Dd27 403
Halberstadt Bb39 369
Halden Bb31 357
Haldensleben Bb38 369
Halesworth Ab38 367
Halifax Sj37 366
Halkída Cd52 395
Hall, Bad Be42 375
Halle Ae40 367
Halle (Saale) Bb39 369
Halle (Westfalen) Aj38 368
Hällefors Be31 357
Hallein Bd43 375
Hall in Tirol Bb43 375
Hallsberg Bf31 357
Halmstad Bc34 361
Haltern am See Ah39 368
Halyč Ce41 377
Ham Ad41 373
Ḥamāh Dd28 403
Hamar Bb30 357
Hamburg Ak37 368
Hämeenkyrö Cd29 358
Hämeenlinna Ce29 359
Hameln Ak38 368
Hamilton Sf35 364
Hamina Ch30 359
Hamm Ah39 368
Hammaslahti = Pyhäselkä Ck28 355
Hammelburg Ak40 368
Hammerfest Cd20 351
Hanau Aj40 368
Hancavičy Cg38 371
Hangö Cc31 358
Hani Df26 403
Haniá Ce55 397
Hankasalmi Cg28 359
Hanko = Hangö Cc31 358
Hann. Münden Ak39 368
Hannover Ak38 368
Haouaria, El- Bb53 392
Haparanda Ce25 354
Hapsal = Haapsalu Cd32 358
Haradok Ck18 398
Harburg (Schwaben) Ba42 375
Hardenberg Ag38 368
Harderwijk Af38 368
Haren (Ems) Ah38 368
Har'kov = Charkiv Dd21 398
Hârlău Cg43 378
Harleston Ab38 367
Harlingen = Harns Af37 368
Harlow Aa39 367
Harmal, Al- Dd28 403
Härnösand Bh28 354
Harns Af37 368
Haro Sh48 381
Harran De27 403
Harrogate Sj37 366
Harsefeld Ak37 368
Harsewinkel Ah39 368
Hârșova Ch46 379
Hârșova Cj23 400
Harstad Bg22 350
Hartlepool Sj36 364
Harwich Ab39 367
Harzburg, Bad Ba39 369
Harzgerode Bb39 369
Ḥasaka, al- Df27 403
Haselünne Ah38 368
Haskovo Cf49 387
Haslemere Sk39 366
Haslev Bb35 361
Hassa Dd27 403
Hasselt Af40 368
Haßfurt Ba40 369
Haßlau, Wilkau- Bc40 369
Hässleholm Bd34 361
Hastings Aa40 367
Hašuri Dg25 401
Hatay = Antakya Dd27 403
Hațeg Cd45 377
Hatfield Sk39 367
Hatvan Bk43 376
Hatzfeld = Jimbolia Ca45 377
Haugesund Af31 356
Hauho Ce29 359
Hausjärvi Cf30 359
Hauzenberg Bd42 375
Havant Sk40 366
Havelberg Bc38 369
Haverfordwest Sf39 366
Haverhill Aa38 367
Havlíčkův Brod Bf41 376
Havre, Le Aa41 372
Havrylivka Dd21 400
Havsa Cg49 379
Havza Dc25 403
Hawick Sh35 364
Haykavan Dh25 401
Haymana Db26 402
Hayrabolu Ch49 379
Hayrabolu Cj25 402
Haywards Heath Sk39 367
Hazebrouck Ac40 367
Heby Bg31 357
Hechingen Aj42 374
Hedemora Bf30 357
Heerenveen = It Hearrenfean Af38 368
Heerlen Af40 368
Heide Ak36 360
Heidelberg Aj41 374
Heidenheim an der Brenz Ba42 374
Heilbad Heiligenstadt Ba39 368
Heilbronn Ak41 374
Heiligenhafen Ba36 360
Heiligenstadt, Heilbad Ba39 368
Heiloo Ae38 368
Heilsberg = Lidzbark Warmiński Ca36 362
Heinävesi Cj28 359
Heinola Cg29 359
Heist, Knokke- Ad39 367
Hekimhan Dd26 403
Helder, Den Ae38 368
Helensburgh Sf34 364
Hellevoetsluis Ae39 367
Hellín Sj52 390
Helmond Af39 368
Helmstedt Bb38 369
Helsingborg Bc34 361
Helsingfors = Helsinki Ce30 359
Helsingør Bc34 361
Helsinki Ce30 359
Helston Se40 366
Hemmoor Ak37 368
Henbont = Hennebont Sg43 372
Hendaye Sj47 381
Hendek Da25 402
Hengelo Ag38 368
Heničes'k Dc22 400
Henley-on-Thames Sk39 366
Hennebont Sg43 372
Hennigsdorf Bd38 369
Herceg Novi Bj48 386
Hereford Sh38 366
Herford Aj38 368
Héricourt Ag43 374
Herisau Ak43 374
Hermagor Bd44 375
Hermannsburg Ba38 368
Hermannstadt = Sibiu Ce45 377
Hermansverk Ag29 356
Herning Aj34 360
Herrenberg Aj42 374
Herrera del Duque Se51 389
Hersbruck Bb41 375
Hersfeld, Bad Ak40 368
Herson = Cherson Db22 400
Herstal Af40 368
Hertogenbosch, 's- Af39 367
Herzberg (Elster) Bd39 369
Herzberg am Harz Ba39 369
Hessisch Lichtenau Ak39 368
Hexham Sh36 364
Heysham Sh36 366
High Wycombe Sk39 366
Hildburghausen Ba40 369
Hildesheim Ak38 368
Hillegom Ae38 367
Hillerød Bc35 361
Hilvan De27 403
Hilversum Af38 367
Himki Dd18 399
Ḥimș Dd28 403
Hîncești Cj44 378
Hîncești Ck22 400
Hinckley Sj38 366
Hınıs Df26 401
Hinojosa del Duque Se52 389
Híos Cg52 397
Híos Cj26 402
Hirschberg = Doksy Be40 369
Hirschberg = Jelenia Góra Bf40 370
Hirson Ae41 373
Hirtshals Ak33 360
Hislaviči Db18 398
Hizan Dg26 403
Hjo Be32 357
Hjørring Ak33 360
Hlebarovo = Car Kalojan Cg47 387
Hlinsko Bf41 370
Hlobyne Db21 398
Hlohovec Bh42 376
Hluchiv Db20 398
Hlyboka Cf42 378
Hmel'nickij = Chmeľnyc'kyj Ch41 378
Hmel'nickij = Chmeľnyc'kyj Cj21 398
Hnivan' Cj41 378
Hobro Ak34 360
Hódmezővásárhely Ca44 377
Hodonín Bh42 376
Hoei = Huy Af40 368
Hof Bb40 369
Hofgeismar Ak39 368
Hofmarkt = Odorheiu Secuiesc Cf44 378
Hofors Bg30 357
Hof van Twente Ag38 368
Höganäs Bc34 361
Hohenems Ak43 374
Hohensalza = Inowrocław Bj38 370
Hohenstein = Olsztynek Ca37 370
Hokksund Ak31 356
Hola Prystan' Db22 400
Holbæk Bb35 361
Holešov Bh41 376
Holíč Bh42 376
Holice Bf40 370
Holleschau = Holešov Bh41 376
Hollfeld Bb41 369
Höllviken Bc35 361
Holmestrand Ba31 356
Holmskij De23 401
Holmsund Ca27 354
Holstebro Aj34 360
Holyhead Sf37 366
Holzkirchen Bb43 375
Holzminden Ak39 368
Homberg (Ohm) Ak40 368
Homburg Ah41 374
Homburg vor der Höhe, Bad Aj40 368
Homel' Da19 398
Hondarribia Sj47 381
Hønefoss Ba30 356
Honfleur Aa41 372
Honi Dg24 401
Honiton Sg40 366
Honnef, Bad Ah40 368
Hoogeveen Ag38 368
Höör Bd35 361
Hoorn Af38 367
Hopa Df25 403
Horasan Dg25 401
Horažďovice Bd41 375
Hörby Bd35 361
Horka, Mar'ina Ck19 398
Horlivka De21 401
Horn-Bad Meinberg Aj39 368
Hornsea Sk37 367
Hornslet Ba34 360
Horochiv Ce40 371
Horodenka Cf42 378
Horodnja Da20 398
Horodok Cd41 371
Horodok Cg41 378
Horsens Ak35 360
Horsham Sk39 367
Hørsholm Bc35 361
Horšovský Týn Bc41 375
Horta Qb52 388
Horten Ba31 356
Hospitalet de Llobregat, l' Ac49 382
Hostemeľ Da20 398
Hoyerswerda Be39 369
Hradec Králové Bf40 370
Hradyz'k Db21 398
Hranice na Moravě Bh41 376
Hrastnik Bf44 375
Hrebinka Db20 398
Hrissoúpoli Ce50 395
Hrodna Cd37 371
Hrubieszów Cd40 371
Hubynycha Dc21 398
Hückelhoven Ag39 368
Huddersfield Sj37 366
Hudiksvall Bh29 357
Huedin Cd44 377
Huelma Sg53 390
Huelva Sd53 389
Huércal-Overa Sj53 390
Huesca Sk48 382
Huéscar Sh53 390
Huittinen Cc29 358
Hujajpole Dd22 401
Hull = Kingston upon Hull Sk37 367
Hulst Ae39 367
Hultsfred Bf33 361
Humenné Cb42 377
Humpolec Bf41 375
Hunedoara Cc45 377
Hünfeld Ak40 368
Hungen Aj40 368
Huntingdon Sk38 367
Hurbanovo Bj43 376
Hurzuf = Gurzuf Dc23 400
Huși Cj44 378
Huși Ck22 400
Husjatyn Cg41 378
Huskvarna Be33 361
Husum Ak36 360
Huy Af40 368
Hvalynsk Dk19 399
Hwlffordd = Haverfordwest Sf39 366
Hyères Ag47 383
Hynčešt' = Hîncești Cj44 378
Hynčešt' = Hîncești Ck22 400
Hyvinkää Ce30 359

I

Ialoveni Cj44 378
Ianca Ch45 379
Ianca Cj23 400
Iargara Cj44 378
Iași Ch43 378
Iași Cj22 400
Ibbenbüren Ah38 368
Ibi Sk52 390
Ibiza = Eivissa Ab52 391
İçel = Mersin Dc27 403
Idar-Oberstein Ah41 368
İdil Df27 403
Idlib Dd28 403
Idrija Be45 375
Idstein Aj40 368
Ieper Ac40 367
Ierápetra Cf55 397
Iğdır Dh26 401
Iggesund Bh29 357
Iglau = Jihlava Bf41 376
Iglesias Aj51 392
Ignalina Cg35 363
Ignalina Cj18 398
Igoumenítsa Ca51 394
Igualada Ab49 382
Ihtiman Cd48 387
Iisalmi Ch27 355
Ikast Ak34 360
Ilava Bj42 376
Iława Bk37 370
Ilfracombe Sf39 366
Ilgaz Db25 400
Ilgın Da26 402
Ílhavo Sb50 380
Ilıca Df26 401
Ilidža Bj47 386
Ilkley Sj37 366
Illičivs'k = Čornomors'k Da22 400
Íllora Sg53 390
Ilmenau Ba40 369
Ilok Bk45 386
Ilomantsi Da28 355
Ilovlja Dg21 399
Iłża Cb39 371
İmamoğlu Dc27 403
Imatra Cj29 359
Immenstadt im Allgäu Ba43 374
Immingham Sk37 367
Imola Bb46 384
Imotski Bh47 386
Imperia Aj47 384
İmranlı De26 401
İmroz = Gökçeada Ch25 402
Imst Ba43 375
Inca Ac51 391
İncesu Dc26 403
Independența = Murighiol Ck45 379
Independența = Murighiol Ck23 400
Inđija Ca46 386
İnebolu Db25 402
İnegöl Ck25 402
Ineu Cb44 377
Ingelmunster Ad40 367
Ingolstadt Bb42 375
Inis Sb38 365
Inis Ceithleann = Enniskillen Sc36 365
Inis Córthaidh Sd38 365
Innbygda = Trysil Bc29 357
Innsbruck Bb43 375
Inowrocław Bj38 370
Insar Dh19 399
Insjön Bf30 357
Insterburg = Černjahovsk Cb36 362
Însurăței Ch46 379
Însurăței Cj23 400
Interlaken Ah44 374
Întorsura Buzăului Cg45 378
Inverness Sf33 364
Inverurie Sh33 364
Inza Dj19 399
Inžavino Dg19 399
Ioánnina Ca51 394
Ipatovo Dg23 401
İpsala Cg50 379
Ipswich Ab38 367
Iráklio Cf55 397
Iršava Cd42 377
Irsina Bg50 393
Irun Sj47 381
Irún = Irun Sj47 381
Iruñea = Pamplona Sj48 381
Irvine Sf35 364
Isaccea Cj45 379
Isaccea Ck23 400
Isalnița Cd46 387
İscehisar Da26 402
Ischia Bd50 393
Ischl, Bad Bd43 375
Išeevka Dk18 399
Iseo Ba45 374
Iserlohn Ah39 368
Isernia Be49 385
İskenderun Dd27 403
İskilip Dc25 400
İslahiye Dd27 403
Islaz Ce47 387
Isle-en-Dodon, L' Aa47 382
Isle-sur-la-Sorgue, L' Af47 383
Isny im Allgäu Ba43 374
Isola = Izola Bd45 375
Isola di Capo Rizzuto Bh52 394
Isparta Da27 402
Isperih Cg47 379
Isperih Cj24 400
İspir Df25 403
Issa Dh19 399
Issaguen Sf56 389
Issoire Ad45 383
Issoudun Ac44 373
İstanbul Cj49 379
İstanbul Ck25 400
Istog Ca48 386
Istok = Istog Ca48 386
Istra Dd18 398
Istres Ae47 383
It Hearrenfean = Heerenveen Af38 368
Itzehoe Ak37 360
Iûe = Iŭje Cf37 363
Iŭje Cf37 363
Ivacėvičy Cf38 371
Ivajlovgrad Cg49 387
Ivanava Cf38 371
Ivanec Bg44 376
Ivangorod Cj31 359
Ivangrad = Berane Bk48 386
Ivanić Grad Bg45 376
Ivanjica Ca47 386
Ivankiv Ck20 398
Ivano-Frankivs'k Ce42 377
Ivano-Frankove Cd41 371
Ivano-Frankovsk = Ivano-Frankivs'k Ce42 377
Ivești Ch45 378
Ivjaniec Cg37 363
İvrindi Cj26 400
Izbiceni Ce47 387
Izjum Dd21 399
Izmail = Izmajil Cj45 378
Izmail = Izmajil Ck23 400
Izmajil Cj45 378
Izmajil Ck23 400
İzmir Cj26 402
İzmit Ck25 402
İznik Ck25 402
Izobil'nyj Df23 401
Izola Bd45 375

J

Jaala Cg29 359
Jablanica Bh47 386
Jablanica Ce47 387
Jablonec nad Nisou Bf40 369
Jaca Sk48 382
Jaén Sg53 390
Jägerndorf = Krnov Bh40 370
Jagodina Cb47 386
Jajce Bh46 386
Jakobstad Cc27 354
Jalasjärvi Cc28 354
Jalta Dc23 400
Jambol Cg48 379
Jampil' Cj42 378
Jampil' Ck21 400
Jämsä Cf29 359
Jánoshalma Bk44 376
Janów Lubelski Cc40 371
Janowo = Jonava Ce35 363
Janowo = Jonava Ch18 398
Jantarnyj Bk36 362
Jaraiz de la Vera Se50 381
Jarcevo Db18 398
Jarmolynci Cg41 378
Järna Bh31 357
Jarocin Bh39 370
Jaroměř Bf40 370
Jarosław Cc40 371
Jarotschin = Jarocin Bh39 370
Järve, Kohtla- Ch31 359
Järvenpää Cf30 359
Jasinja Ce42 377
Jaškuľ Dh22 401
Jasło Cb41 371
Jasnogorsk Dd18 399
Jastrebarsko Bf45 376
Jastrow = Jastrowie Bg37 370
Jastrowie Bg37 370
Jászapáti Ca43 376
Jauer = Jawor Bg39 370
Jávea = Xàbia Aa52 391
Javoriv Cd41 371
Jawor Bg39 370
Jaworzno Bk40 370
Jebel Cb45 386
Jedeida Ak54 392
Jędrzejów Ca40 370
Jēkabpils Cf34 363
Jelenia Góra Bf40 370
Jelgava Cd34 363
Jemiľčyne Cj20 398
Jena Bb40 369
Jenakijeve De21 401
Jeper = Ieper Ac40 367
Jerez de la Frontera Sd54 389
Jerez de los Caballeros Sd52 389
Jerichmarkt = Câmpia Turzii Cd44 377
Jerichow Bc38 369
Jermer = Jaroměř Bf40 370
Jesenice Be44 375
Jeseník Bh40 370
Jessen (Elster) Bc39 369
Jessheim Bb30 357
Jeumont Ae40 367
Jever Ah37 368
Jevpatorija = Evpatorija Db23 400
Jibou Cd43 377
Jičín Bf40 369
Jihlava Bf41 376
Jijona = Xixona Sk52 390
Jimbolia Ca45 377
Jindřichův Hradec Be41 376
Jirkov Bd40 369
Jitschin = Jičín Bf40 369
Jódar Sg53 390
Joensuu Ck28 355
Jõgeva Cg32 359
Johanngeorgenstadt Bc40 369
Johannisburg = Pisz Cb37 371
Joigny Ad43 373
Jonava Ce35 363
Jonava Ch18 398
Joniškis Cd34 363
Jönköping Be33 361
Joutseno Cj29 359
Juhnov Dc18 398
Jülich Ag40 368
Jumelles, Longué- Sk43 372
Jumilla Sj52 390
Jungbunzlau = Mladá Boleslav Be40 369
Jurbarkas Cc35 362
Jurilovca Cj46 379
Jurilovca Ck23 400
Jūrmala Cd34 363
Jurva Cb28 354
Jüterbog Bd38 369
Juvisy-sur-Orge Ac42 373
Juža Dg17 399
Južnoukrains'k = Kostjantynivka Dd21 398
Jyväskylä Cf28 359

K

Kaaden = Kadaň Bd40 369
Kaanaa Cb29 358
Kaarina Cc30 358
Kaçanik Cb48 386
Kačanik = Kaçanik Cb48 386
Kachovka Db22 400
Kačul = Cahul Cj45 378
Kačul = Cahul Ck23 400
Kadaň Bd40 369
Kadijivka De21 399
Kadınhanı Db26 402
Kadirli Dd27 403
Kåge Ca26 354
Kağızman Dg25 401
Kahramanmaraş Dd27 403
Kâhta De27 403
Kahul = Cahul Cj45 378
Kahul = Cahul Ck23 400
Kaiserslautern Ah41 374
Kaišiadorys Ce36 363
Kajaani Ch26 355
Kakanj Bj46 386
Kakopetria Db28 402
Kalač Df20 399
Kalač-na-Donu Dg21 399
Kalajoki Cd26 354
Kalamariá Cc50 395
Kalamáta Cc53 395
Kalambáka Cb51 395
Kalaraš = Călăraşi Cj43 378
Kalaraš = Călăraşi Ck22 400
Kalawa = Calau Bd39 369
Kale Ck27 402
Kale = Demre Ck27 402
Kalecik Db25 400
Kálimnos Cj27 402
Kaliningrad Ca36 362
Kalinino = Tašir Dh25 401
Kalininsk Dh20 399
Kalinkavičy Ck19 398
Kalisz Bj39 370
Kalix Cd25 354
Kalkar Ag39 368
Kalloní Cd53 395
Kalmar Bg34 361
Kalocsa Bj44 376
Kaltenkirchen Ak37 360
Kaluga Dd18 398
Kalundborg Bb35 360
Kaluš Ce41 377
Kalvarija Cd36 362
Kalynivka Cj41 378
Kalynivka Ck21 398
Kaman Db26 402
Kamenec-Podol'skij = Kamjanec'-Podil's'kyj Cg42 378
Kamenec-Podol'skij = Kamjanec'-Podil's'kyj Cj21 398
Kamenka Dg19 399
Kamensk-Šahtinskij Df21 401
Kamenz Be39 369
Kameškovo Df17 399
Kamienna, Skarżysko- Ca39 370
Kamienna Góra Bg40 370
Kamień Pomorski Be37 361
Kamin'-Kašyrs'kyj Ce39 371
Kamjanec'-Podil's'kyj Cg42 378
Kamjanec'-Podil's'kyj Cj21 398
Kamjaniec Cd38 371
Kamjanka Db21 398
Kamjanka-Buz'ka Ce40 371
Kamjans'ke Dc21 398
Kamjenc = Kamenz Be39 369
Kamnik Be44 375
Kampen Af38 368
Kamyšin Dh20 399
Kanaš Dj18 399
Kandıra Da25 400
Kandrzin-Cosel = Kędzierzyn-Koźle Bj40 370
Kangal Dd26 403
Kanjiža Ca44 376
Kantemirovka De21 399
Kaolinovo Ch47 379
Kapellen Ae39 367
Kapfenberg Bf43 375
Kaplice Be42 375
Kaplitz = Kaplice Be42 375
Kaposvár Bh44 376
Kappel = Kappeln Ak36 360
Kappeln Ak36 360
Kapsukas = Marijampolė Cd36 362
Kapustin Jar Dh21 399
Kapuvár Bh43 376
Karabük Db25 402
Karačaevsk Df24 401
Karacasu Ck27 402
Karačev Dc19 398
Karaçoban Dg26 403
Karaez-Plougêr = Carhaix-Plouguer Sg42 372
Karahallı Ck26 402
Karaisalı Dc27 403
Karaklis = Vanadzor Dh25 401
Karakoçan Df26 403
Karaman Db27 402
Karansebesch = Caransebeş Cc45 387
Karapınar Db27 402
Karasjok Cf21 351
Karasu Da25 402
Karataş Dc27 403
Karayazı Dg26 403
Kardeljevo = Ploče Bh47 386
Karditsa Cb51 395
Kărdžali Cf49 387
Kargı Dc25 400
Karis Cd30 358
Káristos Ce52 397
Karjaa = Karis Cd30 358
Karkkila Ce30 358
Karleby = Kokkola Cd27 354
Karlino Bf36 361
Karlıova Df26 403
Karlivka Dc21 398
Karl-Marx-Stadt = Chemnitz Bc40 369
Karlo-Libknehtovsk = Soledar De21 399
Karlovac Bf45 385
Karlovo Ce48 387
Karlovy Vary Bc40 369
Karlsbad = Karlovy Vary Bc40 369
Karlsburg = Alba Iulia Cd44 377
Karlshamn Be34 361
Karlskoga Be31 357
Karlskrona Bf34 361
Karlsruhe Aj41 374
Karlstad Bd31 357
Karlstadt Ak41 368
Karpenissi Cb52 395
Karpfen = Krupina Bk42 376
Karpuzlu Cg50 379
Kars Dg25 401
Karthaus = Kartuzy Bj36 362
Kartuzy Bj36 362
Karviná Bj41 370
Karwin = Karviná Bj41 370
Kaş Ck27 402
Kascjukovičy Db19 398
Kasimov Df18 399
Kaširа De18 399
Kaspi Dh25 401
Kassel Ak39 368
Kastamonu Db25 402
Kastélli = Kíssamos Cd55 397
Kastellin = Châteaulin Sf42 372
Kastell-Paol = Saint-Pol-de-Léon Sg42 372
Kastoriá Cb50 395
Kašyrs'kyj, Kamin'- Ce39 371
Kateríni Cc50 395
Káto Ahaïa Cb52 395
Katowice Bk40 370
Katrineholm Bg32 357
Kattowitz = Katowice Bk40 370
Katwijk Ae38 367
Kaufbeuren Ba43 375
Kauhajoki Cc28 358
Kauhava Cd27 354
Kaunas Cd36 363
Kaušany = Căuşeni Ck44 378
Kaušany = Căuşeni Ck22 400
Kautokeino Cd21 351
Kavadarci Cc49 387
Kavajë Bk49 394
Kavak Dd25 403
Kavála Ce50 395
Kavarna Cj47 379
Kavarna Ck24 400
Kävlinge Bd35 361
Kayseri Dc26 403
Kazača Lopan' Dd20 398
Kazanlăk Cf48 387
Keban De26 403
Kecskemét Bk44 376
Kėdainiai Cd35 363
Kędzierzyn-Koźle Bj40 370
Keflavík Ad13 352
Kehl Ah42 374
Keidany = Kėdainiai Cd35 363
Keighley Sj37 366
Keila Ce31 359
Kèlèraš' = Călăraşi Cj43 378
Kèlèraš' = Călăraşi Ck22 400
Kelheim Bb42 375
Kelibia Bb54 392
Kelkit De25 403
Kellinghusen Ak37 360
Kelmė Cc35 362
Keľmenci Cg42 378
Kelso Sh35 364
Kemer Ck27 402
Kemerburgaz Cj49 379
Kemerhisar Dc27 403
Kemi Ce25 354
Kemijärvi Ch24 351
Kempele Cf26 355
Kempen Ag39 368
Kemper = Quimper Sf43 372
Kemperle = Quimperlé Sg43 372
Kempten (Allgäu) Ba43 374
Kendal Sh36 366
Kępno Bh39 370
Kepsut Ck26 400
Kerč Dd23 401
Kerimäki Ck29 359
Kérkira Bk51 394
Kermen Cg48 387
Kerpen Ag40 368
Kerteminde Ba35 360
Keryneia = Girne Db28 402
Keşan Cg50 379
Keşan Cj25 402
Keskin Db26 400
Keswick Sg36 364
Ketama = Issaguen Sf56 389
Kętrzyn Cb36 362
Kettering Sk38 366
Kęty Bk41 370
Keuruu Ce28 359
Kevelaer Ag39 368
Kežmarok Ca41 377
Kiáto Cc52 397
Kičevo Ca49 386
Kicman' Cf42 378
Kidderminster Sh38 366
Kiel Ba36 360
Kielce Ca40 370
Kiev = Kyjiv Da20 398
Kifissiá Cd52 397
Kiği Df26 403
Kikinda Ca45 377
Kil Bd31 357
Kildare = Cill Dara Sd37 365
Kilija Ck45 378
Kilija Ck23 400
Kilis Dd27 403
Kilkee = Cill Chaoi Sa38 365
Kilkenny = Cill Chainnigh Sc38 365
Kilkís Cc50 395
Killarney = Cill Airne Sa38 365
Kilmarnock Sf35 364
Kilrush = Cill Rois Sa38 365
Kimovsk De19 399
Kingisepp Cj31 359
Kingisepp = Kuressaare Cc32 362
King's Lynn Aa38 367
Kingston upon Hull Sk37 367
Kingstown = Dún Laoghaire Sd37 366
Kınık Cj26 402
Kinna Bc33 361
Kiraz Ck26 402
Kirchhain Aj40 368
Kirchheim unter Teck Ak42 374
Kireevsk Dd19 399
Kırıkhan Dd27 403
Kırıkkale Db26 400
Kirkby Lonsdale Sh36 366
Kirkby Stephen Sh36 364
Kirkcaldy Sg34 364
Kirkkonummi Ce30 359
Kırklareli Ch49 379
Kırklareli Cj25 402
Kirkwall Sh32 364
Kirov Dc18 398
Kirovakan = Vanadzor Dh25 401
Kirovograd = Kropyvnyc'kyj Db21 398
Kirovohrad = Kropyvnyc'kyj Db21 398
Kirovsk Da31 359
Kirriemuir Sg34 364
Kirsanov Dg19 399
Kırşehir Dc26 402
Kiruna Ca23 350
Kiržač De17 399
Kišinev = Chişinău Cj43 378
Kišinev = Chişinău Ck22 400
Kislovodsk Dg24 401
Kíssamos Cd55 397
Kissingen, Bad Ba40 368
Kitee Da28 359
Kitzingen Ba41 368
Kiuruvesi Cg27 355
Kiverci Cf40 371
Kiviõli Cg31 359
Kızılcahamam Db25 402
Kızıltepe Df27 403
Kjustendil Cc48 387
Kladanj Bj46 386
Kladno Be40 369
Kladovo Cc46 387
Klagenfurt am Wörthersee Be44 375
Klaipėda Cb35 362
Klaksvík Sd28 360
Klatovy Bd41 375
Klattau = Klatovy Bd41 375
Klausenburg = Cluj-Napoca Cd44 377
Kleinschlatten = Zlatna Cd44 377
Kleppe-Verdalen Af32 356
Kletnja Db19 398
Kleve Ag39 368
Klimovo Db19 398
Klin Dd17 398
Klincy Db19 398
Klingenthal (Sachsen) Bc40 369
Klippan Bd34 361
Klisura Ce48 387
Kljeck Cg37 371
Kłodawa Bj38 370
Kłodzko Bg40 370
Kløfta Bb30 357
Klosterneuburg Bg42 376
Klötze Bb38 369
Kluczbork Bj40 370
Knaresborough Sj36 366
Kneža Ce47 387
Knin Bg46 385
Knjaginino Dh18 399
Knjaževac Cc47 387
Knokke-Heist Ad39 367
Kobanê = 'Ain al-'Arab De27 403
Kobeľaky Dc21 398
København Bc35 361
Koblenz Ah40 368
Kobryn Ce38 371
Kocaeli = İzmit Ck25 402
Kočani Cc49 387
Koçarlı Cj27 402
Kočetovka Df19 399
Kočevje Be45 375
Kocjubyns'ke Da20 398
Kočubeevskoe Df23 401
Kodyma Ck42 378
Köflach Bf43 375
Køge Bc35 361
Kohtla-Järve Ch31 359
Kokkola Cd27 354
Kolárovo Bh43 376
Kolašin Bk48 386
Kolberg = Kołobrzeg Bf36 361
Kolbuszowa Cb40 371
Koľčugino De17 399
Kolding Ak35 360
Kolenovskij, Elan'- Df20 399
Kolín Bf40 369
Kölleda Bb39 369
Köln Ag40 368
Kolno Cb37 371
Koło Bj38 370
Kołobrzeg Bf36 361
Koločava Cd42 377
Kolomak Dc21 398
Kolomna De18 399
Kolomyja Cf42 377
Kolpino Da31 359
Kolpny Dd19 398
Kolyšlej Dh19 399
Komárno Bj43 376
Kommunarsk = Alčevs'k De21 401
Komotau = Chomutov Bd40 369
Komotiní Cf49 395
Komotiní Ch25 402
Komrat = Comrat Cj44 378
Komrat = Comrat Ck22 400
Komsomoľskij Dh18 399
Konakovo Dd17 398
Končanica Bh45 376
Kondrovo Dc18 398
Kongsberg Ak31 356
Kongsvinger Bb30 357
Königinhof = Dvůr Králové nad Labem Bf40 370
Königshofen im Grabfeld, Bad Ba40 369
Königs Wusterhausen Bd38 369
Konin Bj38 370
Konjić Bh47 386
Konk-Kerne = Concarneau Sg43 372
Könnern Bb39 369
Konotop Db20 398
Końskie Ca39 370
Konstantin = Constanţa Cj46 379
Konstantin = Constanţa Ck23 400
Konstantinovsk Df22 401
Konstanz Ak43 374
Kontiolahti Ck28 355
Konya Db27 402
Kópavogur Ae13 352
Koper Bd45 375
Kopervik Af31 356
Köping Bg31 357
Kopparberg Bf31 357
Koprivnica Bg44 376
Kopyčynci Cf41 378
Korača Dd20 399
Korbach Aj39 368
Korçë Ca50 394
Korčula Bh48 386
Korec' Cj20 398
Korenevo Dc20 398
Korenovsk De23 401
Kórinthos Cc53 397
Korkut Df26 403
Korkuteli Da27 402
Kórnik Bh38 370
Koronowo Bh37 370
Korostyšiv Ck20 398
Korpilahti Cf28 359
Korsør Bb35 360
Kortrijk Ad40 367
Kós Cj27 402
Kosaja Gora Dd18 398
Kościan Bg38 370
Kościerzyna Bh36 362
Köse De25 401
Kösen, Bad Bb39 369
Košice Cb42 377
Kosiv Cf42 377
Kosovska Mitrovica = Mitrovicë Ca48 386
Kostelec nad Orlicí Bg40 370
Kosten = Kościan Bg38 370
Kostinbrod Cd48 387
Kostjantynivka Dd21 398
Kostolac Cb46 386
Kostomukša Da26 355
Kostopil' Cg40 371
Kostopil' Cj20 398
Kostrzyn nad Odrą Be38 369
Koszalin Bg36 361
Kőszeg Bg43 376
Koteľnikovo Dg22 401
Koteľva Dc20 398
Köthen (Anhalt) Bb39 369
Kotka Cg30 359
Kotor Bj48 386
Kotovo Dh20 399
Kotovsk Df19 399
Kotovs'k = Hînceşti Cj44 378
Kotovs'k = Hînceşti Ck22 400
Kotovs'k = Podil's'k Ck43 378
Kötzting, Bad Bc41 375
Koufália Cc50 395
Kouvola Cg30 359
Kovačica Ca45 386
Kovancılar De26 403
Kovasna = Covasna Cg45 378
Kovel' Ce39 371
Kovil' = Kovel' Ce39 371
Kovin Ca46 386
Kovrov Df17 399
Kovylkino Dg18 399
Kowary Bf40 370
Kowno = Kaunas Cd36 363
Köyceğiz Ck27 402
Kozan Dc27 403
Kozáni Cb50 395
Kozarska Dubica = Bosanska Dubica Bg45 386
Kozeľsk Dc18 398
Kozienice Cb39 371
Koźle, Kędzierzyn- Bj40 370
Kozloduj Cd47 387
Kozlovka Dk18 399
Kozluk Df26 403
Koźmin Wielkopolski Bh39 370
Koz'modem'jansk Dj17 399
Kozova Cf41 377
Kożuchów Bf39 369
Kragerø Ak32 356
Kragujevac Ca46 386
Krainburg = Kranj Be44 375
Kraj Gorbatka Df18 399
Kraków Bk40 370
Králíky Bg40 370
Kraljevo Ca47 386
Kráľovský Chlmec Cb42 377
Kralupy nad Vltavou Be40 369
Kramators'k Dd21 398
Kramatorsk = Kramators'k Dd21 398
Kramfors Bh28 354
Kranj Be44 375
Kraozon = Crozon Sf42 372
Krapina Bf44 376
Krapkowice Bh40 370
Krāslava Ch35 363

Krāslava Cj18 398
Krasnaja Jaruga Dc20 398
Krasnij Luč = Krasnyj Luč De21 401
Kraśnik Cc40 371
Krasni Okny = Okny Ck43 378
Krasni Okny = Okny Ck22 400
Krasnoarmejsk Dh20 399
Krasnoarmejsk = Pokrovs'k Dd21 400
Krasnoarmijs'k = Pokrovs'k Dd21 400
Krasnodar De23 401
Krasnodon De21 401
Krasnogorodsk Cj34 363
Krasnogorskij Dk17 399
Krasnogvardejskoe Dc23 400
Krasnohorivka Dd21 401
Krasnohrad Dc21 398
Krasnohvardijs'ke = Krasnogvardejskoe Dc23 400
Krasnojil's'k Cf42 378
Krasnoperekopsk Db23 400
Krasnoperekops'k = Krasnoperekopsk Db23 400
Krasnopillja Dc20 398
Krasnoslobodsk Dg18 399
Krasnoslobodsk Dh21 399
Krasnyj Jar Dh20 399
Krasnyj Kut Dj20 399
Krasnyj Luč De21 401
Krasnystaw Cd40 371
Kratovo Cc48 387
Krefeld Ag39 368
Kremenčug = Kremenčuk Db21 398
Kremenčuk Db21 398
Kremenec' Cf40 371
Kremenec' Ch20 398
Kreminna De21 399
Kremnica Bj42 376
Kremnitz = Kremnica Bj42 376
Kremsier = Kroměříž Bh41 376
Kresna Cd49 387
Kretinga Cb35 362
Kreuzburg (Oberschlesien) = Kluczbork Bj40 370
Kreuznach, Bad Ah41 368
Kría Vríssi Cc50 395
Kričim Ce48 387
Kristiansand Aj32 360
Kristianstad Be34 361
Kristiansund Ah27 352
Kristiinankaupunki = Kristinestad Cb28 358
Kristinehamn Be31 357
Kristinestad Cb28 358
Kriva Palanka Cc48 387
Krivodol Cd47 387
Krivoj Rog = Kryvyj Rih Db22 398
Križevci Bg44 376
Krnov Bh40 370
Krolevec' Db20 398
Kroměříž Bh41 376
Kronach Bb40 369
Kronštadt Ck31 359
Kronstadt = Braşov Cf45 378
Kropotkin Df23 401
Kropyvnyc'kyj Db21 398
Krosno Cb41 371
Krosno Odrzańskie Bf38 369
Krotoschin = Krotoszyn Bh39 370
Krotoszyn Bh39 370
Krško Bf45 376
Krujë Bk49 386
Krumau = Český Krumlov Be42 375
Krumbach (Schwaben) Ba42 375
Krupina Bk42 376
Krupki Ck36 363
Kruševac Cb47 386
Kruševo Cb49 386
Kryčau Da19 398
Krymsk Dd23 401
Krynica-Zdrój Ca41 377
Kryve Ozero Da22 400
Kryvyj Rih Db22 398
Kryžopil' Cj42 378
Ksar-el-Kebir Se56 389
Kšenskij Dd20 399
Kstovo Dh17 399
Kubrat Cg47 379
Kučevo Cb46 387
Kuçovë Bk50 394
Kudowa-Zdrój Bg40 370
Kues, Bernkastel- Ah41 368
Kühlungsborn Bb36 361
Kuhmo Ck26 355
Kuhmoinen Cf29 359
Kuhnau = Konin Bj38 370
Kuivaniemi Cf25 355
Kukës Ca48 386
Kula Bk45 376
Kula Cc47 387
Kula Ck26 402
Kuldīga Cb34 362
Kulebaki Dg18 399
Kulm = Chełmno Bj37 370
Kulmbach Bb40 369
Kulp Df26 403
Kulu Db26 402
Kumajri = Gyowmri Dg25 401
Kumanovo Cb48 387
Kumla Bf31 357
Kumluca Da27 402
Kumru Dd25 401
Kungälv Bb33 361
Kungsbacka Bc33 361
Kungsör Bg31 357
Künzelsau Ak41 374
Kuopio Ch28 355
Kupiškis Ce35 363
Kupiškis Ch18 398
Kupjans'k Dd21 399
Kurenalus = Pudasjärvi Ch25 355
Kuressaare Cc32 362
Kurganinsk Df23 401
Kurikka Cc28 354
Kurkino De19 399
Kurnik = Kórnik Bh38 370
Kurovskoe De18 399
Kuršėnai Cc35 362
Kursk Dd20 398
Kuršumlija Cb47 386
Kurşunlu Db25 400
Kuşadası Cj27 402
Kusel Ah41 374
Küssnacht (SZ) Aj43 374
Küstrin = Kostrzyn nad Odrą Be38 369
Kütahya Ck26 400
Kutaisi Dg24 403
Kutina Bg45 385
Kutná Hora Bf41 369
Kutno Bk38 370
Kuttenberg = Kutná Hora Bf41 369
Kutuzov = Ialoveni Cj44 378
Kuusamo Ck25 355
Kuusankoski Cg30 359
Kuzneck Dj19 399
Kuznecovsk = Varaš Cf39 371
Kuzovatovo Dj19 399
Kwidzyn Bj37 370
Kybartai Cc36 362
Kyjiv Da20 398
Kyjov Bh41 376
Kyritz Bc38 369
Kyrkslätt = Kirkkonummi Ce30 359
Kyrnasivka Cj42 378

L

La Aldea de San Nicolás Re63 388
La Algaba Sd53 389
La Almunia de Doña Godina Sj49 382
Laasphe, Bad Aj40 368
La Baule Sh43 372
Labes = Łobez Bf37 370
Labin Be45 385
Labinsk Df23 401
Labinsk, Usť- De23 401
Labruguière Ac47 382
Laç Bk49 386
La Carolina Sg52 390
La Chaux-de-Fonds Ag43 374
La Ciotat Af47 383
La Coruña = A Coruña Sb47 380
Lāḏiqīya, al- Dc28 403
Ladyžyn Ck42 378
Lagnieu Af45 373
Lagny-sur-Marne Ac42 373
Lagoa Qe53 388
Lagoa Sb53 388
La Goulette Ba54 392
Lahdenpoh'ja Da29 359
Lahojsk Ch36 363
Laholm Bd34 361
Lahr/Schwarzwald Ah42 374
Lahti Cf30 359
Lahtis = Lahti Cf30 359
Laichingen Ak42 374
L'Aigle Aa42 373
Laiševo Dk18 399
Laitila Cb30 358
Läki Ce49 387
Lakinsk De17 399
Laktaši Bh46 386
La Laguna, San Cristóbal de Rd62 388
La Laguna = San Cristóbal de La Laguna Rd62 388
L'Alcora Sk50 390
Lalín Sb48 380
La Marsa Ba54 392
Lambal = Lamballe-Armor Sh42 372
Lamballe-Armor Sh42 372
Lamego Sc49 380
Lamezia Terme Bg51 393
Lamía Cc52 395
Lammi Ce29 359
Lanark Sg35 364
Lancaster Sh36 366
Landau an der Isar Bc42 375
Landau in der Pfalz Aj41 374
Landeck Ba43 375
Landivisiau Sf42 372
Landivizio = Landivisiau Sf42 372
Landsberg am Lech Ba42 375
Landshut Bc42 375
Landskron = Lanškroun Bg41 370
Landskrona Bc35 361
Landstuhl Ah41 374
Langadás Cd50 395
Längelmäki Ce29 359
Langen Aj37 368
Langenhagen Ak38 368
Langenthal Ah43 374
Langevåg Ag28 356
Langnau im Emmental Ah44 374
Langon Sk46 382
Langreo Se47 381
Langres Af43 373
Lanivci Cg41 371
Lannemezan Aa47 382
Lannilis Sf42 372
Lanniliz = Lannilis Sf42 372
Lannion Sg42 372
Lannuon = Lannion Sg42 372
Lanškroun Bg41 370
Lanthenay, Romorantin- Ab43 373
Lanusei Ak51 392
Laon Ad41 373
Lappeenranta Cj29 359
Lapseki Cj25 402
Lapua Cd28 354
La Puebla de Montalbán Sf51 381
L'Aquila Bd48 385
Laracha Sb47 380
Larache Sd55 389
Laredo Sg47 381
Largs Sf35 364
Lárisa Cc51 395
Larne Se36 364
La Robla Se48 381
La Rochelle Sj44 372
La Roche-sur-Yon Sj44 372
La Roda Sh51 390
Larvik Ba31 356
La Seu d'Urgell Ab48 382
Łask Bk39 370
La Solana Sg52 390
Las Palmas de Gran Canaria Re62 388
La Spezia Ak46 384
Latakia = Lāḏiqīya, al- Dc28 403
La Teste-de-Buch Sj46 382
Lauban = Lubań Bf39 369
Lauchhammer Bd39 369
Laudio = Llodio Sh47 381
Lauenburg (Elbe) Ba37 369
Lauenburg in Pommern = Lębork Bh36 362
Lauf an der Pegnitz Bb41 375
Launceston Sf40 366
La Unión Sk53 390
Laupheim Ak42 374
Lausanne Ag44 374
Lauterbach (Hessen) Ak40 368
Lauterberg im Harz, Bad Ba39 369
Laval Sk42 372
La Vall d'Uixó Sk51 390
Lavandou, Le Ag47 383
Lavaur Ab47 382
Lavelanet Ab48 382
La Vila Joiosa Sk52 390
Lavis Bb44 375
Lávrio Ce53 397
Lazarevac Ca46 386
Lazarevskoe De24 401
Lazdijai Cd36 363
Lebane Cb48 387
Lebbeke Ae39 367
Lebedjan' De19 399
Lebedyn Dc20 398
Lębork Bh36 362
Lebrija Sd54 389
Lecce Bj50 394
Lecco Ak45 374
Leck Aj36 360
Łęczna Cc39 371
Łęczyca Bk38 370
Ledesma Sd49 381
Leeds Sj37 366
Leek Sh37 366
Leer (Ostfriesland) Ah37 368
Leerdam Af39 367
Leeuwarden = Ljouwert Af37 368
Lefkáda Ca52 394
Lefkónas Cd49 395
Leganés Sg50 381
Legionowo Ca38 370
Legnano Aj45 374
Legnica Bg39 370
Legutiano Sh48 381
Legutio = Legutiano Sh48 381
Le Havre Aa41 372
Lehrte Ak38 368
Leibnitz Bf44 376
Leicester Sj38 366
Leiden Ae38 367
Leighton Buzzard Sk39 366
Leipzig Bc39 369
Leiria Sb51 380
Leirvik Af31 356
Leiston Ab38 367
Leitir Ceanainn = Letterkenny Sc36 365
Leitmeritz = Litoměřice Be40 369
Leitomischl = Litomyšl Bg41 370
Lekeitio Sh47 381
Leksand Be30 357
Lel'čycy Ck20 398
Le Locle Ag43 374
Lelystad Af38 368
Le Mans Aa42 372
Lemgo Aj38 368
Lempäälä Cd29 358
Lemvig Aj34 360
Lendava Bg44 376
Lendva = Lendava Bg44 376
Lengerich Ah38 368
Lenggries Bb43 375
Leninakan = Gyowmri Dg25 401
Lenine = Lenino Dc23 400
Leningrad = Sankt-Peterburg Da31 359
Lenino Dc23 400
Leninsk Dh21 399
Lens Ac40 367
Lentini Bf53 396
Leobschütz = Głubczyce Bh40 370
Leominster Sh38 366
León Se48 381
Leonberg Ak42 374
Leonforte Be53 396
Leopoldsburg Af39 367
Leova Cj44 378
Leova Ck22 400
Leovo = Leova Cj44 378
Leovo = Leova Ck22 400
Lepe Sc53 389
Leppävirta Ch28 359
Le Puy-en-Velay Ad45 383
Lercara Friddi Bd53 396
Lérida = Lleida Aa49 382
Lerum Bc33 361
Lerwick Sj30 364
Les Abrets-en-Dauphiné Af45 374
Les Andelys Ab41 373
Les Essarts-en-Bocage Sj44 372
Les Herbiers Sj44 372
Lesina Bf49 385
Lesko Cc41 377
Leskovac Cb48 387
Leslau = Włocławek Bk38 370
Lesneven Sf42 372
Les Sables-d'Olonne Sj44 372
Leszno Bg39 370
Letterkenny Sc36 365
Letyčiv Ch41 378
Lëtzebuerg Ag41 368
Leutensdorf = Litvínov Bd40 369
Leutkirch im Allgäu Ba43 374
Leuven Ae40 367
Leuze-en-Hainaut Ad40 367
Levanger Bb27 353
Levanto Ak46 384
Leverkusen Ah39 368
Levoča Ca41 377
Levski Cf47 387
Lewes Sk40 367
Leyden = Leiden Ae38 367
Leyland Sh37 366
Lezhë Bk49 386
Lézignan-Corbières Ac47 382
L'gov Dc20 398
Liberec Bf40 369
Libourne Sk46 382
Lice Df26 403
Lichfield Sj38 366
Lichtenfels Bb40 369
Lida Cf37 363
Lida Ch19 398
Lidköping Bd32 357
Lidzbark Bk37 370
Lidzbark Warmiński Ca36 362
Liebenwerda, Bad Bd39 369
Liège Af40 368
Lieksa Da27 355
Liepāja Cb34 362
Liepiel' Cj36 363
Liepiel' Ck18 398
Lier Ae39 367
Lierre = Lier Ae39 367
Liestal Ah43 374
Lieto Cc30 358
Lievestuore Cg28 359
Liévin Ac40 367
Liffré Sj42 372
Lignano Sabbiadoro Bd45 375
Ligny-en-Barrois Af42 373
Lilienthal Aj37 368
Lille Ad40 367
Lillebonne Aa41 373
Lillehammer Ba29 356
Lillers Ac40 367
Lillestrøm Bb31 357
Limanowa Ca41 370
Limavady Sd35 365
Limbaži Ce33 363
Limburg an der Lahn Aj40 368
Limerick = Luimneach Sb38 365
Limoges Ab45 373
Limoux Ac47 382
Linares Sg52 390
Lincoln Sk37 366
Lindau (Bodensee) Ak43 374
Lindesberg Bf31 357
Línea de la Concepción, La Se54 389
Lingen (Ems) Ah38 368
Linköping Bf32 357
Linlithgow Sg35 364
Linz Be42 375
Lios Tuathail Sa38 365
Lipany Ca41 377
Lipeck De19 399
Liperi Ck28 355
Lipjan Cb48 386
Lipkovo Cb48 386
Lipljan = Lipjan Cb48 386
Lipník nad Bečvou Bh41 376
Lipno Bk38 370
Lipova Cb44 377
Lippstadt Aj39 368
Lipsko Cb39 371
Liptovský Mikuláš Bk41 376
Lisboa Sa52 388
Lisburn Sd36 364
Lisičansk = Lysyčans'k De21 399
Lisieux Aa41 372
Liskeard Sf40 366
Liski De20 399
L'Isle-sur-la-Sorgue Af47 383
Lištica = Široki Brijeg Bh47 386
Listowel = Lios Tuathail Sa38 365
Litija Be44 375
Litóhoro Cc50 395
Litoměřice Be40 369
Litomyšl Bg41 370
Litvínov Bd40 369
Lityn Cj41 378
Livádia Cc52 397
Līvāni Cg34 363
Liverieg = Liffré Sj42 372
Liverpool Sh37 366
Livingston Sg35 364
Livno Bh47 385
Livny Dd19 399
Livorno Ba47 384
Ljachavičy Cg37 371
Ljouwert Af37 368
Ljuban' Ck19 398
Ljubercy Dd18 399
Ljubljana Be44 375
Ljuboml' Ce39 371
Ljubovija Bk46 386
Ljubuški Bh47 386
Ljudinovo Dc19 398
Ljungby Bd34 361
Ljusdal Bg29 357
Llandudno Sg37 366
Llanelli Sf39 366
Llanes Sf47 381
Llangréu = Langreo Se47 381
Llanos de Aridane, Los Rc62 388
Lleida Aa49 382
Llerena Sd52 389
Llíria Sk51 390
Llodio Sh47 381
Löbau Be39 369
Löbau = Lubawa Bk37 370
Loben = Lubliniec Bj40 370
Lobenstein, Bad Bb40 369
Łobez Bf37 370
Lobositz = Lovosice Be40 369
Locarno Aj44 374
Loccum, Rehburg- Ak38 368
Lochem Ag38 368
Loches Aa43 373
Loch Garman Sd38 365
Łochów Cb38 371
Locle, Le Ag43 374
Locri Bg52 393
Lodève Ad47 383
Lodi Ak45 384
Łódź Bk39 370
Log Dg21 399
Logroño Sh48 381
Lohja Ce30 358
Lohr am Main Ak41 368
Lolmaa Cd30 358
Loja Sf53 390
Lojo = Lohja Ce30 358
Lokeren Ad39 367
Lokot Dc19 398
Lom Cd47 387
Lomma Bd35 361
Lommel Af39 368
Lomonosov Ck31 359
Łomża Cc37 371
London Sk39 367
Londonderry = Derry Sc35 365
Longford = An Longfort Sc37 365
Longobucco Bg51 393
Longué-Jumelles Sk43 372
Longuyon Af41 374
Longwy Af41 374
Löningen Ah38 368
Lons-le-Saunier Af44 374
Lora del Río Se53 389
Lorca Sj53 390
Lorch Ak42 374
Loreto Bd47 385
Lorient Sg43 372
Loriol-sur-Drôme Ae46 383
Lörrach Ah43 374
Lorsch Aj41 368
Los Cristianos Rd62 388
Łosice Cc38 371
Lossiemouth Sg33 364
Lötzen = Giżycko Cb36 362
Loudéac Sh42 372
Loudieg = Loudéac Sh42 372
Loudun Aa43 372
Loughborough Sj38 366
Louhans Af44 373
Loulé Sb53 389
Lourdes Sk47 382
Loures Sa52 388
Lourinhã Sa51 388
Lousã Sb50 380
Louth Sk37 367
Louvain = Leuven Ae40 367
Louviers Ab41 373
Loveč Ce47 387
Lovere Ba45 374
Lovosice Be40 369
Lovrin Ca45 377
Lowestoft Ab38 367
Łowicz Bk38 370
Loznica Bk46 386
Lozova Dd21 398
Luanco Se47 381
Luarca Sd47 380
Lubaczów Cd40 371
Lubań Bf39 369
Lubartów Cc39 371
Lubawa Bk37 370
Lübbecke Aj38 368
Lübben (Spreewald) Bd39 369
Lübbenau/Spreewald Bd39 369
Lübeck Ba37 360
Lüben = Lubin Bg39 370
Lubij = Löbau Be39 369
Lubin Bg39 370
Lubin = Lübben (Spreewald) Bd39 369
Lublin Cc39 371
Lubliniec Bj40 370
Lubnjow = Lübbenau/Spreewald Bd39 369
Lubny Db20 398
Lubsko Be39 369
Lübtheen Bb37 369
Lübz Bc37 369
Luc, Le Ag47 383
Lucca Ba47 384
Lucena Sf53 389
Lučenec Bk42 376
Lucerne = Luzern Aj43 374
Lüchow (Wendland) Bb38 369
Luc'k Cf40 371
Luck = Luc'k Cf40 371
Luckau Bd39 369
Luckenwalde Bd38 369
Luçon Sj44 372
Ludas = Luduş Ce44 377

Ludbreg Bg44 376
Lüdenscheid Ah39 368
Lüdinghausen Ah39 368
Ludlow Sh38 366
Luduş Ce44 377
Ludvika Bf30 357
Ludwigsburg Ak42 374
Ludwigshafen am Rhein Aj41 374
Ludwigslust Bb37 369
Ludza Ch34 363
Luga Ck32 359
Lugano Aj44 374
Lugansk = Luhans'k De21 399
Lugo Sc47 380
Lugoj Cb45 377
Lugosch = Lugoj Cb45 377
Luhačovice Bh41 376
Luhans'k De21 399
Luhans'ke, Stanyčno- De21 399
Luhovicy De18 399
Luik = Liège Af40 368
Luimneach Sb38 365
Lukavac Bj46 386
Lukojanov Dh18 399
Lukovit Ce47 387
Łuków Cc39 371
Luleå Cc25 354
Lüleburgaz Ch49 379
Lüleburgaz Cj25 400
Lunca Corbului Ce46 387
Luncaviţa Cj45 378
Lund Bd35 361
Lüneburg Ba37 369
Lunel Ae47 383
Lunéville Ag42 374
Luniniec Cg38 371
Luniniec Cj19 398
Lupeni Cd45 387
Lure Ag43 374
Lurgan Sd36 364
Lushnjë Bk50 394
Lutherstadt Eisleben Bb39 369
Lutherstadt Wittenberg Bc39 369
Lütjenburg Ba36 360
Luton Sk39 366
Lüttich = Liège Af40 368
Lutuhyne De21 401
Luumäki Ch30 359
Luvia Cb29 358
Luxembourg = Lëtzebuerg Ag41 368
Luxemburg = Lëtzebuerg Ag41 368
Luxeuil-les-Bains Ag43 374
Luzern Aj43 374
L'viv Ce41 371
L'vov = L'viv Ce41 371
Lwówek Śląski Bf39 369
Lycksele Bj26 354
Lydney Sh39 366
Lymington Sj40 366
Lyon Ae45 373
Lypci Dd20 398
Lypovec' Ck41 378
Lysekil Bb32 360
Lyskovo Dh17 399
Lysyčans'k De21 399
Lysye Gory Dh20 399
Lytham Saint Anne's Sg37 366

M

Maardu Cf31 359
Maarianhamina = Mariehamn Bk30 358
Ma'arrat an-Nū'mān Dd28 403
Maaseik Af39 368
Maastricht Af40 368
Mablethorpe and Sutton Aa37 367
Macerata Bd47 385
Machecoul-Saint-Même Sj44 372
Machynlleth Sg38 366
Măcin Cj45 379
Măcin Ck23 400
Maçka De25 403
Mâcon Ae44 373
Macroom = Maigh Chromtha Sb39 365
Madan Ce49 387
Maddalena, La Ak49 392
Maden De26 403
Madona Cg34 363
Madrid Sg50 390
Madridejos Sg51 390
Madrigal de las Altas Torres Se49 381
Madroñera Se51 381
Mafra Sa52 388
Magdeburg Bb38 369
Maglaj Bj46 386
Magny-en-Vexin Ab41 373
Măgurele, Vălenii de Cg45 387
Maharadze = Ozurgeti Df25 401
Mahilëŭ Da19 398
Mahón = Maó Ae51 391
Mährisch Neustadt = Uničov Bh41 370
Mährisch Schönberg = Šumperk Bg41 370
Mährisch-Trübau = Moravská Třebová Bg41 370
Măicăneşti Ch45 378
Maidstone Aa39 367
Maigh Chromtha Sb39 365
Maigh Nuad Sd37 365
Mainburg Bb42 375
Mainistir an Corann Sb39 365
Mainistir Eimhin Sc37 365
Mainistir Fhear Maí Sb38 365
Mainistir na Féile Sa38 365
Mainz Aj40 368
Majdanpek Cb46 387
Majkop Df23 401
Majskij Dh24 401
Makarska Bh47 385
Maków Mazowiecki Cb38 370
Mākū Dh26 401
Mala Sb38 365
Malacky Bh42 376
Maladzečna Cg36 363
Maladzečna Cj18 398
Málaga Sf54 389
Malagón Sg51 389
Malahide = Mullach Íde Sd37 366
Malapane = Ozimek Bj40 370
Malaryta Ce39 371
Malatya De26 403
Malazgirt Dg26 403
Malbork Bk36 362
Malchin Bc37 369
Malchow Bc37 369
Maldegem Ad39 367
Maldon Aa39 367
Malente Ba36 360
Malesherbes Ac42 373
Malgobek Dh24 401
Malgrat de Mar Ac49 382
Malines = Mechelen Ae39 367
Malkara Cg50 379
Malkara Cj25 402
Malko Tărnovo Ch49 379
Mallersdorf-Pfaffenberg Bc42 375
Mallow = Mala Sb38 365
Malmberget Ca23 351
Malmédy Ag40 368
Malmivaara = Malmberget Ca23 351
Malmö Bd35 361
Malpica Sb47 380
Malpica (Malpica de Bergantiños) = Malpica Sb47 380
Malpica de Bergantiños = Malpica Sb47 380
Malton Sk36 366
Malung Bd30 357
Malyn Ck20 398
Mamers Aa42 372
Mamonovo Bk36 362
Mamurras Bk49 386
Manacor Ad51 391
Mânăstirea Cg46 379
Manavgat Da27 402
Manbiğ Dd27 403
Mancha Real Sg53 390
Manchester Sh37 366
Manciano Bb48 384
Mandal Ah32 360
Manevyči Cf39 371
Mangalia Cj47 379
Mangalia Ck24 400
Maniago Bc44 375
Manisa Cj26 402
Manises Sk51 390
Manlleu Ac48 382
Mannheim Aj41 374
Manosque Af47 383
Manouba Ba54 392
Manresa Ab49 382
Mans, Le Aa42 372
Mansfeld Bb39 369
Mansfield Sj37 366
Mantes-la-Jolie Ab42 373
Mantova Ba45 384
Mäntsälä Cf30 359
Mänttä Ce28 359
Mäntyharju Cg29 359
Manyas Cj25 400
Manzanares Sg52 390
Maó Ae51 391
Mărăşeşti Ch45 378
Mărăşeşti Cj23 400
Marbella Sf54 389
Marburg (Lahn) Aj40 368
March Aa38 367
Marche-en-Famenne Af40 368
Marchena Se53 389
Mardin Df27 403
Marennes-Hiers-Brouage Sj45 372
Marganec = Marhanec' Dc22 400
Margate Ab39 367
Margherita di Savoia Bg49 385
Marghita Cc43 377
Marhanec' Dc22 400
Mariánské Lázně Bc41 369
Maria-Theresiopel = Subotica Bk44 376
Maribo Bb36 360
Maribor Bf44 376
Mariefred Bh31 357
Mariehamn Bk30 358
Marienbad = Mariánské Lázně Bc41 369
Marienburg = Malbork Bk36 362
Marienwerder = Kwidzyn Bj37 370
Mariestad Bd32 357
Marignane Af47 383
Marijampolė Cd36 362
Marín Sb48 380
Marina di Gioiosa Ionica Bg52 393
Mar'ina Horka Ck19 398
Marineo Bd53 396
Marinha Grande Sb51 380
Mariupol' Dd22 401
Market Drayton Sh38 366
Market Harborough Sk38 366
Markivka De21 399
Markkleeberg Bc39 369
Markópoulo Cd53 395
Markovac Cb46 386
Marks Dj20 399
Marktheidenfeld Ak41 368
Marktredwitz Bc41 369
Marlborough Sj39 366
Marmande Aa46 382
Marmaraereğlisi Ch50 379
Marmaraereğlisi Cj25 400
Marmaris Ck27 402
Marne Ak37 360
Marneuli Dh25 401
Marqadā Df28 403
Marsciano Bc48 384
Marseille Af47 383
Märsta Bh31 358
Martigny Ah44 374
Martigues Af47 383
Martil Se55 389
Martin Bj41 376
Martina Franca Bh50 394
Martinsicuro Bd48 385
Martinskirch = Târnăveni Ce44 377
Martorell Ab49 382
Martos Sg53 389
Marvejols Ad46 383
Maryport Sg36 364
Masis Dh25 401
Maspalomas Re63 388
Massa Ba46 384
Massarosa Ba47 384
Maşyāf Dd28 403
Mataporquera Sf48 381
Mataró Ac49 382
Matelica Bd47 385
Matera Bg50 393
Mateur Ak53 392
Matlock Sj37 366
Matosinhos Sb49 380
Matveev Kurgan De22 401
Maubeuge Ad40 367
Mauléon Sk44 372
Mauşil, al- Dg27 403
Mayādīn, al- Df28 403
Mayen Ah40 368
Mayenne Sk42 372
Maynooth = Maigh Nuad Sd37 365
Mazamet Ac47 382
Mazara del Vallo Bc53 396
Mazarrón Sj53 390
Mažeikiai Cc34 362
Mazıdağı Df27 403
Mazyr Ck19 398
Mcensk Dd19 399
Mcheta Dh25 401
Mdiq Se55 389
Meaux Ac42 373
Mechelen Ae39 367
Mecitözü Dc25 400
Medemblik Af38 367
Medgidia Cj46 379
Medgidia Ck23 400
Mediaş Ce44 377
Mediasch = Mediaş Ce44 377
Medicina Bb46 384
Medina del Campo Sf49 381
Medina de Pomar Sg48 381
Medina de Rioseco Se49 381
Medina-Sidonia Se54 389
Medyka Cc41 371
Medzilaborce Cb41 377
Mégara Cd53 397
Mehun-sur-Yèvre Ac43 373
Meiningen Ba40 369
Meißen Bd39 369
Meldorf Ak36 360
Melenci Ca45 386
Melenki Df18 399
Melineşti Cd46 387
Melito di Porto Salvo Bf53 393
Melitopol' Dc22 400
Melle Aj38 368
Mellrichstadt Ba40 368
Mělník Be40 369
Melton Mowbray Sk38 366
Melun Ac42 373
Memmingen Ba43 374
Mena Db20 398
Mende Ad46 383
Menemen Cj26 402
Menen Ad40 367
Menfi Bc53 393
Mengíbar Sg53 390
Meniná Ca51 394
Menton Ah47 383
Menzel Bourguiba Ak53 392
Menzel Temime Ba54 392
Meppel Ag38 368
Meppen Ah38 368
Mer Ab43 373
Merefa Dd21 398
Merelbeke Ad40 367
Mergentheim, Bad Ak41 374
Mérida Sd52 389
Mérignac Sk46 382
Merseburg Bc39 369
Mersin Dc27 403
Merthyr Tydfil Sg39 366
Mértola Sc53 389
Méru Ac41 373
Mëry Ch35 363
Mëry Cj18 398
Merzifon Dc25 400
Merzig Ag41 374
Meschede Aj39 368
Meseritz = Międzyrzecz Bf38 369
Mesola Bc46 384
Mesolóngi Cb52 395
Messina Bf52 393
Messíni Cb53 395
Mestre Bc45 384
Metković Bh47 386
Metline Ba53 392
Mettet Ae40 367
Metz Ag41 374
Meung-sur-Loire Ab43 373
Meximieux Af45 373
Mezdra Cd47 387
Mézières, Charleville- Ae41 373
Mezőtúr Ca44 377
Mga Db31 359
Miajadas Se51 389
Miastko Bg36 361
Michalovce Cb42 377
Michelstadt Aj41 368
Mičurin = Carevo Ch48 379
Mičurinsk Df19 399
Middelburg Ad39 367
Middelfart Ak35 360
Middelharnis Ae39 367
Middelkerke Ac39 367
Middlesbrough Sj36 364
Midhurst Sk40 366
Midleton = Mainistir an Corann Sb39 365
Midyat Df27 403
Miechów Ca40 370
Międzychód Bf38 370
Międzyrzec Podlaski Cc39 371
Międzyrzecz Bf38 369
Mielec Cb40 371
Miercurea-Ciuc Cf44 378
Mieres Se47 381
Migennes Ad43 373
Mihail Kogălniceanu Cj46 379
Mihajlov De18 399
Mihajlovgrad = Montana Cd47 387
Mihajlovka Dg20 399
Mihalıççık Da26 400
Mihnevo Dd18 399
Mikaševičy Cj19 398
Mikkeli Ch29 359
Mikulov Bg42 376
Milano Ak45 384
Milas Cj27 402
Milford Haven Se39 366
Milicz Bh39 370
Militello in Val di Catania Be53 393
Militsch = Milicz Bh39 370
Millau Ad46 383
Millerovo Df21 399
Millom Sg36 366
Miltenberg Ak41 368
Milton Keynes Sk38 366
Mimizan Sj46 382
Mimoň Be40 369
Mīnā', al- Dc28 403
Mindelheim Ba42 375
Minden Aj38 368
Minehead Sg39 366
Mineral'nye Vody Dg23 401
Minsk Ch37 363
Minsk Cj19 398
Mińsk Mazowiecki Cb38 371
Mira Sb50 380
Miramas Af47 383
Miramont-de-Guyenne Aa46 382
Miranda de Ebro Sh48 381
Miranda do Douro Sd49 380
Mirandela Sc49 380
Mirecourt Ag42 374
Mírina Cf51 395
Miskolc Ca42 377
Mistretta Be53 393
Mitchelstown = Baile Mhistéala Sb38 365
Mitilíni Cj26 402
Mitrovicë = Kosovska Mitrovica Ca48 386
Mittersill Bc43 375
Mižhir'ja Cd42 377
Mizija Cd47 387
Mizil Cg45 379
Mjadzel Cg36 363
Mjadzel Cj18 398
Mjölby Bf32 357
Mladá Boleslav Be40 369
Mladenovac Ca46 386
Mława Ca37 370
Mlyniv Cf40 371
Mnichovo Hradiště Be40 369
Moara Vlăsiei Cg46 387
Modena Ba46 384
Modica Be54 393
Modra Bh42 376
Modriča Bj46 386
Moers Ag39 368
Mogadouro Sd49 380
Mogilev = Mahilëŭ Da19 398
Mogilno Bh38 370
Moguer Sd53 389
Mohelnice Bg41 370
Mohon Ae41 373
Mohrungen = Morąg Bk37 362
Mohyliv-Podil's'kyj Ch42 378
Mohyliv-Podil's'kyj Cj21 398
Moineşti Cg44 378
Móinteach Mílic Sc37 365
Mo i Rana Be24 353
Moissac Ab46 382
Mojácar Sj53 390
Mojkovac Bk48 386
Mokrin Ca45 377
Mokrous Dj20 399
Mol Af39 367
Molde Ah28 352
Moldova Nouă Cb46 387
Molėtai Cf35 363
Molėtai Ch18 398
Molfetta Bg49 393
Mollafeneri Ck50 379
Mollerusa = Mollerussa Aa49 382
Mollerussa Aa49 382
Mölln Ba37 369
Mölndal Bc33 361
Mölnlycke Bc33 361
Molodečno = Maladzečna Cg36 363
Molodečno = Maladzečna Cj18 398
Molsheim Ah42 374
Momčilgrad Cf49 387
Monaghan = Muineachán Sd36 365
Monasterevin = Mainistir Eimhin Sc37 365
Monastyryšče Ck42 378
Monastyrys'ka Cf41 378
Moncada Sk51 390
Moncalieri Ah45 384
Mönchengladbach Ag39 368
Monchique Sb53 388
Moncoutant-sur-Sèvre Sk44 372
Mondoñedo Sc47 380
Mondovì Ah46 384
Monforte de Lemos Sc48 380
Monistrol-sur-Loire Ae45 383
Mońki Cc37 371
Monmouth Sh39 366
Monor Bk43 376
Monor Ce44 377
Monóvar Sk52 390
Monreale Bd52 396
Mons Ad40 367
Monschau Ag40 368
Montabaur Ah40 368
Montaigu-Vendée Sj44 372
Montalegre Sc49 380
Montalto Uffugo Bg51 393
Montana Cd47 387
Montargis Ac43 373
Montataire Ac41 373
Montauban Ab46 382
Montbard Ae43 373
Montbéliard Ag43 374
Montblanc Ab49 382
Montblanch = Montblanc Ab49 382
Montbrison Ae45 373
Montceau-les-Mines Ae44 373
Montchanin Ae44 373
Mont-de-Marsan Sk47 382
Montdidier Ac41 373
Montecatini Terme Ba47 384
Montefalco Bc48 385
Montefrío Sf53 390
Montélimar Ae46 383
Montellano Se53 389
Montemor-o-Novo Sb52 388
Montereau-Fault-Yonne Ac42 373
Monteriggioni Bb47 384
Montesarchio Be49 393
Montijo Sd52 389
Montijo Sb52 388
Montilla Sf53 389
Montivilliers Aa41 372
Montluçon Ac44 373
Montmorillon Aa44 373
Montoro Sf52 389
Montpelhièr = Montpellier Ad47 383
Montpellier Ad47 383
Montpon-Ménestérol Aa45 382
Montreuil-Bellay Sk43 372
Montreux Ag44 374
Montrose Sh34 364
Montroulez = Morlaix Sg42 372
Montval-du-Loir Aa43 372
Monza Ak45 374
Monzón Aa49 382
Moormerland Ah37 368
Moosburg an der Isar Bb42 375
Mora Sg51 381
Mora Be29 357
Morąg Bk37 362
Moral de Calatrava Sg52 390
Moratalla Sj52 390
Moravská Třebová Bg41 370
Moravské Budějovice Bf41 376
Morbach Ah41 368
Morcenx-la-Nouvelle Sk46 382
Mordovo Df19 399
Morecambe Sh36 366
Moreni Cf46 379
Morges Ag44 374
Morjärv Cc24 354
Morlaix Sg42 372
Morón de la Frontera Se53 389
Morozovsk Df21 401
Morpeth Sj35 364
Moršansk Df19 399
Moršyn Cd41 377
Mortagne-sur-Sèvre Sk44 372
Morteau Ag43 374
Mosbach Ak41 374
Mosina Bg38 370
Mosjøen Bd25 353
Moskva Dd18 398
Moss Ba31 356
Most Bd40 369
Mostar Bh47 386
Móstoles Sg50 390
Mostovskoj De23 401
Mostys'ka Cd41 371
Mota del Cuervo Sh51 390
Motala Bf32 357
Motilla del Palancar Sj51 381
Motril Sg54 390
Motru Cc46 387
Moulins Ad44 373
Mountmellick = Móinteach Mílic Sc37 365
Moura Sc52 389
Mourenx Sk47 382
Mouy Ac41 373
Moviliţa Cg46 379
Moyeuvre-Grande Ag41 374
Možajsk Dd18 398
Mozdok Dh24 401
Mozyr' = Mazyr Ck19 398
Mrągowo Cb37 371
Mrkonjić Grad Bh46 385
Mszczonów Ca39 370
Mucur Dc26 403
Mudanya Ck25 400
Muğla Ck27 402
Müglitz = Mohelnice Bg41 370
Mühlacker Aj42 374

Mühlbach = Sebeş Cd45 377
Mühldorf am Inn Bc42 375
Mühlhausen (Thüringen) Ba39 369
Muineachán Sd36 365
Mukačeve Cc42 377
Mukačevo = Mukačeve Cc42 377
Mula Sj52 390
Mülhausen = Mulhouse Ah43 374
Mulhouse Ah43 374
Mullach Íde Sd37 366
Müllheim Ah43 374
Mullingar = An Muileann-gCearr Sc37 365
Münchberg Bb40 369
Müncheberg Be38 369
München Bb42 375
Münden = Hann. Münden Ak39 368
Munera Sh51 390
Mungía Sh47 381
Munka-Ljungby Bc34 361
Munkfors Bd31 357
Münsingen Ah44 374
Münster Ah39 368
Munster Ba38 368
Muonio Cd23 351
Muratlı Ch49 379
Muratovac = Bosanski Petrovac Bg46 385
Murcia Sj52 390
Mure, La Af46 383
Mureşenii Bârgăului Ce43 377
Muret Ab47 382
Murighiol Ck45 379
Murighiol Ck23 400
Murom Dg18 399
Muros Sa48 380
Murowana Goślina Bh38 370
Murrhardt Ak42 374
Muş Df26 403
Muskau, Bad Be39 369
Musselburgh Sg35 364
Mustafakemalpaşa Ck25 400
Mut Db27 402
Muurame Cf28 359
Mužakow = Bad Muskau Be39 369
Mychajlivka Dc22 400
Myek"uapė = Majkop Df23 401
Myjava Bh42 376
Mykolajiv Cd41 377
Mykolajiv Da22 400
Mynämäki Cb30 358
Myrhorod Db21 398
Myronivka Da21 398
Mysen Bb31 357
Myślenice Bk41 370
Myślibórz Be38 369
Mysłowice Bk40 370
Mytišči Dd18 399

N

Naantali Cb30 358
Naarden Af38 367
Naas = An Nás Sd37 365
Nabaṭīya t-Taḥtā Dc29 403
Nabburg Bc41 375
Nabk, an- Dd28 403
Náchod Bg40 370
Nådendal = Naantali Cb30 358
Nădlac Ca44 377
Nadvirna Ce42 377
Næstved Bb35 361
Náfpaktos Cc52 395
Nafplio Cc53 397
Nagold Aj42 374
Nagykanizsa Bg44 376
Nairn Sg33 364
Nájera Sh48 381
Nakel = Nakło nad Notecią Bh37 370
Nakło nad Notecią Bh37 370
Nakskov Bb36 360
Nal'čik Dg24 401
Nallıhan Da25 400
Namen = Namur Ae40 368
Námestovo Bk41 376
Namslau = Namysłów Bh39 370
Namsos Bb26 353
Namur Ae40 368
Namysłów Bh39 370
Nancy Ag42 374
Nangis Ad42 373
Nanterre Ac42 373
Nantes Sj43 372
Nantwich Sh37 366
Náoussa Cc50 395
Napoca, Cluj- Cd44 377
Napoli Be50 393
Narbonne Ad47 382
Narni Bc48 385
Naro-Fominsk Dd18 399
Närpes Cb28 358
Närpiö = Närpes Cb28 358
Narva Cj31 359
Narvik Bh22 350
Năsăud Ce43 377
Na Sceirí Sd37 366
Našice Bj45 386
Nasielsk Ca38 370
Nässjö Be33 361
Nastola Cf30 359
Nauen Bc38 369
Naugard = Nowogard Bf37 369
Naujoji Akmenė Cc34 362
Naumburg (Saale) Bb39 369
Navahrudak Cf37 371
Navahrudak Ch19 398
Navalcarnero Sf50 390
Navalmoral de la Mata Se51 381
Navapolack Cj35 363
Navapolack Ck18 398
Navašino Dg18 399
Navlja Dc19 398
Năvodari Cj46 379
Năvodari Ck23 400
Náxos Cf53 397
Nazaré Sa51 380
Nazilli Ck27 402
Nazran Dh24 401
Néa Kalikrátia Cd50 395
Néa Mákri Cd52 397
Néa Mihanióna Cc50 395
Néa Moudaniá Cd50 395
Neamţ, Piatra- Cg44 378
Neamţ, Piatra- Cj22 400
Neápoli Cb50 395
Neath Sg39 366
Neckargemünd Aj41 374
Nedryhajliv Db20 398
Neftekumsk Dh23 401
Nefza Ak54 392
Negotin Cc46 387
Negotino Cc49 387
Negreşti-Oaş Cd43 377
Negru Vodă Cj47 379
Negru Vodă Ck24 400
Nehaevskij Df20 399
Nehoiu Cg45 387
Nehoiu Cj23 400
Neidenburg = Nidzica Ca37 370
Neisse = Nysa Bh40 370
Nekljudovo Dg17 399
Neman Cc35 362
Neméa Cc53 397
Nemenčinė Cf36 363
Nemenčinė Ch18 398
Nemours Ac42 373
Nemyriv Cj42 378
Nemyriv Ck21 398
Nenagh = An tAonach Urmhumhan Sb38 365
Néo Petrítsi Cd49 395
Nepomuk Bd41 375
Nérac Aa46 382
Neratovice Be40 369
Nerja Sg54 390
Nerva Sd53 389
Nesebăr Ch48 379
Nesebăr Cj24 400
Nesoddtangen Ba31 356
Neubrandenburg Bd37 369
Neuburg an der Donau Bb42 375
Neu Bydschow = Nový Bydžov Bf40 369
Neuchâtel Ag43 374
Neudamm = Dębno Be38 369
Neuenburg = Neuchâtel Ag43 374
Neuenburg = Nowe Bj37 370
Neuenhagen bei Berlin Bd38 369
Neuenhaus Ag38 368
Neufchâteau Af42 374
Neufchâteau Af41 368
Neufchâtel-en-Bray Ab41 373
Neugersdorf, Ebersbach- Be39 369
Neuhaus = Jindřichův Hradec Be41 376
Neuhaus am Rennweg Bb40 369
Neumarkt am Muresch = Târgu Mureş Ce44 377
Neumarkt in der Oberpfalz Bb41 375
Neumünster Ba36 360
Neunkirchen Ah41 374
Neuruppin Bc38 369
Neusalz = Nowa Sól Bf39 370
Neu Sandez = Nowy Sącz Ca41 377
Neuschloss = Gherla Cd43 377
Neusohl = Banská Bystrica Bk42 376
Neuss Ag39 368
Neustadt, Titisee- Aj43 374
Neustadt am Rübenberge Ak38 368
Neustadt an der Aisch Ba41 375
Neustadt an der Donau Bb42 375
Neustadt an der Orla Bb40 369
Neustadt an der Saale, Bad Ba40 368
Neustadt an der Weinstraße Aj41 374
Neustadt in Holstein Ba36 360
Neustadt O.S. = Prudnik Bh40 370
Neustettin = Szczecinek Bg37 370
Neustrelitz Bd37 369
Neu-Titschein = Nový Jičín Bj41 376
Neu-Ulm Ba42 374
Neuville-sur-Saône Ae45 373
Neuwied Ah40 368
Nevel' Ck17 398
Nevers Ad44 373
Nevesinje Bj47 386
Nevinnomyssk Df23 401
Nevşehir Dc26 402
Newark on Trent Sk37 366
Newbiggin-by-the-Sea Sj35 364
Newcastle Se36 366
Newcastle upon Tyne Sj36 364
Newhaven Aa40 367
Newmarket Aa38 367
Newport Sj40 366
Newport Sh38 366
Newport Sh39 366
Newquay Se40 366
New Romney Aa40 367
New Ross = Ros Mhic Thriúin Sd38 365
Newry Sd36 366
Newton Abbot Sg40 366
Newtown Sg38 366
Newtownabbey Se36 364
Newtownards Se36 364
Nežin = Nižyn Da20 398
Nice Ah47 383
Nicosia Be53 393
Nicotera Bf52 393
Nidzica Ca37 370
Niebüll Aj36 360
Nienburg (Weser) Ak38 368
Niesky Be39 369
Nieuwpoort Ac39 367
Niğde Dc27 403
Nigrita Cd50 395
Níjar Sh54 390
Nijkerk Af38 368
Nijmegen Af39 368
Niklasmarkt = Gheorgheni Cf44 378
Nikolaev = Mykolajiv Da22 400
Nikolaevsk Dh20 399
Nikol'sk Dj19 399
Nikopol Ce47 387
Nikopol' Dc22 400
Niksar Dd25 403
Nikšić Bj48 386
Nimburg = Nymburk Bf40 369
Nîmes Ae47 383
Ninocminda Dg25 401
Ninotsminda = Ninocminda Dg25 401
Niort Sk44 372
Niš Cb47 387
Niscemi Be53 396
Niska = Niesky Be39 369
Nisko Cc40 371
Nisporen' = Nisporeni Cj43 378
Nisporeni Cj43 378
Nisporeny = Nisporeni Cj43 378
Nitra Bj42 376
Nivala Ce27 355
Nizip Dd27 403
Nižnij Lomov Dg19 399
Nižnij Novgorod Dg17 399
Nižyn Da20 398
Nizza = Nice Ah47 383
Njasviž Cg37 371
Njasviž Cj19 398
Njurunda Bh28 357
Nocera Inferiore Be50 393
Nogent-le-Rotrou Aa42 373
Nogent-sur-Seine Ad42 373
Noginsk De18 399
Noia Sb48 380
Nokia Cd29 358
Noormarkku Cb29 358
Nora Bf31 357
Norberg Bf30 357
Nordborg Ak35 360
Norden Ah37 368
Nordenham Aj37 368
Norderney Ah37 368
Norderstedt Ba37 368
Nordhausen Ba39 369
Nordhorn Ah38 368
Nördlingen Ba42 375
Nørresundby Ak33 360
Norrköping Bg32 357
Norrtälje Bj31 358
Northallerton Sj36 366
Northampton Sk38 366
North Berwick Sh34 364
Northeim Ba39 368
North Walsham Ab38 367
Northwich Sh37 366
Nortorf Ak36 360
Nort-sur-Erdre Sj43 372
Norwich Ab38 367
Notodden Ak31 356
Nottingham Sj38 366
Novafeltria Bc47 384
Nova Gorica Bd45 375
Nova Gradiška Bh45 386
Novaja Kahovka = Nova Kachovka Db22 400
Nova Kachovka Db22 400
Novalukoml' Ck36 363
Novalukoml' Ck18 398
Nova Odesa Da22 400
Nova Varoš Bk47 386
Nova Vodolaha Dc21 398
Nova Zagora Cf48 379
Nové Město nad Moravě Bg41 376
Nové Mesto nad Váhom Bh42 376
Nové Zámky Bj43 376
Novhorodka Db21 400
Novhorod-Sivers'kyj Db20 398
Novi Bečej Ca45 376
Novigrad Bd45 385
Novi Grad Bg45 385
Novi Iskăr Cd48 387
Novi Pazar Ca47 386
Novi Pazar Ch47 379
Novi Pazar Cj24 400
Novi Sad Bk45 386
Novi Sanžary Dc21 398
Novi Travnik Bh46 386
Novoaleksandrovsk Df23 401
Novoanninskij Dg20 399
Novoazovs'k De22 401
Novočeboksarsk Dj17 399
Novočerkassk Df22 401
Novograd-Volynskij = Novohrad-Volyns'kyj Cj20 398
Novohoperskij Df20 399
Novohrad-Volyns'kyj Cj20 398
Novokašpirskij Dj19 399
Novokubansk Df23 401
Novo mesto Bf45 375
Novomičurinsk De18 399
Novomihajlovskij Dd23 401
Novomoskovs'k Dc21 398
Novomoskovsk De18 399
Novomoskovsk = Novomoskovs'k Dc21 398
Novonikolaevskij Dg20 399
Novooleksijivka Dc22 400
Novopavlovsk Dg24 401
Novopetrovskoe Dd18 398
Novopolock = Navapolack Cj35 363
Novopolock = Navapolack Ck18 398
Novopskov De21 399
Novorossijsk Dd23 401
Novoržev Ck33 363
Novošahtinsk De22 401
Novoselycja Cg42 378
Novosokol'niki Da17 398
Novotrojic'ke Dc22 400
Novoukrajinka Da21 400
Novoul'janovsk Dk18 399
Novovolyns'k Ce40 371
Novovolynsk = Novovolyns'k Ce40 371
Novozavidovskij Dd17 398
Novska Bg45 386
Nový Bor Be40 369
Nový Bydžov Bf40 369
Novye Aneny = Anenii Noi Ck44 378
Novyj Buh Db22 400
Nový Jičín Bj41 376
Novyj Oskol Dd20 399
Novyj Rozdil Ce41 377
Nowa Ruda Bg40 370
Nowa Sól Bf39 370
Nowe Bj37 370
Nowe Miasto Lubawskie Bk37 370
Nowogard Bf37 369
Nowy Dwór Gdański Bk36 362
Nowy Dwór Mazowiecki Ca38 370
Nowy Sącz Ca41 377
Nowy Targ Ca41 376
Nowy Tomyśl Bg38 370
Noyant-Villages Aa43 372
Noyon Ad41 373
Nules Sk51 390
Nuneaton Sj38 366
Nunspeet Af38 368
Nurhak Dd27 403
Nurmes Ck27 355
Nurmijärvi Ce30 359
Nürnberg Bb41 375
Nürtingen Ak42 374
Nusaybin Df27 403
Nussdorf = Năsăud Ce43 377
Nyborg Cd25 354
Nyborg Ba35 360
Nybro Bf34 361
Nyíregyháza Cb43 377
Nykarleby Cc27 354
Nykøbing Falster Bb36 361
Nykøbing Mors Aj34 360
Nykøbing Sjælland Bb35 361
Nyköping Bh32 357
Nymburk Bf40 369
Nynäshamn Bh32 358
Nyon Ag44 374
Nyons Af46 383
Nysa Bh40 370
Nystad = Uusikaupunki Cb30 358
Nyžnegorskij Dc23 400
Nyžni Sirohozy Dc22 400
Nyžn'ohirs'kyj = Nyžnegorskij Dc23 400

O

Oakham Sk38 366
Oaş, Negreşti- Cd43 377
Oban Se34 364
Oberammergau Bb43 375
Oberhausen Ag39 368
Oberkirch Aj42 374
Obernai Ah42 374
Oberstdorf Ba43 374
Oberstein, Idar- Ah41 368
Obninsk Dd18 398
Obojan Dd20 398
Oborniki Bg38 370
Oborniki Śląskie Bg39 370
Obrenovac Ca46 386
Obuchiv Da20 398
Očakiv Da22 400
Očamčira Df24 401
Ocaña Sg51 381
O Carballino Sb48 380
O Castillo (Salvaterra de Miño) = Salvaterra do Miño Sb48 380
Ochsenfurt Ba41 368
Ochtrup Ah38 368
Ochtyrka Dc20 398
Ockelbo Bg30 357
Ocna Mureş Cd44 377
Ocniţa Ch42 378
Ocniţa Cj21 398
Odemira Sb53 388
Ödemiş Cj26 402
Odense Ba35 360
Odesa Da22 400
Odesa, Nova Da22 400
Odessa = Odesa Da22 400
Odobeşti Ch45 378
Odoev Dd19 398
Odorheiu Secuiesc Cf44 378
Odžaci Bk45 386
Odžak Bj45 386
Oebisfelde-Weferlingen Bb38 369
Oeiras Sa52 388
Oels = Oleśnica Bh39 370
Oelsnitz Bc40 369
Oeynhausen, Bad Aj38 368
Of Df25 403
Offenbach am Main Aj40 368
Offenburg Ah42 374
Ogre Ce34 363
Ogulin Bf45 385
Oğuzeli Dd27 403
Ohrid Ca49 394
Oissel Ab41 373
Okny Ck43 378
Okny Ck22 400
Olaine Cd34 363
Oława Bh40 370
Olbernhau Bd40 369
Olbia Ak50 392
Oldenburg Aj37 368
Oldenburg in Holstein Ba36 360
Oldesloe, Bad Ba37 369
Oldham Sh37 366
Olecko Cc36 362
Oleksandrija Db21 398
Oleksandrivka Db21 398
Oleksandrivka = Oleksandrija Db21 398
Olenino Db17 398
Olešky Db22 400
Oleśnica Bh39 370
Olesno Bj40 370
Olevs'k Cj20 398
Olhão Sc53 389
Olita = Alytus Ce36 363
Oliva Sk52 390
Oliva de la Frontera Sd52 389
Oliveira de Azeméis Sb50 380
Olivenza Sc52 389
Olkusz Bk40 370
Ollerton Sk37 366
Olmedo Sf49 381
Olmütz = Olomouc Bh41 376
Olofström Be34 361
Olomouc Bh41 376
Oloron-Sainte-Marie Sk47 382
Olot Ac48 382
Olpe Ah39 368
Olsztyn Ca37 370
Olsztynek Ca37 370
Olt, Drăgăneşti-Olt Ce46 387
Olten Ah43 374
Olteniţa Cg46 379
Oltina Ch46 379
Oltu Df25 401
Olvera Se54 389
Omagh Sc36 365
Omiš Bg47 385
Ommen Ag38 368
Omurtag Cg47 379
Oñati Sh47 381
Onda Sk51 390
Ondarroa Sh47 381
Oneşti Cg44 378
Oneşti Cj22 400
Onikschty = Anykščiai Cf35 363
Onikschty = Anykščiai Ch18 398
Ontinyent Sk52 390
Oostende Ac39 367
Oosterhout Ae39 368
Opaka Cg47 387
Opatija Be45 385
Opatów Cb40 371
Opava Bh41 370
Opišnja Dc21 398
Opočka Cj34 363
Opoczno Ca39 370
Opole Bh40 370
Opole Lubelskie Cb39 371
Oppenheim Aj41 368
Oradea Cb43 377
Orahovac = Rahovec Ca48 386
Orahovica Bh45 376
Orange Ae46 383
Oranienburg Bd38 369
Orăştie Cd45 377
Oraviţa Cb45 387
Orawitza = Oraviţa Cb45 387
Orb, Bad Ak40 368
Orchies Ad40 367
Ordu Dd25 401
Ordžonikidze = Pokrov Dc22 398
Ordžonikidze = Vladikavkaz Dh24 401
Örebro Bf31 357
Orehovo-Zuevo De18 399
Orel = Orjol Dd19 398
Orellana la Vieja Se51 389
Orense = Ourense Sc48 380
Orestiáda Cg49 379
Orgeev = Orhei Cj43 378
Orgeev = Orhei Ck22 400
Orhaneli Ck26 400
Orhangazi Ck25 400
Orhei Cj43 378
Orhei Ck22 400
Orhej = Orhei Cj43 378
Orhej = Orhei Ck22 400
Orhomenós Cc52 397
Orichiv Dc22 400
Orihuela Sk52 390
Orimattila Cf30 359
Oriola = Orihuela Sk52 390
Oristano Aj51 392
Orivesi Ce29 359
Orjahovo Cd47 387
Orjol Dd19 398
Orkanger Ak27 352
Orléans Ab43 373
Ormož Bg44 376
Orneta Ca36 362
Örnsköldsvik Bj27 354
Oropesa Se51 381
Orsa Be29 357
Orša Da18 398
Orşova Cc46 387
Ørsta Ag28 356
Ortaca Ck27 402
Ortelsburg = Szczytno Ca37 370
Orthez Sk47 382
Orživ Cg40 371
Orzysz Cb37 371
Osby Be34 361

Oschatz Bd39 369
Oschersleben (Bode) Bb38 369
Osijek Bj45 376
Oskarshamn Bg33 361
Os'kino De20 399
Oslo Ba31 356
Osmancık Dc25 400
Osmaneli Ck25 400
Osmaniye Dd27 403
Ošmjany Cf36 363
Ošmjany Ch18 398
Osnabrück Aj38 368
Osøyro Af30 356
Oss Af39 368
Ostende = Oostende Ac39 367
Osterburg (Altmark), Hansestadt Bb38 369
Osterholz-Scharmbeck Aj37 368
Osterode = Ostróda Bk37 370
Osterode am Harz Ba39 368
Östersund Be27 353
Ostrava Bj41 370
Ostróda Bk37 370
Ostrogožsk De20 399
Ostroh Cg40 371
Ostroh Cj20 398
Ostrołęka Cb37 371
Ostrov Ch46 379
Ostrov Cj33 363
Ostrowiec Świętokrzyski Cb40 371
Ostrów Mazowiecka Cb38 371
Ostrów Wielkopolski Bh39 370
Ostrzeszów Bh39 370
Osuna Se53 389
Oswestry Sg38 366
Oświęcim Bk40 370
Otepää Cg32 363
Otočac Bf46 385
Otopeni Cg46 387
Otradnaja Df23 401
Otterndorf Aj37 360
Otwock Cb38 371
Otynija Ce42 377
Ouezzane Se56 389
Ouistreham Sk41 372
Oulainen Ce26 354
Oullins Ae45 373
Oulu Cf25 355
Ourense Sc48 380
Outes = Serra de Outes Sb48 380
Outokumpu Ck28 355
Ovar Sb50 380
Overath Ah40 368
Övertorneå Cd24 354
Ovidiu Cj46 379
Oviedo Se47 381
Ovruč Ck20 398
Oxelösund Bh32 357
Oxford Sj39 366
Oyonnax Af44 374
Ożarów Cb40 371
Ozersk Cc36 362
Ozery De18 399
Ozimek Bj40 370
Ozorków Bk39 370
Ozurgeti Df25 401

P

Pabianice Bk39 370
Pabradė Cf36 363
Pabradė Ch18 398
Pacov Be41 376
Paczków Bh40 370
Paderborn Aj39 368
Padrón Sb48 380
Padula Bf50 393
Pafos Da28 402
Paide Cf32 359
Paimio Cc30 358
Paimpol Sg42 372
Paisley Sf35 364
Pakrac Bh45 385
Pakruojis Cd35 363
Palacios y Villafranca, Los Se53 389
Palafrugell Ad49 383
Palamós Ad49 383
Palanga Cb35 362
Palazzolo Acreide Be53 393
Pale Bj47 386
Palencia Sf48 381
Palermo Bd52 393
Palma Ac51 391
Palma del Condado, La Sd53 389
Palma del Río Se53 389
Palma de Mallorca = Palma Ac51 391
Palmas de Gran Canaria, Las Re62 388
Palmela Sb52 388
Palmi Bf52 393
Palmyra = Tadmur Dd28 403
Palu De26 403
Pamiers Ab47 382
Pamplona Sj48 381
Panagjurište Ce48 387
Pančevo Ca46 386
Panciu Ch45 378
Pâncota Cb44 377
Panevėžys Ce35 363
Panevėžys Ch18 398
Panne, De Ac39 367
Paola Bg51 393
Papenburg Ah37 368
Paraćin Cb47 386
Parainen Cc30 358
Paray-le-Monial Ae44 373
Parchim Bb37 369
Parczew Cc39 371
Pardubice Bf40 370
Pardubitz = Pardubice Bf40 370
Parenzo = Poreč Bd45 385
Pargas = Parainen Cc30 358
Pargolovo Da30 359
Parikkala Ck29 359
Paris Ac42 373
Parkano Cd28 358
Parma Ba46 384
Pärnu Ce32 359
Partanna Bc53 393
Partenkirchen, Garmisch- Bb43 375
Parthenay Sk44 372
Partille Bc33 361
Partinico Bd52 393
Partizánske Bj42 376
Părvomaj Cf48 387
Paşcani Cg43 378
Paşcani Cj22 400
Pasewalk Be37 369
Pasinler Df26 401
Pasłęk Bk36 362
Passau Bd42 375
Pasvalys Ce34 363
Pasvalys Ch17 398
Paternò Be53 393
Patnos Dg26 401
Patos Bk50 394
Pátra Cb52 395
Patti Be52 393
Patzau = Pacov Be41 376
Pau Sk47 382
Pauillac Sk45 382
Pavia Ak45 384
Pavlikeni Cf47 387
Pavlograd = Pavlohrad Dc21 398
Pavlohrad Dc21 398
Pavlovka Dj19 399
Pavlovo Dg18 399
Pavlovsk Da31 359
Pavlovsk Df20 399
Pavlyš Db21 398
Payerne Ag44 374
Pazar Df25 403
Pazarcık Dd27 403
Pazardžik Ce48 387
Pazin Bd45 385
Peal de Becerro Sg53 390
Peć = Pejë Ca48 386
Pečory Ch33 363
Pécs Bj44 376
Pedraza de la Sierra Sg49 390
Pedro Muñoz Sh51 390
Pedroñeras, Las Sh51 390
Peebles Sg35 364
Peel Sf36 366
Pegnitz Bb41 369
Pego Sk52 390
Pehlivanköy Cg49 379
Peine Ba38 368
Pejë = Peć Ca48 386
Pelhřimov Bf41 375
Pelkosenniemi Ch23 351
Pembroke Sf39 366
Pempoull = Paimpol Sg42 372
Peñafiel Sf49 381
Penafiel Sb49 380
Peñaranda de Bracamonte Se50 381
Peñarroya-Pueblonueva Se52 389
Penarth Sg39 366
Penfro = Pembroke Sf39 366
Peniche Sa51 380
Penig Bc40 369
Penmarc'h Sf43 372
Penrith Sh36 364
Penza Dh19 399
Penzance Se40 366
Penzberg Bb43 375
Peqin Bk49 394
Perehins'ke Ce42 377
Perejaslav-Chmel'nyc'kyj Da20 398
Peremyšljany Ce41 371
Pereščepyne Dc21 398
Pereslavl'-Zalesskij De17 399
Perevoz Dh18 399
Pergola Bc47 385
Périgueux Aa45 382
Perişoru Ch46 379
Perleberg Bb37 369
Përmet Ca50 394
Pernau = Pärnu Ce32 359
Pernik Cd48 387
Perniö Cd30 358
Péronne Ac41 373
Perpignan Ac48 382
Perpinyà = Perpignan Ac48 382
Perros-Guirec Sg42 372
Perroz-Gireg = Perros-Guirec Sg42 372
Perstorp Bd34 361
Pertek De26 403
Perth Sg34 364
Pertuis Af47 383
Pervari Dg27 403
Pervomajs'k De21 399
Pervomajs'k Da21 400
Pervomajsk = Pervomajs'k Da21 400
Pervomajs'ke = Pervomajskoe Db23 400
Pervomajskij Df19 399
Pervomajskoe Db23 400
Pervomajs'kyj Dd21 398
Pesaro Bc47 385
Pescara Be48 385
Peshkopi Ca49 386
Pessac Sk46 382
Pétange Af41 374
Peterborough Sk38 367
Peterculter-Milltimber Sh33 364
Peterhead Sj33 364
Peterlee Sj36 364
Petersfield Sk40 366
Petit-Quevilly, Le Ab41 373
Petrič Cd49 387
Petrila Cd45 387
Petrinja Bg45 385
Petrodvorec Ck31 359
Petrokrepost' = Šlissel'burg Db31 359
Petropavlivka Dd21 398
Petroşani Cd45 387
Petroschani = Petroşani Cd45 387
Petrovac Cb46 386
Petrovsk Dh19 399
Petrykav Cj19 398
Petuški De18 399
Pézenas Ad47 383
Pezinok Bh42 376
Pfaffenberg, Mallersdorf- Bc42 375
Pfarrkirchen Bc42 375
Pforzheim Aj42 374
Pfullendorf Ak43 374
Philippeville Ae40 367
Pianoro Bb46 384
Piaseczno Cb38 370
Piatra Cf47 387
Piatra-Neamţ Cg44 378
Piatra-Neamţ Cj22 400
Piazza Armerina Be53 393
Pibrans = Příbram Be41 369
Pickering Sk36 366
Picunda Df24 401
Piedrabuena Sf51 389
Pieksämäki Ch28 359
Pienza Bb47 384
Pierrelatte Ae46 383
Piešťany Bh42 376
Pietarsaari = Jakobstad Cc27 354
Pietrasanta Ba47 384
Pietroşani Cf47 379
Piła Bg37 370
Pilgram = Pelhřimov Bf41 375
Pilsen = Plzeň Bd41 369
Pınarbaşı Dd26 403
Pınarhisar Ch49 379
Pınarhisar Cj25 400
Pinerolo Ah46 383
Pinhel Sc50 380
Pinne = Pniewy Bg38 370
Pinneberg Ak37 368
Pinoso Sj52 390
Pinsk Cg38 371
Pinsk Cj19 398
Pinto Sg50 390
Piombino Ba48 384
Pionerskij Ca36 362
Piotrków Trybunalski Bk39 370
Pireás Cd53 397
Pírgos Cb53 395
Pirmasens Ah41 374
Pirna Bd40 369
Pirot Cc47 387
Pisa Ba47 384
Piščanka Cj42 378
Piscu Vechi Cd47 387
Písek Be41 375
Pisek = Písek Be41 375
Pistoia Ba47 384
Pisz Cb37 371
Piteå Cb25 354
Piteşti Ce46 387
Pithiviers Ac42 373
Pjatigorsk Dg23 401
Pjatychatky Db21 400
Plasencia Sd50 380
Plattling Bc42 375
Plau am See Bc37 369
Plauen Bc40 369
Plav Bk48 386
Plavsk Dd19 399
Pleščanicy Ch36 363
Pleščanicy Cj18 398
Pleschen = Pleszew Bh39 370
Pless = Pszczyna Bj41 370
Pleszew Bh39 370
Pleven Ce47 387
Plieščanicy = Pleščanicy Ch36 363
Plieščanicy = Pleščanicy Cj18 398
Pljevlja Bk47 386
Ploče Bh47 386
Płock Bk38 370
Ploermael = Ploërmel Sh43 372
Ploërmel Sh43 372
Ploieşti Cg46 387
Plön Ba36 360
Płońsk Ca38 370
Plougastel-Daoulas Sf42 372
Plouguer, Carhaix- Sg42 372
Plovdiv Ce48 387
Plovdiv Ch24 402
Plungė Cb35 362
Plymouth Sf40 366
Plzeň Bd41 369
Pniewy Bg38 370
Počajiv Cf40 371
Počep Db19 398
Počinok Db18 398
Pocklington Sk37 366
Podari Cd46 387
Podbořany Bd40 369
Poddębice Bj39 370
Poděbrady Bf40 369
Podersam = Podbořany Bd40 369
Podgorenskij De20 399
Podgorica Bk48 386
Podil's'k Ck43 378
Podol'sk Dd18 399
Podu Iloaiei Ch43 378
Podujevë = Podujevo Cb48 386
Podujevo = Podujevë Cb48 386
Podu Turcului Ch44 378
Poggio Rusco Bb46 384
Pogoanele Cg46 379
Pogoanele Cj23 400
Pogradec Ca50 394
Pohrebyšče Ck41 378
Poissy Ac42 373
Poitiers Aa44 372
Pokrov Dc22 398
Pokrovs'k Dd21 400
Pokrovs'ke Dd22 398
Polack Cj35 363
Polack Ck18 398
Pola de Laviana Se47 381
Pola de Lena Se47 381
Pola de Siero Se47 381
Polatlı Db26 400
Połczyn Zdrój Bg37 369
Poliçan Ca50 394
Police Be37 369
Polígiros Cd50 395
Políkastro Cc49 395
Polis'ke Ck20 398
Polistena Bg52 393
Pölitz = Police Be37 369
Polock = Polack Cj35 363
Polock = Polack Ck18 398
Polohy Dd22 400
Poltava Dc21 398
Põlva Ch32 363
Polvijärvi Ck28 355
Põlwe = Põlva Ch32 363
Pombal Sb51 380
Pomorie Ch48 379
Pondivi = Pontivy Sh42 372
Ponferrada Sd48 380
Ponta Delgada (São Miguel) Qe53 388
Pont-à-Mousson Ag42 374
Pontarlier Ag44 374
Pontassieve Bb47 384
Pont-Audemer Aa41 373
Pontcharra Ag45 383
Pontchâteau Sh43 372
Ponteareas Sb48 380
Ponte de Sor Sb51 389
Pontedeume Sb47 380
Pontefract Sj37 366
Ponteland Sj35 364
Pontevedra Sb48 380
Pontivy Sh42 372
Pont-l'Abbé Sf43 372
Pontoise Ac41 373
Pontremoli Ak46 384
Pont-Sainte-Maxence Ac41 373
Pont-Saint-Esprit Ae46 383
Ponts-de-Cé, Les Sk43 372
Pontypool Sg39 366
Pontypwl = Pontypool Sg39 366
Poole Sj40 366
Poperinge Ac40 367
Popovo Cg47 387
Poppi Bb47 384
Poprad Ca41 377
Porcuna Sf53 390
Pordenone Bc45 375
Poreč Bd45 385
Porhov Ck33 363
Pori Cb29 358
Pornic Sh43 372
Pornichet Sh43 372
Porrentruy Ah43 374
Porriño, O Sb48 380
Porsgrunn-Skien Ak31 356
Porsgrunn-Skien Ak31 356
Portadown Sd36 365
Portalegre Sc51 389
Port-de-Bouc Ae47 383
Portel Sc52 389
Porthcawl Sg39 366
Portimão Sb53 388
Portivechju = Porto-Vecchio Ak49 384
Port Láirge Sc38 365
Port Laoise Sc37 365
Porto Sb49 380
Portocristo Ad51 391
Porto Empedocle Bd53 396
Portoferraio Ba48 384
Portoscuso Aj51 392
Porto-Vecchio Ak49 384
Port-Saint-Louis-du-Rhône Ae47 383
Portsmouth Sj40 366
Port Talbot Sg39 366
Port Tywyn = Burry Port Sf39 366
Portugalete Sg47 381
Port-Vendres Ad48 383
Porvoo Cf30 359
Posadas Se53 389
Pößneck Bb40 369
Postojna Be45 375
Potcoava Ce46 387
Potenza Bf50 393
Poti Df24 403
Potsdam Bd38 369
Pouzauges Sk44 372
Považská Bystrica Bj41 376
Póvoa de Varzim Sb49 380
Pozantı Dc27 403
Požarevac Cb46 386
Požega Bh45 386
Požega Ca47 386
Poznań Bg38 370
Pozoblanco Sf52 389
Pozuelo de Alarcón Sg50 381
Pozzuoli Be50 393
Prabuty Bk37 370
Prachatice Be41 375
Prachatitz = Prachatice Be41 375
Prades Ac48 382
Prado del Rey Se54 389
Pradoluengo Sg48 381
Praha Be40 369
Praia a Mare Bf51 393
Praia da Vitória Qc52 388
Prato Bb47 384
Pravia Sd47 380
Predeal Cf45 378
Preetz Ba36 360
Preiļi Cg34 363
Preiļi Cj17 398
Prejmer Cf45 378
Preny = Prienai Cd36 363
Prenzlau Bd37 369
Prerau = Přerov Bh41 376
Přerov Bh41 376
Preševo Cb48 386
Preslav = Veliki Preslav Cg47 379
Prešov Cb41 377
Preßburg = Bratislava Bh42 376
Přeštice Bd41 375
Preston Sh37 366
Prestwick Sf35 364
Preußisch Holland = Pasłęk Bk36 362
Préveza Ca52 394
Priboj Bk47 386
Příbram Be41 369
Priego de Córdoba Sf53 389
Priekule Cb34 362
Prienai Cd36 363
Prievidza Bj42 376
Prijedor Bg46 385
Prijepolje Bk47 386
Prilep Cb49 386
Priluki = Pryluky Db20 398
Primorsko Ch48 379
Primorsko-Ahtarsk De22 401
Priozersk Da29 359
Prishtina = Prishtinë Cb48 386
Prishtinë Cb48 386
Prishtinë = Priština Cb48 386
Priština = Prishtinë Cb48 386
Pritzwalk Bc37 369
Privas Ae46 383
Priwitz = Prievidza Bj42 376
Prizren Ca48 386
Prizzi Bd53 393
Prnjavor Bh46 386
Prohladnyj Dg24 401
Prokuplje Cb47 386
Proletarsk Df22 401
Proßnitz = Prostějov Bh41 376
Prostějov Bh41 376
Provadija Ch47 379
Provins Ad42 373
Prudnik Bh40 370
Prüm Ag40 368
Prundu Cg46 387
Prunişor Cc46 387
Pruszcz Gdański Bj36 362
Pružany Ce38 371
Pryluky Db20 398
Prymors'k Dd22 400
Przasnysz Ca37 370
Przemyśl Cc41 371
Przeworsk Cc40 371
Psahná Cd52 395
Pschestitz = Přeštice Bd41 375
Psebaj Df23 401
Pskov Cj33 363
Pszczyna Bj41 370
Ptolemaída Cb50 395
Ptuj Bf44 376
Pucarevo = Novi Travnik Bh46 386
Pucioasa Cf45 387
Puçol Sk51 390
Pudasjärvi Ch25 355
Puebla de Alcocer Se52 389
Puebla de Cazalla, La Se53 389
Puebla del Río, La Sd53 389
Puebla de Montalbán, La Sf51 381
Puente-Genil Sf53 389
Puerto de la Cruz Rd62 388
Puerto del Rosario Rg62 388
Puerto de Santa María, El Sd54 389
Puertollano Sf52 390
Puerto Lumbreras Sj53 390
Puerto Real Sd54 389
Puerto Rico Re63 388
Pukë Bk48 386
Pula Bd46 385
Puławy Cb39 371
Pułtusk Cb38 370
Purmerend Ae38 368
Puškin Da31 359
Puškinskie Gory Cj33 363
Pustoška Ck34 363
Pustoška Ck17 398
Pütürge De26 403
Putyvl' Db20 398
Puy-en-Velay, Le Ad45 383
Pyhäjärvi Cf27 355
Pyhäselkä Ck28 355
Pyhtää Cg30 359
Pyritz = Pyrzyce Be37 369
Pyrjatyn Db20 398
Pyrmont, Bad Ak39 368
Pyrzyce Be37 369
Pyskowice Bj40 370
Pytalovo Ch33 363
Pyttis = Pyhtää Cg30 359

Q

Qāmišlī, al- Df27 403
Quakenbrück Ah38 368
Quarteira Sb53 389
Quartu Sant'Elena Ak51 392
Quedlinburg Bb39 369
Queensferry Sg35 364
Querfurt Bb39 369
Quickborn Ak37 368
Quimper Sf43 372
Quimperlé Sg43 372
Quintanar de la Orden Sg51 381
Quintanar del Rey Sj51 381
Quşair, al- Dd28 403
Quţaifa, al- Dd29 403
Qyteti Stalin = Kuçovë Bk50 394

R

Raahe Ce26 354
Raalte Ag38 368
Rabat Be55 396

Rabat = Victoria Be54 396
Rabka-Zdrój Bk41 376
Râbniţa – Rîbniţa Ck43 378
Râbniţa – Rîbniţa Ck22 398
Răcăciuni Cg44 378
Rachiv Ce42 377
Racibórz Bj40 370
Rădăuţi Cf43 378
Radeberg Bd39 369
Radeče Bf44 375
Radechiv Ce40 371
Radnevo Cf48 379
Radolfzell am Bodensee Aj43 374
Radom Cb39 371
Radomir Cc48 387
Radomireşti Ce46 387
Radomsko Bk39 370
Radovan Cd46 387
Radoviš Cc49 387
Radviliškis Cd35 363
Radyvyliv Cf40 371
Radziejów Bj38 370
Radzyń Podlaski Cc39 371
Raesfeld Ag39 368
Raffadali Bd53 396
Rafina Cd52 397
Ragusa Be54 393
Rahden Aj38 368
Råholt Bb30 357
Rahovec = Orahovac Ca48 386
Rain Ba42 375
Raisio Cc30 358
Rakonitz = Rakovník Bd40 369
Rakovník Bd40 369
Rakovski Ce48 387
Rakvere Cg31 359
Rambervillers Ag42 374
Rambouillet Ab42 373
Râmnicu Sărat Ch45 378
Râmnicu Sărat Cj23 400
Râmnicu Vâlcea Ce45 387
Ramsey Sf36 366
Ramsgate Ab39 367
Randazzo Be53 396
Randers Ba34 360
Råneå Cc25 354
Rantasalmi Cj28 359
Raon-l'Etape Ag42 374
Rapperswil-Jona Aj43 374
Raqqa, ar- De28 403
Ra's al-'Ain Df27 403
Râşcani = Rîşcani Ch43 378
Raseiniai Cd35 362
Raška Ca47 386
Râşnov Cf45 378
Rasskazovo Df19 399
Rastān, ar- Dd28 403
Rastatt Aj42 374
Rastede Aj37 368
Rastenburg = Kętrzyn Cb36 362
Ráth Droma Sd38 365
Rathdrum = Ráth Droma Sd38 365
Rathenow Bc38 369
Ratibor = Racibórz Bj40 370
Ratingen Ag39 368
Ratne Ce39 371
Rättvik Bf30 357
Ratzeburg Ba37 369
Raudnitz = Roudnice nad Labem Be40 369
Raufoss Ba30 356
Rauma Cb29 358
Raumo = Rauma Cb29 358
Rauschen = Svetlogorsk Ca36 362
Rautjärvi Ck29 359
Rava-Rus'ka Cd40 371
Ravensburg Ak43 374
Rāwa Df28 403
Rawa Mazowiecka Ca39 370
Rawicz Bg39 370
Razdan Dh25 401
Razdol'noe Db23 400
Razgrad Cg47 379
Razgrad Cj24 400
Razlog Cd49 387
Reading Sk39 366
Reboly Da27 355
Recaş Cb45 377
Rečica = Rėčyca Da19 398
Recke Ah38 368
Recklinghausen Ah39 368
Rėčyca Da19 398
Reda Bj36 362
Redcar Sj36 364
Redditch Sj38 366
Redkino Dd17 398
Redon Sh43 372
Redondela, La Sb48 380
Redruth Se40 366
Refahiye De26 401
Regen Bd42 375
Regensburg Bc41 375
Regenstauf Bc41 375
Reggio di Calabria Bf52 393
Reggio nell'Emilia Ba46 384
Reghin Ce44 377
Reguengos de Monsaraz = Reguengos de Monsarraz Sc52 389
Reguengos de Monsarraz Sc52 389
Rehau Bc40 369
Rehburg-Loccum Ak38 368
Reichenberg = Liberec Bf40 369
Reichenhall, Bad Bc43 375
Reigate Sk39 367
Reims Ae41 373
Reinbek Ba37 368
Reinosa Sf47 381
Remiremont Ag42 374
Remscheid Ah39 368
Renaix = Ronse Ad40 367
Rendsburg Ak36 360
Reni Cj45 378
Reni Ck23 400
Rennes Sj42 372
Reps = Rupea Cf44 378
Requena Sj51 390
Reşadiye Dd25 401
Reschitza = Reşiţa Cb45 387
Resen Cb49 394
Reşiţa Cb45 387
Reszel Cb36 362
Rethel Ae41 373
Réthimno Ce55 397
Reus Ab49 391
Reuterstadt Stavenhagen Bc37 369
Reutlingen Ak42 374
Reutte Ba43 375
Revel Ac47 382
Reyhanlı Dd27 403
Reykjavík Ae13 352
Rezé Sj43 372
Rēzekne Ch34 363
Rezina Cj43 378
Rezina Ck22 398
Rheda = Reda Bj36 362
Rheda-Wiedenbrück Aj39 368
Rheine Ah38 368
Rheinfelden (Baden) Ah43 374
Rheinsberg Bc37 369
Rho Ak45 374
Rhondda Sg39 366
Rhydaman = Ammanford Sg39 366
Rhyl Sg37 366
Ribadavia Sb48 380
Ribadeo Sc47 380
Ribadesella Se47 381
Ribe Aj35 360
Ribeira Sb48 380
Ribeira Grande Qe53 388
Ribera Bd53 396
Ribnica Be45 375
Rîbniţa Ck43 378
Rîbniţa Ck22 398
Ribnitz-Damgarten Bc36 361
Říčany Be41 369
Riccione Bc46 385
Richmond Sj36 366
Riedenburg Bb42 375
Riedlingen Ak42 374
Riesa Bd39 369
Riesi Be53 396
Rieti Bc48 385
Rīga Ce34 363
Riihimäki Ce30 359
Rijeka Be45 385
Rila Cd48 387
Rimavská Sobota Bk42 376
Rimini Bc46 385
Ringkøbing Aj34 360
Ringsted Bb35 361
Ringwood Sj40 366
Rinteln Ak38 368
Riom Ad45 373
Rio Maior Sb51 380
Ripky Da20 398
Ripoll Ac48 382
Ripon Sj36 366
Rippin = Rypin Bk37 370
Rîşcani Ch43 378
Ristiina Ch29 359
Rive-de-Gier Ae45 383
Rivesaltes Ac48 382
Rivne Cg40 371
Rivne Cj20 398
Rivoli Ah45 383
Rize Df25 403
Rjazan' De18 399
Rjažsk Df19 399
Roa Sg49 381
Roanne Ae44 373
Roazhon = Rennes Sj42 372
Röbel/Müritz Bc37 369
Robla, La Se48 381
Rochdale Sh37 366
Rochefort Sk45 372
Rochefort Af40 368
Rochelle, La Sj44 372
Rochester Aa39 367
Roche-sur-Foron, La Ag44 374
Roche-sur-Yon, La Sj44 372
Rochlitz Bc39 369
Roda, La Sh51 390
Roden Ag37 368
Rodez Ac46 382
Roding Bc41 375
Rodna Ce43 377
Ródos Ck27 402
Roermond Ag39 368
Roeselare Ad40 367
Rogačica Bk46 386
Rogasen = Rogoźno Bh38 370
Rogatica Bk47 386
Rogliano Bg51 393
Rogoźno Bh38 370
Rohatyn Ce41 377
Rokiškis Cf35 363
Rokiškis Ch18 398
Rokitzan = Rokycany Bd41 369
Rokycany Bd41 369
Roman Cg44 378
Roman Cd47 387
Roman Cj22 400
Romanshorn Ak43 374
Romans-sur-Isère Af45 383
Romilly-sur-Seine Ad42 373
Romny Db20 398
Romodan Db21 398
Romorantin-Lanthenay Ab43 373
Roncade Bc45 375
Ronda Se54 389
Rønne Be35 361
Ronneby Bf34 361
Ronse Ad40 367
Roosendaal Ae39 367
Roquetas de Mar Sh54 390
Rorschach Ak43 374
Rošal' De18 399
Rosarno Bf52 393
Roščino Ck30 359
Rosenau = Râşnov Cf45 378
Rosenberg = Ružomberok Bk41 376
Rosenberg, Sulzbach- Bb41 375
Rosenheim Bc43 375
Rosenthal = Rožmitál pod Třemšínem Bd41 369
Roses Ad48 383
Rosignano Marittimo Ba47 384
Roşiori de Vede Ce46 387
Roskilde Bc35 361
Roslavl' Db19 398
Ros Mhic Thriúin Sd38 365
Rossano Bg51 393
Rossieny = Raseiniai Cd35 362
Roßlau Bc39 369
Ross-on-Wye Sh39 366
Rossoš' De20 399
Rostock Bc36 361
Rostov-na-Donu De22 401
Rostow-am-Don = Rostov-na-Donu De22 401
Rosyth Sg34 364
Rota Sd54 389
Rotenburg (Wümme) Ak37 368
Rothenburg ob der Tauber Ba41 374
Rotherham Sj37 366
Rotterdam Ae39 367
Rottweil Aj42 374
Roubaix Ad40 367
Roudnice nad Labem Be40 369
Rouen Ab41 373
Roulers = Roeselare Ad40 367
Roussillon Ae45 383
Rovaniemi Cf24 355
Roven'ky De21 399
Rovereto Bb45 375
Rovigno = Rovinj Bd45 385
Rovigo Bb45 384
Rovinari Cd46 387
Rovinj Bd45 385
Rovno = Rivne Cg40 371
Rovno = Rivne Cj20 398
Rovnoe Dj20 399
Royal Tunbridge Wells Aa39 367
Royan Sj45 372
Roye Ac41 373
Royston Sk38 367
Rožaje Ca48 386
Rozdol'ne = Razdol'noe Db23 400
Rozivka Dd22 401
Rožmitál pod Třemšínem Bd41 369
Rožňava Ca42 377
Rožnov pod Radhoštěm Bj41 376
Rožyšče Cf40 371
Rrëshen Bk49 386
Rrogozhinë Bk49 394
Rtiščevo Dg19 399
Ruciane-Nida Cb37 371
Rüdersdorf bei Berlin Bd38 369
Rüdesheim am Rhein Ah41 368
Rudky Cd41 371
Rudne Cd41 371
Rudnja Da18 398
Rudolstadt Bb40 369
Rudozem Ce49 387
Ruelle-sur-Touvre Aa45 372
Rugby Sj38 366
Rügenwalde = Darłowo Bg36 361
Ruma Bk45 386
Rumburg = Rumburk Be40 369
Rumburk Be40 369
Rummelsburg in Pommern = Miastko Bg36 361
Runcorn Sh37 366
Ruokolahti Cj29 359
Rupea Cf44 378
Ruse Cf47 379
Rushden Sk38 366
Rus'ka, Rava- Cd40 371
Rüsselsheim am Main Aj41 368
Rustavi Dh25 401
Rute Sf53 389
Ruzaevka Dh18 399
Ružomberok Bk41 376
Rybnica = Rîbniţa Ck43 378
Rybnica = Rîbniţa Ck22 398
Rybnik Bj40 370
Rybnoe De18 399
Rychnov nad Kněžnou Bg40 370
Ryde Sj40 366
Ryki Cb39 371
Ryl'sk Dc20 398
Rypin Bk37 370
Rzepin Be38 369
Rzeszów Cc40 371
Ržev Dc17 398

S

Saalfeld/Saale Bb40 369
Saalfelden am Steinernen Meer Bc43 375
Saanen Ah44 374
Saarbrücken Ag41 374
Saarburg Ag41 368
Saargemünd = Sarreguemines Ah41 374
Saarijärvi Cf28 355
Saarlouis Ag41 374
Saas-Fee Ah44 374
Saaz = Žatec Bd40 369
Šabac Bk46 386
Sabadell Ac49 382
Sabiñánigo Sk48 382
Šabla Cj47 379
Šabla Ck24 400
Sables-d'Olonne, Les Sj44 372
Sablé-sur-Sarthe Sk43 372
Săcele Cf45 378
Sächsisch Regen = Reghin Ce44 377
Šachtars'k De21 401
Šac'k Cd39 371
Šack Df18 399
Šaddāda, aš- Df27 403
Sadova Cd47 387
Sadovo Ce48 387
Săedinenie Ce48 387
Šafárikovo = Tornaľa Ca42 377
Säffle Bc31 357
Saffron Walden Aa38 367
Šāfitā Dd28 403
Safonovo Db18 398
Safranbolu Db25 400
Sagaredžo Dh25 401
Sagunt Sk51 390
Sagunto = Sagunt Sk51 390
Šahovskaja Dc17 398
Šahtinskij, Kamensk- Df21 401
Šahty Df22 401
Šahy Bj42 376
Šaidā Dc29 403
Saint-Affrique Ac47 382
Saint Albans Sk39 367
Saint-Amand-les-Eaux Ad40 367
Saint-Amand-Montrond Ac44 373
Saint Andrews Sh34 364
Saint Austell Sf40 366
Saint-Avold Ag41 374
Saint-Brieuc Sh42 372
Saint-Chamond Ae45 383
Saint-Claude Af44 374
Saint-Denis Ac42 373
Saint-Dié Ag42 374
Saint-Dizier Ae42 373
Sainte-Maxime Ag47 383
Sainte-Menehould Ae41 373
Saintes Sk45 372
Saint-Étienne Ae45 383
Saint-Florentin Ad42 373
Saint-Florent-sur-Cher Ac44 373
Saint-Flour Ad45 383
Saint-Gaudens Aa47 382
Saint-Gilles Ae47 383
Saint-Gilles-Croix-de-Vie Sj44 372
Saint-Girons Ab48 382
Saint Helens Sh37 366
Saint Helier Sh41 372
Saint-Herblain Sj43 372
Saint-Hubert Af40 368
Saint Ives Sk38 367
Saint Ives Se40 366
Saint-Jean-d'Angély Sk45 372
Saint-Jean-de-Luz Sj47 381
Saint-Jean-de-Monts Sh44 372
Saint-Juéry Ac47 382
Saint-Junien Aa45 373
Saint-Just-Saint-Rambert Ae45 383
Saint-Léonard-de-Noblat Ab45 373
Saint-Lô Sj41 372
Saint-Maixent-l'École Sk44 372
Saint-Malo Sh42 372
Saint-Marcellin Af45 383
Saint-Maximin-la-Sainte-Baume Af47 383
Saint-Mihiel Af42 374
Saint-Nazaire Sh43 372
Saint-Nicolas = Sint-Niklaas Ae39 367
Saint-Nicolas-de-Port Ag42 374
Saint-Omer Ac40 367
Saint-Paul-lès-Dax Sj47 382
Saint-Péray Ae46 383
Saint Peter Port Sh41 372
Saint-Philbert-de-Grand-Lieu Sj43 372
Saint-Pierre-d'Oléron Sj45 372
Saint-Pierre-en-Auge Sk42 372
Saint-Pol-de-Léon Sg42 372
Saint-Pol-sur-Ternoise Ac40 367
Saint-Pourçain-sur-Sioule Ad44 373
Saint-Quentin Ad41 373
Saint-Raphaël Ag47 383
Saint-Rémy-de-Provence Ae47 383
Saint-Trond = Sint-Truiden Af40 367
Saint-Tropez Ag47 383
Saint-Vallier Ae44 373
Saint-Vincent-de-Tyrosse Sj47 382
Saint-Vith Ag40 368
Saint-Yrieix-la-Perche Ab45 382
Sakarya = Adapazarı Da25 402
Šakiai Cd36 362
Sakskøbing Bb36 361
Saky Db23 400
Säkylä Cc29 358
Sala Bg31 357
Šaľa Bh42 376
Salamanca Se50 381
Salamína Cd53 395
Salamīya Dd28 403
Salas Sd47 380
Salbris Ac43 373
Šalčininkai Cf36 363
Saldaña Sf48 381
Saldus Cc34 362
Salemi Bc53 393
Salerno Be50 393
Salgótarján Bk42 376
Salies-de-Béarn Sk47 382
Salihli Ck26 402
Salihorsk Cj19 398
Salisbury Sj39 366
Sălişte Cd45 377
Sallanches Ag45 374
Sallent Ab49 382
Salò Ba45 375
Salo Cd30 358
Salon-de-Provence Af47 383
Saloníki = Thessaloníki Cc50 395
Salonta Cb44 377
Sal'sk Df22 401
Saltash Sf40 366
Saltburn-by-the-Sea Sk36 364
Saltsjöbaden Bj31 358
Saluzzo Ah46 383
Salvaterra do Miño Sb48 380
Šalyhyne Dc20 398
Salzburg Bd43 375
Salzdetfurth, Bad Ba38 368
Salzgitter Ba38 369
Salzuflen, Bad Aj38 368
Salzungen, Bad Ba40 368
Salzwedel Bb38 369
Samandağ Dc27 403
Sambir Cd41 377
Samojlovka Dg20 399
Samokov Cd48 387
Šamorín Bh42 376
Sámos Cj27 402
Samsun Dd25 403
Samter = Szamotuły Bg38 370
Samtredia Dg24 403
San Bartolomé de Tirajana Re63 388
San Bartolomeo in Galdo Bf49 385
San Benedetto Po Ba45 384
San Clemente Sh51 390
San Cristóbal de La Laguna Rd62 388
Sandanski Cd49 387
Sande Aj37 368
Sandefjord Ba31 356
Sandıklı Da26 402
Sandnes Af32 356
Sandnessjøen Bc24 353
Sandomierz Cb40 371
Sandviken Bg30 357
San Fernando Sd54 389
Sangerhausen Bb39 369
San Javier Sk53 390
San Juan d'Alacant Sk52 390
San Juan de Alicante = San Juan d'Alacant Sk52 390
Sankt Gallen Ak43 374
Sankt Georgen = Sfântu Gheorghe Cf45 378
Sankt Johann im Pongau Bd43 375
Sankt Michel = Mikkeli Ch29 359
Sankt Moritz Ak44 374
Sankt-Peterburg Da31 359
Sankt Peter-Ording Aj36 360
Sankt Pölten Bf42 376
Sankt-Vith = Saint-Vith Ag40 368
Sankt Wendel Ah41 374
Şanlıurfa De27 403
Sanlúcar de Barrameda Sd54 389
Sanlúcar la Mayor Sd53 389
Sanluri Aj51 392
San Marcello Pistoiese Ba46 384
San Marino Bc47 385
San Nicolás, La Aldea de Re63 388
San Nicolás de Tolentino = La Aldea de San Nicolás Re63 388
Sânnicolau Mare Ca44 377
Sanok Cc41 377
San Pedro del Pinatar Sk53 390
Sanremo Ah47 384
San Remo = Sanremo Ah47 384
San Roque Se54 389
San Sebastián, Donostia / Sj47 381
San Sebastián de La Gomera Rc62 388
San Sebastián de los Reyes Sg50 381
San Severo Bf49 385
Sanski Most Bg46 385
Santa Coloma de Farners Ac49 382
Santa Comba Dão Sb50 380
Santa Croce Camerina Be54 393
Santa Cruz de Campezo = Santi Kurutze Kanpezu Sh48 381
Santa Cruz de la Palma Rc62 388
Santa Cruz de Mudela Sg52 390
Santa Cruz de Tenerife Rd62 388
Santa Eulària des Riu Ab52 391
Santa Fé Sg53 390
Sant'Agata di Militello Be52 396
Santa Maria del Camí Ac51 391
Santa María del Páramo Se48 381
Santander Sg47 381
Sant'Antioco Aj51 392
Sant Antoni Abat = Sant Antoni de Portmany Ab51 391

Sant Antoni de Portmany Ab51 391
Santa Pola Sk52 390
Santarcangelo di Romagna Bc46 385
Santarém Sb51 388
Santa Teresa di Riva Bf53 396
Santa Uxia = Ribeira Sb48 380
Sant-Brieg = Saint-Brieuc Sh42 372
Sant Carles de la Ràpita Aa50 391
Sant Celoni Ac49 382
Sant Feliu de Guíxols Ad49 382
Santiago de Compostela Sb48 380
Santiago del Teide Rd62 388
Santiago do Cacém Sb52 388
Santi Kurutze Kanpezu Sh48 381
Santisteban del Puerto Sg52 390
Sant-Maloù = Saint-Malo Sh42 372
Santo Domingo de la Calzada Sh48 381
Santoña Sg47 381
Santo Stefano di Camastra Be52 393
Santo Stefano Quisquina Bd53 393
Santo Tirso Sb49 380
San Vicente de Alcántara Sc51 380
San Vicente de Barakaldo = Barakaldo Sh47 381
San Vincenzo Ba47 384
São Brás de Alportel Sc53 389
São João da Madeira Sb50 380
São Teotónio Sb53 388
Sarai Df19 399
Sarajevo Bj47 386
Sarandë Bk51 394
Saransk Dh18 399
Sarata Ck44 378
Saratov Dj20 399
Saravakpınar = Sırpsındığı Cg49 379
Saray Ch49 379
Saray Cj25 400
Šarhorod Cj42 378
Sarıgöl Ck26 402
Sarıkamış Dg25 401
Sarıkaya Dc26 400
Šarkaŭščyna Ch35 363
Šarkaŭščyna Cj18 398
Şarkikaraağaç Da26 402
Şarkışla Dd26 403
Şarköy Cj25 402
Sarlat-la-Canéda Ab46 382
Sarnen Aj44 374
Sarny Cg39 371
Sarny Cj20 398
Sarpsborg, Fredrikstad- Bb31 357
Sarpsborg, Fredrikstad- Ba31 356
Sarrebourg Ah42 374
Sarreguemines Ah41 374
Sarria Sc48 380
Sasovo Df18 399
Sassari Aj50 392
Sassenage Af45 383
Sassnitz Bd36 361
Saßnitz = Sassnitz Bd36 361
Säter Bf30 357
Sathmar = Satu Mare Cc43 377
Satu Mare Cc43 377
Šatura De18 399
Saumur Sk43 372
Savaştepe Cj26 400
Săveni Cg43 378
Săveni Cj22 398
Saverne Ah42 374
Savigliano Ah46 384
Savona Aj46 384
Savonlinna Cj29 359
Savonranta Ck28 359
Sävsjö Be33 361
Scăeni, Boldeşti- Cg45 387
Scaër Sg42 372
Scalby Sk36 366
Scânteia Ch46 379
Scarborough Sk36 366
Ščekino Dd19 399
Ščelkovo De18 399
Schaffhausen Aj43 374
Schagen Ae38 368
Schärding Bd42 375
Scharmbeck, Osterholz- Aj37 368
Schäßburg = Sighişoara Ce44 377
Schemnitz = Banská Štiavnica Bj42 376
Schkeuditz Bc39 369
Schladming Bd43 375
Schlan = Slaný Be40 369
Schlawe = Sławno Bg36 361
Schleiden Ag40 368
Schleiz Bb40 369
Schleswig Ak36 360
Schleusingen Ba40 369
Schlochau = Człuchów Bh37 370
Schlüchtern Ak40 368
Schmalkalden Ba40 369
Schmiedeberg, Bad Bc39 369
Schneidemühl = Piła Bg37 370
Schneverdingen Ak37 368
Schönberg (Holstein) Ba36 360
Schönebeck (Elbe) Bb38 369
Schongau Ba43 375
Schopfheim Ah43 374
Schramberg Aj42 374
Schrobenhausen Bb42 375
Schroda = Środa Wielkopolska Bh38 370
Schussenried, Bad Ak42 374
Schwaan Bc37 361
Schwabach Bb41 375
Schwäbisch Gmünd Ak42 374
Schwäbisch Hall Ak41 374
Schwabmünchen Ba42 375
Schwandorf Bc41 375
Schwartau, Bad Ba37 360
Schwarzenbek Ba37 369
Schwedt/Oder Be37 369
Schweidnitz = Świdnica Bg40 370
Schweinfurt Ba40 368
Schwerin Bb37 369
Schwetzingen Aj41 374
Schwiebus = Świebodzin Bf38 369
Schwylwolfsbach = Lupeni Cd45 387
Schwyz Aj43 374
Scicli Be54 393
Ščigry Dd20 398
Scordia Be53 396
Scorniceşti Ce46 387
Scunthorpe Sk37 366
Šebekino Dd20 399
Sebeş Cd45 377
Sebež Cj34 363
Sebež Ck17 398
Şebinkarahisar De25 401
Sebiş Cc44 377
Sebta = Ceuta Se55 389
Séchilienne Af45 383
Sečovce Cb42 377
Sedan Ae41 368
Sedgefield Sj36 364
Sedlčany Be41 369
Sędziszów Małopolski Cb40 371
Seehausen (Altmark) Bb38 369
Seelow Be38 369
Seesen Ba39 368
Şefaatli Dc26 400
Seferihisar Cj26 402
Segarcea Cd46 387
Segeberg, Bad Ba37 360
Segorbe Sk51 390
Segovia Sf50 390
Segré-en-Anjou-Bleue Sk43 372
Seinäjoki Cc28 354
Seini Cd43 377
Sejenane Ak53 392
Sejny Cd36 362
Šejtun = Žejtun Be55 396
Šekovići Bj46 386
Şelaru Cf46 387
Selb Bc40 369
Selby Sj37 366
Selçuk Cj27 402
Selendi Ck26 402
Selenicë Bk50 394
Sélestat Ah42 374
Selfoss Ae14 352
Seligenstadt Aj40 368
Selkirk Sh35 364
Semenivka Db19 398
Semikarakorsk Df22 401
Semil = Semily Bf40 369
Semiluki De20 399
Semily Bf40 369
Senaki Df24 403
Senec Bh42 376
Senftenberg Be39 369
Senica Bh42 376
Senigallia Bd47 385
Senirkent Da26 402
Senj Be46 385
Senlis Ac41 373
Sennheim = Cernay Ah43 374
Sennoj Dj19 399
Sens Ad42 373
Senta Ca45 376
Šepetivka Cj20 398
Sępólno Krajeńskie Bh37 370
Serafimovič Dg21 399
Seraing Af40 368
Serdobsk Dh19 399
Sered' Bh42 376
Şereflikoçhisar Db26 402
Sergiev Posad De17 399
Serik Da27 402
Serpa Sc53 389
Serpuhov Dd18 398
Serra de Outes Sb48 380
Sérres Cd49 395
Sertã Sb51 380
Sesimbra Sa52 388
Sessa Aurunca Bd49 393
Sète Ad47 383
Settimo Torinese Ah45 384
Settle Sh36 366
Setúbal Sb52 388
Seu d'Urgell, La Ab48 382
Sevan Dh25 401
Sevastopol' Db23 400
Sevenoaks Aa39 367
Severo-Zadonsk De18 399
Sevilla Se53 389
Sevlievo Cf47 387
Sevnica Bf44 375
Sevsk Dc19 398
Seydişehir Da27 402
Seyne-sur-Mer, La Af47 383
Sežana Bd45 375
Sézanne Ad42 373
Sfântu Gheorghe Cf45 378
's-Gravenhage = Den Haag Ae38 367
Sheerness Aa39 367
Sheffield Sj37 366
Sherborne Sh40 366
Sheringham Ab38 367
's-Hertogenbosch Af39 367
Shifshawn = Chefchaouèn Se55 389
Shijak Bk49 386
Shkodër Bk48 386
Shrewsbury Sh38 366
Shtime Cb48 386
Sianów Bg36 361
Šiauliai Cd35 362
Šibenik Bf47 385
Sibiu Ce45 377
Šid Bk45 386
Siders = Sierre Ah44 374
Sidi Bou Saïd Ba54 392
Sidirókastro Cd49 395
Sidmouth Sg40 366
Siebendörfen = Săcele Cf45 378
Siedlce Cc38 371
Siegburg Ah40 368
Siegen Aj40 368
Siemiatycze Cc38 371
Siena Bb47 384
Sieradz Bj39 370
Sierpc Bk38 370
Sierre Ah44 374
Sighetu Marmaţiei Cd43 377
Sighişoara Ce44 377
Sigmaringen Ak42 374
Sigüenza Sh49 390
Sigulda Ce33 363
Šihany Dj19 399
Siilinjärvi Ch27 355
Siirt Df27 403
Šilalė Cc35 362
Şile Ck25 400
Silifke Db27 402
Silistra Ch46 379
Silistra Cj23 400
Silivri Cj49 379
Silivri Ck25 402
Silkeborg Ak34 360
Silla Sk51 390
Sillamäe Ch31 359
Sillein = Žilina Bj41 376
Silopi Dg27 403
Šilovo Df18 399
Šilutė Cb35 362
Silvan Df26 403
Silves Sb53 388
Simav Ck26 402
Simbirsk = Ul'janovsk Dk18 399
Simeria Cd45 377
Simferopol' Dc23 400
Simitli Cd49 387
Şimleu Silvaniei Cc43 377
Simpele = Rautjärvi Ck29 359
Simrishamn Be35 361
Sinaia Cf45 387
Sınapaşa Da26 402
Sindelfingen Ak42 374
Sinegorskij Df21 399
Sines Sb53 388
Singen (Hohentwiel) Aj43 374
Singilej Dk19 399
Sinie Lipjagi De20 399
Siniscola Ak50 392
Sinj Bg47 385
Sinop Dc24 403
Sinsheim Aj41 374
Sint-Niklaas Ae39 367
Sintra Sa52 388
Sint-Truiden Af40 367
Sion Ah44 374
Šipka Cf48 387
Siracusa Bf53 396
Şiran De25 401
Siret Cg43 378
Siret Cj22 400
Şırnak Dg27 403
Široki Brijeg Bh47 386
Sırpsındığı Cg49 379
Širvintos Ce35 363
Širvintos Ch18 398
Sissach Ah43 374
Sisteron Af46 383
Sitges Ab49 382
Sitía Cg55 397
Sitía Cj28 402
Sittard Af40 368
Sitten = Sion Ah44 374
Sivac Bk45 376
Sivas Dd26 401
Siverek De27 403
Siverskij Da31 359
Sivers'kyj, Novhorod- Db20 398
Sivrice De26 403
Sivrihisar Da26 400
Siyāh Češme Dh26 401
Sjanno Ck18 398
Sjenica Ca47 386
Sjeverodonec'k De21 399
Sjöbo Bd35 361
Skadovs'k Db22 400
Skaer = Scaër Sg42 372
Skagen Ba33 360
Skála Ca52 394
Skala-Podil's'ka Cg42 378
Skanderborg Ak34 360
Skanör med Falsterbo Bc35 361
Skara Bd32 357
Skarżysko-Kamienna Ca39 370
Skegness Aa37 367
Skellefteå Ca26 354
Skerries = Na Sceirí Sd37 366
Ski Ba31 356
Skíathos Cd51 395
Skien, Porsgrunn- Ak31 356
Skien, Porsgrunn- Ak31 356
Skierniewice Ca39 370
Skipton Sj37 366
Skive Ak34 360
Šklou Da18 398
Skoczów Bj41 370
Škofja Loka Be44 375
Skoghall Bd31 357
Skopin De19 399
Skopje Cb49 386
Skövde Bd32 357
Skuodas Cb34 362
Skurup Bd35 361
Skvyra Ck21 398
Skwierzyna Bf38 369
Slagelse Bb35 360
Slancy Cj31 359
Slaný Be40 369
Slatina Bh45 376
Slatina Ce46 387
Slauharad Da19 398
Slavjansk = Slovjans'k Dd21 399
Slavjansk-na-Kubani De23 401
Slavkov u Brna Bg41 376
Slavonski Brod Bj45 386
Sławno Bg36 361
Sleaford Sk37 366
Slesvig = Schleswig Ak36 360
Sligeach Sb36 365
Sligo = Sligeach Sb36 365
Šlissel'burg Db31 359
Sliven Cg48 387
Slivnica Cd48 387
S'loboda Bol'šaja Martynovka Df22 401
Slobodzeja = Slobozia Ck44 378
Slobozia Ch46 379
Slobozia Ck44 378
Slobozia Cj23 400
Slobozia Mândra Ce47 387
Slonim Cf37 371
Slonim Ch19 398
Slovenj Gradec Bf44 375
Slovenska Bistrica Bf44 376
Slovjans'k Dd21 399
Słubice Be38 369
Slubice = Słubice Be38 369
Sluck Cj19 398
Slunj Bf45 385
Słupca Bh38 370
Słupsk Bh36 361
Smaljaviči Cj36 363
Smaljaviči Ck18 398
Smarhon' Cg36 363
Smarhon' Cj18 398
Smederevo Ca46 386
Smederevska Palanka Ca46 386
Smedjebacken Bf30 357
Smela = Smila Da21 398
Smila Da21 398
Smilde Ag38 368
Smiltene Cf33 363
Smjadovo Cg47 379
Smjadovo Cj24 400
Smolensk Db18 398
Smolevičі = Smaljaviči Cj36 363
Smolevičі = Smaljaviči Ck18 398
Smoljan Ce49 387
Sneek = Snits Af37 368
Snihurivka Db22 400
Snina Cc42 377
Snits = Sneek Af37 368
Snižne De21 401
Snjatyn Cf42 378
Sobernheim, Bad Ah41 368
Soběslav Be41 375
Sobinka Df18 399
Sochaczew Ca38 370
Sochumi = Suhum Df24 401
Soči De24 401
Socuéllamos Sh51 390
Sodankylä Cg23 351
Söderhamn Bh29 358
Söderköping Bg32 357
Södertälje Bh31 358
Soest Aj39 368
Sofija Cd48 387
Sögel Ah38 368
Soignies Ae40 367
Soissons Ad41 373
Sokal' Ce40 371
Söke Cj27 402
Soko Banja Cb47 387
Sokółka Cd37 371
Sokolov Bc40 369
Sokołów Podlaski Cc38 371
Sokyrjany Ch42 378
Solana, La Sg52 390
Solca Cf43 378
Sol'cy Da32 359
Soldau = Działdowo Ca37 370
Soldin = Myślibórz Be38 369
Soledar De21 399
Soleure = Solothurn Ah43 374
Solhan Df26 403
Solidars'k = Soledar De21 399
Soligorsk = Salihorsk Cj19 398
Solihull Sj38 366
Solin Bg47 385
Solingen Ah39 368
Sollefteå Bh27 353
Sollentuna Bh31 358
Sóller Ac51 391
Solnečnogorsk Dd17 398
Šolohovskij Df21 401
Solothurn Ah43 374
Solsona Ab48 382
Solt Bk44 376
Soltau Ak38 368
Sölvesborg Be34 361
Soma Cj26 400
Sombor Bk45 376
Somero Cd30 358
Sömmerda Bb39 369
Sommerfeld (Niederlausitz) = Lubsko Be39 369
Somova Cj45 379
Soncino Ak45 384
Sønderborg Ak36 360
Sondershausen Ba39 369
Sondrio Ak44 374
Sonkajärvi Ch27 355
Sonneberg Bb40 369
Sonseca Sg51 381
Sonthofen Ba43 374
Sopot Bj36 362
Sopron Bg43 376
Sora Bd49 385
Sorau = Żary Bf39 369
Sorgun Dc26 400
Soria Sh49 381
Sørkjosen Ca21 351
Sorø Bb35 361
Soroca Cj42 378
Soroca Ck21 400
Soroka = Soroca Cj42 378
Soroka = Soroca Ck21 400
Soroki = Soroca Cj42 378
Soroki = Soroca Ck21 400
Sorokyne = Krasnodon De21 401
Sortavala Da29 359
Sørvågen Bd23 350
Sosnivka Ce40 371
Sosnovyj Bor Ck31 359
Sosnowiec Bk40 370
Šostka Db20 398
Souk-el-Arba-el-Beni-Hassan Se55 389
Souk-el-Arba-el-Gharb Sd56 389
Soulac-sur-Mer Sj45 382
Soustons Sj47 382
Souterraine, La Ab44 373
Southampton Sj40 366
Southend-on-Sea Aa39 367
Southport Sh37 366
South Shields Sj36 364
Sovata Cf44 377
Sovetskaja Df23 401
Spa Af40 368
Spalding-Pinchbeck Sk38 367
Spárti Cc53 395
Spas-Demensk Dc18 398
Spas-Klepiki Df18 399
Spassk Dg19 399
Spassk-Rjazanskij Df18 399
Speyer Aj41 374
Spezia, La Ak46 384
Spiez Ah44 374
Spijkenisse Ae39 367
Spilimbergo Bc44 375
Spišská Nová Ves Ca42 377
Spitak Dh25 401
Split Bg47 385
Špola Da21 398
Spremberg Be39 369
Springe Ak38 368
Srbinje = Foča Bj47 386
Srbobran Bk45 386
Srebrenica Bk46 386
Sredec Ch48 379
Sredec Cj24 400
Srednogorie = Zlatica Ce48 387
Śrem Bh38 370
Sremska Mitrovica Bk46 386
Sribne Db20 398
Środa Wielkopolska Bh38 370
Srpski Brod = Brod Bj45 386
Srpski Šamac Bj45 386
Stade Ak37 368
Stadskanaal Ag37 368
Stadtroda Bb40 369
Staffanstorp Bd35 361
Stafford Sh38 366
Stahanov = Kadijivka De21 399
Stainz Bf44 375
Stalingrad = Volgograd Dh21 399
Stalowa Wola Cc40 371
Stambolijski Ce48 387
Stamford Sk38 366
Stanhope Sh36 364
Stanica Bagaevskaja Df22 401
Stanke Dimitrov = Dupnica Cd48 387
Stans Aj44 374
Stanyčno-Luhans'ke De21 399
Stará Ľubovňa Ca41 377
Stara Synjava Ch41 378
Stara Zagora Cf48 379
Stargard in Pommern = Stargard Szczeciński Bf37 369
Stargard Szczeciński Bf37 369
Starica Dc17 398
Starnberg Bb42 375
Starobeševe De22 401
Starobil's'k De21 399
Starogard Gdański Bj37 362
Starokostjantyniv Cj21 398
Staryči Cd41 371
Staryj Oskol Dd20 399
Staryja Darohi Ck19 398
Staryj Sambir Cc41 377
Staßfurt Bb39 369
Staszów Cb40 371
Stavanger Af32 356
Stavenhagen, Reuterstadt Bc37 369
Stavern Ak32 356
Stavropol' Dg23 401
Steenbergen Ae39 367
Steenwijk Ag38 368
Ştefan Vodă Ck44 378
Ştei Cc44 377
Steierdorf = Anina Cb45 387
Steinfeld (Oldenburg) Aj38 368
Steinfurt Ah38 368
Steinkjer Bb26 353
Stendal Bb38 369
Stenungsund Bb32 361
Steòrnabhagh = Stornoway Sd32 364
Step'anavan Dh25 401
Sternberg Bb37 369
Šternberk Bh41 370
Sternberk = Šternberk Bh41 370

Stevenage Sk39 367
Štimlje = Shtime Cb48 386
Štip Cc49 387
Stirling Sg34 364
Stjørdalshalsen Ba27 353
Stockach Ak43 374
Stockerau Bg42 376
Stockholm Bj31 358
Stockport Sh37 366
Stockton-on-Tees Sj36 364
Stoke-on-Trent Sh37 366
Stolac Bh47 386
Stolberg (Rheinland) Ag40 368
Stolin Cj20 398
Stollberg (Erzgebirge) Bc40 369
Stolpmünde = Ustka Bg36 361
Stone Sh38 366
Stonehaven Sh34 364
Storå Bf31 357
Storfors Be31 357
Stornoway = Steòrnabhagh Sd32 364
Storožynec' Cf42 378
Storvik Bg30 357
Stovbcy Cg37 371
Stowmarket Ab38 367
Strabane Sc36 365
Strakonice Bd41 375
Strakonitz = Strakonice Bd41 375
Straldža Cg48 379
Stralsund Bd36 361
Strängnäs Bg31 357
Stranraer Se36 364
Strasbourg Ah42 374
Strasburg (Uckermark) Bd37 369
Străşeni Cj43 378
Straseny = Străşeni Cj43 378
Strassburg = Aiud Cd44 377
Straßburg = Strasbourg Ah42 374
Stratford-upon-Avon Sj38 366
Strathaven Sf35 364
Straubing Bc42 375
Strausberg Bd38 369
Strehaia Cd46 387
Strelča Ce48 387
Stresa Aj45 374
Strĕšen' = Străşeni Cj43 378
Stříbro Bd41 369
Strömstad Bb32 357
Strömsund Bf27 353
Strongoli Bh51 394
Stroud Sh39 366
Struer Aj34 360
Struga Ca49 394
Strugi Krasnye Ck32 359
Strumica Cc49 387
Stryj Cd41 377
Strzegom Bg40 370
Strzelce Krajeńskie Bf38 369
Strzelce Opolskie Bj40 370
Strzelin Bh40 370
Strzelno Bj38 370
Stučka = Aizkraukle Cf34 363
Studina Ce47 387
Stugun Bf27 353
Stupino De18 399
Štúrovo Bj43 376
Stuttgart Ak42 374
Suances Sf47 381
Subotica Bk44 376
Suceava Cg43 378
Suceava Cj22 398
Sucha Beskidzka Bk41 370
Sudbury Aa38 367
Sudova Vyšnja Cd41 371
Sudža Dc20 398
Sueca Sk51 390
Suharekë = Suva Reka Ca48 386
Suhindol Cf47 387
Suhiniči Dc18 398
Suhl Ba40 369
Suhum Df24 401
Şuhut Da26 402
Sulakyurt Db25 400
Sulechów Bf38 369
Sulęcin Bf38 369
Sulejów Bk39 370
Sulina Ck45 379
Sulina Ck23 400
Sulingen Aj38 368
Sully-sur-Loire Ac43 373
Sultandağı Da26 402
Sulzbach-Rosenberg Bb41 375
Sümeg Bh44 376
Šumen Cg47 379
Šumerlja Dj18 399
Šumilina Ck35 363
Šumilina Ck18 398
Šumperk Bg41 370
Sumy Dc20 398
Sunderland Sj36 364
Sundsvall Bh28 357
Sungurlare Cg48 379
Sungurlu Dc25 400
Sunne Bd31 357
Suolahti Cf28 355
Suomussalmi Ck26 355
Suonenjoki Ch28 355
Supetar Bg47 385
Supuru de Jos Cc43 377
Šurany Bj42 376
Suraž Db19 398
Surdulica Cc48 387
Surgères Sk44 372
Súria Ab49 382
Surovikino Dg21 399
Sursee Aj43 374
Surte Bc33 361
Suruç De27 403
Susa Ah45 383
Suşehri De25 401
Sušice Bd41 375
Susurluk Ck26 400
Susz Bk37 370
Suva Reka = Suharekë Ca48 386
Suvorov Dd18 398
Suvorove Cj45 378
Suvorovo = Ştefan Vodă Ck44 378
Suvorovskaja Dg23 401
Suwałki Cc36 362
Suzdal' Df17 399
Svaljava Cc42 377
Svatove De21 399
Svedala Bd35 361
Švenčionėliai Cg35 363
Švenčionys Cg35 363
Švenčionys Cj18 398
Svendborg Ba35 360
Sverdlovs'k De21 401
Sveta Ana = Tenja Bj45 386
Sveti Ivan Zelina Bg45 376
Sveti Nikole Cb49 387
Svetlogorsk Ca36 362
Svetlogorsk = Svjetlahorsk Ck19 398
Svetlograd Dg23 401
Svetlovodsk = Svitlovods'k Db21 398
Svetlyj Jar Dh21 399
Svetozarevo = Jagodina Cb47 386
Svidník Cb41 377
Svilajnac Cb46 386
Svislač Ce37 371
Svištov Cf47 387
Svitavy Bg41 370
Svitlovods'k Db21 398
Svjetlahorsk Ck19 398
Svoge Cd48 387
Svrljig Cc47 387
Swanage Sj40 366
Swansea Sg39 366
Swarzędz Bh38 370
Świdnica Bg40 370
Świdwin Bf37 361
Świebodzice Bg40 370
Świebodzin Bf38 369
Świecie Bj37 370
Swindon Sj39 366
Swinemünde = Świnoujście Be37 361
Świnoujście Be37 361
Syców Bh39 370
Syke Aj38 368
Synel'nykove Dc21 400
Šyrjajeve Da22 400
Šyroke Db22 400
Sysmä Cf29 359
Syzran' Dj19 399
Szamotuły Bg38 370
Szczecin Be37 369
Szczecinek Bg37 370
Szczytno Ca37 370
Szeged Ca44 376
Szeghalom Cb43 377
Székesfehérvár Bj43 376
Szeklerburg = Miercurea-Ciuc Cf44 378
Szeklerkreuz = Cristuru Secuiesc Cf44 377
Szekler Neumarkt = Târgu Secuiesc Cg44 378
Szekler Neumarkt = Târgu Secuiesc Cj22 400
Szekszárd Bj44 376
Szentendre Bk43 376
Szentes Ca44 377
Szentgotthárd Bg44 376
Szigetvár Bh44 376
Szolnok Ca43 377
Szombathely Bg43 376
Szprotawa Bf39 369
Sztum Bk37 362
Szubin Bh37 370

T

Taavetti = Luumäki Ch30 359
Tabarka Aj54 392
Tabernes = Tavernes de la Valldigna Sk51 390
Tábor Be41 375
Tabor = Tábor Be41 375
Täby Bj31 358
Tachau = Tachov Bc41 369
Tachov Bc41 369
Tacinskij Df21 401
Tadmur Dd28 403
Tafalla Sj48 381
Taganrog De22 401
Taggia Ah47 384
Taglio di Po Bc45 384
Taivalkoski Cj25 355
Talačyn Ck18 398
Talarrubias Se51 389
Talavera de la Reina Sf51 381
Talavera la Real Sd52 389
Talence Sk46 382
Tall, at- Dd29 403
Tall 'Afar Dg27 403
Tall al-Abyaḍ De27 403
Tallin = Tallinn Ce31 359
Tallinn Ce31 359
Tall Kūšik = Ya'rūbīya, al- Dg27 403
Tall Tamir Df27 403
Tălmaciu Ce45 377
Talovaja Df20 399
Talsi Cc33 362
Tamási Bj44 376
Tambov Df19 399
Tammerfors = Tampere Cd29 358
Tammisaari = Ekenäs Cd31 358
Tampere Cd29 358
Tamsweg Bd43 375
Tamworth Sj38 366
Ţăndărei Ch46 379
Ţăndărei Cj23 400
Tanger Se55 389
Tangerhütte Bb38 369
Tangermünde Bb38 369
Tangier = Tanger Se55 389
Tanja = Tanger Se55 389
Taormina Bf53 396
Tapa Cf31 359
Tapolca Bh44 376
Ţarābulus Dc28 403
Taraclia Cj45 378
Tarancón Sg50 390
Taranto Bh50 394
Tarare Ae45 373
Tarascon Ae47 383
Tarazona Sj49 381
Tarazona de la Mancha Sj51 381
Tarbes Aa47 382
Târgovişte Cf46 387
Târgovişte Cg47 379
Târgu Bujor Ch45 378
Târgu Cărbuneşti Cd46 387
Târgu Frumos Ch43 378
Târgu Frumos Cj22 400
Târgu Jiu Cd45 387
Târgu Lăpuş Cd43 377
Târgu Mureş Ce44 377
Târgu Neamţ Cg43 378
Târgu Secuiesc Cg44 378
Târgu Secuiesc Cj22 400
Tarifa Se54 389
Târnăveni Ce44 377
Tarnobrzeg Cb40 371
Tarnów Ca40 377
Tarquinia Bb48 384
Tarragona Ab49 391
Tàrrega Ab49 382
Tarsus Dc27 403
Tărtăşeşti Cf46 379
Tartlau = Prejmer Cf45 378
Tartu Cg32 359
Ţarţūs Dc28 403
Tarusa Dd18 399
Tarutyne Ck44 378
Tarutyne Ck22 400
Tašir Dh25 401
Taşköprü Dc25 402
Tăşnad Cc43 377
Taşova Dd25 403
Tassin-la-Demi-Lune Ae45 373
Tata Bj43 376
Tatabánya Bj43 376
Tatarbunary Ck45 378
Tatarbunary Ck23 400
Tatiščevo Dh20 399
Tatvan Dg26 403
Tauberbischofsheim Ak41 368
Taucha Bc39 369
Taunton Sg39 366
Tauragė Cc35 362
Taus = Domažlice Bc41 375
Tauste Sj49 382
Tavas Ck27 402
Tavernes de la Valldigna Sk51 390
Tavestehus = Hämeenlinna Ce29 359
Tavira Sc53 389
Tavistock Sf40 366
Tavşanlı Ck26 400
Ţawra, aţ- De28 403
Tbilisi Dh25 401
Tczew Bj36 362
Tearce Cb48 386
Teba Sf54 389
Tébourba Ak54 392
Tecuci Ch45 378
Tecuci Cj23 400
Tefenni Ck27 402
Tegernsee Bb43 375
Teil, Le Ae46 383
Teiuş Cd44 377
Tekirdağ Ch50 379
Tekirdağ Cj25 400
Tekman Df26 401
Telavi Dh25 401
Telč Bf41 375
Telciu Ce43 377
Telde Re63 388
Teleneşt' = Teleneşti Cj43 378
Teleneşt' = Teleneşti Ck22 398
Teleneşti Cj43 378
Teleneşti Ck22 398
Telenešty = Teleneşti Cj43 378
Telenešty = Teleneşti Ck22 398
Telford Sh38 366
Telgte Ah39 368
Telšiai Cc35 362
Teltow Bd38 369
Teltsch = Telč Bf41 375
Temerin Bk45 386
Temeschwar = Timişoara Cb45 377
Temnikov Dg18 399
Tempio Pausania Ak50 392
Templemore = An Teampall Mór Sc38 365
Templin Bd37 369
Temrjuk Dd23 401
Tenby Sf39 366
Tenja Bj45 386
Tenterden Aa39 367
Teofipol' Cg41 371
Teofipol' Cj21 398
Tepelenë Bk50 394
Teplice Bd40 369
Teplitz = Teplice Bd40 369
Teploe Dd19 399
Teplyk Ck42 378
Teramo Bd48 385
Tercan Df26 401
Terebovlja Cf41 378
Teregova Cc45 387
Terek Dh24 401
Teren'ga Dk19 399
Terespol Cd38 371
Teresva Cd42 377
Terme Dd25 403
Termini Imerese Bd53 393
Terneuzen Ad39 367
Terni Bc48 385
Ternopil' Cf41 371
Ternopol' = Ternopil' Cf41 371
Terrassa Ac49 382
Terrasson-la-Villedieu Ab45 382
Teruel Sj50 390
Tervel Ch47 379
Tervel Cj24 400
Tešanj Bj46 386
Teschen = Český Těšín Bj41 370
Teschen = Cieszyn Bj41 370
Teslić Bh46 386
Teterow Bc37 369
Teteven Ce48 387
Tetijiv Ck41 378
Tetijiv Ck21 398
Tetjuši Dk18 399
Tétouan Se55 389
Tetouan = Tétouan Se55 389
Tetovo Cb48 386
Tetschen = Děčín Be40 369
Teučežsk = Adygejsk De23 401
Teuva Cb28 354
Tewkesbury Sh38 366
Thale Bb39 369
Thame Sk39 366
Thaon-les-Vosges Ag42 374
Thenia Ad54 391
Thessaloníki Cc50 395
Thetford Aa38 367
Thiene Bb45 375
Thiers Ad45 373
Thionville Ag41 374
Thirsk Sj36 366
Thisted Aj34 360
Thíva Cd52 397
Thizy-les-Bourgs Ae44 373
Thomas-Müntzer-Stadt Mühlhausen = Mühlhausen (Thüringen) Ba39 369
Thonon-les-Bains Ag44 374
Thörenburg = Turda Cd44 377
Thorn = Toruń Bj37 370
Thorne Sk37 366
Thorshavn = Tórshavn Sd28 360
Thouars Sk44 372
Thourout = Torhout Ad39 367
Thun Ah44 374
Thurles = Durlas Sc38 365
Thurso Sg32 364
Tibro Be32 357
Tichau = Tychy Bj40 370
Tidaholm Bd32 361
Tiel Af39 368
Tielt Ad39 367
Tienen Ae40 368
Tierp Bh30 357
Tighina = Bender Ck44 378
Tighina = Bender Ck22 400
Tigzirt Ae54 391
Tihoreck Df23 401
Tilburg Af39 367
Tilbury Aa39 367
Timaševsk De23 401
Timbáki Ce55 397
Timişoara Cb45 377
Timmendorfer Strand Ba37 360
Timrå Bh28 353
Tineo Sd47 380
Tinéu = Tineo Sd47 380
Tínos Cf53 395
Tiobraid Árann Sb38 365
Tipperary = Tiobraid Árann Sb38 365
Tiranë Bk49 394
Tirano Ba44 374
Tiraspol Ck44 378
Tiraspol Ck22 400
Tire Cj26 402
Tirebolu De25 403
Tîrgu Frumos = Târgu Frumos Ch43 378
Tîrgu Frumos = Târgu Frumos Cj22 400
Tîrgu Mures = Târgu Mureş Ce44 377
Tîrgu Neamţ = Târgu Neamţ Cg43 378
Tîrgu Secuiesc = Târgu Secuiesc Cg44 378
Tîrgu Secuiesc = Târgu Secuiesc Cj22 400
Tirlemont = Tienen Ae40 368
Tírnavos Cc51 395
Tirschenreuth Bc41 369
Tischnowitz = Tišnov Bg41 376
Tišnov Bg41 376
Tiszaföldvár Ca44 377
Tiszafüred Ca43 377
Tiszavasvári Cb43 377
Titel Ca45 386
Titisee-Neustadt Aj43 374
Titograd = Podgorica Bk48 386
Titov Drvar = Drvar Bg46 385
Titovo Užice = Užice Bk47 386
Titovo Velenje = Velenje Bf44 375
Titu Cf46 387
Titwān = Tétouan Se55 389
Tivat Bj48 386
Tiverton Sg40 366
Tivoli Bc49 385
Tizi Ouzou Ae54 391
Tkibuli Dg24 401
Tkvarčeli Df24 401
Tnine-Beni-Harchen Se55 389
Tobarra Sj52 390
Todi Bc48 385
Toijala Cd29 358
Tokaj Cb42 377
Tokat Dd25 403
Tokmak Dc22 400
Toksovo Da30 359
Tolbuhin = Dobrič Ch47 379
Tolbuhin = Dobrič Cj24 400
Toledo Sf51 390
Tolmin Bd44 375
Tolna Bj44 376
Tolosa Sh47 381
Tölz, Bad Bb43 375
Tomar Sb51 380
Tomarovka Dd20 398
Tomarza Dc26 403
Tomašpil' Cj42 378
Tomaszów Lubelski Cd40 371
Tomaszów Mazowiecki Ca39 370
Tomelilla Bd35 361
Tomelloso Sg51 390
Tomislavgrad Bh47 386
Tonbridge Aa39 367
Tondela Sb50 380
Tønder Aj36 360
Tongeren Af40 368
Tongres = Tongeren Af40 368
Tonnay-Charente Sk45 372
Tonneins Aa46 382
Tonnerre Ad43 373
Tönning Aj36 360
Tønsberg Ba31 356
Tonya De25 403
Topliţa Cf44 378
Topola Ca46 386
Topoľčany Bj42 376
Topolog Cj46 379
Topoloveni Cf46 387
Toporu Cf46 379
Topraisar Cj46 379
Torbay Sg40 366
Tordehúmos Se49 381
Tordesillas Se49 381
Torec'k Dd21 401
Torelló Ac48 382
Torgau Bc39 369
Torgelow Bd37 369
Torhout Ad39 367
Torino Ah45 384
Tornaľa Ca42 377
Tornio Ce25 354
Toro Se49 381
Törökszentmiklós Ca43 377
Toropec Da17 398
Torre del Greco Be50 393
Torre de Moncorvo Sc49 380
Torredonjimeno Sg53 389
Torrejón de Ardoz Sg50 390
Torrelavega Sf47 381
Torrent Sk51 390
Torre-Pacheco Sk53 390
Torres Novas Sb51 380
Torres Vedras Sa51 388
Torrevieja Sk53 390
Torrijos Sf51 381
Torsby Bd30 357
Tórshavn Sd28 360
Tortosa Aa50 391
Tortum Df25 403
Torul De25 401
Toruń Bj37 370
Tosno Da31 359
Tostedt Ak37 368
Tosya Dc25 402
Totana Sj53 390
Tótkomlós Ca44 377
Totnes Sg40 366
Toul Af42 374
Toulon Af47 383
Toulouse Ab47 382
Touquet-Paris-Plage, Le Ab40 367
Tourcoing Ad40 367
Tour-du-Pin, La Af45 383
Tournai Ad40 367
Tournon-sur-Rhône Ae45 383
Tournus Ae44 373
Tours Aa43 373
Tovarkovskij De19 399
Tovste Cf42 378
Trabzon De25 403
Traiskirchen Bg42 376
Trait, Le Aa41 373
Trakai Ce36 363
Trakai Ch18 398
Tralee = Trá Li Sa38 365
Trá Li Sa38 365
Trallwng = Welshpool Sg38 366
Trá Mhór Sc38 365
Tramore = Trá Mhór Sc38 365
Trăn Cc48 387
Tranås Be32 361
Trani Bg49 393
Trapani Bc52 396
Traun Be42 375
Traunstein Bc43 375
Trautenau = Trutnov Bf40 370
Trbovlje Bf44 375
Třebíč Bf41 376
Trebišov Cb42 377
Trebitsch = Třebíč Bf41 376
Trebnitz in Schlesien = Trzebnica Bh39 370
Trebnje Be45 375
Třeboň Be42 375
Tredegar Sg39 366
Trefynwy = Monmouth Sh39 366
Trélazé Sk43 372
Trelleborg Bd35 361
Tremp Aa48 382
Trenčín Bj42 376
Trento Bb44 375
Trentschin = Trenčín Bj42 376
Tréport, Le Ab40 367
Třešť Bf41 376
Trets Af47 383
Treuburg = Olecko Cc36 362
Treuchtlingen Ba42 375
Treuenbrietzen Bc38 369
Treviso Bc45 375
Trévoux Ae45 373
Triebes, Zeulenroda- Bb40 369

Trient = Trento Bb44 375
Trier Ag41 368
Triesch = Třešť Bf41 376
Triest = Trieste Bd45 375
Trieste Bd45 375
Trie-sur-Baïse Aa47 382
Tríkala Cb51 395
Trim Sd37 365
Trípoli Cc53 395
Trivalea-Moşteni Cf46 387
Trjavna Cf48 387
Trnava Bh42 376
Trofa Sb49 380
Trogir Bg47 385
Troina Be53 393
Troisdorf Ah40 368
Trojan Ce48 387
Trollhättan Bc32 357
Tromsø Bj21 350
Trondheim Ba27 352
Troppau = Opava Bh41 370
Trostjanec' Dc20 398
Trouville-sur-Mer Aa41 372
Trowbridge Sh39 366
Troyes Ae42 373
Trstenik Cb47 386
Trujillo Se51 381
Truro Se40 366
Truşeşti Ch43 378
Truskavec' Cd41 377
Trutnov Bf40 370
Trysil Bc29 357
Trzcianka Bg37 370
Trzebiatów Bf36 361
Trzebnica Bh39 370
Tuaim = Tuam Sb37 365
Tuam Sb37 365
Tuapse De23 401
Tübingen Ak42 374
Tuchel = Tuchola Bh37 370
Tuchola Bh37 370
Tudela Sj48 381
Tufanbeyli Dd26 403
Tui Sb48 380
Tukums Cd34 362
Tula Dd18 399
Tulcea Cj45 379
Tulcea Ck23 400
Tul'čyn Cj42 378
Tul'čyn Ck21 398
Tulle Ab45 382
Tullins Af45 383
Tullow = An Tulach Sd38 365
Tuma Df18 399
Tumba Bh31 358
Tunceli De26 403
Tūnis Ba54 392
Tunis = Tūnis Ba54 392
Turbiv Cj41 378
Turda Cd44 377
Turégano Sf49 390
Turek Bj38 370
Turgutlu Cj26 402
Turhal Dd25 403
Turijs'k Ce39 371
Turka Cd41 377
Türkoğlu Dd27 403
Turku Cc30 358
Turnhout Ae39 368
Turnov Bf40 369
Turnu Măgurele Ce47 387
Turnu Severin, Drobeta Cc46 387
Turriff Sh33 364
Turzovka Bj41 376
Tutak Dg26 403
Tutin Ca47 386
Tutrakan Cg46 379
Tuttlingen Aj43 374
Tuusula Cf30 359
Tuzla Bj46 386
Tuzluca Dg25 401
Tvărdica Cf48 379
Tvrdošín Bk41 376
Twardogóra Bh39 370
Twenterand Ag38 368
Tychy Bj40 370
Tynemouth Sj35 364
Tyringe Bd34 361
Tyrnvauz Dg24 401
Tysmenycja Ce42 377
Tyvriv Cj41 378

U

Ub Ca46 386
Úbeda Sg52 390
Überlingen Ak43 374
Ubrique Se54 389
Učkeken Df24 401
Uckfield Aa40 367
Uddevalla Bb32 357
Udine Bd44 375
Ueckermünde Be37 369
Uelzen Ba38 369
Uffenheim Ba41 374
Ugine Ag45 374
Uherské Hradiště Bh41 376
Uherský Brod Bh41 376
Uholovo Df19 399
Ukmergė Ce35 363
Ukmergė Ch18 398
Ula Ck27 402
Ulcinj Bk49 386
Uleåborg = Oulu Cf25 355
Ul'janovka Da31 359
Ul'janovka = Blahoviščens'ke Da21 400
Ul'janovsk Dk18 399
Ulm Ak42 374
Ulmu Ch46 379
Ulsteinvik Af28 356
Ulverston Sg36 366
Umag Bd45 385
Umago = Umag Bd45 385
Uman' Da21 398
Umeå Ca27 354
Unčen' = Ungheni Ch43 378
Unčen' = Ungheni Cj22 400
Unčeny = Ungheni Ch43 378
Unčeny = Ungheni Cj22 400
Uneča Db19 398
Ungheni Ce46 387
Ungheni Ch43 378
Ungheni Cj22 400
Uničov Bh41 370
Unión, La Sk53 390
Unna Ah39 368
Unterhaching Bb42 375
Ünye Dd25 401
Upplands-Väsby Bh31 358
Uppsala Bh31 358
Urbino Bc47 385
Urfa = Şanlıurfa De27 403
Ürgüp Dc26 403
Urjala Cd29 358
Urjupinsk Dg20 399
Urk Af38 368
Urla Cj26 402
Urlaţi Cg45 387
Uroševac = Ferizaj Cb48 386
Urus-Martan Dh24 401
Urziceni Cg46 379
Urziceni Cj23 400
Uşak Ck26 402
Uschodni Ch37 363
Uskoplje, Gornji Vakuf-Bh47 386
Uslar Ak39 368
Usman' De19 399
Ussel Ac45 382
Ust-Džeguta Df23 401
Uster Aj43 374
Ústí nad Labem Be40 369
Ústí nad Orlicí Bg41 370
Ustka Bg36 361
Ust'-Labinsk De23 401
Ustrzyki Dolne Cc41 377
Utena Cf35 363
Utena Ch18 398
Utera = Utrera Se53 389
Utiel Sj51 390
Utrecht Af38 367
Utrera Se53 389
Uttoxeter Sj38 366
Uusikaarlepyy = Nykarleby Cc27 354
Uusikaupunki Cb30 358
Uvarovo Dg20 399
Uviéu = Oviedo Se47 381
Uzès Ae46 383
Užgorod = Užhorod Cc42 377
Užhorod Cc42 377
Užice Bk47 386
Uzjany = Utena Cf35 363
Uzjany = Utena Ch18 398
Uzlovaja De19 399
Üzümlü De26 401
Uzunköprü Cg49 379
Uzunköprü Cj25 402

V

Vääksy = Asikkala Cf29 359
Vaasa Cb27 354
Vác Bk43 376
Vadstena Be32 357
Vadul lui Voda Ck43 378
Vağaršapat = Ėčmiadzin Dh25 401
Vâglevci Cf48 379
Vaihingen an der Enz Aj42 374
Vaison-la-Romaine Af46 383
Valašské Meziříčí Bj41 376
Valbo Bg30 357
Vălčedrăm Cd47 387
Vălčidol Ch47 379
Val de Briey Af41 374
Valdepeñas Sg52 390
Valderas Se48 381
Val de Travers Ag44 374
Valea lui Mihai Cc43 377
Valença do Minho Sb48 380
Valence Ae46 383
València Sk51 390
Valencia = València Sk51 390
Valencia de Alcántara Sc51 380
Valencia de Don Juan Se48 381
Valenciennes Ad40 367
Văleni Ce46 387
Vălenii de Măgurele Cg45 387
Valga Cg33 363
Valjevo Bk46 386
Valka Cf33 363
Valkeakoski Ce29 358
Valkenswaard Af39 368
Valladolid Sf49 381
Vall de Uxó = Vall d'Uixó, La Sk51 390
Vall d'Uixó, La Sk51 390
Vallehermoso Rc62 388
Vallendar Ah40 368
Vallet Sj43 372
Valletta Be55 396
Valls Ab49 382
Valmiera Cf33 363
Valognes Sj41 372
Valožyn Cg36 363
Valožyn Cj18 398
Valpovo Bj45 376
Valréas Ae46 383
Valujki De20 399
Valverde del Camino Sd53 389
Valverde de Leganés Sd52 389
Vammala Cc29 358
Vanadzor Dh25 401
Vanda = Vantaa Ce30 359
Vänersborg Bc32 357
Vânju Mare Cc46 387
Vannes Sh43 372
Vans, les Ae46 383
Vansbro Be30 357
Vantaa Ce30 359
Vapnjarka Cj42 378
Vara Bc32 361
Varaš Cf39 371
Varaždin Bg44 376
Varberg Bc33 361
Vărbica Cg47 379
Varde Aj35 360
Varel Aj37 368
Varėna Ce36 363
Vareš Bj46 386
Varese Aj45 374
Vårgårda Bc32 361
Varkaus Ch28 359
Varna Ch47 379
Varna Cj24 400
Värnamo Be33 361
Varnsdorf Be40 369
Várpalota Bj43 376
Vărşec Cd47 387
Varto Df26 403
Vasa = Vaasa Cb27 354
Vásárosnamény Cc42 377
Vaškivci Cf42 378
Vaslui Ch44 378
Vaslui Cj22 400
Västerås Bg31 357
Västerhaninge Bj31 358
Västervik Bg33 361
Vasvár Bg43 376
Vasylivka Dc22 400
Vasyl'kivka Dd21 400
Vatra Dornei Cf43 378
Vaŭkavysk Ce37 371
Vauvert Ae47 383
Växjö Be34 361
Vechta Aj38 368
Vedavågen, Åkrahamn-Af31 356
Vedea Ce46 387
Veendam Ag37 368
Veghel Af39 368
Vejen Ak35 360
Vejer de la Frontera Se54 389
Vejle Ak35 360
Vela Luka Bg48 385
Velenje Bf44 375
Veles Cb49 387
Vélez-Málaga Sf54 390
Vélez Rubio Sh53 390
Velika Gorica Bg45 376
Velika Kladuša Bf45 385
Velikie Luki Da17 398
Veliki Preslav Cg47 379
Veliko Plana Cb46 386
Veliko Tărnovo Cf47 379
Veliž Da18 398
Veľké Kapušany Cc42 377
Velké Meziříčí Bf41 376
Veľký Meder Bh43 376
Vellinge Bd35 361
Velyka Lepetycha Db22 400
Velyka Mychajlivka Ck43 378
Velyka Pysarivka Dc20 398
Velyki Mosty Ce40 371
Velykyj Byčkiv Ce43 377
Velykyj Ljubin' Cd41 371
Vence Ah47 383
Vendôme Ab43 373
Vendrell, El Ab49 391
Venev De18 399
Venezia Bc45 384
Vénissieux Ae45 373
Venlo Ag39 368
Vennesla Aj32 356
Venray Af39 368
Venta de Baños Sf49 381
Ventimiglia Ah47 384
Ventnor Sj40 366
Ventspils Cb33 362
Vera Sj53 390
Verbania Aj45 374
Vercelli Aj45 384
Verdalen, Kleppe-Af32 356
Verdalsøra Bb27 353
Verden (Aller) Ak38 368
Verdun Af41 374
Verhnij Baskunčak Dj21 399
Véria Cc50 395
Verín Sc49 380
Verneşti Cg45 379
Verneuil d'Avre et d'Iton Aa42 373
Vernon Ab41 373
Verona Bb45 384
Versailles Ac42 373
Versmold Aj38 368
Vertou Sj43 372
Verviers Af40 368
Vesele Dc22 400
Veselí nad Lužnicí Be41 375
Veselí nad Moravou Bh42 376
Vesoul Ag43 374
Veszprém Bh43 376
Vésztő Cb44 377
Vetlanda Bf33 361
Veurne = Furnes Ac39 367
Vevey Ag44 374
Vi Bh28 358
Viana do Castelo Sb49 380
Viareggio Ba47 384
Viborg Ak34 360
Vibo Valentia Bg52 393
Vibraye Aa42 373
Vic Ac49 382
Vicebsk Da18 398
Vic-en-Bigorre Aa47 382
Vicenza Bb45 375
Vichy Ad44 373
Victoria Be54 396
Victoria Ce45 377
Videle Cf46 379
Vidigueira Sc52 389
Vidin Cc47 387
Vidra Cg46 387
Viechtach Bc41 375
Vienenburg Ba39 369
Vienne Ae45 373
Vierchnjadzvinsk Ch35 363
Vierchnjadzvinsk Cj18 398
Vierzon Ac43 373
Vievis Ce36 363
Vigan, Le Ad47 383
Vigo Sb48 380
Vihti Ce30 359
Viiala Cd29 358
Vila do Conde Sb49 380
Vilafranca del Maestrat Sk50 390
Vilafranca del Penedès Ab49 382
Vila Franca de Xira Sb52 388
Vila Franca do Campo Qe53 388
Vilagarcía de Arousa Sb48 380
Vila Joiosa, La Sk52 390
Vilalba Sc47 380
Viļāni Cg34 363
Vila Nova de Cerveira Sb49 380
Vila Nova de Foz Côa Sc49 380
Vila Nova de Gaia Sb49 380
Vilanova i la Geltrú Ab49 391
Vila-real Sk51 390
Vila Real Sc49 380
Vila Real de Santo António Sc53 389
Vila Velha de Ródão Sc51 380
Vila Viçosa Sc52 389
Vilches Sg52 390
Viliejka Cg36 363
Viliejka Cj18 398
Viljandi Cf32 359
Vilkaviškis Cd36 362
Villablino Sd48 380
Villacañas Sg51 381
Villacarriedo Sg47 381
Villacarrillo Sg52 390
Villach Bd44 375
Villacidro Aj51 392
Villa del Río Sf53 389
Villafranca del Bierzo Sd48 380
Villafranca del Cid = Vilafranca del Maestrat Sk50 390
Villafranca de los Barros Sd52 389
Villafranca de los Caballeros Sg51 390
Villafranca del Panadés = Vilafranca del Penedès Ab49 382
Villa Joyosa = Vila Joiosa, La Sk52 390
Villalba = Vilalba Sc47 380
Villamartín Se54 389
Villanueva de Córdoba Sf52 389
Villanueva de la Serena Se52 389
Villanueva del Campo Se49 381
Villanueva del Río y Mina Se53 389
Villanueva y Geltrú = Vilanova i la Geltrú Ab49 391
Villard-Bonnet Af45 383
Villar del Rey Sd51 389
Villarreal = Vila-real Sk51 390
Villarrobledo Sh51 390
Villarrubia de los Ojos Sg51 390
Villa San Giovanni Bf52 393
Villaviciosa Se47 381
Villaviciosa de Córdoba Se52 389
Villefranche-de-Rouergue Ac46 382
Villefranche-sur-Saône Ae45 373
Villena Sk52 390
Villeneuve-lès-Avignon Ae47 383
Villeneuve-sur-Lot Aa46 382
Villeneuve-sur-Yonne Ad42 373
Villers-Cotterêts Ad41 373
Villerupt Af41 374
Villeurbanne Ae45 373
Villingen-Schwenningen Aj42 374
Villmanstrand = Lappeenranta Cj29 359
Vilnius Cf36 363
Vilnius Ch18 398
Vil'nohirs'k Dc21 400
Vilppula Ce28 359
Vilsbiburg Bc42 375
Vilshofen Bd42 375
Vilvoorde Ae40 367
Vimmerby Bf33 361
Vimperk Bd41 375
Vinaròs Aa50 391
Vinaroz = Vinaròs Aa50 391
Vinci Ba47 384
Vindeln Bk26 354
Vingåker Bf31 357
Vinica Cc49 387
Vin'kivci Ch41 378
Vinkovci Bj45 386
Vinnica = Vinnycja Cj41 378
Vinnica = Vinnycja Ck21 398
Vinnycja Cj41 378
Vinnycja Ck21 398
Viranşehir De27 403
Vire Normandie Sk42 372
Virovitica Bh45 376
Virrat Cd28 358
Virton Af41 368
Visaginas Cg35 363
Visaginas Cj18 398
Visby Bj33 362
Visé Af40 368
Višegrad Bk47 386
Viseu Sc50 380
Viso, El Sf52 389
Visoko Bj47 386
Visp Ah44 374
Visselhövede Ak38 368
Vitebsk = Vicebsk Da18 398
Viterbo Bc48 384
Vitez Bh46 386
Vitolište Cb49 395
Vitoria-Gasteiz Sh48 381
Vitré Sj42 372
Vitry-le-François Ae42 373
Vitry-sur-Seine Ac42 373
Vittel Af42 374
Vittorio Veneto Bc45 375
Viveiro Sc47 380
Vize Ch49 379
Vizille Af45 383
Vizovice Bh41 376
Vizzini Be53 393
Vjaz'ma Dc18 398
Vjazniki Dg17 399
Vlaardingen Ae39 367
Vladičin Han Cc48 387
Vladikavkaz Dh24 401
Vladimir Df17 399
Vlaschim = Vlašim Be41 376
Vlasenica Bj46 386
Vlašim Be41 376
Vlasotince Cc48 387
Vlissingen Ad39 367
Vlorë Bk50 394
Vöcklabruck Bd42 375
Vodňany Be41 375
Voghera Ak46 384
Vohenstrauß Bc41 375
Voineşti Cf45 387
Voiron Af45 383
Vojens Ak35 360
Volda Ag28 356
Volgodonsk Dg22 401
Volgograd Dh21 399
Volkach Ba41 368
Völklingen Ag41 374
Volnovacha Dd22 401
Voločys'k Cg41 371
Voločys'k Cj21 398
Volodarsk Dg17 399
Volodymyrec' Cg39 371
Volodymyr-Volyns'kyj Ce40 371
Volokolamsk Dc17 398
Volokonovka Dd20 399
Vólos Cc51 395
Volosovo Ck31 359
Volovec' Cd42 377
Vol'sk Dj19 399
Volterra Ba47 384
Volyns'kyj, Novohrad-Cj20 398
Volyns'kyj, Volodymyr-Ce40 371
Volžsk Dk18 399
Volžskij Dh21 399
Vónitsa Ca52 394
Vordingborg Bb35 361
Voreppe Af45 383
Voronež De20 399
Voronovycja Cj41 378
Vorošilovgrad = Luhans'k De21 399
Vorotynec Dh17 399
Vorožba Dc20 398
Vorsma Dg18 399
Võru Ch33 363
Voskresensk De18 399
Vossevangen Ag30 356
Vouliagméni Cd53 395
Voulte-sur-Rhône, La Ae46 383
Vovčans'k Dd20 399
Voznesens'k Da22 400
Voznesenskoe Dg18 399
Vráble Bj42 376
Vraca Cd47 387
Vranje Cb48 387
Vranjska Banja Cc48 387
Vranov nad Topľou Cb42 377
Vrbovec Bg45 376
Vrchlabí Bf40 370
Vrhnika Be45 375
Vrnjačka Banja Ca47 386
Vršac Cb45 386
Vsetín Bh41 376
Vsevoložsk Da30 359
Vučitrn = Vushtrri Ca48 386
Vught Af39 367
Vukovar Bk45 386
Vulcăneşti Cj45 378
Vurnary Dj18 399
Vushtrri Ca48 386
Vuzlovyj, Kup'jans'k-Dd21 399
Vygoniči Dc19 398
Vyksa Dg18 399
Vylkove Ck45 378
Vylkove Ck23 400
Vyl'njans'k Dc22 398
Vynnyky Ce41 371
Vynogradiv = Vynohradiv Cd42 377
Vynohradiv Cd42 377
Vyrica Da31 359
Vyšhorod Da20 398
Vyškov Bg41 376
Vyškovo Cd42 377
Vysokaje Cd38 371
Vysoké Mýto Bg41 370
Vyžnycja Cf42 377

W

Waalwijk Af39 367
Wąbrzeźno Bj37 370
Wädenswil Aj43 374
Wadowice Bk41 370
Wągrowiec Bh38 370
Waiblingen Ak42 374
Wakefield Sj37 366
Wałbrzych Bg40 370
Wałcz Bg37 370
Waldbröl Ah40 368
Waldsee, Bad Ak43 374
Waldshut-Tiengen Aj43 374
Wallachisch Meseritsch = Valašské Meziříčí Bj41 376

Wallasey Sg37 366
Walldürn Ak41 374
Wallenthal = Haţeg Cd45 377
Walsall Sj38 366
Walsrode Ak38 368
Waltershausen Ba40 369
Walton-on-the-Naze Ab39 367
Wangen im Allgäu Ak43 374
Wanzleben-Börde Bb38 369
Warburg Ak39 368
Wardenburg Aj37 368
Ware Sk39 367
Waregem Ad40 367
Waren (Müritz) Bc37 369
Warendorf Ah39 368
Warka Cb39 371
Warminster Sh39 366
Warrington Sh37 366
Warstein Aj39 368
Warszawa Cb38 370
Warwick Sj38 366
Wassenaar Ae38 367
Wasserburg am Inn Bc42 375
Waterford = Port Láirge Sc38 365
Waterloo Ae40 367
Watford Sk39 366
Wattwil Ak43 374
Wazān = Ouezzane Se56 389
Weert Af39 368
Weferlingen, Oebisfelde- Bb38 369
Węgorzewo Cb36 362
Węgrów Cc38 371
Weida Bc40 369
Weiden in der Oberpfalz Bc41 369
Weikersheim Ak41 374
Weilburg Aj40 368
Weilheim in Oberbayern Bb43 375
Weimar Bb40 369
Weinheim Aj41 374
Weißenburg in Bayern Ba41 375
Weißenfels Bb39 369
Weißenhorn Ba42 374
Weißwasser/Oberlausitz Be39 369
Wejherowo Bj36 362
Wellington Sg40 366
Wells Sh39 366
Wels Be42 375
Welshpool Sg38 366
Werder (Havel) Bc38 369
Werlte Ah38 368
Werne Ah39 368
Wernigerode Ba39 369
Wertheim Ak41 368
Wesel Ag39 368
Weseli an der Mähren = Veselí nad Moravou Bh42 376
Westbury Sh39 366
Westerburg Ah40 368
Westerland Aj36 360
Westerstede Ah37 368
Weston-Super-Mare Sh39 366
Westport Sa37 365
Wetherby Sj37 366
Wetteren Ad39 367
Wetzlar Aj40 368
Wexford = Loch Garman Sd38 365
Weymouth Sh40 366
Wezet = Visé Af40 368
Whitby Sk36 366
Whitchurch Sh38 366
Whitehaven Sg36 364
Wick Sg32 364
Wicklow = Cill Mhantáin Sd38 366
Więcbork Bh37 370
Wiedenbrück, Rheda- Aj39 368
Wieleń Bg38 370
Wieliczka Ca41 376
Wieluń Bj39 370
Wien Bg42 376
Wiesbaden Aj40 368
Wiesmoor Ah37 368
Wietze Ak38 368
Wigan Sh37 366
Wigton Sg36 364
Wil (SG) Ak43 374
Wildeshausen Aj38 368
Wildungen, Bad Ak39 368
Wilhelm-Pieck-Stadt Guben = Guben Be39 369
Wilhelmshaven Aj37 368
Wilkau-Haßlau Bc40 369
Willebroek Ae39 367
Willisau Ah43 374
Wimborne Minster Sj40 366
Winchester Sj39 366
Windermere Sh36 366
Windsor Sk39 366
Winschoten Ah37 368
Winsen (Luhe) Ba37 368
Winterberg Aj39 368
Winterswijk Ag39 368
Winterthur Aj43 374
Wipperfürth Ah39 368
Wisbech Aa38 367
Wischau = Vyškov Bg41 376
Wishaw Sg35 364
Wisła Bj41 370
Wismar Bb37 360
Wissembourg Ah41 374
Withernsea Aa37 367
Witney Sj39 366
Witnica Be38 369
Wittenberg, Lutherstadt Bc39 369
Wittenberge Bb37 369
Wittenburg Bb37 369
Wittingen Ba38 369
Wittmund Ah37 368
Wittstock/Dosse Bc37 369
Władysławowo Bj36 362
Włocławek Bk38 370
Włodawa Cd39 371
Włoszczowa Bk40 370
Wodnian = Vodňany Be41 375
Wojerecy = Hoyerswerda Be39 369
Woking Sk39 366
Wolbrom Bk40 370
Wolfach Aj42 374
Wolfenbüttel Ba38 369
Wolfsburg Ba38 369
Wolgast Bd36 361
Wolgograd = Volgograd Dh21 399
Wollstein = Wolsztyn Bg38 370
Wołów Bg39 370
Wolsztyn Bg38 370
Wolverhampton Sh38 366
Wongrowitz = Wągrowiec Bh38 370
Woodbridge Ab38 367
Worcester Sh38 366
Wörgl Bc43 375
Workington Sg36 364
Worksop Sj37 366
Worms Aj41 374
Worpswede Aj37 368
Worthing Sk40 366
Wreschen = Września Bh38 370
Wrexham Sh37 366
Wrocław Bh39 370
Wronki Bg38 370
Września Bh38 370
Wschowa Bg39 370
Wuppertal Ah39 368
Würzburg Ak41 368
Wurzen Bc39 369
Wyk auf Föhr Aj36 360
Wymondham Ab38 367
Wyszków Cb38 371

X

Xàbia Aa52 391
Xanten Ag39 368
Xánthi Ce49 395
Xàtiva Sk52 390
Xilókastro Cc52 397
Xinzo de Limia Sc48 380
Xixón = Gijón Se47 381
Xixona Sk52 390

Y

Yahyalı Dc26 403
Yakfıkebir De25 403
Yalova Ck25 400
Ya'rūbīya, al- Dg27 403
Yatağan Ck27 402
Yate Sh39 366
Yavuzeli Dd27 403
Ybbs an der Donau Bf42 375
Y Drenewydd = Newtown Sg38 366
Yébenes, Los Sg51 390
Yecla Sj52 390
Yenişehir Ck25 400
Yeovil Sh40 366
Yerköy Dc26 400
Yeşilhisar Dc26 403
Yeşilova Ck27 402
Y-Fenni = Abergavenny Sh39 366
Yıldızeli Dd26 401
Ylämaa Cj30 359
Ylivieska Ce26 354
Ylöjärvi Cd29 358
York Sj37 366
Youghal Sc39 365
Yozgat Dc26 400
Ypres = Ieper Ac40 367
Yssingeaux Ae45 383
Ystad Bd35 361
Ystradgynlais Sg39 366
Yunak Da26 402
Yusufeli Df25 403
Yverdon-les-Bains Ag44 374
Yvetot Aa41 373

Z

Zaanstad Ae38 368
Zabadānī, az- Dd29 403
Žabalj Ca45 386
Zabaloccie Da19 398
Žabinka Ce38 371
Ząbkowice Śląskie Bg40 370
Zábřeh Bg41 370
Zacharivka Ck43 378
Zadar Bf46 385
Zadonsk De19 399
Zafferana Etnea Bf53 396
Zafra Sd52 389
Żagań Bf39 369
Zagorsk = Sergiev Posad De17 399
Zagreb Bf45 376
Zaḥla Dc29 403
Zaječar Cc47 387
Zákinthos Ca53 394
Zakopane Bk41 376
Zalaegerszeg Bg44 376
Zalamea de la Serena Se52 389
Zalău Cd43 377
Zalegošč' Dd19 399
Zališčyky Cf42 378
Zambrów Cc38 371
Zamora Se49 381
Zamość Cd40 371
Zandvoort Ae38 367
Zaokskij Dd18 399
Zapadnaja Dvina Db17 398
Zaporižžja Dc22 398
Zaporož'e = Zaporižžja Dc22 398
Zara Dd26 401
Zaragoza Sk49 382
Zarajsk De18 399
Zarasai Cg35 363
Zarasai Cj18 398
Zarautz Sh47 381
Zarične Cg39 371
Zarične Cj20 398
Zarrentin am Schaalsee Ba37 369
Żary Bf39 369
Zaškiv Da21 398
Zaslaŭje Ch36 363
Zastavna Cf42 378
Žatec Bd40 369
Zavet Cg47 379
Zavidovići Bj46 386
Zavodskoj Dh24 401
Zavolž'e Dg17 399
Zawadzkie Bj40 370
Zawiercie Bk40 370
Zbaraž Cf41 371
Zbąszyń Bf38 370
Zboriv Cf41 377
Ždanov = Mariupol' Dd22 401
Žďár nad Sázavou Bf41 370
Zdolbuniv Cg40 371
Zehdenick Bd38 369
Zeiden = Codlea Cf45 378
Zeist Af38 367
Zeitz Bc39 369
Żejtun Be55 396
Zelenodol'sk Dk18 399
Zelenodol's'k Db22 400
Zelenogradsk Ca36 362
Zelenokumsk Dg23 401
Železnovodsk Dg23 401
Želino Cb49 386
Želtye Vody = Žovti Vody Db21 400
Zėl'va Ce37 371
Zelzate Ad39 367
Zemen Cc48 387
Zempelburg = Sępólno Krajeńskie Bh37 370
Zenica Bh46 386
Žepče Bj46 386
Zeralda Ac54 391
Zerbst/Anhalt Bc39 369
Žerdevka Df20 399
Zernograd Df22 401
Zestaponi Dg24 403
Zeulenroda-Triebes Bb40 369
Zeven Ak37 368
Zevenaar Ag39 368
Zgierz Bk39 370
Zgorzelec Bf39 369
Zhur Ca48 386
Žiar nad Hronom Bj42 376
Ziębice Bh40 370
Zielona Góra Bf39 369
Zierikzee Ad39 367
Zile Dc25 403
Žilina Bj41 376
Zimnicea Cf47 387
Zimovniki Dg22 401
Zin'kiv Dc20 398
Zinnik = Soignies Ae40 367
Zirc Bh43 376
Zirndorf Ba41 375
Žirnovsk Dh20 399
Žitomir = Žytomyr Ck20 398
Zittau Be40 369
Živinice Bj46 386
Zlatica Ce48 387
Zlatna Cd44 377
Zlín Bh41 376
Žlobin Da19 398
Złocieniec Bg37 369
Złotoryja Bf39 370
Złotów Bh37 370
Žmerynka Cj41 378
Zmiev = Zmijiv Dd21 398
Zmievka Dd19 398
Żmigród Bg39 370
Zmijiv Dd21 398
Znaim = Znojmo Bg42 376
Znamenka Df19 399
Znamjanka Db21 398
Żnin Bh38 370
Znisne = Żnin Bh38 370
Znojmo Bg42 376
Žodino = Žodzina Cj36 363
Žodino = Žodzina Ck18 398
Žodzina Cj36 363
Žodzina Ck18 398
Zogno Ak45 374
Zoločiv Ce41 371
Zolote De21 399
Zolotonoša Db21 398
Zonguldak Da25 402
Zoppot = Sopot Bj36 362
Zorita Se51 389
Zornotza = Amorebieta-Etxano Sh47 381
Żory Bj40 370
Zossen Bd38 369
Zottegem Ad40 367
Žovkva Cd40 371
Žovti Vody Db21 400
Žovtneve = Blahodatne Ce40 371
Zrenjanin Ca45 386
Zruč nad Sázavou Bf41 369
Zschopau Bd40 369
Zubcov Dc17 398
Zubova Poljana Dg18 399
Zug Aj43 374
Zugdidi Df24 401
Žukovka Db19 398
Züllichau = Sulechów Bf38 369
Zülpich Ag40 368
Zundert Ae39 367
Žur = Zhur Ca48 386
Zürich Aj43 374
Żuromin Bk37 370
Zutphen Ag38 368
Zvenigovo Dk17 399
Zvenyhorodka Da21 398
Zvolen Bk42 376
Zvornik Bk46 386
Zweibrücken Ah41 374
Zwenkau Bc39 369
Zwickau Bc40 369
Zwiesel Bd41 375
Zwischenahn, Bad Aj37 368
Zwoleń Cb39 371
Zwolle Ag38 368
Żydačiv Ce41 377
Żyrardów Ca38 370
Žytomyr Ck20 398
Żywiec Bk41 370

REGISTER

A

A Coruña 226, 227
Aalst 155
Abano Terme 276
Abbaye de la Sauve-Majeure 173
Abbazia di Pomposa 297
Abbazia San Galgano 288
Aberdeen 52
Achenkirch 125
Ägadische Inseln 316
Agde 214
Agrigento 316
Aigio 344
Aigues-Mortes 211
Aix-en-Provence 209
Aix-les-Bains 193, 194
Alberobello 307, 308
Albertville 196, 197
Alblasserdam 150
Albufeira 255
Alcobaça 250
Algarve 256
Alkmaar 157
Almería 239
Almodóvar del Río 245
Alta 20
Altamira-Höhle 231
Altaussee 128
Altenkirchen 63
Altenstadt 99
Amareleja 255
Amboise 164
Amsterdam 146, 147
Ancona 301
Andechs 100
Andermatt 111
Andlau 180
Anglet 172
Annecy 194
Antibes 189
Antwerpen 150, 153
Aquileia 261, 294
Aran Islands 41
Arcachon 173
Arcos de la Frontera 242
Argeles-sur-Mer 213
Árgos 345
Arkadia 132
Arles 209
Asciano 289
Ascoli Piceno 303
Astorga 224
Athen 338, 339
Ätna 321
Aubagne 206
Augsburg 97
Auronzo 113
Auschwitz 136, 137
Aveiro 257
Avignon 209
Azay-le-Rideau 167
Azhenas do Mar 257

B

Bacharach 82
Bad Langensalza 73
Bad Mergentheim 94, 95
Bad Reichenhall 126
Bad Wimpfen 88
Bagheria 313
Bagno Vignoni 289
Ballater 53
Ballons des Vosges 185
Barcelona 213, 215
Bardenas Reales 231
Bardolino 271, 272
Bari 306
Barletta 304
Barr 179
Bartfeld 142
Bassano del Grappa 276
Batalha 250
Bayonne 171
Beja 254
Belfast 44
Belluno 265
Belzig 68
Ben Nevis 56
Bend of the Boyne 44
Bergen (Dtl.) 62
Bergen (Norw.) 15, 16
Bergheim 185
Berlin 65
Bernkastel-Kues 78
Berriozar 218
Bezau 120
Béziers 211
Bielsko-Biała 136
Bilbao 229
Bingen 82
Bisceglie 308
Biskaya 231
Blanquefort 171
Blarney 39
Blarney Castle 38
Blois 164
Boat of Garten 53
Boccasette 297
Bodensee 128
Boppard 81
Bordeaux 169, 171
Borgund 16
Borrenes 220
Bozen 112, 268
Braemar 57
Braga 252
Brandenburg 68
Brandnertal 128
Breda 150
Bregenz 120
Bregenzer Wald 121
Breslau 135
Briançon 199
Brig 109
Brijuni-Inseln 335
Brindisi 308
Brixen 267
Brodarica 331
Browoneshill Dolmen 45
Brügge 155, 156
Brüssel 153
Bunratty Castle 40
Burano 309
Burg Hohenzollern 91
Burgos 220, 221
Burren, the 41

C

Cabo Finisterre 224
Cadaqués 213
Cádiz 242
Caltabellotta 321
Camargue 215
Canal du Midi 214
Cannes 188, 205
Cap Ferrat 204
Carcassonne 212, 213
Carmona 245
Carnota 224
Carrara 291
Carrick-a-Rede 43, 45
Cascais 248, 249
Cashel 38
Castel del Monte 306
Castelfranco 276
Castelo Branco 253
Castellane 189
Castello di Miramare 262
Catània 319
Cattolica 299
Cavallino-Treporti 261
Cavtat 334
Cefalù 312, 313
Cesenatico 299
Chambéry 192
Chamonix 196, 197
Chapelle-Saint-Mesmin 163
Chartres 163
Chasseneuil-du-Poitou 167
Château Mouton-Rothschild 173
Châteauneuf-du-Pape 211
Châtellerault 167
Chianti 291
Chiemsee 117
Chinon 166
Chioggia 296
Chiusa 268
Chur 111
Cirque de Navacelles 215
Cittadella 276
Cividale del Friuli 263
Civitanova 302
Clifden 43
Cliffs of Kilkee 45
Cliffs of Moher 41
Clingendael 157
Clonmacnoise 42
Cochem 79
Cognac 169
Coimbra 250, 251
Col d'Izoard 199
Col de la Cayolle 199
Col de la Schlucht 182
Col de Vars 199
Col du Galibier 197
Col du Granier 192
Colmar 181, 182
Comacchio 298
Conegliano 265
Connemara Nat.Park 45
Córdoba 236, 237
Corinaldo 301
Cork 38
Corps 191
Cortina d'Ampezzo 113, 265, 266
Costa Brava 213
Costa Vasca 229
Costa Verde 226
Costa Vicentina 257
Coswig 68
Côte Vermeille 212
Coumeenoole North 40
Creglingen 95
Cres 329
Crikvenica 329
Cromane 40
Cueva del Pindal 227

D

Da Vinci-Museum 285
Darmstadt 86
Dax 171
De Haan 157
Delft 150
Delphi 340
Demmin 63
Den Haag 149
Dessau 70
Diakoftó 344
Digne-les-Bains 191
Dingle Peninsula 40
Dinkelsbühl 97
Dolomiten 266
Donauwörth 97
Donegal Castle 42
Doolin 40
Dornbirn 120
Dos Hermanas 235
Dovrefjell 16
Drei Zinnen 116
Dublin 36, 37
Dubrovnik 332, 334
Duderstadt 72
Duino 262
Dunnottar Castle 51

E

Écrins 193
Edinburgh 48
Edland 15
Eggelstetten 98
Eguisheim 182
Eilean Donan Castle 56
Eisenach 73
Eisriesenwelt 128
Ekenäs 25
Eltville 84
Epidauros 340, 343
Eraclea Minoa 316
Érice 321
Ernst 81
Esslingen 91
Estella 220
Estremoz 254
Etna 319
Etten Leur 150
Euganeische Hügel 279
Évora 254, 255
Èze 204

F

Fano 301
Faro 255
Feuchtwangen 95, 97
Fiesole 282
Fife 49
Finnische Seenplatte 33
Fisterra 224
Flims 111
Florenz 282, 283
Folk Park 40
Fontevraud-l'Abbaye 166
Fort William 57
Frankfurt am Main 84
Fréjus 206
Frómista 223
Fulda 73, 74
Fünfseenland 103
Füssen 102

G

Galloway Forest Park 59
Galway 41
Gap 191
Gardasee 271, 279

Geirangerfjord 16
Genf 106, 194
Gent 155
Giant's Causeway 43
Giardini Naxos 320
Gibraltar 242
Gijón 227, 230
Glasgow 58
Gleiwitz 135
Glencoe 57
Glendalough 37
Göhren 62
Gorges de Daluis 199
Goslar 70, 71
Göttingen 70, 72
Graach an der Mosel 79
Grado 261, 294
Granada 237
Grand Ballon 182
Grasse 189, 205
Grenoble 191
Grimmen 63
Grindelwald 110
Grobnik-Alpen 335
Großglockner-Hochalpenstr. 111
Grotte di Castellana 307
Guadix 239
Guarda 252, 253
Guebwiller 182
Guernica 229
Guillaumes 199
Guimarães 253

H

Haarlem 148
Halberstadt 71
Hall 124
Hallein 114
Hämeenlinna 27
Hamina 29
Hanko 25
Harburg 103
Hardangervidda 15
Haut Jura 201
Haut-Kœnigsbourg 180
Hebriden 59
Heddal 14
Heidelberg 87
Heilbronn 88
Heiligenblut 114
Heiligenstadt 72
Helsinki 24, 25
Highlands 55
Hirschhorn 88
Hohe Tatra 138
Hohenschwangau 102
Hunawihr 185
Hvar 332
Hyères 206

I

Igea Marina 298
Île de Ré 173
Imatra 29
Imst 122
Inari 30, 32
Innsbruck 123
Interlaken 109
Inveraray 58
Inverewe Gardens 56
Inverness 53
Isle of Harris 57
Isle of Skye 59

J

Jesi 301
Jesolo 279, 295
Jerez de la Frontera 244
Jerpoint Abbey 37
John o'Groats 54, 55
Jotunheimen 16

K

Kajaani 30
Kap Arkona 62
Kap Sounion 340
Karigasniemi 32
Karwendelgebirge 127
Kaschau 142
Käsmark 140
Kato Alissos 344
Kattowitz 135, 137
Katwijk aan Zee 149
Kaub 81
Kaysersberg 181
Kehl 177
Kemi 30
Kerimäki 28
Keukenhof 148
Kientzheim 181
Kilchurn Castle 57
Kilkenny 37, 38
Killarney 39
Kinderdijk 150
Kintzheim 180
Kitzbühel 125, 126
Klodzko 143
Kloster Müstair 116
Klosterlechfeld 98
Koblenz 81
Koli-Nationalpark 27
Kongsberg 14
Königsbrunn 98
Könnern 71
Koper 324
Korčula 332
Korinth 340, 343
Köthen 70
Kotka 29
Kotor 335
Krakau 136, 137, 138
Kramsach 125
Krimmler Wasserfälle 129
Krk 329
Kuopio 30
Kylemore Abbey 41
Kystriksveien 19

L

Labin 326
Lac du Bourget 201
Lagos 255
Lahti 27
Landeck 122
Landsberg am Lech 98
Lanslevillard 197
Lappeenranta 28, 29
Lappland 33
Las Médulas 220
Las Tabernas 245
Lathuile 194
Lausanne 106
Le Bois-Plage-en-Ré 169
Le Cannet 189
Lechbruck am See 100
Leiden 148
Leiria 251
León 223
Les Baux-de-Provence 209
Les Landes 170
Les Salles-sur-Verdon 191
Leuven 157
Levoča 140
Libourne 169
Lido Fiori 316
Lido Signorio 316
Liechtensteinklamm 117
Lienz 113
Limerick 40
Lindau 121
Liparische Inseln 315
Lissabon 249
Lisse 157
Livorno 286
Loch Lomond 58
Loch Rannoch 57
Loch Shiel 59
Lodz 133
Lofoten 18
Logroño 220
Londonderry 42
Loreley 81
Loreto 302
Lorsch 87
Lošinj 328, 335
Luanco 227
Luarca 226
Luberon 215
Lucca 285
Ludwigsburg 88
Lyngenfjord 21

M

Mainz 84
Mafra 249
Makarska 331
Málaga 241
Malcesine 271
Malchin 65
Malchow 65
Malvik 16
Manamansalo 30
Manfredonia 304
Máni, Halbinsel 343
Mantua 279
Marais Poitevin 167
Marbella 241
Maria Laach 91
Marina di Bibbona 287
Marina di Carrara 285
Marlenheim 177
Marsala 316
Marseille 207
Martina Franca 308
Marvão 252, 253
Massa Marittima 288
Matalascañas 244
Matterhorn 107
Mazara del Vallo 316
Mechelen 153
Medina Azahara 235
Mega Spileo 345
Meiningen 75
Melrose Abbey 59
Menton 204
Meran 112, 113, 279
Mértola 255
Messel 91
Messina 312
Methoni 345
Midleton 38
Mikkeli 28
Mittelbergheim 180
Módica 317
Molsheim 178, 179
Monachil 239
Monaco 198
Monasterboice 45
Monastère de la Grande Chartreuse 192
Monopoli 307
Monreale 315
Monsaraz 254
Mont Sainte-Odile 178
Mont Salève 194
Montalcino 291
Monte Argentario 291
Monte Conero 301
Monte Sant' Angelo 304
Montecatini Terme 283, 285
Montecchio Maggiore 275
Montefrío 237
Montepulciano 290
Montilla 245
Montpellier 211
Montreux 106
Montrose 51
Moselkern 81
Moselschleife 79
Mostar 333
Moura 254
Mourão 254
Moustiers-Sainte-Marie 201
Mühlhausen 72
München 98, 99
Murano 309
Murbach 185
Murvica 331
Musselburgh 49
Müstair 112
Mutzig 178
Mykene 345
Mystras 342

N

Naantali 27
Nájera 220
Narbonne 212, 213
Nauplia 341
Narvik 19
Nærøyfjord 16
Natters 123
Nerja 239, 245
Neuruppin 65
Neuschwanstein 102
Neustrelitz 65
Nieborow 132
Nîmes 211
Nizza 200, 204
Noordwijk aan Zee 148
Nordkap 13, 20, 21, 32
Nördlingen 97
Northeim 71
Noto 316, 319

O

O Cebreiro 224
Oberalppass 111
Obernai 178, 179
Óbidos 250
Ojców 138
Okrug Gornji 331
Olympia 343, 344
Oostende 157
Opatija 326
Oppeln 143
Orange 211
Oranienburg 65
Orebič 332
Orkney-Inseln 59
Orléans 163
Ósios Loukás 340
Oslo 14
Ottrott 178, 179
Oulanka-Nationalpark 30
Oulu 30
Oviedo 230

P

Padua 278
Palermo 313
Palma del Río 235
Palmanova 262
Pamplona 218, 219
Panzano 289
Paris 160
Patras 344
Pelješac 332
Peloponnes 343
Peneda-Gerês-NP 250
Perpignan 213
Pesaro 301
Peschici 304
Petacciato 303
Petäjävesi 33
Pettneu am Arlberg 121
Pfyn-Finges 116
Pienza 289
Pieskowa Skala 138
Pietrasanta 285
Piombino 287
Piran 324
Pirgos Dirou 340
Pisa 286, 287
Pistoia 283
Pless 136
Plitvicer Seen 328
Podgorica 335
Poitiers 167
Polylimnio Wasserfälle 345
Ponferrada 224
Pont du Gard 211
Poprad 140
Pordenone 265
Poreč 325
Portimão 255
Porto 251
Porto Kagio 343
Porto Levante 296
Portogruaro 261
Portopalo di Capo Passero 319
Porvoo 29
Potsdam 66, 67
Powerscourt Estate Gardens 36
Prato 283
Prešov 141
Prielom-Dunajca-Durchbruch 143
Puente la Reina 219
Pula 326
Pułtusk 143
Punkaharju 28
Punta Marina Terme 297
Putbus 62
Pyla sur Mer 172

Q

Quarteira 255
Quedlinburg 75

R

Rab 329
Ragusa 317
Rakovica 329
Rattenberg 125
Rauma 27
Ravenna 298
Remoulins 211
Rheinsberg 65
Rhön 75
Rías Altas 226
Ribadeo 226
Ribadesella 227
Ribeauvillé 181
Rijeka 326
Rimini 299
Ring of Beara 39
Ring of Kerry 39
Riquewihr 181
Röbel 65
Roncesvalles 218
Ronchamp 185
Ronda 241
Roscheider Hof 91
Rosheim 178
Rothenburg o. d. Tauber 95, 97
Rottenbuch 100
Rotterdam 150
Röttingen 103
Rouffach 182
Route des Crêtes 207
Rovaniemi 30
Rovinj 325
Rüdesheim 82
Rügen 75
Ruvo di Puglia 306

S

Sagres 255
St.-Denis 160
St.-Émilion 169, 171
St.-Jean-Pied-de-Port 171, 172
St.-Jean d'Angély 168
St.-Paul-de-Vence 201
St.-Rémy-de-Provence 209
St.-Tropez 201, 206
Sainte-Marie-aux-Mines 184
Saintes-Maries-de-la Mer 211
Saintes 169
Salzburg 116, 127
San Gimignano 287, 291
San Marino 309
San Sebastián 230
San Vito lo Capo 315, 321
Sanlúcar de Barrameda 244
Sant Feliu de Guíxols 213
Santander 229
Santillana del Mar 227, 229
Santiago de Compostela 224
Santo Domingo de la Calzada 221
Sassenage 193
Saumur 166
Saverne 177
Savonlinna 33
Scheveningen 149
Schlern 266, 279
Schloss Amboise 164
Schloss Azay-le-Rideau 166
Schloss Baldern 103
Schloss Chambord 163
Schloss Chenonceaux 164
Schloss Cheverny 164
Schloss Duino 295
Schloss Rambouillet 162
Schloss Rheinsberg 75
Schloss Tratzberg 125
Schloss Ussé 166
Schloss Versailles 161
Schloss Villandry 165
Schongau 100
Schoorl 146
Schwaz 124
Scossicci 301
Segesta 315
Sélestat 184
Selinunte 316
Setúbal 256
Sevilla 234
Šibenik 330
Siena 288, 289
Sintra 249
Sirmione 273
Sisteron 191
Skelling Michael 45
Soave 275
Sodankylä 32
Sognefjell-Straße 16
Sognefjord 21
Sommarøy 19
Sommersdorf 63
Sparta 342
Speyer 91
Spišské Podhradie 140
Split 331
St Andrews 51
St. Anton 121
St. Goar 81, 82
St. Johann (Tirol) 126
St. Moritz 112
St. Wolfgang 128
Stalheimskleiva 16
Stams 123
Stary Sącz 143
Staßfurt 71
Stepps 58
Stirling 48
Stralsund 63
Strasbourg 176
Stuttgart 90
Sveti Stefan 335
Syrakus 319

T

Tankavaara 32
Taormina 319
Tarifa 245
Tarnów 143
Täsch 107
Tauberbischofsheim 95
Telfs 122
Termoli 304
Thann 182
Theben 340
Thusis 111
Tindari 312
Tiryns 341
Torbole 269
Toulon 206
Tours 165
Traben-Trarbach 78
Train des Pignes 190
Tralee 40
Trápani 315
Traunsee 129
Trechtingshausen 84
Tremitische Inseln 309
Treviso 260
Trient 268, 271
Trier 78, 79
Triest 262
Trogir 330
Tromsø 20
Trondheim 18
Trulli (UNESCO) 308
Tschenstochau 135
Tübingen 90
Turckheim 182
Turku 27

U

Udine 262
Ullapool 54
Umag 324
Unterseen 109
Urbino 300
Urnes 16

V

Val d'Isère 197
Valle dei Templi 317
Vallée de Munster 182
Vega-Archipel 21
Vega del Guadalquivir 235
Vence 199
Venedig 260, 261, 295, 297
Verdon-Schlucht 191
Verona 271, 273
Versailles 163
Vésenaz 107, 194
Vevey 106
Viamala 111
Viana do Castelo 257
Viareggio 285
Vicenza 273, 275
Vieil Armand 182
Vieste 304
Vigo 230
Viksøyri 16
Vila do Bispo 256
Vila Nova de Gaia 250
Vila Real 253
Villa Romana del Casale 321
Villa Rosa 303
Villar-d'Arène 199
Villeneuve-Loubet 200
Villnösstal 268
Viseu 253
Vittorio Veneto 265
Voidokilia 345
Volterra 291
Vøringsfossen 21
Vuotso 32

W

Wadowice 136
Waidbruck 268
Walchsee 126
Waren 65
Warschau 132, 133
Wattens 124
Weikersheim 94
Werfen 114
Werder 68
Wernigerode 70, 71
Whitehead 44
Wieliczka 138
Wiesbaden 84
Wiesenburg: Schlosspark 68
Wieskirche 101
Wittenberg 68
Wolfgangsee 129
Wörgl 126
Wörlitz 68
Würzburg 94, 95

Z

Zaandam 157
Zadar 329
Zákinthos 344
Zakopane 139
Zell 79
Zell am See 114
Zelazowa Wola 132
Zermatt 107
Zingaro, Schutzgebiet 321
Zirl 123

BILDNACHWEIS • IMPRESSUM

G = Getty Images; M = Mauritius Images

Cover: Vorderseite: Jarek Pawlak/Shutterstock.com (Straße in der Toskana), Buchrücken: look/ Michael Neumann (Camper an der kroatischen Küste), Rückseite: look/ClickAlps (Alhambra, Andalusien)

S. 2-3 M/Alamy, S. 4-5 M/Norbert Eisele-Hein, S. 6-7 G/Cookelma, S. 8-9 Voyagerix/Shutterstock.com, S. 12-13 G/Vwita, S. 14 Sergii Figurnyi/Shutterstock.com, S. 15 M/Alamy, S. 17 Voyagerix/Shutterstock.com, S. 17 A. Aleksandravicius/Shutterstock.com, S. 17 Look/robertharding, S. 18-19 Look/Lars Bergmann, S. 20 Anibal Trejo/Shutterstock.com, S. 22-23 G/Gerhard Zwerger-Schoner, S. 24-25 Mistervlad/Shutterstock.com, S. 25 Hivaka/Shutterstock.com, S. 26 M/Alexi Ward, S. 26 Jamo Images/Shutterstock.com, S. 26 G/Heikki Salmi, S. 28-29 M/Siepmann, S. 31 G/Paul Oomen, S. 31 M/Jordi Bas Casas, S. 31 G/Panoramic Images, S. 32 G/Gary Cook, S. 32 G/Antony Spencer, S. 34-35 shutterupeire/Shutterstock.com, S. 36-37 Benoit Daoust/Shutterstock.com, S. 37 MNStudio/Shutterstock.com, S. 38 Look/Günther Bayerl, S. 41 G/Maydays, S. 42-43 C/Daniel Kreher, S. 43 G/Gareth Mccormack, S. 44 M/Christian Handl, S. 46-47 G/Scott Robertson, S. 48-49 M/Alamy, S. 49 M/Alamy, S. 49 Look/Karl Johaentges, S. 50 G/Andrea Pistolesi, S. 50 G/Anik Messier, S. 50 G/WB photos, S. 51 Look/Ralf Gantzhorn, S. 52 Look/Franz Marc Frei, S. 52-53 M/Rainer Mirau, S. 54-55 C/John Short, S. 54 G/John Hay, S. 56 M/Angus McComiskey, S. 58 G/Sebastiaan Kroes, S. 60-61 Look/Ulf Böttcher, S. 62-63 Look/Olaf Bathke, S. 63 DR pics/Shutterstock.com, S. 64 dugdax/Shutterstock.com, S. 64 Alamy/Julie G Woodhouse, S. 64 Look/Ulf Böttcher, S. 66-67 Rudy Balasko/Shutterstock.com, S. 67 Noppasin Wongchum/Shutterstock.com, S. 69 M/W. Korall, S. 69 H. & D. Zielske, S. 69 M/Andreas Vitting, S. 70 H. & D. Zielske, S. 71 Sina Ettmer Photography/Shutterstock.com, S. 72-73 M/Novarc, S. 73 Look/Kay Maeritz, S. 74 G/Grafissimo, S. 74 SSKH-Pictures/Shutterstock.com, S. 76-77 Look/Heinz Wohner, S. 78-79 M/Age, S. 79 M/Andreas Vitting, S. 80 Alice-D/Shutterstock.com, S. 80 M/Hans Blossey, S. 82-83 Mikalai Nick Zastsenski/Shutterstock.com, S. 83 Look/Heinz Wohner, S. 83 Philip Schubert/Shutterstock.com, S. 85 Look/age fotostock, S. 85 Tudorean Fotoschuting/Shutterstock.com, S. 85 Look/Heinz Wohner, S. 86-87 Look/Hanna Wagner, S. 89 H. & D. Zielske, S. 89 M/Martin Moxter, S. 89 Jens Goepfert/Shutterstock.com, S. 90 G/Visuall2, S. 90 Look/travelstock44, S. 92-93 Boris Stroujko/Shutterstock.com, S. 94-95 canadastock/Shutterstock.com, S. 95 Look/Heinz Wohner, S. 96 Look/Don Fuchs, S. 96 Look/Andreas Strauss, S. 96 Nick Brundle Photography/Shutterstock.com, S. 97 M/P. Widmann, S. 98-99 f11photo/Shutterstock.com, S. 100 Look/Don Fuchs, S. 101 G/Jon Boyes, S. 101 Look/Andreas Straufl, S. 102 G/Achim Thomae, S. 104-105 G/Stefano Rossi, S. 106 Look/ClickAlps, S. 106-107 G/Bareta, S. 108 M/Prisma, S. 108-109 C/Frank Lukasseck, S. 110 G/Bastian Bodyl, S. 110 M/Matthias Pinn, S. 112 M/Alamy, S. 112-113 C/Luca Benini, S. 114 M/Karl F. Schöfmann, S. 115 M/Robin Weaver, S. 115 Look/Danita Delimont, S. 117 C/Riccardo Spila, S. 118-119 Look/Andreas Straufl, S. 120 Look/Daniel Schoenen Fotografie, S. 120-121 Look/Christian Mueringer, S. 122 G/Reinhard Hölzl, S. 122 G/Richard Bosomworth, S. 124 G/Grafissimo, S. 124-125 M/Zoonar GmbH, S. 126-127 Look/Sonia Aumille, S. 129 C/Douglas Pearson, S. 130-131 Look/robertharding, S. 132-133 fotorince/Shutterstock.com, S. 133 krivinis/Shutterstock.com, S. 134 Milos Ruzicka/Shutterstock.com, S. 134 Look/age fotostock, S. 136 natureman30/Shutterstock.com, S. 136-137 Look/robertharding, S. 138-139 M/Age, S. 139 Look/age fotostock, S. 139 M/Tom Mueller, S. 139 Look/age fotostock, S. 141 M/Alamy, S. 141 Daniel Prudek/Shutterstock.com, S. 141 M/Peter Widmann, S. 142 Jaroslav Moravcik/Shutterstock.com, S. 144-145 Erik AJV/Shutterstock.com, S. 146-147 M/Shahid Khan, S. 147 M/Rene Mattes, S. 148-149 G/Mihaiulia, S. 151 Look/age fotostock, S. 151 Look/Helge Bias , S. 152 Look/age fotostock, S. 152 Look/age fotostock, S. 154 Look/travelstock44, S. 154 Look/Danita Delimont, S. 156 G/Holger Leue, S. 158-159 G/Jeroen P - Iwillbehomesoon.com, S. 160-161 Look/Hemis , S. 161 Look/Hemis , S. 161 Look/Cavan Images, S. 162 M/Martin Dr.Schulte-Kellinghaus, S. 162 M/Photononstop, S. 165 M/Carlos S·nchez Pereyra, S. 165 C/Julian Elliott, S. 165 G/Raimund Linke, S. 165 M/Alamy, S. 166 G/Alf, S. 167 G/Sylvain Sonnet, S. 168 Joaquin Ossorio Castillo/Shutterstock.com, S. 168 Look/Hemis , S. 170 Sergio Formoso/Shutterstock.com, S. 170 Look/Photononstop , S. 172 Look/Hemis , S. 174-175 Rasto SK/Shutterstock.com, S. 176 Look/Hemis , S. 176-177 G/Andrea Pistolesi, S. 179 Franck Legros/Shutterstock.com, S. 179 M/Ernst Wrba, S. 180 G/Bertrand Rieger , S. 180 Look/Hemis , S. 181 Look/Hans Georg Eiben, S. 183 M/Alamy, S. 183 Look/Anna Mutter, S. 183 Look/travelstock44, S. 184 G/Berndt Fischer, S. 186-187 M/Alamy, S. 188-189 G/Pawel Toczynski, S. 189 G/Celli07, S. 190 G/Adina Tovy, S. 190 G/Didier Zylberyng , S. 192 M/Alessandra Sarti, S. 192 Look/Tobias Richter, S. 193 Fedor Selivanov/Shutterstock.com, S. 195 Look/Hemis , S. 195 Look/Travel Collection, S. 195 Look/Ingolf Pompe, S. 196 Look/Photononstop , S. 196 M/Dave Jepson, S. 198 M/Zoonar GmbH, S. 200 Look/Hemis , S. 200 M/Ivan Vdovin, S. 202-203 Look/Juergen Richter, S. 204 Look/Franz Marc Frei, S. 204-205 C/Michele Falzone, S. 205 Look/Alois Radler-Wöss, S. 207 M/Luca Picciau, S. 207 M/Duncan Grove, S. 207 M/Alamy, S. 208 C/Franz-Marc Frei, S. 208 G/Mark Coggins, S. 210 M/Alamy, S. 210 G/ManuWe, S. 212 G/Elisabeth Schmitt, S. 212 LifeCollectionPhotography/Shutterstock.com, S. 214 G/Alexander Spatari, S. 216-217 Look/Juergen Richter, S. 218 M/Bjanka Kadic, S. 218-219 MaxMaximovPhotography/Shutterstock.com, S. 221 Juan Enrique del Barrio/Shutterstock.com, S. 221 Look/Jürgen Richter, S. 221 M/Age, S. 221 M/Age, S. 222 Marc Venema/Shutterstock.com, S. 222 Lux Blue/Shutterstock.com, S. 222 arCam78/Shutterstock.com, S. 223 Look/Juergen Richter, S. 225 M/imageBROKER, S. 225 Look/Brigitte Merz, S. 226-227 Look/robertharding, S. 228 Look/Andreas Straufl, S. 228 G/Gonzalo Azumendi, S. 231 Look/Jürgen Richter, S. 232-233 Look/ClickAlps, S. 234-235 Franck Boston/Shutterstock.com, S. 235 C/Gabriele Croppi, S. 236 G/WillSelarep, S. 237 G/Gary John Norman, S. 238 G/Domingo Leiva, S. 238 M/Gerold Grotelueschen, S. 238 M/Alamy, S. 240 Look/Ingolf Pompe, S. 240 Look/travelstock44, S. 243 Look/Jürgen Richter, S. 243 Look/Design Pics, S. 243 G/Paul Panayiotou, S. 244 G/Neil Farrin, S. 246-247 Look/Alois Radler-Wöss, S. 248-249 M/P. Kaczynski, S. 249 Taiga/Shutterstock.com, S. 251 Look/ClickAlps, S. 251 Look/Kay Maeritz, S. 251 Anastasiia-S/Shutterstock.com, S. 252 Look/age fotostock, S. 253 Look/Danita Delimont, S. 254 M/F. Lukasseck, S. 254 Christophe Cappelli/Shutterstock.com, S. 256 M/Greg Balfour Evans, S. 258-259 Look/Danita Delimont, S. 260-261 G/Martin Ruegner, S. 261 Viacheslav Lopatin/Shutterstock.com, S. 263 Angelo Cordeschi/Shutterstock.com, S. 263 Look/Norbert Achtelik, S. 263 Look/Thomas Stankiewicz, S. 264 AGasperin26/Shutterstock.com, S. 264 G/Walter Quirtmair, S. 264 REDMASON/Shutterstock.com, S. 266 M/Bill Bachmann, S. 266-267 Look/Andreas Straufl, S. 269 Look/age fotostock, S. 269 Look/Andreas Straufl, S. 269 Look/Othmar Seehauser, S. 270 G/Alberto Simonetti, S. 270 G/Cookelma, S. 270 C/Sopa RF, S. 272 marako85/Shutterstock.com, S. 272-273 Antonio Filippi/Shutterstock.com, S. 272 Look/Sabine Lubenow, S. 274 M/CuboImages, S. 274 Look/Hanna Wagner, S. 275 REDMASON/Shutterstock.com, S. 277 M3mattemedmad/Shutterstock.com, S. 277 Edoardo B/Shutterstock.com, S. 278 Look/ClickAlps, S. 280-281 G/Guido Cozzi, S. 282-283 Look/Jürgen Richter, S. 283 Look/age fotostock, S. 284 G/Roberto Lo Savio , S. 284 G/Hubert Stadler, S. 284 Look/Visions from Earth, S. 286 G/Marius Roman, S. 286 G/Guido Cozzi, S. 286-287 Fabio Lamanna/Shutterstock.com, S. 288-289 G/Peter Adams, S. 289 stefano marinari/Shutterstock.com, S. 290 Look/Jürgen Richter, S. 292-293 C/Angelo Cavalli, S. 294-295 G/Bluejayphoto, S. 295 M/Karl Allen Lugmayer, S. 296 G/Rilind_Hoxha_Photography, S. 297 G/Mammuth, S. 298 G/Thomas Stankiewicz , S. 299 Look/robertharding, S. 299 G/Valentino Grassi (Ideas in Motion), S. 300 Look/age fotostock, S. 300 Look/ClickAlps, S. 300 Cortyn/Shutterstock.com, S. 302 Look/ClickAlps, S. 303 Look/ClickAlps, S. 305 Maurizio De Mattei/Shutterstock.com, S. 305 G/Maremagnum, S. 305 Look/Avalon.red2, S. 306 G/Funkystock, S. 307 Laif/Galli, S. 308 Look/robertharding, S. 310-311 Look/Rainer Martini, S. 312-313 Look/Nicola Lederer, S. 313 Look/Rainer Martini, S. 314 M/Zoonar GmbH, S. 314 Look/robertharding, S. 317 G/Slow Images, S. 318 G/Andras_csontos, S. 318 Romas_Photo/Shutterstock.com, S. 318 G/Gonzalo Azumendi, S. 320 Look/Andreas Straufl, S. 320 G/Antonio Cali66 , S. 322-323 G/LianeM, S. 324-325 G/Rusm, S. 325 G/Gonzalo Azumendi, S. 325 M/Edwin Stranner, S. 327 M/Dalibor Brlek, S. 327 G/Alan Copson, S. 327 G/Ken Gillham , S. 328 Look/robertharding, S. 328 Look/Rainer Mirau, S. 330-331 G/Dp, S. 333 G/Kelly Cheng Travel Photography, S. 333 Look/Alois Radler-Wöss, S. 334 Look/Alois Radler-Wöss, S. 334 Look/robertharding, S. 336-337 M/Lefteris Papaulakis, S. 338-339 G/Mit4711, S. 339 M/Ian G Dagnall, S. 341 G/Photo By Dimitrios Tilis, S. 341 Look/Konrad Wothe, S. 342 Look/Konrad Wothe, S. 342 Look/Konrad Wothe, S. 342 M/Konrad Wothe, S. 344 Milan Gonda/Shutterstock.com, S. 346-347 G/Cavan Images

© 2023 Kunth Verlag, München
MAIRDUMONT GmbH & Co. KG, Ostfildern
Kistlerhofstraße 111
81379 München
Telefon +49.89.45 80 20-0

www.kunth-verlag.de
info@kunth-verlag.de

ISBN 978-3-96965-132-2
1. Auflage

Printed in Romania

Verlagsleitung: Grit Müller
Redaktion: Stefanie Schuhmacher
Lektorat: Buch&media GmbH, München
Grafik: Ulrike Lang, Patrick Tümmers
Texte: Susanne Lipps
Kartenmaterial: © KOMPASS-Karten GmbH, Karl-Kapferer-Straße 5,
A-6020 Innsbruck unter Verwendung von Kartendaten:
© MairDumont, D-73751 Ostfildern